「児童文化」の誕生と展開

大正自由教育時代の子どもの生活と文化

別冊複製2

『小鳥の家』後藤隆 編輯発行
『赤い実』金野細雨 編輯発行

加藤理

港の人

「児童文化」の誕生と展開

大正自由教育時代の子どもの生活と文化——目次

目　次

「児童文化」の誕生と展開

大正自由教育時代の子どもの生活と文化

序章

二〇一一年三月一一日午後二時四六分、宮城県牡鹿半島の東南東沖一三〇キロの海底を震源とするマグニチュード九・〇の未曾有の巨大地震が東日本を襲った。特に、巨大津波に襲われた岩手・宮城・福島三県の被害は甚大であった。死者・行方不明者はおよそ一万九千人、全半壊した家屋も約四〇万戸に及んだ。

家を流されて避難所での生活を余儀なくされたり、電気・ガス・水道などのライフラインが切断されたりする中、子どもたちも水も食料もない不自由な生活を長期間強いられることとなった。

そうした中で、子どもたちは貪欲に文化を求めていた。不自由な避難所の中に設けられたわずかな子どものためのスペースで、絵を描いたり子ども同士でふざけ合ったりしていた。電気がつかない暗闇の中で、大人たちが語るお話に耳を傾けながら寝息を立てる子どもたちもいた。救援物資として全国から送られてきた絵本やマンガをむさぼるように読む子どもたちもいた。未曾有の大災害の中で、子どもたちは「児童文化」に興じ、「児童文化」によって癒され、「児童文化」を求めていたのである。

一方で、「児童文化」に恐怖や不安からのはけ口や逃げ口を見出そうとした震災下の子どもたちもいた。震災後、地震ごっこなどのいわゆるトラウマティック・プレイをする子どもたちの姿が頻繁に報じられた。二〇一一年五月二八日付産経ニュース電子版は、『津波ごっこ』が流行」という見出しで、次のような記事を掲載している。

東日本大震災の巨大津波に襲われた宮城県の沿岸地域の園児たちが、津波や地震の「ごっこ遊び」に興じている。「津波がきた」「地震がきた」の合図で子供たちが一斉に机や椅子に上ったり、机の下に隠れる。また、子供には不釣り合いな「支援物資」「仮設住宅」といった言葉も聞かれるという。

これらの現象は、宮城・福島・岩手の、被害が甚大だった東北三県だけではなく、茨城県などの周辺の県でも広く確認されている。二〇一一年四月二日付朝日新聞茨城全県面には、「幼い心、守れ」という見出しで、無表情な子どもや地震遊びをする子どもについて報じている。そこには、震災二週間後にブロックで作った壁をおなかに乗せて寝転び、目を閉じながら「地震で下敷きになって死んじゃった」と説明する子どもの姿が報告されている。

こうした現象は東日本大震災後に限ったことではない。奥尻島を巨大津波が襲った一九九三（平成五）年の北海道南西沖地震の後には、レスキュー隊員役と遺体役に分かれる形の「津波ごっこ」が子どもたちの間で流行し[*1]、一九九五（平成七）年の阪神・淡路大震災の後には、「地震ごっこ」と称する破壊的な遊びが流行している[*2]。また、一九六六年にイギリスのウェールズ地方アバーファン村で、豪雨のために崩壊した鉱山の堆積が巨大な山津波となって村の学校を押し流し、村の学童の半数近い一一六人を含めて一四四人が死亡した災害の後には、生き残った子どもたちが、「生き埋めごっこ」をして遊んだことが記録されている[*3]。

トラウマティック・プレイの記録は、一九二三年（大正一二）九月一日に発災した関東大震災後の新聞記事の中に見出すこともできる。二〇世紀日本における最大の自然災害だった関東大震災では、「暴徒と化した朝鮮人」というデマが流れたり、大杉栄・伊藤野枝ら社会主義者が殺害される事件（甘粕事件）が起きたりし、東京の各所には火災で焼け出された人々の避難バラックが作られていた。そうした中で、一一月二〇日付東京毎日新聞には、「困つた此頃の小供達」の見出しで次のような記事が掲載されている。

模倣に富んだ小供達は今回の震災の生んだ新しい出来事をスグに真似をし出して相当の家庭に育まれた子弟達もバラツク生活などして居る間にいつしか下品になつて今では立派な茶目公、凸坊になり済まして居るが之れは困つた現象である〔。〕私は毎日の様にバラツクを通つて学校へ出掛けるのですが其間見聞の一二をお話ししますと一人の子供を細縄を以つて高手小手に縛上げ「オイ〇〇鮮人〇〇鮮人」と大勢の子供が叫びながら「今に銃殺するのだ」と因果を含めて向ふへ立たせて銃殺の真似するなど困つた遊びをして居る〔。〕之れは自警団ゴツコと云ふのである〔。〕又ある子供の如きは夕暮れのバラツク街に手を組んで大声に唄つて居る〔。〕克く聴いて居ると今学生達が唄つて居る「わたしや河原の枯れ芒」といふ節で「俺は神田で焼け出され、同じお前も焼け出され何うせ俺たちや此の世では…」など唄つて居るのであるが之を耳にする度毎に痛々しい気持ちにもなり又教育上誠に困つたものだと思はせられる〔。〕又或る子供達は例の甘粕大尉に鴨志田だといつては友達の首を絞て一人が「おいアマカスぞ」と言へば一方が「なにカモシダるぞ」と応酬し又一方が「ヒラに御免」といへば今度は一方が「ホンダに困つた奴だ」など、とやつて居るのであるが之れ等は何れも甘粕事件の被告達の姓を落洒《ママ》て言つて居るのである〔。〕之等の悪遊びに対しては教育家達も其親達も慎重に考へなければならないと某専門学校の教授は語つた〔。〕

〔。〕＝引用者

震災の混乱の中で起こった朝鮮人虐殺や、甘粕大尉らによる無政府主義者大杉栄らの虐殺が子どもの遊びに取り込まれ、さらに、震災で焼け出されたことを題材に替え歌を作っている子どもたちが増えていたのである。大正時代の子どもたちも、自らを襲った恐怖や混乱のはけ口を「児童文化」に求めていたのである。

では、震災下の子どもたちが求め、あるいははけ口にしようとした「児童文化」とは、いったいどのような事物や事象のことを指し、どのような活動を意味するのであろうか。「児童文化」には、高尚で芸術的な文化というイメージを抱く人々が多いが、そうしたイメージと、震災下の子どもたちが求めたり行ったりした「児童文化」を、同じ「児童文化」という用語で語ることは可能なのだろうか。

こうした問いに対して、私たちはいまだに確かな答えを見いだせずにいる。「児童文化」という用語がいつ頃誕生し、その用語の下でどのような活動が展開されていたのか、といったことがらに対する歴史的な知見も不十分なままである。「児童文化」という用語の概念の確認と理解が不十分なまま、「児童文化」という用語は独り歩きしてきた。そして、それぞれの時代の中で社会的な思潮や風潮の影響を受けながら、誕生期に持っていた意味と異なる意味や概念を付与され、「児童文化」は次第に曲解され、混乱の度を深めていった。

太平洋戦争中には、子どもたちの間に広がる伝承遊びを「児童文化」という語で表した柳田國男を中心とした民俗学の人々を除き、絵本、読物、紙芝居、ラジオなど、子どもに与えられる文化財を広く指す用語として、「児童文化」は用いられていた。そして、国定教科書をはじめとする学校教育で接する文化に対して、学校外で接する子どもたちの文化を指す語に「児童文化」は矮小化されて定着するようになっていった。さらに、「児童文化」は国家の意図と目的に沿って子どもたちに与えられるべきものとして、統制の対象にさえなっていった。

太平洋戦争後も、戦中期に用いられていた「児童文化」という語に付随する矮小化された概念の影響は根強く残存し、「児童文化」が児童文化財と同義であると考える人々は増えていった。そうした中で、一九七〇年代以降は「児童文化」

が本来持っていた概念を取り戻そうとするのではなく、「児童文化」という用語の下に新たな研究を確立することを求める人々が増えていく。児童文化論・児童文化原論構築の模索である。

こうした動きの中で滑川道夫『児童文化論』（一九七〇年、東京堂）や本田和子『児童文化』（一九七三年、光生閣）、安藤美紀夫『児童文化』（一九七七年、朝倉書店）など、様々な児童文化論が提示されていく。

本田と安藤の著作は、従来のように児童文化財の羅列と説明に終始するのではなく、「児童文化」という名の下で、子どもとは何か、ということを追及しようとしたものである。その意味で、児童文化研究が子ども研究に接近していく嚆矢としてこれらの研究を位置づけることができる。

一九八〇年にアリエスの『〈子供〉の誕生』が翻訳出版され、日本の子ども研究に大きな影響を及ぼすことになる。日本における子ども研究は、これ以降、心性史・社会史の影響を受けた研究が増えていくことになる。また、記号論や構造主義を応用して山口昌男や柄谷行人らによって発表された子ども言説も注目を集め、子ども研究に多大な影響を及ぼしていく。児童文化研究から出発し、『児童文化』で新たな子ども研究のあり方を提示した本田も、児童文化の域を超えて、『異文化としての子ども』（一九八二年、紀伊國屋書店）や『子どもの領野から』（一九八三年、人文書院）、『フィクションとしての子ども』（一九八九年、新曜社）などの子ども論を次々に発表していく。

こうした動きの中で、子どもの成長・発達と文化の関係を問い直す概念としての「子どもと文化」（一九八二年、『講座現代教育学の理論』第二巻、青木書店）という枠組みの提示が古田足日によってなされる。古田の「子どもと文化」は、雑誌『現代教育科学』（明治図書）に「児童文化とは何か」（一九七九年四月～一九八〇年三月）を連載していく中で、古田自身が児童文化原論を求める必要性を感じた結果生み出した概念であり、児童文学研究者の周囲を中心に一定の反響を呼んでいった。

様々な児童文化論が次々に提示されていったが、「児童文化」に対する理解が一つの帰着点に到達することはなかった。反対に、「児童文化」という用語に対する様々な概念が提示されることで、児童文化研究は混乱を極め、拡散の一途をたどってしまう。藤本浩之輔は「子ども文化論序説―遊びの文化論的研究」（一九八五年、『京都大学教育学部紀要』第三一号所収）の中で、次のように児童文化論の混迷ぶりを指摘している。*4

昭和42年、菅忠道氏は、大人が児童のために与える文化財を狭義の児童文化とし、日常の衣食住生活を始めとして、家庭、学校、社会の文化が児童に及ぼす影響の総和を広義の児童文化と規定した。その後、広・狭2つの児童文化を認め、しかも児童文化を広義にとらえる傾向が論者の間に広がっていくにつれ、波多野完治氏の排した文化人類学の文化概念が導入され、子どもの成長にかかわる文化の全部を児童文化として扱おうとするようになった。そこで、定義は広げたが研究はすすまないか、衣食住文化を中心とする一般文化による影響を扱おうとすると、その中に狭義の児童文化財の研究を位置づけることができないという矛盾に陥いることになった。あるいはまた、児童文化論が独自の領域を開拓することができないで、児童文学論や児童演劇論などの各論のダイジェストに終始している状態を憂うるあまり、現代の都市化現象と子ども達のかかわりを包括的に扱うことこそ児童文化論の視点であるといった激論までとび出してきているのである。いま、児童文化論は五里霧中の状態にあって、道を探しあぐねている感じである。

このような認識の下で、藤本は大人が子どもに与える文化として「児童文化」を限定して用い、子どもたちによって習得されたり、創りだされたりした子どもたち固有の生活様式であって、子どもたちの間に分有され、伝承されている文化を「子ども文化」と呼ぶことを提案する。*5

藤本によって提案された「児童文化」と「子ども文化」に分けて用語を用いることは、混迷する児童文化研究の中で一定の意味を持ち、子どもの文化の世界を浮き彫りにして子ども研究に新たな視点を与えるものとして多大な影響を及ぼしていった。

だが、やがて二つの用語は曖昧に使用されることが多くなり、藤本の意図と離れて、「児童文化」の単なる言いかえとして「子ども文化」を用いる例が目立つようになってくる。結果として、「児童文化」に対する理解はますます混迷を深めることになってしまう。

多くの先行研究が挑み続けてきたにもかかわらず、なぜ、「児童文化」とは何か、という根源的な問いへの答えが見いだせずにいるのだろうか。

「児童文化」とは何か、という問いの答えが見いだせなかった要因として、次の二つのことを考えることができる。

一つは、具体的な児童文化活動を取り上げ、その実態と活動の様子を資料に即して分析するという研究がほとんど存在しなかったことである。

先行研究では、児童文学や絵本、紙芝居、童謡、児童演劇など、個別の児童文化財の分析・研究や児童文化財を中心とした児童文化史に対する蓄積は深められてきた。例えば、児童文学では、菅忠道『日本の児童文学』（一九五六年、大月書店）、紙芝居では上地ちづ子『紙芝居の歴史』（一九九七年、久山社）、童謡の場合、藤田圭雄『日本童謡史　Ⅰ・Ⅱ』（一九七一、一九八四年、あかね書房）、畑中圭一『日本の童謡』（二〇〇七年、平凡社）、児童演劇の場合、富田博之『日本児童演劇史』（一九七六年、東京書籍）、児童史の場合、上笙一郎『日本児童史の開拓』（一九八九、小峰書店）など、それぞれの児童文化財研究や児童史研究の労作は多数存在する。だが、それらの文化財を用いた活動がどのように展開され、その中で大人と子どもの関係はどのようなものであったか、そして子どもたちはどのように活動に参加していたのか、といったことを追求し、その分析の課程で「児童文化」の本質を解明しようとする研究の蓄積は、十分とは言えない。

二つ目は、誕生期の児童文化活動に遡って、児童文化という用語に付随していた概念を分析しようとする本格的な研究が存在しなかったことである。

これまでにまとめられた児童文化の研究書でも、児童文化史の記述が無かったわけではない。概論書では、巻頭に児童文化の歴史を置くことが多い。例えば、「児童文化」をタイトルに持つ最も早く出版された本とされる教育科学研究会編『児童文化』（一九四一年、西村書店）では、その上巻に「児童文化史」という章を設け、明治時代を菅忠道、大正時代を滑川道夫が担当し、約四〇ページにわたる記述を行っている。だがその内容は、雑誌や童謡、童話、児童劇などについてそれぞれの時代の状況を概説したものであり、児童文化史といっても児童文化活動史ではなく、児童文化財史といった内容になっている。

太平洋戦争後、最も早く児童文化の概論書として出版された松葉重庸『児童文化概論』（一九五〇年、巌松堂書店）では、第一章に「児童文化運動」の節を設け、明治・大正・昭和戦前期の児童文化の歴史を略述しているが、六ページに満たない分量となっている。

概論書の児童文化史の記述は、近年出版された書籍類も概ね似たような状況である。「児童文化」という用語が誕生して活動が展開された大正時代の児童文化史を取り上げた先行研究でも、雑誌を主な資料とした研究にとどまり、日記や手紙、文書類などの一次資料を用いた児童文化史研究は深められていない。

そこで本書では、当時の児童文化活動に関わった人々が残した一次資料を発掘しながら、「児童文化」という用語が誕生するまでの経緯と誕生の背景を探り、さらに、「児童文化」誕生当時の具体的な活動の諸相を探っていく。これまでほとんど不明のままとされてきた誕生期の児童文化活動の具体的な様相を探る過程で、先行研究では明らかにできなかったさまざまな新事実も明らかになっていくものと期待できる。

一例を挙げると、「児童文化」という用語が誕生する社会的な背景、「児童文化」という用語が使われ始めた時期の分析、児童文化活動が展開された場、児童文化活動を担った人々、児童文化活動に接した子どもたちの様子、児童文化の地方への広がりなどである。

これらの分析を通して、児童文化にかかわる新たな事実を求めると同時に、誕生期に「児童文化」という用語が内在させていた概念を探っていく。誕生期にさかのぼって「児童文化」の本質を探ることにより、児童文化研究がこれまで解明できなかった永遠の課題―「児童文化」とは何か―に対する答えも見出せるものと期待している。

本書で扱う主な時期は、「児童文化」概念が誕生したと考えられる大正一〇年を中心としてその前後の大正自由教育の隆盛時代を中心とする。そして、誕生期の概念を根強く内在させながら児童文化活動が展開していく昭和五年頃までの動向を主に確認していく。さらに、児童文化概念の誕生にいたる経緯を探るために、近世の子どもの文化状況、明治期の文化状況についてもあわせて確認する。

注

1 岡野憲一郎「災害とPTSD―津波ごっこは癒しになるか?」(『現代思想』九月臨時増刊号、青土社、二〇一一年八月)、八九ページ

2 竹中晃二「子どものストレスマネジメント教育」(服部祥子・山田富美雄編『阪神・淡路大震災と子どもの心身』、名古屋大学出版会、一九九九年)、二九ページ

3 服部祥子「子どもの震災ストレスへの対応」(服部祥子・山田富美雄編『阪神・淡路大震災と子どもの心身』、名古屋大学出版会、一九九九年)、四七ページ

4 藤本浩之輔「子ども文化論序説―遊びの文化論的研究」(『京都大学教育学部紀要』第三一号、一九八五年)、八ページ

5 前掲「子ども文化論序説―遊びの文化論的研究」一ページ

第Ⅰ部　近代の子どもの文化と「児童文化」の誕生

第一章　近世後期の子どもの文化

一―一　『桑名日記』に見られる子どもの遊びとおもちゃ

近代になって「子どもの発見」がなされ、「子ども」という語が特別な意味を持つ言葉として認識されるはるか以前から、〝子ども〟は存在していた。この当たり前の関係は、「児童文化」の場合も同様である。「児童文化」という用語が誕生するはるか以前に、おもちゃや読み物、遊びといった〝子どもの文化〟はすでに存在していたのである。

社会が近代化されていく過程でさまざまな社会的背景や思潮の影響を受けながら、次第に概念が醸成されてやがて「児童文化」という用語の誕生を迎える。近代化の中で子どもの生活や教育、そして子どもの文化がどのように展開し、子どもの文化を「児童文化」という用語で呼ぶようになったのか明らかにするためにも、近代の夜明けを間近にした近世後期にさかのぼって近代以前の子どもの生活と文化の様子を確認する。

近世後期の子どもの文化と生活の実像を伝えてくれる資料に『桑名日記』[*1]がある。『桑名日記』は、桑名藩の飛地・越後柏崎に赴任した養子勝之助に、桑名の様子を知らせるため、桑名藩士渡部平太夫政通が記した日記である。一八三

表Ⅰ1-1　鐐之助の遊びとおもちゃ

おもちゃを使った遊び	歌かるた、風車、紙鉄砲、かんぜより、きつね面、木の舟、くい打ち、こま、笹舟、十六むさし、双六、大鼓、竹馬《たかし》、竹の皮舟、凧、提灯、土人形、のろし、はじき猿、羽つき、吹き矢、弓矢と的
昆虫採集・釣り	釣り、とんぼ採り、鯰すくい、蛍狩り
その他の遊び	絵描き、鬼事、神楽太鼓の真似、かくれんぼ、がま鬼事、逆立ち、相撲、花火、水遊び

九年（天保一〇）二月二四日から、平太夫が急死する直前の一八四八年（嘉永元）三月四日までのおよそ九年間、ほとんど休むことなく記されている。

当時の文化から食べ物、物価、病気や仕事等にいたる幅広い情報が記録されているが、特に勝之助の長男で、平太夫のもとで養育されることになった孫の鐐之助《りょうのすけ》の日々は、遊びやおやつ、病気やけが、学習、そして成長の様子にいたるまで詳細に記されている。

鐐之助は、平太夫の養子勝之助と桑名藩士佐藤家のきくとの間に生まれた長男（弘化元年一〇月七日に突然禄之助と改名するが、一二月二〇日に再び鐐之助に戻る。本書では一貫して鐐之助と呼ぶことにする）で、一八三六年（天保七）一二月八日生まれである。したがって、桑名日記は、鐐之助が満二歳三ヶ月の時から書き始められ、一一歳四ヶ月を迎える直前に終わったことになる。

鐐之助は、平太夫とその妻で鐐之助の祖母おばゝ（本名と思われる名前は、「まあさ」「お増」「お末さ」）のもとで養育されている。だが、近くにあった母きくの実家である新屋敷の佐藤家にも毎日のように通っている。新屋敷では母方の祖父母であるおじゐさとおばゝさにかわいがってもらったり、叔父留五郎に凧揚げや釣りなどで遊んでもらったり、多くの人々の愛情に囲まれて成長していった。

『桑名日記』を見ると、鐐之助の遊びとおもちゃに関する記述は実に多彩である。『桑名日記』に登場する遊びとおもちゃの名前を列挙すると表Ⅰ1-1のようになる。

凧のように、手作りで与えられる場合と商品として購入する場合との二パターン確認できるおもちゃもあるが、この表に名前があるおもちゃの多くは手作りで子どもたちに与えられていた。

日記の中で手作りされたことが確認できるおもちゃは、歌かるた、紙鉄砲、木の舟、笹舟、竹の皮舟、竹馬、凧、提灯、のろし、吹き矢、弓矢と的、さらに、花火までもが手作りされていた。例えば、竹馬に関して次のような記述がある。[*2]

鐐之助きのふきんじよの子どもが、竹馬にのつてゐるを見て、御蔵よりかへるを見ると、内へきて、おじゐさおれにたかしをたつた今こしらつてくんなへとねだる。もふ日がくれるから、あすこしろふてやるとだましても、中なかがてんせず、べそかいてねだる。だましたりおどしたりしてやふやふがてんしてあしたのあさこさつてくんなへといふゆへ、けさめしまへニこしろふてやる。うれしがつてのつて見れど、まだあるかれぬゆへ、ひるすぎニハほつておいたけな。


近所の子どもたちが竹馬《たかし》を面白そうに乗り回す様子を見た鐐之助は、さっそく平太夫に竹馬をねだる。鐐之助に竹馬製作をねだられた平太夫は明朝作ってあげる。だが、四歳の鐐之助に竹馬を自由に乗りこなすことは無理だった。

乗ることを諦めてしまった鐐之助だったが、「たかしニ乗りたくても、あしがつたいせぬゆへあるかれず。それでものりたそうゆへ」平太夫は「きりの木ニてつくり、くわんぜよりをつけ[*3]」て小さい鐐之助でも竹馬に乗れるように細工を加えてあげる。平太夫の細工が功を奏したのか、それから二ヶ月後には、「今までハひよりげたくらひの高さ、こんどハもつと高くしてくれといふゆへ、高あしだくらひのたかさニしてあづけたれバ、これハゐゝこれはゐゝおばゝ見なへ見なへおじゐさも見なへと、のつて見せる[*4]」ほど自在に竹馬をあやつれるようになる。

また、『桑名日記』から、近世末期の子どもの遊び集団について知ることもできる。遊び集団を構成する子どもたちの詳細の一端は次の記述で明らかとなる。[*5]

裏の庵坊主大分掃除能致し候処、毎日毎日子供の遊ひ所ニ相也。夕方ニハ別而大勢、十五六頭ニして八九才迄の子供角力を取、着ものも髪も土砂だらけ、鐐も同様なり。皆手習仲間故鐐之助斗止させる事もならすやつはり砂たらけニなるを其儘いたし置。

ここに記されているように、寺子屋での手習い仲間が遊び集団になったという事実は興味深い。学びの場での仲間が、手習いが終わった後の生活時間でも遊び仲間として集団を形成しているのである。

この時の子ども集団は手習い仲間だったため、集団を構成する子どもたちの年齢は、下限が寺子屋で手習いを始める八、九歳ほどとなっている。だが、近所の子どもたちが遊び集団を形成している場合は、構成年齢の下限はもう少し下がることが次の記述から理解できる。[*6]

くれあいより中小供が大ぜいあつまり、内のまへ稲倉のまへせまひ所ニてがま鬼事をはじめ、もの音聞へず。留公もこたへられずまぜてもろふたげな。鐐ハまだちゐさきゆへ門ばたニて見て居る。おばゝせんとふへゆこふと云ても、おれハおじゐさと行とて、おばゝと行ずニ見てゐる。六半まへニなれども、子供やめず。鐐も内へ入らず。このまつくらニ、そとにゐると、狐が来るから、もふ内へはゐりやれといふたら、やふやふはゐる。

子どもが家を中心に生活している時には遊び仲間も家の近所の子どもたちになり、寺子屋のような外の世界での時間を持つようになると新たな遊び仲間ができていく様子は、この時代も現代とさほど変わりない子どもの集団形成過程が存在していたことを示している。

　また、この記述では、近所の子どもたちが大勢集まって鬼ごっこをしている時に、四歳になったばかりの鐐之助は小さいために仲間に加われずにいたことが記されている。子どもたちの遊び仲間における、いわゆる〝みそっかす〟が、近世末期の子どもの遊び集団にも存在していたことになる。こうした事実にも注目しなければならない。

　竹馬に関する一連の記事は、おもちゃが子どもの周囲の大人によって手作りされて与えられていた様子を伝えてあますところがない。竹馬がよい例だが、作って与えることも、改良を加えたり修理したりすることも、多くの場合は自家製であった。その典型が凧である。

　鐐之助の凧好きの様子は、『桑名日記』の中に繰り返し記されている。四歳になったばかりで、まだ自分で凧を揚げることができない時には、凧を揚げてくれるように「目ニなミだをためてねだりつけ」[7]ている。五歳になっても凧好きは変わらず、「たこをすき」と繰り返し繰り返し言いながら[8]凧を揚げてもらっている。そして、凧の夢を見て「ねごとにおじゐさわくをもつてくんなへ、はやふニはやふニ」[9]と言ったり、「凧ヲ揚てくれときちがひの様ニ成て」[10]騒いだりするほどであった。

　このように凧好きの鐐之助に対して、「朝めがさめるとねるまでたこのはなしゆへ、鐐のやうニたこすきなものもめつたニありやせまへ」[11]と、おばゝや平太夫は孫の凧好きを話題にして大笑いしている。そして、「どんな痛イめニ逢て来ても泣と言事なし、いつでも凧て斗気ヲもんで泣ます」[12]と笑っている。特に、「生爪はなしても泣ねとも能々凧好と見へて凧て斗泣」[13]という平太夫の慨嘆は、鐐之助のいささか度を過ぎた凧好きぶりをよく伝えてくれる。

　鐐之助は、平太夫が「鐐腐る程凧有」[14]と言うくらい数多くの凧と多くの種類の凧を持っていた。具体的にどれくらいの数の凧を持っていたかというと、「凧も大小十ヲ斗り」[15]持っていた。

　鐐之助が持っていた凧の種類として『桑名日記』に記されているのは、武者凧、ぶか凧、鯰《なまず》凧、行燈《あんどん》凧、丸行燈凧、相撲取り凧、文字（龍と鶴）を書いた凧である。

　これらの中で、武者凧は他の凧とは比較にならないほど鐐之助が好んだ凧である。しかも、武者凧は他の凧に比して高価でもあったようだ。「角力取の凧買てとおはゝをねだり十六文で買ふて貰」[16]ったのに対して、「粉糠と空俵を払候銭ニ少し相足百文の武者凧を誂候様ニと銭」[17]を渡して鐐之助が大喜びする記述がある。このことから、この時買った武者凧は百文だったことがわかる。他に武者凧の値段がわかる記事として、糸が切れて飛んでいった武者凧が見つかると、鐐之助に新しい武者凧を買ってくれとねだられていたおばゝが、「百文斗りの徳がいつたとおはゝ歓ぶ」[18]ことが記されている。これらの記事を参照すると、大小さまざまの武者凧の存在が『桑名日記』にも記されているので、すべての武者凧が百文というわけではないにしても、百文が武者凧の相場だったと考えてよさそうである。

　高価なものだっただけに、破れを繕って何度も修理し、紙が完全に破れてしまった場合には、骨を大切に保管してそれに新しい紙を貼って使い続けていた。骨に貼る紙は、「森下紙」[19]や「美の紙」[20]といった、丈夫な和紙が使用されていた。そうした紙には、なんらかの絵や文字が書かれて凧に貼り付けられた。文字の例としては「わしのじしろじニしてほかをあをく」[21]塗ったものや、「鶴の字」[22]、そして「自分でぶか凧ニ龍と言字を書」[23]というように、いかにも空に上る凧にふさわしい文字だった。

　だが、ほとんどの場合、凧には文字ではなく絵が描かれていた。『桑名日記』からは、凧絵は自分で描く場合、誰かに描いてもらう場合、そして土産としてもらう場合があったことがわかる。

凧絵に関する日記の記述をいくつか引用する。[24]

　①鐐むつくりおきると、きのふ武八ニミの紙弐まへついてもらひ、鋳八郎ニ武者を画て貰ふたの持出し、はつてくれとねだる。

②昼過稲塚の弥三郎美の紙四枚武者絵ヲ書た凧ヲ張て持て鐐ニ下さる。
③鐐武八ニ凧の絵を書て貰ふて、佐藤て張て貰ふたけな。
④磯の幸助より江戸土産ニ切元結と絵紙二枚貰ふ。春日三蔵より切元結と凧の絵壱枚貰ふ。
⑤鐐之助武者を写候付張てくれと言故張てやる。

江戸土産にもらった凧の絵がどのようなものだったのか興味深いところだが、これ以上の詳細は不明である。江戸土産になるくらいなので、それなりに有名な絵師が描いた凧絵だったのだろう。

幼い時は武者絵を他人に描いてもらっていた鐐之助だったが、⑤のように、満一〇歳を過ぎた頃から自分で凧に貼る武者絵を描くようになる。「絵を写し八ツ半過迄根気ニ写ス」[*25]ほど熱中し、そのような鐐之助に対して、平太夫も「些絵心あるもよろしく候」と好意的に見ている。

ただし、これらの凧絵にした武者絵が、どのような武将のどんな場面を描いた絵だったのか、残念ながらほとんど不明である。わずかに、次の記事が鐐之助の周辺に溢れていた武者絵の具体像について貴重な情報を与えてくれる。[*26]

今朝平治けふハ凧の絵（書）て貰ひニ行と言ト、鐐大歓。大須賀へ平治ニ付て行。平治も鐐も昼飯も呼れ、朝から晩迄退屈もせす、暮逢迄付通し。とふとふ書て貰ふて帰る。絵巴御前也。至極宜出来、細色もりつは也。

この時の凧は、鐐之助に武者凧を作ってやるために、平太夫があらかじめ一二、三枚継ぎ足して用意していた森下紙に描いてもらったものであった。彩色も見事だったと書かれているので、木曽義仲の愛妾で女武者の巴御前が描かれたかなり見栄えのする立派な大凧だったと思われる。

武者凧好みは鐐之助に特有のものではなかった。鐐之助が生まれた翌年の一八三七年（天保八）から書き始められた『近世風俗志』には、凧について次のような記述がある。[*27]

三都ともに凧の絵種々描之と雖ども、武者及英雄の図を専とす是男児の弄物なれば也婦女美人等甚だ稀也必らず種々彩色を加ふ

江戸童如此を絵だこ左の如きを字だこと云絵凧より字凧は凡價半減。

様々な凧の中で、字凧よりは絵凧、そして絵凧の中では武者凧が、江戸・大坂・京の三都で最も人気があったことがわかる。

凧のように購入する場合のあるおもちゃでも、商品の流通経路が確立された中で大量生産・大量消費されていたわけではない。伊藤晴雨の『江戸と東京風俗野史』には、「凧やで御座い」「凧や奴凧」と呼び声をあげながら凧を売り歩く男の姿が描かれている。[*28] この物売りの男のように、当時のおもちゃの製造・販売は、家内で作ったおもちゃを売り歩いてわずかな現金収入を得る程度だったのである。

また、これらの遊びを見ていると、春の凧、夏の花火や水浴びといったように、季節ごとの流行の違いが存在していたことがわかる。「此間より子供の遊ひニ弓射大流行。凧揚はさつはり止」[*29] というように、流行の移り変わりがこの時代の子どもたちの遊びにも存在していた。流行は年毎に変化したことも次の記事からわかる。[*30]

二ツ獅子の来る年ハ凧の売ひ少きよし。凧売候者の咄のよし。いかさま武者凧一向町方ニても不揚。旧冬より御家中も町方もこま廻し大流行ニて、鐐之助も大分こま廻し習ひ、（中略）夫故凧を揚るもの一向無之。凧二ツ

三ッ貰ひ候得共末タニ二ッハ一度（も）揚ず。四枚張の凧漸三度ならてハ不揚。

「二ッ獅子」の来る年には凧が流行しないと凧売り業者が話していることからすると、凧が流行らなかったのはこの年に限った現象ではないことがわかる。数年ごとに、凧やこまが交互に大流行していたのである。

以上のように、手作りのおもちゃと販売されるおもちゃが、近世末期の桑名藩の子どもの世界に存在していた。さらに、子ども集団を形成しながら、豊かに遊びを展開していたのである。

注

1　本書では、澤下春男・澤下能親校訂『桑名日記』一～四、ぎょうせい刊、一九八三～八四年、をテキストとしている。また、『桑名日記』を中心に近世末期の子どもの文化について、『論叢児童文化』第一九・二〇号（くさむら社、二〇〇五年）で考察しているので参照いただきたい。
2　『桑名日記』天保一二年八月二五日条
3　『桑名日記』天保一二年八月二六日条
4　『桑名日記』天保一二年一〇月一五日条
5　『桑名日記』弘化二年三月一二日条
6　『桑名日記』天保一二年壬正月二二日条
7　『桑名日記』天保一二年一月二四日条
8　『桑名日記』天保一三年一月一一日条
9　『桑名日記』天保一三年二月七日条
10　『桑名日記』天保一三年一一月一二日条
11　『桑名日記』天保一三年一月二〇日条
12　『桑名日記』天保一四年二月一三日条
13　『桑名日記』天保一四年一〇月七日条
14　『桑名日記』天保一四年一月一五日条
15　『桑名日記』天保一三年一一月一八日条
16　『桑名日記』天保一三年一一月一七日条
17　『桑名日記』弘化五年一月九日条
18　『桑名日記』弘化二年二月六日条
19　『桑名日記』天保一三年一月六日条
20　『桑名日記』天保一四年一月二三日条

21 『桑名日記』天保一二年一一月三日条
22 『桑名日記』天保一五年一〇月二一日条
23 『桑名日記』天保一五年九月二四日条
24 ①『桑名日記』天保一二年一一月一五日条
②『桑名日記』天保一四年一月二三日条
③『桑名日記』天保一四年一〇月九日条
④『桑名日記』弘化三年二月九日条
⑤『桑名日記』弘化五年一月五日条
25 『桑名日記』弘化五年一月一七日条
26 『桑名日記』天保一四年二月二〇日条
27 『類聚近世風俗志』下巻、名著刊行会、一九七九年、三一六ページ
28 伊藤晴雨『江戸と東京風俗野史』一九七一年、有光書房
29 『桑名日記』天保一五年一一月二〇日条
30 『桑名日記』弘化四年二月二日条

一―二　鐐之助が楽しんだ読み物と「むかし」

おもちゃ以外の児童文化財で『桑名日記』の中に頻繁に登場するものに本がある。鐐之助が本に接する様子は、満二歳八ヶ月の時に早くも記されている。[*1]

けふもあめふりゆゑ鐐こそとへハ出られず大こ持もさんざんニなり□◇《一六》を出してあづけ先おぢやも手をやすめ
それより本本を出してあそバせこれもさんざニなりやうやくおばゝのちゝをくわいてねむる

具体的な書名は不明だが、太鼓などとともに「本本を出してあそバせ」ていることからすると、このときの本は鐐之助のおもちゃ代わりになるような内容だったことはまちがいない。およそ二週間後には次のような記述も見られる。[*2]

天気あしきゆへ鐐こひるねせしよしけふハおばゝさむけがするゆへ鐐おじやとせんとうへゆきかへつて又佐藤

へゆこふとねだりいろいろだまして本本を見て六ツ半ごろおばゝと寝るよほどひるねをしたれどもじきねむる。

江戸後期の桑名藩下級武士渡部家で、本を見ながらあるいは読み聞かせをしてもらいながら子どもが眠りにつく日常が展開されていたのである。

絵本の読み聞かせの他に、眠りにつく子どもに昔話を聞かせていたことも『桑名日記』の中に記述されている。鐐之助が満三歳になってまもない頃に次のようなことが記述されている。*3

五ツすぎニ鐐こ目をさますめさましニ隣のお子ふさいとひきもつてきてくんなつたまめいりをたべそれからおばゞのそばで御膳を食べさせるそれからこたつでむかしをかたつてきかせそのうちニおばゞのそばへゆきちゝをなめおばゞとねよふねよふといふてならぬからてうちんをつけてもたせ佐藤へあそばせニつれてゆきしハらくあそばせかへるまだせぎまへ也

起きてきた鐐之助に火燵で聞かせた「むかし」とは、いわゆる昔話の類のことである。江戸時代後期の下級武士の家で、大人が子どもの無聊を慰めるために昔話が日常的に語られていたのである。

この時はどのような内容の話が語られたのか不明である。だが、鐐之助が満四歳九ヶ月に平太夫との間で交わされた昔話に関する記述から、渡部家においてどのような昔話のやりとりがあったのか知ることができる。*4

おじゐさ寝なんかといふゆへ、小便して寝る。おじゐさ昔しかたろふか、アノ子松の木ニ猿がのぼつて居たそふだ、人が見付てのぼつていつたら、猿がちよこちよことおりてにげていつたそふだ、それでいちがさかへた。

サアこんだおじゐさの番だ、裏へ狐が　　　　今度
来て居たそふだ、鐐が二階へ上つて見ていたそふだ、雨が大降ニ成て来たらどつかへいつてしまつたそふだ、
それでいちがさかへた。そふでなへそふでなへ、おじゐンノハうそだ。そんならどふだ、裏へ狐が来ていたそ
ふだ、おこんさが佐藤へ武さと啓さの迎ひニいきなつたそふだ、そふしたら金山の金司さが飛んで来なつたそ
ふだ、二階から見て居なつたら、墓所コから本尊さまの跡へ来たそふだ、雨が大降ニ成て来たら、又墓所のほ
ふへ来て、からだをぶるぶるして石塔の上をひよいひよいと飛んで、そふして郡のほふの垣の中へはゐってし
まったそふだ、それでおしまひ、いちがさかへた。おじゐさ、もふねぶろふかとすつこむ。間もなく眠る。

この夜の鐐之助は、平太夫に昔話をねだるのではなく、鐐之助の方から昔話を話そうかと平太夫に持ちかけていることに注目したい。就寝に際して「昔しかたろふか」と子どもが提案するということは、寝かしつけられるときに昔話を語ってもらうことが半ば習慣化していたことをうかがわせてくれる。そして、昔話を聞く楽しさを日常的に十分に味わっていたこともうかがえる。昔話を聞く楽しさを知っていたからこそ、自分から昔話を話そうという気になったのだと考えられるのである。文化の受け手が自然に文化の作り手になっていく様子が現われていることに注意したい。

この夜の話の内容は、いわゆる昔話ではなく、狐の出没という身近な出来事を題材にした創作となっている。『桑名日記』には、狐が出没したことがしばしば記されているので、おそらくそうした身近な出来事を題材にした創作話が渡部家では主に語られていたのであろう。

鐐之助が五歳を過ぎると、寝床で聞く話の内容にも徐々に変化が現われてくる。五歳になって間もない鐐之助と平太夫の寝床でのやりとりが次のように記されている。*5

鐐洗湯より帰ると、おじゐさ寝（虫）おじゐさ寝と言ゆへ抱て寝ると、おじゐさ百人しゆをよミなんと言。夜前の通り天智天皇（虫）言て聞せるとその通り鐐も読ム。天智天皇秋の田の、てんちてんのふあきの田の、苅穂の庵の苫をあらミ、かりほのいほのとまをあらミ、我衣手ハ、ワかころもてハ、露に濡つゝ、つゆにぬれつゝ。右之通かなの所ハ鐐之言所也。段々中納言家持迄読内、もふねふけが来て言あげぬ内ニふ《ママ》ふるなり。文字の通り段々声か小さくなるとねふる也。中納言家持鵲の渡せる橋ニおく霜の、ちうなこんやかもちかさゝきのわたせるはしニおくしもの、白きを見れは夜そ、しろきを見れハよそ、此通り段々声かひくゝなるとフウント言声とともニねふつてしまう也。

身近な出来事をもとにした作り話から、次第に百人一首のようなものを聞くようになっているのである。ただし、このように寝床で百人一首を聞いていた鐐之助だったが、四年後に「鐐之助正月ニ成ても百人一首をしらぬと歌かるたを取事かならぬ」と平太夫に言われ、「そんなら教へてくんなへ、おはヤ、百人首の本を出してくれやイトやんやんと言」*6っている様子を見ると、寝床では覚えるために聞いていたということではなかったらしい。後年のこうした鐐之助の言動から見ても、五歳の鐐之助は昔話のようなお話の代用として百人一首を聞いていたとみてよさそうである。

もちろん、お話は創作物や百人一首のようなものばかりとはかぎらない。『桑名日記』からは確認できないが、他の資料では現在にも伝わるさまざまな話が語られていたことが確認できる。

江戸末期の一八五九年（安政六）に美作国久米郡羽出木村（現、岡山県久米郡久米南町羽出木）の庄屋の家に生まれた片山潜は、昔話の思い出を次のように語っている。*7

斯く家内中が一所に集つてヨナベをする。（中略）併し予の記憶に最もよく印象されて居る一事。而も愉快なる物はヨナベのある時分は既に老人でヨナベなどしない曽祖父より昔話を聞くことであつた。中の間の炬燵にあたつて而して彼が麗な顔に微笑を含んでサモ親切な態度で諄々として話す有様は今尚予の記憶に存して居る。最もよく話したものは、『鬼ヶ島の儺討』で、次には、『大江山酒呑童子の退治』であつた。（中略）其れから『桃太郎』『舌切り雀』『枯木に花咲せ爺』及び『秀郷の百足退治』なども話して聞かして貰つた。同じ話を幾度繰り返して話して貰つたか分らない。而し何遍でも聞くのが楽しみであつた。

源頼光が活躍する『大江山酒呑童子の退治』や藤原秀郷が活躍する『秀郷の百足退治』が話されていたことからすると、桃太郎のような典型的な昔話の他に、源平時代の英雄たちの活躍譚を題材にした話などが子どもたちを楽しませていたのであろう。

いずれにせよ、鐐之助のような武士の子どもの場合も、片山潜のような農民の子どもの場合も、幼少期に豊かな語りの文化を体験していたことが理解できる。

ところで、この頃の鐐之助がどのような本を見ていたのか、その具体的な書名はほとんどの場合記されていない。わずかに次の記録が、二歳から三歳頃の鐐之助が見た本の具体名を教えてくれる。*8

ひる御ぜんをそふそふニたべさせ町屋かわらへあそばせニつれゆくかわらのすなばかりのところニてはだしであそバせるところがおもしろがりびちやびちや川へはいつたりいしを川へほりこんだりさんざ遊んでそれからはしぶしんのふしんごやへゆきむすびをたべさせゆふをもろふてのませふしんごやニほくさいまんぐわのほんがあるをかりて見せそれよりだんだんもどりミちニなりわたしふねがきしニあるゆへそのふねへのりうれしが

りそれから橋より東江ゆきふなぐるま江つれゆきあそばせる

ここには、鐐之助が手にした本の具体名が記されている。『ほくさいまんぐわ』（北斎漫画）である。『北斎漫画』は、子どもを楽しませるために描かれた本ではない。だが、葛飾北斎によって活写された人物の姿・表情、暮らしのひとこまから、動物の生態、妖怪や自然の景物などは、まだ三歳に満たない鐐之助をも十分に楽しませたことであろう。

『桑名日記』には、子どもに与える本を親が用意する様子も記されている。*9

夫より此間の草そふしを持出し、おじゐさおそへてくんなへと言故、是ハ何と言人是ハとふ言人と言て聞せる。其内朝飯ニ成。

「此間の草そふし」とは、越後柏崎の両親のもとから、栗とともに遠く離れた桑名にいる鐐之助に送られてきた草双紙である。草双紙は、鐐之助が四歳四ヶ月だった前年の四月にも越後から送られてきている。その時には、草双紙が送られてくるや、鐐之助は「草そうしをよろこひ、大事ニふくろへ入てしまひ」*10こんでいる。両親が鐐之助のために越後から送ってきた草双紙の書名は不明である。だが、祖父平太夫に「是ハ何と言人是ハとふ言人」と教えてもらっていることからすると、源平時代の武将や、桃太郎や金太郎のような昔話に登場する主人公の絵などが見開きに大きく刷り込まれ、余白に簡単な文章をつけた形式の、絵が中心の本だったのではないかと考えられる。

『北斎漫画』以外に鐐之助が三歳前後の幼児期に見た本の書名としては、「五十三つぎ」と「百人しゆ」が記されている。その場面は次のように記述されている。*11

鐐こけさおきるとけふハ雨がふつてのろしがあげられんでつまらんなあといふ。（中略）けふハおもてにてあげられぬゆへおじゐさ内であげよふといふて、ざしきよりへやへほつてよこす。へやよりざしきへほつてやる。又ほつてよこす。ほつてやる。それもさんざニなるとくさぞうしを見る。五十三つぎを見るやら、百人しゆを見るやら、鐐のあいてになるのもなかなかめんどう也。

『桑名日記』中で平太夫が図解して説明しているところによると、「のろし」とは、「二尺程の高サニ杭を立、其こへ板切レをのせ、左りの方へ巻き紙をのせ、右の〇印の所を棒ニてちからまかせにうつ」という道具を使った遊びである。鐐之助は、「鐐が打ても三間くらひも上ると、天をつくよふニ上つた」[*12]と喜んだと記されている。

終日雨だったために家の中で遊ぶことを余儀なくされた鐐之助は、のろしに飽きた後には草双紙を見て遊んでいる。「鐐のあいてになるのもなかなかめんどう也」と平太夫が述懐しているところを見ると、平太夫は草双紙を見る鐐之助の傍らで、草双紙に描かれている絵の説明をさせられていたようだ。

この時に鐐之助が見ていたのは「五十三つぎ」と「百人しゆ」と記されているが、すでに引用した記述に見られたように、平太夫は四ヶ月後にも寝床で百人一首を鐐之助に聞かせている。筆者の手元には、大坂・小谷卯兵衛、浜本伊三郎版の『百人首　女訓玉文庫』という本（図I-1）がある。これを見ると、前半が「百人一首」、後半が「女大学」という作りになっている。前半の百人一首の部分は、それぞれの歌の詠み手が一ページに一人ずつ描かれ、その余白に歌が刷り込まれている。それぞれの詠み手には歴史上の有名人も多く、子どもにとっては、詠み手の肖像を見ているだけでも十分に楽しめるものだったであろう。

社会主義者の山川菊栄が、江戸末期の一八五七年（安政四）に水戸藩の下級武士の子どもとして生まれた母親千世《ちせ》の

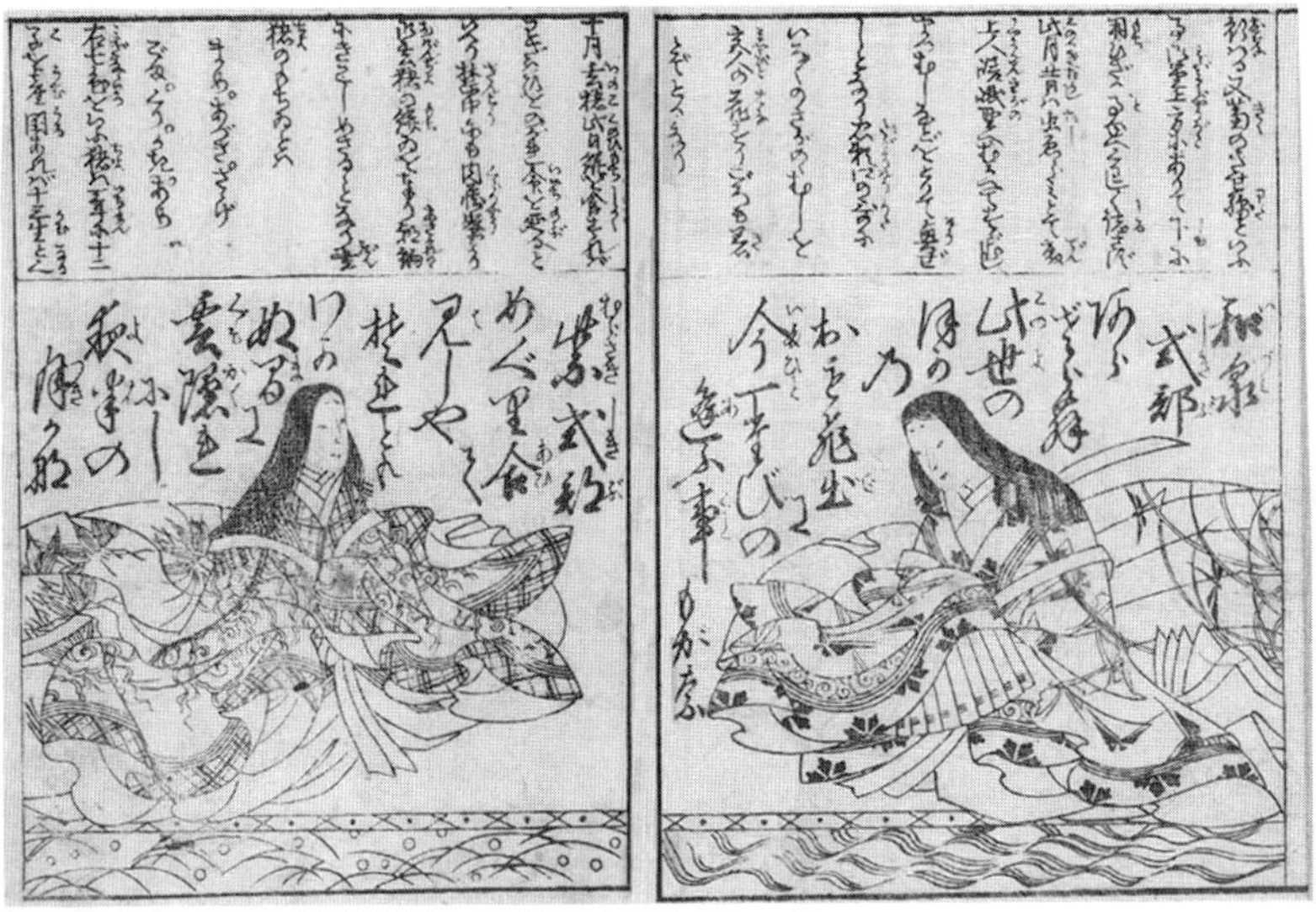

図Ⅰ-1 『百人首　女訓玉文庫』より　和泉式部と紫式部

日常の思い出を記している本に『武家の女性』がある。そこには、女子の習うものとして次のような記述がある。*13

> 女の子の習うものは大体きまっていまして、まずいろはを習い、それから『百人一首』、『女今川』、『女大学』、『女庭訓』、『女孝経』といったような本—これらを一まとめに『和論語』といいました—まずよみ方を、それからそういうものを書いたお師匠さんのお手本を習い、次々にあげてゆくのです。（中略）中には東海道五十三次の宿の名を歌のように綴ったもの、また「大名づくし」といって大名の苗字を並べたものをお手本で習いました。

桑名藩の下級武士の子どもだった鐐之助が幼少期に見た「五十三つぎ」と「百人しゆ」が、水戸藩の下級武士の女子も見ていたという事実は興味深い。渡部家には、鐐之助の伯母にあたるおこん、おかね、おせん、そしておなかと女性たちが多かったこともあり、山川菊栄の母千世と同じような文化環境が渡部家にも存在していたのであろう。

ちなみに、「おなか子供のおりいろは譬ひニ拵、半太さニ絵を書て貰ふ積」[14]で一〇〇枚ほどの紙をとっていたという記述からすると、渡部家では「百人しゆ」のような本の他に、「いろは譬ひ」が女子に与えられていたことも確認できる。

このように渡部家の文化環境を確認すると、「おじゐさおそへてくんなへ」「是ハ何と言人是ハとふ言人と言て聞せる」[15]という平太夫と鐐之助のやりとりは、天智天皇や持統天皇、柿本人麻呂ら、百人一首に描かれた人物についてのものだった可能性も考えられる。

鐐之助の日常に関連した次のような記述もある。[16]

此ごろハ種々様々の引競を聞とも聞とも、義経さまがつよゐか弁慶が強ィかの、真田の与市が強ィか股野の五郎が強ィかの、平めがうまいかぶりからまいかの、さまさま無量の引くらべをきく也。

鐐之助は、平太夫に義経と弁慶、真田与市と俣野五郎のどちらが強いか、ヒラメとブリのどちらがおいしいか、といったことをあれこれと質問しながら平太夫の話を楽しんでいるのである。

ところで、鐐之助の日常での文化環境を知る上で、鐐之助が真田与市と俣野五郎を引競べながら平太夫に質問していることは興味深い。

鐐之助が名前を挙げている真田与市と俣野五郎の名前を知っている現代の子どもはきわめて稀ではないだろうか。二人は、一一八〇年（治承四）八月二三日、平家打倒の兵を挙げた源頼朝とそれを追討しようとする平家方の大庭《おおば》景親《かげちか》による石橋山の合戦に出陣していた武将である。頼朝方だった真田与市と景親方だった俣野五郎は、海が迫る断崖で暗闇の中組み討ちをする。真田与市は俣野五郎を組み伏せてとどめをさそうとするものの、血糊のついた短剣の鞘を抜けず

図Ⅰ-2　真田与市能久と俣野五郎景久
（大錦三枚続横絵　1835 年（天保 6）歌川国芳）

にいるところを、俣野を助けに来た大庭方の武将たちに囲まれて壮絶な討ち死にをする。

この場面は、『平家物語』や『源平盛衰記』が描く石橋山の合戦のハイライトの一つとして江戸時代には広く人々に知られるようになり、「石橋山」という地名が組み討ちを意味するまでになっていった。そして、この場面を描いた武者絵（図Ⅰ-2）や絵本が数多く出版されるようになる。

また、この逸話に関係した「梶原平三《かじわらへいぞう》誉《ほまれの》石切《いしきり》」や、河津三郎と俣野五郎の相撲の逸話を描いた「鴛鴦襖恋睦《おしのふすまこいのむつごと》」といった芝居が上演されるようになり、二人の名前が人口に膾炙《かいしゃ》する上で大きな役割を果たしていく。ちなみに、俣野五郎は、相撲の決まり技の一つである「河津掛け」を河津三郎に掛けられた最初の人物としても知られている。

あと二ヶ月で満五歳の誕生日を迎えようとしていた鐐之助が、義経と弁慶や真田与市と俣野五郎二人の名前を知っていたということは、日常での文化を通して源平時代の英雄たちの活躍譚を聞き知り、これらの名前が鐐之助にとってすでに身近な存在になっていたことを意味している。

四歳一〇ヶ月の鐐之助が源義経と弁慶、真田与市と俣野五郎をひき競べていた生活環境と文化環境はどのようなものであろうか。幼児期の鐐之助に、源義経や真田与市の事蹟に接する機会を提供した文化として浮上するのは、これらの人物を描いた本の存在である。筆者の手元には寛政一三年

（一八〇一）京都・菱屋治兵衛版の『絵本源平武者揃』上・下巻がある。

上巻には、六孫王経基、新田義貞、宇治川先陣、快童丸、女武者巴、大夫敦盛、忠信、佐々木盛綱がそれぞれ見開き二ページにわたる挿絵に描かれ、その余白に簡単な文章が添えられている。下巻には、源頼義、和田義盛、鎌倉権五郎景政、義経八艘飛、那須与一扇的、武蔵坊弁慶、景清しころ引、渡邊綱がそれぞれ描かれている。「武蔵坊弁慶」の箇所では、図1-3のように、五条大橋での義経と弁慶の対決が描かれている。

真田与市と俣野五郎に関する話も、こうした絵が中心の本に登場する。一八一〇年（文化七）江戸・西村源六版の『絵本勇士子』には、俣野五郎と真田与市の巨石投や敦盛と直実、巴御前や那須与一の扇の的、八幡太郎義家など源平合戦の武将を中心に一四場面が描かれている。

先に引用した鐐之助と平太夫の間で交わされていた本に描かれた人物をめぐる問答を見ると、このような本を通して、鐐之助が義経や弁慶、真田与市や俣野五郎、巴御前らの事蹟について知り、彼らが鐐之助にとっての憧れの存在になっていった可能性が高い。

こうした本の他にも、『義経島めぐり』や『義経一代記』のようないわゆる赤本や、青本でも義経は取り上げられている。『桑名日記』でそれらの存在を確かめることはできないが、これらの本が渡部家に存在していた可能性も否定できない。参考までに、鈴木重三・木村八重子編になる『近世子どもの絵本集』（岩波書店、一九八五年）江戸篇に収録されている義経関連絵本名は、「義経島めぐり」「武者鏡」「武者づくし」の三点、中野三敏・肥田皓三編になる上方篇に収録されている義経関連絵本名は、「女武者」「弁慶誕生記」「絵本御代駒」「武者絵本」「牛若丸化物退治」の五点である。

鐐之助が『絵本源平武者揃』のような本を手にしたかもしれないという推測を側面から裏付けてくれるのが、『蜑《あま》の焼藻《たくも》の記《き》』の記述である。一七三八年（元文三）に禄四〇〇石の幕臣の家に生まれた森山孝盛（一七三八-一八一五）が、新井白石の『折たく柴の記』にならって生涯を追懐して書いた『蜑の焼藻の記』には、幼児の読書や寝物語の思い出に

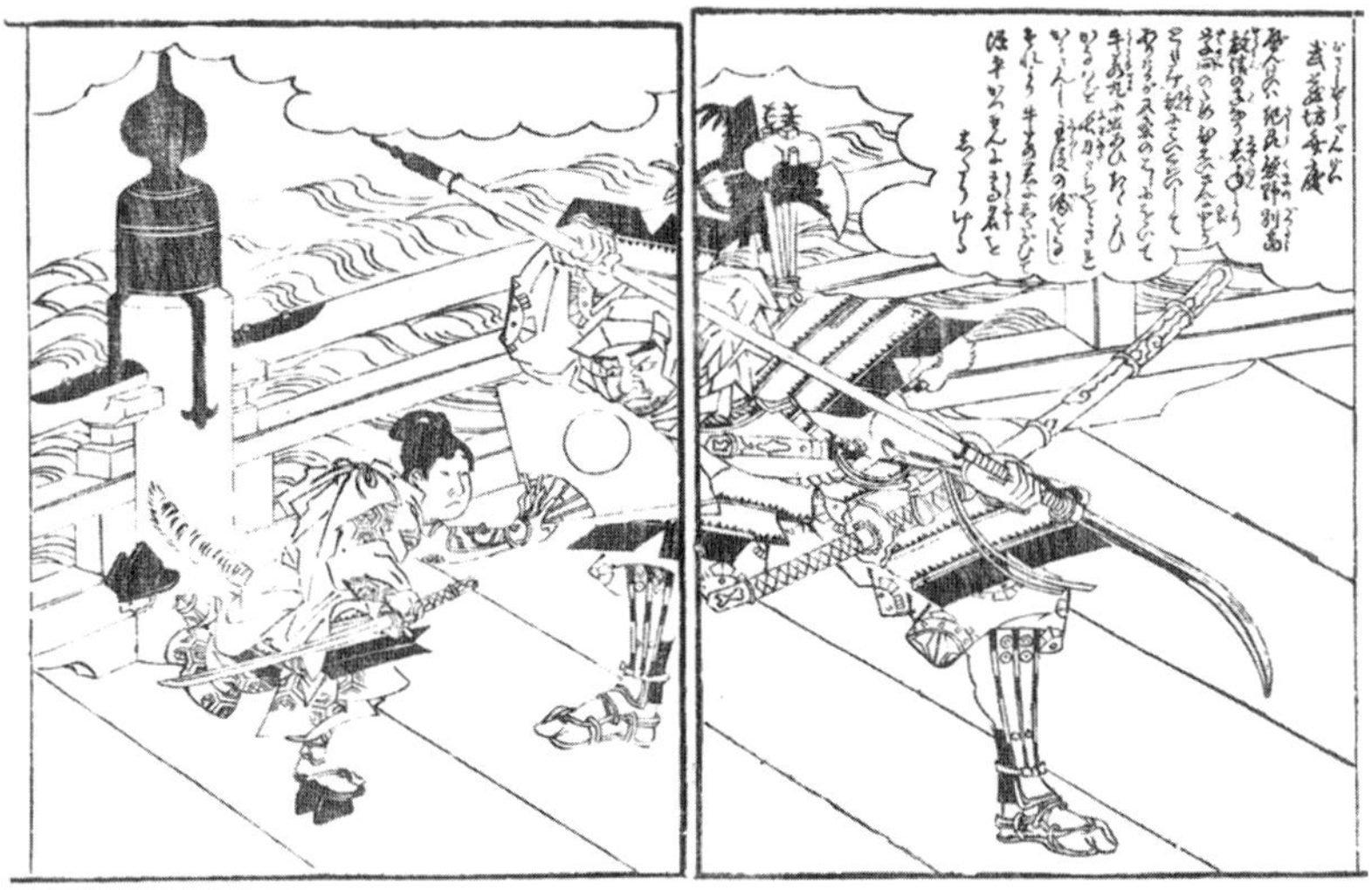

図１-３『絵本 源平武者揃』より　牛若丸と武蔵坊弁慶

ついて次のように記している。[*17]

翁が六ッ成侍りける時、たらちめの文よむことを、しへ玉ひて、十に余れる頃までに、四書、五経、小学、三体詩、古文なんどならひぬ。幼き心に、何のわひだめなく、只坊主の経よむ如くにのみ覚え居たり。又朝夕母のかたはらにて、古への聖賢の行ひ、或はやまとの名将勇士のふるまひ、忠孝仁義の道を寝物語なんどに語り聞せ玉ひて、

舌切すゞめ　枯木に花さかせぢゝ　猿とかに
兎狸　鉢かつぎ　ゆり若
楠　義経　為朝
義貞　閔子騫　伯瑜
曾子　孟母

なんどの物語をいく度か聞たり。子耳に聞込て、今も猶思ひ出ぬれば、懐旧の涙とゞめ難し。さればかゝる故にや、いつとなく書をみることのいとはゞからで、仮名文、記録、軍談、浄瑠璃本の類まで、取当る書毎におもしろくて、日ぐれにも、ともし火立る間も待遠

くて、月にむかひて見侍るごとくなりき。

同じ武士とはいえ石高に開きはあるものの、鐐之助の文化環境をほうふつとさせてくれる述懐である。幼児期の鐐之助にとって、源平時代の英雄は、森山孝盛の場合と同じように、お話と絵本を通して身近な存在になっていったものと思われる。

幼児の時にはこれほど草双紙の贈り物を喜んだ鐐之助だったが、草双紙を喜んだのは、鐐之助の場合、幼児の頃に限られている。鐐之助が九歳五ヶ月になった五年後にもお土産で草双紙を二冊もらう記述がある。その時には、「おばニバつかりいろいろくれてナ、おれニハ思白くもなへ、あんな草双紙なんそくれた」[*18]とさんざん不満を述べている。こうして幼児の鐐之助と少年期を迎えた鐐之助の草双紙の贈り物に対する反応を比べると、子どもの成長や文化環境の変化とともに、子どもの中で草双紙が占める位置が変化していったことがうかがえて興味深い。

ところで、越後から送られてきた草双紙を見ながら、平太夫が描かれている人物について説明するのを鐐之助が聞いて楽しんだことが記されていたが、鐐之助がこうした楽しみ方をした草双紙とは具体的にどのようなものだったのだろうか。

草双紙とは、多くは見開き二ページにわたる絵が大きく刷り込まれ、絵の余白に細かい文字がびっしり刷り込まれているものである。草双紙の読み方について、野崎左文は次のように説明している。[*19]

是は僕ひとりでは無く、多数の読者は皆同様であつたらうと思ふのだが、貸本四五編を借入るや否や、先づその挿画を順々に目を透して、事件の変遷や巻中人物の浮沈消長等を、腹の中に納めた後ち、徐ろに本文に取掛つて、自分の予想を確かめて行くといふ読み方で、例へば一度通過した名所を、今度は案内者の説明附きで再遊すると同様、そこに何とも言へぬ興味が湧いて、此先はどうなるかお先真ッ暗に読んで行く読み本とは、面白さは比べ物にならぬのであつた。

野崎の説明で、絵が主で文が従の体裁で作られていた草双紙を、人々がどのように楽しんでいたのかがよく理解できる。

ただし、こうした楽しみ方は、文字を読む力を持つ人々のものである。識字力のない幼児には、草双紙をこうして楽しむことは不可能である。識字力のない子どもが草双紙を楽しんだ様子について、一八八三年（明治一六）生まれのドイツ文学研究者吹田順助は、『旅人の夜の歌』の中で次のように回想している。[*20]

金瓶梅は今から考えると、決して少年の読み物ではなかったし、それにみみずの這ったような木版の平仮名は私にも読めたものではなかったものの、それでも筋を読まないでもおおよそ分るようなさし絵をみるのが禁断の木の実をかいまみようとするような気持を、幼い心にかきたてたのではないだろうか。

ここには、草双紙を読むのではなく、見て楽しむ子ども時代の思い出が記されている。一八九四年（明治二七）生まれの英文学者・明治文学研究者柳田泉も、識字力が不足している子どもにとって、草双紙は〝読む〟ためのものではなく、〝見る〟ためのものであったという認識を、自己の体験をもとに次のように回想している。[*21]

母の蔵書になっていた幕末ごろから明治初めの草双紙類、これは有名なものが殆んどそろっていたが、これは度々くり返して繙といた。然しこれは、そのころはまだ読むというより、主として絵を見るためであったと思う。

これらの人々の回想を念頭に置きながら、改めて『桑名日記』の記述を見ると、『桑名日記』の中では鐐之助が本に接する行為を、〝読む〟とは記さずに、一貫して〝見る〟と記していたことが確認できる。この記述は、識字力を持たない幼児にとって、草双紙は絵を見るためのものだという理解が、平太夫の中に明確に存在していたことの現われと考えてよい。鐐之助は、〝見る〟本を手にしながら、こたつに入ってページをめくっては現われる絵を〝見て〟楽しむ幼年時代を過ごしていたのである。

このように、一人で本を楽しむ場合は〝見て〟楽しんでいた幼い鐐之助だったが、平太夫から本を〝聞く〟場合もあった。草双紙を聞いた思い出について、一八七八年（明治一一）に生まれた日本画家鏑《かぶら》木《き》清方《きよかた》は次のように回想している。[*22]

いつのことだか解らない、遠い遠い思い出の中に、そうたんと広くはない、ささ濁りのした池のほとりにある小さな家の古びた畳の上で、草双紙をめくって、綺麗なお若衆が大きな蝶々の上に乗って、長い文を繰り拡げているのや、まっくらな闇の中で人の善さそうな年寄の侍が、鉄砲の弾にあたって刀を抜きかけながら苦しんでいるのなどを、片手を畳についたままで、水色の附紐を下げた幼児が凝っと見入っている。

『高砂』の姥が切下げになったような白髪の老女が、傍で一々絵解きをしてきかせている。

そのおさな子は私で、老女は私の大伯母なのである。

この回想からわかるように、草双紙を〝聞く〟場合、「絵解き」を聞くことが普通だったのである。

野崎が述べていたように、草双紙の見開きに大きく描かれた絵は、事件の変遷や巻中人物の浮沈消長を推測させてくれるものとなっていて、読者は絵で予想した内容を確かめながら本文を読み進めるという読み方をしていた。鏑木の回想からは、大人が子どもに絵解きをする場合も、絵が表す事件の変遷や巻中人物の浮沈消長について、絵を見せながら説明していたことがわかる。

注

1　『桑名日記』天保一〇年八月一三日条
2　『桑名日記』天保一〇年九月二日条
3　『桑名日記』天保一〇年一二月一七日条
4　『桑名日記』天保一二年九月七日条
5　『桑名日記』天保一二年一二月一八日条
6　『桑名日記』弘化二年一一月八日条
7　片山潜『自伝』改造社、一九三一年、二三～二四ページ
8　『桑名日記』天保一〇年九月一二日条
9　『桑名日記』天保一三年四月一二日条
10　『桑名日記』天保一二年四月六日条
11　『桑名日記』天保十二年八月二十一日条
12　『桑名日記』同右
13　山川菊栄『武家の女性』岩波書店、一九八三年、三三ページ
14　『桑名日記』弘化四年一月十一日条
15　注9に同じ
16　『桑名日記』天保十二年十月十三日条
17　森山孝盛『蜑の焼藻の記』（『日本随筆大成』二二巻、吉川弘文館、一九七四年）、二〇一ページ
18　『桑名日記』弘化三年五月十六日条
19　野崎左文「草双紙と明治初期の新聞小説」（『早稲田文学』一九二七年十月）、一四六ページ
20　吹田順助『旅人の夜の歌』講談社、一九五九年、三六ページ
21　柳田泉『明治の書物・明治の人』桃源社、一九六三年、二八〇ページ
22　鏑木清方『随筆集　明治の東京』岩波書店、一九八九年、四一ページ

一―三　軍書講釈と語りの文化

『桑名日記』の中には、主に視覚で楽しむ本の他に、聴覚で楽しむ語りの文化の存在が頻繁に記述されている。その一つが、明治以降に講談へと発展していく軍書講釈である。

鐐之助がもうすぐ七歳九ヶ月になる一八四四年（天保一五）九月五日に、軍書講釈についての次のような記述がある。[*1]

先日より教覚寺ニ軍書講釈有之。おなかおりいおひさ今夜聞ニつれ行くれ候様ねたり候付、召連行（ふ）と支度すると、鐐おれも行たへと云故、どふで仕廻迄ハ起て居ゐゝまへし、思白くもなんともなし、それニ明日の朝ねふくて早く起られぬから、内ニゐるかゐゝ、其代り角力か始るとつれて行ニと云ても中々我点せす泣故、鐐もつれて行。講師天龍也。前座伊賀越敵討、後座太閤記也。太閤記中休迄ハ六ツヶ敷眼をして起てゐたが、仕舞の切ニハとふとふ眠て仕まう。

この記述は、鐐之助という近世後期を生きた少年にとって、軍書講釈という文化がどのような存在だったのか知る上から興味深い。

平太夫は、鐐之助に軍書講釈に連れて行ってほしいとねだられると、まだ幼い鐐之助には軍書講釈は面白くないので最後まで聞かずに眠ってしまうだろう、と予測している。平太夫は、軍書講釈の内容が幼い鐐之助の興味をかき立てるものではないと考えていたのである。

だが、鐐之助は連れて行かれるや、終り近くまでは「六ツヶ敷眼をして起てゐた」という。この記述からすると、平太夫の予想に反して、鐐之助は話の内容にそれなりの関心と興味を示したものと思われる。

この時の演目は、「伊賀越敵討」と「太閤記」だったと記されている。「太閤記」はいわずと知れた豊臣秀吉の一代記である。この時、どの部分が講釈されたのか不明だが、おそらく墨俣の一夜城、中国大返し、天王山の戦い、賤ヶ岳の七本槍といった秀吉の生涯にまつわる有名な逸話のいずれかが話されたことであろう。

「伊賀越敵討」は、一六三四年（寛永一一）一一月七日に起こった日本三大敵討ちの一つを題材にしたものである。旧岡山藩士渡辺数馬が、弟源太夫の敵である河合又五郎を伊賀上野鍵屋の辻で討ち取った際に、渡辺数馬の助太刀として加わった荒木又右衛門が三十六人斬りをして名をはせたのはこの時のことである。

鐐之助が軍書講釈として聞いたことが確認できる話は以上の二つだが、軍書講釈と同様の楽しみを持つ「本読み」が『桑名日記』の中にしばしば記されている。本読みとは、一人が軍記などを音読するのを、集まった人々が仕事などをしながら気楽に聞いて楽しむというものである。本読みは次のように行われていた。[*2]

長日故昼過ニハ馬鹿之様ニいつもなり候処、今日ハ別而長く覚、朝の事忘る様也。皆々昼過ニハねふ気付、山善種橋より太閤記を借て来て読。甚赤ツへたナ読よう也。聞てゐてもやつはりねふく成ニハこまる。

ここでは、平太夫たちが休憩時間に退屈しのぎに「太閤記」を聞いている。素人が読んでいるせいか下手な読み方のために眠気覚ましにはならずにかえって眠気を誘ってしまったらしい。

この場合のように平太夫の職場で本読みが行われることは稀で、誰かの家に隣人知人たちが集まって仕事のかたわら本読み・本聞きを行なうことが通常のありかただったようである。大人たちにとって、家で気楽に楽しむ娯楽の一種だったのである。

だが、大人と子どもの世界の境界が不分明なこの時代にあって、大人に交ざって子どもたちが聞くことも決して珍しくなかった。鐐之助が大人たちに交ざって本読みを聞いている様子は次のように記述されている。*3

早川被参赤穂記被読。横村菊地のはアさん仕事を以聞ニ御さらしる。おなかおりい若手も来てゐる。夜ニ入横村菊地の婆アさん市村のか丶衆仕事を持参。早川些ト遅く相成候由ニ付、川しま文三郎宵の内読。其内早川見へられ、又蒸返し赤穂記首手向の処より末を読。夫より太閤記しつか岳七本鎗三振太刀等の処被読。（中略）鐐之助早川の側へねちくり寄、赤穂記を被読候を思白かり聞居候処、段々大目玉小ク成候付、最早寝やれとおは丶由候得共眠くなゐと言不寝。御しゐさかまだ寝なんからと言て不聞。おは丶ニおどされ漸寝る。

早川とは、この箇所以外でも本読みの際の読み手として渡部家を訪れる人物である。身内での本読みの時には、ほとんどの場合読み手を任されている。

この時満九歳三ヶ月、数え歳で一一歳になる鐐之助は「赤穂記」に多大な興味を示して聞いている。ただし、興味は示すものの、内容を十分に理解しきれないところもあるのか、そのうちに眠気にとらわれていく様子が記されている。

こうした鐐之助の反応を見ると、軍書講釈を耳で聞いて内容が理解できるようになるには、一定の知的な成熟と下地となる知識の獲得が必要だったことがわかる。次の記述は、軍書講釈が理解できるようになる子どものおおよその年齢を探る上から興味深い。*4

早川被見佐々木眼流の絵入の本を被読ル。（中略）四ツ過迄三冊読、弐冊残しやめニして被帰。横村のはアさんと孫勝助九兵衛武八網すきなから聞てなり。勝助なりハ鐐之助と同し位なれとも二ツ違ひ十三故網も上手。耳も少し明てゐるか本ハ大好ニて仕舞迄不眠ニ聞て帰る。鐐ハ早く寝る。

鐐之助や勝助についての記述からすると、ごく普通の子どもの場合、軍書講釈に親しむことができるようになるのは、満一〇歳を過ぎた頃からと考えてよさそうである。

ただし例外もある。一六五七年（明暦三）に生まれた新井白石（一六五七－一七二五）は、『折たく柴の記』の中に次のように記している。*5

生国は加賀国の人と聞えしが、太平記の評判といふ事を伝へて、其事を講ずるあり。はじめは小右衛門某といふ。後には覚信といひし人也。夜ごとに我父など寄合ひつゝ、其事を講ぜしめらる。我四五歳の時に、つねに其座に侍りて、これをきくに、夜いたくふけぬれど、つゐに座をさりし事もなく、講畢ぬれば、其義を請問ふ事などもありしを、人々奇特の事也といひき。

数え年齢で四、五歳の時に『太平記』の講釈を夜更けまで聞き、その上質問をしたというのである。白石の振る舞いに対する人々の評判からも、白石がきわめて特殊な早熟の天才だったことがわかる。

白石は『太平記』を聞いたことがわかるが、本読みや軍書講釈を通して子どもたちはどのような話に接していたのであろうか。本読みで取り上げられた本は、軍記物を中心にバラエティーに富んでいた。『桑名日記』の中に記された本読みで扱われた書名を列記してみると次のようになる。

①太閤記、②椿説弓張月、③赤穂記、④膝栗毛、⑤小栗外伝、⑥独場雪、⑦川中島大戦、⑧佐々木眼流の本、⑨天明水滸伝、以上である。

このうち、『膝栗毛』は一八四六年（弘化三）三月二五日、二六日、二八日と三日にわたって読まれている。普通はこのように一冊の本を何日かに分けて読みきったようである。ただし、膨大な分量のためもあるだろうが、『椿説弓張月《ちんせつゆみはりづき》』は弘化二年六月と弘化三年七月の二回に分けて読まれている。

また、『太閤記』は人気が高かったらしく、①弘化二年五月、②弘化二年一〇月、③弘化二年一一月、④弘化二年一二月、⑤弘化三年三月、⑥弘化三年七月、⑦弘化三年一〇月、⑧弘化五年一月、⑨弘化五年二月、と九回も取り上げられている。

一方、軍書講釈で取り上げられた話もさまざまなものが確認できる。小寺玉晁《こでらぎょくちょう》（一八〇〇－一八七八）が、一八一八年（文政元）から鐐之助が生まれた一八三六年（天保七）までの名古屋における興行記録を記した『見世物雑志』には、能・浄瑠璃・相撲・物真似やビードロ細工・水からくりなどとともに軍書講釈の詳細な記録が残されている。一九年間の記録に軍書講釈は全部で四三回記録されている。演目名が不明の場合もあるが、具体的な演目名が記録されているものを並べると表Ⅰ1-2のようになる。*6

小寺の記録を見ると、軍書講釈の演目は『武徳安民記』や『大久保軍記』『真田三代記』のような戦国時代に材を採った話が多い。また、『桑名日記』でもわかるように、『太閤記』は全国的に人気が高かったが、名古屋という土地柄も影響しているのであろうか、豊臣秀吉に関する話が他を圧して人気が高かったことがわかる。そして、戦国時代の話に混じって、『参考盛衰記』や『頼朝一代記』といった源平時代に材を採った話も軍書講釈の演目になっていたことが確認できる。

軍書講釈や本読みという文化を通して、『赤穂記』を面白がって聞いたことでもわかるように、鐐之助の場合も、本読みや軍書講釈を通して、さまざまな武将や英雄たちの活躍に胸を高鳴らせたことは間違いないだろう。本読みを聞いた時のことを記した平太夫の次の述懐は、本読みを通して本の中の武将たちの活躍を胸躍らせながら聞く当時の人々の気持ちをうかがわせてくれる。*7

表Ⅰ1-2　軍書講釈演目名

青葉国正鑑、赤穂義臣伝、赤穂銘々伝（2）、悪狐三国伝、天草騒動記、天草大合戦、荒木武勇記、伊賀越敵討、伊賀之水月、（敵討）石井明道士（2）、大坂名城記、大久保一代記（2）、大久保黒白論、大久保軍記（2）、（敵討）巌流島、弘法大師一代記、真田軍計録、真田三代記、参考盛衰記、参考大功記、三人長兵衛伝記、島津内乱記、真書太閤記（11）、誠忠伊達実記、摂州軍記、摂東軍談、仙台黒白論、太閤一代記、太閤真顕記（2）、大功鎮西記、太平義臣伝（3）、伊達記録、伊達評定、豊臣一統志（4）、武徳安民記（3）、武徳太平記（2）、平井伝記、豊後一志、宮本武勇伝、頼朝一代記、和漢矢数論

備考：「太閤記」とだけ記されているものは、「真書太閤記」としてまとめた。
カッコ内の数字は記録されている回数。

> 九兵衛太閤記を持てくる。勝頼討死より宗輪の辺大分思白き処ニなる。鐐ハ寝る。おはゝも聞ながら火燵ニ眠。九兵衛ト両人故静にて本見る。至極よし。

戦国時代の名門武田家滅亡に至るドラマに平太夫は興奮を禁じえなかった様子がわかる。この時鐐之助は「寝る」とあるが、おばゝのように聞きながら寝たのであろうか。もし聞いていたとすれば、重臣たちの裏切りが相次ぐ中で滅亡していった武田家の命運をどのような思いで聞いたのであろうか。

ところで、すでに述べたように、ごく普通の少年の場合、軍書講釈に興味・関心を示すようになるのは一〇歳過ぎ頃だと考えられる。鐐之助の場合も一〇歳頃になって軍書講釈を面白いと感じるようになっていった様子が確認できた。

だが、鐐之助が義経や弁慶の名前を引き競べていたのは四歳の時だった。このことを考えると、軍書講釈に興味・関心を抱く前に、なんらかの文化を通して義経や弁慶が活躍する世界にすでに親しんでいたことになる。そうした土壌があったからこそ、軍書講釈に興味・関心がわいたということも考えられる。

軍書講釈以外に、鐐之助はどのような語りの文化に親しんでいたのであろうか。小寺の『見世物雑志』には、軍書講釈の他にも興味深い語りの文化が記録されている。影画と浄瑠璃と祭文《さいもん》である。

浄瑠璃は、「おばゝおなかをつれねふつている鐐をおんで聞ニゆく」[8]と『桑名日記』に記されているように、渡部家では女性たちを中心に楽しんだ様子がうかがえる。『桑名日記』の中ではどのような演目が上演されたのか不明だが、『見世物雑志』では天保七年「十月十八日より、清寿院門内豊後跡小屋にて、大坂素浄瑠璃興行、評判よろしからず、三日切仕舞」として「千本桜」「玉もの前」「太功記」「伊賀越」「桂川」「合邦辻」という演目名が残されている。[9]浄瑠璃の演目の中には、「伊賀越」のように、軍書講釈の演目と重複していたものや「千本桜」といった義経関連演目があったことがわかる。

これより前の天保五年には三月晦日から六月にかけて清寿院門内で豊後浄瑠璃が興行されている。その時は、「子宝三番叟《さんばそう》」や「祝言老松」などとともに、「壇の浦兜軍記」や「伏見常盤《ときわ》」といった義経関連の演目が上演されていたことが記されている。[10]

祭文語りは、一七世紀後半の元禄年間以降、「お染久松」「お夏清十郎」など、駈落ちや心中といった世上を騒がせた事件に取材した歌祭文によって人気を博すようになる語り文化の一つである。人気の題材は人形浄瑠璃に採り入れられたりするようにもなる。一八世紀後半の寛政年間になって、説教節と習合して祭文説教が誕生する。『見世物雑志』には、「祭門説教」が記録されているが、「小栗判官一代記」や「八百屋於七一代記」などとともに、「一の谷八しま」と「かげ清ろう屋」という義経関連の演目名が記されている。[11]

影画は、灯火によって障子越しに映し出された人物や鳥獣の形を見せるものである。山本慶一によると、「手や指でただ単に物の形を表現するだけでなく、人物、鳥獣のような動くものの表現ではかなり動的」であり、「映しだされた動物の手足や口が動く、耳が動くなどのほか、人物では口上を述べたり、舞踊りなどの簡単な所作」をしたという。[12]『見世物雑志』には、「本能寺のだん」「江戸ぞめき」「四季三番叟」などとともに、「義経千本桜」が演目名として記されている。[13]

ただし、源平時代の英雄に関する演目も豊富だったこれらの語りの文化は、『桑名日記』の中では浄瑠璃が確認できるのみである。だが、『見世物雑志』では影画が広小路、浄瑠璃が清寿院門内と清寿院門内豊後跡小屋、祭文が大須山門外講釈跡小屋で行われたと記されていることからすると、大人に交じってこれらの文化に接した近世後期の子どもたちが多数存在したと考えて間違いないであろう。鐐之助も桑名城下のどこかの小路で、祖父平太夫が知らないうちにこうした文化に接していたのではないだろうか。

注

1　『桑名日記』天保十五年九月五日条
2　『桑名日記』弘化二年五月十五日条
3　『桑名日記』弘化三年三月二十日条
4　『桑名日記』弘化三年九月一日条
5　『折たく柴の記』（『日本古典文学大系』、岩波書店、一九六四年）、一八四〜一八五ページ
6　小寺玉晁『見世物雑志』（『新燕石十種』第五巻、中央公論社、一九八一年）
7　『桑名日記』弘化二年十一月二十七日条
8　『桑名日記』天保十一年十月二十四日条
9　前掲『見世物雑志』三七五ページ
10　前掲『見世物雑志』三六〇〜三六二ページ
11　前掲『見世物雑志』三六九ページ
12　山本慶一『江戸の影絵遊び』草思社、一九八八年、一三ページ
13　前掲『見世物雑志』三四二ページ

Ｉ－四　芝居、見世物

本や軍書講釈、さまざまな語りの文化の他では、見世物や歌舞音曲の類が、鐐之助の日常に頻繁に現れた文化だったといってよい。『桑名日記』の中に出てくる見世物と歌舞音曲には表Ｉ１－３のようなものがある。

鐐之助がこれらの文化に接する様子を具体的に見てみよう。鐐之助がからくりを楽しむ場面は次のように記されてい

表Ⅰ1-3 『桑名日記』の中の見世物と歌舞音曲

見世物	うつし絵、オウム、からくり、軽業、曲持、猿の踊り、相撲、力持ちの狂言、水からくり
歌舞音曲	踊り、芝居、三味線と胡弓、浄瑠璃、能、娘の弾き語り

る。[*1]

それからかすがへ参る。お七のからくり水がらくりそのほかミせものもありすまふもある。おとなが七拾二文小どもが四拾八文なり。鐐こニみづからくりを見せおかめのまたから水の出るのを思しろがる。

ここに出てくる水からくりとは、落差によって生じる水力で機械を動かす工夫をしたものである。また、からくりは、次の記事から鐐之助の周辺にはいわゆる覗きからくりと機械仕掛けで人形などが動く普通のからくりの二種類存在していたことがわかる。[*2]

六ツ過より鐐とおなかをつれて春日参りニ行。大造賑やかニて鐐ニからくり壱番より八番迄順々ニのそき見せる。おなか見る。北ノ方ニもからくり有。是ハ通例之からくりニて鐐ニ斗り見せる。（中略）おはゝさニ鐐栗ヲ御貰申。しんこ餅と栗ヲ四ツ、串ニさしたのを二串買ふてやりぶらぶら帰る。

この記事によると、「のぞき」は一番から八番まで順々に覗く後世の覗きからくりと同じものだったことがわかる。

鐐之助が覗き穴を通して見た物語がどのようなものだったのかここでは不明である。だが、喜田川守貞が『近世風俗志』の中で覗きからくりの絵として「石川五右衛門釜ヶ淵」「女盗賊三島於仙」「忠臣蔵」を挙げていることを考えると[*3]、鐐之助が覗いていた穴の向うには、芝居を題材とした一場面が見えていたのであろう。

また、しんこ餅と栗を串にさしたものを食べながらおじいさんに連れられて春日神社の境内をぶらぶら歩いている様子は、この時代の寺社の祭礼時の賑わいや、その中を楽しみながら歩く子どもたちの生き生きとした表情を伝えてくれる。

この他に珍しいものとしては、「おふむのとり、いろいろものいふのを十六文ツ、で」[*4]見たり、「さるのおどり」[*5]を見たり、曲持を見たりしたことが記されている。

曲持とは、足だけで重いものを持ち上げたり、人がぶらさがっている竹竿を肩の上に載せたりする、いわゆる軽業の類である。『桑名日記』では曲持についての記録をしばしば目にすることができる。次の記述を見ると、曲持が桑名の人々を大いに楽しませていたことがわかる。[*6]

おばゝ六ツ前より大力曲持を見ニゆく。大人五拾文子供廿四文つゝ。鐐こも半分の余ハねふらず見たげな。誠ニ安い物じやとて誰もかも見物ニゆき、大はやり。

『桑名日記』では、曲持の見世物は、「ちからもちのきやうげん」[*7]や「力持小坊主がはしごの上ノ大ノ字」[*8]したり、あるいは「米壱俵つゝあしにてさしあげて見せ」[*9]たりしたことが記されている。

歌舞音曲の類では、「今夜八幡瀬古与助が所にて、廻り舞台ニて浄るりがある」[*10]という記述に見られるように、浄瑠璃を聞きに行ったことがしばしば記されている。浄瑠璃は「おどりもあり、思白かつた」[*11]らしい。

能も桑名の人々にとって身近な文化であった。『桑名日記』では、「鍵やの隠居の追善の能」が堤原正念寺で催された[*12]

表Ⅰ-1-4　一八一六年、江戸幸橋御門外での能の演目

日	演目
一日目	高砂、田村、羽衣、※船弁慶、祝言金札
二日目	加茂、星島、雲林院、蘆苅、※鞍馬天狗
三日目	翁、弓八幡、※実盛、東北、※夜討曽我、祝言岩船
四日目	西王母、項羽、松風、※熊坂、善界
五日目	三輪、鉢木、蝉丸、阿漕、※土蜘
六日目	大社、※小督、江口、葵上、海人
七日目	張良、※七騎落、山姥、善知鳥、紅葉狩
八日目	耶鄲、※忠信、半蔀、小鍛冶、弦上
九日目	蟻通、※安宅、龍田、※俊寛、舎利
一〇日目	輪蔵、※橋弁慶、草紙洗、道成寺、鵜飼
一一日目	翁、嵐山、※大仏供養、當麻、鉄輪、車僧
一二日目	翁、和布利、※盛久、砧、天皷、野守
一三日目	翁、竹生島、東岸居士、恋重荷、通ふ町、※烏帽子折、立衆
一四日目	翁、玉井、※蝉師曽我、富士太鼓、石橋、融
一五日目	翁、鶴亀、※春栄、吉野天人、安達原、乱

備考：※は源義経・源平争乱関連演目

ことが記されている。鐐之助は「能を見ニ行より釣ニ行のかゑゝ」[13]と言って見に行かなかったが、鐐之助より七歳ほど年上[14]の叔母にあたる一四歳もしくは一五歳のおなかは、知人に誘われて能見物に出かけている。そして、「夜討曽我ハ思白かつた」[15]と父の平太夫に語っている。

「夜討曽我」とは、周知の通り曽我兄弟の敵討ちを題材とした謡曲である。『曽我物語』のような軍記物語を題材にした謡曲は数多く作られていた。そして、それらの謡曲は頻繁に上演されていた。

この時代、どのような演目に人々が接していたのか、近世後期の文化年間から文政年間（一八〇四～一八三〇）にかけての見聞録である十方庵敬順の『遊歴雑記』で確認してみる。

『遊歴雑記』四編巻之下に、一八一六年（文化一三）江戸幸橋御門外で観世太夫清暘《きよもと》が勧進能を興行した時の様子が詳細に記されている。その興行は、「大小名寺社町家の人々、興行中、見物に行ざるはなし」[16]と記されるほど多くの人が見物した。一五日間の興行中どのような演目が演じられたのかまとめると表Ⅰ1-4の通りである。[17]

一五日間連続して源平時代の人物に関した演目が上演されたことがわかる。しかも、そのうちの約半分にあたる「船弁慶」「鞍馬天狗」「熊坂」「忠信」「安宅」「橋弁慶」「烏帽子折」は、源義経に関連した演目である。こうした事実に着目すると、義経や源平時代の争乱に関した逸話が人々の間に浸透していく上で、能が果たしていた役割は軽視できないことが理解できる。

鐐之助の場合も、『桑名日記』に記された文化環境を見ると、謡曲を通して義経や源平時代の武将たちの活躍に接し、石橋山の組み討ちの話などを楽しんでいたものと思われる。

注

1　『桑名日記』天保一一年三月一一日条
2　『桑名日記』天保一〇年八月六日条
3　前掲『類聚近世風俗志』下巻、五九六ページ
4　『桑名日記』天保十一年八月十八日条
5　『桑名日記』天保十二年五月十七日条
6　『桑名日記』天保十一年十月十一日条
7　『桑名日記』天保十一年十月九日条
8　『桑名日記』天保十一年十月十六日条
9　『桑名日記』天保十一年十月二十四日条
10　同右
11　『桑名日記』天保十一年十一月九日条
12　『桑名日記』弘化二年三月十九日条
13　『桑名日記』弘化二年三月二十日条
14　平太夫の末娘のおなかの年齢は、『桑名日記』を考証した澤下春男によると、『桑名日記』に記されているのは十一歳か十二歳から二十歳から二十一歳だったとしている。
15　『桑名日記』弘化二年三月二十日条
16　『遊歴雑記』四編巻之下（『江戸叢書』巻の六、江戸叢書刊行會、一九一六年）、四〇七ページ
17　前掲『遊歴雑記』四編巻之下、四〇九〜四一六ページ

一-五　源平時代の英雄と作り物

近世後期に少年時代を過ごした鐐之助の文化環境の中で、「作り物」も重要な文化の一つとして見過すことはできな

い。

作り物とは、藁や籠、瀬戸物、貝、ギヤマン、縮緬などさまざまな材料を用いて本物そっくりに作った細工物のことである。江戸後期に大流行し、見世物の主流を占めるようになる。鐐之助が生きていた時代は、作り物全盛期の時代だった。

作り物の実態を知るために、前節で紹介した十方庵が実際に見聞した記録を参照する。『遊歴雑記』は、書名どおり、江戸市中を中心にさまざまな名所や祭礼などを遊歴した見聞録である。曲芸や軽業、音曲など、作り物以外にも様々な見世物が詳細に記録されているが、当時の人々はもちろん、現代人の耳目までも驚かせるのはなんといっても作り物だと思われる。十方庵の記録の中から「七小町」を記録した文章を引用してみる。[*1]

> 兼て品々の見せ物見んと罷りし事なれば、原舟月が作りし人形細工へ先立寄ぬ、表のかざり木戸の様子尋常の小屋にあらず、頓て木戸を越るとそのまゝ七小町の人形あり、第一は草紙洗小町となん人形の大さ常の人の如し、小町左を立膝し角盥に向ひ、両手に草紙を持半水に浸して揉かごとき体、黒主は前にありて虚実を糺すの容体、手元を見詰し顔色年は耳順に近く、黒き直垂に冠を着し笏を持し様、扨小町が容貌のあでやかさ、年は十七八と見へ官服花々しく、緋の袴を着し、檜扇を側に置、角だらひに向ひし体真の如し、殊更殿上の様子を真の如く家作し幅二間奥行九尺、翠簾御杉戸大紋縁の畳迄一々能作れり、次は通ひ小町とかや、深川の少将は烏帽子直垂着しつゝ、階下に躊躇せし立姿、美男にして年は二十五六とも見へ、小町は御縁の端に檜扇かさして立出、伺ふ様さらに活るがごとし、此處の殿上の体能作れり、次は雨乞小町とや、（中略）卒都婆小町七十を越へて落ぶれし様、束ねし髪衣服のつゝり合せてあらあらしき顔色、手足の色光沢にいたるまて賞するに堪たり、以上七小町、二八と覚しき桃李もはづる顔色より、漸々に年たけ終に紅顔変して老にいたりし体、人形と

はいひなからわれわれか生涯の悟りを驚しむと、みな見る程のもろ人世の中をあぢきなく思ひ思ひ、右の方を振向は新よし原の夜ざくらのけしきにしめりし、気力を引たて誰しも若やきたる心地す、人形体を替し細工さりとては能作れり

作り物の実態をよく伝えてくれる記録である。これは、一八二〇年（文政三）五月に浅草寺に参詣した時の記録で、小野小町の生涯にまつわる「草紙洗小町」「通ひ小町」「雨乞小町」「関守小町」「清水小町」「鸚鵡小町」「卒都婆小町」以上七つの謡曲に取り込まれた逸話を作り物で再現している。装束の細部にもこだわって「活るがごと」くリアルに再現し、十方庵は、人形だとは思われないと感嘆している。現代でこれに近い見世物を探すとすると、さしずめ、蠟人形もしくは菊人形といった趣であろうか。

この時の作り物の題材は小野小町の生涯にまつわる逸話だったが、同じ文政三年の六月に回向院で信州善光寺の本尊を開帳した際の参詣では、「大木の十三階の松二羽の丹頂、又は金鶏、桃いんこ、猩々《しょうじょう》、いんこ、唐獅子、南天、蔦、熊笹」などさまざまな動植物や、「小さき五十三次」や「近江八景」などの名所旧跡を作り物にした物を見ている。[*2]この時の作り物の素材は稲藁や竹を用いていた。

『遊歴雑記』を見ていると様々な題材の作り物が人々を楽しませているが、源平争乱期に題を採った作り物が多いことに気がつく。善光寺本尊の開帳参りの際には、一町ほどの壮大なスケールで再現された東海道五十三次や近江八景のさらにその奥に、文覚《もんがく》上人の荒行を再現した作り物があったことが記されている。

文覚上人とは、源頼朝のもとに亡き父義朝のものだと称する髑髏《どくろ》を持ち込み、平家打倒の挙兵を促したことで知られる悪僧である。十方庵が見た文覚上人の作り物の様子を引用してみる。[*3]

又此奥に文覚の荒行体を模せり、その容体黒朴といふ石を以て積あげ、那智の瀧山高さ三丈あまり、双方にもろもろの雑樹を植込滝口の様子真の如し、滝壷の上に文覚といふもの破れし黒衣を着し、服を荒縄にてまき左の膝を折、右の足を延し右の手に鈴を持、岩頭に腰懸たり大さ人の如し、但し顔手足肌薄赤く、頭上の髪延髭生たる様なり、傍に井戸あり見物の溜るを待て、件の井の側なる轆轤を両人して幾度も捻廻せば、頓に頂上より水迸り落、但し先初めに霧降の瀧なりとて、しばらくの間瀧口より幾筋となく細く吹出り水迸し下て、実も霧雨の如し、良ありて那智の大瀧ぞといふとひとしく、頂上より水落る事すさまじく、大盥抔の水をあけたるが如し、彼岩上の文覚が首より惣身件の大瀧を受るや否や、右に持し鈴をからからと振る事活るが如し

那智の滝を三丈（約一〇メートル）の高さで再現したスケールの大きさといい、文覚の肌がほんのりと赤みを帯びていたり、様々な木々を植え込んだりした細工の細かさといい、かなり凝った作り物だったことがわかる。しかも、本物の水を大量に用いて、那智の大滝滝壺での荒行の迫力を再現している。当時の見物人たちは大いに楽しんだことであろう。

また、十方庵は一八二二年（文政五）に次のような籠細工による作り物を見ている。*4

去し文政三庚辰の年夏中、浅草観音境内に於て籠細工を見せしめて、大に繁昌せし細工人の一世一代の名残とて、再び造りし人物鳥獣草花竹木の類五十余種、なを富士の牧狩を模して幅五間奥行三間半の土間に作りしが、細工くだくだしく鮮ならず、玉藻の前に玄翁和尚、又朝比奈の草摺引など、いづれも能といふべからず、されど透抜に悉く作りしは、去々年の細工とは大同小異にして、一段手際なりといへども、人物の顔脹れ顔面見にくし、唯出来たるは常盤御前、越後の獅子舞、其外は鉢植の草木のみなりし

この時再現されていた玄翁《げんのう》和尚とは、毒を吐いて人々を苦しめていた那須野ヶ原の殺生石の毒気を消した逸話で知られる高僧である。玄翁和尚以外の「富士の牧狩」「朝比奈の草摺引」、そして「常盤御前」はいずれも源平時代の逸話が題材になった作り物である。

「富士の牧狩」は、鎌倉幕府成立の翌年一一九三年（建久四）に、源頼朝が富士の裾野で大々的に行った巻狩である。この時の巻狩は、まだ幼い後の二代将軍頼家が大鹿を仕留めて賞賛を浴びるなど、多くの御家人の参加による一大軍事演習だった。曽我兄弟が父の仇である工藤祐経《すけつね》を討つという大事件は、このさなかに起きている。この作り物は、壮大なスケールでの巻狩の再現、大鹿を射止める頼家、そして曽我兄弟の敵討ちがリアルに再現されていたことであろう。

「朝比奈の草摺引」も曽我兄弟の敵討ちに関した逸話である。工藤祐経を父の敵とねらう曽我五郎時致《ときむね》は、兄十郎祐《すけ》成《なり》を救うため、家重代の逆沢瀉《さかおもだか》の鎧をもって駆け出そうとする。駆け出そうとする五郎の鎧の草摺《くさずり》をつかんで、小林朝比奈が引き止めるという話である。この逸話は、「草摺引」として歌舞伎の人気演目の一つになっている。

常盤御前は、周知の通り源義朝の妻で牛若丸（義経）の母親である。この時の常盤御前の作り物の詳細は不明である。だが、常盤御前に関する逸話を作り物で再現するとしたら、『平治物語』に描かれた幼い三人の子どもを連れた雪の中の都落ちの場面の可能性が高い。今若、乙若の手を引き、生まれて間もない牛若を懐に抱いて都落ちしていく場面は、『平治物語』の中の名場面として知られた箇所である。

以上のように、『遊歴雑記』に記録された数多くの作り物の中には、源平時代に題を求めたものが少なくなかったのである。

この時代の作り物の実態がわかったところで、鐐之助が実際に見た作り物を確認していく。『桑名日記』に作り物の記録が初めて登場するのは、天保一〇年八月六日の銭で作った作り物である。この時は多度神社に奉納するために「四文せんやミ、白ぜにて」[*5]作り物を作ったとある。ただし、まだ二歳の鐐之助はこの時の作り物を見た形跡はない。

鐐之助が初めて作り物を見るのは、天保一一年九月のことである。その時、鐐之助は次のような反応を示している。[*6]

京町びしやもんのまつりて大ふんつくりものがあるから、鐐子どもおなかとなりのおこうおていきくちのおちよをつれてつくりものを見せニゆく。（中略）せつかく鐐こつくりものやちやうちんを見せよふとてつれていつたれバ、道からねふりゆすれどおこせどたわひなく、内へきておろすと目をさまし、なせ目をさまさなんたといふたら遠いでくらひからねふつたといふ。

三歳九ヶ月の鐐之助にとって、作り物の珍しさよりも眠気が勝ってしまったのである。この時の作り物がどのようなものだったのか詳細は不明だが、鐐之助やおなかをはじめ、隣の子どもたちまで連れて見せに出かけたということは、子どもが喜ぶ作り物として評判だったのであろうか。

鐐之助六歳二ヶ月の時の次の記述は、鐐之助が見た作り物の様子を詳しく伝えている。[*7]

八幡ニハしのたの森狐の化て女ニ成た処、其脇ニ忠信ヲ飾て有、頭ニ草りヲ上て有、燈籠ニそたてからとて忠信さんぞうりじや狐の子しやものをト書てある。

忠信とは、義経四天王の一人、佐藤忠信のことである。この作り物は、歌舞伎「義経千本桜」の狐忠信を再現したものであろう。

これを見たときの鐐之助の反応とその他にどのような作り物があったのか、これ以上詳細が記されていないのは残念である。だが、鐐之助が忠信の作り物を見た日時には注目しなければならない。このおよそ一〇日後に、鐐之助は巴御前の凧絵を描いてもらって大喜びしている。鐐之助の生活が、源平時代の英雄たちを題材にしたさまざまな文化によって取り囲まれていた様子がわかる。

ただし、鐐之助が見た作り物がすべて源平時代の英雄を題材にしたものだったわけではない。「西龍寺の古井の中より出候幽霊を作り其脇ニ徳利拾ひ其幽霊を見て徳利を荷なひなから仰天いたし尻もちつき候処」を再現した「播州皿屋しき」の作り物もあった。[*8] 作り物だけみても、実に豊かな文化が子どもたちを取り巻いていたことが理解できる。

注

1　前掲『遊歴雑記』四編巻之上（『江戸叢書』巻の六）、一〇四～一〇五ページ
2　同『遊歴雑記』四編巻之上、一〇八～一〇九ページ
3　同『遊歴雑記』四編巻之上、一〇九～一一〇ページ
4　同『遊歴雑記』四編巻之下、三六二ページ
5　『桑名日記』天保十年八月六日条
6　『桑名日記』天保一一年九月二日条
7　『桑名日記』天保一四年二月九日条
8　『桑名日記』弘化四年六月九日条

一－六　鐐之助と手習い

『桑名日記』には、鐐之助が満六歳四ヶ月の一八四三年（天保一四）四月九日に、次のような記述が見られる。[*1]

鐐之助ニ夜前双紙二冊拵遣し、今朝留五郎方へ当分下習ニおはゝつれて行頼候よし。

この記述でわかるように、鐐之助は満六歳、数えの七歳の時に母方の叔父佐藤留五郎から手習いの手ほどきを受け始

める。六日後の一五日には、鐐之助の手習いの様子がわかる次のような記述がある。[*2]

鐐いろはの清書致候由。（中略）清書が出来たとて、状書筆壱対貰ふてくる。洗湯より帰り、九九ヲ云て、二一天作より四ヶ一迄云て、五一倍の二ト云て、不云すやすや眠て仕廻ふ。

この記述で明らかなように、鐐之助はいろはと九九から勉学を開始したのである。その後は、「鐐手習ニ行ものニして降強けれど傘つぼめて行」[*3]と記されるほど、雨の日でも熱心に手習いに通うようになる。やがて満七歳を過ぎた一八四四年（天保一五）一月二九日には、「丁内の子供不残丸山へ手習ニ行候故、鐐之助も丸山へゆきたくてならぬ」[*4]という鐐之助の希望をいれて、町内の武士が営む塾に通わせることになる。丸山塾で学ぶことが決まると、鐐之助は「庚申堂中ても五人行候付、大たのしみの様子」[*5]で塾通いを楽しみにしている。

こうした鐐之助の様子は、勉学をしに行くというよりは、遊びに行くのを楽しみにしているかのような面持ちである。実際、鐐之助の遊び仲間は、これ以降丸山塾の仲間が中心になっていくことが日記からうかがえる。一五、六歳を頭に下は八、九歳までの手習い仲間たちと鐐之助は砂だらけになりながら相撲をとって遊んだりするようになるのである。[*6]

祖父の平太夫も、鐐之助が丸山塾に半ば遊び仲間を求めて行くことを承知の上で、不承不承そうした鐐之助の行動を許容している様子が次の記述から読み取れる。[*7]

佐藤ニ而手習いたし候得ハ、若手ニ能教て貰ひ、宜候得共、隣家より皆丸山へ行候ゆへ、行たくてならんと云ゆへ、遣し候得共、誰もおしえてくれハせす、佐藤ニての清書程ニハ出来ねとも、子供同士の遊ひニも絶　はづれニ成候ても不宜候故、其侭ニ致置。

丸山塾に通わせてはいるものの、平太夫は塾の教育内容に大きな不満を抱いていたのである。丸山塾だけで学ぶことに不安を抱いた平太夫は、結局、「大寺の春橘ニ朝遅成候節ハ教て貰ひ度頼ニ行」[*8]き、早朝の朝読みを大寺氏に頼むことになる。

こうして、鐐之助の一日は、早朝に大寺氏のもとでの朝読み。家に帰って朝食を済ませた後、丸山塾に手習いに向かう。昼食で再び家に戻った後、再度八ツ時まで丸山塾での手習い。その後、再び大寺氏のところで書物習い、ということになる。

ただし、鐐之助の一日は、近世後期の武士の子どもたちにとって、決して特別なものではなかった。ごく一般的な日常のあり方だったといってよい。山川菊栄の『武家の女性』の記述を見ると、水戸藩の下級武士の子どもたちにも、鐐之助と同様の生活があった様子がうかがえる。そこに詳細に記されている光景をまとめると次のようになる。[*9]

まだしらじら明けの朝に、子どもたちが拳でトントンと表門を叩く音から塾の一日が始まる。集まってきた子どもたちは、朝飯前の『論語』や『孝経』の素読、通称「朝読み」を、声を張り上げて行う。夏も冬も、行燈なしでどうやら字の見える程度に夜の白んだのをきっかけに、子どもたちは競争でやってくる。長押に並んでかけてある塾生の名札を裏返しながら、子どもたちは一番乗りを競い合う。一通り素読を済ませると、先に来た者から帰り、朝飯を食べてからまた出直してくる。素読の後は弁当持参で来て、一日中真っ黒な手習草紙に、先生が書いて渡した手本を見ながらの単調な手習いを続ける。授業は個人教授で、素読からしだいに講釈を聞くようになり、漢詩・漢文の作り方も習うようになる。

鐐之助も、このような生活を送っていたのである。ただし、勉学中心の生活が始まったとはいえ、鐐之助が相変わらず大いに遊んでいたことに変わりはない。「鐐手習より帰ると、双紙と書物ほり付、から紙ニ頭を打付、せつこんて陰所へ飛込。出ると直ニ遊ひニ行」[*10]というありさまであった。手習いから帰るや、教科書類を家の中に投げ入れたり、あわてて「陰所（トイレ）」に駆け込んだりして急いで遊びに出かけたのである。

このようになかなか勉学に集中しない鐐之助の様子に業を煮やした平太夫は、鐐之助に向かって次のように言う場面が記されている。[*11]

宵の内ニ書状日記を見る。皆々無事ニ而安堵。鐐ニ状を読聞せ、柏崎の子供ハ十才ニ而四書五経迄済たものか幾たりもあるから鐐之助殺生爪揚より書物と手習精出し候様ニ頼と言て来た、若精か出ずハそう言てよこしてくれ、早束迎ひニ行と言てよこしたかどふだと言たれハ、是ニハ甚当惑の顔色ニて溜息つき、毎晩御じゐさ寝なへ寝なへと言奴か、洗湯へ行た留守ニしほしほと寝せて貰ふたけな。

柏崎にいる鐐之助の両親が遠く離れた越後柏崎の子どもたちの勉学ぶりを引き合いにしながら、鐐之助が勉強に精を出さなければすぐに迎えに行く、と本当に手紙に書いてきたのかどうか、実のところ疑わしい。あるいは、鐐之助の行状に業を煮やした平太夫が、両親からの手紙を読むふりをして一芝居うったのかもしれない。いずれにせよ、柏崎から迎えに来るという脅かしはかなり効果があったことが、鐐之助のしおれきった表情からうかがえる。

それまではおばゝや平太夫、留五郎ら家族の中での生活や文化環境の中にいた鐐之助の行動範囲や人間関係、そして文化環境は、こうしての塾への通学を機に大きく変化するのである。

ただし、通学することにより生活環境が一変することは、それまでにはなかった新たな危険も身近になることを意味している。『桑名日記』には、次のような興味深い記述がある。[*12]

丸山ニ而先日疱瘡致候男子の姉娘疱瘡之由ニ付廿日迄手習見合呉候様頼のよしニ而、鐐之助銀太勝助等網すき也。網すかすともゑゝから書物精出スかゑゝと申て（も）皆か読なんから壱人てハいやしやと言て不読。皆子供同士網すく故、よしニしろとも不言レ、困たもの也。

疱瘡のために一定期間塾を閉鎖する様子は、現代のインフルエンザによる学級閉鎖と同じである。また、塾が休みの時に、ここぞとばかりに遊ぶ鐐之助ら病気に罹患しなかった元気な子どもたちの姿も、学級閉鎖を喜ぶインフルエンザに罹患していない現代の子どもたちを彷彿とさせる。

それでは、鐐之助は塾での教育を通してどのような教材に出会い、その中からどのような知識を獲得していったのだろうか。

注

1　『桑名日記』天保十四年四月九日条
2　『桑名日記』天保十四年四月十五日条
3　『桑名日記』天保十四年四月二十三日
4　『桑名日記』天保十五年一月二十九日条
5　『桑名日記』天保十五年二月二日
6　『桑名日記』弘化二年三月十二日条
7　『桑名日記』天保十五年二月二十七日条
8　『桑名日記』天保十五年四月十七日条
9　山川菊栄『武家の女性』岩波書店、一九八三年、一一〜一九ページ
10　『桑名日記』天保十五年四月五日条
11　『桑名日記』弘化二年一月九日条
12　『桑名日記』弘化三年壬月十六日条

一－七　手習い塾で出会う文化

鐐之助が大寺氏での朝読みに用いていた教材は、鐐之助が九歳八ヶ月の時の次の記述から明らかとなる。[*1]

> 鐐之助朝読ニ行。今朝ハ先生の助読させられたと朝飯の時咄ス。助読とハ何の事しやと問ハ、先生の脇ニて大学だの論語だのちいさナものニナ教てやるのを助読と言のサと言。

丸山塾に通い始めて半年ほど経った頃は、「大学抔ハふくした事がなへから、大学をふくすがよかろふ」と平太夫が言うと渋々『大学』の復習を始めるものの、「大分忘れた所」があり、「毎日持て行なから其様ナ事かあるものかと呵ッても一向平気ナ顔して」いる鐐之助に、「丸山へ行てより達者ニなり候ものハ口斗、困り果ル」[*2]と平太夫の嘆きは尽きなかった。だが、朝読みを始めて二年以上が経ち、満一〇歳を迎える日も近づいてきた鐐之助は、先生の手伝いをして年少者に教えられるくらいに進歩していたのである。助読について平太夫に説明する鐐之助の得意気な様子もおもしろい。

ところで、こうした記述から、大寺氏における朝読みでは四書五経の類を読んでいたことが明らかとなる。だが、丸山塾でどのような本を用いていたのか、『桑名日記』からは不明である。そこで、鐐之助の事例を離れて、他の事例で確認してみる。

長野県の飯田下伊那地方の寺子屋で使用されていた教材・教科書で、現物保存されていたり記録として残されていたりする総数は、実に二一九三冊にのぼるという。[*3]そこには、「いろは」をはじめとして「国尽」「名頭」「庭訓往来」「実語経」といった寺子屋教材の定番としてよく知られたものから、「頼母子講手形」や「田畑質入金子借用の証文要紙」といった証書類、「慶安太平記」「義士無双記」といった歴史書、「虫蝕算」「塵功記」といった算術書にいたるまで、多岐にわたる書名が記載されている。

これらの教科書が、読・書・算、それぞれに応じて使い分けられていたことは言うまでもない。「教育沿革史編纂書類　明治十七〜十八年」に綴り込まれた寺子屋取調表を資料にしてまとめた関山邦宏「江戸近郷の寺子屋について」によると、江戸近郷（荏原郡、東多摩郡、南豊島郡、北豊島郡、南足立郡、南葛飾郡）一九〇の寺子屋で習字教材・教科書として使用されたものは、「いろは」「商売往来」「国尽」「庭訓往来」など六八教材・教科書で、これらの他に「女大学」「女消息往来」といった女子用の八教材・教科書があった。また、一三六の寺子屋で使用されていた読書用教材・教科書は、「実語教」「童子教」「御成敗式目」「古状揃」「今川状」「四書」「孝経」や女子用の「女大学」「女庭訓往来」など三四の教材・教科書であったという。*4

さらに、これらは年齢に応じて使い分けられてもいた。「教育沿革史編纂書類　明治十七〜十八年」に記載された五九の寺子屋が記した読書の「授業ノ順序」をまとめると、「実語教」から始まり、次に「童子教」「古状揃」「三字経」「今川状」に進み、さらに「庭訓往来」「孝経」、そして「四書」「五経」という四段階が一般的な順序と考えられるという。*5

もちろん、こうした順序は特に決められていたものではない。個々の子どもの状況に応じて臨機応変に変えられていた。数え年八歳から一三歳までの一八五三年（嘉永六）から一八五八年（安政五）に、肥前国塩田郷谷所村（現、佐賀県嬉野市）にあった本光坊という寺子屋で学んだ小森定蔵の学習課程の記録が残されている。それを見ると、定蔵の学習課程は表Ⅰ-1-5の通りである。*6

こうして関山の考察と小森定蔵の事例を比べてみると、「いろは」に始まり、「実語教」「童子教」へと進む初期の段階は、ほぼ全ての寺子屋で学ぶ寺子に共通だったものの、学習課程が進むに従い、個々に応じてさまざまな教材が使い分けられていたことがうかがえる。

表Ⅰ1-5　本光坊・小森定蔵の学習課程

往　来　名	記録年月	年齢（数え）
以呂波手本	嘉永六年正月	8
（今日より改而登山）	嘉永六年	8
実語教・童子教	嘉永六年	8
御手本	嘉永七年卯月	9
農業往来	安政元年霜月	9
寺子式目	安政二年霜月	10
庭訓往来	安政二年初秋	10
商売往来	安政二年菊月	10
大学	安政二年	10
風月往来	安政三年	11
国尽	安政四年仲春	12
願書	安政四年四月	12
証文案帋	安政四年初夏	12
同（祝儀之部）	不明	
御成敗式目	不明	
御文章	安政四年	12
弁慶状	安政四年十月	12
熊谷送状・経盛返状	安政四年霜月	12
義経含状・大坂状・同返状	安政五年正月	13
古状（注進状ほか）	安政五年	13
古状（曽我状　諸職往来）	安政五年	13
筑前箱崎釜破故全	安政五年五月	13
吉書・七夕祭の手本	嘉永七年～安政五年	9～13

備考：小森勇『寺子屋の往来物』より

ところで、この学習課程一覧を見ると、学習課程の後半に、歴史上の一事件に関わる古状・擬古状でまとめられた、いわゆる古状型の往来群が用いられていることがわかる。学習課程の後半で用いられていることと、先に引用した関山の考察結果を参照して考えると、こうした古状群は、手習いの他に読書用教材としても用いられたものと考えられる。

そして、こうした古状型の往来群の中に、「弁慶状」「熊谷送状・経盛返状」「義経含状」「注進状」という源義経関連の擬古状が含まれていることに注目したい。

柄井川柳がまとめた川柳集

『藐姑柳《はこやなぎ》』には、寺子屋で子どもたちが接していた文化への示唆に富む次のような句が掲載されている。*7

義経の手紙子ともに習ハせる　鼠弓

こうした句が詠まれた背景として、近世の寺子屋・家塾で用いられた教材の中に、義経関連教材が多数含まれていたという事実が存在していたのである。

筆者の手元にある一八二〇年（文政三）江戸・西村屋與八版の『新板　古状揃』には、「今川了俊対愚息仲秋制詞條條」「初登山手習教訓書」「大坂状」と共に、「腰越状」「義経含状」「西塔武蔵坊弁慶最期書捨之一通」「熊谷状」「経盛返状」の義経関連書状が含まれている。

「腰越状」は、周知の通り、『吾妻鏡』に収録され『義経記』に再録されて人口に膾炙するようになった大江広元にあてた義経の手紙である。平家打倒の後、平宗盛・清宗父子を連れて鎌倉まで下向してきたものの、鎌倉の手前の腰越で足止めをされた義経が、頼朝に真情を切々と訴えた内容となっている。

「義経含状」は、義経が平泉で命を落とす時に口にくわえていた陳情書という設定で書かれた擬古状である。「義経含状」の後半は、平家を滅ぼし会稽《かいけい》の恥を雪《そそ》いだにもかかわらず、「依梶原一人讒言、被黙止莫太勲功」を身の不運と嘆いた上で、「仰願、梶原父子切頸、義経被手向者、不可有今生・後生之恨」と述べている。梶原景時が悪役として憎しみの対象にされていることと、「腰越状」と内容が重複するところもあることから、「腰越状」が広まってからその影響の下に成立したことは明らかである。

また、「万端難尽筆紙候」と結んでいるところからは、義経の筆舌に尽しがたい無念の思いが伝わり、判官びいきを喚起する内容となっている。この手紙を読んだ子どもたちも、義経の生涯に思いをはせ、悲劇の英雄に肩入れする、いわゆる判官びいきを心中に喚起したことであろう。

石川松太郎によると、「古状揃」は天明、文化年間に版を重ねて普及していく。[*8] こうしたことからみても、鐐之助が丸山塾で「古状揃」を教科書に用い、その中で義経の生涯に詳しく接した可能性はきわめて高いものと思われる。

この他に、使用頻度はさほど高くなかったものの、伝記型の往来物も寺子屋教材として用いられていた。「新撰曽我往来」「木曽勇略往来」「弓勢為朝往来」「英将義家往来」「楠三代往来」「勇烈新田往来」など、源平、南北朝時代の武将の活躍を和漢混交文で書いたものである。これら伝記型往来物の一つに、源平時代を代表する英雄・義経の生涯をまとめた往来物が存在したことは言うまでもない。

義経を題材とした伝記型往来物として、一八二三年（文政六）に十返舎一九を撰者として刊行された山口屋藤兵衛版の『義経勇壮往来』がある。一九による序文を見ると、赤本や武者絵を子どもたちが喜ぶことから思いついた書肆《しょし》の求めで書くことになったと出版に至る経緯を説明した上で、「童女すら兼て其名を知る武人の行跡学ぶに便あらんもしれずと先耳近き判官義経の武功をあらハし此表題を蒙らしむる事只其文字を覚させんが為なり是則薬の甘きを以て小児にすすむるの方便なり」と執筆の動機を述べている。[*9]

寺子屋で学ぶ子どもたちがその名前と活躍ぶりを知っている義経の生涯を、読み書きの学習に利用しようとしたという一九の執筆動機は、当時の子どもたちの文化環境を知る上から注目しなければならない。こうした一九の認識は、まだ文字の読み書きも知らない幼少期に、義経という人物に親しむ文化環境が多くの子どもたちの周囲に存在していたことを裏付けているものだと考えられるのである。

内容は、幼少期の鞍馬寺や五条大橋での弁慶との対決から奥州下向と頼朝との対面、義仲や平家との戦いでの英雄的行動、そして悲劇的な最期と、義経の生涯をおよそ八〇〇文字で簡潔にまとめている。そして、平泉・高館での自決を述べた後、次のように最後を結んでいる。[*10]

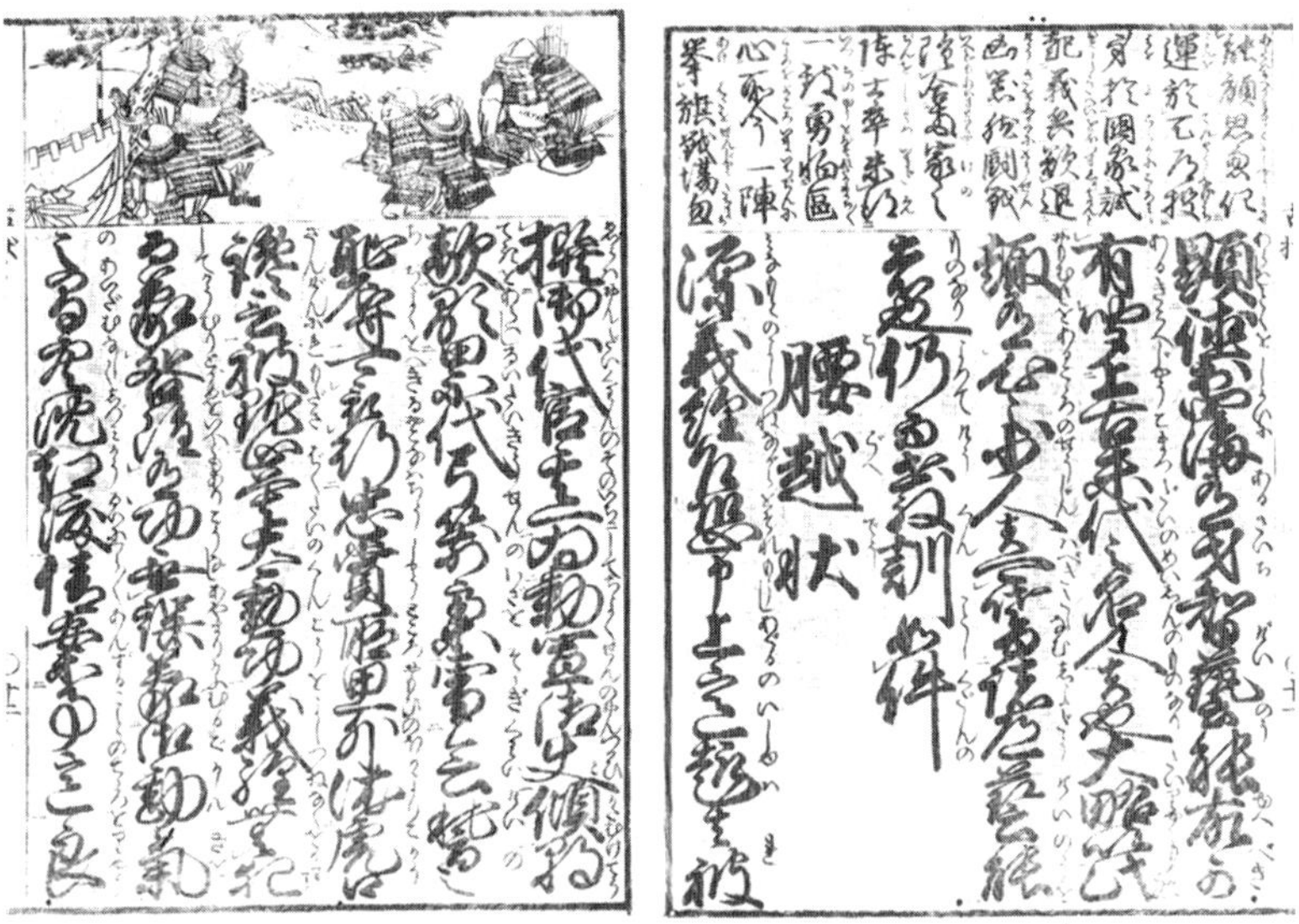

図Ⅰ-4 「腰越状」（江戸・西村屋與八版の『新板　古状揃』所収）

義経武威、桓々而、雖出群、不遜而為逆臣、為東奥鬼事、可惜。然共、千載之下、到炊婦與台、世挙而悪梶原之讒、切歯、愼目、無不欲洗其寃。猶、一説、使泉三郎換其命、義経従士等、暗謂遁去於蝦夷嶋者、後人、惜其勇功、可為異説者矣。恐惶敬白

〔句読点＝引用者〕

義経は高館で自決せずに蝦夷に逃げ去ったという流説は史実とは考えられないと否定しているところからは、一九の伝記執筆の基本態度を読み取ることができそうである。また、「可惜」という慨嘆と、「世挙而悪梶原之讒」という字句は、撰者一九のあからさまな判官びいきの吐露として注目される。

「腰越状」や「義経含状」を含む『古状揃』や、『義経勇壮往来』を寺子屋で読んだ子どもたちの心中には、これらの教材の内容が色濃く摺り込まれたことは十分に考えられる。子どもたちに義経という英雄の事跡を

身近なものとする上で、こうした寺子屋教材が果たす役割が大きかったことに注目すると同時に、人々の心中に判官びいきの心情を摺り込む上でも大きな役割を果たしていたことに、改めて注意しなければならないだろう。

ここまで見てきたように、近世後期の下級武士の子どもとして育った渡部鐐之助の成育過程をたどると、幼少期には昔話と絵本や凧の武者絵、塾で手習いを覚える年頃には教材・教科書、そして成長するにしたがって軍書講釈、能、浄瑠璃、祭文、影画といった歌舞音曲芸能や語りの文化、さらに当時大流行した作り物と、鐐之助の周囲には源平時代の英雄に関連した文化が溢れていた。

そして、鐐之助が軍書講釈や木読みに興味を示し始めた年齢が、塾でおそらく「古状揃」や伝記型往来物に接するようになった年齢と重なることにも注意したい。義経を中心とした源平時代の英雄は、さまざまな文化を通して交錯し、立体化されながら、子どもたちの文化環境の中に重層的にそして複合的に入り組みながら存在していたのである。

また、次の記述[*11]は、この時代の社会的な文化環境を考える上から興味深い。

八三郎珍ら敷縁頭ヲ見セニ参る。幸ひ茶も出る。二階ニて平治草煙刻留五郎網すく。茶ヲ呑なから見る。頼光大江山入之細工誠珍敷見事造構成品也。

縁頭《ふちがしら》とは、柄頭《つかがしら》とも呼ばれ、刀の柄の頭の部分につける金具のことである。それほど大きいものではないので、そこに細工をするとなるとかなり精巧で細かな仕事になったことだろう。その縁頭に、「頼光大江山入」が細工されていたというのである。

頼光とは、源頼光のことで、義経や頼朝の六代前の祖先になる頼信の兄にあたる人物である。渡辺綱を筆頭に、金太郎のモデルと言われる坂田金時や碓井貞光、卜部《うらべ》季武の四天王を従え、この細工にもなっている大江山の酒呑童子《しゅてんどうじ》や土蜘蛛退治をしたことで有名な平安時代中期の武将である。

頼光に関する逸話は、謡曲「大江山」や歌舞伎「土蜘蛛」として広く知られてきた。縁頭に「頼光大江山入」を細工するということは、平太夫の周囲の人々もこうした文化に接する環境の中で生活していたことを物語っている。

ここまで桑名藩下級武士の子ども渡部鐐之助の事例をもとに近世後期の子どもの文化を確認してきた。下級武士の渡部家では、おもちゃや本は子どもたちを楽しませるためのものであって、それ以上の積極的な意味や概念を、子どもに与える文化財に見出していなかったことがうかがえる。子どもたちのおもちゃや本に対しては、現代人から見るときわめて無頓着だったといわざるをえない。

また、近世社会を考えれば自明のことだが、大量生産・大量消費による子どもに与える文化財は存在していなかった。その中で子どもたちは、大人から文化財を与えられる受身の存在というよりは、積極的に大人に働きかけておもちゃなどを手に入れる存在であったことがわかる。

この時代の子どもたちは、豊かな遊びと手作りを中心とした豊富なおもちゃ、そして本や見世物、語りの文化など、様々な文化に囲まれていたのである。

注

1　『桑名日記』弘化三年八月六日条

2　『桑名日記』天保十五年九月十二日条

3　下伊那の教育史研究会『下伊那の寺子屋』南信州新聞社出版局、二〇〇三年、一八八ページ

4　関山邦宏「江戸近郷の寺子屋について」（『和洋女子大学紀要』第三七集、一九九七年）、七八〜八一ページ

5　同右「江戸近郷の寺子屋」八二ページ

6　小森勇『寺子屋の往来物―一人の寺子の学習課程と内容』鹿島印刷、一九九〇年、一六〜一七ページ

7 「藐姑柳」（『初代川柳選句集』上、岩波書店、一九九五年）、二七〇ページ

8 石川松太郎『往来物の成立と展開』、雄松堂出版、一九八八年、一八ページ

9 十返舎一九「義経勇壮往来」（石川松太郎監修『往来物体系』第四七巻、大空社、一九九三年）

10 同前

11 『桑名日記』天保一四年三月一一日条

第二章　明治時代の子どもと文化

二―一　講談文化とメンコ、カルタと売薬版画

周知のとおり、一八六八年に日本は近代への扉を開けたとされている。王政復古が布告され、政体書が頒布され、太政官札が発行され、そして江戸を東京と改称して明治と改元したこの年は、政治史・制度史の上ではまぎれもなく近代の始まりの年であった。ただし、政治と制度が変わったからといって、人々の生活や風習が一気に近代化したわけではない。いうまでもなく、子どもたちの文化も、明治の始まりとともに近代化したわけではない。

それでは、近世以来大きな変化がないまま近代の世を迎えた子どもたちの文化には、いつ頃から変化が見られ、その変化はどのような現れ方をしたのだろうか。

明治時代になっても、江戸時代と同様、子どもたちは軍書講釈や語りの文化などの、いわゆる講談文化に囲まれていた。講談文化に子どもたちが接する機会は、読み物だけとは限らなかった。交通網や流通網が未発達であり、メディアも未発達の時代には、日本の文化状況は地域ごとに大きな差異が存在していた。特に、都会の子どもと文化環境に恵ま

れていなかった地方に住む子どもたちの文化環境には、大きな差異が存在したのである。

常設の芝居小屋や出版文化などの文化環境に恵まれなかった地方の子どもたちにとって、絵は貴重な文化であった。絵の中では、近世後期に桑名に住んだ鐐之助も夢中になっていた凧の図柄は、子どもが出会う身近な文化の一つであった。

一八八一年（明治一四）生まれの金田一京助と一八八四年（明治一七）生まれの有馬頼寧《よりやす》が、凧絵に関する思い出を記している。有馬は、二枚半位の凧に、「弁慶牛若とか金太郎」などが描いてある凧の記憶を簡単に回想しているのみだが、金田一は、父に描いてもらった凧絵の思い出を次のように詳細に記している。[*1][*2]

父の絵凧といったら、今の東京にも、専門の絵凧を書く人があるが、もっとこまかい、もっと美しい絵凧独特の筆つきで、源三位頼政と鵺の絵だとか、牛若・弁慶だとか、敦盛・熊谷など実に目もあやなものでした。（中略）三枚張りの大きな凧をつくってくれるのです。そういう凧に、敦盛・熊谷の絵を描いたときなど、本当にみごとでした。

金田一の父親は、子どもたちに源義経や熊谷次郎直実の逸話などを語ってくれることが多かったという。金田一の回想は、父に抱かれながら聞いていた英雄たちの話が、凧絵の図柄になって金田一の眼前に現われた様子を伝えている。聴覚と視覚の両面から金田一は義経や敦盛などに出会っていたのである。この時代の子どもの文化におけるメディアミックスの実態を伝えたものとして注目される回想である。

凧絵に類似していながら、明治になってから子どもの周囲に登場するようになった文化もある。メンコの絵である。粘土を素焼きにして作った泥メンコから始まるメンコの歴史は、鉛メンコを経て明治二〇年前後に紙メンコの登場を見る。一八八七年（明治二〇）に設立された東京板紙会社が翌年からボール紙の国産化を始め、その頃から紙メンコの商品化が始まっていく。

紙メンコが商品化され出して間もない頃の様子は、樋口一葉が残した仕入帳が手がかりを与えてくれる。一葉は、一八九三年（明治二六）八月から翌九四年四月まで、東京の下谷竜泉寺で元結や針、ちり紙などの日用雑貨類と、塩せんべいやそら豆などの駄菓子、頭上がり小法師や鈴、風船などのおもちゃを取り扱う店を開く。その時の仕入れ内容が克明に記された仕入帳には、メンコがしばしば記載されている。

仕入帳に記されたメンコに関する記述は、さまざまに書き分けられ、この時代のメンコの実態を伝えてくれる。メンコに関連した記述を仕入帳から抜き出していくと、次のような記述が見られる。

①めんこ、②菓子めんこあて紙、③あて紙ならびニめんこ、④菓子及めんこ、⑤菓子及めんこならびにあて紙、⑥ゑぞうし、めんこ、⑦ゑ紙及めんこあて紙フウセン、⑧紙ふうせん及紙めんこ、⑨紙面、⑩〇めん、⑪めんこ類、⑫丸めんこ、⑬大めんこ二足《ママ》半、⑭細ばんめんこ、⑮おなど厚ばんめんこ一足《ママ》、⑯紙めんこ

これらの記述から、次の五点の事実が浮き彫りになる。①一葉が店を開いた明治二七年に紙製のめんこがすでに製造販売されていた、②形は丸と四角があった、③紙めんこという呼び名の商品があった、④めんこは厚紙とそれに貼る絵が別売りされるものもあり、子どもたちが自分で貼り付けるものもあった、⑤絵草子とともに仕入れられていることからわかるように、メンコの絵は絵草子屋が製造していた、以上の事実である。

メンコに熱中し、夢中になって遊んだ記憶は多くの人が回想しているが、メンコ絵そのものの記憶は、一八九二年（明治二五）生まれの吉川英治と、一八九四年（明治二七）生まれの柳田泉が記している。

吉川は、「遊びの中で、もっとも熱中したのは、メンコ、根ッ木、石鉄砲」などだったとした上で、「ぼくらはメンコの絵によつて、源義経だの福島中佐などを知り、まだ見てもいない団十郎や菊五郎を知っていた」[*3]と回想している。この記述からすると、横浜育ちの吉川の周囲では、義経を代表とする英雄や、陸海軍の軍人、そして歌舞伎役者らが描かれた紙メンコが販売されていたことがわかる。

一方、青森県中津軽郡豊田村（現、弘前市）に生まれた柳田は、次のように回想している。[*4]

そのころの子どもの遊びもいろいろあり、戦ごっこ、鬼ごっこ、野球（といってもゴムボールだけでやる拳骨をバット代りにするもの）、隠れんぼ、メンコなどをやったが、その中で私はメンコが上手でもあり、大好きでもあった。（中略）このメンコと凧の絵を描いてやること、これは冬から春にかけてが主であるが、夏の佞武多の絵を描いてやるのと、合せて、私の特技というべきものであったにちがいない。

この回想によると、柳田の周囲でもメンコは盛んに行われていたものの、横浜育ちの吉川と異なり、柳田たちはメンコをもっぱら手作りした。地方の子どもたちと都会の子どもたちの間に文化を受容する環境の面で大きな違いがあったことに注意しておきたい。

また、伝統行事のねぶたが伝わる青森県では、ねぶた絵と凧絵とメンコ絵、それぞれが関連しあいながら子どもたちの周囲を取り囲んでいたことにも注意したい。ここには、ねぶたという伝統行事を中心にした青森県独特のメディアミックスの形が見られる。

源義経を代表とする源平時代の英雄や戦国時代の武将と中国の三国志の中の英雄たちがねぶた絵の代表的な題材であるが、凧絵とメンコ絵も、ねぶた絵と同様の題材のものが描かれていたものと思われる。ねぶたで見る勇壮で立体的な英雄たちの姿を、メンコ絵の中で手に取りながら柳田は見ていたのである。吉川をはじめとする他の地方の子どもたちが体験できなかった文化受容のあり方が青森の子どもたちには存在していたのである。

さらに、変わったところではカルタの絵も子どもたちにとっては不思議な魅力を持つ文化であった。幼少期にカルタに夢中になった大島政男は、お化けカルタ、忠臣蔵カルタ、世相風刺カルタなどについて述べた上で、

お化けカルタには、本所の七不思議、番町皿屋敷、小幡小平次、佐倉宗五郎、壇の浦の知盛の霊や、船幽霊、海坊主、寝肥り女、ろくろ首、それに百鬼夜行だの、一ツ目小僧、三ツ目入道だの…があって、恐いけれど面白かった。

と述べている。[*5] ここに記されている知盛の霊とは、歌舞伎の「義経千本桜」から採られた題材である。大島の記憶によると、お化けカルタは歌舞伎、講談、怪談など、人々の周囲に溢れていた様々な文化から話題を集めて作っていたことがうかがえる。これもこの当時のメディアミックスの形の一つとして興味深い。

芝居を中心にしたメディアミックスの様子は、錦絵でも見られる。芝居に触れる機会が乏しかった地方に住む子どもたちにとって、錦絵は貴重な宝物であった。一八七五年（明治八）に茨城県に生まれた斎藤隆三の次の回想は、明治期の子どもたちと絵の関係について述べた貴重な証言である。[*6]

父は又軍記物語の耽読者であつて「源平盛衰記」や「太閤記」「甲越軍談」などは暗んじて居つた。（中略）それに当時は親戚の人や出入の人などからの東京みやげとしては、江戸時代をそのままの草双紙や三枚続きの錦絵などを克く貰つたものであつたが、草双紙の方には「岩見太郎武勇伝」とか「由井正雪慶安太手記《ママ》」とか

いうものもあつたが、又「太閤記」や「義経一代記」の類もあつたので、それ是れ相待つて歴史的のものの興味を深くしたのであろう。錦絵の方では九代目市川団十郎に五代目尾上菊五郎、それに左団次を加えての当代歌舞伎役者の名優演出の新狂言の似顔絵が最も多くあつた。それは当時まだ東京の歌舞伎芝居を全然知らなかつた自分に取つては武者絵ほどの感興は持ち得なかつたが、兎に角斯様のことで団十郎の名は早くも覚えてあつたし、その扮装する英雄豪傑の風采を写しだした顔に対しても一種の憧憬を感ぜざるを得なかつた。

この回想は、軍記物に登場する武将たちと歌舞伎役者の似顔が、幼い斎藤が手にした絵の主だったものだったことを伝えている。

一八八五年（明治一八）に愛知県に生まれ、絵を描くことが好きな少年時代を過ごした富安風生も、「子供たちはめいめい半紙をとじた絵草紙というものをもっていて、絵のたまるのを競争していた。絵はたこの絵に共通するのが主で、たとえば日の出に鶴とか、駒に桜とか、でなければ役者の似顔絵（もっぱら江戸絵と呼んでいた）に限っていた」と、やはり役者の似顔絵に日常的に接していたことを回想している。*7

これらの回想から、子どもたちが手にした絵の題材の中心が芝居と役者絵だったことが理解できるが、同様の事実は、売薬版画でも確認できる。

明治時代の子どもたちにとって、彩色された絵は垂涎の的だった。特に地方に住む子どもたちにとって、彩色された絵を手にすることは、貴重な宝物を持つことに等しかった。一年に一度回ってくる薬売りが置いていく毒々しい色で彩色された粗末な絵でさえ、「彩色の通俗絵などは、なかなか手に入れることができなかった」*8 貴重なものとして子どもたちの宝物になった。

今日では子どもたちの日常から姿を消しつつある越中富山の置薬屋が置いていく一枚刷りの絵紙の思い出について、

一八九六年（明治二九）に岡山県に生まれた尾関岩二が貴重な文化の記憶を伝えている。[*9]

越中富山の置薬屋が一軒々々まわっては香の高い売薬を置き、家々の子どもに一枚刷の絵紙をくれたが、私はそれを宝物のように大切に保存するのだった。（中略）私の八、九歳頃はちょうど日露戦争中で、私はその薬屋の絵紙から、大山元帥、黒木、野津、乃木など陸軍の大将連中の名を知るとともに海の提督東郷とか第三艦隊司令官瓜生中将の名も憶えた。また広瀬中佐、福島中佐など軍神の名も知るようになった。

富山の薬売りが、陸海軍の軍人たちの絵を置いていったのである。日露戦争前後に幼少期を過ごしたためか、尾関の場合は大山元帥や乃木大将、広瀬中佐などの絵だったことが記されていた。だが、実際に越中富山の薬売りが置いていく絵は、軍人や戦争を題材にしたものにとどまらず、多岐にわたっていたことが確認できる。

『売薬版画―おまけ絵紙の魅力』には、富山の薬売りが家々を回って置いていった売薬版画を、名所絵・役者芝居絵・武者絵・大小暦・熨斗《のし》絵・教訓絵・童話絵・風流絵・信仰絵・相撲絵・美人絵・日清戦争絵に分類している。[*10] 大小暦や熨斗絵、養蚕の守り神である衣襲《きぬがさ》明神之像や恵比寿・大黒を描いたものなど、顧客の大人たちが喜ぶ実用的なものから、源氏物語を描いた「源氏絵」と呼ばれるものや美人絵、名所絵のような趣味的なものまで、多様な顧客の好みを考慮して幅広い内容だったことがわかる。

このうち、子どもたちがもらって喜んだものは、役者芝居絵・武者絵・教訓絵・童話絵・相撲絵といったところであろう。二宮尊徳や諺を刷り込んだ教訓絵、渡辺綱や金太郎、狐の嫁入りを刷り込んだ童話絵などは、もとより子どもたちが喜んだことは間違いない。だが、子どもたちに圧倒的に人気だったのは、義経の八艘跳びや加藤清正の賎ヶ岳七本槍などを描いた武者絵と、人気役者の似顔や名場面を描いた役者芝居絵である。その中でも、役者芝居絵の数は、他のジャンルの絵とは比べものにならないほど多く制作されていた。

『売薬版画―おまけ絵紙の魅力』には、江戸末期の嘉永年間（一八四八〜一八五四）から一八八五年（明治一九）まで活躍した富山藩お抱え絵師松浦守美《もりよし》や、明治二〇年代から昭和初期まで活躍した売薬版画絵師の尾竹国一などの絵が紹介されている。さまざまな芝居を題材に描かれた絵の中に、尾上菊五郎の義経、中村芝翫の忠信、岩井半四郎の静御前を描いた「義経千本桜」の絵や、市川団十郎の熊谷、中村福助の敦盛を描いた「一の谷合戦」、尾上菊五郎の義経、中村福助の静御前、市川団十郎の狐忠信を描いた「義経千本桜」など、義経関連演目に材を採った絵が多数散見される。

明治期の子どもの文化のメディアミックスの中心に芝居が位置していたことを、こうした絵の数々は如実に物語っている。

注

1　有馬頼寧『七十年の回想』創元社、一九五三年、三九ページ

2　金田一京助『私の歩いて来た道―金田一京助自伝』講談社、一九六八年、二九〜三〇ページ

3　吉川英治『忘れ残りの記』文藝春秋社、一九五七年、三五ページ

4　柳田泉『明治の書物・明治の人』桃源社、一九六三年、二七九ページ

5　大島政男『大正も遠く』精興社、一九八三年、六二ページ

6　斎藤隆三『自叙伝』、志富靭負、一九六一年、一二〜一三ページ

7　富安風生『私の履歴書・文化人2』日本経済新聞社、一九八三年、二〇ページ

8　根塚伊三松『売薬版画―おまけ絵紙の魅力』巧玄出版、一九七九年、一二五ページ

9　尾関岩二「明治の児童と文化」（『日本児童文学』第十一巻第四号、宣協社、一九六五年）、二〇ページ

10　前掲『売薬版画―おまけ絵紙の魅力』一二四ページ

二―二　子どもと芝居

明治期に幼少期を過ごした人物の自伝を見ると、三八人中一八人が芝居についての思い出を語っている。子どもが接する文化の中で、芝居の影響は今日のわれわれの想像を超えて大きなものがあったことがうかがえる。一八人の芝居の思い出をまとめたものが表Ⅰ2―1である。

表Ⅰ―2―1　明治期の子どもと芝居

氏名	芝居演目その他
石黒忠悳	七代目市川団十郎、海老蔵の芝居を見る。
巌谷小波	父母に連れられて新富座に。
河上肇	錦帯橋の下手の河原にかかった小屋で。
安倍能成	大阪新栄座で市川右団次の芝居見物、演目は「那智瀧誓文覚」。女芝居で「土蜘蛛」。
富安風生	農閑期の村人がお宮の境内で地狂言。
谷崎潤一郎	市川団十郎など。別表（表Ⅰ2―2）参照。
河竹繁俊	村芝居・地狂言で「先代萩」や「千本桜」。「千本桜」の大物浦の記憶がある。
和辻哲郎	「恋女房染分手綱」の重の井子別れの場面の記憶。
吉川英治	伊勢佐木町で喜楽座や賑座などの立ち見をする。
柳田泉	秋祭りの猿芝居で「一の谷」の熊谷と敦盛の組討を観る。
尾関岩二	阿波人形で「義経千本桜」。隣村に芝居見物。
広田寿子	親に連れられて芝居見物。
藤島亥治郎	東京の小島町の芝居小屋開盛座での見物。
鈴木忠五	石浜館で姉たちに連れられて芝居見物。「神霊矢口の渡し場」や「白浪五人男」の記憶。
小泉孝・和子	有楽座で加藤清正に材を採ったお伽芝居の記憶。
土方浩平	酒田の港座でお伽芝居の「うかれ胡弓」と「桃太郎」観劇。
寺村紘二	開盛座で祖母に連れられてしばしば観劇。

芝居の思い出と一口に言っても、市川団十郎、尾上菊五郎、市川左団次のいわゆる団菊左によって演じられる本格的な歌舞伎から、農村の農閑期の楽しみとして演じられた村芝居、見世物小屋の中で演じられる猥雑な芝居、さらにお伽芝居までと、さまざまな芝居の思い出が語られている。

当時の人々が芝居とどのように関わっていたのか、いくつかの回想を取り上げて具体的に確認してみる。子どもたち、特に都市部以外の農村地帯などで暮らす子どもたちの多くが接した芝居は村芝居である。村芝居の思い出を、一八八九年（明治二二）に長野県飯田で生まれた河竹繁俊は次のように回想している。[*1]

村芝居―地狂言は、そのころ―六十年前には、まだ農村では大いに行なわれた。元来が芝居好きの土地で、江戸時代には近村へ三代目菊五郎や七代目団十郎も呼んでいるのである。で、隣村に地狂言のあるときには親類から招待されて見にいった。「先代萩」のままたきだの対決だのがあった。「千本桜」の大物浦などもおぼえているし、割籠の弁当をたべるのも楽しみだった。

いったい養蚕の盛んな地方だったので、私も手伝ったが、その仕事のうちに、父がひと口浄るりを語ったり、母が「伊賀越」だの「忠臣蔵」だののはなしをしてくれたのが、のちにどれだけ役立ったかしれない。

観るだけではなく、子どもが参加する村芝居も行なわれていた。一八八五年（明治一八）に愛知県八名郡金沢村（現、豊川市）に生まれた富安風生は次のように村芝居の思い出を記している。[*2]

地狂言というのは、農閑期の村人が、振り付け師を呼んで、幾日もけいこをつんだうえ、お宮の境内などで小屋掛けをして（わたしの村では常設の舞台で）芝居をするので、長兄なども子役に駆り出され、舞台でベソをかいて困った話が伝わっている。当然父も母も、一家みんな歌舞伎党である。父などは寒い夜に、わたしを連れてけいこを村のお寺へ見にいって、ダメを出して喜んだりしたものだった。

観るだけではなく、実際に参加することで、芝居という文化に接した子どもたちの生活があったのである。子どもにとって環境の影響の大きさはいまさら言うまでもない。こうした村芝居も、芝居好きの風土の中に育った子どもたちだからこそ体験できたことである。芝居好きな風土に育った子どもが、ごく自然に芝居に親しみ、結果として芝居が描く世界や芝居の中に表れる人情の機微や価値観に接するようになる様子を示している。

身近に常設館が存在した都市部の子どもたちは、頻繁に芝居に接する機会に恵まれ、いわば日常的なケの文化とも言えるものであった。それに対してハレの日に催される村芝居などの機会にしか芝居に接することができなかった子どもたちは、芝居に接する機会は稀で、芝居という文化はまさにハレの文化とも言えるものであった。

また、常設館で団菊左などの名優たちが演じた芝居と、村人や旅回りの役者が演じた村芝居とでは、その演技の質はもとより芝居の内容そのものが大きく異なっていたことに注意をはらう必要がある。

一八七九年（明治一二）に山口県玖珂郡岩国町に生まれた河上肇の芝居の思い出は、地方に育った子どもたちの芝居に関する文化環境を知る上で貴重である。少し長くなるが、地方の子どもたちの実態を確認するために引用する。*3

興行物の稀にしかない田舎町のことだから、眼に一丁字のない祖母だつたけれど、興行物といへばそんなものへまで出掛けた。そして祖母の行く所なら、どんな所へでも私はついて行つたものである。

錦川の錦帯橋の下手に当る河原では、小屋が掛かつて、時折芝居が行はれた。さういう時には、役者たちが人力車に乗り、先頭に旗を立て太鼓をたたいて、街々を触れ歩く。芝居が掛かつたとなると祖母は大概見逭しはしなかつた。

常設館のなかつた時代、それは文字通りの芝居で、ゴロゴロした河原石の上に莫蓙が敷かれてある。そこへ坐つて見物するのである。重箱の中へ、煮肴、茹玉子、巻ずしなどを入れ、酒を沸かすための焜炉には消炭を添へ、赤い毛氈をさげて出掛けるのである。さうした場合には母も一緒であつた。（父はいつも留守居した。彼は芝居といふものを、一生のうち、殆ど見たことがなかつた。）まだ風紀上の警察的取締も厳重でなかつた頃のこととて、芝居では随分エロチックな場面を見せた。舞台の正面に低い屏風が立てられてゐて、そこへ若い男女二人が隠れ、女は帯を解いて屏風に掛ける。すると上手から一人の老婆が現れ、屏風の方を見ながら、両手の指を組み合せて、手首をパクパク動かし、意地の悪い思ひ入れをして下手に入る。さうした場面に出喰はすと、観客はワンワン云つて喜ぶ。七つ八つに過ぎなかつたであらう私には、勿論はつきりしたことが分かつた筈はないが、それでも、何かしら猥褻な事柄であるといふ位のことは感じられた。

このような質や内容の芝居に接していた子どもたちがいる一方で、幼い時から名優たちの演技に接し、深く感銘を受ける子どもたちも存在していた。一八八九年（明治二二）に兵庫県仁豊野（現、姫路市）に生まれた和辻哲郎は、初めての大旅行で東京から来た歌舞伎を見た記憶を次のように語っている。[*4]

今心に浮び上ってくるのは、東京から来た歌舞伎芝居の舞台面だけである。それもいろいろな場面を覚えているのではなく、『恋女房染分手綱』の重の井子別れの場だけなのである。（中略）この芝居の印象は子供の心に非常に強く烙きついた。金子の伯母やわたくしの母が、涙を拭きながら、「あの児は今に千両役者になる」と話し合っていたことも、一緒に記憶に残っている。

このとき、幼い和辻の心に深い感銘を残した役者は、後年になって和辻が調べたところ、重の井を演じていたのが五代目尾上菊五郎で三吉を演じていたのが息子の丑之介（後の六代目菊五郎）だったという。五代目菊五郎は九代目市川団十郎、初代市川左団次と共に団菊左と並び称された明治前期の歴史的名優であり、六代目菊五郎は、今日、歌舞伎の世界で六代目と言えば、数いる六代目の中でも六代目菊五郎を指すと言われるほどの役者である。河上が観た村芝居と、和辻が観た芝居は、演目も役者もそして芝居の質も、根本的に異なるものだったのである。

注
1　河竹繁俊『私の履歴書・文化人15』日本経済新聞社、一九八四年、一七八ページ
2　前掲『私の履歴書・文化人２』二〇ページ
3　河上肇『自叙伝』第一巻、世界評論社、一九四七年、二二ページ
4　和辻哲郎『自叙伝の試み』中央公論社、一九九二年、一九八〜二〇〇ページ

二－三　谷崎潤一郎と芝居

芝居に接触する様子は子どもによって大きな違いがあるが、そうした違いは生育地域の違いのみがもたらすものではない。なによりも、家庭環境の相違が子どもと芝居の関係を決定づける大きな要因となっていた。

親や祖父母が芝居好きの家庭では、子どもを連れての観劇が日常化していた。巌谷小波《さざなみ》や鈴木忠五、寺村紘二などは、芝居好きの両親や祖母、姉妹たちに連れられて、観劇が日常化していたことを語っている。

観劇が日常的な環境に育った典型的な人物に谷崎潤一郎がいる。谷崎の回想によって、芝居好きの家庭に育ち、常設館が身近に存在した子どもがどのように芝居に接し、どのようなことを感じていたのか確認してみる。

谷崎潤一郎は、一八八六年（明治一九）七月に父倉五郎と母関の長男として東京市日本橋区蛎殻町（現、中央区日本橋人形町）に生まれている。祖父久右衛門は、「巌谷一六の隷書の看板が掲げてあつた黒漆喰の土蔵造りの家」[*1]に住み、谷崎活版印刷所を興して一代で財を成した事業家である。印刷所の他にも市中に街灯を点して歩く点燈社という仕事も考案し、点燈社を継いだ谷崎の父倉五郎や印刷所を継いだ叔父の代で事業に失敗して谷崎家は傾くものの、「偉い人だつた祖父」[*2]のおかげで潤一郎が幼かった頃の谷崎家は極めて裕福であった。

谷崎が生まれて幼少期を過ごした日本橋は江戸町人文化の中心地であり、近世以来の伝統を持つ土地である。芝居に接する地理的条件にも谷崎は恵まれていた。さらに、谷崎の家は、両親や活版所を継いだ叔父が芝居好きで、事業が傾くまではしばしば幼い潤一郎を伴って芝居見物に出掛けている。その時の記憶は、谷崎の自伝『幼少時代』で詳細に述べられている。『幼少時代』をもとに谷崎の幼少時代の観劇の記録をまとめたものが表Ⅰ2-2である。[*3]

『幼少時代』によると、谷崎の最も古い観劇の記憶は満三歳の時に浅草中村座で観た「那智瀧祈誓文覚」だという。谷崎はその時の光景として、「舞台一杯に大きな瀧が落ちてゐた影像」[*4]を記憶している。

その時の記憶は、「たゞ瀧が落ちてゐる舞台に幕が下りた瞬間だけを覚えてゐる」[*5]だけだが、満四歳を過ぎた一八九一年（明治二四）に観た「武勇誉出世景清」では、「団十郎の景清が頼朝を討たうとして、東大寺の大仏造営の時、番匠に身を窶して入り込んだのを畠山重忠に見顕はされるところ」[*6]などをおぼろげに思い出すことができるという。そうした記憶から、「私は大和田建樹の『日本歴史譚』で源平時代の歴史を教へられる前に、平家の武士に悪七兵衛景清と云ふ人物がゐたことを、早くも此の芝居で知つたのであつた」[*7]と谷崎は述べている。

谷崎が芝居を鮮明に記憶するようになるのは、満五歳を迎えた頃に歌舞伎座で観た「義経千本桜」である。その時の

表I-2-2　谷崎潤一郎　幼少期見学芝居演目一覧

劇場名	年月日	演目名	役者名
中村座	明治二二年六・七月	那智瀧祈誓文覚	市川団十郎
新富座	明治二三年五月	勧進帳	市川団十郎（弁慶）、市川左団次（富樫）、尾上菊五郎（義経）
歌舞伎座	明治二四年三月	武勇誉出世景清、芦屋道満大内鑑	市川団十郎（景清）
	六月	春日局、幡随長兵衛	市川団十郎
	一一月	太閤軍記朝鮮巻、復讐談高田馬場	市川団十郎
壽座	明治二四年六月	義経千本桜	市川団蔵（知盛）
歌舞伎座	明治二五年五月	酒井の太鼓	市川団十郎、市川八百蔵
歌舞伎座	明治二六年三月	東鑑拝賀巻、鏡獅子	中村福助、尾上菊五郎、市川団十郎
演伎座	明治二八年六月	怪談実説皿屋敷、河内山	市川新蔵、市川染五郎、市川猿蔵
明治座	明治二九年正月	義経千本桜、道行初音旅	尾上菊五郎（忠信）、尾上栄三郎（静御前）、中村福助（義経）
歌舞伎座	明治三〇年四月	侠客春雨傘、和田合戦女舞鶴	市川団十郎
真砂座	明治三一年春	しらぬひ譚、傾世忠度、おしづ礼三	市村羽左衛門、沢村宗十郎

一座は、忠信と権太と覚範が菊五郎、小金吾が小団次、義経とお里が福助、弥助が菊之助、屋左衛門が四代目松助、静御前が栄三郎時代の梅幸、権太の倅が丑之助時代の六代目菊五郎という錚々たる顔ぶれだったという。

その時の役者たちについて、「栄三郎の静御前も綺麗ではあつたが、気品のある美しさと云ふ點では、四世福助の義経に及ぶものはなかつた」と述べ、「私たちの少年時代に夢に描いてゐた義経が、絵の中から抜け出して来たとすれば正にあのやうなものであつたらう」[*8]と谷崎は追懐している。読み物や教科書に頻繁に登場し、子どもたちの英雄だった源義経の視覚イメージの形成に、福助演じる美しい義経は大きく寄与していたのである。

また、「椎の木場の権太が石を投げて椎の実を落すしぐさ、刀の柄に手をかける小金吾の臂を、臥ながら脚を上げて押さへるしぐさ、倅の善太に博奕の真似をして見せるしぐさ」[*9]など、その後繰り返し思い浮かべるほど印象に残った名演技について述べながら、谷崎は次のような主張を述べている。[*10]

演劇に限らず、音楽でも絵画でも、出来れば少年の時になるべく第一級品の芸術を見せて貰つておくことである。親たちも亦子供に高級なものを見せても分るものかとか、勿体ないとか云ふ風に考へず、同じ見せるなら努めて優れたものを見せることである。いつたい大人が見て分る程のものなら、大概子供にも分る筈なので、分らないと思ふのが間違いである。又たとひ少年の理解を超えてゐるやうなものでも、それが一流のものであれば、何かの形で心の奥に跡をとゞめ、他日必ずその感銘が蘇生つて来ない筈はない。

こうしたことは、谷崎自身が日頃の創作活動の中で強く実感していたことである。

御殿の場で忠信から狐へ早変わりになるところや、狐が思いも寄らぬ場所から現れたり隠れたりするところ、綱渡りのところなどを幼少時に感嘆しながら見たことが、後年の『吉野葛』に反映されていると谷崎自身は分析している。谷崎は、『吉野葛』に描いた一場面に触れながら、「五代目の千本桜の芝居から一層強い影響を受けた」とした上で、「もし五代目のあれを見てゐなかつたら、恐らくあゝ云ふ幻想は育まれなかつたであらう」[*11]と述べている。幼い谷崎の内面に、五代目菊五郎たちの名演は強烈な印象を残していたことがわかる。

谷崎の述懐に見られるように、常設の劇場で当代一流の役者による名演に接することができた子どもたちは、観劇によって受けた感銘を内面深く刻み込むことが多かったものと思われる。芝居を通して義経や景清、文覚などの存在を知ることの他に、芝居の質の違いによって子どもの内面に残された痕跡の違いにも着目しなければならない。

注

1 谷崎潤一郎『幼少時代』文藝春秋、一九五七年、一四ページ
2 同前
3 前掲『幼少時代』一五七〜一八六ページ
4 前掲『幼少時代』一五七ページ
5 前掲『幼少時代』一五八ページ
6 前掲『幼少時代』一五九ページ
7 同前
8 前掲『幼少時代』一七五ページ
9 前掲『幼少時代』一七三ページ
10 前掲『幼少時代』一七二ページ
11 前掲『幼少時代』一七四ページ

二－四　芝居とメディアミックス

明治期の子どもの文化全体を俯瞰すると、大きな存在だった芝居の影響は、子どもたちのさまざまな文化事象に及んでいたことも確認できる。

村芝居で「義経千本桜」を観た河竹繁俊のことはすでに紹介したが、その他にも、さまざまな形式の芝居に接した記録は多い。一八九四年（明治二七）に青森県中津軽郡豊田村（現、青森県弘前市）に生まれた柳田泉は、楽しかった秋祭りの中での興味深い文化体験を次のように回想している。*1

中でもおもしろかったと思うものはサル芝居である。（中略）そのサルもひどくよく仕込まれているように見えた。そのサル芝居で、私が見たのは、そう沢山というものでもなかったが、心中物、道行物、かたき討、き

り合いなど何種かあった。そうしてサルは、三味線の糸に合せてなかなかよくつとめ、時としては、見物をしんみりさせ、感心のためいきを出させもしたものであった。（中略）だんだん場面が進んで、熊谷と敦盛がくみ打を始める場になると、もちろんヨロイを付けて馬に乗っている。その二匹のサルが、刀を投げ捨てていよいよくみ打となる。そこまではなかなかよくやるのである。

ところがいたずらな見物が、ここぞと成田屋というようなかけ声と一しょに、カキの実を二つ三つほうり上げるのである。そうすると、くみ打中の熊谷と敦盛が急にくみ打をやめて、カキをかかえ込み舞台の上に座って、カキをむしゃむしゃ食う。（中略）そうしてカキを食ってしまうと、再び芝居を始めるのである。が、もちろんその芝居は見物人の大笑いのうちに終いとなる、その可笑しさというのはなかった。

ここには、村の秋祭りでの興行物のサル芝居という他愛もない出し物を通して、子どもたちが義経関連演目に触れていたことが記されている。この時のサル芝居のもとになった芝居演目名は不明だが、平敦盛と熊谷次郎直実が関係するとなると、おそらく「一谷嫩《ふたば》軍記」か「敦盛」であろう。この他にも、一八九六年（明治二九）に岡山県の山村に生まれた尾関岩二は、阿波人形の傀儡師が重い人形の箱を背負ってきて、家々の門で人形を使って見せたもので「義経千本桜」を観た記憶を述べている。[*2]

これらの回想から、純然たる芝居という形式以外に、子どもたちの日常にさまざまな形で芝居という文化が豊富に存在していたことがうかがえる。では、実際に子どもたちの周囲でどのような演目が演じられていたのだろうか。常設館の場合、演目記録が残されていることが多いが、村芝居や旅回りの遊芸人の芝居となると資料の関係から明らかにすることは難しい。だが、常設館での上演以外でも、神社の境内や町の一隅に設置された芝居小屋での演目は、残された資料から確認することができる。神社の境内に設置された小屋の例として、金沢の辰卯八幡社・多聞天社芝居の上演記録

表Ⅰ2-3　金沢辰卯八幡社・多聞天社芝居の上演記録

年月日	演目
文政三年八月	ひらかな盛衰記、関取二代鑑
文政四年正月	傾城睦玉川
文政四年二月	傾城比翼塚、国姓爺合戦
天保一一年七月	式三番、敵討浦朝霧
天保一一年九月	戸板之幽霊所作事、義経腰越状
天保一一年一〇月	鏡山花吾妻模様、隅田春妓女容性
天保一一年一一月	三社・式三番、近江源氏先陣館
天保末頃三月	敵討亀山噺
安政五年一一月	敵討巌流島、義経千本桜
安政五年一二月	木下蔭狭間合戦
安政六年二月	姉妹達大礎
安政六年二月	隅田春妓女容性、義経腰越状
安政六年三月	鏡山花吾妻模様、五大力恋織
安政六年四月	平仮名盛衰記、隅田川続俤、一谷嫩軍記

（表Ⅰ2-3）を挙げてみる。[*3]

近世末期の例ではあるが、さまざまな演目が上演されていたことがうかがえる。こうした資料から、神社の境内や街角に仮設された芝居小屋での上演を通して、子どもたちは芝居に接する機会に恵まれていたことがわかる。特に、「義経腰越状」「義経千本桜」「一谷嫩軍記」など、源義経に関連した演目が多いことも注目される。

義経関連演目が多かったことは、常設館での上演頻度の高さも同様である。谷崎たちが観た東京にあった常設館の中から、市村座・歌舞伎座・明治座の上演演目の中で義経や源平時代に材を採った関連演目を抜き出したものが表Ⅰ2-4、2-5、2-6である。[*4]

いずれの劇場でもかなりの頻度で多数の義経関連演目が上演されていたことが確認できる。子どもたちの身近に義経関連演目が存在し、子どもたちが頻繁にそうした演目に接していた影響は、他の子どもの文化や子どもたちの生活の上に如実に反映されていく。

頻繁に芝居を観ていた谷崎は、『幼少時代』に義経関連演目の子どもたちの日常の文化への影響を示す興味深い回想を

表I-2-4 市村座
明治三五年九月―明治四五年七月 義経関連演目

一条大蔵譚	明治三六年七月
御所桜堀川夜討	明治三六年八月、明治四一年四月、明治四二年三月
義経千本桜	明治三八年一〇月、明治四三年三月
熊谷稲荷利生記	明治三九年四月
壇浦兜軍記	明治四〇年二月
鎌倉三代記	明治四〇年六月
源平布引滝	明治四〇年七月
鬼一法眼三略巻	明治四〇年九月、明治四二年九月
錣引	明治四〇年一〇月
弁慶上使	明治四一年四月
一谷嫩軍記	明治四一年一一月
魁源平躑躅	明治四三年一月
扇屋熊谷	明治四三年一月
武勇誉出世景清	明治四三年五月
琵琶景清	明治四四年四月
舩弁慶	明治四四年六月
実盛もの話	明治四四年一一月

表I-2-5 歌舞伎座
明治二三年五月―明治四五年六月 義経関連演目

二人景清	明治二九年一一月
一谷嫩軍記	明治三一年一〇月
勧進帳	明治三二年四月、明治四四年四月
義経腰越状	明治三二年五月
鎌倉三代記	明治三二年八月
義経千本桜	明治三三年四月、明治四一年五月
きつね忠信	明治三三年四月
源平布引滝	明治三四年六月、明治四三年一月
那智滝祈誓文覚	明治三五年一〇月
舩弁慶	明治三六年一〇月
堀川夜討	明治三八年五月
近江源氏先陣館	明治三八年五月、明治四二年一〇月
佐々木盛綱	明治三八年五月
梶原誉石切	明治三八年一一月
大物浦	明治四一年五月
景清	明治四一年一一月
鞍馬山祈誓掛額	明治四三年四月
白拍子祇王	明治四五年四月
五條橋	明治四五年四月

表I-2-6　明治座　明治二七年一月—明治四五年三月　義経関連演目

義経千本桜	明治二七年三月、明治二九年一月
那智滝誓文覚	明治二九年六月
文覚勧進帳	明治二九年六月
鬼一法眼三略巻	明治二九年九月
布引滝	明治三二年四月
碁盤忠信源氏礎	明治三三年四月
滑稽安宅の新関	明治三三年四月
壇浦兜軍記	明治三三年五月
御所桜堀川夜討	明治三三年一一月
蒲冠者後日聞書	明治三四年一月
魁源平躑躅	明治三五年五月
鎌倉三代記	明治三八年六月
一條大蔵譚	明治三九年一一月
一谷嫩軍記	明治四五年三月

残している。[*5]

あれは何年生のことであつたか、或る日彼の家へ二三人の友達が集つて、少年世界か何か、子供の雑誌をひろげて見てゐると、中に次のやうな謎々の問題が出てゐた。—義経と弁慶が安宅の関の近所へ来ると、一人の女の子が幼児を背負つて遊んでゐる。弁慶がその子の傍へ寄つて、お前の兄弟は何人ゐるかと問ふ。その女の子が答へて曰く、「父の子五人、母の子五人、併せて八人」と。弁慶にはそれが解けなかつたが、義経には直ぐに解けた。その理由如何。

この答えは、女の子の母親に連れ子が三人いた、というものである。つまり、父親の方に子どもが三人いたところに、母親が三人連れ子をして嫁入りし、さらに父親との間に二人の子どもを産んだのである。

義経の母常盤は、平治の乱で源義朝が敗れた後、幼い今若、乙若、牛若の三人の子どもを連れて敵将平清盛に嫁し、清盛との間に一女を、さらにその後嫁した一条長成との間に一男を儲けている。自身の境遇に近似しているからこそ、弁慶にはわからなかった答えも義経には即答できたという設定になっているのである。そして、なんらかの文化を通して子どもたちが義経の境遇に対する詳細な知識を獲得していることを前提に、この謎々は子どもたちに提供されているのである。おそらく、子どもたちは「一條大蔵譚」などの芝居を通してこうした知識を獲得していたのであろう。芝居を中心にしたメディアミックスの典型的な例として興味深い。

芝居と他の子どもの文化の関係では、人形との関係も見落とすことができない。人形とはいっても、素材から木・紙・土それぞれで作られたものの三種に大きく分類できる。福島県三春の高柴デコ屋敷で作られている張子のように、張子の中にも芝居を模ったものは見られる。だが、芝居との関係が色濃く見られるものは、比較的自由な造形が可能な土人形である。

俗に「東の堤西の伏見」と言われるように、京都の伏見人形と仙台の堤人形が日本の土人形の双璧とされてきた。この二つ以外にも土人形は全国に分布し、主に江戸から明治期までの子どもたちを楽しませてきた。東北地方だけでも、仙台市の堤人形の他に、山形県米沢市の相良人形、岩手県花巻市の花巻人形、秋田県秋田市の八橋人形など、各地に広く分布している。

仙台市の堤人形は、元禄年間に仙台藩四代藩主伊達綱村が江戸から招聘した陶工上村万右衛門を始祖とする堤焼きの一つとして、仙台藩城下街の北西に位置する堤町で足軽たちの手内職として作られてきた。堤人形は、天神像の制作から始まったと言われ、現存する作品には天神をはじめ恵比寿、大黒、稲荷、地蔵など信仰生活に関するものが多い。また、日清・日露戦争時には、軍人も多数制作されている。

だが、堤人形を特色づけているのは、「立体浮世絵」とも言うべき独自の世界である。[*6] 現存する堤人形には歌舞伎に取材した作品が多数存在し、風俗を描いたと判断されている作品にも、話題になった歌舞伎の一場面を残したものがあるといわれている。[*7]

表I-2-7　堤人形と芝居演目

人形名	演目名
敦盛	一谷嫩軍記
弁慶	義経千本桜、勧進帳など
曽我の五郎	元服曽我、矢の根五郎など
白酒売り	春昔縁英、助六由縁江戸桜
狐忠信	義経千本桜
安徳天皇	義経千本桜
静御前	義経千本桜
八重垣姫	本朝廿四孝
顔世御前	仮名手本忠臣蔵
お軽	仮名手本忠臣蔵
勘平	仮名手本忠臣蔵
和藤内	国姓爺合戦
武智十次郎	絵本太功記
鯉つかみ	短夜仇散書
石橋	石橋
道成寺	道成寺
政岡	伽羅先代萩
祇園一力茶屋	仮名手本忠臣蔵
油坊主	油坊主
三浦屋店宝尾丸	伽羅先代萩
朝比奈	外郎売、寿曽我など
三番叟	三番叟
菊慈童	乱菊枕慈童

仙台市博物館の図録『堤人形の美』に掲載された歌舞伎に取材した人形と、もとになった演目名をまとめると表I2-7のようになる。

多彩な演目に取材した人形の中でも、仮名手本忠臣蔵と並んで義経関連演目に取材した人形が多い。

子どもであれ大人であれ、こうした人形を手にした人々が、もとになった芝居について一定の知識を持っていたことは間違いない。芝居を観たり、芝居の内容についての知識を持っていたりしなければ、これらの人形をたとえ手にしたとしても、喜びを感じることはなかったであろう。『桑名日記』の中に、幼い鐐之助が狐忠信の作り物を見に連れて行かれることが記されていたが、鐐之助を連れて行った大人たちの興奮ぶりとは対照的に、「義経千本桜」を観たことがない鐐之助は、作り物にまったく無関心だったことを改めて想起したい。絵にしても、人形にしても、作り物にしても、もとになる芝居の魅力を知る人々が手にしたり見たりすることで、はじめて興味や関心、喜びが生まれるのである。

以上のように、明治期の子どもたちの周囲には、芝居を題材にした大掛かりな作り物、手に持てる土人形、そして平面的な錦絵が存在していたことになる。芝居を中心にしたメディアミックスが、子どもたちを取り巻く文化の中心に位置していた。

また、堤人形には、宇治川の先陣争いを題材にした佐々木高綱、賎ヶ岳の七本槍を題材にした福島正則なども見られる。これらは芝居ではなく、軍記物語から材を採ったものである。明治期の子どもたちの文化をみると、芝居と同様に軍記物語も、語り物、錦絵・凧絵、土人形などと多岐にわたる文化に影響していたことがわかる。

明治期の子どもの文化環境において、芝居が子どもの文化の中心に位置し、さらに語りの文化が日常的に子どもたちの周囲に存在していたのである。

注

1 柳田泉『明治の書物・明治の人』桃源社、一九六三年、一六四～一六五ページ

2 尾関岩二「明治の児童と文化」(『日本児童文学』宣協社、一九六五年)、一八～一九ページ

3 長山直治「芝居と加賀藩」(『石川県資料　近世篇4』二〇〇三年)

4 池田文庫『芝居番付目録』三、一九九〇年、一六四～一七二・一九九～二一〇・二一七～二二一ページ

5 前掲『幼少時代』一二四～一二五ページ

6 『堤人形の美』仙台市博物館、一九九八年、一四三ページ

7 同前

二－五　寝物語と語り聞かせ

明治期に幼少年時代を送った人が多く体験した文化に語りの文化がある。明治時代に幼少期を過した人の中で、語りの文化を体験したことを自伝に記している人物をあげると、三八人中一五人にのぼる。

語りの文化の中でも、家で両親や祖父母から寝物語に聞く昔話・お伽話が子どもにとって最も思い出深いものだった。祖父母などからの昔話の思い出を記した人物は多いが、その中から、話の具体名が記されているものをまとめると表Ⅰ

表Ⅰ-2-8　家での語りの文化

氏名	題材	話者
片山潜	鬼ヶ島の儺討、大江山酒呑童子の退治、桃太郎、舌切り雀、枯木に花咲かせ爺、秀郷の百足退治	曽祖父
斎藤隆三	源平盛衰記（義経弓流し、宇治川の先陣争い、義経・梶原逆櫓論争、義経八艘飛び）、太閤記（矢矧橋、賤ヶ岳の七本槍、本能寺の変、桶狭間、姉川の合戦）、甲越軍談（川中島の合戦）、桃太郎、かちかち山、舌切り雀	父
石川三四郎	楠公記、太閤記、大岡政談、菅原伝授手習鑑	祖母
山川均	桃太郎、舌切り雀、サルとカニ、その他一口小話	母
金田一京助	源平盛衰記、平家物語（源頼政の鵺退治、那須与一扇の的、敦盛・熊谷一の谷の組討、義経八艘飛び、熊坂長範）	父
河竹繁俊	伊賀越、忠臣蔵等	母
古田拡	真田十勇士、伊達騒動	年長の友
広田寿子	太田道灌、由井正雪、鈴木主水、清水次郎長、おしゃかさま	伯母
井伏鱒二	かちかち山、酒呑童子、牛若丸、伝承話	祖父母
幸田文	桃太郎	父

2-8のようになる。

表にまとめたように、子どもたちが家で体験する語りの文化は、①桃太郎などの昔話・お伽話、②軍記・講談物、③小話に分類できる。

昔話としては、桃太郎や猿蟹合戦といった、五大昔話に含まれる話が圧倒的に多い。明治二〇年頃まで、こうした昔話は草双紙風の体裁で大量に出版されていた。子どもたちは代表的な昔話に、語りの文化と出版文化とのメディアミックスの形で接していたのである。参考までに、国立国会図書館で所蔵している一八八六年（明治一九）に出版された昔話絵本を挙げてみる（表Ⅰ2-9）。

これらのポピュラーな昔話と、より身近な話題が題材にされた小話が語られた具体的な様子を伝える記憶として、一八九八年（明治三一）生まれの井伏鱒二による次のような回想がある。[*1]

父が亡くなる前には、お婆さんはランプまたは行灯の明りのもとで炬燵にあたると

表I-2-9 国会図書館所蔵 明治一九年刊昔話絵本

尾崎民太郎発行	『ぶんぶく茶がま』	六丁	和
長谷川園吉発行	『ぶんぶく茶釜』	九丁	和
山本千吉発行	『文福茶釜一代記』	六丁	和
山本千吉発行	『花咲噺』	六丁	和
尾崎民太郎発行	『花咲ぢぢ』	六丁	和
長谷川園吉発行	『花咲爺』	六丁	和
堤吉兵衛発行	『花咲爺』	五丁	和
長谷川園吉発行	『かちかち山』	六丁	和
尾崎民太郎発行	『かちかちやま』	六丁	和
山本千吉発行	『かちかち山仇討』	六丁	和
長谷川園吉発行	『金太郎一代記』	六丁	和
綱島亀吉発行	『金太郎一代記』	七丁	和
尾崎民太郎発行	『金太郎のはなし』	五丁	和
山本千吉発行	『金時一代記』	六丁	和
長谷川園吉発行	『きつねにばかされ尽』	六丁	和
尾崎民太郎発行	『きつねのよめいり』	五丁	和
綱島亀吉発行	『狐の嫁入』	七丁	和
岡田松之助発行	『桃太郎ばなし』	六丁	和
尾崎民太郎発行	『桃太郎ばなし』	六丁	和
長谷川園吉発行	『桃太郎一代記』	六丁	和
小林新吉発行	『桃太郎一代記』	六丁	和
沢久治郎発行	『桃太郎一代記』	六丁	和
綱島亀吉発行	『桃太郎一代記』	七丁	和
山本千吉発行	『桃太郎一代記』	六丁	和
綱島亀吉発行	『昔咄しぶんぶく茶釜』	七丁	和
綱島亀吉発行	『昔咄し花咲ぢぢい』	七丁	和
綱島亀吉発行	『昔咄しかちかち山』	七丁	和
綱島亀吉発行	『昔咄し舌切すずめ』	七丁	和
尾崎民太郎発行	『猫のはなし』	五丁	和
綱島亀吉発行	『猫のはなし』	七丁	和
山本千吉発行	『猫の嫁入』	六丁	和
長谷川園吉発行	『頼光一代記』	六丁	和
尾崎民太郎発行	『猿蟹ばなし』	六丁	和
山本千吉発行	『猿蟹ばなし』	六丁	和
長谷川園吉発行	『さるかに合戦』	六丁	和
綱島亀吉発行	『さるかに合戦』	七丁	和
長谷川園吉発行	『舌切すずめ』	六丁	和
尾崎民太郎発行	『舌切すずめ』	六丁	和
堤吉兵衛発行	『舌きり雀』	五丁	和
山本千吉発行	『舌切雀物語』	六丁	和
長谷川園吉発行	『馬尽』	六丁	和

き、私をよく膝の間に入れて抱きながら昔噺をしてくれた。お婆さんの昔噺はお爺さんが話してくれる「かちかち山」とか「しゅてん童子」などと違って、昔この辺の村で起った実際の事件であった。お爺さんは喧し屋で、お婆さんも喧し屋だが、昔噺をするときには話の種がまるきり違っていた。
お爺さんの昔噺は「むかしむかし、その昔、あるところに…」で始まって、最後に「…めでたし、めでたし」で終わるのと、「これでやっこら一昔」で終わるのと二つ種類があった。「かちかち山」や「舌切雀」は「…めでたし、めでたし」で終り、「しゅてん童子」や「牛若丸」は「…これでやっこら一昔」で終った。（中略）
お爺さんの昔噺の数は五つか六つに限られていた。それの繰返しだが倦きもしなかったのは不思議である。お婆さんは昔噺をするとき、ゆっくり歌うような調子で話してくれた。長い物語だが、話してくれるのはいつも一つのことだけで、付近の村々の者が饑饉で難儀したときの事実談であった。今から思うに、この物語は地方的に語りつがれていた祭文か何かであったろう。

「桃太郎」や「かちかち山」といった五大昔話とともに、「牛若丸」や「酒呑童子」といった源平時代に材を採った話や説話の類が語られていることは興味深い。また、昔話の一つとして、近所で昔起った出来事が語られていることは、近世後期の桑名に住んだ渡部鐐之助が、近所に狐が出たことを小話として寝物語に聞かされていたこととの共通性を感じさせる。
身近な出来事を題材にした話が子どもを楽しませるために語られていた具体的な様子は、次の山川均の回想で知ることができる。[*2]

母のしてくれた話には、桃太郎、舌切雀、サルとカニの話などのほかにも、ある男が自分の畑のナスにひきかえて隣りの家のナスがみごとに実っているのを見てうらやましがり、秘伝をきくと、カミゴエをやるからだと教えてくれた。そこで紙をこまかにきざんで肥しにし、毎朝いってみるが、いっこうにきき目がない。ある日のこと、ナスに向って、ナスなぜならぬとたずねると、ナスが「おかしゅてならぬ」と答えたという話。いつも親の言いつけのさかさまばかりしていた不孝者のトンビの親たちが、こんどもきっとさかさまをするだろうと思い、自分たちが死んだら山に埋めないで川に葬ってくれといいのこして死んだ。すると不孝者のトンビも、せめて両親の遺言だけはと、言葉のとおりに川に葬った。それで雨が降りそうになると、水かさが増して両親の死ガイが流れるので、トンビはピイヒョロ、ピイヒョロと悲しい声でなくのだという話。

こうした他愛もない小話が、子どもたちの日常を楽しませたり慰撫したりしていたのである。『桑名日記』に記された江戸時代後期の桑名に育つ鐐之助が、満三歳から四歳の頃に祖父の平太夫と寝物語に「むかし」をして楽しんだことと同じ光景が、一八八〇年（明治一三）に岡山県倉敷で生まれた山川の家でも展開されていたことになる。

昔話以外では、表Ⅰ2-8から明らかなように、家での子どもたちの日常に軍記物語・講談物を題材にした語りの文化が溢れていた。それは、話し手である祖父母や両親の多くが、軍記物語や講談に親しむ文化環境の中にいたことによる。大人との関係の中で子どもたちが接する文化を考える際に、大人の文化環境を視野に入れて考察する必要にあらためて注意したい。

近世後期の鐐之助の周囲に、軍書講釈や本読み、浄瑠璃といった軍記物語や講談物の文化が溢れていたことは第一章で確認した。明治期の子どもたちも、軍記物語を題材にした語りの文化の中で育ったという事実は、鐐之助とほぼ変わらない文化環境が、明治期の子どもたちの周囲にも存在し続けていたことを示している。家で軍記物語が語られた様子は、一八八一年（明治一四）生まれの金田一京助の記憶が詳細に伝えてくれる。*3

冬には、目が早く覚めても、炬燵ができて、着る着物を炬燵で暖めて、それが暖まるころまで寝ていなければならない。それまで退屈するものですから、父は私を抱き寝しながら、床の中でまた、昔の源三位頼政の鵺退治の話や、那須の与一の扇の的の話、敦盛・熊谷の組み討ちで、敦盛が首を延べて斬られる話、義経八艘とびの話では、わっぱの菊王丸兄弟に遮られる能登守教経がこの二人を両脇にかかえて、いっしょに入海する話など、殊に不思議なのは、長者の家へ押し入った熊坂長範を牛若丸がまず手下の芦尾の松若兄弟を血祭りにした後、長範をば、右腕を斬り落とし、左手でかかってくるその左手を斬り落とし、大口をあけて嚙み殺しにくるのを、梨割りにするという晴れ技など、父の創作でしたか、それとも読み本の知識でしたか…。それはほんとうの『源平盛衰記』や、『平家物語』よりも遥かに詳しく、自分の想像に技巧を加えて、まるで目に見えるように詳しく話をするものですから、父の話は無限でした。

寒い冬の朝に父に抱かれながら源平時代の話をわくわくして聞く金田一の様子が伝わってくる。

家での語りの文化以外では、一八七〇年（明治三）生まれの巌谷小波や一八九二年（明治二五）生まれの松下芳男、一八九六年（明治二九）生まれの尾関岩二が挙げている祭文語り、一八八九年（明治二二）生まれの河竹繁俊が触れている一口浄瑠璃といった文化が子どもの周囲に存在していた。いずれも、鐐之助が生きていた近世後期にも子どもたちの周囲に存在していた文化である。こうした事実は、子どもたちを取り巻く文化環境は、年号が明治に変わり、歴史上では近代を迎えたと位置づけられる時代になってからもほとんど変わることがなかったことを示している。

注

1　『私の履歴書・文化人4』日本経済新聞社、一九八三年、一九五〜一九六ページ

2　山川菊栄・向坂逸郎編『山川均自伝』岩波書店、一九六一年、八九ページ

3　前掲『私の歩いて来た道―金田一京助自伝』三一〜三二ページ

第三章　〝教育化〟される子どもの文化と教育博物館

三―一　〝教育読物〟の登場と〝教育おもちゃ〟の登場

政治や制度が近代化されても子どもたちの生活や文化が急速に変わることはなかったことを確認したが、明治二〇年代になると、徐々に子どもの文化にも変化が現れてくる。

子どもの文化上における変化を見ていく際に、明治期に刊行された児童図書の書名は貴重な示唆を与えてくれる。国立国会図書館と大阪国際児童文学館の蔵書目録および『博文館六十年史』『丸善百年史』の図書出版記録をもとに[*1]、明治初年から初めての子ども向け創作読み物とされる『こがね丸』が出版された一八九一年（明治二四）までの児童図書名を抜き出してまとめたものが表Ⅰ3―1である。

表にまとめたように、一八七三年（明治六）に今井史山の『西洋童話』や福沢英之助訳による『訓蒙話艸』が出されるなど、明治に改元されて間もない時期から西洋近代文化の影響が少しずつ出版文化に現れ始めている。ただし、一八八八年（明治二一）までは[*2]、『訓蒙話艸』のような教訓的なお話か『かちかち山』や『舌切雀』『猿かに合戦』『桃太郎ば

表Ⅰ-3-1　一八九一年までに出版された児童図書名

出版年	書名
明治元年	
明治二年	
明治三年	(大)―中村正直訳『西国立志編』スマイルズ著　駿河静岡藩
明治四年	(国)―古川正雄『絵入智慧の環』古川正雄発行 ※四～五年にかけて三編上「大日本国尽の巻」、三下「詞の巻」、四上「名所の巻」
明治五年	(国)―『童蒙学初』大阪　書林会社　六〇丁　和 (国)―東江楼主人纂輯『弥奇物語　童蒙辦惑　初編』
明治六年	(国)―橋爪貫一『童蒙初学巻之二』青山堂　二四丁　和 (国)―松浦果編『啓蒙教草』彦根　本屋九平　七二丁　和 (国)―今井史山纂輯『西洋童話』大阪　清規堂 (国)―省己遊人『西洋稚児話の友　初集』中外堂 (国)―宝賀正祥輯『造花誌』一四丁
明治七年	(国)―福沢英之助訳『訓蒙話艸』福沢氏発行　巻上・下 (国)―前田泰一訳述『珊瑚の虫』大阪、宝文堂、四三丁、長谷川貞信絵 (丸)―佐沢太郎訳『絵入啓蒙訓話』咀華亭刊
明治八年	(大)―長峯秀樹『開巻驚奇暴夜物語』奎章閣
明治九年	
明治一〇年	
明治一一年	(大)―川島忠之助訳『新説八十日間世界一周　前』ヴェルヌ著、川島忠之助発行
明治一二年	(国)―本多芳雄編『重宝子供節用―明治新刻』錦耕堂　二八丁　和 (国)―ダンハム著・三井恒彦訳、寛昇三編『児童教誡口授　こどもおしえばなし』和泉屋市兵衛
明治一三年	(国)―倉持惟常『童子宝鑑』誠信閣　五〇丁　和 (国)―小林英次郎『花さかぢぢい』『かちかち山』『むまくらべ』『舌切雀』野田茂政発行　各六丁　和 (国)―竹内栄久絵『花咲ぢぢい』『ぶんぶくちゃ釜』『金太郎一代記』『猿かに合戦』『舌切すずめ』『浦島物がたり』宮田幸助発行　各六丁　和

(国)―服部為三郎発行『兎のかがみ山』六丁　和
(大)―斯維弗的『鵜瓈皤児回島記』片山平三郎・九岐晰訳　玉山堂
(大)―川島忠之助訳『新説八十日間世界一周　後』ヴェルヌ著　川島忠之助発行
(大)―井上勤訳『九十七時二十分間月世界旅行』ヴェルヌ著　二書楼
(大)―鈴木梅太郎訳『二万里海底旅行』ヴェルヌ著　山本発行

明治一四年
(国)―滝沢清編『新撰小学童子通』杉田文書堂　六一丁
(国)―立野藤次郎『御伽智恵競』山口佐吉発行　三三丁
(国)―国政『かちかち山』『金太郎一代記』富田伊助発行　各六丁　和
(国)―服部為三郎発行『鼠の娵入』六丁　和
(大)―竹内久栄絵『桃太郎鬼ヶ島でん』宮田幸助発行　六丁　和

明治一五年
(国)―絵　勝本吉勝発行『朝比奈島廻り』六丁　和
(国)―絵　木村文三郎発行『ぶんぶく茶釜』『猿かに合戦』各六丁　和
(国)―絵　幾飛亭『開化地獄論　前・後』勝木吉勝発行　六丁　和
(国)―絵　堤吉兵衛発行『猿蟹咄』五丁　和
(大)―『千万無景星世界旅行』ヴェルヌ著　貫名駿一訳・発行

明治一六年
(国)―伴源平編『現今児童節用　一字千金』大阪　藜光堂　四〇丁　和
(大)―井上勤訳『月世界一周』博聞社
(大)―井上勤著『全世界一大奇書』報告堂（一～一〇）
(大)―井上勤訳『阿弗利加内地三十五日空中旅行』ヴェルヌ著　絵入自由出版（一～五）

明治一七年
(国)―石田才治郎編『幼童節用無尽蔵』京都　内藤彦一発行　五二丁　和、鮮斎永濯絵
(国)―篠田義正発行『舌きりすずめ』六丁　和
(国)―芳豊『文ぶく茶がま』『はなさかぢぢい』島村吉松発行　各六丁　和
(大)―井上勤訳『阿弗利加内地三十五日空中旅行』ヴェルヌ著　絵入自由出版（六・七）
(大)―井上勤訳『六万英里海底紀行』ヴェルヌ著　博聞社
(大)―大平三次訳『五大州中海底旅行』ヴェルヌ著　四通社
(大)―井上勤訳『英国太政大臣難船日記』ヴェルヌ著、絵入自由出版社

明治一八年

(大)－井上勤訳『白露革命外伝自由の征矢』ヴェルヌ著　絵入自由出版社

(国)－佐藤為三郎『万物独稽古－児童文芸』大阪　藜光堂

(国)－藤井曹太郎『涵悳即席ばなし』福山　備福活版社

※「通信教誨」「藤岡了空」「少年教誨」「千河岸貫一」を合綴

(国)－ドクトル・ア・グロヲト訳述『Shitakiri Suzume』弘文社　鮮斎永濯絵

(国)－ダビット・タムソン訳述『Nedzumi no Yome-iri』弘文社

(国)－佐藤新太郎発行『朝比奈ばんこくめぐり』『百ものがたり』『金太郎一代記』『猫のはなし』『猫の狂言づくし』『舌切すずめ』『浦島物がたり』各六丁　和

(国)－堤吉兵衛発行『ぶんぶく茶釜』『かちかちやま』『金太郎一代記』『桃太郎一代記』『猫の芝居』『鼠のかるわざ』『さるかに合戦』『舌切すずめ』各五丁　和

(国)－堤吉兵衛発行『花咲ぢぢい』『きつねの嫁入』『金太郎山めぐり』各六丁　和

(国)－国政『坊太郎一代記』『花さかじじい』『かちかち山』『桃太郎島めぐり』『ねづみのよめ入』佐藤新太郎発行　各六丁　和

(国)－国政『桃太郎鬼ヶ島でん』富田伊助発行　六丁　和

(大)－三木愛花・高須墨浦訳『拍案驚奇地底旅行』ヴェルヌ著　九春社

(大)－大平三次訳『五大州中海底旅行　下』ヴェルヌ著　起業館

(大)－ダビッドタムソン著『MOMOTARO』長谷川武次郎発行

(大)－ダビッドタムソン著『THE OLD MAN WHO MADE THE DEAD TREES BLOSSOM』長谷川武次郎発行

(大)－ダビッドタムソン著『THE MOUSE'S WEDDING』長谷川武次郎発行

(大)－ダビッドタムソン著『THE TONGUE CUT SPARROW』長谷川武次郎発行

明治一九年

(国)－木戸正三郎『こどものちゑまし－開化節用』大阪　忠雅堂

(国)－佐藤為三郎『現今児童重宝記－開化実益』大阪　此村彦助

(国)－水渓智応編『少年教会講談法話集　初編』無外書房

※「少年教会講和」島地黙雷、「孝は大中小の三あり」石村真一

(国)－児玉又七『児童の目覚し太平楽』児玉又七発行　二〇丁

明治二〇年	(国)―ダビット・タムソン訳『Sarukani Kassen』弘文社　鮮斎永濯絵 (国)―絵　尾崎民太郎『ぶんぶく茶がま』『花咲ぢぢ』『かちかちやま』『金太郎のはなし』各六丁　和 (国)―尾崎民太郎発行『きつねのよめいり』五丁　和 (国)―長谷川園吉発行『ぶんぶく茶釜』九丁　和 (国)―長谷川園吉発行『花咲爺』『かちかち山』『金太郎一代記』『きつねにばかされ尽』『桃太郎一代記』『頼光一代記』『さるかに合戦』『舌切すずめ』『馬尽』各六丁　和 (国)―山本千吉発行『文福茶釜一代記』『花咲噺』『かちかち山仇討』『金時一代記』『桃太郎一代記』『猫の嫁入』『猿蟹ばなし』『舌切雀物語』各六丁　和 (国)―堤吉兵衛発行『花咲爺』『舌きり雀』各五丁　和 (国)―綱島亀吉発行『金太郎一代記』『狐の嫁入』『桃太郎一代記』『昔咄しぶんぶく茶釜』『昔咄し花咲ぢぢい』『昔咄しかちかち山』『昔咄し舌切すずめ』『猫のはなし』『さるかに合戦』各七丁　和 (国)―岡田松之助発行『桃太郎ばなし』六丁　和 (国)―尾崎民太郎『桃太郎ばなし』『猿蟹ばなし』『舌切すずめ』各六丁　和 (国)―尾崎民太郎発行『猫のはなし』五丁　和 (国)―小林新吉発行『桃太郎一代記』六丁　和 (国)―沢久治郎発行『桃太郎一代記』六丁　和 (大)―ドクトルヘボン著『THE OLD MAN & THE DEVILS』長谷川武次郎発行 (大)―Chambereain著『THE FISHERBOY URASHIMA』長谷川武次郎発行 (大)―ダビッドタムソン著『BATTLE OF MONKEY AND THE CRAB』長谷川武次郎発行 (大)―ダビッドタムソン著『KACHI-KACHI MOUNTAIN』長谷川武次郎発行 (大)―Chambereain著『THE SERPENT WITH EIGHT HEADS』長谷川武次郎発行 (大)―James著『THE HARE OF INABA』長谷川武次郎発行 (大)―大平三次訳『五大州中海底旅行』シュールスベン著　覚張栄三郎発行 (大)―井上勤訳『九十七時二十分間月世界旅行』ベルン著　三木佐助発行 (国)―大館利一編『知識の種本―児童必携』大阪　文欽堂 (国)―『児童出世の宝―知識進歩』大阪　鳥井正之助発行

明治一一年

(国)―『新撰童子宝鑑』近藤清太郎発行　二八丁　和
(国)―西山辰次郎『伊呂波子供節用』八丁
(国)―ミットフヲルド著・上田貞次郎訳『日本昔噺―英和対訳』大阪青木嵩山堂
(国)―青木富士編『日本西洋昔噺』大阪　嵩山堂
(国)―堀中淡香『夢物語―鳥類社会』教育書屋
(国)―梅迺家馨編『小学牛徒修身教育昔ばなし』吉沢富太郎発行
(国)―梅迺家馨編『小学牛徒修身教育昔噺』開文堂（初編～五編合冊）
(国)―文・童　グリム著『八ッ山羊』呉文聡訳　弘文社
(国)―吉田桂之助発行『文ぶく一代記』『花さかぢぢい』『豊年狐の嫁入』『かちかち山一代記』『桃太郎一代記』『さるかに　代記』『舌きりすずめ』各六丁　和
(国)―沢久治郎発行『文福茶がま』『花さかぢぢい』『かちかちやま』『狐の嫁入』『猫の狂言つくし』『ねづみのかるわざ』『さるかに合せん』各六丁　和
(国)―堤吉兵衛発行『狐にばかされ』『猫の芝居』『ねづみのよめいり』『お馬づくし』各五丁　和
(国)―小林新吉発行『舌切すずめ』六丁　和
(大)―James著『THE CUB'S TRIUMPH』長谷川武次郎発行
(大)―Chamberain著『THE SILLY JELLY-FISH』長谷川武次郎発行
(大)―James著『THE PRINCES FIRE-FLASH AND FIRE-FADE』長谷川武次郎発行
(大)―Chamberain著『MY LORD BAG-O'-RICE』長谷川武次郎発行
(大)―福田直彦訳『万里絶城北極旅行』ヴェルヌ著　春陽堂
(大)―山県悌三郎訳『理科仙郷三・四・七』バックレー著　普及舎
(大)―霞城山人訳『砂漠旅行亜拉比亜奇譚』ハオフ著　浜本伊三郎発行
(大)―井上勤訳『学術妙用造物者驚愕試験』ヴェルヌ著　広知社
(国)―大館利一『童子の宝―頓智奇芸』大館利一編輯　大阪　安井文欽堂
(国)―片岡春子輯『庭の訓―児童教育』大阪　兎屋支店
(国)―『小学生徒修身教育噺』大阪　忠雅堂
(国)―大館利一編『西洋日本昔噺』大阪　文欽堂

	(国)―太田忠恕『やせがへるものがたり』東山堂 (国)―アンデルセン原作『王様の新衣裳―諷世奇談』在一居士訳 祥雲堂 (国)―鎌田在明発行『朝比奈島めぐり』『ぶん福』『花咲ぢい』『かちかちやま』『金太郎一代記』『桃太郎一代記』『さるかにばなし』『舌切すずめ』『浦島太郎一代記』各六丁 和 (国)―堤吉兵衛『花咲ぢぢい』『狐の嫁入』『猫の芝居』『猿蟹合戦』『舌切すずめ』各五丁 和 (国)―森本順三郎発行『猫の芝居』六丁 和 (国)―小林新吉発行『さるかに合戦』六丁 和 (大)―James 著『SCHIPPEITARO』長谷川武次郎発行 (大)―杏堂散史訳『妖怪船』ハウフ著 松成堂 (大)―巴鳥弗著『泰西奇談旅路之空』田中栢城逸士訳 イーグル書房 (大)―在一居士訳『諷世奇談王様の新衣裳』アンデルセン著 春祥堂
明治二二年	(国)―江東散史『小学生徒教育修身の話』開文堂 (国)―武田左膳『東洋之少年』土方勝一評 永昌堂 (国)―杉山文梧編『幼年宝玉』田中登作校 普及社 (国)―柾木正太郎『小児演説独稽古』大阪 競争屋 三五丁 (国)―榊信一郎編『少年文庫』少年園 (国)―ヘッドウィック・シプロク著『Hanasaka Jiji ― Japanische Maerchen』弘文社 小林永濯絵 (国)―川田孝吉『いろは短歌教育嘶』いろは書房 (国)―グリム原著『おほかみ』上田万年重訳 吉川半七発行（家庭叢話一） (国)―山田仙発行『えほんをしへくさ』二冊 (大)―James 著『THE OGRE'S ARM』長谷川武次郎発行 (大)―James 著『THE MATSUYAMA MIRROR』長谷川武次郎発行 (大)―山本義明編『教育五十夜物語』牧野書房 (大)―隔恋坊著『鬼車』春陽堂 (大)―石井研堂著『十日間世界一周』学齢館 (大)―二宮寿編『学校用唱歌一』教育書屋

明治二三年

㊅―漣山人著『妹背貝』吉岡書籍店
㊄―加藤勢喜『教育ばなし―少年必携』弘文館
㊄―加藤勢喜『教育幻燈会―少年必携』弘文館
㊄―微笑軒『教育草紙―新編』
※「新井白石まどのゆき」「楠公桜井のかたみ」微笑軒編述、「正直の目じるし」「堪忍袋」霽月居士編述、良知等絵
㊄―松本愛重『本朝立志談 初編』少年園
㊄―西村富次郎『少年教育博物ばなし』西村書店
㊄―西村富次郎『明治孝子伝―少年教育』西村書店
㊄―竹内清秀編『開化童蒙近道』福岡 福岡書林 四〇丁
㊄―三好守雄『子供の討論会―知恵の戦争』三好守雄発行
㊄―霞城山人『理科春秋 春』張弛館（少年叢書）
㊄―斯波計二『子供演説―智恵之競争』学友館
㊄―西村富次郎『少年教育歴史ばなし』西村富次郎発行
㊄―江東散史編『新教育』開文堂
㊅―戸川残花著『なでしこ』村上勘兵衛発行
㊅―『小学百科叢書二・三・四・五・六』学齢館
㊅―竹内広業著『実地応用物理奇観』博文館
㊅―『小学学術共進会三』博文館
㊅―三輪弘忠著『少年之玉』鬼頭平兵衛発行
㊇―浅井忠『教訓画』博文館
㊇―奥山千代松『教育基本勅語訳義』博文館

明治二四年

㊄―樋口文山『いろは格言教育子供演説』樋口文山述・伴源平編 大阪 赤志忠雅堂
㊄―渡辺松茂『幼年修身はなし―家庭教育』大阪 積善館
㊄―チャーレス・ディックンス著・前田伝五郎訳『少年英国史一』桜屋書籍店
㊄―佐藤治郎吉『日本男児―少年宝庫』東京堂

㊥―増山久吉『八幡太郎源義家公―少年世界』学友館
㊥―岡安平九郎『生徒の革提―訓蒙開智二』成竜館
㊥―篠田正作『学術幻燈会―少年必携』大阪　中村芳松
㊥―三好守雄編『少年学術奨励会―知識交換一』学友館
㊥―大館利一編『児童教育知恵宝』大阪　刀根松之助
㊥―石井条編『理学之慰―少年必携一』敬業社
㊥―小松忠二郎『理科物語―少年読本』牧野書房
㊥―篠田正作『有益討論会―少年教育』大阪　競争屋
㊥―T・H・ジェームズ編『大江山―Oyeyama』弘文社
㊥―渋江保訳補『西洋妖怪奇談　小学講話材料』博文館
㊥―大矢透『わづかのこらへ』森本里発行　八丁　和
㊥―『少年文学』博文館（〜二七年）
※巌谷小波「こがね丸」、尾崎紅葉「二人椋助」、江見水蔭「今弁慶」、北村紫山「維新三傑」、山田美妙「雨の日ぐらし」、眉山人「宝の山」、幸田露伴「二宮尊徳翁」、矢崎嵯峨の舎「姉と弟」、巌谷小波「当世少年気質」、三昧道人「親の恩」、村井弦斎「紀文大尽」、一名蓄積力　原抱一庵「大石良雄」、巌谷小波「暑中休暇」、村井弦斎「近江聖人」、太華山人「河村瑞賢」、南新二「甲子侍」、太華山人「太閤秀吉」、矢部五州「徳川家康」、尾崎紅葉「侠黒児」、幸堂得知「みちのく長者」、太華山人「新太郎少将」、三宅青軒「頼山陽」、渡部乙羽「上杉鷹山」、遅塚麗水「菅丞相」、幸田露伴「日蓮上人」、中村花痩「五少年」、武田仰天子「二代忠孝」、水谷不倒「平賀源内」、村上浪六「高山彦九郎」、石橋思案「寧馨児」、江見水蔭「加藤清正」、宇田川文海「契沖河闍梨」
㊄―小中村義象・落合直文著『家庭教育歴史読本』博文館
※「能褒野の露・裾野の嵐」「如意輪堂・泉岳寺」「小松の雪・鬼界ヶ島」「鶴ヶ岡・鳥羽恋塚・館の血烟」「青葉の笛・日野の若草・森のあらし」「宇佐之御使・恩賜之御衣」「御船の浪・土のむろや」「菊の下水・八道の野分」「名古曾の関・宇治川・屋島浦」「関城の月・越路の雪」「行宮の桜・訪ねぬ蟲」「六無斎・玉の御聲」
㊄―内藤耻叟校訂『少年必読日本文庫』博文館

※「正学指掌・閑散余禄・熊沢先生事跡考・常山楼筆余・車潜夫論」「太平策・救急或問・戊辰夢物語夢々物語・慎機論・鴃舌或問・鴃舌小記・幼学課業次第・実用館読例・文会雑記」「詩文国字牘・形影夜話・経世秘策・仁義略説・夜舟物語・千代のためし・幼学問答」「間合早学問・聲文私言・齊庭之穂燃犀録・本與録・雲室随筆・諼園談余・四言教講義・新廬面命」「松平豆州言行録・白川楽翁公傳・大学或問・徂徠問答書・詩学逢原・魯西亜志・鎖国論」「学問源流・葬祭弁論・漁村文話・漁村文話続・講習余筆・正享問答・湯土問答」「知止小解・作文志穀・作詩志穀・家訓二通・楽言録・文会雑記附録・北地危言・名家年表」「白鹿洞学規・集註講義・遡遊従元・時文摘紕・南海詩訣・経世秘策補遺・経世秘策後篇・蝦夷行記・夢かたり」「聖学指要・神学承傳記・改元物語・獻芹微衷・駁朱度考・趯楚説・長頭丸随筆・天竺渡海物語・光台一覧」「足土根記・たむけの説・作文初問・書学筌・三余叢談・釣船物語・海道くだり・南北開拓意見・焉庚篇」「無鬼論弁・秋斎聞語・秋斎聞語評・田園地方記原附録江戸文学志略」

㊅―鈴木倉文助・中村篤三郎著『少年立志書類泰西近古史談―通俗教育全書八』博文館

㊅―『幼年文学』博文館　※尾崎紅葉『鬼桃太郎』、巌谷小波『猿蟹後日譚』

㊅―若松しづ子著『小公子前』女学雑誌社

㊅―James 著『THE OGRES OF OYEYAMA』長谷川武次郎発行

㊌―小野鶖堂『消息女子文かきぶり』博文館

㊌―福羽美静『忠孝本義』博文館

㊌―鈴木倉之助『勅語衍義国民修身談』博文館

㊌―渋江保『少年亀鑑神童』博文館

㊌―谷口政徳『少年修身書類生徒の宝』博文館

㊌―佐藤治郎吉『少年宝庫日本男児』博文館

㊌―萩原朝之介『俊傑少年』博文館

㊌―谷口政徳『生徒の宝』一～三　博文館

㊌―齋藤良恭『少年育才　文園遊戯』

備考：㊄は国会図書館『児童図書目録』、㊅は大阪国際児童文学館『国際児童文学館蔵書・情報目録』、㊌は『博文館五十年史』、㊇は『丸善百年史』所載の情報をもとに記載している。

なし』といった、木版や銅版による江戸時代とほとんど変わらない形態や内容の昔話絵本あるいは、昔話を英訳や独訳などをして海外向けに出版したいわゆるちりめん本が子ども向け出版文化の中心であった。これらの本は、見開きにわたって大きく絵を刷り込み、余白に変体仮名でわずかな分量の文章を書き込むという、旧来の草双紙と同様のスタイルで出版されている。

子どもを意識した出版物の内容に変化が見られ始めるのは、一八八七年（明治二〇）頃からである。この年に、近世以来の木版や銅版による昔話絵本とならんで、梅酒家馨編による『小学生徒修身教育昔噺』という書名の本が出版されている。この本は、内容は旧来の昔話絵本と変わらない。それにもかかわらず、「教育」という二文字をあえて書名に冠していることに注目したい。

書名に「教育」の二文字を冠する本は、この年以降急激に増加していく。たとえば、明治二一年の『小学生徒修身教育噺』、二二年の『小学生徒教育修身の話』、『いろは短歌教育噺』、『教育五十夜物語』、二三年の『少年教育博物ばなし』『少年教育歴史ばなし』などである。

そうした本の典型として、愛花仙史三木貞一校閲・鳳鳴齋藤良恭編述になる『少年育才　文園遊戯』と上村才六編集発行になる『教育遊戯新考物』を取り上げてみる。

『少年育才　文園遊戯』は、博文館から一八九一年（明治二四）四月一〇日に出版されている。編述者の齋藤良恭は、管見の限り生没年および経歴は不明である。校閲者の愛花仙史三木貞一（一八六一〜一九三三）は、ジュール・ベルヌの『地底旅行』を『拍案驚奇地底旅行』（九春堂、一八八五年）と題して墨浦高須治助と共訳したり、『日本名勝図解』（九春堂、一八八八年）を高橋五郎英訳、三木貞一漢訳で出版したり、『欧州忠臣蔵』（九春堂、一八八五年）、『日清太平記』（巌々堂、一八九五年）などを著したりした人物である。

編述者の齋藤は、緒言の中で遊戯について次のような認識を表明している。「少年ノ遊戯ハ其数幾何ナルヲ知ラス而レトモ要スルニ体ヲ以テスルモノト心ヲ以テスルノ二ニ出テス」。こうした基本認識を示した上で、近年は少年の遊戯の書が数多く出されているものの「大抵体育ヲ主トスルノ故ヲ以テ往々ニシテ遊戯ニ荒ミ文学ヲ後ニスルノ弊ヲ生ズルニ至ル」と述べ、遊戯が体を動かすものに偏り、「育才上ノ遊戯」が「堙滅ニ帰」そうとしている現状を憂えている。そこで、上から読んでも下から読んでも同じになる文章の美しさと面白さを競う廻文詩をはじめとして、蔵頭詩、詩謎、字訓詩、詩かるた、狂歌百人一首、漢文落語などの文学上の遊戯の数々をまとめたと述べている。

日本では、古くから子どもたちの周囲に豊かな言葉遊び・文字遊びが存在していた。こうした言葉遊び・文字遊びの歴史は古く、平安時代には偏継《へんつぎ》や韻塞《いんふたぎ》などを楽しむ子どもたちの様子が、『源氏物語』や『枕草子』をはじめとするさまざまな文学作品の中に描かれている。

だが、こうした言葉遊び・文字遊びは、「育才」や教育を目的として行われていたわけではない。あくまでも、貴族社会で必要とされた教養を競う遊びとして行われていたものである。そうした古くからの遊びに対して、「育才上ノ遊戯」という位置づけを与えようとしたことから、編述者が遊びに対して抱いていた認識と、そうしたタイトルが要請された当時の社会情勢を垣間見ることができる。

『少年育才　文園遊戯』で実現しようとした認識が、より明瞭に見られる本に『教育遊戯新考物』がある。『教育遊戯新考物』は一九〇一年（明治三四）五月一五日に鳴皐書院から出版されている。

明治三四年は、周知の通り二〇世紀が幕開けした年である。この前年の一二月、一九世紀最後の月にエレン・ケイが『児童の世紀』を著し、そこに込められた児童中心の思想は間もなく日本でも大きな反響を呼ぶことになる。また、二〇世紀になるのと歩みを一にするかのように日本では小学校の就学率が上昇していく。一九〇二年（明治三五）には九一・五七パーセント（実質就学率は七八・三パーセント）と一〇〇パーセントに手が届くところまで上昇し、学校教育に対する理解と関心が高まってくる。社会的に教育熱が高まりつつあった、こうした時代の中で『教育遊戯新考物』は出版されているのである。「教育熱」が高まっていた当時の社会的風潮は、タイトル、編輯人の氏名、目次など、この本の随所にその痕跡を認めることができる。

この本の内容は、いわゆる謎々集である。いうまでもなく、学校教育とは無縁の言葉遊びの類である。そうした謎々を扱ったものでありながら、タイトルには「教育遊戯」の角書が付けられている。これは、この時代の教育熱の高まりの中で、子どもに向けられるものはすべからく「教育的」でなければならないという社会的風潮が広く世の中を覆っていたことを雄弁に物語っている。そのため、子ども向けの本として出版されるものであるにもかかわらず、通俗的な内容のこの本は、あえて「教育」の二字をタイトルに冠してそれらしい内容に装う必要に迫られたのだと考えられる。

目次からも同様の配慮と認識がうかがえる。天文門・地理門・歴史門・文学門・人事門・動物門・植物門・数学門などという項目に分け、いかにも学校教育の教科に準拠した内容であるかのごとく体裁づけられている。だが、どんなに学校教育に関したものであるかのように目次立てをしても、内容は近代以前からさまざまに楽しまれてきた頓智や言葉遊びの類であることに変わりない。一例を挙げると、歴史門で「おもい風邪の病人とかけて、石田三成と解く、其の心は…」という問題がある。これは、石田三成が関が原の戦いで敗れたことをうけて、答は「せきがはらで困る」つまり、「咳が止まらないで困る」という意味となっている。また、数学門には、「二十を三分すれば、地理の用語なり」という問題がある。答は「三七十」で、三、七、十を足すと二〇になるが、この三つの数字を並べて「みなと」と読ませることが答の鍵である。

この本が「教育的」であろうと腐心した痕跡の極めつけは、この本の編集者名にうかがうことができる。奥付では上村才六（一八八六–一九四六）が編輯兼発行人となっている。ただし、本文の中では東京・北隆館編輯と明記されている。北隆館とは、東京堂・東海堂・大東館と並び称された明治の四大雑誌取次店の一つのことである。おそらく実際に編集したのは北隆館の方で、上村才六は名前を貸したにすぎないと思われる。名目上の編輯者として上村才六の名前を借りることで、この本に「教育的」な権威付けをしようとしたのであろう。

この本の編輯者に名前を貸した上村は、『記事文範』（鳴皐書院、一九〇一年）、『美辞作文十二ヶ月』（井上一書堂、一九一二年）、『韻偶大成』（声教社、一九一九年）をはじめとして漢詩に関する多数の著書を持つ漢学者である。特に絶句に関する碩学《せきがく》として知られていた人物である。子どもに与えるものは教育的でなければならないという風潮の中で、教育的であるようにいかに装うかが子どもに与える文化として発信されるモノの命運を左右した時代の苦労を偲ばせる出来事である。

同様のことは、読み物以外におもちゃでも確認することができる。一八九五年（明治二八）三月二五日発行の『風俗画報』には、鶯陵《おうりょう》迂人《うじん》なる人物が「現今の各商店其五」として、「おもちや屋」について記述している。[*3] そこには、おもちゃ屋の店先を通った子どもが、男児の場合は「あのサーベルがよい。此鐵砲かほしい。大鼓も買たい。假面もいるよと。」言いながらひたすら「買て頂戴な」とねだり、親が「又にをしよ」と言うやたちまち大声で泣き喚く光景を記述した後で、おもちゃ屋について次のように述べている。

> おもちや屋とは。おもてあそひもの屋の略称なり。即ち童児の玩弄具を鬻く所をいふ。看板には御手あそひ品なと書してありそも玩弄具は。もと遊戯に供するに過きすと雖も。熟々考ふれは。其武器に擬せしものは。体操発育の地をなし。其家室厨房の具に当る者は。婦人の職務を涵養するの緒となる。即ちおもちや屋は。家庭教育の一端にして。間接の利益甚た多しとす。余は童児の為めにおもちや屋を賛成する者なり。

「其武器に擬せしものは。体操発育の地をなし。其家室厨房の具に当る者は。婦人の職務を涵養するの緒となる。即ちおもちや屋は。家庭教育の一端にして。」という文章には、おもちゃは単なる遊びの道具を超えて、教育に有益なものとして活用できることを主張せずにはいられないという、この時代の社会を覆っていた認識が明確に示されている。『東京玩具人形問屋協同組合七十年史』には、日本橋区本石町の教育書籍店文栄堂の大貫政教という人物が、内務省から特別に勧められて一八八九年（明治二二）頃から教育玩具の製造・販売に手を染めたことが記されている。文栄堂は数年後には玩具製造を中止し店も閉じてしまう。だが、文栄堂が先鞭をつけた、玩具は「教育玩具」でなければならない、という風潮は、その後着実に玩具業界に広まっていく。その結果、一九〇三年（明治三六）頃の東京における玩具問屋の販売広告には、ほとんどの場合「教育」の二字が冠せられるようになり、玩具の生産者と需要者の間で、玩具は教育的でなければならないという認識が定着するようになる。[*4]

以上のように、明治二〇年代になると、読み物やおもちゃといった子どもに与える文化財を製造・販売する側と需要する双方の中に、子どもの文化の「教育化」という認識と現象が定着していくのである。「教育化」された「教育読み物」と「教育玩具」の誕生や、「教育化」されたものであることを装わなければならなかった「教育読み物」や「教育玩具」の製造・販売という現象は、この時代の子どもに与える文化を特徴づける動向として注目しなければならない。

注

1　国立国会図書館『児童図書目録』一九七一年／大阪国際児童文学館『国際児童文学館蔵書・情報目録　1868～1945』一九八五年／坪谷善四郎『博文館六十年史』博文館、一九三七年／『丸善百年史』丸善、一九八一年

2　国会図書館などの目録では、一八八九年（明治二二）以降、六丁程度の昔話絵本は見られなくなる。だが、この後も銅版、石版、合羽版などよる廉価な絵本が刷られ、縁日の露店などで大量に売られ続けていた。

3　『風俗画報』第八八号、東陽堂、一八九五年、六ページ

4　七十周年記念事業委員会編『東京玩具人形問屋協同組合七十年史』一九五五年、二三ページ

三－二　教育博物館と〝教育化〟される子どもの文化

「教育化」される子どもの読み物とおもちゃという現象は、出版業者やおもちゃ製造・販売業者の中から自然発生的に生まれたものではない。近代公教育が整備される過程で起こっていた教育熱の高まりという社会風潮を背景に生まれたものである。

これまでの先行研究では、子どもの文化に対して教育的価値を求めるようになっていったことはしばしば指摘されてきた。だが、子どもに与える文化は教育的であるべきだという社会風潮が起こったと指摘するにとどまり、そうした社会風潮がどのようにして社会全体に広まっていったのかという点への考察は希薄だった。テレビやラジオといったメディアは存在せず、新聞が世の中の動きを伝え世論の形成に大きな力を持っていたものの、新聞の読者も限られていた。そのような時代にあって、子どもに与える文化に教育的価値を求める風潮は、何を媒体にして多くの人々の間に広まっていったのであろうか。

当時の人々に教育の重要性を訴え、同時に、子どもに与えるモノは教育的でなければならないという認識を定着させる上で大きな影響力を持った施設や催しがあった。東京教育博物館をはじめとする施設と、教育展覧会、教育共進会などという名称のもとに各地で催された教育博覧会である。

そもそも、明治は博覧会、博物館の時代であった。明治政府は近代化を推進するために積極的に博覧会や博物館を利用したのである。内国博覧会を度々催すことで、政府は人々に産業を視覚的に提示して国内産業の振興を推進することに腐心した。また、教育制度の近代化を推進する目的で、教育博覧会を度々開催した。さらに、教育制度の近代化を推進するための恒久的な施設として建設したのが教育博物館であった。

木村小舟は『明治少年文化史話』の中で、一八八九年（明治二二）一〇月に上野公園の美術協会で催された東京府教育品展覧会の規模の大きさと内容の充実ぶりを紹介している。明宮（後の大正天皇）や皇后が会場を訪れたことをはじめとして入場者は開会以来引きも切らない状況だったという。そして、一三日の日曜日には、観覧者が一日で一万二千七百人を超えたことを紹介している。[*1] 教育展覧会に対する人々の関心の高さと、子どもに与えるモノがどうあるべきかという社会的認識が形成されていく過程で、教育博覧会が果たした役割の大きさをうかがわせてくれる記述である。

こうした世の中の状況の象徴的な施設が東京教育博物館である。東京教育博物館の歴史は、一八七一年（明治四）に文部省の博物局で物品の収集をしたことから始まる。一八七五年（明治八）に旧昌平坂学問所構内の大成殿を仮館とし、翌四月に東京博物館と改称する。その後、一八七七（明治一〇）一月に教育博物館と改称。三月に上野に新館が竣工する。同年八月から一般公開し、一八八〇年（明治一三）に東京教育博物館と改称する。[*2]

教育博物館は、開館するや、連日大勢の見物人で賑わった。入場料が開館当初は無料だったこともあり、大人をはじめ子どもたちも大勢見学に訪れた。一八七八（明治一一）一月一一日付の朝野新聞では、教育博物館が開館した明治一〇年八月から一二月末までの四ヵ月半で一七万六千人の入場者があったと伝えている。[*3]

大勢の見物人の中には、東京大学の生物学科教授として招かれたＥ・モースもいた。モースの『日本その日その日』には、明治一〇年九月一一日に開館まもない教育博物館を見学したことが次のように記されている。[*4]

博物館は大きな立派な二階建で、翼があり、階下の広間の一つは大きな図書室になつてゐる。また、細長くて広い部室は、欧州及び米国から持つて来た教育に関する器具―現代式学校建築の雛型、机、絵、地図、模型、地球儀、石盤、黒板、インク入れ、その他の海外の学校で使用する道具の最もこまかい物―の広汎で興味ある蒐集で充ちてゐた。これ等の品物はすべて私には見慣れたものであるに拘らず、これは最も興味の深い博物館で、我が国の大きな都市にもあるべき性質のものである。我々の持つ教育制度を踏襲した日本人が、その仕事で使用される道具類を見せる博物館を建てるとは、なんという聡明な思ひつきであらう。

モースは、「海外の学校で使用する道具の最もこまかい物—の広汎で興味ある蒐集」が教育博物館に収納・展示されていたことを伝えているが、陳列品は二八に類別され計一六、〇一六品目に及んでいた。[*5] 陳列品は、一九〇二年（明治三五）時点で賞与品及び卒業証書類や実物教授用具、生徒用具、歴史用標本、動物標本及器具など学校教育で使用される道具が中心だったが、その中に、学校以外の場で子どもに与えられる家庭及幼稚園玩具一、〇〇九点と幻燈及映画三三一点が含まれていることが注目される。

来館者数の多さからみて、近代的教育用具の情報発信源として教育博物館は十分に機能し、近代公教育の推進に大きく貢献したことが裏づけられる。特におもちゃの近代化に教育博物館が果たした役割は大きい。日本に「西洋風の玩具を紹介した」のは教育博物館であり、しかも多くの来館者に紹介するにとどまらず、明治一〇年に教育博物館は「一方では外国玩具を陳列して公衆に示し、他方では玩具屋を勧誘してこれを模倣」させたことが記録されている。[*6]

広く公開することで多くの人に教育的なモノの存在を広め、同時に、需要する側だけではなく製造・販売する側にも教育的なモノの価値を伝えていったことは大きな意味を持つ。教育博物館の存在と活動が、「教育化」された教育玩具の誕生と普及を促したといっても過言ではないのである。

それでは、陳列されていた家庭及幼稚園玩具一、〇〇九点は具体的にどのようなおもちゃだったのだろうか。女子高等師範学校保母松村ひさ子が「家庭及幼稚園玩具」と題する教育博物館の報告を書いている。「玩具は、日本、アメリカ、フランス、ドイツ、ロシア、カナダ、オーストリアの各国製の物がございます」とした上で、幼稚園の恩物について紹介した後、それ以外の日本製の一般のおもちゃについて次のように紹介している。[*7]

次は日本製の一般の玩具、之は中々沢山ございますが、大仕掛けで高価なのは、機関車（レール付）、汽船、風力ポンプ、の模型で汽車汽船はアルコールを燃やし、風力ポンプは風で実際の通り動くやうにできて居る精巧な丈夫なものでございます。動力を詳しく説明するには便利でございませう。其外組立反写鏡、大きな覗き眼鏡、軍艦の模型などもございます。何れも一個の価数円に上ります。

手軽い玩具は中々数へきれぬほど種々様々ございますが、まづオシャブリ、デンデン太鼓、飯事の道具、鉄砲、刀、喇叭、などからはじめて鳥居もあればタンスもある。台所に割烹用具の並べられたものもある、機織機械もあるといふ風で、殆ど社会の百般の物が小さくなつて、此処に表はれ並べられて居ります。又機械仕掛で、人、馬、車、船、魚などの動いたり廻つたりするもの、ゴムの伸縮、水の圧力、風、角度鏡、などの理学上の応用をしてできて居る物も沢山ございます。そうして新らしく出来た物ほどひとりで動くやうなものが多いやうでございます。新に考へ出された有益な玩具は、なるべく買ひこんで行くといふ此館の考へであるそうでございますから、子供に玩具を買ひ与へる前に阿母様方の来観せられて参考になるのは此辺でございませう。

長々と引用した文章で東京教育博物館に陳列されていたおもちゃの実際がよく理解できる。幼稚園に置かれていた恩物はいうまでもないが、「ゴムの伸縮、水の圧力、風、角度鏡、などの理学上の応用をしてできて居る物」などの類は、確かに「教育玩具」と呼ぶのにふさわしいおもちゃかもしれない。だが、陳列品の多くは、鉄砲や刀、ままごと道具、おしゃぶりなどといったおもちゃである。町のおもちゃ屋で普通に取り扱っているごく当たり前のおもちゃが、〝教育博物館〟に〝教育用具〟の一つとして陳列されていた事実を注視する必要がある。

前節でに引用した『風俗画報』の記者が、「其武器に擬せしものは。体操発育の地をなし。其家室厨房の具に当る者は。婦人の職務を涵養するの緒となる」と述べていたことを改めて想起したい。〝教育〟と無関係に作られ、子どもたちも〝教育〟と無関係に手にしていた武器やままごと道具を、〝教育〟と結びつけて論じた記者の認識は、〝教育〟博物館にそうしたおもちゃが陳列される社会的風潮と無縁ではないだろう。〝教育〟博物館に陳列されるということは、本来は教育と無関係に作られたおもちゃが、陳列された瞬間に「教育的」なおもちゃに変身することを意味しているのである。

すでに述べたように、それが本来どのような性質のおもちゃであったとしても、〝教育〟と結びつけようとするこの時代の社会的風潮の中で、子どもに与えられるおもちゃは、すべて教育的意味を付与されて製造・販売されるようになっていった。ここまで繰り返し述べてきた、子どもに向けて作られるモノの「教育化」という現象である。教育博物館はその具体的な実例を陳列し、陳列された実物は子ども向けのおもちゃはすべからく教育的であるべきだという認識を具現化したものとして人々に提示されていたのである。

「児童文化」という用語と概念が誕生する少し前の時代に、子どもの文化の「教育化」が進んでいた事実と、「教育化」の推進に大きく与っていた教育博物館や教育展覧会の存在に改めて注目しなければならない。

注

1 木村小舟『明治少年文化史話』童話春秋社、一九四九年、一四一〜一四二ページ

2 「教育界」(『東京教育博物館』第三巻第二号臨時増刊、金港堂、一九〇三年)、一〜二ページ

3 新聞集成明治編年史編纂会『新聞集成明治編年史』第三巻、財政経済学会、一九三五年

4 モース/石川欣一訳『日本その日その日』創元社、一九三九年、一三五ページ

5 前掲『東京教育博物館』六ページ

6 前掲『東京教育博物館』一二ページ

7 前掲『東京教育博物館』一五〜一六ページ

三―三　「教育家族」の増大と博文館の出版

ここまで述べてきた子どもの文化の「教育化」は、近代的公教育の開始を告げる一八七二（明治五）年の学制発布と同時に始まったわけではない。学制発布からしばらく続く低調な就学率は、国民の教育への関心の低さを示している。発布後一〇年を過ぎた明治一五年で男子六六・九九％、女子三三・〇四％、明治二〇年でも男子六〇・三一％、女子二八・二六％という状況であった。

こうした状況の中で、一八九〇（明治二三）年に出された「小学校令」を機に、各府県ではさまざまな施策を立案して就学を積極的に督励していくことになる。代表的な施策は各地で開催された「教育品展覧会」だが、その他の施策の中から一例を紹介する。

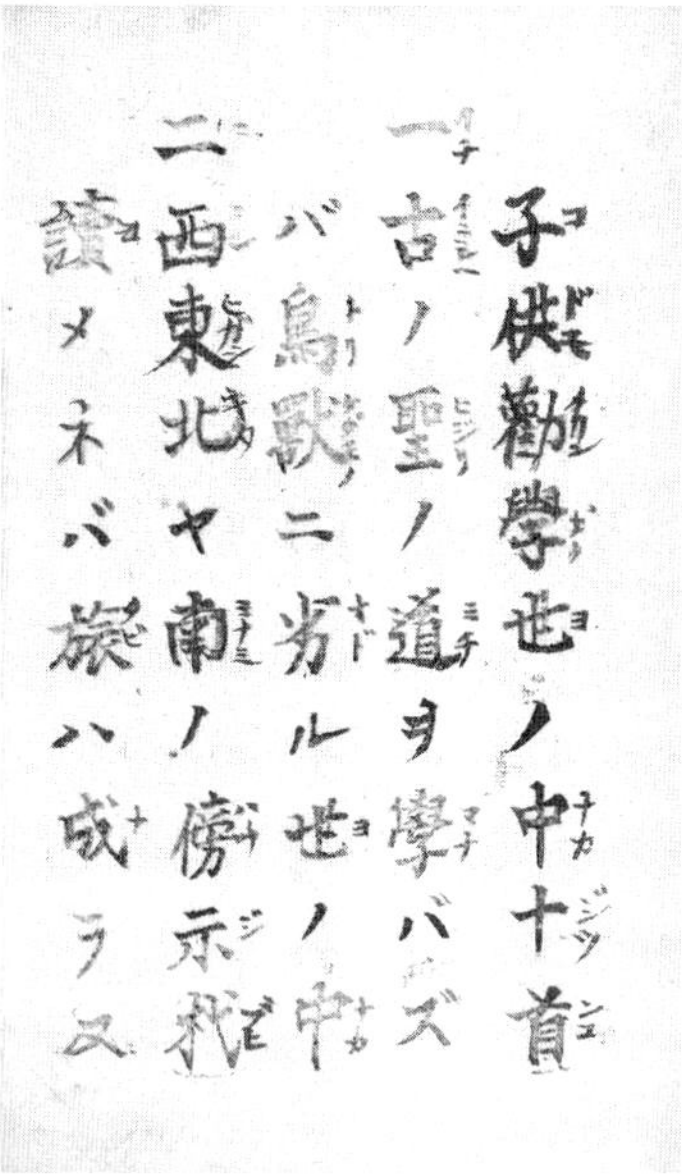

図Ⅰ-5 『子供勧学　世ノ中十首』

就学督励を目的とした『子供勧学　世ノ中十首』（福島県安達郡石井村中村恵厳、明治二八年）という冊子が刊行されている。ここには、「一　古《いにしへ》ノ聖《ひじり》ノ道ヲ学バズバ鳥獣《けだもの》ニ劣ル世ノ中」に始まり、「十　慈悲深ク物知ラザルヲ誘《いざな》ヒテ学ビノ道ニ入レヨ世ノ中」まで、短歌形式による就学督励のための標語が掲げられている（図Ⅰ-５）。訴求力を持つ短歌形式の標語の出版物を用いて、石井村（現、福島県二本松市）の人々の耳目を教育に向けようとしていたのである。こうした数々の施策の効果により、国民の教育への関心はしだいに高まっていく。

就学督励のための施策が出されていく一方で、日露戦争後に国内で進んだ産業革命により、産業構造が変化し、人々のライフスタイルが大きく変動しつつあったことも就学率上昇の要因として見逃すことはできない。土地を離れて都市に流入する人々が増大し、都市中間階級・新中間階級と呼ばれるサラリーマン階層の人々が社会の中に増大したのである。生活基盤としての土地を持たない彼らは、教育によって社会階層の移動を図ろうとするいわゆる「教育家族」であり、彼らの教育に対する高い意識が就学率上昇に大きく影響していくことになる。

文部省も政策の面で就学率上昇を図っていく。一八九七年（明治三〇）には、市町村立小学校の授業料を月三〇銭以内とする通達を出し、一九〇〇年（明治三三）の小学校令改正を機に義務教育の授業料を廃止する。これらの政策の実施が就学率上昇を決定的なものとすることになる。

教育に高い関心を寄せる人々が増大したことにより、明治三〇年代になると学校教育と家庭教育への関心が社会的な高まりを見せていく。実践女学校を創設して女子教育家として活躍していた下田歌子が一九〇一（明治三四）年に『家庭教育』を博文館から出版、一九〇三年（明治三六）には、児童研究会の中心的存在だった高島平三郎と松本孝次郎が、それぞれ『家庭教育講話』（静岡市教育会）と『家庭教育』（金昌堂）を出版、一九〇八（明治四一）年には雑誌『家庭之友』の主宰者羽仁もと子が『家庭教育の実験』（家庭之友社）を出版するなど、教育への社会的関心の高まりを反映した出版物の刊行が相次ぐ。

スウェーデンのエレン・ケイによって、一九世紀最後の一九〇〇年一二月に、児童中心主義思想を高らかに謳いあげた『児童の世紀』が出版されたが、この本は一九〇六（明治三九）年一〇月に、大村仁太郎によってドイツ語訳から『二十世紀は児童の世界』として翻訳出版されている（図I-6）。原著の出版からわずか六年後という異例の速さでの刊行であった。しかも、一二月中に再販が出されるほどの売れ行きを示している。この事実は、この時代の教育熱の社会的な高まりの様子を伝えてくれる。

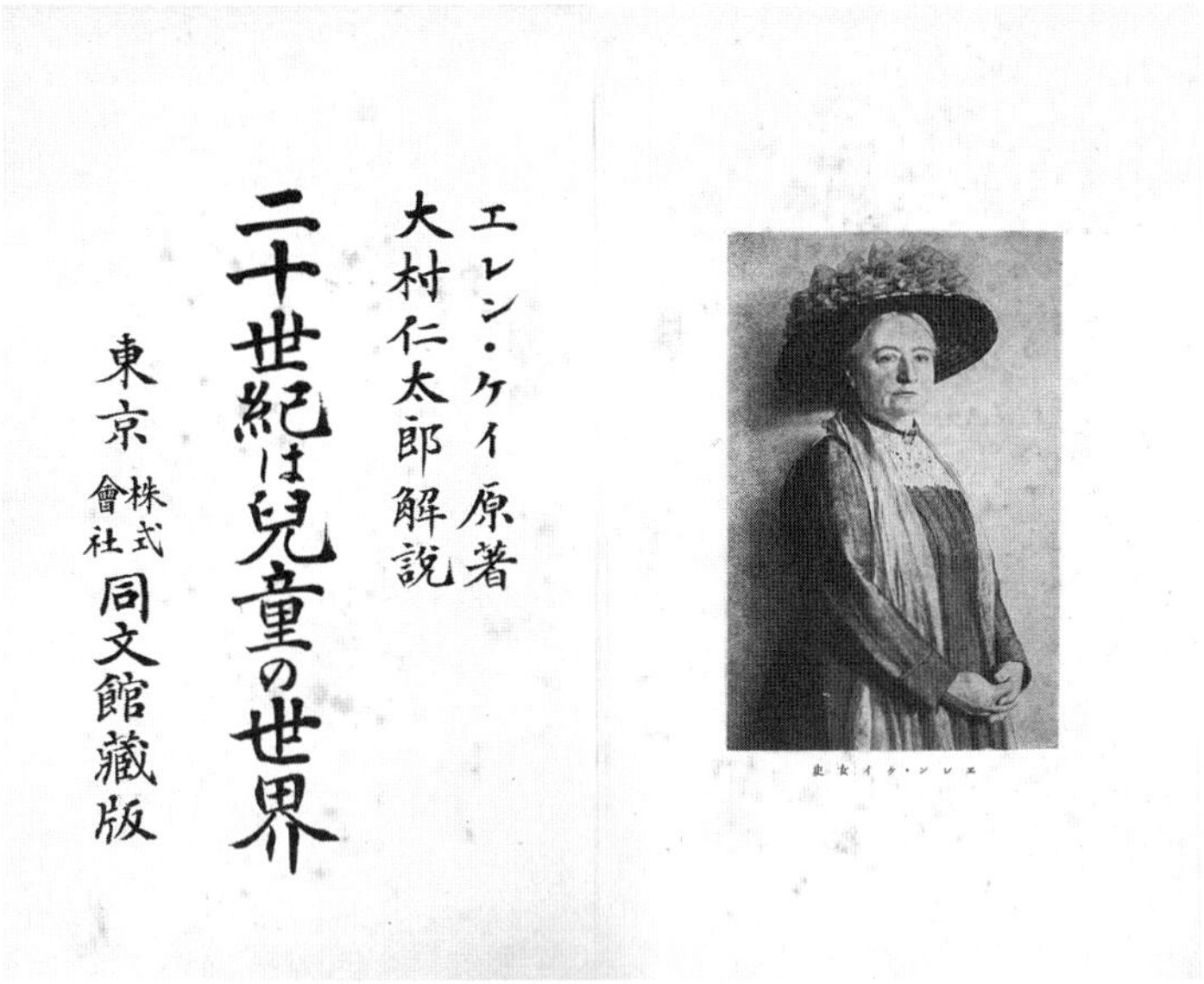

図Ⅰ-6　大村仁太郎訳『二十世紀は児童の世界』

大正時代になると、こうした現象はより顕著となる。三浦関造訳による『人生教育　エミール』（隆文館、大正二年一〇月）は、刊行翌月の一九一三（大正二）年一一月五日に再版、同月一七日に三版、三〇日に四版を立て続けに出し、一二月に五版を出している。そして、翌大正三年一月に六版、二月に七版、四月に八版と、わずか半年で八版を出すほどの驚異的な売れ行きを示している。全四六八ページに及ぶ大冊で、内容も決して大衆向きとは言えない本がこれだけの売れ行きを示しているのである。

子ども向けの読み物やおもちゃが「教育化」される時代にあって、子ども向け読み物の創作や雑誌の編集を次々に展開した出版社の代表は、博文館である。そして、博文館との関係の中で、さまざまな形で子どもに関する出来事に関わった人物の代表が巌谷小波（一八七〇－一九三三、本名季男、別号漣）である。周知のとおり、子ども向け創作読み物は、一八九〇年（明治二三）に三輪弘忠によって『少年之玉』が書かれているが、その翌年に博文館から少年文学叢書第一編として出版された漣山人（小波の別号）作『こがね丸』が、広く読まれた子ども向け創作読み物の嚆矢とされている。
子どもに与えられるモノがすべからく「教育化」される時流に乗って、博文館は小波と手を結びながら事業を展開していくのである。だが、そうした博文館と小波を対象とした次のような批判が存在する。

頃者少年文学ノ書多ク刊行セラルト雖要スルニ其目的タル快楽ヲ与フルニ急ニ理義ヲ示シテ少年者ノ智識ヲ誘導シ情感ヲ誡ムルモノニ至ツテハ殆ント星晨ノ感ナキ能ハス或ハ偶之アリトスルモ仮設偶意ノ談話ニアラザレバ性行記録ノ伝文ノミ故ニ少年脳力ノ薄弱ナル其真味真旨ヲ極ムルニ由ナクシテ隔靴掻痒ノ嘆ヲ免カレス蓋シ少年文学界ニ於ケル一大欠点ナリ

これは、『こがね丸』(図I-7)が発表された翌一八九二年(明治二五)四月に、稲生輝雄が『女子 家庭修身談』の序文に掲げた文章である。[*1]
この中で槍玉に挙げている「少年文学」とは、この本の発行年の前年から刊行が開始された博文館の少年文学叢書を指していると考えて間違いないだろう。稲生は、『こがね丸』をはじめとする「少年文学」が、子どもたちに快楽を与えるばかりで教育的ではない、と非難しているのである。子どもに与えるものはすべからく教育的であるべきだとする風潮の中にあって、〝教育化〟の流れに反する出版物として、博文館の少年文学叢書を批判的に見る人々が存在していたことをこの文章は物語っている。
それでは、非難されている博文館側は、どのような認識のもとで「少年文学」を刊行していったのであろうか。
明治二四年一月から二七年一一月までの間に少年文学全三二冊を刊行した博文館は、大橋佐平が一八八七年(明治二〇)に創業した出版社である。博文館は少年文学叢書を創刊するにあたり、「少年は人生の花である」に始まる文章を

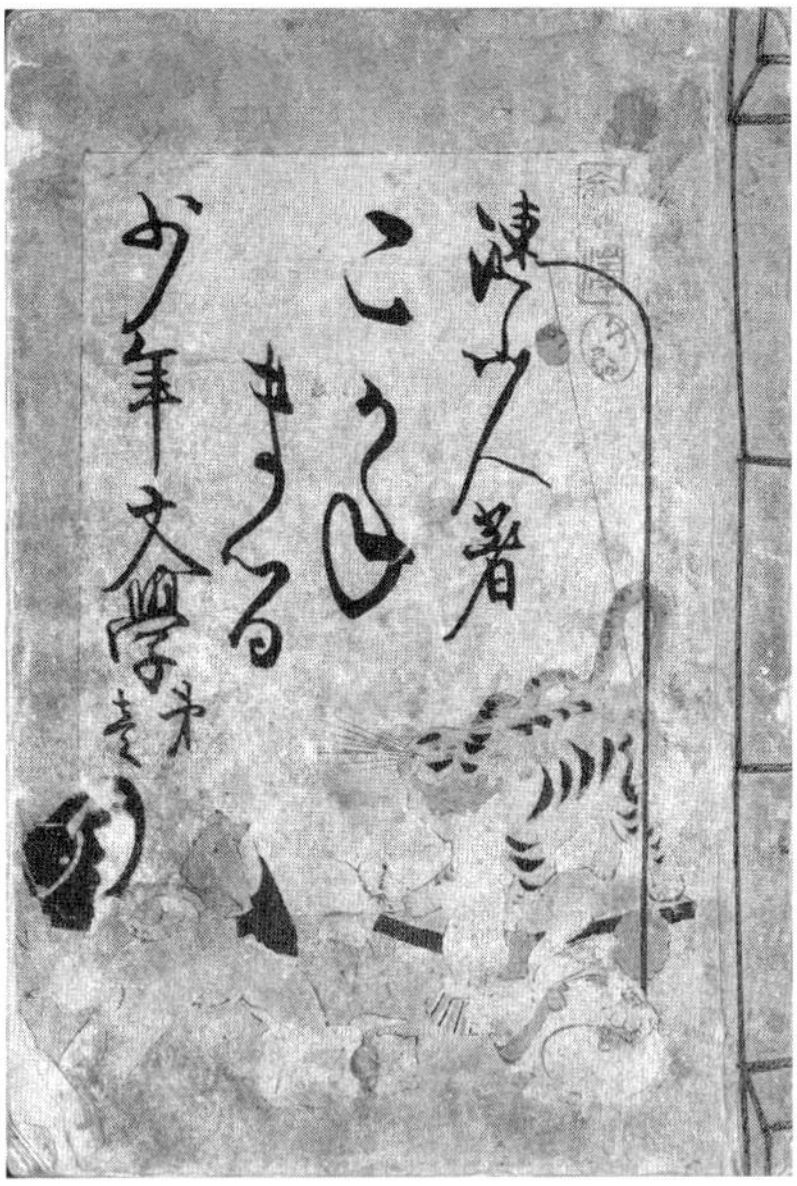

図Ⅰ-7　漣山人『こがね丸』

掲げてこのシリーズの目的を説明している。そこには、少年を教育するには教師や訓令にのみ頼らず、文学の力も借りる必要があるという教育観が述べられている。それにもかかわらず、多くの小説は人情世態を叙するにとどまり、少年教育に益しようとするものが少ない現状を嘆いている。そこで、少年文学を発行し、「文学界の新現象なる而已ならで、家庭教育の助」たることを目的にすると説明している。

この説明が、「教育化」される子どもの文化という当時の社会的風潮を十分に意識し、そうした社会風潮に迎合するために作られたものであることは明らかである。だが、実際に発行された全三二冊の内容を見ると、「家庭教育の助」という統一された目標がこの企画に存在したとは思えない。

そのことを裏づけるかのように、「はじめより一定の企画を樹てゝ発行せられしものではなく、其の題目も、作者も、得るに随つて採用せるものの如く、それだけに亦全体として、稍不統一の点が無くもない」[*2]という木村小舟の述懐もある。小舟は一九〇〇年（明治三三）に博文館に入社した人物だっただけに、博文館が掲げた目的が建前にすぎなかったことを内部から裏づけた発言として注目される。博文館創業者の大橋佐平は、「常に時流に先んじて大勢を達観し、絶えず新事業を計画」[*3]するという進取の精神に富む人物であった。佐平を助けて博文館を大出版社に育て上げた息子の新太郎は、精力的に図書出版を行い、創業間もない一八八九年（明治二二）には「毎日一種以上の図書を出版し、社会百般にわたり、およそ図書として出版せざるは無」[*4]いという状況であった。そして、精力的に図書や雑誌を出版する博文館は、新太郎の方針を受けて「薄利多売主義という独創の標語」[*5]を掲げて多大な売れ行きを実現していった。

こうした博文館創業者大橋父子の動向を見ると、博文館、特に大橋新太郎が見据えていたことは、やがて間もなく出版界を席巻することになる大量生産・大量消費の先取りだったのではないかと思われる。「少年文学」と銘打って子どものための創作読み物を刊行するということも、「教育化」される子どもの文化という社会風潮に便乗して子どもに与える読み物の市場を新たに開拓しながら、「多売主義」の実現を図ろうとした企画だったのではないだろうか。ともあれ、「薄利多売主義」を標語に掲げる博文館が「少年文学」を刊行したことによって、子どもに与える読み物の「商品化」が大きく進展し、製造・販売される子ども用品の普及を促進することにつながったことは間違いない。

注

1 稲生輝雄『女子　家庭修身談』目黒書店、一八九二年

2 木村小舟『少年文学史　明治篇』上巻、童話春秋社、一九四二年、一五九ページ

3 坪谷善四郎『大橋佐平翁伝』栗田出版会、一九七四年、六六ページ

4 坪谷善四郎『大橋新太郎伝』博文館新社、一九八五年、四六ページ

5 前掲『大橋新太郎伝』四四ページ

第四章　子ども用品の誕生と三越児童博覧会

四－一　こども博覧会の開催

子ども向け商品の教育化と家庭教育への関心の高まりの中で、一九〇六年（明治三九）五月四日から一六日まで、教育学術研究会の事業として、上野五号館を会場に「こども博覧会」が開催される。費用の大部分は、雑誌『日本の家庭』を発行していた同文館が創業一〇周年記念として寄付している。

こども博覧会会長の東《ひがし》久《く》世《ぜ》通禧《みちとみ》伯爵は、こども博覧会開催に関して、「近来は、小学校中学校の普通教育を始めとして、各種の学校が盛んに設けらるゝのみならず、一般に家庭に於ける児童の教育に、熱心なる注意を払ふやうになツて来たのは、まことに喜ぶべき現象と云はねばならぬ」と述べた後、次のように続けていく。*1

今後は、学校教育の普及をはかると共に、家庭教育の進歩を促さねばならぬといふことは、識者の既に唱へて居ることである。（中略）新聞紙や、各種の興行物や、子供に持たしめる図書や玩具や、その他すべてのものが、多少児童の教育といふことに注意して出来るやうになツたならば、家庭及び学校の教育と連携を保つて、著しい利益のあることゝ信ずるのである。

この意味に於て、今回始めて催した『こども博覧会』の如きは、よほど世人の注目すべき意味のあつたこと、、私に信じて居るのである。

「こども博覧会概則」の第一条には、「本会は、『こども』に関する古今東西のあらゆる製作品を蒐集して、これを公衆の縦覧に供し、学校及び家庭の教育上に資する」[*2]とあり、学校と家庭が並列に記されている。だが、通禧の文章から、この博覧会が学校教育ではなく、家庭教育の方を強く意識して企画されたものであったことが理解できる。

こども博覧会賛助員に名を連ねる心理学者の松本孝次郎も、「こども博覧会について」と題する文章の中で、「今我邦の教育社会を見ますると いふと、実に家庭の問題は、最も有力なることになつて居る」ので、「斯かる会を開く所の時機は、最も適当なる時に向つて居ると思ひます」と述べ、[*3]今日的関心事となっている家庭教育を考える上でこの博覧会が参考になることを述べている。

家庭教育が注目を集めていたこの時期に、こども博覧会を実質的に企画・構想したのは、児童活動主義を唱え、『統合主義新教授法』(一八九九年)の著者として知られた教育学術会の樋口勘次郎である。[*4]一九〇一年(明治三四)にパリで児童博覧会を見学した樋口は強い感銘を受け、その時の記憶が樋口を日本におけるこども博覧会の実現へと駆り立てていく。パリの児童博覧会では、「玩具あり、絵画あり、衣服あり、テーブルあり、児童の家庭に於ける伴侶の各種を歴史的に陳列」[*5]し、樋口自身も「絵本、読み物、玩具、人形等二十余点を出品」[*6]していたという。

パリの児童博覧会をモデルにして樋口の主導で企画されたこども博覧会は、当然のごとくパリと類似した展示内容になっている。教育学術研究会名で出されているものの、おそらく樋口の手になる「こども博覧会趣意書」には、「『こども』の衣食住を始めとし、その読み物、玩具、絵画等、事荷も『こども』ば《ママ》関する製作品[*7]」を蒐集して展示することが述べられている。家庭教育への関心とあいまって、子どもの生活全般が展示対象になっていたのである。

ところで、既述のように、明治二〇年代を中心に、各地で教育展覧会が催されて人々の関心を集めていた。樋口が企画した子ども博覧会も、〝教育〞を強く意識している点では従来の教育展覧会や教育博覧会と変わりない。だが、かつての教育展覧会は、近代的な学校教育制度を普及させることが目的であった。家庭教育重視の風潮の中で、子どもの生活全般に広く目を向けているこども博覧会との間には、その点で決定的な違いが認められる。学校教育に関するモノから、生活全般に関わるモノにまで対象を広げた点に、この博覧会の持つ意味と新味を見出すことができる。

樋口が書いたと思われる「こども博覧会趣意書」は、蒐集内容を説明した後、「以て教育家及び家庭の参考に資すると共に、『こども』に清新なる娯楽を与へんことを欲する[*8]」と続けられていく。読み物やおもちゃを含めた子どもに関わる生活全般の品物を通して、子どもに「清新なる娯楽」を与えることを目的にすると述べているのである。

残念ながら「清新なる娯楽」という言葉の持つ意味は、これ以上深く説明されることはない。だが、読み物やおもちゃといった子どもに与える文化の展示を通して、子どもたちに娯楽を与えたいとする発言は注目に値する。そこには、ただ単に楽しく面白い娯楽や教育的な娯楽を与えたいということが書かれているのではない。娯楽の中でも、特に「清新なる娯楽」を与えたいと書かれているのである。

この時代までの子どもに与える文化は、教訓的な内容であるか、あるいは単に面白おかしい内容かのどちらかであった。製作する側も、需要する側も、子どもに与える文化にそれ以上のことを求めていなかったといってもよい。そのような時代に、「清新なる娯楽」を子どもに与えたいとする発想が生まれていたという事実は重要である。

ここでいう〝清新〞とは、俗悪や低俗の対極を意味していると考えてよいだろう。いうまでもなく、〝教育的〞という意味でもない。美しいものを美しいと感じる心を育んだ子どもが、芸術や文化に接して喜んだり感動したりすることも、「清新なる娯楽」の一つになるであろう。

子どもの生活全般に関わるモノに目を向け、それらを通して「清新なる娯楽」を与えようとする認識は、こども博覧会の後にまもなく訪れる「児童文化」の誕生に道を開いていく概念の一つとして注目しなければならない。

注

1 『こども博覧会』（『日本の家庭』第三巻第四号臨時増刊、同文館、一九〇六年）、二〜三ページ
2 前掲『こども博覧会』三九ページ
3 前掲『こども博覧会』二一ページ
4 前掲『こども博覧会』四三ページに、沼田藤次が「こども博覧会は如何にして成りしか」という文章を寄稿し、その中で樋口からの提案だったことを述べている。
5 前掲『東京教育博物館』五五〜五六ページ
6 前掲『東京教育博物館』五四ページ
7 前掲『こども博覧会』三八ページ
8 同右

四―二　子ども用品の誕生と三越児童博覧会

上野でこども博覧会が開催された頃の日本では、次代につながる新しい動きが微かな蠢動《しゅんどう》を始めていた。大量生産・大量消費社会の実現、いわゆるモダニズム化につながっていく蠢動である。そうした動向の象徴的な存在として活発な活動を展開していくのが、一九〇五年（明治三八）一月二日の新聞各紙に一ページ広告を載せ、デパートメント宣言を行った三越呉服店である。

三越はそれまでの伝統的な座売り方式をやめて陳列販売方式を導入したり、意図的に商品に流行を作り出すよう努めたり、PR月刊誌を創刊したりするなど、大量消費を促すための方策を次々に打ち出していく。

様々な方策の一つが、PR誌の発行である。雑誌『小国民』の編集で知られる石井研堂の弟、浜田四郎が担当していたPR誌『時好』（後に『みつこしタイムス』）は、社会や時代をリードしながら三越が流行を形成していく上で大きな役割を担っていくことになる。浜田は、「今日は帝劇、明日は三越」という有名な広告コピーを作るなど、広告の仕事を通して大量消費社会の実現に関わっていった。

明治三七年に専務取締役に就任した日比翁助《ひびおうすけ》（一八六〇－一九三一）は、デパートメント宣言をした明治三八年の六月に、著名人や文化人を集めて毎月一回ずつ会合を開くことにする。「流行会」の結成である。会員には、この会で衣装・調度や風俗の流行を研究してもらい、PR誌『時好』への寄稿と三越の販売戦略へのアドバイスを仰ごうとする。その幹事長に就任したのが、『こがね丸』を出版して以降、子ども向け読物の作家として活躍していた巌谷小波である。会員として、高島米峰《たかしまべいほう》、笹川臨風《ささがわりんぷう》、吉井勇、佐佐木信綱、内田魯庵《うちだろあん》、そして柳田國男などといった錚々たるメンバーが参加する[*1]。

次々と新機軸を打ち出していった三越だが、新たに開拓する顧客ターゲットとして、〝子どもと家庭生活〟に狙いを定めていく。台頭しつつあった新中間階級の消費生活を家庭ごと取り込む戦略が練られたのである。こうして、子どもが大量消費社会に本格的に組み込まれていく端緒が三越によって開かれることになる。

一九〇五年（明治三八）に小児用服飾品を発売した三越は、その後、子どものマーケット拡大を急速に本格化させていく。一九〇八年（明治四一）に、貴金属、煙草、文房具の売り場と共に、子ども用品の売り場を設置。同年四月には「小児部」を設けて、子どもを明確にマーケットの対象に位置づける。その顧問を要請されるのも巌谷小波である。流行会幹事長と共に、小児部顧問として、小波は三越の戦略に大きく関与していくことになる。同年には大阪支店にも「子供部」を新設して、子どもをマーケットの対象に位置づけた経営戦略が具体的に展開されていく。

そうした戦略の中心にいたのが日比翁助であり、日比に子ども用品の販売をアドバイスしたのが、流行会幹事長、小児部顧問として三越に深く関わっていた巌谷小波であった。当然のことながら、日比自身も、家庭教育への関心の高まりや教育化された子どものモノの氾濫といった社会情勢を注視し、その対応は怠りなかったものと思われる。大量消費社会の実現に邁進していた日比に、小波は次のようにアドバイスしている。*2

三越がア、云ふ風に、店飾りに意匠を凝らし、内部も大変工夫をして居る以上は、モウ一歩進んであの一部に、子供の物の陳列所を造つてはどうかといふことを、日比君の洋行前に注意したら、大変に賛成して、無論さう云ふことの研究もして来るといふ話であつた。西洋の店には、子供ばかりの店がある。それは玩具やお伽噺ばかりで無く、着物でも何でも、一般子供に関する物ばかり売つて居る店がある。是は大変便利なので、そこへ来さへすれば、子供の物は一切調ふので、（中略）大変便利を感ずる話だ。これは商売上から言つても、人情の弱点を突く一番急所を得たものと思ふ、子供を可愛がらない親は無い、子供の為にならば、随分金を惜まぬといふのが人情であるから、商法の上から言つても、キッと宜いことだらうと思ふ。

小波は、自身のベルリンでの見聞をもとに、親にとっても子どもにとっても便利な子ども用品の専門コーナーの設置を三越に進言していたのである。

注

1 浜田四郎『百貨店一夕話』日本電報通信社、一九四八年、一八ページ

2 前掲『こども博覧会』三七ページ

四－三　三越児童博覧会と「児童本位」と「児童用品」の誕生

子どもと家庭生活を顧客ターゲットにしていった三越の中で、新たな戦略も生み出されつつあった。広告を担当していた浜田四郎は、客を三越に呼び込むための斬新な戦略を考える。〝店内の博覧会化〟である。博覧会や催し物で客を店に呼び込み、来店したついでに買い物もしていってもらい売り上げを伸ばそうという戦略である。今ではデパートで定着したこうした戦略が、三越によって始められたのである。そして、「年中休みなし店内の博覧会化を唱へ出して日比さんの賛同を得」[*1]るや、浜田たちは、さっそく「客を誘致するに足る企画」の研究を始める。[*2]

そうした中で、日比翁助の創意によって打ち出されるのが「児童《こども》博覧会」である。「費用はお構いなし」[*3]という壮大な規模によって企画された博覧会で、資本金が一〇〇万円の時に、三万円を投入したといわれている。[*4]

巨額の資金を投入して児童博覧会を開催した裏には、日比の遠大な戦略があった。日比は、児童博覧会の企画を発表した時に、「今日十歳の子供さんが十年過ぐれば男は中学卒業あるものは実地につき、女はもうポツポツ嫁入りする」と述べ、「其若い男女諸君は十年前にこども博覧会で遊んだとすれば、三越に対しては豈路上の人とのみ見ないであらう。必ずや三越には親しみ易い店なりとの考へが失せはしまい、十年さきこの博覧会での利目が現はれると思へば、愉快ではないか」[*5]と述べたという。一〇年先の「利目」を見通した上での遠大な「理想的広告」[*6]として児童博覧会が企画されたのである。

児童博覧会は、第一回が一九〇九年（明治四二）の四月一日から五月一五日まで、日比翁助を会長に、巌谷小波を顧問に開催され、その後一九二一年（大正一〇）までの間に計九回開催されていく。

莫大な予算で構想されただけに、児童博覧会の規模は壮大である。第一回の場合、旧館の広場五〇〇坪の土地に間口三三間（約六〇メートル）、奥行き二二間（約四〇メートル）のゴシック式建物が建ち、その建物を美術・教育・体育・服飾・工芸・尚武・機械・外国・園芸・動物・参考の一二の諸館に分けている。会場正面奥にはスイス国ルツェル

図Ⅰ-8　三越児童博覧会の全景

ン山の光景を模した大画面の絵が掲げられ、中庭には花壇・噴水、さらに鴛鴦《おしどり》・カナリアや熊・猿などを見せる動物園も設置されていた。会場内ではお伽芝居・太神楽・しん粉細工・舞踏・剣舞・子ども曲芸・中国人の手品なども演じられ、来場した子どもたちを楽しませた。[*7]

第二回はさらに大掛かりになる。巨大桃太郎像が来場者を出迎え、富士山を模した山の周囲と東海道五十三次に見立てた会場内を汽車が一時間毎に走る。設置された食堂では、「金太郎」に引き掛けた金時や、「猿蟹合戦」に引き掛けたおむすびや柿の種菓子、「桃太郎」に引き掛けた黍《きび》団子などを「嘉悦孝子女史を学監と仰ぐ日本女子商業学校の生徒」が実習を兼ねて料理を作って接待の任にあたり、来場した子どもたちを喜ばせた。[*8]

こうした趣向の三越児童博覧会には早朝から多くの人々が来場し、会場内に入れない人々が多数でるほどの盛況ぶりだったという。家庭生活とその中における子ども用品をターゲットにして新たな消費を掘り起こそうとした三越の戦略は大成功したのである。

博覧会の内容について、「児童博覧会開設趣旨」では次のように説明している。[*9]

　所謂児童博覧会とは、児童そのものを陳列し、若しくは児童の製作品を陳列するものに非ず、男女児童が平常、座臥行遊に際して、片時も欠くべからざる、衣服、調度、及び娯楽器具類を、古今東西に亘りて、洽く鳩集し、又特殊の新製品をも募りて、之を公衆の前に展覧し、以て明治今日の新家庭に清新の趣を添へんことを期するにあり。

子ども自身が作った品ではなく、大人が子どもに与える品に限定した展示であることを断っている点にまず注目しておきたい。また、「男女児童が平常、座臥行遊に際して、片時も欠くべからざる」品を展示するということにも注目しなければならない。日常の生活用品に的を絞って展示するという内容は、明治二〇年代に隆盛を見た教育博物館や、少し前のこども博覧会とは明らかに異なっているのである。それぞれの展示内容の詳細を比較（表Ｉ４-１）してみる。

こうして比較すると、三者の違いと特色が一目瞭然となる。学校教育関連用品に限定された展示内容の東京教育博物館、家庭生活用品と子どもの製作品、つまり学校教育関連のモノを除いた子どもの活動に関わる全てのモノを展示したこども博覧会、そして、学校と家庭の双方を広く含めて子どもの生活に必要となる品物ならどんなものでも展示しようとした児童博覧会、という特色が見られる。

児童博覧会が少女用小物や化粧品の展示をしたという事実は、東京教育博物館とこども博覧会がこだわった〝教育〟への強いこだわりがさほどなかったことを示している。「児童教育上の必需品は更らなり、衣服にまれ、玩具にまれ、さては運動、遊戯の類に至るまで[*10]」というように、広く子どもに与えるモノを展示し、子どもに与える〝教育的なモノ〟という制限を取ったところに、三越児童博覧会の特色が見られるのである。

そうした特色は、第一回児童博覧会が閉場した後、「児童需要品研究会」（後に「児童用品研究会」、以下児童用品研究会と記す）として結実する。児童用品研究会は、児童博覧会が未曾有の盛況を呈したので、「此際世間一層の注意を喚起し児童需要品の研究と其改良法を講ずる為め」に、児童博覧会の審査委員だった三島通良《みちよし》、高島平三郎、菅原教造、さらに小児部顧問巌谷小波が発起人となり、同じく審査委員だった坪井正五郎、新渡戸稲造、塚本靖、黒田清輝、坪井玄道ら

表Ⅰ4-1　東京教育博物館・こども博覧会・児童博覧会　展示品一覧

東京教育博物館	こども博覧会	児童博覧会
家庭及幼稚園玩具	第１部	（1）玩具、人形、遊戯具一切
実物教授用具	子どもに関する図画・写真	（2）児童に関する図書、絵
図画標本及器具	文房具	画、写真、その他印刷物
体操遊具及身体検査用具		（3）和洋児童服及付属品一切
校舎建築図及模型	第２部	（4）帽子、靴、下駄、草履及
内外国学校撮影類	子どもの衣装・調度類	び付属品
学校用卓子椅子及寝室		（5）少女用小物、化粧品及び
教場用具	第３部	造花類
生徒用具	体操・音楽に関する器械	（6）洋傘、袋物其他児童携帯
賞与品及卒業証書類	食料品	品一切
歴史用標本	住居に関するもの	（7）乳母車其他乗物類
地学用具	各種の模型	（8）学校用品及文房具類
物理学器械及製造用具		（9）体育運動具
化学器械及薬品	第４部	（10）児童用椅子、卓子其他
音楽器械	玩具	什器類
生理学器械	遊戯	（11）和洋楽器及付属品
動物学標本及器具		（12）児童に関する菓子及食
植物学標本及器具	第５部	料品
鋳物学標本及器具	（子どもの製作品）	（13）動植物、地理等の標本
農学標本	習字	（14）建物、機械、船舶、武
手工用具及成績品	絵画	器等の模型又は標本
工芸材料及製品標本	作文	（15）保育用及教育用具
幻燈及映画	手工品	
裁縫用具及標本	裁縫品	
諸学校生徒成績品		
雑種標本類	第６部	
図画	児童教育の参考品	

の賛助を得て結成され、六月一四日に一回目の会合を開いている。*11

「児童用品研究会規定」には、「学術上及実用上ヨリ研究ヲ為シ一般児童用品ノ改良普及ヲ計ルヲ以テ目的トス」と目的が記された後、次の四条を事業として掲げている。*12

（一）凡ソ児童ヲ本位トシテ製作シタル器械器具及此等ニ関スル図書ヲ蒐集スル事

（二）新タニ考案創作ヲナシ或ハ之ヲ助勢シ若クハ奨励スル事

（三）善良ナル児童用品ヲ社会ニ推奨シ且ツ之レガ普及ヲ助クル事

（四）上記ノ目的ヲ達スル為メ需用者又ハ供給者ノ商議ヲ受ケ或ハ鑑査ヲ為ス事

児童博覧会閉幕の後を受けて結成された児童用品研究会の活動内容には、大正時代の児童文化へとつながっていく重要な萌芽がいくつか認められる。

第一に、子どもに与えるモノに、「児童用品」もしくは「児童需用品」という名称が与えられ、しかもそれが研究対象として位置づけられたことである。子どもに与えるモノに「児童用品」という名称を与え、それを研究対象にすることは、子どもに与えるモノがただのモノではなく、ある一定の概念を持ったモノとしてとらえられるようになる契機だったと考えられる。やがて子どもに与える文化に「児童文化」という名称を与えることに通じる発想がここには見られる。

「児童本位」を掲げていることも、この時代の社会思潮の反映とはいえ、大正期の運動につながることとして見逃せない。三越の児童博覧会に児童本位主義の影響を感じた人物は多かったらしい。児童博覧会を見学した「教育界の一寒生」と称する人物は、手記の中で、「教育と直接の関係も無き実業界に児童本位の斯会の創設ありしは実に欣喜抃舞に堪へざる所なり」[*13]と述べている。

児童本位の思潮は、一九〇〇年（明治三三）一二月に出版されたエレン・ケイ『児童の世紀』の翻訳などでもたらされ、当時の日本の教育界に多大な影響を及ぼしていた。主催した三越そのものに、児童本位主義への理解とその実現への熱意がどれほど存在していたのか不明だが、少なくとも児童博覧会に関わった高島平三郎や坪井玄道、三島通良といった人々は、児童本位主義を意識してこうした活動に協力していたものと思われる。

児童博覧会に関わった人々のそうした意識は、「今度の三越のは、元より理想通りの物では無いにしても、これが少なからず社会の注意を促がして、識者の多くが、児童本位の考を持つて来る様に成つたのは、これ実に国家の為め、最も慶すべき事」とする巌谷小波の文章が代弁していると見てよいだろう。[*14]

さらに、「善良ナル児童用品」を社会に推奨して普及を図るという態度は、後に赤い鳥運動を推進した人々の認識とも通底するものと考えられる。ここでいう「善良」の意味はやや不鮮明である。丈夫だったり、デザインが斬新だったり、衛生的であったりといった実用性を重視しながら、広汎な意味を含んでいたものと考えられる。だが、この会の中心人物だった小波は、三越児童博覧会が開催されたこの時期、美しさに陶酔したり、美の観念を育んだりするような美術品や美術文学の必要性を主張している。「善良」は、そうした意味も込めて使われているものと思われる。

ただの「児童用品」ではなく、「善良ナル児童用品」という言葉に込められた認識は、やがて間もなく展開されていく赤い鳥運動や芸術教育運動に通じていく認識として注目しなければならない。そして、この後、ただの「児童用品」と「善良ナル児童用品」に子ども向けのモノや文化が二分されていくことにつながる萌芽としても注目しておく必要がある。

注

1　前掲『百貨店一夕話』一三一ページ
2　前掲『百貨店一夕話』一三三ページ
3　前掲『百貨店一夕話』一三四ページ
4　初田亨『百貨店の誕生』三省堂、一九九三年、一三八ページ
5　前掲『百貨店一夕話』一三四ページ
6　同右
7　『児童博覧会』（『みつこしタイムス』第七巻第八号臨時増刊、一九〇九年）、一二ページ
8　『みつこしタイムス』第八巻第五号、一九一〇年、一～二ページ
9　『みつこしタイムス』第七巻第三号、一九〇九年、児童博覧会広告ページ
10　前掲『みつこしタイムス』第七巻第三号、二～三ページ
11　『みつこしタイムス』第七巻第七号、一九〇九年、五八ページ
12　『みつこしタイムス』第七巻第九号、一九〇九年、児童用品研究会広告ページ
13　前掲『児童博覧会』二〇二ページ
14　前掲『児童博覧会』一六〇ページ

第五章　大正時代の子どもの生活と文化環境

五―一　大正時代の子どもと講談文化

三越の動向に代表されるように、明治時代の終盤になって、子どもを取り巻く状況は急激な変化を見せ始めていた。子どもと家庭をマーケットの対象とする戦略がデパートメントストアに広がり、産業構造の変化によって増大した新中間階級の家族は、教育によって階層移動を果たすべく、教育への関心を高めていった。教育では、それまでの画一的な注入主義の教育を否定して、今日、大正自由教育と呼ばれている児童中心主義教育が広がりを見せ始めていた。芸術や文化という言葉も、新鮮な響きを伴って社会に受け入れられていった。

社会全体に新しい息吹が満ち始めていた大正時代だったが、子どもたちが接していた文化には、明治時代以来の講談文化の影響が根強く残存していた。子どもたちを取り巻いていた講談文化について、読書から確認していく。大正時代に少年時代を過ごした人々の読書の典型的な様子は、次の回想に表れている。*1

そうだ、そこには小さな本屋があって、―いや、それはおもちゃ屋だったかもしれないし、あるいは駄菓子屋だったかもしれない、―なつかしい本が飾られていたのを覚えている。中年以上の人なら、たいていの人が思い出を持っているであろう、立川文庫。今日の文庫と同じくらいの大きさだったろうか。紙質のひどく悪い本だが、表紙は人目をひく鮮やかな色刷り。「真田十勇士」とか、「猿飛佐助」とかいう本が何十種も、全部表紙を見せて並べられていた。

立川文庫は家の近くの縁日でも、売っていた。けれども、自分で買うことは少なかった。時々友だちから借りては、読んだものだ。

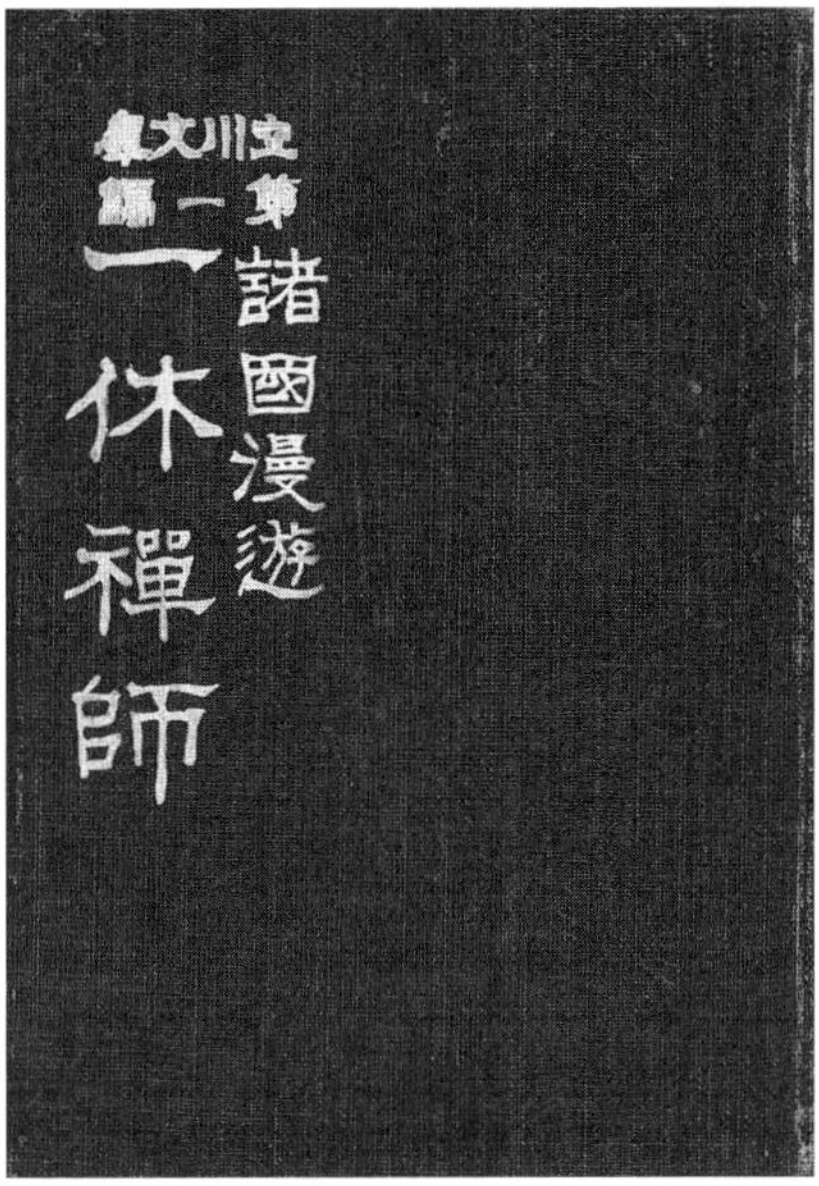

図Ⅰ-9　立川文庫第一編『一休禅師』

この回想は、一九〇七年（明治四〇）に生まれ、大正時代の初めに少年時代を京都で過ごした湯川秀樹の回想である。湯川の回想のように、大正時代に少年時代を過ごした人々も、明治時代の子どもと同様、立川文庫をはじめとする講談物の思い出を語ることが多い。

大正時代の子どもが講談文化の思い出を書いたものには、ほとんどの場合立川文庫の名前が登場する。立川文庫は一九一一年（明治四四）に『諸国漫遊一休禅師』を第一編として発行し、大正末年まで約二〇〇点を刊行している。発行者は大阪市東区（現、大阪市中央区）博労町四丁目十三番地の立川熊次郎で発売元は立川文明堂である。

縦一二・五センチ、横九センチの袖珍本で、今の文庫本よりもさらに小さく、文字もきわめて小さな小型本である。本文はほぼ二三〇から三〇〇ページの間で、読みきるのには手ごろな長さとなっている。巻頭には長谷川小信の口絵をつけ、表紙は布クロースで天金を打ち背も金文字と、シンプルな作りながらも決して粗末ではない。定価は一部二五銭で後に三〇銭になっている。発売からしばらくの間は旧編に三銭つけると新編と交換することができるという交換販売が行なわれていた。

第四〇編の『猿飛佐助』で立川文庫の人気は爆発したと言われているが、筆者の手元にある第一一編『絶島奇談ロビンソン漂流記』を見ると、明治四四年（一九一一）八月五日に初版が発行され、大正六年（一九一七）一〇月二五日には二三版が発行されている。『猿飛佐助』などに比べるとさほど人気がなかったと思われる『ロビンソン漂流記』ですら六年間で二三版を重ねたことからも、立川文庫がいかに売れたかが推測されよう。

およそ二〇〇編のうちわけは、『豊太閤』『信玄と謙信』『霧隠才蔵』『後藤又兵衛』『大石内蔵助東下り』『由井正雪』など、戦国時代から江戸時代にかけての人物や事件などに材を採ったものが多い。意外なことに源平時代の英雄に関連するものは、第五七編『武士道精華牛若と弁慶』（一九一四年（大正三）二月刊）一編のみである。平安時代から鎌倉時代、さらに南北朝時代まで時代を広げて探しても、『鬼賊退治源頼光』と『諸国漫遊最明寺時頼』、『嗚呼忠臣楠公』、『嗚呼忠臣小楠公』くらいである。

大正時代の子どもたちが講談読み物を楽しんでいた様子を具体的に知るために、ある少年の日記を取り上げてみる。一九一二年（大正元）一二月六日に生まれ、兵庫県尼崎に育った上村秀男が満九歳一ヶ月から一二歳三ヶ月まで（小学校三年生の三学期から小学校卒業まで）書き記した日記がある。秀男は大都市大阪に隣接する尼崎という中都市に生活し、小学校教師を母に持つ、典型的な都市の新中間階級の子どもである。

秀男の日記によると、『譚海《たんかい》』や立川文庫といった講談物が溢れていることは、湯川秀樹をはじめとする多くの回想に記されていたことと変わりない。「「佛佐吉」といふ書物を読んだ。非常に面白かった。愉快だった。二〇〇頁ほど読んだ」という[*2]記述は、秀男が講談物を面白おかしく楽しんでいた様子を髣髴とさせる。

秀男は、立川文庫第九編『武士道精華宮本武蔵』（明治四四年八月刊）、第二七編『佐倉宗五郎』（明治四四年三月刊）と『武士道精華荒川熊蔵』（大正二年八月刊）の三冊を、四年生と六年生の時に読んでいる。『佐倉宗五郎』については、「今日は、佐倉宗吾郎の話を読んだ。大へんおもしろかった[*3]」と述べているものの、『荒川熊蔵』については「今日は『荒川熊蔵』をよんだため、あたまがいたし[*4]」と記している。根を詰めすぎたのか、あるいは少々難しかったのであろうか。

「小学生時代、愛読したものの第一は、豆本の立川文庫で、（中略）子供たちは競い合って読み且つ貯えたものである。私も数十冊に達した[*5]」といった回想を記す人が多い中で、秀男の場合は立川文庫との接触は意外なほど乏しい。また、秀男の周囲で立川文庫が流行っていた様子も日記からは感じられない。立川文庫のお膝元大阪に隣接した尼崎に住んでいたものの、秀男の周囲に立川文庫はあまり浸透していなかったのかもしれない。

秀男の講談物との出会いの場は、立川文庫よりはむしろ『少年少女譚海』を通してのものだった。『少年少女譚海』は一九二〇年（大正九）一月に博文館が創刊した雑誌である。菊判本文一二八ページ、極彩色口絵八ページ、定価一五銭（後二〇銭）で編集主任は新井弘城である。内容は、歴史上の人物や講談物の英雄豪傑を少年少女向けに書いたものが中心となっている。

『少年少女譚海』についての記述は小学校三年生の一月から五年生の一一月まで計九回記述されている。日記の記述からすると、四年生の時はほぼ毎月購読していたものと思われる。おなじく毎月購読していたと思われる成城小学校発行の『児童の世紀』に関する記述が三回であることを考えると、『少年少女譚海』はこの時期の秀男の読書の中心だったと考えてよいであろう。『少年少女譚海』についての秀男の記述をいくつか並べてみる。[*6]

①たんかいの二月がうを買ってもらひ、明けて見ますと色色おも白いのがありました。
②今日夕方に津吉の本屋へ行って見ると、たんかいが来て居たので、すぐにお母さんに其の事を言ってかった。中にはそれはそれは面白い事がたくさんあった。じらいやものがたりなどはとくに面白い。
③昼に「たんかい」を買ってもらった中には、大そう面白いのがあった。僕は大そう気に入った。昼から兄さんが来た。そして面白く又ゆくわいにあそんだ。晩に、荒木又えもんの話をしてもらった。その話が荒木の三十六番ぎりで、話がやめになったので、僕はコクリコクリとねはじめた。

小学校の訓導をしていた母親が、低俗とみなさることが多かった『少年少女譚海』を買うことを承認していることは興味深い。秀男の家庭では、『児童の世紀』や『児童の心』『伸びて行く』といった自由主義教育を反映した雑誌や鈴木三重吉の『馬鹿の小猿』を子どもに買い与えていた。その一方で、『少年少女譚海』のような講談物がふんだんに盛り込まれた読み物も買い与えているのである。『少年少女譚海』が英雄豪傑伝や講談物だけではなく、ガリバー旅行記を翻訳した「大人国奇譚」のようなものも含まれる雑誌だったことが、秀男の母がこの雑誌を許容する一因となったのかもしれない。

秀男が「じらいやものがたりなどはとくに面白い」と述べているが、『少年少女譚海』の中には自来也のような忍術使いを扱った講談物の他に源平時代や南北朝時代、戦国時代、明治維新の様々な英雄豪傑に関する話が多数収録されていた。

家を離れていた兄が遊びに来た夜に、秀男は兄から荒木又右衛門の話をしてもらっているが、あるいは昼間に読んでいた『少年少女譚海』の中に荒木又右衛門の話があり、そこから兄弟間で伊賀鍵屋の辻の三十六人斬りの話になったためかもしれない。

児童中心主義を掲げた大正自由教育の洗礼を受け、『赤い鳥』や『金の船』『童話』『児童の世紀』などの芸術的な子ども向け文芸雑誌が溢れ、遊びには野球やテニスといった外来の文化が入り込み、活動写真・宝塚少女歌劇などの新しい文化が勃興し、そして急速に大量消費のモダニズム化が進み、生活の随所に西洋近代化の影響が氾濫する中にあって、その一方では子どもたちの周囲に江戸時代や明治時代と同様に講談文化が溢れていたのである。

注
1　湯川秀樹『旅人』角川書店、一九六一年、七八ページ
2　上村秀男『大正の小さな日記帳から』編集工房ノア、二〇〇〇年、二七四ページ
3　前掲『大正の小さな日記帳から』二六四ページ
4　前掲『大正の小さな日記帳から』二五三ページ
5　武田逸英『狭間の早春』日本経済新聞社、一九八四年、七二ページ
6　前掲『大正の小さな日記帳から』一九・五四・六四ページ

五－二　観劇と活動写真

講談的な読み物を楽しんでいた秀男の日記には、観劇や活動写真のことがしばしば記されている。秀男の日記に記されている観劇の記録は三年間で計四回である。*1

三月三十一日（木）　晴　（大正十年＝引用者注）
明日からいよいよ新学期がはじまります。（中略）昼から大阪へつれて行ってもらひました。それからお父さんに、三つこしへつれて行ってもらひました。（中略）三こしを出て楽天地へつれて行ってもらひ又どうぶつえんにもつれて行ってもらひました。それから先日《ママ》前へ行ってしばいを見てかへりました。

四月十七日（日）　晴
今日は昼前に大阪へ行って、八千代ざの芝居を見せてもらった。それは、つか原卜伝のであった。大そう面白かった。兄さんも面白がって居た。〔注、大正十年〕

一月八日（日）　晴
今日は上天気であった。父と兄と妹と四人で清こうじんへ参ると中、知合の人々と一しょになって、十三人になった。（中略）そこを出てから、たからずかの少女かげきを見て、おんせんへは入って阪急でかへった。〔注、大正十一年〕

一月五日（金）　晴
あたゝかい光はぽかぽかと、えんがわのねこにそゝがる。昼から父と妹と、大阪のべんてん座の曽我兄弟のしばいを見た。非常によかった。時のたつのも忘れて、たのしく見た。夜十二時かへって、其の夜のゆめに入った。〔注、大正十二年〕

秀男は父親に連れられて年に一回程度大阪に観劇に行っていたことになる。頻度としてはさほど高いとは言えない。だが、宝塚少女歌劇を観る一方で、「塚原卜伝」と「曽我兄弟」の芝居を観ていたことは、明治時代の子どもと同様に、大正時代の新中間階級の家庭に育った秀男も、芝居を通じて講談文化に接する機会があったことを示している。

モダニズムが進行し、新中間階級が勃興する中で花開いた大正文化の中にあって、宝塚少女歌劇団のような新しい演劇文化が興る一方、近世以来人々の人気を博してきた講談文化が根強い人気を保ち、大正自由教育の洗礼を受けた秀男の心をも躍動させていたのである。

長い間人々の間で人気を保ってきた観劇に加えて、秀男の日記には新たな文化が人々の生活に根付いていた様子が記されている。活動写真の記録である。秀男の日記に記された活動写真の記録をまとめると表Ⅰ5-1のようになる。

表 I 5-1　秀男と活動写真

年月日	演　目	時間・場所その他	同行者
大正 10 年（1921）2 月 13 日	新派、活劇（虎の足跡）、旧劇（阿倍文五左衛門）	夜、場所は不明	父
3 月 13 日	不明	不明	祖父と兄が行く
3 月 22 日	旧劇（鎮西八郎為朝）	学校帰り、古原からの帰途	父
6 月 6 日	活劇（ジャックテブジー）、旧劇（渋川伴五郎）	夜、場所不明	父
6 月 21 日	東宮殿下の写真	昼、平和館	不明
7 月 11 日	東宮殿下の活動	昼、平和館	不明
8 月 7 日	忍術太郎、阿新丸（尾上松助の活動）	昼から夜、桜井座	不明
9 月 6 日	不明	昼から	不明
12 月 11 日	不明	昼から、栄倶楽部	父と兄
大正 11 年（1922）1 月 5 日	旧劇（天一坊）、活劇（第三の眼）、滑稽劇（デブ君の滑稽）、新派、記録映画	昼から	新章兄さん、秀則兄ちゃん、広林君
9 月 10 日	辻金蔵、地球、皇后陛下、英皇諸殿、金剛山	夕飯後	村上君他
10 月 30 日	不明	不明、千日前	父と妹
12 月 3 日	不明	昼間	不明
大正 12 年（1923）1 月 7 日	旧劇（堀部安兵衛高田馬場）、活劇（呪の毒矢）、新派（恋の屍）、ニコニコ活劇（デブ君の浮気）	昼から	萩原君、村上君、兄
3 月 30 日	不明	昼から	父
12 月 15 日	印度の鰐捕縛と象牙獲り、漫画（コットラッ君のアメリカ探検）、愛の絆、漫画（天下の豪傑）	昼から	不明

この表で明らかなように、秀男は小学校三年生と四年生だった一九二一年（大正一〇）に最も頻繁に活動写真を観に行っている。その後観にいく機会が減ってしまうのは、大正一〇年一二月一一日の夜に父と母が小声で「大分暮し向きに困る」[*2]ということを話していた様子が記されていることからうかがえるように、秀男の家庭の経済状態が父の失職状態のために悪化していったことが関係しているものと思われる。

秀男の小学生当時の活動写真の入場料は、日本映画封切館普通入場券で三〇銭である。これは秀男が購読していた『児童の世紀』や、『赤い鳥』をはじめとする当時の多くの子ども文芸雑誌と同じ金額であり、秀男が買ったキャラメル一箱一〇銭やアイスクリーム五銭等と比べてもさほど高いという金額ではない。活動写真が金額の面からも比較的安価に楽しめる娯楽だったことがわかる。

ところで、家庭の経済状態がさほど悪化していない時期にほぼ月一回のペースで活動写真を観に行っていたことは、同時代の他の子どもと比べると活動写真の受容において特別だったと考えられるのだろうか、それともごく標準的だったと言えるのだろうか。活動写真が日本で上映されるようになる明治三〇年代以降に生まれた人々の文化環境をそれぞれの人の回想から抜き出してみると表Ⅰ5-2のようになる。

ここに挙げた二四人のうち、活動写真の思い出を記している人物は五人である。自伝や回想の類が必ずしも正確な幼少期の文化体験を事実のまま記しているとはかぎらないことや、生育場所によって活動写真に接する条件が大きく異なっていたことに注意をしなければならない。だが、明治四〇年代以降に生まれた人物では九人中五人が活動写真の思い出を記していることになる。こうして回想から見る限り、活動写真に接する機会が増えるようになるのは、明治四〇年代以降に生まれた人物であることがわかる。大正元年に生まれた秀男は、活動写真が世の中に一気に普及していったまさにその時代に少年時代を過ごしていたのである。

大正時代の子どもたちが活動写真に接していた様子は、海野幸徳の『児童と活動写真』（一九二四年、表現社）に詳しい。

表I-5-2　明治・大正時代　子どもの文化環境

氏名	生年・生育環境	文化の思い出	備考
大佛次郎	明治三〇年・横浜市	読書	為朝の絵本、小波、少年世界
広田寿子	明治三一年・静岡県の農村	芝居見物、話	茶摘の時におばさんが由井正雪などの話
井伏鱒二	明治三一年・広島県福山市	昔話	おじいさんとおばあさんによる「しゅてん童子」「かちかち山」などの昔話
藤島亥治郎	明治三二年・岩手県盛岡市	能見物、芝居見物	開盛座と隆盛座の芝居見物
田河水泡	明治三二年・東京市本所区	見世物小屋	のぞきからくり、猿芝居など、猿芝居で忠臣蔵
鈴木忠五	明治三四年・新潟県小出町	芝居	芝居見物で南北朝時代を題材にした「神霊矢口の渡し場」など
小泉孝・和子	明治三四年・東京市麴町区	お伽芝居	加藤清正の少年時代に材を採ったもの
土方浩平	明治三六年・山形県酒田市	お伽芝居	小波の「うかれ胡弓」「桃太郎」
桑原武夫	明治三七年・京都市	読書	「家庭教育歴史読本」「ほまれの武士」「太閤秀吉」「忠臣蔵」「加藤清正」など。
幸田文	明治三七年・東京市向島区	昔話	父が語る桃太郎
貝塚茂樹	明治三七年・京都市	絵入本	父が「豊臣勲功記」を買ってきてくれて読み聞かせをしてくれた
寺村紘二	明治三九年	寄席、芝居	近所のおじさんに寄席に、祖母に芝居に
湯川秀樹	明治四〇年・京都市	読書	立川文庫で「真田十勇士」「猿飛佐助」
武田逸英	明治四〇年・東京市浅草区	読書と活動写真	立川文庫と尾上松之助
大林清	明治四一年・東京市	長唄	祖父が歌う長唄「勧進帳」
松田道雄	明治四一年・京都市	連鎖劇（芝居と活動写真がつながった）、活動写真、読書	活動写真で「忠臣蔵」、さまざまな活動写真館、学校教育で軍人の名、講談文庫で「忠臣蔵」「大岡裁判」、長編講談で「木下藤吉朗」「伊達騒動」、立川文庫

村上信彦	明治四二年・東京市下谷区	活動写真と立川文庫	尾上松之助の活動写真、立川文庫
大岡昇平	明治四二年・東京府渋谷町	読書	「赤い鳥」、速記講談の「太閤記」「塩原多助」「譚海」
松本清張	明治四二年・福岡県小倉市	父の講談	父から聞く「太閤記」の一節、七本槍
大島政男	明治四四年・東京市芝区	お化けカルタ、忠臣蔵カルタ、世相風刺カルタ、貸本、唱歌	子どもなので歌舞伎はわからないが貸本で忠臣蔵の話を知っていて、カルタでも知る。知盛の亡霊がお化けカルタに。童謡と唱歌で「鵯越」や「鎌倉」「桜井の別れ」「白虎隊」など
金田一春彦	大正　二年・東京市本郷区	朝の父の話	保元・平治の乱や源平の戦の話などを「源平盛衰記」「太平記」「太閤記」「義経記」などをもとに
紫桃正隆	大正一〇年・宮城県石巻町	活動写真、読書、遊び、めんこ、芸能、越中富山の薬売り、遊芸人による芸能	青空劇場の活動でチャンバラ、譚海と立川文庫、ベースボール・陣取り・軍旗取りなど、めんこの図柄で義経や戦国武将・広瀬中将ら、祭文・万才、越中さんがくれる紙風船、遊芸人の人形劇で時代劇
角田秀雄	大正一二年・東京都大森区	活動写真、めんこ、児童劇と学芸会、源平合戦	活動写真で時代劇、錦絵風の義経のめんこ、豊臣秀吉、上杉謙信、武田信玄などのめんこ、学芸会で「母をたずねて三千里」、児童劇で「赤ずきん」、百人一首を用いて源平合戦遊び
中野孝次	大正一四年・千葉県市川町	紙芝居	紙芝居で岩見重太郎

海野が京都市内の小学校三年生と四年生計一、三四五人に対して大正一〇年もしくは大正一一年に活動写真を観る頻度について調査した結果をまとめると表Ⅰ５‐３のようになる。

一週間に一回以上観にいく子どもが全体の約四二パーセントと多数を占めており、三ヶ月や数ヶ月に一回、もしくは皆無という子どもも全体の約三一・二パーセント、秀男と同じように一ヶ月に一回程度観にいく子どもは全体の約一三・八パーセントということになる。

学校や家の近くに活動写真館が複数存在する京都市内の子どもたちと、秀男のように近くに上映館の数がさほど多くなかった子どもとでは、頻度に差が出るのは当然である。そうした条件も考慮に入れた上であらためて秀男が活動写真に接した様子をみると、活動写真の上映館がある大都市もしくは中都市に住む当時の小学生としてはごく標準的だったと言えるのではないだろうか。

表Ⅰ５‐３　活動写真頻度数

回数	人数
１日数回	１人
１日２回	６人
１日１回	114人
２日１回	49人
３日１回	19人
４日１回	57人
５日１回	４人
１週１回	335人
２週１回	67人
３週１回	６人
１ヶ月１回	186人
３ヶ月１回	26人
数ヶ月１回	216人
１年１回	126人
皆無	51人
不明	82人

注

１　前掲『大正の小さな日記帳から』四三・四七・一四二・二〇五ページ

２　前掲『大正の小さな日記帳から』一二五ページ

五－三　活動写真と旧劇

記述内容に差があるものの、秀男は観賞した活動写真の内容と感想についてほぼ毎回記しており、どのような活動写真を観てどのような感想を持ったのかうかがい知ることができる。作品内容と感想が書かれている記述をいくつか並べてみる[*1]。

①　晩にお父さんに、かつどうしゃしんへつれて行ってもらひました。しんぱは、かはいさうでした。勝げきは、とらの足後と言ふので、これはたくさんの人が馬にのってはしったりするのが、ようがざいました。きうげきは、あべぶんござえもんでした。

②　かへりしなに、かつどうしゃしんへ行きました。きうげきの、ちん西八郎ためとものが、ようございました。

③　今日は晩に、お父さんにかつどうしゃしんを見せにつれて居ってもらった。父のおんは、決して忘れない。勝げきのジャックテブジーのが面白く、又かはいそうな所もあった。まうげきは、しぶ川ばん五郎のであって、これは中々面白いのでむちうになって見た。

④　昼から、目玉松之助のしばいをさくらいざへ見に行った。まつのすけが、にんじつ太郎になった。大へん面白かった。熊若丸《ママ》が、さどが島へ父をたづねて行った時もよかったし、にんじつ太郎がじゅつをつかったのもよかった。

⑤　第一に、字がぱっと出ると、わっと、みんなは思はず声を出す。蟻のおんほうじと、辻金蔵と、地球と、皇后陛下、英皇諸殿などさまざまによいのがあり、後で金剛山のがあった。景色がよかった。

⑥　旧げきは堀部安兵衛で、高田の馬場の十八番ぎりのげき戦が主なるもので熱けつ男子の行ひを見た。活げきは、のろひの毒矢で最終へん、新派げきは、こひのかばねで、ニコニコ活げきは、デブ君の浮気であった。たいへん面白かった。

こうして並べて見ると、鎮西八郎源為朝の活躍や堀部安兵衛の高田馬場の敵討ち、日野資朝《すけとも》と一子阿新丸《くまわかまる》の佐渡での悲劇など、旧劇に関する記述が多いことが目立つ。また、立川文庫に登場する英雄豪傑に扮して「目玉松」の愛称で人気があった尾上松之助（一八七五－一九二〇）も秀男の心をとらえていたことがわかる。

図Ⅰ-10　尾上松之助

秀男が観た活動写真の内容や、興味関心を持った箇所は他の同時代の子どもたちと比べて特殊なものであろうか。秀男が観た活動写真と興味関心を示した箇所を理解する上での格好の資料が、海野の調査によって明らかにされている。海野は京都市内の小学生に活動写真を観て良かったと思う点について調査をしている。一例として、小学校の四年生六一人に調査した結果をまとめると表Ⅰ5-4の通りである。[*2]

海野の調査結果と比べてみると、秀男の感想は当時の小学生が活動写真を観た時の感想としては実に標準的だったことがわかる。旧劇、新派、活劇、滑稽劇とバリエ

表Ⅰ5-4　活動写真を観て良かったこと

良かったこと	人数
乃木大将	15人
大石内蔵助	7人
楠木正成	7人
広瀬中佐	4人
一太郎やい	4人
松之助が目玉をむく	2人
活動を見て良かった	2人
英国皇太子殿下	2人
橘中佐	1人
石川五右エ門	1人
曽我兄弟	1人
岩見重太郎の仇討	1人
ジョッフル元帥	1人
曲馬	1人
獅子の爪	1人
活劇	1人
旧劇	1人
親孝行	1人
忠実な子守	1人
悪者を沢山殺した	1人
殺されかゝつてゐるのを助ける	1人
不明	5人

ーションに飛んだラインアップの中でも、歴史上の人物が描かれた旧劇の人気は高く、またその中の登場人物が子どもたちの心をとらえていた様子がわかる。

明治時代の子どもたちが、講談的な読み物や絵と芝居によるメディアミックスを楽しんでいたように、大正時代の子どもたちは講談文化と活動写真によるメディアミックスを楽しんでいたのである。

注

1　前掲『大正の小さな日記帳から』三一・四〇・六二・七九〜八〇・一八七・二〇六ページ

2　海野幸徳『児童と活動写真』表現社、一九二四年、四三〇〜四三二ページ

五－四　新中間階級の家庭の生活と文化

明治時代と変わらず、子どもたちの周囲には講談文化が溢れていたが、人々の暮らしや思想に変化が現れた大正モダニズム社会の中で、子どもたちの生活と文化にも明治時代までと異なる変化が現れるようになる。

周知のように、大正時代は、今日、「大正自由教育」と呼んでいる児童中心主義を柱とする画一的注入主義教育からの脱却を標榜したさまざまな学校改革が燃え広がった時代として記憶されている。そして、大正自由教育の思潮の中で生まれた成城小学校や児童の村小学校、明星学園などの新学校に子弟を入学させた親たちや、同時代に勃興した芸術教育・児童芸術の息吹に積極的に子どもたちを触れさせた親たちの多くは、新中間階級に属すると同時に、子どもの教育に熱心な「教育家族」でもあった。

秀男の家庭では、事業に失敗して定職を持たない父親に対し、母親が小学校の訓導をしていて多忙だったこともあるだろうが、家庭での子どもの教育の中心は父親だったことが日記からうかがえる。

秀雄の家庭での教育内容を大別すると、主に学習とお話がある。家庭での学習は、夕方から就寝前にかけて連夜のように行われている。どのように家庭での学習が行われていたのか日記の中からいくつか抜き出してみる。[*1]

①夕方さんじゅつをして居るとお父さんがかへってお出でになって、むつかしいむつかしいさんじゅつを言ってもらって、九時すぎにねました。

②学校をかへってから、一人で箱をこしらへました。千代紙をはったり黒うすをはったりしました。それをすましてから一人でさんじゅつをして居ると、お父さんがかへってお出でになりました。夜はお父さんに、大よ《ママ》うもんだいを言ってもらひました。僕は皆したゞけあひましたが、一つまちがひました。

③かへってから、かひこを買ってべんきょうをして居ると、お父さんがおかへりになって、ずぐわや、読方の

書取など算術もたくさんした。たんかいのけんしやうも出した。それからねむたくなったのでくはをかひこにやってねた。

秀男の日記を見ていると、この時代の都市に住む新中間階級の子どもたちの家庭における学習の様子は、現代の子どもたちと比べても遜色ないほどの猛勉強ぶりだったことがわかる。引用した日記の記述は、いずれも大正一〇年の二月と五月、つまり秀男が尋常小学校三年生の三学期と四年生の一学期のものである。こうした勉強の様子は、中学受験を目前にした高学年の子どものものではなく、小学校三、四年生という中学年の子どもの勉強ぶりなのである。

すでに紹介したように、秀男の家庭は典型的な都市に住む新中間階級である。新中間階級に属する人々は、耕作する農地に頼らずに都市での生活を選択し、自らの学歴を頼りに階層移動をしていこうとする人々であった。当然、新中間階級の秀男の家庭では、秀男にもそうした人生を期待していたはずである。

秀男の家庭では、木下竹次が主事を勤める奈良女子高等師範学校附属小学校が発行していた学習雑誌『伸びて行く』と、成城小学校が発行していた文芸雑誌『児童の世紀』を秀男のために定期購読していた。この事実からもわかるように、子どもに一定の学歴を期待する典型的な新中間階級の家庭だったのである。

秀男は尋常小学校六年生時に中学受験をするが、秀男の両親は秀男が三年生の頃から中学受験を見越して家庭での学習を継続的に行っていったものと思われる。四年生になった四月一四日には、「お母さんがお帰へりになってから、算術宝鑑を買ってもらった」[*2]という記述があるが、算数の参考書である『算術宝鑑』は秀男の記録によると一冊八〇銭であったという。週刊朝日編『値段史年表』（一九八八年）によると、『週刊朝日』が一冊一〇銭、そばもり・かけが八～一〇銭、動物園入園料が一〇銭の時代に決して安い参考書とは言えない。今日「教育家族」と呼ばれる都市に住む新中間階級の家庭は、経済の面でも子どもの教育に支出を惜しまない家庭だったのである。

秀男の家庭では、両親によるお話の語り聞かせも日常的に行われている。[3]

> 今日もまだ一昨日の雪がとけません。三時頃兄さんが来て、皆と晩に百人一首のかるたをとったり、話をしたり、又、ぼうずめくりをしました。お母さんに、かなりやものがたりのはなしをしてもらひました。其の内に、うとうとねてしまひました。

『かなりやものがたり』とは、鈴木三重吉が『世界童話集』第一七編として一九二〇年（大正九）に出した『かなりや物語』のことである。

母親に話をしてもらった翌日の二月六日は秀男の誕生日で、母親から『馬かの小猿』という本を買ってもらった、とも記されている。『馬鹿の小猿』も三重吉編になる『世界童話全集』第一〇編として一九一八年（大正七）に出版されたものである。大正自由教育が最も華やかに展開していたこの時期に小学校の訓導をし、しかも、「合科学習」を主唱して注目されていた木下竹次がいた奈良女子高等師範学校附属小学校と、「分団式動的教育法」を提唱して多くの教員に影響を与えていた及川平治がいた明石女子師範学校附属小学校という大正自由教育の象徴的な学校が近くに存在していた中で教師をしていた秀男の母は、児童中心主義教育の思想や芸術教育の思潮に好意を寄せていた一人だったものと思われる。秀男の母の教育思想や教育理念にとって、三重吉の童話は息子に提供するに堪える読み物として認識されていたのであろう。

一方、「晩にお父さんに、総間《ママ》大作の話をしてもらった。それが大そう面白かった。」と父親が秀男に語り聞かせを行った様子も記されている。[4]

短い記述だが、母親の語り聞かせとは異なる父親による語り聞かせの内容と実態が浮かび上がってくる。秀男が記している「総間大作」とは、本名を下斗米秀之進《しもとまいひでのしん》といい、偽名として相馬大作を名乗った江戸時代末期の南部藩士である。一八二一年（文政四）に参勤交代を終えて帰国の途についていた弘前藩主津軽寧親《やすちか》に対する暗殺未遂事件を起こし、翌年に捕らえられて小塚原の刑場で刑死している。津軽藩は、南部氏の家臣だったにもかかわらず領土の一部を略奪して大名になった藩祖津軽為信の時代以来、何かにつけて南部藩と対立していた。大作は、津軽家に対する南部藩積年の恨みを果たそうとしたのである。

この事件は、藤田東湖や吉田松陰ら多くの人物に影響を与え、江戸庶民に赤穂浪士の再来と騒ぎ立てられた。また、「みちのく忠臣蔵」とも呼ばれ、講談や小説、映画の題材としても繰り返し取り上げられることとなる。大正時代には、当時の大スター尾上松之助、通称目玉の松っちゃんらによって何度も映画化されている。

こうした内容の話を秀男の父親がしていることから、「教育家族」と呼ばれ、大正自由教育や芸術教育の理解者であり支持者でもあったと一般化されて言われることが多い都市の新中間階級の親が、幼少期から接してきた文化の一端をうかがい知ることができる。

秀男の父は、尼崎で代々続く世襲神職の長男として生れている。どのような教養を身につけた人物だったのかさだかではないが、上京した後に大阪で事業を起こすという経歴から、都市を中心に勃興していたモダニズムの潮流や大正デモクラシー、文化主義などに接していたことは間違いないだろう。そうした人物であるにもかかわらず、子どもに語り聞かせた話が講談的な内容だったことは、新中間階級に属する人々の内部に、大正デモクラシーや児童中心主義のような新しい時代の思潮と、講談や祭文語りのような近世以来の大衆文化とが混在していたことを物語っている。都市で新中間階級としての生活を送っているとはいえ、秀男の父自身は旧来の文化の中で成長し、旧来の文化を内面に保持した人物だったのである。

以上のように、母親と父親、両者が秀男に語り聞かせた話を比較すると、都市の新中間階級の典型的な子どもとして育った秀男が、新しい時代の思潮や動向と、旧来からの伝統的な文化と、二つの文化環境の中で成長していた様子が確認できる。母親が体現していた芸術教育の影響を強く受ける一方で、父親が体現していた大衆文芸の影響も受けながら育っていたのである。

秀男の日記では、この他にも典型的な都市に住む新中間階級の家庭生活の様子を垣間見ることができる。

今日は父のたんじょう日だ。日曜だ。うれしいうれしい。ちちのたんじょう日で小豆ごはんをこしらへられた。ごちそうもあった。昼から村上君と兄さんと三人で、たのしくこの日曜を過した。

大正時代の新中間階級の秀男の家庭では、父親の誕生日を家族みんなで祝っていたのである。[*5] また、ハイキングをはじめとする家族での行楽も日常的に行われていた。[*6]

①今日は箕面へつれて行ってもらった。雨かと案じて居た空は晴れた。箕面山へ行った。谷間には、水が清くながれて居た。もみじはまだ早かった。たきの上へも行って、たきつぼを見てかへった。かへりに妹がはぐれて、やうやく見つかった。妹の顔はうれしそうに見えて居た。

②今日はいよいよお父さんにつれられて、兄さんと三人づれで大阪へ行った。電車に乗った。大阪でおりて、栗林の叔父さんの家へ行って、中の島公園を見物して、毎日新聞社を見て秀吉の豊国神社を横ぎって、あちらこちらと方々を見物しつゝ余程歩いて足も少しつかれ出しかけた。有ゆる立派な建物は、皆々おどろくばかり。道はちりんちりん、ゴー、バタバタ、ボー等と色々様々のにぎやかな音を立てゝ居る。半里程も歩いた時、目ざす印さつてんらん会会場についた。表はきれいにかざってあった。中に入れば、たゞたゞきょうたんするの

みである。殊に皇太子殿下が英国よりもらはれた金の箱、手紙等、それから立派なえ、細工、きかいなどは気にとまって居る。広いてんらん会場を出て又五六町歩くと、今度は大阪城が見えた。橋の上から。二三町あるくと第四しだん、大阪の兵舎のある所へ来て、城のすみずみくまなく見物した。大石、大門等は、あいた口がふさがらなかった。上へ上って、四方の全景を見渡して、かへった。今日此の春光うるはしき一日をたのしくあそびて、家中の者に語らんものと、うれしき心の間に我が家につけり。

当時の都市中間階級の家族が休日にハイキングや電車に乗って遠出を楽しんだ様子が、子どもの目を通して詳細に記述された文章である。この時は大阪の箕面山や大阪城にハイキングに行ったことが記されているが、住んでいた尼崎近くの阪急沿線の娯楽地として開発されていた宝塚まで出かけ、少女歌劇などを楽しんだ様子も記されている。[*7]

今日は上天気であった。父と兄と妹と四人で清こうじんへ参ると中、知合の人々と一しょになって、十三人になった。きよしこうじんへおまいりすると、大へん立ぱで、急に清い心になった。そこを出てから、たからずかの少女かげきを見て、おんせんへは入って阪急でかへった。

こうした一連の記述は、この時代の阪急沿線近郊の都市中間階級の人々の典型的な家族での行楽の様子を示す事例として興味深い。

「たからずかの少女かげき」は、小林一三《いちぞう》（一八七三－一九五七）が一九一三年（大正二）七月に結成した宝塚唱歌隊を前身として同年一二月に宝塚少女歌劇団が誕生している。

阪急創業者の小林一三は三越の動きに関心を払っていたとされるが、宝塚も子どもたちの間で好評を博していた大阪三越の少年音楽隊を意識して結成されている。三越少年音楽隊は、一九〇九年（明治四二）に東京日本橋の三越で開催された児童博覧会の目玉の一つとして結成されたものだが、会場を訪れた親子を楽しませて好評を博した。

その後、三越少年音楽隊の成功に触発されて、白木屋が少女音楽隊を結成し、名古屋のいとう呉服店（現、松坂屋）でも少年音楽隊、京都の大丸では大丸少年音楽隊、大阪の高島屋では高島屋バンド、と次々に少年や少女による音楽隊が結成されていく。宝塚少女歌劇団は、この当時各地のデパートに広がっていた少年少女音楽隊を意識して結成されただけに、現代の宝塚と異なり、「サンタクロース」といった演目からわかるように、子どもの観客を十分に意識した演目になっていた。

秀男たちが観た大正一一年の一月公演では、月組により次のような演目が上演されている。*8

① 喜歌劇「まぐれ当り」岸田辰彌作・高木和夫作曲
② お伽歌劇「サンタクロース」中山富美緒作・栄町鉄三作曲
③ 歌劇「吉備津の鳴釜」久松一声作・金健二作曲
④ 喜歌劇「初夢」春の屋主人、三善和気作曲
⑤ 歌劇「日の御子」坪内士行作・東儀哲三作曲

秀男の家族での行楽の記録としては、一五五ページで紹介した三月三一日の記録が興味深い。

昼から大阪へつれて行ってもらひました。（中略）それからお父さんに、三つこしへつれて行ってもらひました。僕はえんぴつを買ってもらひ、妹ははかまを買ってもらひました。三こしを出て楽天地へつれて行ってもらひ又どうぶつえんにもつれて行ってもらひました。それから先日前《ママ》へ行ってしばいを見てかへりました。

秀男の家族は、当時のデパートが消費対象とみなした新中間階級の家族の消費行動の具体例を示している。三越の後に秀男の家族が向った楽天地は、南海が出資して一九一四年（大正三）五月にオープンした複合娯楽施設である。近接して芝居小屋と映画館が集まる千日前があった。地上三階建てで多くの尖塔を持つ建物の中央には円形ドームがのり、夜はイルミネーションで飾られた様子が多くの写真に残されている。館内には大劇場一つと小劇場二つを備え、地下にはメリーゴーラウンド、ローラースケート場、水族館があり、屋上に昇ると大阪を一望できる展望台があった。秀男たちが楽天地で何をしたのか詳細は記されていないが、メリーゴーラウンドや展望台などで遊んだのではないだろうか。

その後秀男たちが向かった動物園は、一九一五年（大正四）一月に日本で三番目の動物園として開園した天王寺動物園である。楽天地と千日前からは直線距離で五〇〇メートルほどの距離にあることを考えると、千日前で観る芝居の上映時間まで、動物園に足を延ばして時間の調整をしたのであろう。

こうして秀男たちの行楽行動を見ていると、宝塚少女歌劇の鑑賞と温泉入浴をセットにした行楽や、大阪三越での買物、楽天地、千日前での映画や芝居見物、そして動物園などでの行楽が、阪急沿線近郊に住む新中間階級のライフスタイルとして定着していた様子がわかる。秀男の日記から、大阪近辺に住む新中間階級の人々の生活の実態と、子どもたちが接していた文化環境を具体的に知ることができるのである。

注

1 ①前掲『大正の小さな日記帳から』二九ページ
②前掲『大正の小さな日記帳から』三三ページ
③前掲『大正の小さな日記帳から』五六ページ

2 前掲『大正の小さな日記帳から』四六ページ

3 前掲『大正の小さな日記帳から』二八ページ

4 前掲『大正の小さな日記帳から』六八ページ

5 前掲『大正の小さな日記帳から』一六九ページ

6 ①前掲『大正の小さな日記帳から』一一三ページ

②前掲『大正の小さな日記帳から』一五六～一五七ページ

7　前掲『大正の小さな日記帳から』一四二ページ

8　宝塚歌劇団『宝塚歌劇団四十年史』宝塚歌劇団出版部、一九五四年、四九ページ

五―五　大正時代の子どもと雑誌の思い出

新しい生活と文化の動向は、出版にも現れるようになる。明治二〇年代になると、子どもに向けた雑誌の出版が見られるようになるが、大正時代になると子どもたちに提供される出版文化として雑誌は広く普及してくようになる。一九〇八年（明治四一）に生まれ京都で育った松田道雄は、『飛行少年』『海国少年』『良友』の思い出について次のように述べている。*1

> 第一次大戦のすんだころ新しい少年雑誌がでた。ひとつは「海国少年」というので軍艦や汽船の写真をたくさんのせていた。樺島勝一という画家がペン画で船や波を丹念にかいた。これは大正九年からはじまる八八艦隊計画のキャンペーンのひとつだったのだろう。
>
> もうひとつの「飛行少年」は飛行機の写真をたくさんのせた。欧州大戦に新兵器として登場した飛行機への子どもたちのあこがれと、民間飛行家養成の機運にのったものにちがいない。「飛行少年」には谷洗馬という馬の絵の得意な画家がかいていた。スリルとアクションの物語りは、この二誌のほうにおおかった。
>
> 月ぎめで買っていたのは「良友」だけだった。学校で「良友」と交換して他の雑誌を借りてよんだ。正月号だけは付録に双六がつくので、三つも四つも買ってもらった。

松田が主に読んでいたのはこの三誌だったが、大正期といえば、『赤い鳥』をはじめとする子ども向け文芸雑誌がつ

ぎつぎに創刊された時代である。当時を回想したものには、そうした雑誌の思い出もさまざまに語られている。

一九〇九年（明治四二）に東京市牛込区に生れ渋谷で育った大岡昇平は、自身の読書について次のように回想している。[*2]

私はむやみと本を読む子供になっていたので、母に毎日本を買って来てくれることをせがんだ。童話雑誌には「赤い鳥」のほかに「おとぎの世界」「金の船」が出ていたが、忽ち読み尽した。たしか冨山房から出ていた『ロビンソン・クルーソー』『ガリヴァ旅行記』『アラビアン・ナイト』の小学上級用の厚い絵入りダイジェストを読んだ。速記講談の四冊本の『太閤記』と『塩原多助』を読んだ。子供の読む本ではないとされていた「講談倶楽部」「講談雑誌」、それからその頃創刊された「譚海」という読物雑誌を母は買って来てくれた。

上村秀男の読書も多彩だった。秀男は多くのいわゆる名作を読んでいる。『ハックルベリー』に夢中になったり、『愛の学校』を読んだり、漱石の『坊ちゃん』を四年生の時に読んで面白かったと述べるなど、現代の子どもたちにも読み継がれている作品の名前が登場する。また、『少年倶楽部』や『金の星』『少女の友』『婦人公論』といった雑誌も、友だちや妹から借りて読んでいる。さらに、回数券を買ってもらって一九二〇年（大正九）にできた尼崎市立図書館に通うなど、豊かな読書環境に恵まれていた。

一九二一年（大正一〇）二月六日の記述を見ると、「僕はお母さんに『馬かの小ざる』と言ふおとぎの本をかってもらひました。今日は僕のたんじゃう日です」という記述がある。『馬鹿の小猿』は、前節で紹介したように、鈴木三重吉が『世界童話集』第一〇編として春陽堂から出版した童話集である。『赤い鳥』の装画も担当した清水良雄の装画で彩られた、美しい童話集である。そうした本が満九歳の誕生日プレゼントとして親から贈られたのである。誕生プレゼントを贈る風習が定着している様子や、プレゼントに選ばれたものが芸術性の高い童話とされていた三重吉の本だったことから、新中間階級の家庭の生活の様子や文化環境が伝わってくる。

また、上村家の読書環境には、当時の教育界に新風を吹き込んでいた大正自由教育の影響が顕著に見られる。既述したように、秀男が読んでいた雑誌の中で、『少年倶楽部』や『金の星』『少女の友』といった雑誌とは異質の雑誌で異彩を放っているものに、『伸びて行く』と『児童の世紀』がある。

『伸びて行く』は、奈良女子高等師範学校学習研究会によって一九二一年（大正一〇）に創刊された自学の手引書の役割も果たす児童雑誌である。奈良女子高等師範学校附属小学校は、手塚岸衛を中心とする東の千葉師範学校附属小学校に対して、新しい教育運動の西の中心になった学校である。

奈良女子高等師範学校附属小学校主事木下竹次は、独自の学習法理論を掲げて実践を行い、多くの賛同者を得ていた。木下が奈良女子高等師範学校附属小学校主事になったのが一九一九年（大正八）であり、主著『学習原論』を発表して木下の名声が広く知られるようになるのが一九二三年（大正一二）のことである。上村家では、奈良女子高等師範学校附属小学校の実践がまだ全国的に知られる前のかなり早い時期から、木下の教育論に共鳴して家庭教育に取り入れていたことがうかがえる。

『児童の世紀』は、自由主義教育の実験校として知られた私立成城小学校児童読物研究会によって一九二一年（大正一〇）八月に創刊された雑誌である。創刊号は蕗谷虹児《ふきやこうじ》による美しい表紙や口絵に彩られ、童話、童謡、冒険譚といった子ども の読み物が並べられている。そして、綴方・童謡・自由画の投稿を募集し、優れた作品を掲載している。

『児童の世紀』の内容をこのように紹介すると、『赤い鳥』などの同時代の子どものための文芸雑誌と差異がないかのように見える。だが、『児童の世紀』は童話・童謡が自然・人文・科学・芸術の四項目に分類され、いわゆる童話・童謡以外に理科や地理、算術、伝記に関する読み物も提供している。一冊の雑誌で複数の教科を横断する、まさに大正自由教育の中で喧伝された「合科学習」を体現した雑誌の作りになっているのである。

芥川龍之介や鈴木三重吉、小川未明らの童話や北原白秋や西條八十、野口雨情らの童謡に親しみ、自らも童話や童謡を書く一方で、英雄豪傑の活躍に憧れ講談物に胸躍らせる生活が大正時代の子どもの日常としてさほど珍しいことではなく展開されていたのである。

注

1　松田道雄『私の読んだ本』岩波書店、一九七一年、一〇ページ

2　大岡昇平『少年』筑摩書房、一九七五年、七四ページ

第六章　『赤い鳥』の創刊と児童芸術運動

六―一　巌谷小波の美育への着目と芸術の勃興

新中間階級の家庭を中心に、新しい波が子どもたちの生活と文化に押し寄せていたが、その最大の波は『赤い鳥』をはじめとした児童文芸雑誌の相次ぐ創刊である。児童文芸雑誌創刊の波が起こるまでの世の中のうねりを確認する。

明治の子ども向け創作読み物の中心は、広く読まれた日本の子ども向け創作読み物の嚆矢といわれる『こがね丸』（一八九一年（明治二四）刊）を書いた巌谷小波である。その小波が、「子供に代つて母に求む」「婦人と少年文学」「家庭と演芸」といった章立てで、家庭教育の担い手たる女性としての処世上の心構えや母親としての心構えについて述べた本を、『ふところ鏡　女子処世』のタイトルで一九〇七年（明治四〇）に出版している。

この本は、折からブームになっていた家庭教育の本として出版されたものだが、その中で「多くの人はお伽話を教訓談と思うて居る」[*1]とした上で、『こがね丸』を書いた当時の自分自身について次のように総括している。[*2]

私は此お伽話を作り始めてから、随分長い年月でありますが、始めの中は矢張お薬主義で、色々の薬を調合して見ましたが、十か二十としか作らぬ中に、薬の種が切れて仕舞ひます。それ故外形は違へても、内の主義はいつも同じになつて仕舞ふ。勧善懲悪と云ふやうなことから組立てゝ、或時は犬と猿とを出し、二度目には蟻と蟋蟀となるばかりで、内容は善行あるものは栄え、悪人は滅びると云ふやうに、何時でも同じ趣向に落ちます。

この文章は、『こがね丸』が書かれてから一五年ほど経過した後の文章である。子ども向け読み物を書き始めた駆け出しの頃、小波は「お薬主義」と称する教訓談を子ども向け読み物として意識しながら書いていたことを告白している。博文館の少年文学叢書や小波の『こがね丸』を対象に批判した稲生輝雄から見て、「理義ヲ示シテ少年者ノ智識ヲ誘導シ情感ヲ誡ムルモノ」[*3]ではなかったにせよ、小波自身の意識としては、子ども向けのものはすべからく教育的でなければならないという風潮に乗りながら創作活動をしていたのである。

ところが、同じ『ふところ鏡』には、かつての小波の認識とは大きく異なる注目すべき次のような認識が書かれている。[*4]

多くの人は、お伽話或は少年文学と云ふと、直ぐに教訓談と考へ、軟かに温味を以て或意味を教へるものであると、斯う考へて仕舞ふ様です。我国の今日の社会では、現に皆然う考へられつゝあるのです。それも強ち悪い説と云ふのではありませぬ。けれども文学と云ふ以上は、矢張お伽話の中にも、純粋な美的のもの、純粋の詩的のものがなければなりません。決して倫理やら、道徳の事のみを説く必要はありません。悪いこと、汚いことさへ教へなければそれで可い、美しくさへあればそれで可い。併なから、それでも亦或一方から充分に人を教へることは出来ます。此頃の新語に美育と云ふことを申しますが、即ち美育は、人に美を知るの知識を与へる、言ひ換へれば、人に色々の好みを教へる。美育の乏しき者は、奇麗なものを見ても感じない、詩を読んでも解らない、立派な文学を読んでも解することが出来ない、絵画を見ても美しいと思はぬ。（中略）それで斯う云ふ趣味は、美術文学で養ひ教へる事が出来るのです。

小波がいう「美術文学」とは、美術品のように「真の美を謡ひ、美を描いたもの」[*5]で、「只奇麗で美しいと云つて、見る者が、姑くは酒に酔つたやうな心持になるもの、所謂美を謡ふ」ような文学だという。対して台所用品のように実用的で工芸品にもたとえられる文学を「工芸文学」と称し、文学を大きく二分して説明している。

このような文学論は、小波自身「此説は昔はなかなか行はれた議論」[*6]だったと述べているように取り立てて新味はない。だが、これを子ども向けの文学にも応用して、芸術的な〝美術お伽話〟と、実用的で教訓的な〝工芸お伽話〟に分けているところが、この時代の子ども向け創作読み物論として注目しなければならない点である。

小波は、「日本の社会では、先刻御話したやうな、美的のお伽話と云ふものは、まだ受けが悪い様です」と述べながら、その理由として「多くの人が真個の美を解し得るまでに、まだ進んで居」らず、子ども向け読み物というと教訓談だと単純に思っているからだと述べている。[*7]そして、そうした状況をふまえて美術お伽話の必要性に言及していく。

小波の話は、途中から、小波得意の桃太郎主義の話に展開し、「美育」についても十分に深められていかない。だが、こうした小波の認識が、読み物と限らず子どもに与えるモノは教育的なものであるべきだとする風潮が依然として強く社会を覆い、子ども向けのモノがすべて「教育化」される時勢の中での発言だけに注目しなければならない。しかも、発言の主が、子どもに関するさまざまなことに深く広く関わり、子どもに関することへの影響力も甚大だった小波だけになおさら意義深い。

この文章が書かれてから一〇年ほど後に芸術教育運動が勃興し、一九一八年（大正七）に鈴木三重吉主宰の『赤い鳥』が創刊される。鈴木三重吉は『赤い鳥』創刊に際して、日本人は「哀れにも未だ嘗て、たゞの一人も子供のための芸術家を持つたことがありません」と嘆き、「世間の小さな人たちのために、芸術として真価ある純麗な童話と童謡を創作する、最初の運動」を起こすことを宣言している。

『赤い鳥』や芸術教育運動の対極に位置する代表のように目されてきた小波が、大正時代の児童芸術運動につながっていくかのような認識を明治四〇年にすでに表明していたことの意味は大きい。子ども向け文化の「教育化」が世の中を覆い、その一方で「商品化」が進展していた時代にあって、しかも、「芸術」という概念が文学にまだ本格的に取り入れられていない時代に、「美育」という認識が子どもの文化の世界に見出されて発言され始めていたことは、児童芸術運動や、児童芸術運動と深く関係しながら展開していった児童文化活動につながる動きとして注目すべきであろう。

注

1 巌谷小波『ふところ鏡』大倉書店、一九〇七年、一〇二ページ

2 前掲『ふところ鏡』一〇三〜一〇四ページ
なお、小波が用いている「お伽話」の意味とは、「堅く言ふと、童話とか、少年文学」（同九三ページ）のことである。

3 稲生輝雄『女子　家庭修身談』目黒書店、一八九二年

4 前掲『ふところ鏡』九八ページ

5 前掲『ふところ鏡』九五ページ

6 前掲『ふところ鏡』九六ページ

7 前掲『ふところ鏡』一〇二ページ

六－二 モダニズム化と『赤い鳥』の創刊

芸術への関心が高まり、美育の重要性への認識が高まる中で、子どもの文化史上に画期をなす『赤い鳥』が、一九一八年（大正七）七月に創刊される。

『赤い鳥』創刊の動機として、『赤い鳥』を主宰した鈴木三重吉自身が語ったことに由来する、いわゆる「すず伝説」がこれまで広く流布してきた。初めてのわが子すずに無限の愛情を注いだ三重吉は、読書を楽しむのはまだ遠い先のすずのために、早くも子ども向け読物を集め始める。その時三重吉が見た現実は、毒々しい絵で飾られた表紙を持つ雑誌や、戦争で人を殺す場面の挿絵などが掲載された乱雑で卑俗な子ども向け読物の氾濫という現実だった。そこで、三重吉自ら『湖水の女』外三編を書き、これを契機に三重吉は童話の世界に関わることになる。こうした童話との関わりが、やがて『赤い鳥』創刊へと結実する―これが「すず伝説」である。そして、「すず伝説」の存在は、それまでの子ども向け読物の世界で主流だった小波風のお伽噺を否定し、新たな芸術的児童文学を勃興させた運動という評価を『赤い鳥』に与えることにもつながってきた。

だが一方で、「すず伝説」の信憑性が疑われてきたことも事実である。三重吉は負債を返すために春陽堂から西洋のお伽噺を出版する計画を立てており、三重吉が童話に着目した理由は子どものためにという純然たる理由のほかに金銭上の理由が考えられること、すずが生まれる前に冨山房からお伽噺を出す計画が三重吉の周囲で持ち上がっていたこと[*1]などがその根拠として挙げられてきた。このほかに、一九一四年（大正三）九月に第一編を出版した現代名作集のように、三重吉にとって生活に困窮した際の窮余の一策として出版編集事業が過去にも考えられていたことも注目される。

これらの「すず伝説」への反証も含めて総合的に判断するなら、三重吉の内部に俗悪な子どもの読物に対する反発と、童話に対する文学者としての純然たる興味が宿っていたことのほかに、「経済的なもの、小説のゆきづまり、家庭の錯雑などの諸要因が綜合的に[*2]」はたらいて三重吉は童話に向かったと考えるのが妥当なところであろう。

三重吉が経済的な理由もあって童話に向かっていった時期は、すでに述べたように、日本の産業構造と経済が本格的に近代化する大きな転換点にあった。一八九四年（明治二七）の日清戦争を契機として本格的な資本主義の発展期を迎え、一九〇四年（明治三七）の日露戦争後の軍拡や経済の拡大を契機として、人々の生活は消費的文化を特徴とする生活にしだいに移行していく。

一部のひとびとのものだったこうした傾向は、一九一四年（大正三）の第一次世界大戦後の大戦景気と、資本主義の発展によってひきあげられた購買力をもとに、多くのひとびとに共有される生活となり、生活のモダン化が一気におし進められていく。『赤い鳥』が刊行された一九二〇年前後は、生活の消費文化化が急速に進行する、いわゆる「モダニズム化」が進行した時代だったのである。

この時期に発達した消費産業の一例としては、電力事業が発展して都会に電灯が増え、白木屋・高島屋・伊勢丹などのデパートが建ち並び、五分ごとに走る省線電車の運転が始まり、ひとびとの憧れだった文化住宅が建てられたことなどが挙げられる。ラジオ放送も一九二五年（大正一四）三月二二日に開始され、マスコミが発達する。マスコミの発達は流行歌やベストセラー、映画スターを生み、家庭雑誌も急速に販路を拡大していった。まさに、技術革新に基づいた大量生産・大量伝達・大量消費の生活が急速に進行していたのである。

こうした消費生活の中心にいたのが、旧来の村落共同体から離脱し、官吏や教員、企業のサラリーマンなどとして都市での俸給生活を選択した、いわゆる「都市中間階級・新中間階級」と呼ばれるひとびとである。彼らの中には中等教育以上の学歴を持つ者が多く、思想芸術を教養として身につけ、趣味や娯楽を家庭で楽しむひとびとが多かった。そして、その多くは児童中心主義思想を標榜したいわゆる大正自由教育運動に理解を示し、わが子の教育に熱心なひとびとでもあった。

『赤い鳥』の読者の中心も、これらのひとびとである。家庭教育への注目も高まり、さらに大正時代になって児童中心主義を標榜する新教育運動が高まりを見せていく中で、文化的要求の高い近代市民としての新中間階級の家庭を主な購買層にしながら様々な雑誌が誕生していく。その中で、『赤い鳥』も創刊されているのである。赤い鳥社に勤めた与田準一は、「ホトトギス派の人々の夫人たち」と「文学青年としての小学校教師」を購買読者名簿に多く見かけたと回想している。[*3]

すでに確認した三重吉の出版事業に対する認識と照らし合わせても、あらかじめ社会の文化状況や社会状況を熟知し、形成されつつあったこうした購買層をターゲットにして『赤い鳥』の出版事業が計画されたことは明白である。さらに、三重吉が抱いていた芸術的児童文学への志向が、折りしも当時の教育界や新中間階級のひとびとを席巻しつつあった児童中心主義とマッチし、児童中心主義を信奉し自由教育や芸術教育を模索する人々から、あたかも自らの思想を具現化した雑誌であるかのごとく迎えられていった様子も見えてくる。

ただし、自らが計画した児童芸術の事業に対して、三重吉自身がどれほどの広がりを予想していたのかさだかではない。若い頃から近松門左衛門や与謝蕪村などとともにグリムやアンデルセンを愛読していた三重吉が、童話集『湖水の女』を出版したのは一九一六年（大正五）一二月である。翌年四月に『世界童話集』（大正一五年八月まで全二一編）を刊行し、次第に童話への関心を深めていく。

三重吉が童話への関心を深めていった頃の認識は、童話集『湖水の女』の序文に見ることができる。そこに次のように述べ、子どもに向けた読み物への不満を表明し、自らの見解を示している。[*4]

私は、これまで世の中に出てゐる、多くのお伽話に対して、いつも少なからぬ不平を感じてゐた。たゞ話が話されてゐるといふのみで、いろいろの意味の下品なものが少なくない。単に文章から言つても、ずゐぶん投げやりな俗悪なものが多い。この点だけでも子供のために、いかにもにがにがしい気持がする。それから、材料そのもの、選びかたにも、考への足りないのが往々ある。

この記述を見ても、三重吉が子どもの読物に対する一定の見解を持っていたことは間違いない。だが、童話の他に童謡や児童自由画までも含めた広範囲の運動を興すことは、この時点では考えていなかったであろう。『湖水の女』を機に醸成されていった子どもに向けた読み物への見解は、次第に三重吉の内部で熟成され深められていったものと思われる。

三重吉は『赤い鳥』の創刊に際して、『湖水の女』から二年後の『赤い鳥』では、より一層鮮明なものとして宣言されることになる。当時の子どもの読み物や雑誌の俗悪な表紙やセンセーショナルで刺激と変な哀傷に満ちた下品な内容、そして下卑た文章を指弾した上で、「西洋人とちがつて、われわれ日本人は、哀れにも殆未だ嘗て、子供のために純麗な読み物を授ける、真の芸術家を誇り得た例がない」と述べ[*5]、「世間の小さな人たちのために、芸術として真価ある純麗な童話と童謡を創作する、最初の運動を起したい」と、児童芸術運動の出発を高らかに宣言する。[*6]

『赤い鳥』で特筆されるべきことは、三重吉選による綴方と、北原白秋選による児童自由詩、山本鼎《かなえ》選による自由画が募られ、子どもたちの自由な創造活動を積極的に誘発していったことである。当時の子どもたちは、学校教育の中では、綴方にしても定型詩にしても絵にしても、いずれも手本の模倣、模写をすることや、与えられた課題を型どおりに作りこなすことを押し付けられ、見たまま感じたままを自由に表現することを許されていなかった。そうした状況下で、三重吉は「みなさんの綴り方を見て第一にいやなのは、下らない飾りや、こましやくれたたとへなぞが、ごたごた使つてあることとです」と述べ、「たゞわけもなく人の真似をしたのとちがつて全く自分がそのときに感じたとほりに書[*7]」くことを呼びかけている。

『赤い鳥』によって自分の見たまま、聞いたまま、考えたままを自由奔放に表現する喜びを知った子どもたちは、三重吉や白秋、鼎らの呼びかけに応じてつぎつぎに力作を投稿するようになる。そしてそこには、子どもの自由な創造を助長しようとする三重吉の趣意に賛同し、それまでの学校教育に飽き足らない思いを抱いて『赤い鳥』を購買し、学級の子どもたちに紹介して児童自由詩や自由画などを積極的に書かせた教師たちの存在があったことも忘れてはならない。大阪府の西田謹吾、茨城県の粟野柳太郎、宮城県の千葉春雄や黒田正など、実践活動を通して綴方や童謡教育の研究を深めていった教師たちが全国に多数存在していたのである。

ところで、『赤い鳥』に結集した芸術家たちはどのような思いを抱いていたのだろうか。白秋は『緑の触角』の中で教科書の中の詩が「あまりに芸術の香気が希薄」であることを指摘し、「無味乾燥の詩文は少くとも児童のたましひを喜ばせない」と述べ、教科書中の詩を「砂を嚙むやうな凡詩」だと酷評している。[*8] 白秋に代表されるように、自らも体験した画一的注入主義による学校教育が子どもたちを抑圧し、そのことが子どもの個性の発達や創造力を阻むことを強く認識したひとびとが、『赤い鳥』に関わった芸術家の中には多かったのである。

個性と自由な活動を尊重する芸術家たちの活動や発言は、同時代に沸き起こりつつあった児童中心主義を強く意識しながらそれと連動して発せられたものではなく、あくまでも主体的な活動による創造活動を重視する芸術家としての立場から発せられたものだった。だが、自由な創造活動という芸術精神を重視していった結果、『赤い鳥』に参集した芸術家たちの活動は、はからずも自由主義的教育に限りなく近接する運動と思想に発展していくのである。

注

1　桑原三郎『鈴木三重吉の童話』私家版、一九六〇年、一一〜一二ページ

2　滑川道夫「『赤い鳥』の児童文学史的位置」（日本児童文学学会編『赤い鳥研究』小峰書店、一九六五年）、二二ページ

3　与田準一・水野春夫・柴野民三・関英雄・福井研介「〈座談会〉子どもの頃、そして『赤い鳥』」（赤い鳥の会編『「赤

い鳥」と鈴木三重吉』小峰書店、一九八三年)、二八九ページ

4 鈴木三重吉『湖水の女』春陽堂、一九一六年、一～二ページ

5 鈴木三重吉「『赤い鳥』の標語」(「赤い鳥」創刊号、一九一八年)

6 鈴木三重吉「童話と童謡を創作する最初の文学的運動」(鈴木三重吉赤い鳥の会編『鈴木三重吉』たくみ出版、一九七五年)、六ページ

7 『赤い鳥』第一巻第三号、一九一八年九月、七六ページ

8 北原白秋「教育と童謡」(『童謡論―緑の触覚抄』こぐま社、一九七三年)、一八〇ページ

六―三 『赤い鳥』との出会い

『赤い鳥』が創刊された時に九歳だった作家の大岡昇平は、府立一中五年生だった従兄弟に触発されて、『赤い鳥』にたびたび自由詩を投稿し三回入選している。大岡の『赤い鳥』との出会いや、投稿していた頃の思い出は次のようなものである。[*1]

大正七年創刊の童話雑誌「赤い鳥」に童謡「雨」を投稿し、第三巻第一号(大正八年七月号)北原白秋選の「推奨」になり、第三巻第五号(同年十一月号)にも「日まはり」が推奨になったのは、府立一中五年生の従兄弟の洋吉さんだった。当時大向小学校五年生だった私に、手を取るようにして童謡を書かせ、投稿してくれたのも洋吉さんだった。(中略)私はやっと入選三回だったが、洋吉さんは推奨二回、入選一回だから、格が違う。当時の私には洋吉さんは神様みたいなものだった。

大岡の場合、従兄弟の影響で『赤い鳥』に出会っているが、学校の教師や年上の兄弟・姉妹、従兄弟といった人々の

影響で『赤い鳥』のような子ども向け文芸雑誌に出会ったと回想する人々は多い。

一九〇六年（明治三九）に滋賀県愛知川町（現、滋賀県愛荘町）に生れた歌人の木俣修は、三重吉童話や『赤い鳥』との出会いについて次のように記している。[*2]

五十年前の昔といえばはるばるとしているが、その五十年前の大正七年、小学生として、創刊されたばかりの『赤い鳥』を手にしたときの感動は今もなお私に鮮烈である。

私は近江の片田舎の小学生であったが、私のクラスを担任してくれた安信という若い先生はいわゆる文学青年であって、その下宿を訪ねると、小説の本や文学雑誌が室にいっぱい積まれていた。私の兄はその先生と友人であったが、兄もまた文学青年の道を歩いていて、色々な文学書を買いこんでいた。そのころ大阪毎日であったか朝日であったか新聞の名ははっきりと覚えていないが、鈴木三重吉の童話が一週間に一度ぐらい半頁ぐらいのスペースをとって掲載されていた。その童話を読めとすすめてくれたのは安信先生と兄とであった。（中略）ある日、兄は三重吉の童話の雑誌が出るから、それを君に買ってやることにしたといった。それから間もなく郵便で『赤い鳥』という雑誌が届いた。美しい少女が二人馬に乗っている絵の表紙を見たときの喜びは今もなお忘れることができない。

木俣の場合、学校の先生と兄の存在が童話や『赤い鳥』と出会うきっかけを作ってくれたのである。

こうした兄弟・姉妹間での啓発は、木俣家以外でも確認できる。一九二一年（大正一〇）に宮城県仙台市で創刊される童謡雑誌『おてんとさん』の主宰者の一人となるスズキヘキの家でも木俣家と似たような状況が展開されていた。ヘキの弟鈴木幸四郎は、当時の思い出を次のように回想している。[*3]

大正七年の秋でした。或夕方兄は銀行から帰つて来た時「赤い鳥」といふきれいなきれいな本をもつて来ました。

そしてそれを私達兄弟にみせました。

さア大へんなさわぎでした。初めてこんなにきれいな本をみたもんだからめずらしがつて、めずらしがつてひつぱり合ふやうにしてみました。

其表紙のきれいなこととてもたまらないのです。おとぎ噺のお姫さまがお馬にのつてゐるのはまだわすれられません。（中略）

亦白秋先生の童謡を兄からよんできかせられました。此時初めて童謡をきいたのです。何もかもめづらしい新しいこの「赤い鳥」はどんなに私を喜ば《マ》せたせ《マ》う。

それから毎月たのしみにしてまつてゐるやうになりました。


鈴木家では、長男のヘキが幸四郎、正五郎、明《めい》の弟たちに『赤い鳥』を見せ、鈴木家の兄弟たちの中に『赤い鳥』のような文化があることを知らせるのである。その後、幸四郎や明は兄ヘキの後を追うように童謡作りに精を出し、正五郎は童話の創作に打ち込んでいくことになる。

以上のように、大正時代の子どもたちの読書状況は、『少年少女譚海』や立川文庫といった講談物だけではなく、さまざまな質と内容を持つ雑誌類に取り囲まれていたのである。特に、都市の新中間階級の家庭を中心に、『赤い鳥』のような芸術性の高い文化にも触れていたことが、多くの回想から裏づけられることは、この時代の文化的潮流を象徴することとして注目しなければならない。

注

1 大岡昇平「「赤い鳥」投稿前後」（『解説赤い鳥の本・「赤い鳥」童謡』ほるぷ出版、一九六九年）、四二～四三ページ

2 日本近代文学館編『解説「赤い鳥」復刻版』別冊2、一九六九年、一四ページ

3 西街赫四『私の童謡の本』第一輯、こまどり社、一九二三年

六－四 児童芸術雑誌の地方への広がり

『赤い鳥』が誕生して以降、『こども雑誌』『金の船』『おとぎの世界』『童話』といった類似の雑誌が次々に刊行されていく。三重吉はそれらの類似雑誌を、童話や童謡の芸術的鑑賞力は『赤い鳥』に及ばないかあるいは著しく芸術性を損なっているにもかかわらず、童話や童謡を取り扱って子どものための文芸雑誌としての体裁だけを『赤い鳥』そのままに真似したものだと見なし、「お猿」と吐き捨てている。[*1]

だが、『赤い鳥』類似の雑誌が次々に刊行されていったのは、当時の社会、特に子どもたちの間でこれらの雑誌を手にすることへの希求が強く、販売部数が見込めたからに他ならない。さらに、芸術的な文化を信奉し、子どもたちの自発的な活動を助長しようとしていた大人たち、特に教師たちからの評価が高く、出版への期待と要望が高かったからである。

『赤い鳥』創刊以降、全国で次々に創刊されたと言われている類似雑誌だが、実際の数や内容は不明と言わなければならない。『おとぎの世界』や『金の船』などの発行部数の多い雑誌は別として、当時の雑誌でその存在が歴史上から消えてしまった雑誌は多い。特に、地方で出版されていた様々な雑誌は、国立国会図書館はもとより地元の図書館に

さえ蔵書されていないのが実情である。そうした現状にあって、仙台文学館に寄託されているスズキヘキ旧蔵資料には、大正時代に刊行された童謡・童話に関する雑誌が多数残されている。それらの中には、『赤い実』（宮城県大河原町）、『さくらんぼ』（宮城県仙台市）、『ことり』（福井県大飯郡高浜町）、『金の鳥』（東京市）、『三味線草』（東京府）、『正午』（東京市）、『嶽陽文庫』（静岡県富士郡大宮町）、『十五夜』（新潟県新潟市）、『新おとぎ』（京都市）、『木馬』（大阪市）、『お月さん』（大阪市）、『小鳥の家』（大阪市）、『揺籃』（岡山県御津郡野々口町）など、地方都市で出版されていた雑誌が多数確認できる。

ヘキ旧蔵資料に残されたこの時代の子ども向け文芸雑誌を見ると、その多くは『赤い鳥』と同様に童謡、童話を中心に編集され、投稿規程を掲載して子どもたちの童謡や綴方の投稿を呼びかけている。また、巻末にはこれらの子ども向け文芸雑誌が互いに寄贈し合い、交流を深めていた記録が残されていることが多い。

例えば、『ことり』の巻末には「全国子供雑誌消息」として『木馬』『桂園』『おてんとさん』『小鳥の家』『僕らの歌』『金の鳥』『若葉』などの動向を詳しく紹介している。『僕らの歌』は次のように紹介され[*2]、この雑誌が慶應幼稚舎とのつながりを持ち、学校教育とも関係を持つものであることを紹介している。

▲『僕等のうた』童謡を主とした雑誌であります。歌人菊池野菊氏指導の下に慶応義塾幼稚舎の児童が作った童謡を発表する月刊雑誌であります。
児童の作品には飛びはなれてゐゝものがあります。
童謡界の明星北原白秋若山牧水諸氏から驚嘆されてゐるさうです。

『ことり』自身も、「通信」欄に「四月は鉄道開通祝賀のゴタゴタと新学年の準備に煩はされ[*3]」と書かれていることからすると、発行兼編集人の村松銀蔵の詳細は未詳だが、小学校の訓導だったものと思われる。

また、『木馬』は「現在の世の多くの人は、あまりに物質に遍重《ママ》しすぎている。ことに我々教育者仲間に於ける芸術の位置はあわれにまで貧弱である」[4]と編集担当者の一人であり、小学校の教員だった西田謹吾が述べているところを見ると、『木馬』は、西田を含めてやはり教育関係者が中心になっていたと考えられる。

『桂園』は「千葉県長生郡茂原小学校から発行され」「同校訓導宮崎信太郎が熱心に編輯の労をとつてゐ」ると記されている[5]ことから、明らかに小学校の訓導の編集によるものであることがわかる。『小鳥の家』は「東京豊島師範横田桃水氏が主として編輯の任」[6]にあたっていて、『若葉』は童謡教育で全国的に有名だった「茨城若柳校の粟野柳太郎」の編輯発行によるもの[7]であることが記されている。

『ことり』で紹介された他の雑誌は、仙台の『おてんとさん』が純粋な童謡専門雑誌を目指しており、高知の『金のとり』は童謡・童話に限らず文芸一般を扱う雑誌で、ともに文芸を志向した雑誌となっている。

『ことり』に紹介された雑誌の数々からは、この時代の児童文芸雑誌が、純然たる文芸・芸術を志向して作られた雑誌と、現場の教師や教育となんらかの形で関係を持った雑誌とに二分できることがわかる。

教育と深い関係を持った児童文芸雑誌の典型に『児童の世紀』がある。一九二一年（大正一〇）八月に創刊されたこの雑誌の編集人は、私立成城小学校児童読物研究会代表者鰺坂國芳《あじさかくによし》となっている。鰺坂國芳とは、後に玉川学園を創設する小原國芳のことである。蕗谷虹児《ふきやこうじ》による少年騎士が描かれた美しい表紙をめくると、成城小学校設立者澤柳政太《さわやなぎまさた》郎《ろう》の創刊に際しての巻頭言が記されている。[8]

> 我等同人は曩に児童中心の教育を目標として一つの小学校を創めたが、数年の経験は愈々その信念を堅くするばかりである。（中略）児童のためにする読物が雑誌や単行本やら数多く現はれるのも児童の世紀の表徴として嬉しい。我々は自由に豊富に此等を児童に提供してゐるが、あきたらない感が少なくない。小供に面白いお

伽噺や、無邪気な作話や、雄壮な冒険譚など読ましめるのもよいが、小供の要求は決してそんな狭い限られたものではない。（中略）そこで、此の現実を目のあたりに見る成城小学校の同人は、自ら奮つて児童のための定期読物を出し現在の欠陥を補ふことにきめた。児童の広い多方面の要求に応して、その清い純な心や、その鋭い敏い感情や、その不思議な想像を養ひ、又その熾んな知識欲を充たし、かくて児童の全生活を豊富にし、其の円満な発達を資くるは此の雑誌の期する所である。

澤柳の言葉から明らかなように、この雑誌は子どものための教育雑誌としての性格を強く帯びていた。内容は、童話・童謡の他に冒険譚や伝記、科学読物もあり、さらに子どもたちに投稿を呼びかけて綴方と童謡、自由画の掲載も行っている。

こうして見ると、『赤い鳥』などの芸術的文芸雑誌と大差ないように思われるが、教育課程を意識して編集されたことがこの雑誌の特徴であることがわかる。そして、澤柳の言葉から、副読本としての使用を想定しながら国語教育の一環としてこの雑誌が編集されていたことが理解できる。

この時代の児童文芸雑誌についての先行研究では、これまで明治時代には強く見られなかった芸術性の追求を特色として挙げることが多かった。だが同時に、この時代の児童文化について考える上でも、教育との関連の中から生れたり、学校教育の教育活動の一環として生れたり、教育色を強く帯びたりしている児童文芸雑誌が多数作られていたことにもあらためて注目しなければならない。

注

1 鈴木三重吉「『赤い鳥』類似雑誌に対する非難」(『鈴木三重吉全集』第五巻、一九三八年)、五九二ページ
2 『ことり』第三巻第四号、枳殻社、一九二一年五月、三九ページ
3 前掲『ことり』三八ページ
4 『木馬』第一四号、木馬編輯所、一九二二年四月、二二ページ
5 前掲『ことり』三九ページ
6 同右
7 同右
8 『児童の世紀』創刊号、民文社、一九二一年八月、巻頭

第七章　大正自由教育と文化主義

七—一　大正自由教育の胎動—樋口勘次郎と児童中心主義

画一的注入教授と管理主義的訓練を原則とする明治国家による近代公教育に対して、二〇世紀を目前にした頃になると批判的な言動が現われ始める。そうした言動を行った人物の一人が、教育学術研究会の事業として一九〇六年（明治三九）五月四日から一六日まで上野で開催されたこども博覧会の実質上の中心人物となった樋口勘次郎である。

樋口は東京高等師範学校附属小学校の訓導をするかたわら、精力的な実践から得た成果を一八九六年（明治二九）四月から「実験叢談」と題して『茗渓会雑誌』に連載する。その中で樋口は自らが掲げる理論を「統合主義」あるいは「活動主義」と呼んでいる。

これは教授に際して各教科を個別に行うのではなく、子どもの自発的な活動に価値を認めつつ統合していこうとする認識に基づいている。樋口は、「児童には、知らんとし、感ぜんとし、意志せんとする、天賦の活動力充満して、恰も鬱したる電気の如く、熱したる蒸気の如く、常に発散の機を求めて、片時も静止するを得ざる者なり」[*1]と述べ、子どもを学習の主体と見なす児童中心主義の立場を鮮明に打ち出した。

樋口が鮮明にした画一的注入主義からの脱却と児童中心主義思想の火の手は、樋口ら先駆者たちの影響を受けた人々の中に次第に燃え広がっていくようになる。例えば、独自の天地を持っている子どもには課題を与えるよりも各自の生活の中に題を見つけさせて綴方を書かせるべきだという「随意選題」を掲げ、画一的だった綴方教育に画期的な変化をもたらす芦田恵之助は、「随意という方法は私が見つけたものですが、この思想は樋口先生の自由主義の作文教授を受け継いだものです」[*2]と述べ、樋口の児童中心による活動主義の強い影響を認めている。

こうして画一主義と注入教授の曠野に燃え広がった児童中心主義の炎は、やがて及川平治の「動的教育の要点」や手塚岸衛の「自由教育の真髄」、千葉命吉の「衝動満足と創造教育」などの八大教育主張（一九二一年）に代表される新しい教育思想、そして澤柳政太郎による成城小学校、羽仁もと子による自由学園、赤井米吉による明星学園、野口援太郎らによる池袋児童の村小学校などの新学校の設立へと結実していく。

さらに、児童中心の教育思想は、師範学校の教育にも影響を及ぼしていく。一九二三年（大正一二）に福島県師範学校附属小学校が出した「我が校の児童教養方針」には、この時代の学校教育界に渦巻いていた思想的潮流が明瞭に表われている。

この年の四月、福島県師範学校は女子師範学校を創立し、師範学校を男女に分離している。それに伴い、附属小学校も男子師範学校附属小学校と女子師範学校附属小学校が並立することになる。この児童教養方針は、男女師範の分離にあたり、男子師範学校附属小学校が、一九一五年（大正四）に定めた教育綱領及び教養方針を改めたものである。

大正四年に定められた綱領では、「一、国民道徳の維持涵養に努む、二、立憲的活動の素地を与えんことに努む、三、経済的思想を養成し、其活動に応ずべき動力を附与す、四、現代の文化に適応して活動すべき国民を養成することに力む」と定められていた。明治の国家主義的教育の影響を強く受けた綱領であることがわかる。

これに対して、大正一二年の「我が校の児童教養方針」では、次のような綱領になっている。

一、綱領

一、児童の自発的活動を重んじ独立自主の精神を涵養すること

二十世紀は『児童の世紀』であると、エレン・ケイ女史が叫んだのは、確かに現代の要求を力強く標榜したものであつた。現今の教育思潮の凡てに通じて居る根本的要求は、児童の自発的活動を主とするといふ事である。スタンレー・ホールが『従来の教師中心の教育が、児童中心主義の教育に移つたといふ事は、恰かも天動説（地球中心説）から、地動説（太陽中心説）に変つたのに譬ふべきである。』と評して居る。児童中心の傾向は、教育思想の上に於けるコペルニクス的回転である。児童中心の教育思想は、現時特に高潮せらるゝものであるけれども、実は思想としては十八世紀のルソーによつて、既に唱導せられたものであつた。其の思想はペスタロッチ・フレーベルに実現せられつつ更に現時の基調となるに至つたものである。

然し吾人は茲に静かに反省しなければならない事は、真に児童を識るといふ事である。真実なる児童を発見しなければならぬといふ事である。真に児童を愛育する教育者は、其の自然性の中に流れて居る、規範意識の要求を見逃してはならぬ。其の本能的活動の奥に、微かに然かも力強く現はれ来る理念の萌芽を培ふ事を忘れてはならぬ。自然的自由より理性的自由へ、自然的個性より人格的個性へ―其れは真の教育の要求するものでなくてはならぬ。

学習も訓練も、斯くの如き意味の自発的活動に基いたものである場合に、尊い独立自主の精神が自然に児童自身に体験せらるゝに至るものであると思はれる。『我が生活は其れ自身の為であつて見世物ではない。』とエマーソンが『自恃論』の中に述べて居るが、斯かる自敬の念と健全な人格を有つた国民―其れが我が校教育の

第一義である。

こうした「綱領一」を受けて、「綱領二」では次のように、「創造と文化」がワンセットであることを強調し、創造的な活動の重要性を掲げている。

二、創作工夫の能力を伸張し現代文化に参与せしむること

人間生活の特色は、創造的活動にあると言はれて居る。前に述べた児童の自発的活動は、当然創造的のものでなくてはならぬ。教授に於ける自学自習も、訓練に於ける自治自律も、共に創造的の意味を有つ場合に始めて教育の価値を生ずる。児童の人格活動の中核は常に理念への創造的活動でなくてはならぬ。主観的に眺めた人格的創造は、客観的には社会の文化活動として現はるゝものである。此の意味に於て人格主義と文化主義とは盾の両面である。創造と文化、個人と社会―其れは二にして一である。

児童中心主義思想と、子どもの自発的な活動を重視することが、福島県師範学校附属小学校の中で第一義として掲げられていたのである。

この大正四年に定められた綱領と大正一二年のこの綱領とを比べた時、大正一二年の綱領が、いわゆる大正デモクラシーとそうした時代思潮を背景に展開された大正自由教育の影響を強く受けて定められていることが明瞭となる。特に、綱領の中で「児童の自発的活動を重んじ独立自主の精神を涵養すること」を掲げ、方針の中で「自学自習を主とし創造的活動を重んじ、社会の実生活に応ぜしむる様指導すること」を掲げていることは、この時代の教育の主流となっていた大正自由教育とその中で興隆した芸術教育、そしてそれらを支える理論の中核を成していた児童中心主義と子どもの

内発性の重視、文化主義と創造活動の重視が明瞭に現れている。また、ドルトンプランやプロジェクトメソッド、教育の生活化など、当時の教育界での流行となっていた用語や思想が登場することもこの綱領が書かれた時代をよく表している。

この時期の児童文化活動は、学校外で展開された児童文化活動のみに目配りしていても正確にその実態を把握することにはならない。芸術教育や文化主義、そして創造活動を重視した教師たちによる、学校で行われた児童文化活動の実情を把握することが重要となる。福島県師範学校附属小学校では、この綱領の具体的な実施事項として次のことを掲げていた。①児童図書館、博物館の設置、②徹夜会の実施、③副読本の研究採用、④女児薙刀練習の実施、⑤理科園の設置、⑥児童心得の制定、⑦児童自治機関の設置、⑧林間学校の開設、⑨研究学校、特別学級の新設、⑩課外英語教授の開設、以上である。実施事項を見ると、①、③、⑧は、児童文化活動が学校で展開される場合には、多く見られた事項である。これらの他に、学級・学校文集の発行が加わると、当時の学校での主な児童文化活動がほぼ再現されることになる。

当時の多くの学校では、「自由教育展覧会」などという名称で、自由画や綴り方、童謡、自由詩など、学校内での子どもたちの創造的児童文化活動の成果を発表することが多かった。また、午前と午後、あるいは複数日にまたがる大規模な学芸会の開催など、学校内での芸術教育の成果を発表する機会も多かった。これらの学校内での児童文化活動は、「我が校の児童教養方針」のような、自由主義教育を重視した綱領や、芸術教育を重視する方針の下で行われていたのである。

こうした現象は、決して学校教育の世界だけの特殊な現象ではなかった。画一的で権力的な強い束縛の手法で近代国家の建設に邁進した明治国家に対し、明治末から大正の初め頃になると社会全体に国家の統制と束縛から逃れて自由を尊重しようとする気分が漲っていったのである。そして、一定の知識と教養を持ち、子どもの教育にも強い関心を抱く都市の新中間階級が勃興し、家庭教育に対してなみなみならぬ関心が寄せられるようになっていく。

以上の現象が相俟って、子どもの教育にも子どもの自発的な活動と個性を尊重した自由主義的な教育が求められるようになっていくのである。「児童文化」誕生に至るまでの流れとして、社会と教育界に渦巻いていたこうした潮流を見逃すわけにはいかない。

注
1　『茗渓会雑誌』明治三〇年一月号、一二ページ
2　芦田恵之助「私の国語教授に関する追慕」（いずみ会編『芦田恵之助先生選集』一九六七年）、三五三ページ

七－二　児童芸術運動の胎動と文化主義―日本済美学校と美育

大正時代に花開く自由教育と新学校の設立に先駆けて、家庭教育が一大ブームとなっていた明治末の一九〇七年（明治四〇）に作られた私立学校がある。今井恒郎《つねお》（一八六五－一九三四）によって東京府豊多摩郡和田堀（現、東京都杉並区）に設立された日本済美学校である。

約三万坪の広大な敷地に講義棟の他に寄宿舎を設置し、生徒全員を寄宿舎に収容して教員と生徒が起居をともにし、少数による訓育を重視した教育が行われた。今井は一九〇六年（明治三九）に『家庭及教育』（日本済美会編、東海堂）という一、二四二ページにも及ぶ大著を著している。

その中で「家庭及教育に関する欧米の著書二百有余冊を渉猟し、其の粋を抜き其の精を採り、之に参するに我国の習慣と吾人の実験とを以てし、以て本書の編述を成就するに至れり」[*1]と述べている。事実、この書の末尾には、エレン・

ケイの『児童の世紀』やデューイの『学校と社会』をはじめとする英語、ドイツ語による参考文献名が二〇六冊列挙されている。この事実からうかがえるように、今井は欧米の最新の教育動向を精力的に採り入れながら独自の教育論を形成し、設立した学校の中に生かそうとしていたのである。

今井は『家庭及教育』の構成を「本書編を分つこと五、一に曰く総論、二に曰く身体及び其の育成、三に曰く精神及び其の養成、四に曰く徳育及び美育、五に曰く精神的病弊及び其の矯正」と説明している。そして、第四編の「徳育及び美育」について「児童の徳性及び美情の涵養、即ち広義に於ける徳育の完成を期せんとす。是れ教育上至重最要の点にして、本書の目的も、亦主として此の編に存せり」と述べ[*2]、美育を「教育上至重最要の点」と位置づけている。

今井は美育の目的を「徳育と相並び相輔けて、広義に於ける教育の目的に合せる、完全円満なる人物を作り成すに在る」[*3]と説明し、美育の内容を自然美（風景美・声音美）、人工美（形相美・声音美・思想美）に分類し、さらに人工美の中の形相美を建築・庭園、工芸品、彫刻物、絵画、声音美を音楽、思想美を叙事詩文、叙情詩文、ドラマに分類している。

思想美の中では、「精神教育上最も大切なる地位を占むるものは、第一類の叙事詩文、殊に神話、伝記、物語の類なりとす」[*4]と述べ、「活動力の充ち満ちて、而も想像の力強き児童の時代にありては、古代英雄の目覚しき事蹟に、興味を有すること最も深く、神怪不思議の談によりて、其の好奇心を満足せしむること甚だ多し」[*5]と述べている。そして、武勇・仁愛・智慮の化身ともいうべき英雄の活躍譚から「一種高潔なる思想を養成する」[*6]ことを期待している。

今井の美育論を振り返ると、そこには時代的な制約による限界が見て取れる。特に徳育との関連からしか美育を位置づけられず、子どもの人間形成と発達を広く見渡しながら美育を位置づけることができなかったことが、今井の限界を何よりも雄弁に物語っている。四章で既述した教訓的で実用的な読み物を否定し、芸術性を涵養して美しいものを美しいと感じる感性を育成する必要を説いた巌谷小波の美育論の方がはるかに進歩的だとも言える。

だが、明治もあと数年で終わりを迎えようとしている時に、美育の重要性を謳いあげ、その点から子どもの読み物をとらえていこうとする活動が起こり始めていたことは、大正時代になって沸き起こる児童芸術運動の予兆がすでに始まっていたことを物語っている。「児童文化」誕生の土壌として、「美育」の称揚が社会的に広まっていたことを確認しておきたい。

思想界でも、「児童文化」誕生の土壌となる動きが生じていた。「文化」の流行である。大正時代には、一部の知識人だけではなく、「文化鍋」「文化包丁」「文化住宅」といった使い方に見られるように、社会全体に「文化」という言葉が新しい価値を指し示す言葉として受け入れられて広がっていく。

「文化」が社会的な流行語となった背景には、思想界に新カント派の影響が強くなっていたことがある。新カント派は、ヘーゲル（一七七〇－一八三一）が亡くなる一九世紀前半頃から一九二〇年前後までドイツ語圏で続いたカントの再評価と、カントの再評価に基づいて展開された哲学的立場に対する呼称である。「カントに帰れ」を標語として、独自のカント解釈とそれに基づく著作が著されていくようになる。フリードリヒ・アルベルト・ランゲや、オットー・リープマン、ヴィルヘルム・ヴィンデルバントらが代表的な新カント派の哲学者である。

日本では、新カント派の影響を受けて左右田喜一郎が一九一九年（大正八）に『文化主義』の論理」という文章を発表し、「文化主義」という用語が社会に広まる契機を作る。左右田の哲学は、「経済哲学」と呼ばれることがあるが、経済生活が文化価値の実現を目指すものである場合、道徳や芸術などと同様に経済にも文化価値が認められるべきだと主張した。

左右田によって一般化していく「文化主義」という用語をさらに広めていくのが土田杏村《きょうそん》（一八九一－一九三四）である。土田の著作と仕事は膨大なものであるが、文化主義に関する著作では一九二一年（大正一〇）に『文化主義原論』を著わしている。また、雑誌『文化』を発刊したり、長野県や新潟県で自由大学運動を起し、当時の社会に多大な影響を及ぼしていく。

これらの思想的潮流の影響で、文化によって精神の陶冶を行い真善美聖の実現を目指す新カント派が広く社会に受け入れられ、一九二一年（大正一〇）前後に文化主義が勃興して「文化」という言葉が思想界で一種の流行語のように広まり、社会全体に溢れていくようになるのである。

ここまで見てきた、子どもの世界を取り巻く「教育化」「教育家族の誕生」「新中間階級の勃興」「モダニズム化の進展」「子ども用品の誕生」「児童芸術の興隆」「大正自由教育」「新カント派の隆盛」「文化主義の浸透」「美育への着目」といった土壌の中で、「児童文化」という用語とそれに付随する概念が育まれ、芽吹きの時を待っていたのである。

注

1 今井恒郎監修／日本済美会編『家庭及教育』東海堂、一九〇六年、二ページ
2 前掲『家庭の教育』三～四ページ
3 前掲『家庭の教育』一〇四五ページ
4 前掲『家庭の教育』一一〇六ページ
5 同右
6 前掲『家庭の教育』一一〇六～一一〇七ページ

七－三 「児童文化」誕生前夜の雑誌制作活動

芸術文化が花開き、子どもたちの内発性を重視した教育が展開される大正時代を目前とした明治末期の子どもたちの世界では、大正時代の子どもの世界を先取りするかのように雑誌を作ることが流行していた。

明治時代になると、印刷技術が木版中心から活版へと移行し、物品の輸送・伝達の手段となる鉄道網と郵便事業が整備され、さらに小売店の増加と流通網の整備により、出版業界は大量生産大量消費の時代へと突入していく。また、就学率の上昇と連動した識字率の上昇は、出版業界にとって潜在的な読者数の増加をもたらすことになる。

こうした出版業界を取り巻く社会的な情勢の変化の中で、明治二〇年代になると一〇代前半の少年を主な読者層に想定した雑誌が次々に創刊されていく。例えば、一八八八年（明治二一）に『少年園』、明治二二年に『小国民』、そして一八九五年（明治二八）に『少年世界』が創刊され、その後も続々と新しい雑誌が刊行されるようになる。これらの雑誌は、論説、小説、史伝からポンチ、科学読み物、時事報道等と幅広い内容で読者の少年たちを楽しませていた。明治時代中期以降の少年たちは、豊かな雑誌文化の中で成育していたのである。

大正を目前にした明治末期の少年たちがどのような雑誌文化の中で暮していたのか、その実際の様子は少年たちが書き残した日記から知ることができる。

一八九八年（明治三一年）に兵庫県揖保郡布施村（現、たつの市）に生まれ、後に農村文化運動家となり『日本老農伝』の著者で知られるようになる大西伍一（一八九八－一九九二）が、一九一一年（明治四四）九月一日から一九一二年（大正元）一二月三一日までの一年四ヶ月、満一三歳の年から満一四歳の年にかけて書き残した日記がある。伍一が生まれた布施村は、一九〇六年（明治三九）段階で人口一、八八七人、全三六五戸の世帯のうち農家が三四七戸の純農村地帯といってさしつかえない地域である。伍一の家も自作農家で、両親、祖母、三人の弟、妹に作者を合わせて八人の家族からなる中農階層であった。

日記には、『冒険世界』『少年界』『少年世界』『日本少年』『小学生』『文章世界』『学生』『面白世界』『新国民』の計九誌を読んでいたことが記されている。ただし、伍一一人でこれら全ての雑誌を購読していたわけではない。大量生産大量消費の時代になりつつあったとはいえ、個人で何種類もの雑誌を購読できるだけの金銭的な余裕を持つ家は稀であった。

日記によると、これらの雑誌を何人かで購買し、相互に貸し借りする子ども集団が伍一の周囲で形成されていた。文字文化に親しみ、同時に社会的な問題への関心を寄せる一部の村の少年たちの間で、雑誌は順番を定めて「廻し読み」

されていたのである。「早く見たく、此の間から待っているのに、順番は最終とは悲しい哉」（明治四五年四月二七日）という記述には、雑誌を「廻し読み」するための子ども集団が形成されていたことと、廻し読みの順番が毎回変えられていた様子が示されている。

伍一がどのように雑誌を読んでいたのか、雑誌の読後感をいくつか抜粋する。*1

① 船引君から、『冒険世界』の突飛号を借る。面白い、面白い。「怪星の行方」、吾人の血肉を沸かしめた。（中略）其他種々なる冒険談、間読には持って来い。（明治四四年九月四日）

② 『少年世界』に羊の番をしていたモウレーが神学博士となったとあった。又彼は、十二歳にして、そろそろと生活問題にかかった。何人も志一つで成功もすれば、不成功もする。自分は「神州の快男子」だと、此の精神は、眠る間も、忘れてはならぬ。此の内に吾人の精神を込めてあるのだと、心得ねばならん。（明治四四年一〇月三一日）

③ 『少年世界』増刊の進軍ラッパを読んだ。小舟先生の「十八歳の時」を読み何だか吾が分身の如き思い。自分も今、県の師範学校へ行くべく勉めている。自分は文章に趣味を持っている。そして家庭の事情が許すなら都へでも出て、雑誌記者にでもなりたい、と思っている。噫、何というよく似ているのかしら。然し今の様では小学教師だ。今時分が、人生煩いの時期というのか。（明治四五年一月二五日）

冒険譚に心躍らせながら読んだり、『少年世界』の記者として少年たちから絶大な支持を得ていた木村小舟らの考え方や、記事に登場する人物の生き様と自己の生き様を照らし合わせたりしながら読み耽っていた様子が伝わってくる。

日記が書かれた明治四四年、伍一は揖西高等小学校二年生に在学し、翌四五年三月、高等小学校を卒業する。伍一は卒業後に師範学校進学を目指していたが、受験資格が満一五歳からだったため、四月以降、家の手伝いをするかたわら受験勉強をする生活になる。学費が要らない師範学校に進学して小学校の教員になることは、さほど裕福ではない農家の子弟にとって立身の手段と考えられていた。明治時代の男子には立身出世が目指すべき道として尊ばれていたが、伍一も、立身に対する願望と自分の境遇との間での折り合いを考えながら教員になることを願っていたのである。

だがその一方で、地方の一教員として一生を終えることには満足せず、都に出て世の中の改革に力を尽くしたいという大志を抱く少年でもあった。「吾や吾が往く先を思いて、わずらいもだえぬ。人生五十年、宜しく都に出でて、事をなすべし。吾人の常にいう人類改革ちう事、到底、校長や郡視学にては不可能なり。ああなりたい哉、新聞記者、雑誌記者」（明治四五年六月四日）という述懐は、この当時の多くの少年が抱いていた立身出世への思いの典型でもある。そして、そうした立身出世への意欲は、引用した『少年世界』や『日本少年』などの雑誌記事の内容や、記事を書く木村小舟らへの憧れによって伍一の内部で強く掻き立てられていったことがわかる。

村の少年たちには、熱意の差こそあれ、伍一と同様の立身への思いが存在していた。購読した雑誌によって高められていった将来への意欲や、雑誌によって育まれた社会的な問題への関心は、友人間で雑誌を作ることを伍一たちに決意させることになる。

学校帰途三輪君と、「村で雑誌を発行しようか」など話し合う。そして、かねてから云っている吉田君に相談して見ようと云った。吾が身には、一小記者とでもなったような気がする。（明治四五年一月九日）

こうして、雑誌によって立身の思いを掻き立てられ、夢を語り合っていた友人らと雑誌を発行する話が持ち上がり、二月一一日には誌名が『南龍誌』（後に『改革雑誌』に誌名変更）に決定する。その後、「本誌発行の趣旨」や「少年諸子に告ぐ」を分担執筆したり、三人で締切日を相談したりしながら、二月二五日に創刊号を作る。編集同人は、伍一、吉田、三輪の他に樟樹、冬樫、三木などが参加し、その後三月六日には増刊号『弥生の花』も作っている。『南龍誌』は『改革雑誌』と誌名を変えて翌年の一〇月まで発行を続けていく。この雑誌の印刷方法、版形、読者と頒布方法等について日記には記されていないが、手書きによって作られた雑誌で、結社の同人間で回覧された可能性が高い。

伍一が『南龍誌』に寄稿した文章は、「宗教界の革命」「教育界の革命」「仏教界の革命」等である。これらのタイトルでもわかるように、『南龍誌』は社会的な関心事を自由に論説した文章が中心の雑誌だった。こうした内容の雑誌を伍一らが作った背景として、伍一らが抱く社会改革への大志の他に、芦田恵之助によって提唱された「随意選題」による綴り方教育が教育界を席巻していた影響も見逃すことはできない。伍一も随意選題による綴り方の影響を強く受けていたことが次の文章から知ることができる。

芦田〔恵之助〕先生という人は、非常に文章に熱心な人だ。が、愁を云うような詩人でない。活気充満なる文明の文豪だ。「もしも諸君にして上手に大作が作れたら送って見よ。善ければ雑誌に載せるように力をつくしてやる」という言葉があった。小説か論文か、何れかを一つ作って投じて見ようと思った。（明治四四年一二月二日）

恵之助が提唱した綴り方論によって書きたいと思うテーマを見つけ、自分の意見や思いを文章として書くことの喜びを知った子どもたちの多くは、日常的にその成果を投書という形で様々な雑誌に投稿していた。伍一の場合も、『大阪毎日新聞』に小品文〔募集〕の広告が出ていた。投書しようかと、規則を写し取った」（明治四五年五月二八日）というように、投書するという行為は日常的なものとなっていた。

また、単に作文を書かせるだけではなく、自己の生活を見つめさせ、文化創造の担い手になる意識を養成していくような綴り方の指導が学校でも行われ始めていた。学校での綴り方の時間と、学校と家庭における文章を綴るという行為が、子どもを文化創造の場へと直結させていたのである。

綴るという文化活動の根底に、子どもたちの社会的問題への関心の高さが存在していたことにも注目しなければならない。「村会議員に出んとするにも、優に四、五拾円は費やせるならんとの事。金無きとは云うものの、かかる金の何方にあるものぞ」（明治四五年七月一〇日）といった記述をはじめとして、乃木大将の自決、世の中の改造などについて日記には様々な記述が見られる。綴り方の時間をはじめとした自分たちの生活と社会を見つめる機会と場が、伍一ら村の少年たちの内部での内発的な思考を促進し、その結果を文章として表現する力を少年たちの内部に養成していったのである。

このように、経済情勢の変化によって多くの雑誌が発行されるようになり、綴り方の授業を通して読むだけではなく文章を創造する楽しさを知り、さらに多くの雑誌が投稿欄という場をもうける中で、そこに投書する喜びと楽しみを知り、文章を書くという行為を通して自ら文化創造の担い手となる子どもたちが明治末期には誕生していたのである。

注

1　大西伍一の日記の記述は、『生意気少年日記』（農山漁村文化協会、一九八七年）による。

七－四　芸術自由教育の広がり

一九一八年（大正七）に山本鼎《かなえ》が長野県小県郡神川小学校で児童自由画の奨励に関する講演を行う。このことを契機に、児童自由画運動と今日呼ばれている運動が急速に広がりを見せていく。翌大正八年四月に同小学校で開催された児童自由画展覧会によって、児童自由画運動は全国の学校現場に迎えられ、各地で自由画展が開催されていくことになる。

山本鼎、北原白秋、片上伸《かたがみのぶる》、岸邊福雄の編集になる『芸術自由教育』（一九二一年〈大正一〇〉一月～一一月）では、全国各地で自由画展が次々に行われたことを報告している。創刊号には「日本児童自由画協会消息」が掲載され、そこには九州日報社主催で自由画展覧会が企画されたことや高崎市で自由画展覧会が催されること、長野県下伊那郡座光寺小学校で自由画教育研究会が開かれること、大阪時事の主催で大規模な自由画展覧会を催すこと、などが記されている。[*1]

宮城県仙台市も全国的な自由画熱の高まりの例外ではなかった。『芸術自由教育』第四号には畑耕一による次のような報告がある。[*2]

▲私は三月廿日《ママ》仙台市の宮城県立女子師範へ行つて、自由教育の講演をやつた。これはそこの附属小学校が主催となつて、東北地方に於ける最初の児童自由画展覧会を開かれたのだが、私はそれに招かれて出席したのだつた。丁度折悪しく社用で大阪へ出張し、それからちよつと広島へ行き、東京へ帰つたのが十八日で、社に溜つてゐる多忙な用事を果しその翌朝出発した訳なので声も嗄れてゐたし、実に杜撰な不用意な講演をした。私は今でも私の詰らぬ話を熱心に聴いて下すつたあの日の来席者諸君に、誠に済まなかつたと思つてゐる。午前に「自由画から自由教育へ」、午後に「美の不可思議」といふ話をした。殊に午後の分は極座談的に少数の有志の方々と、暖爐でも取囲みながらお話するつもりでゐたのを、遂にまた壇上に立たされたので、肝心の言ひたいことで憚つて言へぬこともあり、実に困つてしまつた。話をズンズン飛ばしたので主旨も一貫せず、自分ながら深く恥ぢた。

▲夜は伊東校長、佐々木主筆、千葉春雄氏其他有志の方々廿余名で、同市の料亭対橋楼に愉快な懇談会が開か

れ、私もこれに招かれた。あの晩の職員諸氏の熱意に充ちた自由教育に関する会話は、忘れることが出来ない。

畑が記しているように、宮城県で初の児童自由画展が宮城県女子師範学校附属小学校で開催される。この時の実質的な世話人は、後に東京高等師範学校附属小学校訓導となり、国語教育や作文教育を主導していくことになる千葉春雄である。第四号にはそのことを裏付ける次のような記事もある。*3

高崎の展覧会と同じ二月の廿日に、宮城県師範学校主催の、自由画展会が催された会から畑君が講演に出かけたが、すばらしく熱心な会であつたさうだ。同校の千葉君からも「十九日は五百人、廿日は二千人、子供まで入れたら数へきれない程の来観者があつた、—畑さんの講演会も鮨づめだつた、—陳列した画は県外二五〇、当校七〇〇、県内一六〇〇点で、七つの教室へ配つた。—市の本《ママ》町通り小学校と名取郡の岩沼小学校のが特に良かつた。—濁つたものもかなり多く尋五以上の成績は酷かつた。—今日は後片づけでがつかりして居る」云々と記した報告を受取つた。

宮城師範での自由画展の実質的な中心が千葉であることを裏付けると同時に、この記述には「本町通り小学校」、つまり木町通小学校も自由画に力を入れていたことが記されている。

「大正九年三月三十一日からおなじく十五年五月十日」まで木町通小学校の訓導だった八島炳三《へいぞう》は、当時の木町通小を次のように回想している。*4

私が着任した大正九年から十年ころは、鈴木三重吉の赤い鳥創刊にはじまって、教育界も急に教育の文芸主義傾向が流行して、黒田正先生が受持ちの一年生《ママ》に試みた童謡集を出版するなどし、またそのころ森谷清一という画伯が自由画を宣伝するなどして、当時木町校は、自由主義的教育の実験学校というようなかっこうで、論議を呼びうわさを生んだ時代でもありました。

新たな教育の思潮を積極的に推進しようとする熱気が、訓導の黒田正（一八九一―一九五七）や森谷らを中心に木町通小学校に渦巻いていたことがわかる。

自由画に力を入れていた木町通小学校では、宮城県で初の自由画展を開いた宮城女子師範学校附属小学校に遅れること四ヶ月、大正一〇年六月に自由画展を開いている。この時の自由画展について、黒田正は次のように報告している。*5

私の学校で六月十七日から四日間自由教育の主張に立脚した展覧会—自由画と自由作文、童謡を主とし、書方、自由手工を加へた会を開きました。第一日は父兄の招待日、他の三日間は一般に開放しました。実は三日間で閉会の予定でしたが、団体申し込みが多数の為一日延期したやうな次第です。丁度本県教育総会並に全県下の国語科主任を網羅した国語科研究会が男子師範に開催された際であつた故もありませうが、何しろ当市空前の盛況を呈しました。県市当局は勿論、男女両師範、尚絅女学校等の校長並に主事、各郡視学、中等学校国語教師、教育関係者其他実に六千数百名に達しました。児童は驚喜し、保護者は驚嘆し、一般観覧者は驚異の眼を瞠りました。

自由画は満一ヶ年以上も実地に施した結果で、三室に陳列した約一千点、クレーオンを使用したものも多数を占め、水彩画は七八十点でした。大作もございました。又童謡の展覧会は最も新しい試みで当校児童の最近の創作五十篇を貼付し、一枚毎に挿絵を入れ、他に「童謡の参考書」「著名な童謡作家」「日本最古の童謡」

「仙台地方の童謡」等を大書して示し、当校並に「おてんとさん社」の蔵する童謡参考書を出陳、且つ童謡蓄音機レコード（四枚）を使用して大いに宣伝に努めました。ちと宣伝の方が強過ぎたといふ評もあつて恐縮しました。自由作文の方には童話の創作が注目を引き、書方の方には硬筆書もあり、自由手工には発明創作品の面白いのがありました。

甚だ遅れてしまひましたが、当校展覧会の概況を御報告申上げ、此の機会に先生方の芸術自由教育の御運動に対し敬意を払ひます。

大正十年七月三日

仙台市木町通小学校

黒　田　　正

木町通小学校が催した展覧会は、黒田の報告が全貌を伝えている通り、まさに「自由教育の主張に立脚した展覧会」であったことがわかる。自由画のみならず童謡や童話、自由手工など、子どもたちが創作・制作した作品が並べられていたのである。

木町通小学校では、文集『コトリ』を発行していた。『コトリ』第三号は「展覧会記念号」として発行されていて、第三号に掲載されている童謡を中心に展覧会での童謡が展示されていたのであろう。

この展覧会に見られるような「自由教育の主張に立脚」して子どもたちに文化創造の活動を行わせていく取り組みは、木町通小学校で黒田を中心にこの後も積極的に行われていく。黒田が仙台で童謡活動を行っていたスズキヘキ宛に大正一一年九月二九日に送った葉書には、木町通小学校の取組の様子を次のように記している。

▲東京朝日社募集の学制発布五十年記念の自由画、綴方、童謡出品に応ずることに昨日職員会で決定。十日〆

切としました。最善の努力をする積りです。

黒田は一九二三年（大正一二）に上杉山通《かみすぎやまどおり》小学校に転任する。上杉山通小学校時代には、校内での活動にとどまらず、「仙台児童倶楽部」という実践活動の機関を上杉山通小学校で同僚の伊藤博や安倍宏規らと共に作り、大々的に「自由教育の主張」と密接につながる芸術教育実践としての児童文化活動を展開していくことになる。

注

1　『芸術自由教育』第一巻第一号、アルス、一九二一年一月一日、一三五ページ

2　『芸術自由教育』第一巻第四号、アルス、一九二一年四月一日、一一五ページ

3　前掲『芸術自由教育』第一巻第四号、一一九ページ

4　『培根』仙台市立木町通小学校、一九七四年、六六〜六七ページ

5　『芸術自由教育』第一巻第八号、アルス、一九二一年八月一日、五六ページ

第八章　「児童文化」誕生前夜

八―一　大阪で結成された児童文化関連団体と高尾亮雄

子ども読み物における芸術の重要性に着目し、『ふところ鏡』（明治四〇年、大倉書店）の文中などで他に先駆けて芸術と美育の必要性を唱えた巌谷小波の認識は、小波の弟子たちによって具体化を模索されていくことになる。

一九一二年（明治四五）六月一一日に小波の弟子竹貫《たけぬき》佳水《かすい》や、後に口演童話活動の中心人物の一人となっていく蘆谷《あしや》蘆村《ろそん》、松美《まつみ》佐雄《すけお》らを中心に結成された少年文学研究会において、「子供を背中へのせて、お馬になつてやるやうな態度」[*1]の従来のお伽噺を克服することが模索されたり、佳水が主幹となって一九一六年（大正五）三月に創刊された『児童及児童芸術』で「児童を研究し、児童芸術に向つて権威ある調査」を押し進め、「少年少女用読物乃至絵画の批評」を試みよう[*2]としたりしたことに結実していくのである。

小波自身、世の中の風潮に流されて「勧善懲悪と云ふ程ではないが、兎に角一種の教訓本位の童話を試みる」ようになってしまった自らの創作態度を次のように総括している[*3]ことは注目されてよい。

当時私の持論としては、童話なるものは児童の心事心境を主とした芸術の一部門であつて見れば、寧ろ教訓を離れた、夫れ以上の何物かが書き表はされなければならないものであると云ふのであつた。是が無論真の意味の童話であつて慾じ教訓の含まれたものより遥に価値のあるものとは考へながら、時世に認められないのと、又自分の勇気の足りないのとで、依然として旧套を脱し得なかつたのである。

小波を中心とした人々が明治木以来抱いていた以上のような認識を確認すると、芸術的児童文化は、『赤い鳥』の出現を契機に一気に花開いたのではないことが確認できる。芸術的児童文化は、児童中心主義教育や文化主義の興隆、新中間階級の増大といった芸術文化興隆に必要な環境の熟成と三重吉らの才能の出現によって、世の中に伏流していた明治末からの芸術的文化への志向が一気に奔流となって世の中に流れ出たと考えるべきであることがわかる。

芸術的児童文化の興隆は、『赤い鳥』をはじめとする児童文芸雑誌の創刊ラッシュや各地でのさまざまな芸術的児童文化活動団体の結成、童話・童謡の創作母体としての同人誌の創刊、そして美育に着目して芸術教育を推進しようとする全国各地での小学校教師の出現など多様な現象として現れるようになる。そうした現象の象徴的なこととして、この時期に「お伽倶楽部」や「こども会」といった児童文化の活動団体が各地で続々と結成されたことを挙げることができる。

日本童話協会の機関誌『童話研究』の「童話会消息」欄には各地のお伽倶楽部やこども会とその活動が紹介されている。創刊号には前橋お伽学校、一の宮お話会、岩槻こども会、京都お伽会、吉田村回字会、広島こども会、熊谷お伽倶楽部、青い鳥童話会、むさしの童話会、幸手フタバ会、神戸お伽研究会、鳥栖童話会、横浜お伽倶楽部、土浦お伽くらぶ、四谷コドモ会、東京高等師範学校の大塚講話会、宗教大学の児童研究会、豊山大学の児童研究会、東洋大学の児童

図Ｉ-11　高尾亮雄（後列中央、渡部満智子氏蔵）

研究会、広島高等師範学校の童友会、慶應義塾大学の児童研究会が紹介されている。*4

全国各地の団体名が列記されているが、言うまでもなくここに挙げられた団体名は、この時期に誕生した児童文化関連団体のほんの一部にすぎない。だが、この一覧を見ただけでも、大都市から小都市にいたるまで、全国津々浦々にこうした団体が誕生していたことがわかり、当時の児童文化熱の社会的な高まりの様子を実感することができる。

大阪でも、さまざまな児童文化の活動団体が結成されていたことを確認することができる。大阪では、高尾《たかお》亮雄《あきお》（楓蔭、一八七九－一九六四）らが中心となってお伽芝居団が結成され、一九〇六年（明治三九）六月二四日にお伽芝居「三筋の金髪」「カチカチ山」などを中之島公会堂で公演している。

大阪に存在していた団体・組織で、一九二二年（大正一〇）に存在していたことが確認できた子どもの文化、子ども研究、教育や保護、教化になんらかの形で関わっていた団体・組織をまとめると表Ｉ８－１のようになる。

この他にも、精神生活の向上を目指した活動をした文化

表I-8-1　大正一〇年における大阪の子ども関連団体

名称	活動内容
浄土宗お伽団	巡回お伽講演
大阪父ノ会	児童保護
大阪母ノ会	児童保護
日本キダテン会	体育奨励
辛酉補習学舎	徒弟教養
大阪児童学会	児童の精神身体の科学的研究
日本児童学会	児童保健衛生研究
大阪児童講演団	児童教養の講演
西区教育会	教育の改良進歩
西区保育会	保育事業の改良進歩
大阪市教育会	教育の進歩発展
大阪市保育会	幼児保育
講演及保育会	講演及保育
日本児童協会	児童の保健衛生教育に関する学術研究
大阪あしの葉会	児童保護
光の会	童謡
心学道話	徒弟善導及び慰安
帝国雅道	徳性涵養
少年義勇隊	体育奨励
南区女子教育会	女子教育の向上
南区教育会	教育の改良進歩
南区保育会	幼児保育
東区女教員会	女教員の向上機関
東区教育会	教育の改良進歩
東区保育会	幼児保育
北区教育会	教育の向上発展
北区保育会	幼児保育
大阪お伽倶楽部	児童のための講演
大阪毎日新聞社	市民講座等社会教育
婦人見学団	
大阪婦人矯風会講演部	講演
大阪こども研究会	大阪三越の組織
大丸コドモ研究会	大丸の組織
大阪児童倶楽部	童謡・童話会

に関連した団体として文化政策協会、文化同志会、文化協会を確認することができる。

大阪市教育会主催で各地の小学校を会場に「巡回子供デー」が開催されるなど、それぞれの団体・組織は多彩な活動を展開していた。だがこれらの団体・組織の中で、直接的に児童文化に関係したと考えられる団体は、大阪児童倶楽部、浄土宗お伽団、大阪お伽倶楽部、大阪こども研究会、大丸コドモ研究会、光の会の六団体である。その多くに高尾亮雄が関わっていることには注目しなければならない。

大阪児童倶楽部は、大阪市立清水谷図書館の片山館長が主催して小学校の教員を会員の中心に据えて運営された組織である。一九二二年（大正一一）二月五日に六甲苦楽園の不二庵別荘で第一一回大阪児童倶楽部例会が開かれた記録があるが、このことからすると、前年の大正一〇年には結成されていたものと思われる。例会では子どもによる創作童謡・童話の発表、幹事による批評などが行われている。[*5]

市や県の図書館を中心に、学校教員が多数参加しながら展開された童謡・童話運動は、他の地域でも確認できる。宮城県図書館長池田菊左衛門や黒田正、スズキヘキ、天江富弥らを中心に大正一二年四月に結成された仙台児童倶楽部、大正一五年に結成され奈良県図書館の仲川明を中心に県内の小学校教員の多数が会員となって組織された奈良県童話連盟などである。これらの組織の活動内容、組織の構成員、活動理念は、誕生期「児童文化」活動の本質と特質の解明のために明らかにされていく必要がある。仙台児童倶楽部については、本書のⅡ部でその詳細を確認する。

浄土宗お伽団は高尾亮雄らの協力により一九一八年（大正七）に結成されている。所在地が東区湖橋寺町常道寺であることからも明らかなように、仏教寺院での日曜学校を行うことを活動の中心とした団体である。Ⅱ部で詳述するが、大正一〇年前後は全国的に日曜学校の隆盛期であった。各地の日曜学校では、童話や童謡、児童劇、童謡舞踊などの児童文化活動が展開されていた。キリスト教教会と仏教寺院で開かれた日曜学校の総数を正確に把握することは困難であるが、当時の日曜学校の隆盛の一端は、『話方研究』の「連盟会員の関係せる日曜学校とコドモ会」欄に掲載された団体の数の多さからもうかがい知ることができる。

『話方研究』に掲載された団体の数は毎号ごとに増加しているが、大正最後の年である一九二六年（大正一五）八月に出た第二巻第六号を見ると、東京の若葉コドモ会や護国寺日曜学校、九段仏教少年会をはじめとして計六七団体が記載されている。多数の団体名が記されているが、この数は当時の全国の日曜学校の実数から見るとほんのごく一部が記載されているに過ぎない。

『話方研究』第二巻第六号に掲載された大阪の日曜学校名は四恩第四日曜学校のみであるが、キリスト教系日曜学校のための子ども向け雑誌『日曜世界』が一九〇七年（明治四〇）から発行されていた歴史を持つ大阪で、日曜学校を行った仏教寺院とキリスト教教会が相当の数にのぼったことは間違いない。

お伽芝居の上演を活動の中心とする「大阪お伽倶楽部」は、高尾亮雄らによって一九〇七年（明治四〇）一月一一日に結成されている。その前年の明治三九年三月四日に久留島武彦によって東京でお伽倶楽部が結成されたのに次ぐ全国で二番目に誕生したお伽倶楽部であった。大阪お伽倶楽部は、お伽芝居を精力的に上演していくが、その他に昼間に工場や商店で働いて夜間学校に通う子どものために大阪教育会が夜間児童慰安会を開催した際に協力したり、子どもたちを募ってお伽船を結成して瀬戸内海を周遊したりするなど、さまざまな活動を行っていた。

「大阪こども研究会」は、一九一三年（大正二）三月に大阪三越内に結成されている。四章で述べたように、三越は大量生産・大量消費の社会が到来しつつあった当時、新たに開拓する顧客ターゲットとして、新中間階級の子どもと家庭生活に狙いを定めていく。専務日比翁助の強いリーダーシップの下、一九〇五年（明治三八）に小児用服飾品を発売した三越は、その後、子どものマーケット拡大を急速に本格化させていく。明治四一年には大阪支店にも「子供部」を新設して、子どもをマーケットの対象に位置づけた経営戦略が大阪でも本格的に展開されることになる。

既述のように、一九〇九年（明治四二）四月一日から五月一五日まで開催された第一回児童《こども》博覧会が閉場した後、「児童需要品研究会」が結成される。児童用品研究会は、子どもと家庭生活を対象としたマーケットの拡大を狙う三越の戦略の一環として結成されたものだが、東京で結成された児童用品研究会の大阪版が大阪こども研究会だったと考えられる。

三越の児童博覧会は一九二一年（大正一〇）まで計九回開催されるが、そのうちの第六回と第八回が大阪で開催されている。第六回児童博覧会は、大阪こども研究会が結成された翌月の大正三年四月一〇日から五月一〇日まで開催されている。児童博覧会開催の前月に結成された大阪こども研究会が、子ども研究を真摯に行うことで社会への貢献を行うことと子ども研究によって大阪三越の企業イメージのアップを図ることの他に、児童博覧会の開催に関連して、大阪を市場として子どもと家庭生活をマーケットの対象にした戦略を展開していくために結成されたことは明らかである。

「大阪こども研究会趣意書」には、子ども研究が盛んになってきたことへの現状認識を述べた上で、「子供といふもの、衣食住や周囲の器物、玩具から衛生、教育、社会に関する有らゆる諸問題を研究しやうといふには決して教育家のみに一任して置くべきではなく、実際に子を育てた経験家と子供研究の熱心家とが各種の方面から集まつて色々に調べる」必要性が述べられている[*6]。そして、「大阪こども研究会規約」に役員として評議員と幹事を置くことが明記され、巻末に伊賀駒吉郎、橋詰良一、大村忠三郎、辻村又男、柳瀬実次郎、桜根孝之進、そして高尾亮雄の幹事七名の氏名が明記されている[*7]。

先行する三越のこうした動きを意識しながら新中間階級の子どもと家庭生活をターゲットに販売戦略を展開したのが、白木屋や松坂屋、松屋、高島屋であり、関西では大丸と阪急が三越の戦略を取り込んだ経営戦略を打ち立てていく。

既述したように、阪急の小林一三の戦略には三越の日比翁助の影響が強く見られる。三越の少年音楽隊に対して少女を集めて作った宝塚唱歌隊を宝塚少女歌劇養成会と改称し、「婚礼博覧会」の余興として一九一四年（大正三）四月一日に第一回公演を行って宝塚歌劇は誕生する。歌劇の上演に際し、振り付けのために招かれたのが久松一声と、高尾亮雄である[*8]。

以上のように、大正一〇年頃の大阪の子どもの文化に関連した動きには、高尾亮雄がなんらかの形で関わっていた。高尾の主な活動の舞台は大阪お伽倶楽部のような民間団体だったが、大阪市教育会の会員にもなるなど、大阪の教育行政との関係も持ちながら児童文化活動を展開していた。いずれにせよ、大阪における誕生期「児童文化」活動の歴史にとって、きわめて重要な人物として高尾亮雄に注目する必要があろう[*9]。

注

1　山内秋生「少年文学研究会の思ひ出」（『童話研究』第三巻第四号、大正一三年一月）、六七ページ

2　『児童及児童芸術』創刊号、直人社、一九一六年三月一〇日

3　巌谷小波「童話の今昔」（『芸術と教育』第一巻第一号、芸術教育会、大正一三年七月）、一九ページ

4　『童話研究』創刊号、日本童話協会、一九二二年七月、六九～七〇ページ

5　『木馬』第一三号、木馬社、一九二二年三月五日、二三ページ

6　大阪こども研究会編『子供に関する講話』二、三越呉服店大阪支社、一九一七年

7　この七名のうち、橋詰良一（通称せみ郎）は、一九二二年（大正一一）五月に池田町呉服神社境内に家なき幼稚園を創設した人物であり、辻村又男は、一九〇四年（明治三七）二月に大阪美育会を結成し、「お伽絵解こども」を発行して橋詰亡き後には家なき幼稚園園長を勤めた人物である。

8　『宝塚歌劇四十年史』宝塚歌劇団出版部、一九五四年、二ページ

9　高尾亮雄については、『大阪お伽芝居事始め』（関西児童文化史研究会、一九九一年）をはじめとして、高尾が関わったお伽船や演劇活動について堀田穣が詳細な論考を発表している。

八-二　児童文芸雑誌と童謡・童話の同人誌――『木馬』と蜻蛉の家を中心に

『赤い鳥』の成功は、類似雑誌の刊行や、童謡・童話運動の勃興と童謡・童話の同人誌の発行といった現象を大正一〇年前後に全国に巻き起こしていく。大阪もその例外ではない。大正一〇年前後に大阪で発行された児童文芸雑誌と、童謡・童話の同人誌で確認できたもの[*1]をまとめると表I8-2のようになる。

表にまとめたように、大正一〇年前後に発行されたもので現在確認されているものは少ない。だが、昭和以降まで視野を広げると、昭和一〇年代までに発行されたもので確認できる雑誌は、『少年少女文芸誌　こずゑ』、『童謡芸

表Ⅰ－８－２　大阪における児童文芸誌と童謡・童話同人誌

誌名	創刊年月日	発行所	内容その他
少国民新聞	大正七年（月日不明）	日本之工業社	読み物、少年小説、子どもの俳句・短歌・自由詩・綴り方投稿欄、中学入試模試、他
木馬	大正一〇年二月五日	木馬社	童謡、童話、童話劇、子どもの童謡・自由詩投稿欄、童謡論、他
白帆	大正一一年一月一日	大阪白帆社	童謡、童話、歴史小説、他
お月さん	大正一二年一月（日不明）	お月さん社	同人の童謡作品
小鳥の家	大正一二年四月一日	児童文化協会	童謡、曲譜、童謡舞踊、童謡劇、童話、口演童話、童話劇、幼児オペラ、子どもの童謡自由詩投稿欄、他
蟻の塔	大正一二年（月日不明）	駸々堂蟻の塔社	少年講談、童話、漫画、お伽噺、お伽喜劇、少年少女小説、子どもの童謡・綴り方・自由画・俳句投稿欄、他
芸術と教育	大正一三年七月一日	芸術教育会	評論、時評、童話、童謡、学校劇、他
渡り鳥	大正一五年七月（日不明）	都外川勝	民謡、童謡

術』、『童詩感覚』、『島田舞踊』、『舞踊』、『胡桃』、『きへいたい』、『梟』、『国童』、『子供と語る』（後に『国民童話』に改題）、『さくらんぼ』、『正風童謡』、『童』、『童話芸術』など、童謡の同人誌を中心に多数確認することができる。

大阪では、「孝子譚エルマン」のような読み物を中心とした『学童』という小雑誌が一九一〇年（明治四三）に発行されている。このことに見られるように、大阪は古くから東京での出版物とは異なる独自の出版物が編纂・出版されて流通していた。そうした文化圏の中で、『少年倶楽部』に近い内容の『蟻の塔』、『赤い鳥』寄りながらも『少年倶楽部』『少年世界』など既存の雑誌の面白さを取り混ぜたような『白帆』と『少国民新聞』、そして『赤い鳥』を強く意識していたと思われる『小鳥の家』

が出版され流通していたのである。

名古屋版『赤い鳥』とも言うべき『兎の耳』（大正八年創刊）や、名古屋版『少年倶楽部』とも言うべき『宝の山』（大正一〇年創刊）が出版されていた名古屋、既存の児童文化雑誌を意識したと思われる『赤い実』（大正一三年創刊）と日本初の童謡専門誌『おてんとさん』（大正一〇年創刊）が出版されていた仙台とともに、大阪は子ども向け出版の歴史からも注目すべき土地ということになる。

大正一〇年前後に大阪で出版されていた雑誌の中で、誕生期「児童文化」の大阪での活動の様子を最もよく知らせてくれるのが『木馬』である。発行所は木馬編輯所、編輯兼発行人は西尾栄蔵となっている。

編集の実質的な責任者は西田謹吾と本田まさをである。西田が「現在の世の多くの人は、あまりに物質に編重しすぎる。ことに我々教育者仲間に於ける芸術の位置はあわれにまで貧弱である」[*2]と述べていることからすると、『木馬』に関わった人々の多くは芸術教育や文化主義を信奉する教員だったものと思われる。西田自身については、『童』二号（昭和二年七月一日）に「桃園第二校より市岡第三校に転勤す」と書かれていることから、大阪市内の小学校に勤務する教員だったことが確認できる。

仙台文学館に寄託されているスズキヘキ旧蔵資料には、第一〇号、一三号、一四号、一五号、一六号、一八号の計六冊の『木馬』が確認できる。そのうち一〇号が「童謡号」、一五号が「第二童謡号」、一六号が「童話ばかり集めた号」という特集号で、特集号以外は童謡・童話・童話劇、子どもの創作童謡、評論、雑記などで構成されている。

子どもの創作童謡の投稿は、大阪市はもとより、滋賀、徳島、山梨、茨城、宮城、福島など広範囲からのものとなっていて、『木馬』が大阪だけで読まれていたわけではないことを物語っている。一八号の場合、一一編の子どもの創作童謡が掲載されている。内訳は大阪四名、山梨六名、茨城一名だが、その中に、大阪市船場幼稚園の小林章子、船場小学校四年の千賀子、五年の園子の三姉妹の童謡が含まれている。この三姉妹は、さまざまな雑誌に童謡を投稿してその名を知られた存在であり、『木馬』では常連の三姉妹である。一八号に掲載された章子の童謡は次の作品である。

空

水色の空に
黄ろいお月さま
下をむいて
何みてる
誰が可愛らしいの
お月さま
私が可愛らしいのか
犬が泣いてるのか

何を見てゐるの
お月さま。

日常的に童謡に接し、自らも創作に励んでいたとはいえ、幼稚園の子どもの作としては水準をはるかに超えた作品となっている。

各号には「木馬は今の世にありふれた子供雑誌の俗悪さと営利主義に反抗して大阪に生れた唯一の童謡童話誌として、真摯な研究に努力してゐます」（一八号）といった内容の巻頭言が記され、「子供の芸術的天国であり、大人の真摯な研究室」（一五号）であることを願うことが謳われている。こうした記述から、『木馬』の刊行を通して芸術教育に立脚した児童文化運動を展開しようとしていたことが理解できる。

『木馬』に拠った人々の童謡・童話観は、「守屋茨城知事の不明を笑ふ」と題する本田まさをの文章[*3]に端的に示されている。一九二一年（大正一〇）一二月二八日から三日間、茨城県結城郡石下尋常小学校で千葉師範学校附属小学校主事の手塚岸衛らを招いて自由教育研究会を行おうとしたことに対し、知事は郡視学に命じてこの研究会を中止させてしまう。こうした知事の行為を、「自由教育を曲解」した行為であり、「あまりに職権を濫用して高圧的に出ずることは茨城の先生達の研究の鋒先をにぶらすより外に何の効果もなからう」と本田は糾弾している。[*4]『木馬』に拠った教員たちが、子どもの内発性を尊重した児童中心主義に立脚する自由教育を信奉し、精神の陶冶の上から芸術教育を推進しようとした姿勢が明確に表れた主張となっている。

『木馬』は、「児童文化」という用語と概念が誕生する前後の大阪の様子を今日に伝える資料としても貴重である。『木馬』には、すでに述べた大阪児童倶楽部のことの他に、『木馬』童話講演部のこと、光の会主催童謡音楽会のこと、そして蜻蛉の家のことが紹介されている。

『木馬』童話講演部は、溝口通勇、稲津清川、西田謹吾、石橋恒男の部員が小学校の童話会や子どもの集まりに参じて口演童話を行う活動を目指した組織である。一六号には、大正一一年六月から八月にかけて「上福島第二校童話会」、「曽根崎尋高校童話会」、「桜の宮校林間学舎童話会」に招かれて西田や石橋が中心となって口演童話を行ったことが報告されている。

光の会は、『赤い鳥』に「かなりや」の曲譜が掲載される一九二〇年（大正九）五月より前の大正八年から童謡を歌う活動を始めていた団体だったが、[*5]『童』（昭和二年一月一日）に「大阪に於ける唯一の童謡音楽研究団体だつた光の会は、いつの間にか影をひそめてしまつた」と書かれているので、大正末には事実上活動を停止してしまったものと思われる。

『木馬』第一三号の二〇～二一ページに光の会第三回童謡音楽会のプログラム（大正一一年三月一九日午後一時三〇分から）が掲載されているが、一部と二部に分かれたプログラムには、木津第一小学校六年女児や中之島小学校一年男女による合唱、桃園第二小学校六年女児や船場小学校二年男児の独唱など計一八のプログラムが掲載され、会場の南区育英高等小学校大講堂は定刻前に満員になるほどの盛況だったことが報告されている。

また、当日歌われた歌は北原白秋、本居長世ら有名詩人や作曲家によるものだけではなく、子どもが作った詩に、小学校の教師が曲を付けたり子ども自身が作曲したりしたものが歌われたことが次のように報告されている。

殊に今回の大会は大阪での創作の多いのが目につく。第一部の雨ピアノは子供の謡に学校で曲をつけられたもので、波夕日あひるは蘆池の吉田先生の作曲、ふもとの家は木馬でおなじみの桃園第二の田口さんが、自分の謡にオルガンをいぢくりながら作曲なすつたもの、春飛行機は中之島の一年子供さんの謡に清水谷女学校の永井先生の作曲である。その他、汐がれ浜は光の会の作曲である等、曲目の過半は斯うした新しい試みであるのも興味深く新味が溢れる。

この時のプログラムをまとめたものが表Ｉ８‐３である。

子どもが創作した詩に子ども自身が曲を付けたもの、さらに子どもが創作した詩に学校が作曲したものも見られる。学校として童謡の創作活動に積極的に取り組んでいた様子が確認できる。文化の作り手としての子どもの存在とその活動が大切にされて注目を集めたことは、誕生期「児童文化」活動の特質として注目したい。

大人と子どもの関係も含めて誕生期「児童文化」活動の典型的な姿を示すものとして注目される活動を行っていた組織が「蜻蛉の家」である。蜻蛉の家での活動内容について、一九二二年（大正一一）九月五日発行の『木馬』に蜻蛉の

表Ⅰ-8-3　光の会主催　第三回童謡音楽会

第一部		
合唱	大阪市船場小学校 六年	（イ）雨（船場校尋三若江敏子作詞・船場校作曲） （ロ）ピアノ（船場幼稚園小林章子作詞・船場校作曲）
合唱	大阪市木津第一小学校 六年女	（イ）三人姫（藤森秀夫作詞・本居長世作曲） （ロ）吹雪の晩（北原白秋作詞・星の会作曲）
独唱	大阪市三軒屋第三小学校 五年池田義雄	お山の大将（西條八十作詞・本居長世作曲）
合唱	大阪市蘆池小学校 三年女	（イ）波（蓮井玄英作詞・吉田吉太郎作曲） （ロ）夕日（蓮井玄英作詞・吉田吉太郎作曲） （ハ）あひる（大阪毎日所載・吉田吉太郎作曲）
独唱	大阪市桃園第二小学校 六年田口松子	ふもとの家（桃園第二小学校六年田口松子作詞・作曲）
合唱	大阪市東平野第一小学校 一年女	（イ）雪がふる　（ロ）雨（吉田吉太郎作曲）
独唱	大阪市木津第一小学校 三年木谷千代子	（イ）フリジヤ（藤森秀夫作詞・本居長世作曲） （ロ）桜と小鳥（野口雨情作詞・本居長世作曲）
合唱	大阪中之島小学校 一年男女	（イ）春（中之島小学校一年田中碩作作詞・永井孝次作曲） （ロ）飛行機（中之島小学校一年和田正三作詞・永井孝次作曲）
合唱	大阪市高峯小学校 三、四年女	汐がれ浜（野口雨情作詞・光の会作曲）

第二部

合唱	大阪市恵美第二小学校　三、四、五、六年女	（イ）十五夜お月さん（野口雨情作詞・本居長世作曲）　（ロ）離れ小島（北原白秋作詞・草川信作曲）
独唱	大阪市蘆池小学校　三年橋本ふき子	雛まつり（吉田吉太郎作曲）
独唱	大阪市高峯小学校　六年西村敏雄	小人さん（高峯小学校六年西村敏雄作詞・作曲）
合唱	大阪市桃園第二小学校　六年男	（イ）鳩の浮巣（北原白秋作詞・土屋平三郎作曲）　（ロ）鶺鴒（藤森秀夫作詞・本居長世作曲）
独唱	大阪市木津第一小学校　五年木谷愛子	雨（北原白秋作詞・成田為三作曲）
合唱	大阪市船場小学校　五年女	（イ）南天（船場小学校五年見波利子作詞・船場小学校作曲）　（ロ）馬車（船場小学校五年小林園子作詞・船場小学校作曲）
独唱	大阪市船場小学校　二年宮地重蔵	飛行機（船場小学校二年村上正一郎作詞・船場小学校作曲）
合唱	二校合同	夏の鶯（三木露風作詞・光の会作曲）

家を訪問した記録が次のように記されている。[*6]

蜻蛉の家を訪問

記者は或る日、東野田の国田町の蜻蛉の家を訪れました。ポプラの木の茂つたなかに無造作に建てられた家のまはりにはなすびや、たうもろこし畑があつてほんとに懐しい家でした記者が訪れた時に丁度蜻蛉の伯父さんの童話が始まつてゐました。そして本箱のなかに随分い丶童話本がぎつしりつまつてゐました。それはみな子供に読ます為に置いてあるのだそうですから童話が済むと子供はみな本を読み出しました。暫くしてから、童話劇の朗読が始まりました。

（中略）

蜻蛉の家は九月から日曜日毎にひるから扉が開くそうです。そして蜻蛉の家では、本を読まして下すつたり、童話をして下すつたり、また童話劇の朗読会などもなさるそうです。凡て子供を芸術的気分に味はすい丶家です。

蜻蛉の家では、この報告のように童話と読書を中心に大人と子どもたちが楽しんでいたのである。蜻蛉の家は複数の人々によって運営されていたが、『木馬』一八号には蜻蛉の家創始者の一人である青木英作が「蜻蛉の家について」と題する文章を寄せて、蜻蛉の家創設の事情を記している。[*7]

そこには、蜻蛉の家は「八月中だけ巣をあけて子供達と子供の好きな大人（石橋恒男君や私達）が共に芸術的に遊んだ所」だと述べてあり、当初は期間限定の活動だったことがわかる。始めた契機については、大阪の市立図書館に勤めていたがそこでは子どものために働くことを周囲から理解されず、たまたま事情があったので図書館を辞め、『木馬』にも関わっていた石橋とかねての思いを実行に移したのだと青木は説明している。

期間限定で始めたものの、「子供も大人も幸福」で子どもからも仲間からも継続への要望が強く、「幸に今ある納屋小屋は新しくて広いので小屋の一部を用ひて（一〇畳間位ある所を全部土間）窓を取付て周りにプラタナスの苗木を植付て美しく」して今後も活動を続ける予定であることが記されている。そして、蜻蛉の家で子どもたちが読む芸術的な本や雑誌を「大阪市北区東野田六丁目国田方私宛」に寄贈してほしいと訴えている。「国田方」とは、蜻蛉の家の主宰者の一人國田彌之輔の家のことである。

こうして始まった蜻蛉の家の機関誌として一九二七年（昭和二）一月一日に『童』が発行される。そこには蜻蛉の家についての次のような説明が記されている。[*8]

○『とんぼの家』とは常に子供達を中心として遊び親んでゐる私共の集りにつけた名であります。

○とんぼの家には別に規則といふものはなく、従つて会員といふものもありません。只集まつた人達、大人も子供も一緒になつて、家庭的な一つの団欒を楽めばそれでよいのです。

○私共はその楽しい遊びのうちに子供達の心の芽を伸し大人自らも子供達によつて導かれたいと願つてゐるのです。

○現在、とんぼの家では別に計画といふ計画も立てず、只思ひたつまゝに種々な催しをして居ります。音楽会、お話会、遠足、児童文庫――とんぼの家の仕事はなかなか多忙です。

『童』には、蜻蛉の家の活動として、粘土細工をしたり、端午の節句を楽しんだり、童話の夕べを開いたり、京都府立植物園などへピクニックに出かけたり、図書室を設けたり、童謡の会や文芸の会を開催して野口雨情に講演を依頼したりしたことが記されている。また、『童』を見ると『木馬』の中心だった石橋恒男、本田まさを、西田謹吾が蜻蛉の家の活動にも深く関わっていることがわかる。『木馬』誌上で芸術的な児童文化運動を展開しようとした西田らにとって、蜻蛉の家は子どもたちと共に自らの理想を具体的な活動として実現する場として貴重な空間と考えられていたのであろう。

ここまで駆け足で概観してきたが、「児童文化」が誕生する前夜、そして誕生直後には、一般に発売された児童文芸雑誌の発行、童謡・童話の同人誌の発行、大阪三越や大丸、阪急の宝塚少女歌劇団などの商業資本による子ども関連事業、日曜学校やお伽倶楽部、蜻蛉の家など民間団体・組織の活動、大阪児童倶楽部や夜間部児童慰安会、巡回児童デーのような社会教育・教化事業としての児童文化活動、など多岐にわたる活動が大阪で展開されていた。

こうした活動の中から、その活動の概念を表す用語として「児童文化」という言葉が誕生するのである。

注

1 この時代の雑誌は残存しているものが少なく全貌を確認することは困難だが、大阪国際児童文学館所蔵のものと、仙台文学館に寄託予定で現在整理が進められているスズキヘキ旧蔵資料の中から筆者が確認できたものを列挙する。

2 『木馬』第一四号、木馬社、一九二二年四月五日、二二ページ

3 前掲『木馬』第一五号、一九二二年六月五日、一一ページ

4 同前

5 前掲『木馬』第一三号、一九二二年三月五日、二一ページ

6 前掲『木馬』第一六号、一九二二年九月五日、巻末

7 前掲『木馬』第一八号、一九二三年一月五日、二〇～二一ページ

8 『童』とんぼの家、一九二七年一月一日、一ページ

第九章 「児童文化」の誕生

九－一 後藤牧星の幼少年期と青年前期

前章で見たような、さまざまな団体や個人によって大阪で展開された誕生期「児童文化」活動のほぼ全てを網羅した活動を個人で行おうとする人物が現れる。後藤牧星《ぼくせい》（本名隆、一八九四－一九八一）である。

後藤牧星は、一八九四年（明治二七）五月三一日、岡山県岡山市北方七〇九番地に後藤末吉、ツ子の長男として生れている。若山牧水から一字もらって牧星と号している。父末吉は、矢吹平吉、さとの次男として生まれ、後藤家に養子として入った人物である。

牧星の生涯は、岡山で過ごした少年期、大阪で児童文化活動に身を投じた青年期、そして上京した後の後半生と、大きく三つの時期に分けることができる。上京後の後半生は比較的詳細にわかるものの、少年期と青年期の牧星の生涯については不明の点が多い。

管見の限り、牧星の生涯がわかるものは戸籍謄本の他に、記述されたものとして①後藤牧星胸像碑文（一九七八年建立）、以下「碑文」、②後藤牧星著『牧星童話　金の靴と銀の鈴』（一九七六年、幼児教育資料研究所）巻末の略歴、以下「略歴」、③内山憲尚編『日本口演童話史』（一九七二年、文化書房博文社、九七ページ）、以下「口演童話史」、に記された紹介、がある。いずれも牧星の生前に書かれたものである。

このうち牧星本人が書いたことが明らかなものは「略歴」であり、本人の記述をもとに他人がまとめたと考えられるものが「碑文」と「口演童話史」である。そして、最も詳細な記述は「碑文」となっている。ただし、これらには年代の点で食い違う記述があり、明らかな誤記と思われるものも含まれている。そのため、牧星の生涯を知るためには特に本人の関与が強い「碑文」と本人自筆の「略歴」を基にしながら、傍証となるものを加味して精査していく必要がある。[*1]まず、「碑文」の全文を紹介する。

碑　文

明治二十七年五月三十一日岡山市北方に末吉の長男に生る。幼児軽度の小児麻痺に冒されしも祖母さと刀自の手厚い看護により全治、三十九年関西中学卒業後岡山県庁に勤務せしも四十二年暮上阪して大阪中央郵便局に勤め大正二年キリスト教神学校に入学、卒業后新聞記者生活二年。のち週間《ママ》少国民新聞主幹となり、この時より児童文化協会を創立、童謡、童話作家として児童文化運動に携はる。関東大震災後、居を東京に移し大正十四年四月蒲田に姫百合幼稚園を設立、戦后現在地に移り幼児教育に尽瘁今日に至る。

本園創立五十周年を迎えるにあたり卒園児一同記念のためこれを贈る。

昭和五十三年九月

姫百合幼稚園卒園児一同

図Ⅰ-12　後藤牧星（渡部満智子氏蔵）

牧星にとって幼児期の最大の出来事は小児麻痺を罹患したことである。幼児期に小児麻痺に罹ったことと祖母さとについて、「略歴」には次のような詳細な記述がある。

生まれてまもなく小児まひに冒され、誕生を迎えても立つことも、口をきくことも出来なかった。その幼な子を祖母（里）が背にして、雨の日も風の日も一日も休まず町の医者に通いつづけた。それは治療のためのエレキ（今の電気マッサージ?）をかけるためで、当時としては進歩した医者であったらしい。そのおかげで何うやら快復した。発育は遅れたが、その祖母が話し上手で、桃太郎、カチカチ山、一寸法師、それに狐や狸の話しをよく聞かせてくれた。今日の私としてはその影響が少なくないと思う。

これらの記述から、牧星の小児麻痺の治療の様子と、病弱だった幼少期には家の中でお話や本に親しむ時間が多かったことがわかる。

ここから先の青年期にさしかかる頃からの記述は慎重に検討していかなければならない。「碑文」の「三十九年関西中学卒業後岡山県庁に勤務」という記述は、明らかな年代の誤記もしくは誤植だと思われる。一八九〇年（明治二三）に改正された教育令からすると、明治二七年生れの牧星が中学に入学する資格を得るのは、一二歳を迎える明治三九年である。したがって、「碑文」に記された「三十九年関西中学卒業」は年齢上不可能ということになる。

旧制中学の卒業が不可能だとすると、もう一つ考えられる可能性は、関西中学が併設していた小学校教員養成所[*2]の修了である。岡山県報第八十九号によると、「尋常小学校本科正教員養成部」の規定として、「尋常小学校准教員ノ資格ヲ有スル者」もしくは「修業年限四ヶ年ノ高等小学校卒業生若クハ中等校高等女学校第二学年修了以上ノ者ニシテ尋常小学校准教員検定試験ノ程度ニ拠リ修身、国語、算術、理科、地理、歴史ノ入学試験ニ合格シタル者」とある。このため、この年に養成所を修了することも不可能となってしまう。

これらの検証から、明治三九年に関西中学を何らかの形で「卒業」した可能性は考えられないことになる。ただし、関西中学という固有名詞を出して記述されているこの部分が、全くの誤りということは考えられない。現段階でこれ以上明らかにすることはできないが、ここは「三十九年関西中学入学、その後退学して岡山県庁に勤務」という内容の誤記の可能性を考えてみる必要があろう。

次の「四十二年暮上阪して大阪中央郵便局に勤め大正二年キリスト教神学校に入学」の部分も「略歴」の記述と異なっている。「略歴」には、「大正元年大阪に出てアルバイトをしながらキリスト教神学校に学」ぶとある。こうした違いの理由は不明だが、明治四十五年が七月三十日に大正に改元されていることからして、大正元年に新学期を迎えることはなかった。したがって、キリスト教神学校に入学したのは一九歳になる大正二年の春と考えてよいであろう。

ところで、この「キリスト教神学校」だが、「碑文」にも「略歴」にも「口演童話史」にもその具体名は記されていない。ただし、「略歴」に「キリスト教神学校に学び、日曜学校のこどもたちにヨナの話しをしたのが最初のように記憶している」と記されているように、牧星が生涯にわたって子どもたちと童謡や童話を楽しむことになる道は、キリスト教神学校に学んだことによって開かれていくのである。その意味では、牧星の人生はもとより、児童文化の歴史にとってもこの「キリスト教神学校」を特定することは重要となる。

大正初期に大阪近辺に存在した「キリスト教神学校」を調べると、関西学院神学校の存在が浮かび上がってくる。一九〇八年（明治四一）九月二八日付けで文部大臣小松英太郎に出された認可申請書に次のような記載がある。[*3]

一、名称　私立関西学院神学校

二、位置　兵庫県武庫郡西灘村ノ内原田村九十八番屋敷

三、学校ノ沿革　明治二十二年十一月十一日現在位置に私立関西学院神学部ノ名ヲ以テ始メテ開校、（中略）開校以来年々漸次発達シテ教育機関略備ハリ教授総員四名ヨリ増シテ現今七名ニ至リ生徒総数六名ヨリ増シテ現今十八名ニ至ル

校舎ハ目下私立関西学院講堂ノ一部ヲ専用セリ

明治四十一年七月専門学校令ニヨリ設立申請同九月認可ヲ受ク

我新学校ハ狭隘ナル宗派的ノモノニアラスシテ一般基督教々役者又ハ神学研究者ノ為メ設ケラレタルモノナリ（中略）

四、学則　本校ノ学科ヲ本科、専攻科、別科ニ分チ、本科ノ修業年限ハ四ヶ年、専攻科ハ一ヶ年、別科ハ二ヶ年トス

（中略）

七、生徒定員現在生徒学年級別員数

　生徒定員ハ本科五十人、専攻科十人、別科二十人トス

　本科生総数五名内三年級一名、二年級壱名、一年級三名

　別科生総数十二名内一年級十二名

八、卒業生ノ員数及卒業後ノ状況

　員数　　　　二十六名

　卒業生ハ大抵教育若クハ宗教宣伝ニ従事シ何レモ成績良好ナリ

牧星が在学していた時は、すでに「関西学院神学校」と称していたことや、後藤牧星宅に残されていた神学校時代のものだと思われる写真に写っている人数が、教員・生徒ともに明治四一年時点で報告されているものとほぼ一致すること、そして、牧星の次女渡部満智子氏が保管していた牧星のパスポートの「Last School Attended With Inclusive Dates」という項目に「May. 1919: Left school in the Kansai《ママ》 Gakuin University」と記載されていたことから、牧星が学んだ「キリスト教神学校」は関西学院神学校だったとみて間違いないであろう。

この学校のカリキュラムには、「聖書歴史」「新約書　緒論及釈義」「比較宗教学」といった宗教関係科目、「心理学」「哲学概論」「音楽」などの一般教養と並んで、「日曜学校教授法」「伝道法及日曜学校教授法」といった科目が用意されていた。[*4] 牧星にとっての児童文化活動の原点が、キリスト教と日曜学校にあったことは、その後の牧星の活動の本質を知る上からも注目しておく必要がある。

牧星が神学校在学中にどのような形で日曜学校と関わっていたのかを伝えてくれる資料は少ない。「略歴」の記述の

図Ⅰ-13　ベーテル日曜学校大運動会（大正六年、渡部満智子氏蔵）

他には、わずかに裏に「ベーテル日曜学校大運動会記念撮影　大正六年九月二十四日」と記された写真が後藤牧星宅に残されているのみである。

「略歴」に書かれている「日曜学校のこどもたちにヨナの話しをした」のがどこの日曜学校だったのか、これだけの資料では断定できない。だが、ベーテル日曜学校の写真に記された大正六年（一九一七）という日付は関西学院神学校在学中であり、この日曜学校を主な活動の舞台にしていた可能性はきわめて高い。

ベーテル教会日曜学校の歴史は古い。一九一一年（明治四十三）五月二五日発行の『コドモノトモ　日曜世界』第三巻第六号を見ると、「大阪一ツ井ベテル伝道館日曜学校」の写真が掲載されている。しかも、牧星が写っている写真と同様、やはり運動会の写真となっていることは興味深い。

日曜学校が活発に展開されていた大阪で日曜学校について学び、さらに日曜学校の中で童謡を子どもたちと楽しむ経験を積みながら、関西学院神学校卒業後に牧星は本格的に児童文化活動を展開していくことになるのである。

注

1 『日本口演童話史』は、口演童話の歴史を知る上で貴重な書籍ではあるが、『おとぎの世界』を『おとぎ世界』、「仙台児童倶楽部」を「仙台児童クラブ」、「天江富弥」を「大江富弥」、「門脇信亮」を「門脇信虎」とするなど、誤記を探すと膨大な数になる。牧星についても、『子供の為に童謡の作り方』を『子供のための童謡の作り方』としており、この本を基本資料として牧星の生涯を跡付けることはできない。

2 牧星と関西中学、牧星と岡山の関係について、日本史の教諭として長年関西高校に勤め、現在は就実大学人文学部総合歴史学科非常勤講師の難波俊成先生から貴重なご教示を多数賜った。難波先生に多大なご尽力を賜ったが、現在のところ、牧星が関西中学を卒業したことはもとより、入学した事実も確認できていない。

3 『関西学院百年史』資料編1、学校法人関西学院、一九九四年、六三～六四ページ

4 前掲『関西学院百年史』資料編1、六五～六六ページ

九―二 少国民新聞と後藤牧星

神学校在学中に日曜学校について学び、実際に日曜学校での活動を通して児童文化活動に関わるようになった牧星は、パスポートの記載によると一九一九年（大正八）五月に関西学院神学校を修了している。関西学院神学校認可申請書で明らかなように、関西学院神学校は本科・専攻科・別科合わせて七年間在学可能であった。ただし、認可申請書に本科と別科の学生のみの在学が報告されていることからすると、現実には専攻科に進む学生は少なかったのかもしれない。牧星が大正二年に入学し、大正八年に卒業したとすると、牧星も本科と別科に計六年在籍したということになる。

「碑文」には、「（神学校）卒業后新聞記者生活二年。のち週間少国民新聞主幹」になると記されている。新聞記者時代が卒業後二年ということは、関西学院神学校を卒業してからの新聞記者時代は大正八年と九年、もしくは一〇年の初めくらいまでということになる。卒業後に新聞記者になったことは「碑文」のみに記されているが、牧星が関わった新聞

社は大阪毎日新聞の可能性が高い。

牧星宅に残されていた大正時代の資料の中には、「新築落成　大阪毎日新聞社」の絵葉書が大切に保管されていた。大阪毎日新聞の本社新築は一九二二年（大正一一）三月一四日のことで、「十五日より三日間京阪の名士其他二千余名を招待し、十八日より廿一日迄には売捌株主、店主、取次店主、通信員等千有余名を招いて披露の宴」を張ったという[*1]。かつて通信員だった牧星もこの時招待されたのではないだろうか。大阪毎日新聞では、一九一五年（大正四）一〇月一八日（月）付夕刊第三面に「婦人とこども」欄を登場させている。この欄はその後、女性向けの読み物と子ども向けの「オトギバナシ」などを載せながら毎週月曜日に掲載されていく。この欄の担当者は薄田《すすきだ》泣菫《きゅうきん》だとされているが、あるいは牧星もこうした欄になんらかの形で関わることがあったかもしれない。

「碑文」では、新聞記者を二年勤めた後「週間少国民新聞主幹となり、この時より児童文化協会を創立、童謡、童話作家として児童文化運動に携はる」と記されている。「口演童話史」には「大正七年大阪で週刊少国民新聞の主筆として活躍」と記され、「略歴」には「（神学校に学んだ）後事情あって宣教師と別れ、工業の日本社で日本でも初めて子どもの週刊紙少国民新聞を発行するにあたり、招かれて編集に従事するかたわら、児童文化協会をおこして子どもの文化運動に活躍する」と記されている。

少国民新聞主幹となる時期は三つの資料それぞれに記載内容に微妙な違いがあるが、「碑文」と「略歴」の記述によると少国民新聞主幹の時期と児童文化協会を起した時期が重なることになる。この点からも、牧星が少国民新聞に入った時期を特定することは、牧星の歴史にとどまらず、「児童文化」の歴史にとってきわめて重要な意味を持つことになる。

少国民新聞は、管見の限り大阪国際児童文学館に大正一一年八月一日の第一八七号、大正一二年三月一日の第二〇八号、大正一五年四月一日の二六三号の計三部残されているのみである。大正一一年の一八七号の段階では月三回の発行で定価一〇銭であったが、大正一五年の二六三号の段階では月一回の発行で定価一五銭になっている。一八七号の「僕は六月二十九日に新愛読者と成つたのです。（中略）大阪教育会の編輯により一ヶ月に参回発行に成つて居たが僕はすこしも知らなかつたのです」という読者からの投稿を見ると、創刊から大正一一年六月までは月四回発行の文字通り週刊新聞だったことがわかる。

年月日は現在のところ不明であるが、創刊年が一九一八年（大正七）だったことは間違いない。「口演童話史」に大正七年と記されていることもあるが、より確かな証拠として、①大阪毎日新聞掲載の広告、②『大阪市教育会報』掲載の広告、の存在がある。

大阪毎日新聞は大正一〇年になると、二月一日、二月二〇日、二月二七日というように、少国民新聞の広告がしばしば掲載されるようになる。そこには、「日本に唯一のコドモの週刊新聞」という文字とともに、「創刊以来三年になる!!」という宣伝文句が記されている。また、一九二三年（大正一二）四月一七日発行の『大阪市教育会報』第一六号には、「五周年大発展」という宣伝文句が記されている。これらからすると、月日の特定はできないものの、創刊年が大正七年であることは確実である。

発行所は「少国民新聞社」となっているが少国民新聞社という会社は存在しない。実際の発行所は工業之日本社であり、大阪毎日新聞の広告を見ると、少国民新聞社とは工業之日本社内に置かれた「少国民新聞部」のことであることがわかる。

工業之日本社は、月刊『工業之大日本』と年刊『日本工業要鑑』を主要な出版物としていた出版社である。一九二〇年（大正九）四月の『工業之大日本』第一七巻第四号を見ると、この時点で、他に定期増刊『英文　工業之大日本』と週刊「少国民新聞」を発行していたことがわかる。また、日曜世界社が出していた『コドモノトモ　日曜世界』の大正一一年四月一日発行の奥付を見ると、それまでの三交社から工業之日本社に印刷所が変更になっている。雑誌と書籍の編集・出版以外に印刷も手がけた会社だったことがわかる。さらに、出版部の他に商事部を持ち、アメリカ製計数器などの輸入も手がけた会社であった。

『大阪市教育会報』掲載の少国民新聞の広告を見ると、「本紙の内容」として「◎本紙の程度は小学四学年以上中学三年位迄（中略）◎三回分を合せて見れば普通雑誌の二倍半の分量が確に有ります（中略）◎世界新智識、新聞の新聞、仮名書英語会話は他に類のなき本紙の華◎少年小説少女小説探険歴史講談等は沖野岩三郎、上司小剣、江見水蔭、渡邊霞亭の諸大家ぞろひです◎其他記事山の如し。とに角見本を取つて御らん。」とある。

この広告通り、紙面は多彩で盛りだくさんな記事と読み物で埋まっている。第一八七号を見ると、広告で「本紙の華」と読んでいた「新聞の新聞」や「世界に於ける最も新しき知識」、江見水蔭らの小説やお伽噺の他に、主幹長谷川益二による「修養講話」、記者による「百科講話」、自由詩や綴り方、小品文の投稿欄、「入試準備　読方模範答案」など、全一六面で構成されている。

主幹を務めたとされる牧星だが、大阪国際児童文学館所蔵の三紙の主幹は、一八七号と二〇八号が長谷川益二、二六三号が松井喜次郎となっている。ただし、一八七号に、「本誌七月一日号を見ますと、編輯部の先生が大へん変りましたが、今までの記者先生はどちらへお越しになられた事でせうか。私は古くからの読者だけ一層惜別の情に堪へません。それでも童謡の牧星先生や亀石先生などがお見えになりますので心強く思ひます」という読者からの投稿があるので、牧星は一九二二年（大正一一）八月の時点で主幹は辞めているものの、なんらかの形で少国民新聞に関わっていたことが確認できる。さらにこの号には、「海へ！山へ！本当に愉快な時ですネ九月上旬僕は童謡誌を発行しようと思ひます。後藤牧星先生が賛助員になつてゐます」という読者からの投稿もあり、少国民新聞の読者たちの間で「童謡の牧星先生」は広く認知されていた様子がわかる。

大正一一年八月一日発行の一八七号を見ていると、七月一日号から編集体制と発行回数の変更といった大幅なリニューアルが行われたことが複数の読者投稿から読み取ることができる。実は、少国民新聞が大幅にリニューアルされたことは、『大阪市教育会報』第一六号によって詳細に知ることができる。そこには、「六、少国民新聞編輯部」として次のような報告が掲載されている。*2

▲部員嘱託　前年度に於て本会は外山拾造氏との間に従来工業之日本社にて発行しつゝありし少国民新聞の編輯を本会に於て引受くる契約成立せしを以て五月廿九日左の通り部員を嘱託せり

部長　外山拾造氏　　主事　長谷川益二

常任委員　若林常順　兼田嘉蔵　中村源之助　藤江勘二　三橋節　塩崎左一

森山周助　鈴木治太郎氏

▲常任委員会　六月五日、九月十一日、一月十五日、三月五日の四回委員会を開き記事内容及ひ編輯方法に関し協議を重ね改良を図りつゝあり

この報告によると、一九二三年（大正一二）五月に工業之日本社から大阪市教育会に編集が変わる契約が成立し、それに伴って編集委員が刷新され、同時に内容も大幅に変わろうとしていたことがわかる。

この記録から、長谷川益二が主幹となるのはこの時以降であることが確認できる。常任委員の中に名前がある森山周助は、一八七号に「趣味講座　スケッチの仕方」を書き、肩書きは大阪市北大江尋常小学校長となっている。さらに、委員の一人鈴木治太郎は、大阪市視学を務める市の教育界の重鎮であり、児童心理学者としても知られた人物である。

橋詰良一が創設し大正一一年五月に池田町呉服神社境内でスタートした家なき幼稚園は、鈴木の行った露天幼稚園の提唱に橋詰が感動して始められたものである。

また、一八七号には、「私の知ってる愛読者へ」と題する高尾亮雄の次のような短文が掲載されている。この短文は、牧星の少国民新聞入社時期を探る上できわめて重要な手がかりを与えてくれるものである。

私は昨年の夏から「大阪市北区天神橋六丁目市立市民館少年部」にをります、いまだに少国民新聞の方へ通信を下さる方がありますが、それでは自然お返事がおくれますからどうかこれからは市民館の方へ下さい。

この文章は、高尾が一九二一年（大正一〇）夏前まで少国民新聞に在籍していたことを示している。『大阪市教育会報』大正一〇年二月号には、夜間児童部慰安会が一九二〇年（大正九）一一月一五日から一八日まで開催されたことが報告されているが、そこには「□大阪お伽倶楽部主幹朝倉義、少国民新聞主幹高尾高《ママ》雄の両氏は会期中は勿論其の準備に就て多大の尽力せられたるを感謝す」という注目すべき内容が記されている。*3 この記述から、高尾が大正九年の秋の時点では少国民新聞の主幹を務めていたことが明らかとなる。したがって、少なくとも大正九年秋から翌一〇年の夏までは、少国民新聞の主幹は高尾だったということになる。

以上明らかになった事実を総合していくと、大正九年秋から一〇年夏までは高尾亮雄が編集主幹、一一年七月からは長谷川益二が編集主幹、ということが確実となってくる。「碑文」には、神学校卒業後二年間新聞記者を勤め、その後少国民新聞主幹になるとの記載がなされていた。神学校の卒業が一九一九年（大正八）なので、それから二年間とすると、大正一〇年春まで新聞記者生活を送り、牧星はその後少国民新聞に移ったということになる。

実は、遺された牧星の写真の中に、高尾と写る少国民新聞社時代の牧星の貴重な写真（図Ⅰ-11 高尾亮雄、第八章に掲載）が残されている。この事実からも、高尾が市民館少年部に移る大正一〇年の夏の前に、わずかな期間ながらも高尾と少国民新聞で同席していた期間があったことが裏付けられる。そして、高尾が抜けた後で、牧星は主幹となったのではないかと考えることができる。

いずれにせよ、本格的に児童文化活動を始める舞台となった少国民新聞への牧星の入社は、一九二一年（大正一〇）の春と考えて間違いないであろう。大正一〇年前半に入社し、高尾が少国民新聞を去った後で牧星は少国民新聞主幹になり、そして、編集が大阪市教育会に委嘱される大正一一年六月までが牧星の少国民新聞主幹時代だったと考えることができる。

注

1 『大阪毎日新聞五十年』大阪毎日新聞社、一九三二年、九一ページ

2 『大阪市教育会報』第一六号、大阪市教育会館、一九二三年四月一七日、五二ページ

3 『大阪市教育会報』大正一〇年二月号、一九二一年二月二八日、三六〜三七ページ

九-三 「児童文化」の誕生

「週間少国民新聞主幹となり、この時より児童文化協会を創立、童謡、童話作家として児童文化運動に携はる」と、「工業の日本社で日本でも初めて子どもの週刊紙少国民新聞を発行するにあたり、招かれて編集に従事するかたわら、児童文化協会をおこして子どもの文化運動に活躍する」との「碑文」と「略歴」に記された誇らしげな記述は、少国民新聞に入社し、児童文化協会を起して児童文化活動に没頭した時代は、牧星の人生の中で、輝かしい時代として記憶されていたことを物語っている。

児童文化の歴史にとってきわめて重要な牧星の「児童文化協会」設立の時期だが、「碑文」と「略歴」の記述からすると、牧星が少国民新聞に入社した一九二一年（大正一〇）の春、もしくはそれまで主幹だった高尾亮雄が少国民新聞

を去って、代わって牧星が主幹となった大正一〇年夏のどちらかということになる。

児童文化協会の存在が活字で確認できるのは、牧星が著者となって一九二二年（大正一一）六月二〇日に出版した『子供の為めに　童謡の作り方』においてである。

本の内容は、四五ページまで牧星によって書かれた童謡論が続き、その後、「参考室」として西條八十らの童謡が一二編続き、さらに子どもによる創作童謡が六〇編掲載されている。子どもたちの創作童謡は、少国民新聞に投稿された作品の中から掲載したものと思われる。この本の執筆と出版を準備し、子どもたちの創作童謡を集め、牧星自身さまざまな童謡論を逍遙していった頃には、児童文化協会の活動がすでに開始されていたと考えられる。

ところで、『子供の為めに　童謡の作り方』が児童文化協会を発行所として一九二二年（大正一一）六月に出されたという事実は、児童文化史を塗り替える新発見である。この時点で「児童文化」という用語が用いられていたという事実は、これまでに明らかにされてきた事実を覆し、現在確認し得る「児童文化」という用語の最も古い使用例になるのである。

「児童文化」という用語の誕生時期について、「この語の成立は十分に明らかでない」[*1]とされながらも、二つの説が有力なものと考えられてきた。

一つは、滑川道夫によって紹介された一九二三年（大正一二）七月に出版された『児童文学読本』の中の用例を初出とするものである。もう一つは、竹内オサムや川勝泰介によって紹介された一九二二年（大正一一）一〇月に出版された峰地光重『文化中心綴方新教授法』の中に見られる用例を初出と考えるものである。

「児童文化」という用語の初出をめぐる二つの説について、峰地説を紹介した川勝は「児童文化の概論書等の多くが、滑川道夫の『児童文化論』（東京堂出版、一九七〇年）を引用して、児童文化研究会編『児童文学読本』（目黒書店、一九二四年）説を挙げている。だが、この初出に関する議論も、今のところでは峰地光重『文化中心綴方新教授法』（教育研究会、一九二二年）説に落ち着きつつあると言っていいであろう」[*2]と述べている。

事実、「児童文化」という用語の初出に言及する際に、現在では『文化中心綴方新教授法』の名前を挙げることが定説化しつつある。勝尾金弥が執筆した大阪国際児童文学館編『日本児童文学大事典』（一九九三年、大日本図書）の「児童文化」の項目をはじめとして、今日では「児童文化」という用語の初出を『文化中心綴方新教授法』に求めることが半ば常識化されている。

峰地光重説が定説化しつつあった中で、それよりも四ヶ月早い後藤牧星による「児童文化」という用語の使用例は、現時点で知り得る「児童文化」の初出になる。だが、後藤牧星宅に残されていた資料をつぶさに調べると、「児童文化」の使用はさらにさかのぼる可能性を考えることができる。

空襲や転居を逃れてわずかに遺された大正時代の牧星の遺品の中に、一九二一年（大正一〇）四月一二日の日付を持つ牧星宛の一枚の絵葉書がある。差出人は藤井時三。表は「音楽教授　天満教会日曜学校」と記された日曜学校での音楽教授風景の写真になっている。この一枚の絵葉書が、実は「児童文化」の歴史を塗り替える可能性を秘めた葉書といっても過言ではない。

藤井は、牧星が発行した児童文芸誌『小鳥の家』創刊号に藤井時坊の名で「マザァグゥスのお婆さん」というマザー・グースについての紹介文を書き、『小鳥の家』第三輯にやはり時坊の名前で「スキート、バイ、アンド、バイ」という曲ができた経緯を紹介し、本名の時三で「ねんねんしなされ」の曲譜を載せている。雑文を書く時には時坊というペンネームを用い、作曲家としての仕事をする時は本名を使用する人物で、牧星とは親しく交際していたことがわかる。

藤井から送られた葉書には次の文面が記されている。

書棚持つて行きましたか。どうです?

図Ⅰ-14　藤井時三絵葉書（渡部満智子氏蔵）

どうせ御気に召す様な気遣いはないでせうがどうにか我慢出来ますか。若しいけなかつたら私が頂いても宜う御座います。
『コドモの国』出来ましたか。坊っちゃんお宜しいそうで私もお悦び申して居ます。奥様によろしく御伝え下さい。

「書棚持つて行きましたか。どうです？　どうせ御気に召す様な気遣いはないでせうがどうにか我慢出来ますか」とあり、牧星が藤井の紹介でどこからか書棚を貰う手はずになっていたことが書かれている。

葉書には、「『コドモの国』出来ましたか」と、計画中の雑誌らしきものの書名も記されているが、この葉書に記された最も重要な事実は、宛先として書かれている牧星の住所である。そこには、「西区土佐堀裏町二四」という住所が記されている。この住所は、『子供の為めに　童謡の作り方』の発行所として掲げられた児童文化協会の住所と一致している。既述したように、『子供の為めに　童謡の作り方』は現在活字として確認しうる最も古い「児童文化」という用語の使用例であることにあらためて注目しなければならない。

この注目すべき事実と、「碑文」や「略歴」に書かれていた事実、そして牧星が少国民新聞社に入社した時期の考察を総合すると、次のことが浮かび上がってくる。①一九二一年（大正一〇）春に少国民新聞に入社した牧星によって、同年四月一二日には西区土佐堀裏町に児童文化協会がすでに設立されていた、もしくは設立準備中であった、②児童文化協会の活動として「コドモの国」という雑誌もしくは書籍の出版を計画していた、ということがほぼ確実となってくる。

書棚を必要としていたという文面も、児童文化協会の設立準備中、もしくは設立して間もないこの時期の内容としてふさわしい。西区土佐堀裏町に事務所を構えて児童文化協会を設立しようとしていた牧星は、必要となる調度類などを精力的に揃えていたことが考えられるのである。

児童文化協会発行の『子供の為めに　童謡の作り方』が一九二二年（大正一一）六月に発行されているという事実から考えても、児童文化協会の設立がさらにさかのぼると考えることは自然なことである。本に盛り込む内容を整え、出版の準備を整えるまでに、一年程度は必要だったであろう。

ともあれ、遺されたさまざまな資料から考えうる児童文化協会設立の年は一九二一年（大正一〇）の春か夏ということになる。しかも、藤井の葉書の内容から考えて、この年の四月前後だった可能性がきわめて高い。そして、この事実は、この大正一〇年という年が児童文化協会設立の年であると同時に、現在確認しうる一定の概念を込めて「児童文化」という言葉が使用され始めた初出の時期ということも示すことになる。

すでに述べたように、大正一〇年前後に文化主義が勃興し、「文化」は社会的な流行語となっていく。西村伊作によって文化学院が設立されたのが大正一〇年二月二四日だが、文化学院の校名以外にも様々な「文化」の使用例が確認できる。大阪毎日新聞大正一〇年二月四日付の「同化は児童から　お伽噺を始めて」という記事には、市内密集部落難民同化事業として子どもにお伽噺を聞かせることを行う「文化警察」という今日では耳慣れない文化の使用例が記されている。

文化生活研究会による『文化生活』や、既述のように土田杏村主幹による『文化』といった雑誌も出されていた。杏村は『文化主義原論』（内外出版、大正一〇年）や『文化哲学入門』（中文館書店、大正一一年）といった著書も出し、この時代に社会的な潮流となっていた文化主義を主導していった。

そうした中で、「青年文化」のように、「文化」を用いた新たな造語の使用も大正一〇年前後に盛んになってくる。例えば、大正一〇年六月一一日には、組合教会大阪青年同盟主催により、大阪市土佐堀青年会館で吉野作造を講師に「青年文化大講演会」が開催されている。

また、「子ども」と「文化」が結びつく動きも見られ始める。仁丹の森下博薬房が大正一〇年六月八日に出した「仁丹　文化奉仕に就て」という広告（大阪毎日新聞掲載）には、「仁丹御愛用各位と本舗との間に益々親密の度を加へ互に楽みつゝ然かも倶に便益するの実を挙げんとす」るために、「文化附録」と「写真画報」を広告として交互に掲出するという興味深い広報が出されている。そして、「文化附録」として「文芸号」「子供号」「家庭号」の三つを掲げ、「子供号」の内容として「童話、童謡、教育資料、世界のコドモ界、考へ物、自由画、ポンチ等の子供向記事」と予告している。「文化附録」の中に童話や童謡を載せた「子供号」が含まれるこの使用例は、「児童文化」という用語がいつ誕生しても不思議ではない社会的な状況であったことを如実に示している。

以上のように、牧星が「児童文化」という用語を使用し始めた時期は、社会的に「文化」という言葉が流行していた時期であり、「文化」に「子ども・児童」がいつ、誰によって組み合わせて使用されても決しておかしくない状況だったのである。

「児童文学」という言葉は、管見の限り一九〇二年（明治三五）一一月に『児童研究』に掲載された松本孝次郎の「児童文学に関する研究」の中の使用例や、一九〇四年（明治三七）五月二〇日発行の『児童教育』第五期第六号に「児童文学室」というコーナーが設けられていることなどが最も古い使用例である。このことを考えると、「児童文化」も明治期にすでに存在していた可能性も完全に否定することはできない。

だが、文化主義が勃興し、社会に広く「文化」という語が広まり、子どもに向けた芸術への意識が高まりを見せた大正一〇年頃が、単に「児童」と「文化」をつなげただけの言葉ではなく、一定の概念を含んだ「児童文化」という用語の誕生の要件を満たした時代だったのだと考えられる。そして、そうした社会背景の中から、一九二一年（大正一〇）に後藤牧星は「児童文化」という用語を用い始めたのである。

今後の研究の進展の中で、「児童文化」という用語の初出に関わる新発見があることは十分に期待できる。だが、単に「児童」と「文化」をつなぎ合わせただけではなく、一定の概念を含んだ用語として「児童文化」が誕生したのは、文化主義や児童芸術運動、芸術教育、自由主義教育など、誕生のためのさまざまな条件が整った大正一〇年頃という認識は変更することなく生き続けるであろう。

さまざまな社会的要因が複雑に影響し合い、さまざまな社会的条件が整った中で、「児童文化」という用語は誕生の時を迎えたのである。

注

1 滑川道夫『児童文化論』東京堂出版、一九七〇年、一四ページ

2 川勝泰介『児童文化学研究序説』千手閣、一九九九年、六一ページ

第Ⅱ部　仙台における誕生期「児童文化」活動の諸相

第一〇章　童謡創作の興隆と童謡詩人ヘキの誕生

児童芸術運動や大正自由教育、芸術自由教育、文化主義といったさまざまな社会的要因の渦の中から「児童文化」という用語が誕生した当時、具体的にどのような活動が展開されていたのだろうか。II部では、仙台市で展開された誕生期「児童文化」活動について、その全貌を明らかにしていく。

これまで、「児童文化」という語が誕生した頃の児童文化活動について、活動内容の実際について詳細に研究した先行研究は存在しない。その最大の理由は、資料的な制約のためである。この時代の児童文化活動に関わる一次資料の発掘が不十分だったため、雑誌を主な資料としてこれまで誕生期の児童文化活動は検証されてきた。だが、歴史を検証していく以上、雑誌だけではなく、活動にかかわった人々の手紙や日記、活動の記録といった一次資料は不可欠である。

そうした中にあって、仙台で詩作を中心に長年児童文化活動に関わったスズキヘキ（鈴木碧、南日よね、本名鈴木栄吉。以下スズキヘキと表記。一八九九－一九七三）は、雑誌類の他に手紙や活動と催し案内のチラシ、活動の記録などを含む貴重な一次資料を残している。第Ⅱ部は、仙台文学館に寄託されているスズキヘキ旧蔵資料を中心に当時の活動を再現し、誕生期「児童文化」活動の諸相を浮き彫りにする。

仙台は、明治期から文学の盛んな土地の一つとして知られていた。文学が盛んだった背景として、藩政時代以来の藩校・養賢堂での教育や、出版文化の歴史的遺産が根強く残っていたことが考えられる。それ以上に、学都・仙台と称された文化環境が、仙台に多彩な文化人を招き寄せ、東北帝国大学や東北学院、第二高等学校、宮城学院の教師や学生たちを中心に各種の同人を結成することにつながり、発表媒体としての同人誌の発行を促進したことに目を向けなければならない。

仙台で創作活動を行った文学者としては、島崎藤村と土井晩翠が全国的にも有名だが、その他に、歌人としては東北帝国大学教授の石原純《あつし》やアララギ派の女流歌人原阿佐緒、『園の露』を刊行した小倉博らがいた。さらに、宮城県師範学校の教員として木俣修も一時期在仙している。俳句では夏目漱石の弟子の小宮豊隆、女流俳人として『駒草』を主宰した阿部みどり女らが活躍し、詩では藤村と晩翠以外にも仙台市出身の石川善助や、宮城県大河原町出身で東北学院普通部に学んだ尾形亀之助が創作活動を行っている。

こうした文化環境の中で文芸同人雑誌が多数刊行されている。一九〇七年（明治四〇）に柴田量平らが『東北文芸』を創刊。一九一二年（大正元）には柴田らが『シャルル』を創刊。この雑誌は、前田夕暮と、日本聖公会の伝道師として仙台で一時期布教を行った山村暮鳥《ぼちょう》が顧問となっていた。翌大正二年には漢詩文や和歌、俳句の月刊誌『仙台文学』が刊行されている。

スズキヘキ旧蔵資料には、仙台の児童文化活動の象徴となる童謡専門誌『おてんとさん』創刊前に発行された文芸同人誌や回覧雑誌が複数残され、『おてんとさん』創刊前のヘキの文学活動と文学を通しての交流について知ることができる。

最も古いものが、一九一七年（大正六）一二月の奥付を持つ『三人』第四号である。これは手書きの回覧雑誌で、碧《へき》葉《よう》、てつづ郎、M・H、皐花、T・Hのペンネームの同人たちの詩や短歌、俳句、随想などが収録されている。「碧葉」のペンネームで「買はれない西洋紙」（短編）、「雪」（詩）、「尖塔のあちら」（和歌）、「街の奏楽」（詩）、「琴ならす家」（小品）、「二階」（小説）が掲載されているが、「碧葉」は、ヘキが初期に用いたペンネームである。このペンネームがヘキのものであることは、仙台市民図書館が一九六六年（昭和四一）一〇月に第一回仙台児童文化活動展を開催した時に出したパンフレット『パン屋の赤い馬車』の中で確認することができる。その中に、ヘキは自らのペンネームに関する次のような文章を記している。*1

私は当時錫木碧と署名した。日本で一番鈴木族が多く、父正吉私栄吉、共に町職員みたいな無知庶民的な名前から離れてみたいから少年期有本芳水の叙情七五詩にとらわれ、鈴木三重吉の細刻な泣きたくなる文章に青年となり、室生犀星らの「感情」の詩章の高踏悲哀に育ったが、始め雀花（シャッカ）次に碧葉（ヘキヨウ）と、丁度明治後葉期文士雅号と同じペンネーム系をたどった。

この文章から、碧葉がヘキの初期のペンネームに間違いないことがわかる。また、ヘキが詩、小説、和歌を『三人』に寄稿していることから、この時期のヘキの多彩で旺盛な文学活動も知ることができる。同時に、ヘキが初めから「童謡」を志向していたわけではなく、「文学」を志向していたことも確認できる。

『三人』に掲載されたヘキの作品の中で、特に注目しなければならないのは、「雪」と題された詩である。次のような作品である。

雪

しんしんしんと
雪ふる雪ふる
みんなで黙つて一つ一つのこまかいからだ―

雪ふる雪ふる
未だ未だ上にはどんなに沢山ゐるのだらふか
未だ未だ上にはどんなに高い御空があるのか
それ等がやつぱり一緒に黙つて
小音もさせず一心に―

広く広く真っ白な布団
そこへ寝やうと下りて走る
いくたりいくたり数え切れない何億何万
どうしてそんなに寝せられやう
―けれど布団も又広い

見てゐる中に
じいつとこうして見てゐる中に

あんなに一緒につづいて来てはと見てゐる中に
すいっすいっと一つ一つが吸いとられると見てゐる中に
やつぱりそれ等が
つづいてつづいて
そこにはやつぱり
広く広くはてしもあらずに真白ろな布団

そうしてしんしん
雪ふる雪ふる―

「雪ふる雪ふる」や「しんしん」等の繰り返しを随所に効果的に用いることで、次から次へと間断なく雪が舞い降りてくる空の様子と、音もなく地面を覆い尽くす一面の白い世界を巧みに表現した詩である。

この詩で注目すべきは、作品の内容と同時に、この詩に対して書き込まれたコメントである。そこには、誰の書き込みか判断できないが、「彼の童謡の初まりであった」という注目すべき書き込みがある。そして、その書き込みを受けて別人によって書かれた、「童謡としてはむづかしいそして冗漫だ」というコメントも書き込まれている。

これらの書き込みは、文学仲間の間で、早い時期からヘキの童謡が評価され、童謡詩人としてのヘキの資質が注目されていたことを物語っている。ただし、このコメントがいつ書き込まれたものかは判然としない。回覧雑誌の性格と、コメントの内容を考えると、発刊時ではなく、ヘキが童謡詩人としての活動を活発に行うようになった後に書き込まれた可能性が高い。また、地面に降り積もった雪を雪の布団に見立て、そこに空から雪たちが布団に寝ようとして舞い降りてくる、という童謡的な内容ではあるものの、全体的に「童謡」と呼べる表現にはなっていない。したがって、ヘキの「童謡の初まり」と評価することには慎重になる必要を感じる。

だが、一方で、ヘキ一八歳の時の詩が、早くも童謡的な作風を示していることには注目しなければならない。『赤い鳥』で鈴木三重吉が用いた「童謡」という概念が誕生する前の詩ではあるが、三重吉が童謡として考えていた子どもたちの美しい空想や純粋な情緒を育むような詩を、『赤い鳥』創刊以前にヘキが作っていたことは、詩人としてのヘキが内在させていた童謡詩人としての資質や天賦の才、そしてヘキの文学性について考える上で見逃すことができない。

この他に、『おてんとさん』創刊前のものとしては、一九二〇年（大正九）二月の奥付を持つ手書きの回覧雑誌『街上』第三集、同年四月の奥付を持つ手書き回覧雑誌『銀盤』創刊号、そして同年一一月に創刊号が出された『若人』が残されている。これらはいずれも、おてんとさん社に集まった人脈がどのように形成されていったのか知る上で貴重な手がかりを与えてくれる。

『街上』は、ヘキの他に幸四郎、正五郎、明の鈴木兄弟、桜田破瑠緒《はるを》、横山鉄二郎、西塔日出夫による手書きの回覧雑誌である。それぞれが短歌、詩、小説、童謡などを寄稿している。

ヘキも、小品（短編）、詩、童謡、短歌、俳句を寄稿している。童謡は、『習作より』から「空」「ほたる」「かげんぼ」「赤蜻蛉」「観戦武官」「神楽笛」「夏の町」、『童謡』から「鈴さげて児馬通る」「赤い馬車と黒い馬車ある街角」「阪」「とろんこ」「白いしやつ」「煙突」「日雨」「蟬竿」、『街上日輪』から「楽隊」「赤服白服」を寄稿している。

『街上』に掲載したこれらの作品は、仲間からの批評を受けてよりよい作品に仕上げていくためのまさに「習作」だった。「かげんぼ」と題する作品は、『おとぎの世界』第二年第一号にも同じタイトルで投稿して掲載されている。両者を比べると、ヘキが回覧雑誌の仲間からの批評を参考にしながら作品を仕上げていった軌跡を辿ることができる。『街上』では次のような作品として掲載されている。

▲かげんぼ

ぶらぶらかげんぼ
つむりふり
のびのびかげんぼ
ゆがんだり
かゞめばかげんぼ
一寸法師
のっきりかげんぼ
のびのびあるき
のびのびかげんぼ
のびのび夕日

＊　＊　＊

大入道
たまげた大入道
丘にたってて夕日をせおい
坂をはひはひふもとにとゞく
まったく長長お入道
入道ずんずん坂をはひ

まもなくずんずん坂を下り
ずんずんつづまり姿なし

この作品に対して、「かゞめばかげんぼ／一寸法師」に傍線を引いて「其の感よし」という書き込みが仲間の一人によってなされている。また、大入道が出てくる後半部分には、「つまらない童謡なり」という書き込みがなされている。こうした批評を受けて推敲した後、『おとぎの世界』に投稿した作品は次のように変化している。

かげんぼ
ぶらぶら　かげんぼ
つむりふり
のびのび　かげんぼ
ゆがんだり
かがめば　かげんぼ
一寸法師
たてば　かげんぼ
大入道
のびのび　かげんぼ
のびのびあるき
ぶらぶら　ふりふり薄坊主

不評だった後半部分を、高評価だった「かゞめばかげんぼ／一寸法師」の表現との対比で「たてばかげんぼ／大入道」と、思い切って簡潔に表現し直し、夕日の影が長く大きく伸びる様子を面白みを出しながら表現することに成功している。その結果、自分の動きによって影が形を自在に変えながらついてくることに面白みを見出し、自分の影を見ながら歩いては止まり、止まっては歩いて、影の変化にさまざまな空想を働かせながら家路につく夕方の子どもの情景を巧みに表現した詩へと変化している。

回覧同人誌に掲載し、仲間たちによる批評を受け、その中で童謡詩人ヘキの力が高められ、表現に磨きがかけられていった様子を一連の過程を見ることで知ることができる。

こうした回覧同人誌への掲載と仲間の批評によって作品の質を高めていくことは、ヘキだけに見られたことではない。『街上』同人の横山鉄二郎の「ひよっこの兵隊」は、「兵隊ひよッこ」と題名を変え、『おとぎの世界』第二年第一号に掲載されている。『街上』に掲載した作品は次のようなものである。

ひよっこの兵隊

▲A

—KOKKO KOKKO
ひよっこの兵隊
起きたばかりのねぼすけ兵隊
—KOKKO KOKKO
ひよっこの兵隊

草がゆれても臆病兵隊
—KOKKO KOKKO
ひよっこの兵隊
黄ろなお靴のおすまし兵隊
—KOKKO KOKKO
ひよっこの兵隊
母ちゃんひとりの兄弟兵隊

▲B

こっこっこ　こっこっこ。親鳥児鳥
親も真白児もまっしろ—
こっこっこ　こっこっこ。お喰べよお喰べ
お腹すいたら卵におなり—

この童謡は、「KOKKO KOKKO」の繰り返しを「こっこ　こっこ」と表記を変え、B連を削除した形で『おとぎの世界』に掲載されている。

ところで、『街上』がまとめられた大正九年二月は、『おとぎの世界』一月号に童謡「白い雲」と「かげんぼ」が掲載され、二月号に「ぐるぐる輪」「かご」「都会」が掲載された後で、ヘキが『おとぎの世界』童謡欄の選者山村暮鳥に童謡詩人としての力量を認められ始めた時期にあたる。

童謡詩人としてのヘキの力量は、同人間でも高い評価を受けていたことが書き込みから確認できる。「赤服白服」の下には、誰の書き込みか判断できないが、「童謡先生はやっぱり上手だ。どれが悪ゐと言ひかねる」との書き込みが見られる。さらに、「やっぱり碧さんは童謡の人だ。歌や小品を書くべき人でない」という、片平庸人《つねと》（一九〇二－一九五四）の書き込みも見られる。庸人は、『童話』誌上で金子みすゞらと共に投稿童謡詩人四天王の一人と称された人物で、ヘキの古くからの文学仲間の一人である。

この時期のヘキは、童謡の他に短歌や短編、俳句の制作にも意欲を燃やしていた。大正九年二月一〇日の日付で書かれた『街上』の後書にあたる「第三輯に就いて」には、こうした回覧誌を出すことについて次のように述べている。

要するに我々は真剣にやつてるかどうかをたしかめればいいんだ。生活だって、藝術だって、恋愛だって。「好きでやる」といふ事を排したい。やってもやらなくてもいい。面白いと思ってやるといふ連中を排したい。「文学をやる人間」丈が享受する、ある特権を我々は最も有意気に役立たせたい為だ。

我々はよみがへり。活気づいた。思ふまゝに我々の「腹」と「頭」とを文学にして見たい。友達等よ…

ここには、真剣に自己の心と体の全てを賭けて「文学」をしたい、というヘキの願いが表白されている。ヘキの情熱とは裏腹に、同人たちはヘキの童謡を高く評価する一方で、庸人の評にもあったように、小品（短編）への評価はきわめて低かった。誰のものか判断できないが、「お前の小品を初めてよんだ予期しなかつた丈俺の失望は大きかつた」という書き込みも見られる。

さまざまな批評の中で切磋琢磨していたこの時期のヘキの文学に賭ける情熱は、童謡結社おてんとさんやその後に展開される児童文化活動で活動を共にしていくことになるさまざまな仲間との出会いをもたらしていくことになる。

周知のように、児童文化史上に画期をなす『赤い鳥』が、一九一八年（大正七）七月に鈴木三重吉によって創刊される。『赤い鳥』の巻頭には、「創作童謡」として北原白秋作「りす〳〵小栗鼠」が掲載され、童謡隆盛の時代が幕を開ける。

次々に童謡を掲載する雑誌が創刊されたこの時期、「童謡詩人」と呼ばれることになる多くの「詩人」がそれらの雑誌に童謡を発表していく。今日では、「童謡」とは子どものために作られた詩、もしくは子どもに歌われることを目的に作られた創作歌曲を指すことが一般的であり、ほとんど誰もそのことを疑わない。

だが、「童謡」という語が社会に普及していく大正時代後半から昭和初期を振り返ると、子どものために作られた詩、という定義だけで童謡を説明することは十分でない。

おてんとさん社人としても活動した詩人の都築益世は、『おてんとさん』第二号（六〇～六一ページ）に「私の童謡を作る立場」と題した小文を寄せている。そこには、「私の童謡は子供のために作られるのではありません。自分のために作るのです。子供には見せない方が好いと思つて見せずにあります。子供のためにも作つてやりたいと思つてはゐます。それは私は『子供に與へる童謡』と云つて私の本当の童謡と『子供の謠ふ童謡』と三つに大別してゐます」という認識が述べられている。

都築の認識を援用しつつこの時代の動向を整理すると、「童謡」という語が広がりを見せていくこの時代、①詩人が自らの詩魂を表現する詩の一形態として選んだ「童謡」、②自らの感性と詩魂を表現するために子どもたち自身が書いた「童謡」、③子どもたちの感性を育むために教育的な意図から子どもたちに書かせた「童謡」、④美しい空想や純粋な情緒を傷つけることなく育んでいくために子どもに与えた芸術味豊かな『赤い鳥』的「童謡」、⑤子どもたちが歌い継いできたわらべ歌などを意味する「童謡」が混在していたのである。

そして、「童謡」が掲載されていた雑誌も、詩人たちが自らの詩の発表媒体として発行したものと、子どもたちの創作を集めたもの、さらに、子どもたちに与えられるために発行された系統のものなどが存在していたのである。

ヘキも、文学全般を志向し、仲間たちとの切磋琢磨をする中で「童謡」という新しい詩の一形態と出会い、「童謡」に自己の天賦の才を見出していくことになるのである。

注

1　『パン屋の赤い馬車』仙台市民図書館、一九六六年、三～四ページ

第一一章　仙台児童文化活動の人脈形成

一一－一　桜田はるを、片平庸人との出会い

「児童文化」が誕生した大正後期には、全国にさまざまな児童文化団体や結社が作られ、さまざまな人と人との結びつきの中で児童文化活動が展開されていった。

ヘキを中心とした仙台の児童文化活動に集まった人脈がどのように形成されていったのか知ることは、全国の誕生期の「児童文化」活動の人的な広がりの様子を知る上からも貴重な手がかりを与えてくれる。回覧同人誌などに集まった人物とヘキとの関係を検証しながら、人脈形成の様子について確認していく。

ヘキを中心とした回覧誌の同人の一人に桜田破瑠緒（はるを、本名禮三、生没年不詳）がいる。桜田は仙台市大町の呉服店木村屋に勤めていた。桜田とヘキの出会いは、ヘキの回想によると次のようなものである。[*1]

大町に鈴木英華堂という本屋があり赤い鳥やこどもの新雑誌が此の書店に並べられたので しげしげと私は此

の本屋に詰めて和賀や石堂など書店員と文学の友となった。
　その向いが仙台の老舗呉服屋木村屋である。私は夜此の店の決算手伝いなどしてやって、温好な主人夫妻や小さな子になつかれて、又御馳走にもなった。此の店の店頭の畳敷に桜田春男と千葉次男の二少年がいてどんどん童謡を作り、私が見せ合ったり、批評しあったり私筆本の一冊本を出し合ったりして夢中になったのである。

　この回想に名前が登場する鈴木英華堂に勤務していた石堂は、ヘキと共に『街上』を編集していた文学仲間であった。『街上』後書の「第三輯に就いて」で、石堂のことと桜田のことをヘキは次のように記している。

　やつと難産と停滞とで苦しんだ「街上」第三輯を片附けた。こんなに安心なことはない。今度はいろいろこんがらがつた事情が衝突したつた。相棒だつた石堂が都合上止して了つた。その事さへ無ければ去年の七月頃に出来た本だつた。いよいよ石堂が関係なしとなつたのは十二月だつた。新しい相棒。即ち桜田、その次に西塔。と現はれてどうしても続けたい。まつとまつと旺んにやりたいといふ意気込みに引かされて、自分も怠慢のゆるみがやゝ緊張した。

　この、大正九年二月一〇日付けの文章を見ると、一九一九年（大正八）の終わり頃まで、ヘキと回覧誌等で切磋琢磨する文学仲間の中心は、鈴木英華堂に勤務する石堂だったことがわかる。書店に客として通いながら店員の石堂と親しく言葉を交わすうちに、ヘキは文学仲間を得ていったのである。ヘキの周囲で形成された文学仲間に、石堂や和賀のように、日常的に顔を合わせて言葉を交わす中で文学談義に花を咲かせて親しくなっていった人々がいたことがわかる。

石堂は、なんらかの事情でヘキと離れることになるが、石堂と離れた後、入れ替わるように親しくなっていった人物の一人が桜田はるをだった。
はるをとヘキが交流を始めた頃の様子は、『街上』に掲載された「破瑠緒の手帖に誌せる歌」というヘキによる短歌の連作によって、ありありと想像することができる。

始めての我が部屋に来し君なるにあまりに君をもてなさざるかも
やうやくに歌造ること覚え来し君のうれしさ我れのうれしさ
皿の芋を我れはつまみて歌の話すればに君もつまみ食ひきく
ここにゐれば近き停車場の暗きどに折々吼ゆる汽車の声する
（一九一九・一一・一五家にて）

この連作短歌によって、はるをが初めてヘキの家を訪問した日が一九一九年（大正八）の一一月一五日だったこと、はるをはヘキの感化もあってこの頃から短歌を作り始めたことがわかる。芋をつまみながら文学談義に花を咲かせた当時の地方都市の文学青年たちの交流の日常風景も興味深い。
ヘキの影響もあって短歌作りを始めたはるをは、ヘキと共に詩の同人誌『温情』の社友にも加わり活躍することになる。『温情』大正九年二月号には、ヘキの短歌と桜田はるをの短歌が掲載されている。はるをの「姉の部屋」と題する連作短歌四首は、この頃亡くなった姉の死を題材にした次のようなものである。

病む姉はものもえ云はずうなづきてさみしき笑顔《えまひ》むけにけるかも

ぬば玉の寒夜こもらひ病床にねむれる姉の黒髪《かみ》のとぼしさ

短歌を始めて間もない青年の作としてはその水準を超えた作品であり、はるをの才能の片鱗を垣間見ることができる。大正八年の終わり頃からヘキと急速に親しくなっていったはるをは、やがておてんとさん社の結成にも参加し、大正一一年に仙台を離れて大阪に行くまで、木町通小学校の黒田正学級の国語の時間に招かれて子どもたちと童謡を作るなど、ヘキと共にさまざまな活動を展開していくことになる。

はるをと類似の状況でヘキの文学仲間になっていった人物に片平庸人（片平冷嘲夢、明戸陽）がいる。庸人との出会いについて、ヘキは次のように記している。[*2]

そもそも十九位、伯父が仙台の北目町の醤油屋をしているのに寄生して、近所の私の文学少年集合所の中に顔を出した時は、顔の黒いひょうかんな眼だが、どこか淋しそうな彼が萩原青泉子のやつていた新傾向派の俳句を作つて見せにきたのが初会であり、私もこの派の句の旧臭の無いのに共感して作った。これが大正八年赤い鳥出現の前である。

庸人が顔を出すようになった「私の文学少年集合所」という表現から、ヘキ、幸四郎、正五郎、明らの文学好きの兄弟の他に、『三人』『街上』などの同人が加わり、回覧誌の編集をしたり、文学談義をしたりする空間が形成されていたことがわかる。「文学少年集合所」は次のような空間だったらしい。[*3]

（宮下由紀夫の）隣家に仙台の生んだ良寛好きの片平庸人が父母と住んでいた。片平と隣り合って宮下は赤い鳥創刊時、第一番に童謡作りに熱中したのである。その頃の私は片平（片平庸人のことは詳らかに別述する）とは初対面の時から一年もたっていなかったし、此の期間にいろいろな年少な初級青年二十才以下がよくすすぼけた一番丁のお菓子屋の二階を借りて短歌や新傾向俳句の持ち寄り批評会を開き、遅くまで二、三十銭位のお菓子と渋茶を出してもらって論評、感想談り合いに夢中になった頃であり、片平は自分より年少の宮下を連れて来て、層雲派の新風景感覚のひらめきのある作品を出して、始めから新味、新風をその席に漂わして居た。従って宮下の作も似ていて片平風であり歌句共に旧来伝統の古臭は一点も持って居なかった。即ち片平の文学を研究するには此の点が書きもらしては駄目である。

『街上』には庸人の書き込みが見られ、さらに一九二〇年（大正九年）四月に刊行された手書きの回覧誌『銀盤』の同人に加わっていることから、庸人とヘキの出会いも、ヘキが回想しているように、はるをとヘキが出会った大正八年、もしくは大正七年頃とみてよいであろう。

庸人が同人になった『銀盤』は、『街上』を改題した回覧誌である。同人は、『街上』の同人たちに加えて、はるをの紹介で野上くに子が加わり、さらに庸人が加わった。『銀盤』にヘキは短歌と詩を掲載している。『街上』で同人たちから不評だった小品は掲載せず、以後、ヘキの作品は短歌・俳句などの韻文と、詩、そして童謡に収斂されていくことになる。ヘキの創作活動歴の中で、おてんとさん社の活動が始まるこの年は、詩と童謡が己の創作の中心であることを明確に自覚するようになったターニングポイントだったことがわかる。

大正九年は、ヘキの周囲の文学仲間にも異動が確認できる。『銀盤』の後書にあたる「机上言」にヘキは次のように記している。

一九二〇・四・一五
夜十一時破瑠緒は今し方帰って行った。残って、とうとうまとめて了った。銀盤第一輯―として置く。今度も三ヶ月かかって了ったが、かなりの収穫だった。内質も前号よりずっと向上してることを認めた。我々のあゆみは段々と確かに、正しく、そして有意義になってくるのを、喜ばずにゐられない。自由と、無主義と、生気とを生命に、我々の非世間的なあつまりは育つてゆく。より潑剌と、より高音に、より人間的な叫びを上げたい。日本だけの、いままでの人間がいつぺんもやらなかつた、濃厚で強烈で、そして鋭角な表現に會ひたい。段々に望む。
（中略）
破瑠緒は始めて詩章と散文を発表した。（中略）日出夫はとうとう朝鮮へ行って了った。横山君は、やっと童謡三篇をもらつた。自分の弟共の分もよい作ではなかつたが巻頭にのせて置いた。
○に破瑠緒の御世話でひとりの婦人寄稿者を得た事を一つの喜びとし、新たに井泉水派の詩人片平冷嘲夢君を加ひ得た事を、心強く諸君に曰ふ。
〔○＝判読不能〕

精力的に作品を発表していた西塔日出夫が朝鮮に行ってしまったことにより、大正九年の初め頃に、回覧誌を通してヘキが交わっていた文学仲間の中心は、幸四郎ら兄弟の他に、桜田破瑠緒と片平庸人、そして横山鉄二郎が残されたのである。

注

1 『ポランの広場』第一六号、一九七一年一一月、二ページ

2 『ポランの広場』第七号、一九七〇年九月、二ページ

3 『ポランの広場』第五号、一九七〇年七月、一ページ

一―二 千葉春雄、黒田正との出会い

大正九年に、ヘキは新たな知己を得ている。後におてんとさん社設立にも参加することになる宮城女子師範学校附属小学校訓導の仙羽玻朗（本名千葉春雄、一八九〇―一九四三）である。

千葉は『おてんとさん』創刊間もない一九二一年（大正一〇）に宮城県教育会が募集した「本県初等教育の現状に鑑み施設実行すべき緊急なる事項」を課題とする論文に一等当選し、この論文が直接の契機となり、この年五月に東京高等師範学校附属小学校国語部訓導に招聘されて上京する。

東京高等師範学校附属小学校には、初等教育研究会が組織されていたが、上京後はその会の機関誌『教育研究』に芸術教育論や童謡・童話、読方教育等について精力的に論文を発表し、国語教育論の主導者としての活躍を見せる。国定教科書批判を行い東京高等師範学校附属小学校を辞職した後は、厚生閣の編集顧問に迎えられ、『教育・国語教育』の編集責任者として生活綴方運動を支えていく。さらに、東苑書房を設立し、『綴り方倶楽部』などを創刊して作文教育を支える仕事を続け、作文教育の中心的存在となっていく。

一見、接点がないかに見える千葉とヘキの出会いは、仙台の誕生期「児童文化」活動の特色にもかかわる重要な出会いとなった。その特色とは、仙台の誕生期「児童文化」活動で特に顕著だった、学校内外での児童文化活動への学校の教師たちの積極的な関与である。

千葉とヘキを引き合わせたのは、『若人』という同人誌である。『若人』は一九二〇年（大正九）一一月二五日に若人

詩社から創刊されている。評論、短歌、詩、俳句、短編を掲載し、巻末の「清規」を見ると、「熱烈なる誠意を以つて芸術を賛美せんとする若い人々の自由な集ひ」あるいは、「敬虔な心をもつて芸術に奉仕しようとする若い人々のための自由な結社」を目的としたものであった。

千葉とヘキは二輯から同人になるが、それぞれ創刊号から評論や作品を寄稿している。千葉が寄稿したのは、「芸術民衆化の提唱」（創刊号）、「生活の醇化」（第二巻第二輯）、「生活と芸術を不可分的に成立させる条件」（第二巻第三輯）の評論である。宮城女子師範学校附属小学校で芸術教育を推進した千葉の基部に存在した芸術観や生活観が表白された評論である。

ヘキは、創刊号に「遺作展覧会をする頃に」という短歌の連作、第二輯に「風の中の風景」（詩）、「大風吹く」という短歌の連作、第三輯に「ある　はなし」（童謡）、「窓と会社員」（詩）を寄稿している。ヘキが交流していた人物では、片平庸人が、明戸陽のペンネームで童謡「夕日と街」を寄稿している。

第二輯（大正一〇年一月発行）の通信欄にあたる「紙屑籠」に、ヘキは「坐辺觸目」という文章を寄せ、そこに次のような文章を記している。

> 童謡の味をよつくたしかめて見ない人が多い〔。〕これはやつて見るとほんとに何とも言はれない「自分の作品に持つ慕情」を深める。八幡町の天江登美草君らと、仙台に、この派の人の結合をつくる運びが続いてゐる。
>
> 「おてんとさん」といふ小さい雑誌を出してそれで童謡の事を何んでもして行くのだ〔。〕幸ひに、興味をもつ人々の入社を待つ。

〔。〕＝引用者

童謡は「『自分の作品に持つ慕情』を深める」という部分は、この時期のヘキの童謡に対する認識を端的に表明したものとして注目される。また、『おてんとさん』発行を世間に広く予告した最初の機会として注目される。

第三輯の「紙屑籠」には、「簿記台で」という文章を寄せ、次のように記している。

ぱつともえたつたやうに童謡といふものが、詩壇の領域に入つたのに大分狼狽した。私達は大人であつた為に、今ではおつぽり出されたような淋しさといつしよに居る。私達は無性に同志と一緒になりたくなつて「おてんとさん」といふ社を拵へた。詩をかかない人はとにかく詩を書いてゐる人に今更「童謡」を論ずる必要はないけれど、それでも何だか私達はじつとしてゐられない気がする〔。〕又考えては、要するに自分たちばかりやつてゐやうといふ強い気にもなるが。

この誌を見てゐる人の、自分たちの知らないでゐる人の中から、私達は私達と同じような「もどかしさ」を感じてゐる人を見出したい〔。〕

〔。〕＝引用者

ここに記された、「私達は大人であつた為に、今ではおつぽり出されたような淋しさといつしよに居る」という部分には、この時期のヘキが童謡を創作しながら感じていたもどかしさが表現されていて、ヘキが童謡とどのように向き合っていたのか知る上で貴重である。このもどかしさは、やがてヘキの童謡論である「原始童謡主張」に結実していくことになる。そして前号に引き続き、この雑誌を通しておてんとさん社への参加を呼びかけていることも注目される。

第三輯の巻末には、「創刊　おてんとさん　童謡専門雑詩《ママ》」という、『おてんとさん』創刊の案内広告が掲載されている。そこには、三月上旬発行、会費月三〇銭、創刊原稿二月一五日締め切り、社員及び同人の募集、月一回研究会開催、といったことが告知されている。

三輯には、「われらの女神」という西塔日出夫の詩も投稿されている。また、若人詩社第一回短歌会には、ヘキの他に宮下由紀夫も参加している。

西塔は『街上』などの回覧誌以来のヘキの文学仲間だが、宮下も、片平庸人を介してヘキと交流した人物で、後におてんとさん社友になっている。『おてんとさん』創刊号に「硝子の子ッ子」などの童謡を寄稿して、創作に情熱を傾けていたが、東北学院高等科一年の時に火災に遭い焼死してしまう。これらの人物がヘキらと共にさまざまな雑誌に顔を出していることから、文学を通した交流の輪が次第に広がりを見せていた様子をうかがうことができる。

千葉は上京によって仙台から離れることになるが、千葉と入れ替わるようにおてんとさん社の活動に深く関わるようになる教員がいた。『おてんとさん』第二号から社人に加わる木町通小学校訓導の黒田正（一八九一－一九五七）である。

黒田がおてんとさん社と関わりを持つきっかけを作ったのは千葉の存在だったと推測できる。黒田が木町通小に在職したのは一九一五年（大正四）から一九二三年（大正一二）三月の間だが、千葉は大正六年に宮城県女子師範学校附属小学校に赴任する以前、大正二年に宮城師範を卒業して最初に赴任したのが木町通小学校だった。つまり、黒田と千葉は、木町通小学校でおよそ二年の間席を共にしたのである。

当時の木町通小学校は、森谷清一が自由画を推進し、黒田が随意選題の綴り方を推進し、そして綴り方を中心に自由主義的教育論を展開して論客として知られた千葉春雄が在職する仙台市内における自由主義的教育の実験学校とも見なされる校風を持つ学校だった。「新人論客が多く、毎日放課後の職員室は議論百出、賑やかなもの」だったと回想される大正期の木町通小学校において、一八九〇年（明治二三）生まれの千葉とその一歳下の黒田のほぼ同年輩の二人は、当時教育界を席巻していた自由主義教育や自由選題の綴り方教育等について、議論を交わしながら影響を与え合い意気投合していったものと思われる。

そして、『若人』でヘキとの知己を得た千葉が、芸術教育や自由主義教育に傾倒する黒田をヘキに引き合わせ、黒田がおてんとさん社の童謡研究会に参加し、以後精力的な活動を展開していくことになるのである。

一一－三　佐藤勝熊、都築益世との出会い

大正時代以降、仙台の児童文化活動の中核を担っていくことになるおてんとさん社の創立時社人は、ヘキの他に、天江富弥、桜田はるを、佐々木白椿、仙羽玻朗（千葉春雄）、都築益世《つづきますよ》、佐藤勝熊の七人である。佐々木白椿（重兵衛）は、天江の従兄弟で仙台の老舗味噌屋佐々重の経営者でもあった人物である。

これら七人のうち、仙台在住者以外でおてんとさん社結成に参加した人物がいる。東京在住の都築益世と、鎌倉在住の佐藤勝熊である。

都築益世（一八九八－一九八三）は、東京市四谷区で開業医をしながら童謡創作や童謡誌の刊行を行った人物である。『おてんとさん』創刊の二週間後の一九二一年（大正一〇）四月一日に『とんぼ』を創刊したことをはじめとして、『正午』『童詩』『沼』『焔』『獅子』『ら・て・れ』など、多くの詩や童謡誌の刊行や編集に関わり、さまざまな童謡運動の中心としても活躍した。一八九八年（明治三一）生まれなので、ヘキや天江富弥より一歳年上である。

益世も『金の船』や『おとぎの世界』などに童謡を投稿、掲載されているので、誌上でヘキは益世の名前を知っていたものと思われる。だが、益世となんらかの交流を始め、益世がおてんとさん社に加わるきっかけを作ったのは、ヘキではなく天江富弥である。

天江が大正九年九月一八日の日付でヘキに宛てた手紙の中に、次のように記されている。

　都築さんは言つてゐました。錫木さんとも前から交際を願つてゐますと。童謡会は本月二十六日が第一回例会です。あなたたちの歌会と同じ日。童謡会には是非出席したいと願つてゐます。

ここに記された「童謡会」とは、大正九年九月二六日に四谷の都築病院で発会式が開かれた『金の船』東京童謡会のことである。この手紙の内容から、大正九年の九月には天江と益世がすでに会っていたことがわかる。また、ヘキと益世はお互いにまだ面識がなく、おそらく文通も行っていなかったこともわかる。この後、天江と益世の交流がどのように進展したのか残された資料からは不明だが、天江が明治大学在学中に交流を結び、益世は天江を窓口としておてんとさん社の同人に名を連ねたと考えてよいだろう。

表Ⅱ11-1　大正9年　佐藤勝熊『赤い鳥』入選一覧

佐藤勝熊	針さしの頭	童謡	9年5号（4・5）
	栗鼠	童謡	9年7号（5・1）
	脳味噌	童謡	9年8号（5・2）
	とんぼ	童謡	9年9号（5・3）
	蝸牛	童謡	9年11号（5・5）
	蜜柑畑	童謡	9年11号（5・5）
	星	童謡	9年11号（5・5）
	玉蜀黍	童謡	9年12号（5・6）
	茄子	童謡	9年12号（5・6）

もう一人の佐藤勝熊（後に朔に改名。一九〇五－一九九六）は、一九〇五年（明治三八）一一月一日の生まれなので、ヘキや天江より六歳年下である。後年慶應義塾大学でフランス文学を学び、ボードレールやコクトー、サルトル、カミュなど二〇世紀フランス文学の紹介と研究で有名になる人物である。一九六九年から四年間、慶應義塾塾長も務めている。

勝熊も、『赤い鳥』や『おとぎの世界』に盛んに童謡を投稿していた。『おとぎの世界』では「私はあくまで『おとぎの世界』の童謡界で奮ひます。未だ小供ですが」（『おとぎの世界』大正九年五月号通信欄）と宣言したものの、大正九年六月号、八月号、九月号に作品が掲載されただけであった。それに対して、『赤い鳥』では常連とも言えるほど多数入選している。大正九年の勝熊の『赤い鳥』への入選をまとめたものが表Ⅱ11－1である。

大正九年は勝熊満一四歳の年なので、早熟の文学少年だったことがわかる。勝熊はヘキの弟明《めい》と早くから文通している。ヘキ旧蔵資料には、明に宛てた大正九年三月一五日消印のある勝熊の葉書が残されている。そこには、やや幼い文字で次のように記されている。

鈴木君私は貴那は存じませんが「赤い鳥」「こども雑誌」等の誌上で貴君の御作に接して嬉んでます。私も上記誌上に童謡を投書して居ります。貴方はもう余程の青年い《ママ》らしやいますか。

私は未だホンの小供です。私も出来るだけ一心に童謡を研究してます。

長く御交際を願ひます。貴方は童話をお書きになつた事お有りですか。私は未だ是からで何卒毎号私の奪《ママ》闘振を見て下さい。どうか失礼でせうが御返事を下さい。同じ童謡作家としてお返事に一つ童謡を作って下さいませ。以下の童謡は私の近作です。ご返事を待ってます。

　鶯の眼

鶯の眼玉
何ぜ青い
生の梅の実
喰つて青い

　一九二〇、二、十三作

　だるま

こんなこんあんなん
ムム…
威張つた威張つた
赤だるま

手を出せ足出せ
ムム…
戸棚のすみで
ムム…
　一九二〇、三、十三作
　遠足の日
どんどんどんどん
雨が降る
てるてる坊主が
びーしよぬれ
　一九二〇、三、十五作

勝熊が明を知ったのは、勝熊の葉書にもあるように、大正九年三月号の『こども雑誌』だったと思われる。葉書が出された大正九年三月一五日の段階では、勝熊は『おとぎの世界』四月号（三月八日納本）の通信欄に掲載されたヘキの住所を見て、ヘキの住所を知ることもできた。明がどのような返事を出したのか興味深いところだが、勝熊からの葉書の表に返事を出した日付として、ヘキは四月一二日と書き込んでいる。

勝熊は、都築益世とも交流を持っていた。大正九年九月二六日に開催された第一回『金の船』東京童謡会に際して、都築益世、加田愛咲らと共に発会に尽力した人物の一人として名前が挙げられている。

雑誌の消息欄や投稿欄を通して明らと文通を始め、さらに益世との交流を深め、そうした交際によっておてんとさん社の設立同人として名を連ねることになっていくのである。

一一−四　天江とヘキの出会い

ヘキの周囲で、それぞれ「文学」や「童謡」をめぐって、着々と人脈が拡大されていく中で、仙台の児童文化活動の歴史にとって画期的な出会いが果たされることになる。天江富蔵（一八九九−一九八四、富弥、登美草、以下本書では富弥）とヘキの出会いである。天江とヘキは、以後五〇年以上にわたって仙台の児童文化活動の中心になってさまざまな活動を行っていくことになる。

児童文化の歴史にとってきわめて重要な二人の対面までの経緯と時期について、これまで次のように論述されてきた。[*1]

碧は推奨欄の詩人であり富弥は一般欄の詩人といった格附けの時期だった大正九（一九二〇）年の春、富弥が碧に手紙を出したのです。富弥からすれば、『おとぎの世界』の推奨欄に一篇一ページで童謡の載る人だから、自分より齢上の人だと思ったかもしれません、夢二便箋を使っての最初の手紙では、「錫木　碧様」ではなくて「錫木　碧先生」と書いたと聞きます。（中略）

同郷で同好の二人の文通は、まるでラブレターのような色合いを帯び、双方から「早く会いたい―」との文面にならないではいません。そして、明大専門部商業科を卒業した富弥は伏見の酒造会社に就職して京都へ移ったのですけれども、夏、父の病気で仙台へ呼び戻され、そこで二人が初めて顔を合わすことができたのでした。

以上のように、大正九年の「夏、父の病気で仙台へ呼び戻され」た天江がヘキと対面し、「秋から結成に向けて動き

図II-15　天江富弥とスズキヘキ
左から天江、ヘキ、相澤太玄、都築益世（鈴木楫吉氏蔵）

出し、十二月にはおてんとさん社創立をめざしての第一回研究会を呼びかけ、翌大正十（一九二一）年二月にはおてんとさん社を発足」させたというのが、これまで信じられてきた定説である。ただし、こうした説は、状況証拠から得られた推測の域を出ず、資料にあたりながら裏付けを取ったものとはなっていない。[*2]

言うまでもなく、二人が出会った日付と、おてんとさん社結成や『おてんとさん』発行を思い立った日付を確認することは、児童文化の歴史の中では極めて重要な史実の確認となる。特に、おてんとさん社の活動を中心とした仙台の児童文化活動の歴史にとっては、二人の出会いがその後の動きの出発点であり、まさに歴史的なターニングポイントとなる日である。そこで、従来の説を検証しながら、残された資料をもとに二人が出会うまでの軌跡を辿ってみる。

同じ仙台市に生まれながらも、天江は仙台市西部の八幡町に育ち、ヘキは仙台市の中心に近い北目町に育っている。二人の生活の拠点は、直線距離にして三キロ以上離れている。住んでいた地域も離れ、学校や職場も異なり、共通の知人・友人もなく、活動の接点もなかった二人が、お互いの存在を知ることになるのは、情報が公開される雑誌や新聞といったメディアを通してだったと考えるのが妥当であろう。

天江の生家は、一八〇四年（文化元）から仙台の八幡町で天賞酒造を営んでいた造り酒屋である。天江は六代目勘兵衛の三男として一八九九年（明治三二）三月に生まれ、八幡小学校を卒業し、一九一七年（大正六）明治大学専門部商学科に入学している。

天江は、一九一一年（明治四四）に創刊された白鳥省吾編集『新少年』に作文をしばしば投稿し、時には入選してメダルをもらっているが、ヘキがこの雑誌を読んでいた形跡はない。さらに、一学生にすぎなかった天江の存在が、ヘキの関心を惹くような形で新聞に報じられるということは考えにくい。

一方のヘキは、天江と同じ明治三二年七月に、土建業を営む正吉・えい夫妻の長男として仙台市北目町に生まれ、荒町小学校を卒業して一九一七年（大正六）から宮城県農工銀行に勤めていた。一銀行員にすぎず、やはり新聞でその存在が報じられる、ということは考えにくい。以上のことから、二人がお互いにその存在を知る可能性が残されているのは、従来言われてきたように、二人が共に購読した文芸誌の投稿欄だったと考えて間違いないであろう。

ヘキ旧蔵資料には、ヘキ兄弟が購読していたと思われるさまざまな子ども向け文芸誌が残されている。文学、特に童謡の創作に精力的に取り組んでいたヘキは、詩や短歌、短編などを掲載する文学同人誌の他に、『赤い鳥』や『金の船』『童話』『おとぎの世界』『こども雑誌』をはじめとした児童文芸雑誌を購読していた。

大正九年の終わりには、二人を中心としたおてんとさん社の活動が始まっていることが確認できるので、二人が出会うのは大正九年かそれ以前ということになる。大正九年以前に発行された手書き回覧誌以外の雑誌でヘキ旧蔵資料に残されているのは、『温情』（大正九年二月、ヘキ短歌掲載）、『日本少年』（大正三年一月）、『赤い鳥』『金の船』『童話』『こども雑誌』、そして『おとぎの世界』である。

これらのうち、『日本少年』と『童話』にヘキ関連の作品の掲載はない。『温情』には「焼けたる町より」と題した連作短歌八首が掲載されているが、氏名のみで、連絡先の手がかりになるような住所・肩書等の記載はない。『赤い鳥』大正九年六月号にはヘキの作品「坊さんの頭」が掲載されているが、住所は「宮城」と書かれているだけである。『金の船』にヘキの童謡は掲載されていない。『こども雑誌』は、大正九年三月号と五月号が残されている。三月号には桜田はるをと弟明の童謡、五月号には桜田はるを、明、片平庸人、佐藤勝熊の童謡と、ヘキの周囲の人物の作品が掲載されているが、ヘキ自身の作品は掲載されていない。以上のように、ヘキが残した雑誌を確認すると、知り合う契機として最後に残るのは、これまで言われてきたように、『おとぎの世界』ということになる。

そこで、『おとぎの世界』とヘキ旧蔵資料に残された天江からヘキに宛てた手紙と葉書を用いながら、詳細な検討を加えてみる。資料をもとに、大正九年の『おとぎの世界』に見られるヘキと天江の動向と、ヘキ宛て手紙に見られる天江の動向についてまとめたものが表Ⅱ11‐2である。

『おとぎの世界』大正九年一月号の通信欄に、「大きいなりをしながら毎月本誌の出るのを待ちこがれて居ります。皆様これからお仲間入をさして戴きます」と天江が記していることから、『おとぎの世界』の購読は、この号の前号、すなわち大正八年一二月号からだと考えられる。大正九年一月号にはヘキの童謡「白い雲」が「錫木碧（仙台）」という記載で投稿欄に掲載されているので、ヘキの存在を天江が知る可能性があるのは、この号が納本されて書店に並んだ大正八年一二月八日以降のことだと考えられる。

二月号の童謡投稿欄には、ヘキの「かご」と「都会」、天江の「ころころ小うさぎ」が九四ページと九五ページに並ぶように掲載されている。一月号でヘキの存在に気づかなかったとしても、この号で、間違いなく天江は同郷のヘキの存在に気がついたであろう。だが、ヘキは「仙台　錫木碧」と記載されているのみで、住所は記載されていない。この時点でも、まだ天江とヘキの接触はなかったとみてよいであろう。

天江がヘキの住所を知るのは、四月号の通信欄にヘキの住所が掲載された時だと考えられる。この号は、三月八日に

表Ⅱ11-2　1920年（大正9）　天江富弥・スズキヘキ交流と動向

月	『おとぎの世界』関連	天江富弥動向
1月	ヘキ「白い雲」（投稿欄）、通信欄に明治大学商科3年の肩書で天江投書	明大学生として東京在住
2月	ヘキ「ぐるぐる輪」（推奨）、「かご」「都会」（投稿欄、仙台錫木碧として）、天江「ころころ小うさぎ」（投稿欄、東京天江登美草として）	
3月	ヘキ「落ちた星」（投稿欄）、通信欄にヘキ投書（1月号の感想）	
4月	ヘキ「手まり唄」「山の上のきこりぢいさん」（推奨）、通信欄に仙台市北目町25の住所でヘキ投書（2月号の感想、童話（謡）研究欄の設置を要望）	13日消印ヘキ宛て葉書（5日に東京から帰ってきて15日京都に夜行で出立の可能性…この間、約10日は仙台滞在）
5月	ヘキ「とーひに」「おてんとさまの赤ん坊」（推奨）、通信欄にヘキ投書（3月号の感想）	14日消印ヘキ宛て葉書（静岡あたりの車中から葉書、6月14日まで在仙を告げる） 16日消印ヘキ宛て葉書（仙台八幡町から葉書、ヘキ「坊さんの頭」賞賛）
6月	天江「おもちゃ箱」（投稿欄、仙台天江登美草として）、通信欄に仙台市北目町25の住所でヘキ投書（4月号の感想）	18日消印ヘキ宛て手紙（京都に来て5日経過、童謡の研究誌作る提案）
7月	ヘキ「山火事」（推奨）、通信欄に仙台市北目町25の住所でヘキ投書（5月号の感想）	31日消印ヘキ宛て葉書（東京小石川で父親の看護）
8月	ヘキ「木羽ふきさん」（推奨）、天江「猫やなぎ」（投稿欄）、通信欄に仙台市東八番丁14の住所でヘキ投書	7日消印ヘキ宛て葉書（小石川から） 25日消印ヘキ宛て葉書（小石川から）
9月	ヘキ「初夏」「ひばり」（推奨）、天江「月と兎」（投稿欄）	18日消印ヘキ宛て手紙（仙台八幡町から、都築益世のことなど）
10月		
11月		17日消印ヘキ宛て手紙（神奈川湯河原天野屋から、おてんとさん社の名前登場）
12月		12日消印ヘキ宛て葉書（仙台八幡町から、童謡会・おてんとさん社やりたい） 13日消印ヘキ宛て葉書（仙台八幡町から、『若人』のヘキ詩を激賞）

納本となっているので、この日以降文通を始めることが可能になる。ただし、天江とヘキの最初の手紙はヘキ旧蔵資料に残されていない。いつ、どのような内容の手紙が送られたのか、残念ながら未見である。

二人の間での書簡で現存する最も古いものは、大正九年四月一三日の消印を持つ天江からヘキに宛てた葉書である。そこには次のような文章が記されている。

去る五日に帰りました。学校も終つたのでこんどは京都の伏見にあるお酒屋さんに奉公することになりました。それで明後日あたり出発せねばなりません。せつかく帰仙しながらお会いする機会もなく、別る〇〇〇〇様になるでせう。夜分にても自転車でお伺いすれば出来るんですけれど、初めての御面会にトツゼンお伺いするのもいやですし、十五日の夜行でたつ様になるかもしれませんから、それまで電話など下さらば。まあ、電話ではなしたゞけでも、だまつてお別れするよりはましでせうから…四百六十三番をお呼び下さいますれば大抵すぐ出るでせう。私の方から差上る様になるかもしれません。

〔〇＝判読不能〕

この葉書からわかることは、①天江は大正九年三月で明治大学を卒業し、東京から戻った四月五日から一五日まで在仙していた、②京都の酒造会社（伏見・宝酒造）で修業することになり、四月一五日に京都に向けて出発の予定、③天江とヘキはすでに文通する仲になっている、そして、④まだ対面は果たしていない、以上である。

すでに文通する仲になっていることは、詳しい説明を一切書かずに、「去る五日に帰りました。学校も終つた」と書かれていることから明らかである。これ以前の手紙で、自分が東京に住む学生であるという自己紹介を天江が終えていなければ、この書き出しでの葉書は成り立たない。しかも、「去る五日に帰りました」で始まる葉書を送ることができたということは、これ以前に何度か手紙を交わし、親しくなっていなければあり得ないであろう。また、「初めての御面会にトッゼンお伺いするのもいや」と書かれていることから、まだ対面を果していないことも確認できる。いずれにせよ、四月一三日には、天江は「せつかく帰仙しながら」、まだヘキとの直接の対面を果たしていないのである。

この葉書の次に古いものは、五月一四日の消印が押された天江からのヘキ宛て葉書である。この葉書は、京都から仙台に向かう汽車の中で書かれている。そこには、次のような文章が記されている。

家からの電報で
又仙台の人となり得ることになりました。

昨よ京とをたつて来ていまは静岡のあたりを走つてゐます。こんばんの夜行ですぐ帰仙しますから又様を見てお会い出来るでせう。

六月号の赤い鳥、車中で読みました。御作うれしく拝見しました。

申上たいこともありますがペンを替いてか、御会いした時にか、ゆつくり申上ませう。

六月の十四日頃まで居ります。いづれ…


この葉書には、きわめて重要な情報が記されている。この葉書には、「又様を見てお会い出来るでせう」と書かれているのである。「又…お会い出来るでせう」という文章は、この時点で二人がすでに対面を果たしていた、という事実がなくては成り立たない。

二人がすでに会っていることは、京都から戻って仙台に着いた天江がヘキに書いた五月一六日付け消印の葉書でより明確になる。そこには次のような文章が記されている。

赤い鳥のはことにいゝと思いました。

（中略）いつかお会いした夕、童謡の句調のことについて一寸お話しゝましたつ《ママ》たが、いまがいままで私は童謡は句調が一りつに、そろつてゐぬものは、駄目。大へんきらいでありました。あの夕、あなたにそれと反対な意見を聞かされて一寸めんくらいましたが、やつぱりあなたの言ふ通りです。このこともゆつくりお話しゝたいのですが…。赤い鳥の坊さんの頭で、よくその事を感じ、大へんこのお作が好きになりました。


この葉書の中に「いつかお会いした夕、童謡の句調のことについて一寸お話しゝましたつた」と書かれていることに着目しなければならない。間違いなく、二人はすでに対面して童謡について言葉を交わしているのである。

五月一六日付けの葉書で二人がすでに出会っている事実が確認できることから、「夏、父の病気で仙台へ呼び戻され、そこで二人が初めて顔を合わすことができた」というこれまでの説は明確に否定されなければならないことになる。

それでは、対面を果たしたのはいつか。四月一三日消印の葉書では、二人はまだ対面を果たしていないことが確認できた。また、四月一五日の夜行で天江は京都に出立し、五月一六日に帰仙するまで京都に在住していたことも確認できた。そして、五月一六日に帰仙した時には、二人はすでに会った後だった。このように時系列を追うと、天江がヘキに「お会いした夕」に相当する日付は、ヘキに葉書を出した四月一三日から、京都に発つ前の一五日までの間に限定されることになる。

もう少し絞り込んで検証する。四月一三日の消印が付けられた天江からの葉書は、一四日にヘキが受け取ったものと思われる。大正九年四月一四日水曜日、仕事から帰宅したヘキは、すでに手紙のやりとりをしていた天江からの葉書を見て、八幡町の天江宅に電話をかけ、翌日の対面の約束となったのではないだろうか。あるいは、葉書が着いた頃を見計らって、天江がヘキに一四日の夜以降に電話などを使って連絡をとった可能性もある。そして、翌四月一五日木曜日、ヘキの仕事が終わった後に、夜行で仙台駅から出立する直前の天江と待ち合わせしたのであろう。一四日に葉書を受け取ってすぐに電話をかけ、そのまま対面した、という可能性もあるが、あまり現実的ではない。やはり、一四日は電話で約束して一五日に対面、と考えるのが妥当であろう。仙台の児童文化活動史にとって記念すべき二人の対面日は、一四日の可能性を若干残しながらも、一九二〇年（大正九）四月一五日木曜日と断定してほぼ間違いないであろう。

場所は、ヘキが『パン屋の赤い馬車』に次のように記している。[*3]

仙台の街を、赤い馬車がドコドコとゆっくり走っていた頃、此の馬車を経営していたカフェー・クレーン。階下は仙台始めての鶴屋洋菓子店である。（中略）四十五・六年前に二十二・三才の天江富弥が同じ赤い鳥・金の星・童話などの投書が縁となって明大生の終わり頃に、私を訪ねて来て、このクレーンで何かのんで初めて話をした。（中略）天江との珈琲店の話し談りは何んにも憶えていない。場所だけ知っている。いつの間にか仙台で雑誌を出そうと、二人は各々自分たちの身辺の友達を仲間にして「オテントサン」という、片仮名の誌名をえらんで恋人の如く若々しい胸を痛め、感激と希望で人生の最大の喜びに、日日を生きた。

カフェ・クレーンは、一九一二年（明治四五）七月に仙台市の東一番丁・つるや洋菓子店の二階に開店した仙台初の本格的喫茶店の草分けである。二階建ての洒落た洋館造りで、夜はイルミネーションが点灯したと言う。このカフェと下の洋菓子店は兄弟での経営だったが、ヘキが記しているように、下のつるや洋菓子店では、赤塗りの馬車をロバに引かせ、元軍人の御者がラッパを吹き鳴らし、焼きたてのパンや洋菓子の配達、ご用聞きに市中を廻っていた。カフェではエプロン姿の少女が給仕をし、カレーやオムレツなどの洋食が一五銭均一、アイスクリームが一〇銭、珈琲・紅茶が五銭、蒸し饅頭が二個一〇銭で提供されていた。大理石の卓、エキゾチックな電灯に、一二、三歳の少女が洋皿で給仕

図II-16　カフェ・クレーン

するしゃれた雰囲気が若者の人気を集めたと言われている。

ヘキが勤務する宮城県農工銀行は、東二番丁通りにあったので、ヘキの勤務地とカフェ・クレーンは至近距離にある。イルミネーションが点灯する中、洒落た洋館のカフェで二人は初の対面を果たしたのである。

ヘキは、「天江との珈琲店の話し談りは何んにも憶えていない」と書いているが、天江の葉書の文面から、天江が童謡について質問し、ヘキが自身の童謡論や文学論、特に童謡の句調について熱く語った様子がわかる。

以上のように、一九二〇年（大正九）四月一五日夕方、天江とヘキは対面し、ここから、おてんとさん社を中心とした仙台の児童文化活動が本格的に活動を開始するのである。

注

1　遠藤実『仙台児童文化史』久山社、一九九六年、二三ページ
2　前掲『仙台児童文化史』二四ページ
3　前掲『パン屋の赤い馬車』二～三ページ

第一二章　おてんとさん社の結成と『おてんとさん』の発行

一二ー一　おてんとさん社結成の準備

仙台を中心とした児童文化活動の中核となったおてんとさん社だが、おてんとさん社の設立過程について、先行研究で詳細に分析が加えられることはなかった。おてんとさん社設立の経緯について、これまでは次のように説明されてきた。*1

二人の友情の結び目としてつくられたのが〈おてんとさん社〉であり、童謡専門の同人雑誌『おてんとさん』です。二人の初めての顔を合わせたのが大正九（一九二〇）年の夏ですが、秋から結成に向けて動き出し、十二月にはおてんとさん社創立をめざしての第一回研究会を呼びかけ、翌大正十（一九二一）年二月にはおてんとさん社を発足させたのです。

設立後のおてんとさん社の多様で旺盛な活動を考えると、「二人の友情の結び目」として作られた、といった天江とヘキの友情物語として情緒的に設立の経緯を語ることは、おてんとさん社の歴史的位置づけ、ひいては当時の児童文化活動の実態を見誤る遠因になりかねない。

前章で分析したように、天江とヘキは一九二〇年（大正九）三月に文通を始め、四月一五日に対面を果たしたことがほぼ確定できる。その後、おてんとさん社の設立や童謡雑誌『おてんとさん』発行の構想はいつ頃芽生え、どのように具体化していったのだろうか。

おてんとさん社結成前のヘキの童謡に対する情熱には並々ならぬものが感じられる。すでに確認したように、ヘキは回覧同人雑誌への習作の寄稿と習作に対する仲間たちからの評価を受けながら、童謡だけではなく、詩や短歌、俳句、さらに短編小説と、幅広い文学創作を志向していた。そうしたヘキが、童謡を自らの文学活動の中心と自覚するようになるのが、大正九年の初めであった。

童謡を自らの文学活動の中心として自覚したこの頃のヘキは、『おとぎの世界』の通信欄に頻繁に投書し、「童謡研究欄」の新設を童謡の選者山村暮鳥に要望している。それは、まさに熱望といえるものだった。『おとぎの世界』第二年第一号（大正九年一月）の通信欄に、ヘキは次のような文章を投書している。*2

○暮鳥先生に―童謡といふものに対してしつかりした土台が、私達に無くてやつてゐるので、絶えず、不安と疑惑にかられてゐます。是を救つてもらふ。私はしきりに先生に御考察を願ひたいと思ひます。通信欄の一二頁位毎号御執筆下さつたらどんなに私達は益される事でしやうか。これは私一人の御願ではない恐らく童謡投書家のすべてが渇望してる苦しみでしやう。（中略）童謡研究欄の様なものを新設されては如何で《ママ》う。

「童謡といふものに対してしつかりした土台」が無いことを危惧し、童謡創作に対して「不安と疑惑にかられて」いたこの頃のヘキは、創作の土台となる童謡論を切実に求めていたことがわかる。四月号でも、「どうか大人同志の『童《ママ》話研究欄』を設けて下さい。私達は何時までも迷つてゐます」[*3]と述べ、童謡論を渇望し続けていることを表明している。「童謡」と呼ばれる詩が急速に市民権を得たものの、童謡論がいまだに熟成しない中、ヘキをはじめとする愛好者たちは真剣に創作活動を続け、「不安と疑惑」の中で童謡を文芸として確立することに努めていたのである。こうしたヘキの熱烈な要望に応える意図もあったと思われるが、暮鳥は六月号に「童謡に就て」という八ページに及ぶ長文の童謡論を掲載している。

ヘキは一方で、『おとぎの世界』に掲載された童謡などに対する講評を通信欄に寄稿している。これは、自身の童謡観を披瀝することで読者の反応を惹き起こし、それによって通信欄の場を借りて、多くの童謡愛好家と誌上での童謡研究を行おうとしたものと考えられる。六月号には、「四月号所感」として、初山滋の表紙や暮鳥の童話について論評した後、「西宮氏と初山氏の感想風の記事は大へん参考になり有益でした。どうかこの種の御研究を毎月のせて下さい。さういふ風な暮鳥氏の童謡感といふやうなものを私達は願つてゐたのです」と述べている。その後に引き続き、次のような講評を披瀝している。[*4]

暮鳥氏「まりうた」は力作ではなかつたやうです。ついでに活字が小さいと見栄えがしませんから編輯者の工夫を要すると思ひます。応募の分では白井君久しぶりです。出過ぎますが―大事の坊やを隠しとけ―といふ一行がいらなかつたと思ひました。戸塚君上手です。私の「山の上のきこりぢいさん」は、あれは去年の秋ほんとうにある山の頂上で発見したシーンです。岩佐君の諸作、登美草君の「とんび」の最後の行、かほる君の「ダイヤのピン」など共鳴します。

「童謡研究」を真摯に求めたヘキは、投稿童謡の選者でもある暮鳥の作品に対しても遠慮することなく講評していたのである。八月号の「消息」には、次のようなより本格的な講評を寄稿している。*5

「はねつるべ」は、それに較べて、ずつと軽く明るい。そして一寸したことでも、無智なもののユーモアと、親しさを見出してゐる。ぎいーこ、ぱたり、といふつるべのきしりはおてのうち。末行―かあかあかあ、もほんとによく、この場合に鳥の啼きをはつきりと朝の空気に、いやあの童謡を読んだ人にきかせた。さしゐ申し分ない。ただ畑がほしかつた。童謡の投書欄は淋しく乏しい。けれども少ない何れにも、光つたものがそろつてゐる。中山、青柳、山崎、天江、草小路、佐藤、間宮、水島の諸君、あくまでも本誌に真摯な努力をしてゐられるのがうれしい。中にも「金の翼」の軽さ。「おもちや箱」のウヰツト。「土筆」の中の（とんぼのしつぽもたくと棒）の一句、「春雨」のあとの方の行―など追随を許さないものがある。

こうして、さまざまな場で自身の童謡論を盛んに展開していたヘキは、天江との交流の中でも文学論や童謡論を交わし、「童謡研究」を行うことを求め、常に批評的な言動を行っていた。童謡論を交し合い、童謡についての思いを語り合っていた二人は、初対面を果たしておよそ二ヶ月後、「童謡の研究雑誌」を作ることを思い立つ。このことを思い立った、まさにその瞬間を記した天江の京都からのヘキ宛の手紙（大正九年六月一八日付）が残されている。

私《ママ》しはいまあなたのことを思ふにつけ、私しも少し真面目な心持を童謡に持たねばならんと思いました。私しの謡に対する心！それは貧しいものですからね。

童謡らしいものを作れる筈はありませんね。私しは自分のこの様ななさけない弱い心をのろつて居ます。『何物に対しても主義を持ち得ぬものは人間ではない』かうある学校の先生が言つたのを私しは覚えて居ます。私しは人間になり得ないのかもしれません。私しの大好きな童謡に対してさい、一つの主義さへ持つてゐない様ですから、碧さん！よしませうね、こんなグチを、私らは若い、もつと真面目になり得る。私らはもつともつとはげまねばならなかつた。

どうぞ碧さん、私しの為に、私しのこの心の為に力強いものをお与い下さい。

…………。

いまとつぜん、『わたしらで童謡の研究雑誌を作つたら？』と之に対するいろいろのことを考《ママ》いました。

こんなことを、あなたは考いることはありませんか？

　何だか徹頭てつぴ、わけのわからぬことのみ書きましたね。御判読下さい。

六月一八日夜、ヘキの童謡への熱い思いを受けとめた天江の脳裡に、童謡の研究雑誌発行計画が忽然と閃いたのである。児童文化の歴史にとって、日本で最初の童謡専門誌の計画が閃いたこの瞬間は、まさに歴史的な瞬間だったといっても過言ではない。

　ヘキがメモした日付から、この手紙に対する返事は七月二三日に出されていることが確認できる。どのような内容の返事だったのか残念ながら天江宛のその手紙は残されていない。だが、童謡研究を切実に求めていたヘキは、童謡研究誌への熱い思いを天江に返したことは間違いない。

ところが、この計画は一気に実現に向かわず、しばらくの間停滞を余儀なくされてしまう。理由は、天江がこの年の七月から九月にかけて、東京小石川の音羽養生所に入院した父親の看病で東京に滞在し、「父と同じ部屋に居りますので。父の前ではペンもとれませんから…」（大正九年八月七日付葉書）という状況の中で自由に行動できなかったからである。

天江が父親の看病から解放された後の一〇月から一一月にかけて、「童謡の研究雑誌」を作る計画は急速に進展していくことになる。

注
1　前掲『仙台児童文化史』二四ページ
2　『おとぎの世界』第二年第一号、文光堂、一九二〇年一月、一二八ページ
3　『おとぎの世界』第二年第四号、文光堂、一九二〇年四月、八六ページ
4　『おとぎの世界』第二年第六号、文光堂、一九二〇年六月、九二ページ
5　『おとぎの世界』第二年第六号、文光堂、一九二〇年八月、九五ページ

一二―二　おてんとさん社の誕生

「おてんとさん社」の名前が最初に確認できるのは、管見の限り大正九年一一月一八日の消印が押された、ヘキ宛の天江の手紙である。そこには、次のような文章が記されている。

都築さんの方には、一寸先がけされた様で今の処病わしい様な気まづい様子に見だ《ママ》が、大丈夫まけないでやれると思ふ。『おてんとさん社』の仕事は金の船のそれあれに対抗して華々しくやらうなどと思ってはいけぬ。どこまでも真面目な親しみのあるものを作らねばならぬ。

東京童謡会の第一回の作品集を見たが、もし見なければ送つてやる。あまり大した成績ぢやない。

文面から判断すると、この時点ではすでに名称が決定していたものの、おてんとさん社としての具体的な活動内容について、まだ固まっていなかったことがわかる。

また、都築益世の活動を強く意識していたことも読み取ることができる。益世の活動とは、『金の船』東京童謡会のことである。童謡会について、『金の船』一〇月号に「毎月一回最終土曜日の午後三時から『金の船』童謡愛好者諸君が集つて、童謡の習作と普及とにつとめる」ことになったので、出席希望者は常任幹事の益世に照会することが告知されている。

その後、益世が中心になって一九二〇年（大正九）九月二六日に四ツ谷の都築病院で『金の船』東京童謡会の発会式が開かれている。『金の船』一二月号には発会式の様子が報告されているが、加田愛咲、佐藤勝熊、都築益世をはじめ、岡本帰一、斎藤佐次郎、山本午後、野口雨情も出席した盛大なものであった。『金の船』が関与しているだけに、その活動は大規模なものだったことがわかる。なお、「出席する筈で来ることの出来なかったのは仙台市の天江登美草君と東京では塚本篤雄君の外八名」とあり、天江も出席予定だったことが確認できる。

童謡研究会を開催したいという思いは、童謡創作に本格的に取り組み始めた頃からのヘキの渇望ともいえる強い願いであったたけに、天江の知人でもあり、同好の士として名前を知っていた都築に先を越されたことには、ヘキ自身複雑な思いを持っていたのではないだろうか。この手紙は、ヘキから天江に対して、益世の動きに対する正直な思いを吐露したヘキへの返書だったものと思われる。いずれにせよ、文芸の新しい一ジャンルである童謡をめぐって、童謡愛好者たちの間に複雑な思いやかけひき、交流と交渉が渦巻いていたことがうかがえる。

おてんとさん社の名称が決定した後、一二月になると天江とヘキの間で活動の構想が固まってくる。大正九年一二月一二日の消印が押された天江のヘキ宛葉書には、『『おてんとさん社』の方、童謡会の方、ぜひ三つ四つ作りたいもの」とあり、童謡研究雑誌を発行するだけではなく、さまざまな活動を構想し始めていたことがわかる。

二人が最初に行ったことは、おてんとさん社設立の準備の一環として、童謡に対して興味関心を持つ人々を集め、おてんとさん社への参加者を募る目的で、「童謡研究会」を開催することであった。

『おてんとさん』創刊号には、その日の様子がヘキによって「第一回童謡研究会のこと」として詳細に記されている。それによると、「どんな人達が童謡といふものに、気づいてゐるかが、第一の未知であつた」ことから試験的に催したこの集まりでは、天江が童謡のレコードを持ってきて蓄音機をかけたり、童謡を大人が作ってよいか、という議論で白熱したり、持ち寄ったお互いの習作への講評を行ったりして夜の一一時過ぎまで熱心な議論が展開されている。お互いの習作への講評は次のような雰囲気の中で行われている。

碧君の旧作。
　ピチピチひばり　早よう
　下りて来んか
　早よう　下りて来なけりゃ

子をとろ　子とろ　―（春の野）
好評を博した、かるく、気持ちよくリズムを入れて居る。今までにもあつた筈だが、語法からもトーンからも、上手だ気分がたつぷり出てゐる。子をとろ子とろは雨情さんが使つたと記憶している。（中略）
―話が面白くなつて、十一時すぎであつた。互選をするといふことより、童謡は聴官から感じた方がよいと言ふので、一人がよみ上げた。追てはふしの研究もして見たいと思ふ。

当日の参加者は、天江とヘキの他に桜田はるを、渋谷彦郎、赤塚淋果をはじめとした一〇人で、他に都築益世、佐藤勝熊、明戸陽《あけとよう》（片平庸人）ら六名が不参加だったものの作品を送ってきている。ここに関わった一五名前後の者が、この時点で天江やヘキの周囲で「童謡といふものに、気づいてゐる」人々の中の主だった人々ということになる。

第一回童謡研究会開催の日時であるが、おてんとさん社の実質的な活動の第一歩となったにもかかわらず、この集まりが開かれた日時は不明である。一九二一年（大正一〇）一月の日付で出された「童謡の御好きな人人に」というガリ版刷りのチラシの次の文面を手掛かりに、開催日を推測するしかない。

もつと早くにこの仕事は始つてゐべき《ママ》筈でしたが御互の「むすび合ひ」といふものがめんどうなために、のびてゐたと思ひます。それでもやつと十五人程見つけました。いやいやこればかりではない筈です。もつと沢山の人が居つてくれる気がします。

ここに記されている「十五人程見つけました」は、「童謡といふものに、気づいてゐる」人を確認するために開いた第一回童謡研究会に参集した人々を指していると考えられる。したがって、第一回童謡研究会は、このチラシが出され

図II-17　おてんとさん社同人

右から吉田昌次郎、スズキヘキ、黒田正、石森勉、安倍宏規、千葉春雄、鈴木一郎、伊藤博、桜田はるを、天江富弥、刈田仁（鈴木楫吉氏蔵）

た日より前に開催されているとみてよいだろう。

また、一九二〇年（大正九）一二月二〇日に印刷納本された『若人』第二巻第二輯には、次のように記されている[*1]。

> 八幡町の天江登美草君らと、仙台に、この派の人の結合をつくる運びが動いてゐる。『おてんとさん』といふ小さい雑誌を出してそれで童謡の事を何んでもして行くのだ〔。〕幸ひに、興味をもつ人々の入社を待つ
>
> 〔。〕＝引用者

「この派の人の結合をつくる運び」が動いているというこの文章からすると、『若人』第二巻第二輯の原稿を締め切った大正九年一二月中旬は、開催を目前に控えた時期だった可能性が高い。これらのことを合わせて考えると、第一回童謡研究会は、早ければ大正九年一二月の下旬、遅くとも、大正一〇年一月中に開催されたことは間違いない。そして、第二回童謡研究会

が二月一五日、第三回が三月一七日と、ほぼ一ヶ月おきに開催されていることを併せて考えると、第一回童謡研究会の開催は、一月一五日前後に開催されたと考えるのが妥当であろう。

同志の結集を目的とした第一回童謡研究会の開催を経て、いよいよおてんとさん社の活動は本格的にスタートする。ただし、発会式を開いた形跡はなく、発足した具体的な日時を記した資料も残されていない。管見の限り、おてんとさん社の発足を伝える資料はガリ版刷りのチラシ「童謡の御好きな人人に」をはじめとする表Ⅱ12-1にまとめた五点の資料である。

これらの資料を見ると、第一回童謡研究会で活動に参集する仲間を確認した後、一月中におてんとさん社社人も決定、さらに『おてんとさん』創刊号の詳細な目次も決定していたことがわかる。

おてんとさん社は、正式な発会式がないまま、第一回童謡研究会を〈実質的な〉活動の第一弾とし、さらに『おてんとさん』創刊を〈本格的な〉活動の開始としている。『おてんとさん』を発行することを目的に、その発行母体として作られたおてんとさん社なので、社人もほぼ固まり、『おてんとさん』発行のためのさまざまな準備に取り組んだ時期が発足の条件が整った実質的な発足の時期と考えてもよいであろう。

『若人』第二巻第三輯に掲載された『おてんとさん』の広告には、創刊号の目次が掲載されており、『若人』の原稿が集められた一月下旬にはすでに『おてんとさん』の編集がかなり進んでいたことが確認できる。編集作業には、すでに固まっていた発足時の社人もなんらかの形で参加したものと思われる。

また、「私達は無性に同志と一緒になりたくなつて『おてんとさん』といふ社を拵へた」というこの号に掲載されたヘキの文面からも、『若人』第二巻第三輯の原稿が締め切られた一月中旬から下旬には、すでにおてんとさん社は実質的に動き出していたことが明らかとなる。

このように残された資料をつぶさに検討すると、これまで「大正一〇（一九二一）年二月にはおてんとさん社を発足」

表Ⅱ12-1　おてんとさん社発足関係資料一覧

資料名	発行年月日	記述内容抄	備考
『若人』第二巻第二輯	大正九年一二月二〇日印刷納本 大正一〇年一月一日発行	八幡町の天江登美草君らと、仙台に、この派の人の結合をつくる運びが動いてゐる。「おてんとさん」といふ小さい雑誌を出してそれで童謡の事を何んでもして行くのだ幸ひに、興味をもつ人々の入社を待つ。	結成準備段階。社人募集中。
童謡の御好きな人人に	大正一〇年一月	やつと十五人程見つけました。いやいやこればかりではない筈です。もつと沢山の人が居つてくれる気がします。おてんとさんといふ名が気に入りましたら貴君も仲間に入つて下さい。	結成間近。同好者を一五人ほど見つける。
『若人』第二巻第三輯	大正一〇年二月一日発行？印刷納本、発行日共に誤植で前号のままになっている。ただし、一月二二日の日付を持つ原稿が掲載され、二月一三日の短歌会の社告が掲載されているので、印刷納本は一月末からせいぜい二月初めの間と考えられる。	私達は無性に同志と一緒になりたくなつて「おてんとさん」といふ社を拵へた。	おてんとさん社はすでに結成された可能性が強い。
童謡研究雑誌『おてんとさん』が出ます	大正一〇年二月	どなたでもよろしい。童謡に御気のついてゐられる方に入つていただきたい。私達の運動はたいへんに小さいものだが、それでも貴方をがつかりさせることは決してないでせう。	おてんとさん社の名前で出した最初の文書。設立時社人七名の連名で出されている。
創刊　おてんとさん	大正一〇年二月	三月上旬発行『おてんとさん』の広告 創刊号内容目次が詳細に記されている。	『若人』第二巻第三輯に掲載された広告

と言われてきたが、おてんとさん社は、第一回童謡研究会が開かれた一九二一年（大正一〇）一月のうちに実質的な活動を開始していたことが裏付けられる。

以上の分析と検証の結果、おてんとさん社の発足時期は、従来の説である大正一〇年二月から、大正一〇年一月に訂正することができる。

注

1 『若人』第二巻第二号、若人詩社、一九二一年一月、六二ページ

一二-三 『おてんとさん』の創刊と内容

童謡専門誌『おてんとさん』の発行は、天江とヘキが最初に構想したことであり、童謡の習作と研究を進めようとしていたおてんとさん社社人にとって根幹となる活動であった。

スズキヘキ旧蔵資料には、『おてんとさん』発行に関するさまざまな記録を記した『おてんとさん社名簿』と題された小型の大学ノートが残されている。そこには、『おてんとさん』発行に際して入念な準備の中で進められた痕跡が記録されている。

天江とヘキらは、おてんとさん社設立に向けて、一九二一年（大正一〇）一月に「童謡の御好きな人人に」と題したガリ版刷りのチラシを作って配布している。これは、すでに述べたように、第一回童謡研究会を開いた後に、さらに仲間を集めるために行った呼びかけのためのチラシである。その後、社人が固まり、『おてんとさん』創刊号の編集内容も固まると、二月に「童謡研究雑誌『おてんとさん』が出ます」という活版のチラシを作り、『おてんとさん』の購読

表Ⅱ12-2　『おてんとさん』発行の告知関係資料

知る契機となった媒体等	呼びかけ人数	『おてんとさん』購読者数	備考（主な人物）
『赤い鳥』より	40名	0名	大岡洋吉
『童話』より	1名	0名	
『お伽の世界』より	6名	0名	青柳花明
『金の船』より	13名	3名	刈田仁
『若人』より	4名	4名	
『とんぼ』より	2名	2名	
『子供雑誌』より	15名	1名	加田愛咲
雑誌名不明より	4名	0名	
同人の紹介	16名	14名	黒田正
葉書での問い合わせ	6名	2名	石川善石
その他（明記なし）	197名	97名	粟野柳太郎、木俣修二

を呼びかけている。さらに、『若人』第二巻第三輯に「創刊　おてんとさん」という広告を掲載して購読者拡大に努めている。こうした呼びかけや宣伝を繰り返し、さらに社人たちから童謡に興味関心を持つ知人が紹介されていく中で、おてんとさん社には購読を申し込む人々が徐々に増えていったものと思われる。

『おてんとさん社名簿』には、チラシ「童謡研究雑誌『おてんとさん』が出ます」を送ったと思われる人々の氏名が列挙されている。そして、呼びかけた人々をどのようにして知ったかも明記されている。それらの人々を知ることになった事情別にまとめると、『おてんとさん』発行に際して呼びかけた人々は表Ⅱ12-2のようになる。

購読の呼びかけは、諸雑誌への投稿者を中心になされたことがわかるが、その中でも『赤い鳥』の童謡投稿者への呼びかけが他の雑誌を圧倒して多くなっている。また、茨城県若柳小学校で童謡教育の実践を行って全国的に知られていた粟野柳太郎や後に歌人として活躍する木俣修二（大正一〇年時点は滋賀県師範学校生）にも購読が呼びかけられ、呼びかけた人物は仙台市内や宮城県内に留まらず、広範囲に及んでいたことも確認できる。

購読を呼びかけた人物を住所別にまとめると表Ⅱ12-3のようになる。

表 II 12-3 『おてんとさん』購買を勧誘した人々の所在地

市・府県名	人　数
仙台市（107 名）	107
宮城県（仙台市以外）（56 名）	56
宮城県以外の東北 5 県（22 名）	福島（10）、山形（3）、岩手（5）、秋田（3）、青森（1）
東北地方以外の府県（23 府県 146 名）	北海道（8）、東京（60）、神奈川（3）、千葉（2）、埼玉（3）、群馬（2）、茨城（2）、静岡（4）、長野（1）、愛知（1）、岐阜（1）、富山（1）、福井（1）、滋賀（1）、京都（11）、大阪（7）、兵庫（4）、岡山（1）、山口（1）、高知（2）、福岡（1）、佐賀（2）、熊本（1）
海外（4 名）	樺太（1）、台湾（2）、朝鮮（1）

表 II 12-4 『おてんとさん』創刊号寄贈先

著名詩人（20 人）	野口雨情、山村暮鳥、三木露風、竹久夢二、西條八十、北原白秋、藤森秀夫、有島武郎、有島生馬、西出朝風、根本雄三、町田謙三、加藤まさを、白鳥省吾、与謝野晶子、若山牧水、島木赤彦、小森多慶子、鈴木柳蔭
雑誌（社）（15 社）	赤い鳥社、『おとぎの世界』、『小鳥』、『小鳥の家』、『木馬』、『芸術自由教育』、『金の鳥』、『僕等の歌』、『婦人倶楽部』、『金の船』、『童話』、『若人』、『朝の光』、『玄土』、『面白倶楽部』編集部
新聞社（14 社）	河北新報社、『仙台日日新聞』、(『塩釜新聞』)、『東華新聞』、『時事新報』、『朝日新聞』、『国民新聞』、『読売新聞』、『福島民友新聞』、『茨城新聞』、『石巻日日新聞』、『新東北』、『報知新聞』、『東京朝日新聞』
学校・官庁（29、うち小学校 13）	東北帝国大学、東北帝国大学工専部、第二高等学校、東北大学明善寮、県庁、宮城県図書館、第一中学、第二中学、宮城農学校、宮城県立工業学校、第一高等女学校、宮城女学校、尚絅女学校、仙台女学校、仙台市立仙台工業学校、仙台市立仙台商業学校、男子師範附属小学校、女子師範附属小学校、荒町小学校、東六番丁小学校、南材木町小学校、立町小学校、東二番丁小学校、木町通小学校、北五番丁小学校、東八番丁小学校、連坊小路小学校、上杉山通小学校、片平丁小学校
書店（4）	英華堂、金英堂、文旺堂、福音堂
その他（2）	内務省図書課、母と子文庫刊行会

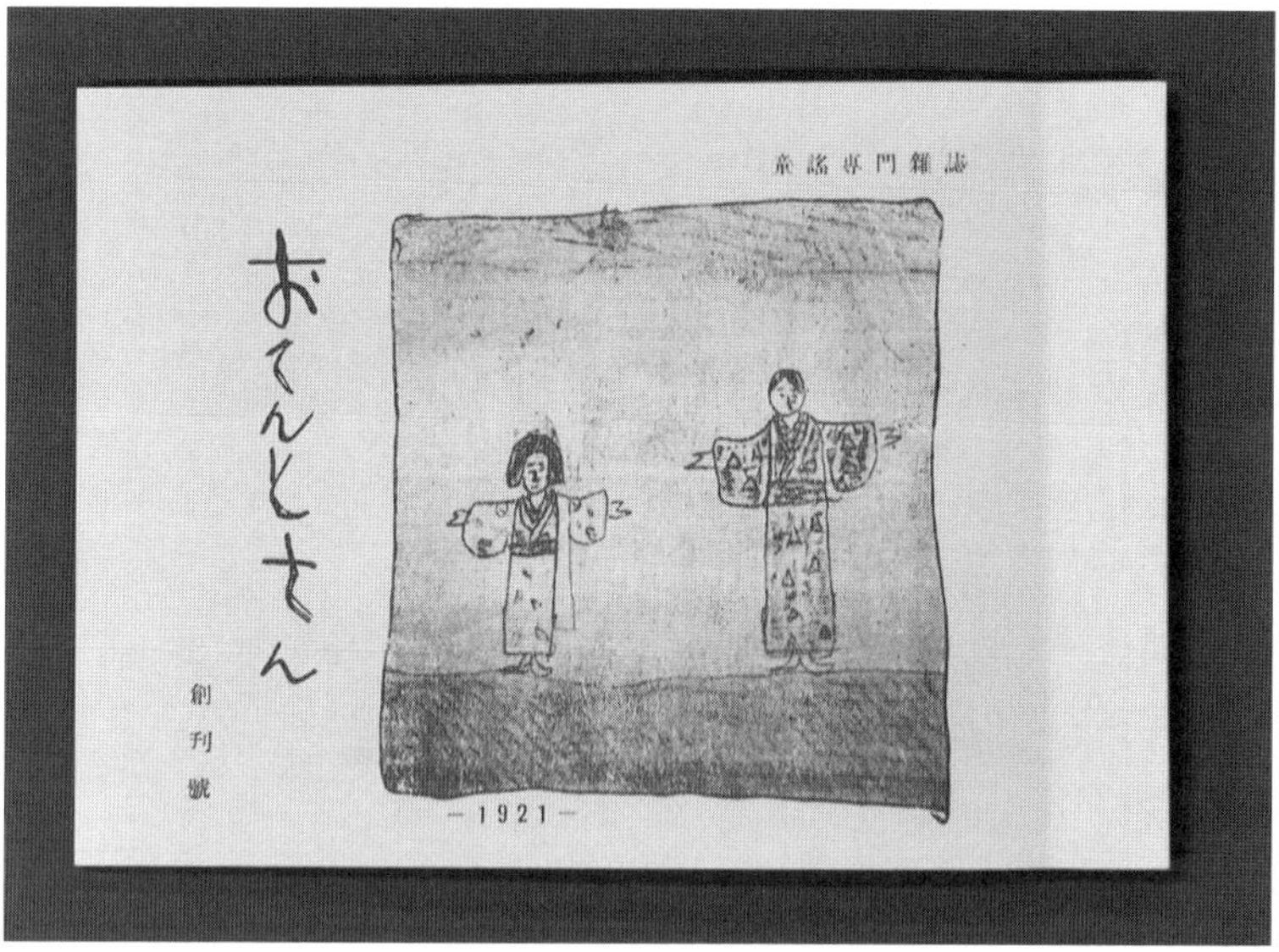

図II-18 『おてんとさん』創刊号（仙台文学館提供）

仙台市を含めた宮城県が一六三名と大多数を占め、東北六県の住民への呼びかけも合計一八五名と過半数に及んでいる。その他、北海道から九州、四国、さらに台湾などにまで、広範囲に呼びかけていたことがわかる。

こうした個人への呼びかけや宣伝の他に、創刊号は雑誌社や新聞社、学校、そして著名詩人たちに寄贈されている。寄贈先として名前が挙げられている機関や個人名を列挙すると表II12-4のようになる。

多方面に寄贈することで、購読者数の増加と『おてんとさん』の認知を高めることを狙ったものと思われる。

こうしたさまざまな努力と周到な準備の下、一九二一年（大正一〇）三月一五日に『おてんとさん』は創刊される。『おてんとさん』の発行部数や売り上げを検討した鈴木楫吉は、創刊号は売上が二五三冊、寄贈と売り上げの総計が二九〇冊と計算している。[*1]

『おてんとさん』全七号の内容は鈴木によってすでに分析されているが、[*2] その内容を検証しながらあらためて『おてんとさん』全七号の詳細を分析してみる。創刊号から終刊となった第二年第二号（通巻第七号）までの内容をまとめ

表Ⅱ12－5　『おてんとさん』内容分析

号数	発行日・価格	社人・社友作品	子ども作品	その他の童謡作品	大人と子どもの作品割合	備　考
創刊号	大正一〇年三月一五日発行 （三月一〇日印刷） 二五銭	桜田はるを・佐藤勝熊・錫木碧・天江登美草・都築益世他 計二三名 計三九編	計二五名 計二六編	山村暮鳥 野口雨情 計二名 計二編	大人 約五九% 子ども 約四〇・六%	随想（山村暮鳥） 評論（仙羽玻朗） 随想（錫木碧「ガラスメガネ」） 随想（天江登美草「童謡雑感」） 随想（桜田はるを） 六四ページ
第二号	大正一〇年五月一日発行 （四月二五日印刷） 二五銭	桜田はるを・都築益世・錫木碧・明戸陽・黒田正・蛯子英二他 計三〇名 計四〇編	計五三名 計五七編	野口雨情 山村暮鳥 小森多慶子 鈴木柳蔭 計四名 計五編	大人 約四四% 子ども 約五六%	随想（山村暮鳥） 評論（仙羽玻朗） 第二回童謡研究会（錫木碧） オテントサンメガネ 社告 六四ページ
第三号	大正一〇年六月一三日発行 （六月一五日印刷納本） 二五銭	天江登美草・刈田仁・黒田正・賎機多味男・佐藤勝熊・都築益世・蛯子英二他 計一〇名／計一〇編	計五六名 計六四編	小森多慶子 山村暮鳥 本井商羊 竹久夢二 計四名 計五編	大人 一九% 子ども 八一%	随想（山村暮鳥） 仙台地方の童謡 選評 編輯室より 二二ページ
第四号	大正一〇年七月一五日発行 （七月一三日印刷納本） 二二銭	黒田正・鈴木一郎・都築益世・鈴木幸四郎・山田夢路・宮下由紀夫・明戸陽他	計五四名 計五六編		大人 約二五% 子ども	仙台の童謡 子どもの欄（選評） 研究欄（通信）

		計一九名 計一九編			約七五%	編輯室から 二四ページ
第五号	大正一〇年一〇月五日発行 （一〇月二日印刷納本） 二〇銭	刈田仁・錫木碧・桜田はるを・天江登美草・鈴木幸四郎・鈴木一郎他 計一二名 計一三編	計四四名 計四五編	藤森秀夫 小森多慶子 渡邊波光 計三名 計三編	大人 約二二% 子ども 約七三%	郷土童謡 「十五夜お月さん会」作品集 子供の欄 研究欄 編輯室より 会報（活動について） 二八ページ
第六号	大正一一年二月一日発行 （一月二五日印刷納本） 二〇銭	錫木碧・都築益世・桜田はるを・天江登美草・吉田昌次郎・刈田仁他 計七名 計七編	計四三名 計四五編	渡邊波光 計一名 計一編	大人 約一四% 子ども 約八五%	選後の批評 研究欄 編輯室より 告知（童謡研究会のことなど） 二二ページ
第二年 第二号	大正一一年三月五日発行 （二月二八日印刷納本） 三五銭	錫木碧・天江登美草・桜田はるを・黒田正・都築益世・刈田仁・鈴木幸四郎他 計一一名 計一一編	計八一名 計八六編	野口雨情 山村暮鳥 渡邊波光 計三名 計三編	大人 約一三% 子ども 約八七%	評論（錫木碧「原始童謡主張」） 選評 童謡研究会のこと 消息 編輯室より 仙台の郷土童謡 三四ページ

ると、表Ⅱ12—5のようになる。

創刊号から通巻七号の終刊号までの間に内容に変動はあるものの、全巻通して次のような特徴があったことが確認できる。①社人・社友の習作発表の場とした、②子どもの創作を大切にした、③童謡研究を大切にした、④郷土の童謡を収集・収録しようとする意欲が認められる、⑤山村慕鳥と野口雨情が終始好意的な態度で後援した、以上である。

これらの特徴は、おてんとさん社に集まった社人たちの個性が反映されたものと言える。⑤は、天江とヘキが共に『おとぎの世界』に投稿作品を多数採用され、投稿童謡の選者だった山村暮鳥に親近感を抱いていたことと、土俗的な郷土色が作品から感じられる野口雨情に私淑していたことによってもたらされたものである。

創刊号は雨情、暮鳥、夢二ら著名人二〇名にも送られたが、第二号には、有島生馬、三木露風、小森多慶子、山村暮鳥、竹久夢二、野口雨情から寄せられた感想が掲載されている。

その中で暮鳥は、「『おてんとさん』すてき!それについて何か書きたいが、いま非常にせわしい事をしてゐるんでそれはもう四五日後にする。大いにやるべし。」と激励している。雨情も、「郷土芸術は国の宝です。国の宝は世界の宝ともなります。地口は地口で童謡でも芸術でもありません。洒落たことや、奇を衒つたことや、もつての外です。錫木さんの『ガラスメガネ』と天江さんの『童謡雑感』の意味を宣伝したいものです。加藤清さんの『ほうづき』のさし絵は、うれしく思はれました。—おてんとさんが外国かぶれをせずに、どこまでも郷土芸術を標榜して進んでください。ほんとうに日本の童謡はこれだぞと、無自覚者を覚醒してやつて下さい。」と、大いなる共感と共に『おてんとさん』を迎えたことを伝えている。暮鳥と雨情からの激励は社人たちにとって大きな心の拠り所になったものと思われる。

①の童謡の習作発表の場と③の童謡研究については、すでに述べたように、『おてんとさん』創刊の原動力ともなったヘキと天江の強い願望であった。

④の郷土の童謡を収集しようとすることは、おてんとさん社の活動の特色を示す童謡論としてこれまでの研究でも紹

介されてきた。これは、天江とヘキ両者の志向によるが、特に創刊号に掲載された天江の「童謡雑感」の中に記された「やっぱり仙台の子供には仙台弁の方が好い、（中略）土地には土地固有の言葉がある、その土地の人でなくちやその言葉の意を真に解し得ない様な言葉があるその様な言葉を自由に童謡に用ゆる事はかまぬる《ママ》事だ否好いことだと思ふ（中略）私は郷土童謡の復興を心から必要だと思つて居ます」[*3]という天江の童謡論が強く反映されている。

②の子どもの創作を大切にしたことは、この後も仙台の児童文化活動に一貫して見られる特徴である。これは、活動に多くの教師が関わったことが反映された結果だと思われる。『おてんとさん』に投稿・掲載された作品は、表Ⅱ12-5にまとめたように、第三号以降、子どもの作品の割合が八割前後になっていく。子どもたちの作品には在校名が記されていない作品も多数あるが、明記されている在校名をまとめると表Ⅱ12-6のようになる。

子どもの作品の中でも、仙台市内の子どもの作品が約六六パーセントとなっている。特に、上杉山通小学校児童の作品が三九、木町通小学校児童の作品が三六と他の学校を圧倒している。これは、両校におてんとさん社社人ともなり、童謡教育に熱心に取り組んだ教師が在籍していたことによる。

上杉山通小学校には第五号から社人になった伊藤博が在職し、木町通小学校には第二号から社人となり、大正一〇年二月一五日に開催された第二回童謡研究会に「生徒の作を御持ちになつて参会せられた」[*4]黒田正が在職していた。上杉山通小学校では『にじ』、木町通小学校では『コトリ』という子どもたちの作品を収録した学校文集を発行して、共に童謡教育に熱心に取り組んでいた。

学校全体で童謡教育に熱心だったこともあり、それぞれの学校には、さまざまな雑誌に投稿して作品が掲載される常連の生徒たちが存在していた。上杉山通小学校の場合、六年生の粟野富士子らが知られていた。『おてんとさん』第六号には、巻頭に粟野富士子の次のような詩に手島勇が曲を附して曲譜と共に富士子の詩が掲載されている。

表Ⅱ12-6　校名が明記された在校名別『おてんとさん』収録児童作品

号数	仙台市内小学校 （含：幼児・高等女学校）	宮城県内小学校	他府県小学校
4号	上杉山通小学校（6）、木町通小学校（6）、立町小学校（4）、東二番丁小学校（3）、原町小学校（1）、女子師範学校附属小学校（3）、南材木町小学校（1）、市内幼児（1）	桃生郡・北村小学校（1）	茨城県・若柳小学校（2）
5号	上杉山通小学校（8）、木町通小学校（3）、女子師範附属小学校（2）、第一高等女学校（2）、五橋高等小学校（1）、立町小学校（1）、南材木町小学校（1）、北四番丁教会日曜学校（1）、市内幼児（1）	桃生郡・神取小学校（1）、桃生郡・北村小学校（1）、桃生郡・飯野川小学校（1）	山梨県・鳳来小学校（3）、茨城県・若柳小学校（3）
6号	上杉山通小学校（14）、木町通小学校（3）、男子師範附属小学校（1）	石巻・裏町小学校（1）	東京高等師範附属小学校（3）
7号	木町通小学校（27）、上杉山通小学校（11）、南材木町小学校（3）、片平丁小学校（2）、立町小学校（2）、男子師範附属小学校（1）、女子師範附属小学校（1）	桃生郡・野蒜小学校（12）、桃生郡・北村小学校（7）、登米郡・米川小学校（3）、加美郡・清水小学校（2）、桃生郡・神取小学校（1）、遠田郡・涌谷小学校（1）	茨城県・若柳小学校（4）、茨城県・菅生高等小学校（3）、茨城県・那珂檜沢小学校（3）、滋賀県・市邊小学校（1）、京都・志賀小学校（1）、山梨県・多摩小学校（1）、山梨県・鳳来小学校（1）、千葉県・東金小学校（1）
計	12校・108編、市内幼児1名・2編	8校・31編	9校・26編

蝶々

きれいな花
とりたいけれど
蝶々が一匹
とまつてた。

木町通小学校で最も知られていたのは、大正一〇年に四年生だった鈴木正一である。『おてんとさん』第三号には、賞をもらった「たんぽぽ」と題した次のような作品が掲載されている。

たんぽぽ（賞）

風の床屋さん
とんできて
としよりたんぽぽの
かみのけ　ちよんぎった

子どもたちの作品は、ヘキと天江が中心になって丁寧に読み、掲載作品が選ばれていった。これらの学校以外からも多数の投稿があり、掲載作品の選考には多大な時間を要していた。第五号の「編輯室より」には、「五号の共選会は九月廿三日夜私の宅で開きました。投稿が意外に多かつたのですんだのは十二時半でした〔。〕投稿は二十三校で三百六十三篇でした〔。〕そのうち本号に掲載されたのが全部で四十三篇ですから投稿数の八分の一にもあたりません」*5と天江が記している。

創刊号の編集後記にあたる「オテントサンメガネ」には、子どもの習作を学校別に挙げると、女子師範学校附属小学校が八名、上杉山通小学校が五名、木町通小学校の児童が三名、東二番丁小学校が一名、連坊小路小学校が一名、片平丁小学校が一名、東二番丁高等小学校が一名の計七校から二〇名の作品が寄せられたことが記されている。発行号数を重ねるにつれて子どもたちの習作と投稿の動きが急速に拡大し、『おてんとさん』の認知が急速に拡大した様子がわかる。

二号からは、「おてんとさん賞といふのを、毎号集つた子供さんの作の優れたのに、あげる」ことになり、二号では七編におてんとさん賞が贈呈されている。それぞれの作には、ヘキの選評が記され、子どもだけでなく大人の読者も詩の一ジャンルとしての童謡について考える材料を提供している。例を挙げてみる。三年生の玉手三郎の「雨ふり雲」という次のような作品がおてんとさん賞に選ばれている。

雨ふり雲

ひいろい空に
とんで来た
雨を降らせて
にげてゐつた

この作品に対して、次のような選評が記されている。

玉手君の「雨ふり雲」はあきれて了ふ位うまくものを摑んでゐます。この文は大人の方に申すつもりでどんどんとかきますが、この作をよつくよんで、感じて下さい。おてんき雨の性質と感味がこれから、お分になりませんか。くどく言ふ丈野暮です。この作が優弁に教へてゐます。とんで来て逃げて行つた。なんて、何とした簡潔な鋭敏さでせう。3年生の子供だから驚くのです。

また、次の三年生の黒田賢吾の「こばやさん」という詩もおてんとさん賞を獲得している。

　　こばやさん
うちのとうさん
こばわり上手
雨雪降れば　家にゐて
ぱんぱん　さくさ
ぱんさくさく
こばをわる

この作品に対して、次のような選評が記されている。

黒田君の「木羽屋さん」の、木羽の割れる音がびつくりさせられました。どうですか。すてきに痛快なひびきが表現してます。パンパンサクサ、パンサクサク―かなひません。知識が邪魔をする。大人でも子供でも、烏の鳴声をカアカアと知つてるのはその知識です。いやですね。ある人がヤアヤアときこえるかも知れません。私たちはきこえる通りを、見える通りを、うたひたい。こどもの習作からの驚きは一つはこれでした。この作のしまひの句のこばをわると謡つたのも気持よい短い句です。黒田君のうちは木羽屋さんであるとすると、立派に黒田君といふ子供の生活を、うたつてゐるのです。前に赤い鳥に「まきわり父さん」といふのがのつて、斧の音を、ヘントンヘントンとうたつたのを覚えてます。

以上の選評に見られるように、童謡論が確立されていない中で、子どもの作品は童謡を志向する大人にとっても参考になることを内包した作品として『おてんとさん』の中で大切に扱われていったのである。

『おてんとさん』が、毎号必ず「この本によつて、いくらでも、こどもたちが幸福になれたらうれしいと思ひます」という「あいさつ」から始まっているように、大人の参考に供するためということに留まらず、子どもの存在が大切に扱われていた。子どもの投稿作品を掲載するだけの同時代の他の雑誌と異なり、『おてんとさん』は表紙や挿絵、題字も子どものものを使っていた。

創刊号の場合、表紙絵の自由画は女子師範学校附属小学校一年生の宮崎ヒサ子、表紙の題字と「こどもの習作」欄の題字は東二番丁小学校一年生の木村庸太郎、酸漿畑と烏の挿絵は一〇歳の加藤清のものが使われている。

表紙に自由画が使われた宮崎ヒサ子が、一九六六年（昭和四二）に仙台市民図書館で「第1回仙台児童文化活動展」が開催されたことを契機に記した次のような葉書がスズキヘキ旧蔵資料に残されている。

大正九年四月宮城県女子師範附属入学。十年三月二十五日頃の終業式に「おてんとさん」創刊号を頂戴いたしました。私一人だけいただきました。

追憶もおぼろの「おてんとさん」表紙を一晩かゞり再現してみました。
おてんとさんは確かにかきました。
女の子の着物はむらさき地に赤の三角模様、別便にてお送りいたします。

女子師範学校附属小学校の宮崎の自由画が表紙に採用されたことは、おてんとさん社社人千葉春雄の推薦によるものだと思われる。また、題字を書いた木村庸太郎は、桜田はるをが勤めていた木村呉服店の息子である。

子どもの作品を多数掲載することは、『おてんとさん』をはじめとしたこの時期の他の雑誌にも多く見られるが、こうした特徴は、これらの雑誌に小学校を中心とした教師が多く関わっていたことによる。『おてんとさん』にも、「女子師範の千葉春雄先生、上杉山小学校の伊藤博先生、木町通り小学校の黒田正先生その他の先生たち」が協力している。おてんとさん社という民間に出来た児童文化結社と、小学校の教師たちが手を携えながら、子どもたちを加えておてんとさん社の児童文化活動は展開されていったのである。

この事実は、誕生期児童文化活動の最大の特質とも言えることである。これまで、児童文化は学校外の文化とされ、学校文化と対立した活動とされることが多かった。だが、誕生期児童文化活動を詳細に見ていくと、学校の教師が担い手の中核に位置づいて活動が展開されていたことがわかる。学校や教師の児童文化への関わりを見直しながら、児童文化が展開された場や、活動の内実について、誕生期児童文化を見直していかなければならない。

注

1 鈴木楫吉「『おてんとさん』1〜3号、配布先」(『研究 おてんとさん』九号、おてんとさんの会、一九九八年)、二〇ページ

2 鈴木楫吉「『おてんとさん』全7号」(『研究 おてんとさん』七号、おてんとさんの会、一九九六年)、四〜五ページ

3 天江登美草「童謡雑感」(『おてんとさん』創刊号、おてんとさん社、一九二一年)、五五〜五六ページ

4 錫木碧「第二回研究会のこと」(『おてんとさん』第二号、おてんとさん社、一九二一年)、四八ページ

5 『おてんとさん』第五号、おてんとさん社、一九二一年、二四ページ

第一三章　おてんとさん社の活動と解散

一三－一　おてんとさん社の活動

『おてんとさん』を創刊し、おてんとさん社の活動が本格的に始まって以降、『おてんとさん』発行を中心に活動が展開されていく。活動の中心になるのは、社人と社友である。

社友について、創刊前に呼びかけた「童謡研究雑誌『おてんとさん』が出ます」には、「社友会費一ヶ月二十五銭（なるべく二ヶ月分前納していただきたい）」と書かれていて、『おてんとさん』刊行の維持会員のような役割を期待しながら社友制度を作ったことがわかる。

創刊号の「社告としてみなさんに」には、社友について次のような規定が書かれている。[*1]

◆社友に御入りの方は会費二ヶ月分（送料切手共）五十四銭御送り下さい、投稿は童謡習作三篇以内、こどもの自作童謡ひとりから二篇以内、その他童謡についての感想研究材料批評等一切。締切は前月十五日を守ります。

創刊されてからは、刊行資金を得るための維持会員としてだけではなく、掲載作品を集める上からも社友を募集したことがわかる。

こうした呼びかけに応じて社友になり、『おてんとさん』に作品を掲載した人物として表Ⅱ13-1にまとめた計四一名の氏名が確認できる。

一方、社人については、創刊号の「社告としてみなさんに」に次のような呼びかけが掲載されている。[*2]

> ◆最も熱心な、そして責任のある方から、私たちと一緒に面白く仕事を受持つていただく為に、社人といふ特別な御友達を待つてゐます、御手紙で御相談しませう。

呼びかけからすると、社人は『おてんとさん』の編集作業の協力者としての性格を帯びていたことがわかる。こうした呼びかけに応じて社人となった人物で、『おてんとさん』に氏名が掲載されているのは表Ⅱ13-2に挙げた人々である。この他に、第五号で、「社の基礎を固める為めに賛助会員の制度を設け」ることが告知され、「一期会費壱円以上前納された方を賛助会員としいろいろの特待があります、会費は一ヶ年（三期）で参円、四ヶ月を以て一期といたします」と説明されている。[*3] 資金繰りが苦しくなっていた『おてんとさん』発行を維持する目的で、新たに賛助会員の制度を設けたのである。だが、この告知が出された大正一〇年一〇月から五ヶ月後に『おてんとさん』が終刊していることからすると、賛助会員は期待したようには集まらず、賛助会員制度は機能しなかったものと思われる。

社人・社友を中心におてんとさん社の活動は展開されていくが、『おてんとさん』発行と並ぶ活動の中心は、毎月開かれることになっていた童謡研究会である。『おてんとさん』創刊号には、第一回童謡研究会の報告が掲載されている

表Ⅱ13-1　おてんとさん社社友一覧

仙台在住社友	東紅平、安斎正二、石川善石、伊藤隆、岩井夜灯路、近江子蝶子、大石三渓、大槻譜美子、大友喜助、大伴専狂死、丘ひさを、加藤真治郎、熊谷暁郵、斎黒バラ、坂田露香、佐々木仁坊、渋谷彦郎、渋谷んぼ、鈴木幸四郎、鈴木柳蔭、田附ミチル、長船黎人、増澤俊彦、真山昌、真山都夜子、深山嘲花、本井商羊、山田夢路、渡邊賢次
仙台以外の社友	相川まさ葭（北海道）、明戸陽（宮城・牡鹿）、天野貞三郎（北海道）、西塔日出夫（朝鮮）、竹川佐登志（東京）、田和千穂（京都）、都築為世（東京）、中澤俊夫（高知）、宮崎金三通（東京）、善理一枝（北海道）、和田篤憲（東京）

備考：『おてんとさん』に表示されている住居による。

表Ⅱ13-2　おてんとさん社社人一覧

創刊号	天江登美草、錫木碧、桜田はるを、佐々木白椿、佐藤勝熊、仙羽玻朗、都築益世
2号	天江登美草、錫木碧、蛯子英二、刈田仁、黒田正、桜田はるを、佐々木白椿、佐藤勝熊、戝機多味男、鈴木一郎、仙羽玻朗、都築益世、吉田昌次郎

が、第二号には、「第二回童謡研究会のこと」が報告されている。

第二回童謡研究会は、一九二一年（大正一〇）二月一五日午後六時から、東一番丁露月堂喫茶店で開かれている。参会者は、天江とヘキの他に、桜田はるを、蛯子英二、刈田仁、吉田昌次郎の社人に加えて石川善石、宮下由紀夫、真山昌、鈴木幸四郎等の社友が参加し、総勢二七名の参会者名が記録されている。この他に、「市内木町通小学校から黒田正先生が生徒の作を御持ちになつて参会」[*4]したことを特筆していることも注目される。さらに、社人の佐藤勝熊や社友の山田夢路他四名が作品を寄せ、木町通小学校以外の子どもの作品も二七編寄せられている。会では、作品を順番に読み上げながら批評を交わし合い、選点を計算していった。さらに、天江と蛯子を中心に、子どもが作った短い詩のリズムについて激論が交わされたことも報告されている。報告を記したヘキは、「仙台で、ことにまだまだ児童文学の上にくらいこの地に、突如二十四人からの熱心

表Ⅱ 13–3　おてんとさん社活動記録

開催日	事　項	内　容
大正 9 年 12 月か翌年 1 月	第 1 回童謡研究会（主催）	天江と碧を中心に、身近な人々およそ 15 人による試験的な集まり。作品の批評と童謡を作ることについて議論。11 時閉会。
大正 10 年 2 月 15 日	第 2 回童謡研究会（主催）	仙台市東一番丁露月堂にて午後 6 時から 11 時まで。社人・社友含め 27 名参加。作品の互評と選点。
大正 10 年 3 月 17 日	第 3 回童謡研究会（主催）	仙台市東一番丁露月堂にて 24、5 名参加。
大正 10 年 7 月 16 日	十五夜お月さんの会（主催）	野口雨情の童謡集出版を祝賀して仙台市郊外三瀧温泉で開催。作品の互選や蛍鑑賞など。
大正 10 年 8 月 26 日	藤森秀夫氏招待座談会（主催）	仙台市木町通の蝶花堂で開催。藤森氏歓迎会を同日夜レストランドサシヨウにて開催。社人の他に渡邊波光、渋谷彦郎、熊谷真治が列席。
大正 10 年 8 月 30・31 日	童謡童話研究会（協力）	宮城県女子師範学校主催。「童謡について」（藤森秀夫）、「童謡と実地教育」（鈴木徳市）、「課題の研究」（黒田正）、「感想」（天江登美草）
大正 10 年 10 月 31 日	第 1 回童謡音楽会（主催）	木町通尋常小学校を会場に、子どもたちを中心とした童謡発表会。

な研究者と会し得た事は奇蹟な気がした」[*5]と述べ、一一時に閉会したことを記している。

『おてんとさん』を発行することが主な活動だったためか、『おてんとさん』が発行されていたおよそ一年の間に童謡研究会以外に行った活動の記録はさほど多くない。童謡研究会も含めておてんとさん社が関わった活動として確認できるものは表Ⅱ 13‐3 の通りである。

上記の活動の中で、おてんとさん社の名前で行った活動の記録で童謡研究会以外に詳細な内容が残されているのは、大正一〇年七月一六日に行なわれた「十五夜お月さんの会」と、一〇月三一日に行なわれた「第一回童謡音楽会」である。

「十五夜お月さんの会」は、広瀬川

上流の三瀧温泉を会場に会費一円五〇銭で行われている。七時に開会し、七時半からゆっくり夕食を共にしながら「十五夜お月さん」の朗読を聞き、「十五夜お月さん」を題材にして作った童謡を持ち寄り、作品の互選をしながら寄せ書きなどを行っている。さらに、蛍を鑑賞しながら河鹿の声を聞いたり、高い山の上で野口雨情の童謡を蓄音器で聞いたり、さまざまな趣向を凝らした催しとなっている。第五号の「会報」には、手島勇の独奏と渡邊瓢花の童謡独吟が大変好評を博したことが記されている。*6

この日に持ち寄った作品は、『おてんとさん』第五号に『十五夜お月さん』作品集」として掲載されている。四年生の遠藤孝一、都築益世、ヘキ、鈴木幸四郎の作品が掲載されているが、ヘキは次のような作品を持参している。

十五夜の　お月さま
ようござつた

草山かげから
ようござつた

こんやは　こ窓を
あけといた

名月の出を心から歓待して待ち望んでいた気持ちを素直に詠みあげた秀作である。益世が寄せた童謡は次の作品である。

円いお月さま
おかあさま
涙にぬれた
お母さま

遠いむかしの
思ひ出か
かすかにうたふ
子守唄

うしろの山の
椢の木に
じつとだまつて
聞いてたが

雲間を洩れて
さみしくも
赤うにじんぢ《ママ》

お月さま

白秋調の情緒的な表現で綴られた作品になっている。ヘキの作品と比べると、二人の作風の違いが際立って見える。

帰りは、「一同手に紅ほーづきの小ちやい提灯をぶらさげて」帰った。この会の主催者の天江は、「山路の紅提灯がどの様に美しく童謡らしいか?その時のことを思い浮かべて胸をわくわくさして居ります」と呼びかけのチラシに記している。

当日の様子について、天江のことだと思われるT生と称する人物は、「その夜のこと」という題で、詩のような散文を寄せている。*7

ほんとに静かなところでした
河鹿がないてゐました
蛍もとんでゐました
みんなでお湯に入つたり
蓄音機に童謡を唄はせたりしました
湯槽の中から遠く眺めた街の灯と
遠い山径を降りて行く
水瓜提灯の影とが
忘れ得ぬ印象の一です

三瀧山という風雅な場所を舞台にして社人・社友の親睦会を兼ねた文人趣味を味わう、いかにも天江好みの風流な会だったことが伝わってくる。

第一回童謡音楽会は、一九二一年（大正一〇）一〇月三一日午後一時から木町通尋常小学校を会場に、一部と二部の二部構成で行われている。スズキヘキ旧蔵資料に残されたプログラムは表Ⅱ13-4の通りである。

この会の特徴は、子どもたちによる合唱、独唱を中心に構成されていることである。プログラムを見ると、第一部一三、第二部一二の全プログラムのうち、一部の手島勇によるヴァイオリン独奏を除き、全て子どもたちによる合唱や独唱となっている。

特に、四年の熊谷岑男の「星」と六年の粟野富士子の「蝶々」に手島勇が曲を付けて、それぞれ本人が独唱していることは、おてんとさん社の児童文化活動と学校教育の結びつき、さらに子どもたちの活動をどのように位置づけていたのか考えていく上で重要である。学校と連携したこうした活動は、おてんとさん社解散後の仙台児童倶楽部の活動の予兆を示したこととしても注目される。また、Ⅰ部八章に既述した大阪の光の会主催童謡音楽会ともプログラム内容が類似し、「児童文化」の誕生期に、子どもの作品を大事にした音楽会が各地で開催されていたことが明らかとなる。

『おてんとさん』第六号の「編輯室より」を書いた刈田仁は、童謡音楽会について、「あれは全く気持の好い会でしたね〔。〕小さな会でしたが、内容は充実したあらゆる意味に於いて意義ある会でした」[*8]と述べている。

こうした子どもたちによる童謡発表会は、おてんとさん社主催以外にも、仙台市内で行われるようになっていく。一二月四日には、上杉山通小学校の童謡唱歌会が、仙台市商業学校の講堂で開催される。ここでも、「手島大島福島の三君が自作を独唱」[*9]し、子ども自身の作が発表されていることは注目される。

おてんとさん社が木町通小学校を会場に、さらに上杉山通小学校が児童の演奏による童謡音楽会や童謡唱歌会を開いたことは、仙台市内の子どもたちに多大な影響をもたらしていた。刈田仁は、これらの活動後の仙台市内の様子につい

表Ⅱ13-4　おてんとさん社　第一回童謡音楽会

第一部			
奏楽			
開会の辞			
合唱	りすりす小りす	北原白秋作詞・成田為三作曲	二年男女
合唱	夢の小国	北原白秋作詞・草川信作曲	三年女
合唱	だりや	若山牧水作詞・本居長世作曲	一年男
独唱	ひよこ	野口雨情作詞・本居長世作曲	四年加藤とみ
合唱	十五夜お月さん	野口雨情作詞・本居長世作曲	三年女
独唱	七つの子		四年女
合唱	お山の大将	西條八十作詞・成田為三作曲	
独唱	かなりや…おてんとさん曲譜	刈田仁作詞・鈴木一郎作曲	六年女
合唱	雨	北原白秋作詞・成田為三作曲	一年男女
合唱	どんぐり	北原白秋作詞・加藤照顕作曲	三年男
ヴァイオリン独奏			手島勇
合唱	蛍の提灯	野口雨情作詞・中山晋平作曲	
対話童謡	かくれんぼ　一場		五、六年男女
第二部			
独唱	赤い鳥小鳥	北原白秋作詞・成田為三作曲	一年寺澤かの
合唱	離れ小島	北原白秋作詞・弘田龍太郎作曲	六年女
合唱	お月さん	西川勉作詞・本居長世作曲	五年男
合唱	雲	藤森秀夫作詞・本居長世作曲	四年女
合唱	お山の鳥	野口雨情作詞・本居長世作曲	二年女
合唱	三人姫	藤森秀夫作詞・本居長世作曲	六年女
独唱	星…おてんとさん曲譜	熊谷岑男作詞・手島勇作曲	四年熊谷岑男
合唱	帰雁	野口雨情作詞・本居長世作曲	三、四年女

奏楽			
合唱	月夜の家	北原白秋作詞・成田為三作曲	五年女
	山の彼方を	北原白秋作詞・成田為三作曲	一年男女
合唱	赤牛黒牛	野口雨情作詞・中山晋平作曲	六年粟野富士子
独唱	蝶々…おてんとさん曲譜	粟野富士子作詞・手島勇作曲	助奏手島勇
独唱	青い空	野口雨情作詞・本居長世作曲	四年女
奏楽			
閉会の辞			
番外 四部合唱、セロ独奏、コルネット独奏、柴笛独奏、外数種			

て、「二つの音楽会に依つて好評を博した童謡が市内の各所で歌はれる様になつた事は実に斯道の無め《ママ》に喜びに堪えない事です[*10]」と述べている。

子どもが作った作品をはじめとした数々の童謡を子どもたち自身によって歌う会が催され、多くの子どもたちが出演者として、聴衆として、そして作詞家として、それらの会に参加したことで、童謡に接する仙台市内の子どもたちが増加し、仙台の子どもたちの間に童謡が広まっていった様子がうかがえる。

注

1 『おてんとさん』創刊号、おてんとさん社、一九二一年、六三ページ

2 前掲『おてんとさん』創刊号、六四ページ

3　『おてんとさん』第五号、おてんとさん社、一九二一年、二五ページ
4　『おてんとさん』第二号、おてんとさん社、一九二一年、四八ページ
5　前掲『おてんとさん』第二号、五二ページ
6　前掲『おてんとさん』第五号、二四ページ
7　前掲『おてんとさん』第五号、一九ページ
8　『おてんとさん』第六号、おてんとさん社、一九二二年、二二ページ
9　同前
10　同前

一三－二　『おてんとさん』の終刊

『おてんとさん』は、創刊号が六四ページ、第二号が六三ページで共に活版によって印刷されているが、第三号は二一ページ、第四号は二三ページの謄写版、第五号から活版に戻るものの、第五号が二四ページ、第六号が二二ページとページ数も縮小し、財政的な行き詰まりは明らかとなっていた。

第五号の「編輯室より」で、賛助会員制度を立ち上げたことを告知し、刊行のための資金の確保を試みているが、期待したように賛助会員は集まらなかったものと思われる。また、「原稿が集らなかつたり、編輯者の家にごたごたがあつたりして、到々二月休刊になりました」と天江が記しているように、社人・社友の熱意も発刊当時と比べると減退し、定期的な発行という目標の達成に支障を来すようにもなっていた。

第六号はそれまで編集を担当してきた天江とヘキではなく、社人の刈田仁が編集を担当しているが、巻末で「本誌は参月号より童話童謡の雑誌となります」という告知を行っている。これは、『おてんとさん』の方向を大きく変えることを宣言する告知である。

宮城県男子師範学校附属小学校内童話研究会の成田宏司やプラトン童話劇に入選した久枝英二郎等が童話を書き、ロ

絵も豊富に掲載した五〇ページ以上の「童話童謡の雑誌」になる予定であることが告げられている。創刊当初掲げていた童謡の専門誌という看板を自ら下すことを宣言してしまったのである。
この宣言のすぐ後に、ヘキの手になると思われる「童謡研究会のこと」という次のような告知も掲載されている。

社内に童謡研究会と言う特別な集りを作つて真面目に童謡を研究致し度く思います。研究会の仕事として毎月例会を開いたり研究資料を蒐集廻覧したり。会報を発行したりいたします、しんみり研究したい考から会員のいたづらに多いのを喜びません〔。〕どうぞお希望の方は社宛にお申込下さい、二月十日に第一回の会員を〆切ります〔。〕尚便宜上会員は県内の方に限ります、会費は通信費として拾銭位づつ戴き度く思つて居ります。

〔。〕＝引用者

こうした告知の内容を見ると、社内で童話も含めた大規模な総合児童文芸誌を目指そうとする人々と、小規模ながらもあくまでも童謡専門誌としての立場を堅持しようとする人々との間で路線の対立のようなものがあったことが考えられる。
こうした対立があったことを示す天江のヘキ宛ての葉書（大正一一年一月九日付）が残されている。

さんざんをしつけい、
かつたといふやつ、こまつたやつだ、なりた、うわつてうしのやつ、しんみりはなしのできぬをとこ。このの
ち…こまりました。（中略）
さくばんでわたしのこころのうわつてうしのはつぽうびじんてきなあきんどこんぢようをみました、いやに

なりました。

この葉書が書かれた一月九日は、一月二五日に印刷納本した第六号の編集が刈田によって進められている時である。刈田と成田の動きに対する憤慨を記した天江の葉書から、刈田仁が成田を誘いながら童話も含めた総合雑誌への転換を主導し、それに対して天江やヘキはあくまでも童謡専門誌にこだわっていた様子がうかがえる。

こうした路線対立を抱えながら、終刊号は選評を「天江登美草・錫木碧」二人の連名で行い、最後のお別れの言葉も二人の写真を付けて連名で行うなど、天江とヘキが全面的に二人で行うことになる。

巻末の「編輯室より」には、「いろいろの都合で、本誌の同人制度を六号限り解散いたしましたので本号は総て、錫木君と私とがやりました、何しろ急なことで、思つた様な編輯が出来ませんでした。二人の作を別頁に載せた事も、写真を出した事も、二人の交りを記念せん為に外なりません、この我儘をお許し願いたいと思ひます」と終刊号の編集の事情について天江が記している。同人誌としては六号をもって終了し、終刊号は天とヘキの二人による個人誌のような形で発行したことが記されている。

終刊号の内容は、子どもたちの作品、野口雨情の「おてんとさんの唄」、山村暮鳥と渡邊波光の童謡、ヘキと天江の童謡、黒田正や都築益世ら社人たちの作品、ヘキの評論「原始童謡主張」、付録の仙台の郷土童謡集録からなっている。本編が三二ページ、付録が一四ページと第二号以来の厚みを持つ終刊号にふさわしいものとなっている。

そして、本編の最後に「童謡研究会のこと」という告知を掲げ、「本誌を休刊するについて今後は主として『童謡研究会』の名の下に内輪的に静かに研究的の仕事をして行きたい」[*1]と述べ、研究誌の発行、研究会の開催、研究資料の収集廻覧を主な仕事として挙げている。「会の仕事は主として天江登美草、錫木碧、刈田仁、の三氏が受持たれます」[*2]と書かれていることからすると、天江・ヘキと刈田の路線対立は、天江とヘキが『おてんとさん』を発行する前から考えていた活動の原点である「童謡研究」に立ち戻ろう、ということに帰着したのだと思われる。

第六号に「次号は二月十五日頃出来る予定です」と記されていたにもかかわらず、終刊号が二月二八日印刷納本、三月五日発行になった理由は、野口雨情に依頼していた「おてんとさんの唄」の到着を待っていたことが考えられる。天江が伊豆伊東温泉で書いた二月一〇日の日付を持つハキ宛て葉書には、この間の事情に関する手がかりが記されている。

風や雨で波高く二三日船が着きませんでした。おはがきいま拝見。（中略）雨情さんの「おてんとさんの唄」ついたかどうか心配してゐます。

家へ着いたらすぐ刈田くんのところへ廻送する筈になつてゐるのですが。刈田君へ、もし「おてんとさんの唄」着いたらすぐ知らしてくれと言つて下さい。

帰仙の途次、出来るなら本居氏を訪問して作曲を委頼して来ようと思つてゐるんですから。帰仙したら終刊号が出来たら一夜をみんなで雑談して過したく思つてゐます。あなたとは別です。

その後、雨情から「おてんとさん社の唄として」という但し書きを伴った「おてんとさんの唄」が届き、『おてんとさん』終刊号を飾ることになる。次のような童謡である。

赤い花　咲いた
いい花　咲いた
照れ　照れ

おてんとさん
いい唄　謡はう
一緒に　謡はう
照れ　照れ
おてんとさん

この童謡について、天江は「巻頭のおてんとさんの唄は野口雨情先生が仙台の子供達の為特にお作り下さつたものです。作曲は本居先生にお願してありますが、本号には間に合いませんでした、(中略) 仙台の子供達は、皆この唄をうたいながら、いつまでも、いつまでも元気で、好い謡を作る様になりたいと思ひます[*3]」と述べている。

現在まで歌い継がれている仙台の児童文化活動のテーマソングとも言える野口雨情詞、本居長世曲の「おてんとさんの唄」を得て、『おてんとさん』は終刊することになる。毎号、巻頭に「この本によつて、いくらかでも、こどもたちが、幸福になれたらうれしいと思ひます」とあいさつを載せていた『おてんとさん』は、天江とヘキの連名による次のようなあいさつで幕を閉じる。

さようなら
大正十年の今月、始めて仙台に「おてんとさん」が生れてから、丁度一年になります、野口、山村両先生、大人の方及び子供達みなさんと一緒に、郷土童謡のために、少なからずつくすことの出来たのは、うれしい、なつかしい憶出です。
今度、雑誌を止すにあたつて、あつく皆さんにお別れの御礼を申上げ、共に皆さんの御幸福を心よりいのります—

注
1 前掲『おてんとさん』第六号、三〇ページ
2 同前
3 『おてんとさん』第二年第二号、おてんとさん社、一九二二年、三二ページ

一三ー三　おてんとさん社の解散

一九二二年（大正一一）三月に発行された通巻七号で『おてんとさん』が終刊した後、おてんとさん社では野口雨情を招聘して大正一一年五月六日午後二時から童謡会を開くことを企画する。

スズキヘキ旧蔵資料には、「童謡会」のプログラムと「野口雨情氏招聘童謡会について」と題したこの企画についての天江の詳細なメモが残されている。「あいさつ」として天江は次のように社人・社友に呼びかけている。

皆々様の御援助によりまして小ちやいながらこれ迄童謡の運動を続けて参りましたが、このたびいろいろの事情で雑誌「おてんとさん」を休刊するに当り童謡界の重鎮野口雨情先生を招聘して童謡の集りを開くことになりました
ついては私達のこの運動に御賛成下さいまして心よりの御援助給わりたくお願い申上げます
大正十一年四月

図Ⅱ-19　野口雨情招聘童謡会記念　松島にて
左から千葉春雄、スズキヘキ、天江富弥、伊藤博、野口雨情、安倍宏規、黒田正（鈴木楫吉氏蔵）

おてんとさん社同人

各位

メモの次頁にある「童謡の催しについて」を見ると、仙台市公会堂洋館を借りて、市内各小学校の児童八〇〇名を招待する大規模な企画であったことがわかる。この他に会員券を三〇〇枚頒布し、経費の一部に充てることを計画している。童謡会の後には、午後七時より会費五〇銭で仙台市南町内ヶ崎楼上にて雨情を囲んで童謡座談会を行うことが計画されている。

おてんとさん社の活動の総決算の意味を込めて、莫大な予算での計画が立案されていたこともメモから浮かび上がる。「会計について（予算）」というメモでは、会場使用料・背景制作費・装飾費・ピアノ使用料など、会場に関わる予算が計五五円五〇銭、ビラなどの宣伝費が五円、入場券印刷代・プログラム印刷代などの雑費が二五円、旅館代・昼食係り代など雨情の接待費が一四円五〇銭、雨情への謝礼が五〇円と往復旅費が三〇円、で合計一八〇円の予算を組んでいる。これらの予算に対して、会員券三〇〇枚の売り上げで六〇円、社人・社友からの寄附で一二〇円を見込んでいる。

寄附を寄せた社人・社友の芳名録には、ヘキが三円、桜田はるをが五円、宮下由紀夫が五〇銭などといった記録が残されている。高等文官試験に合格した公務員の初任給が大正七年に七〇円、巡査の初任給が大正九年に四五円という時代である。雨情への謝礼金の額や予算の総額を考えても、おてんとさん社に集まった人々にとって総力を挙げての一大イベントだったことがわかる。

世話人として、天江登美草、錫木碧、黒田正、伊藤博、刈田仁、安倍宏規、吉田昌次郎、鈴木一郎、蛯子英二の九名の氏名が連記されている。これらの人々のうちの天江・ヘキ・黒田・伊藤・安倍・蛯子の六名は、この後、仙台児童倶楽部が設立される際の中心メンバーとなって活動することになる。雨情招聘の童謡会は、おてんとさん社の最後を飾る一大イベントであると同時に、おてんとさん社後の活動につながっていくという点で重要な意味を持っていたのである。

第一部と第二部からなるプログラム（表Ⅱ13-5）は、社人のあいさつと雨情の「お話し」以外は全て子どもたちによる合唱や独唱で構成されている。鈴木正一と大島昭による白作の童謡朗詠もあり、子どもたちの創造活動を重視する姿勢も見られる。また、最後に「おてんとさんの唄」を全員で合唱しているが、「おてんとさんの唄」を全員で合唱することは、この後のおてんとさん社の流れを汲む児童文化活動の定番となっていく。この点からも、最後を飾るイベントであると同時に、始まりを告げるイベントでもあったことが理解できる。

このイベントが終了した後、天江とヘキは連名で次のような挨拶を配っておてんとさん社の解散を宣言する。

拝啓

先般おてんとさん社主催として野口雨情氏招待の児童童謡会を開きました時は、到底私共の微力を以てよく成立を全うし得るかどうか、甚だ心細く、不安と致したのであります。

表Ⅱ13－5　野口雨情先生招待　童謡会

	第一部	
あいさつ		社人
合唱	でんでん蟲	宮崎甫　外一名
独唱	四丁目の犬	八巻忠郎
合唱	啞ひばり	服部雛子　外二名
合唱	呼子鳥	渡部貞子　外九名
独唱	月夜の家	土屋てる子
合唱	かちかち山の春	平山温　外五名
独唱	人買船	加藤とみ子
合唱	めいめい小山羊	若松弥生　外九名
独唱	十五夜お月さん	曽根静枝
合唱	燕	寺島よしの　外二名
独唱	げんげの畑	佐藤春子
自作	童謡朗詠	鈴木正一 大島昭
合唱	七つの子	阿部つや　外六名
独唱	白い夢	大原操子
	第二部	
合唱	青い空	斎藤郁子　外四名
合唱	フリージヤ	藤田静枝　外三名
お話し		野口雨情先生
童話劇	「窓の下の人形」一幕、二幕	
合唱	おてんとさんの唄	一同
あいさつ		社人

然るに一度開催の計画を発表し諸方各位に御援助をお願しました所、各小学校を初め多方面より実に意外なる、いろいろの意味によつて御同意と御援助を得ました事は、童謡研究の仕事の幾分にも心を注いでゐました私共の一段落の意味に於ける今回の催しを、完全に成功せしめた、尊いたまものと存じます。お蔭を以て当日は非常に満足なる盛会に終り野口氏初め児童等にも童謡唱歌の印象の何物かをもたらしめたことと信じ、ひそかに喜んで居る次第で御座います。

ここに失礼ながら書信を以て心より御好意に御礼申上げます。

尚今回を期としておてんとさん社の組織を解散し、今後は研究会、その他によつて個人的に研究を進めたく存じて居りますから、この後ともに御交誼の程をお願いいたします。

先は御礼旁々御挨拶まで申上げます草々

大正十一年五月

天江

へき

この挨拶で、おてんとさん社を中心とした児童文化活動の第一期と呼べる活動は終りを告げ、この後、活動は第二期に向かって行くことになる。

第一四章　『おてんとさん』終刊後の動向

一四―一　童謡研究会とヘキの童謡論

『おてんとさん』第六号には、「童謡研究会のこと」という活動の予告が掲載され、童謡研究会を作って「毎月例会を開いたり研究資料を蒐集廻覧したり。会報を発行」したりすることが告知されている。「二月十日に第一回の会員を〆切り」便宜上会員は県内在住の人間に限定し、会費は通信費とし一〇銭くらい徴収することが記されている。

終刊号の通巻第七号では、本編の最後に「童謡研究会のこと」という活動内容についての告知を掲げ、研究誌の発行、研究会の開催、研究資料の収集廻覧を主な仕事として挙げている。

こうした告知の通り、謄写版の『研究会報』第一号が一九二二年（大正一一）二月二三日印刷納本、二月二五日発行で刊行されている。内容は、佐藤勝熊の童謡、三月に全国で発行されたさまざまな児童文芸雑誌に掲載された童謡の転載、『赤い鳥』二月号に掲載された北原白秋の童謡「ねんねの騎兵」についての渡邊波光とスズキヘキによる合評、山田あい灯の評論「童謡に就いての断片」、スズキヘキの長編の評論「自分の中にある童謡」、後記、以上で構成されている。新作童謡は、佐藤勝熊の童謡一編だけであり、その他は全て「研究的の仕事」となっている。

白秋の「ねんねの騎兵」への合評では、波光は「あーとの高踏的な一の幻想曲であります。童心に還元した大人の都雅な童謡であります」と書き出し、高評価を与えている。一方、ヘキは、次のように評している。

自由に、捉へられずに、口調を想のままに簡単な子供へのおはなしを謡ひ放してゐる作。句として面白いところは、やはり前三行であらふ。童謡には、語感又は句調から受ける聴官の印象といつたものが、大切であるから、氏のものとして傑作とは申されまい。大分厭気を感ずる句法がないでもない。殊に

日夜は凍るし宿はなし

はいやである。

涙もほろほろ…

とつづく末行

すやすや眠ながら泣いてゐた

は符号しない。作者の言葉が使用にあまりに囚はれてつまらなくしたと思ふ。

このように、厳しい評を書き込んでいる。当時の童謡界に君臨していた白秋の作をめぐるこれらの合評から、童謡研究会に集った人々が、自身の童謡論を披瀝しながら真摯に、そして、どんな作者にも遠慮することなく議論し合っていた様子を垣間見ることができる。

白秋の作品の合評に続いて、山田あい灯の雑感「童謡に就ての断片」が掲載されている。そこには、「童謡の目ざす所は、歌ふ国民、永遠を愛し平和を愛する国民、純真さを忘れない人間、それ等を作り出すことに相違ない」とあり、

童謡が文学としての詩から離れ、子どもへの教育的作用を目的として強く持つ認識が表明されている。

あい灯の認識は、詩の一形態として純粋に文学的に創作することから離れて、教育の一手段として童謡を利用することにつながり、童謡が持つ文学性を自ら放棄する危険性を持っている。童謡が〈子どものための〉ものという意識が強くなるや、童謡は子どもを〈教育するための〉ものという意識が強まってしまったのである。あい灯の文章は、文学上の表現の一つの形態として発見された童謡が、〈子ども〉に関わったために、〈教育色〉を強め、〈文学色〉を薄めていく現象が生じていたことを物語っている。

あい灯の雑感に続いて、ヘキの童謡論「自分の中にある童謡」が掲載されている。これは、原稿用紙一〇枚の分量で書かれた本格的な童謡論となっている。一九一九年（大正八）頃から童謡の習作を続け、精力的に創作活動を展開してきたヘキが、『おてんとさん』終刊を決めたこの時点での自らの童謡論を総括したものと位置づけることができる。

この中でヘキは、「なきびちよ　とびちよ　酒屋のいたち　穴掘って　んめろ」という子どもの囃し言葉を紹介しながら次のように述べている。


悪口は子供の詩の世界であった。子供の歓声、子供の主張であった。子供の生活から悪口をとりのぞけることはじつに残酷なじつに愛を知らない無理解な行為と言ってよい。子供の楽書は、子供の芸術の自然な露出であり又子供の悪戯は子供の芸術の自然な本能生活化であり、悪口は子供の芸術の自然なリズムの表現だと言ってよい。

ヘキが白秋の「ねんねの騎兵」への批評と「自分の中にある童謡」で展開した主張は、『おてんとさん』終刊号に掲載されたヘキの「原始童謡主張」につながるものである。

「原始童謡主張」の中で、ヘキは白秋の「ねんねの騎兵」と仙台の子どもたちが口ずさんでいた「とーひとーひ／魚のわたけつから　めー舞つてめせろ」とを引合いに出しながら、次のように述べている。

現時の新創作童謡なるものが、明らかに原始童謡から逆行しつゝあるのを感ずる。唱歌の芸術的改良に、詩人自身の創作趣味の世界への没入と目さるるだけに、単に小学読本の韻文と新創作童謡との入れ替に過ぎざるの効果を見るだけに至らないだろうか、それでよからうか、私は大変だと思ふ。

童謡はやはり昔の原始の精神に戻さねばならぬ。芸術非芸術、教育非教育、道徳非道徳を論ぜず、只黙つて童謡は、とーひとーひの時代の童児の返還すべきものである。何故か？明白である。即はち童謡は原始にあつて、永遠に童児自身が、汚されず交渉や容喙を受けず、黙々として信じ持てるものを、無理解に大人がとりかへして、変形にし、議論したものであるからだ。

こうした認識のもとに、白秋らの新作創作童謡について、「原始童謡主張」の中で次のような批評を加えている。

新創作童謡の不満はその「実物の前の童児その姿」なる絶対的の場合を忘却し、はなれて、徒らに詩人個人の芸術趣味のあまりに狭い世界に入り切つて、そこで永遠の児童とかにならうとしたために、つひにあやまつてゐるのではあるまいか。

大人が西洋の風景人情を、夢の如き空想世界を、うたつて悪いとは言はないが、「実物の前の童児その姿」を、忘れてもらひたくない。

以上のような認識の中で、ヘキは「童謡の原始時代に憧れ童謡を自由に汚されたり、議論したりされなかつた昔時を追懐して、ひたすらに彼の時代の、童児の生活を最も自然に、藝術的に復興さしたいと」願い、それには「どうしても現時の新創作童謡の行き方を確固と定めねばならない」と述べる。そして、「現時の新創作童謡の行き方」について、次のようにヘキ自身の童謡観をまとめている。

童謡は人間のうた。人間が物を知り、物におどろいてから、最も最神に触れし、物の嘆美、讃頌、信仰の表現であつた。

「自分の中にある童謡」と「原始童謡主張」の中でヘキが展開した童謡論は、子どもを理想化することを否定しつつ、子どもが持つ残酷さも含めて子どもの生活から生まれる感情や感覚、心の揺れ動きをありのままに表現することを追求しようとしたのである。そして、その中に、子どもを超えて人間という存在が本来持っている感情や感覚を見出そうとし、そうした感情や感覚、心の揺れ動きを芸術として表現することで人間の本姓を取り戻していこうとしたのである。ヘキが自身の童謡観をまとめる場となったように、童謡研究会に参加した人々にとって、童謡研究会は童謡について真剣に議論を戦わせ、自身の童謡観を形成し、創作力を高めていく場となっていたのである。

童謡研究会に参加した人々は、「内輪的に静かに研究的の仕事」をしたいという天江とヘキの希望もあり、気心の知れたおてんとさん社の人々を中心とした構成となっている。

『研究会報』第一号の巻末に掲載された「研究会の人々」には、スズキヘキ、天江登美草、刈田仁、鈴木一郎、吉田昌次郎、伊藤博、黒田正、安倍宏規、蛯子英二、桜田はるを、片平涙花子（庸人）他、計三六名が名前を連ねている。会員名に付された住所・所属に関する情報を見ると、童謡研究会会員に教員が多数参加していたことがわかる。列挙すると、仙台市内の小学校に勤務する教員が、黒田正、早坂冬治（以上、木町通小学校）、伊藤博、安倍宏規、岩淵静枝（以上、上杉山通小学校）、飯塚幸夫、鎌田千三郎（以上、南材木町小学校）、吉田亀松（五ッ橋高等小学校）、鈴木徳市（女子師範学校附属小学校）の九名。仙台以外では、桜井覚右ヱ門（桃生郡野蒜小学校）、首藤清喜（登米郡米川小学校）、目黒悠（牡鹿郡鮎川小学校）、山嶌礁（遠田郡吉住小学校）、渡辺忠良、高橋利右ヱ門（以上、名取郡増田小学校）、斎藤荘次郎、横澤祐孝（以上、桃生郡北村小学校）、青木作蔵（桃生郡神取小学校）の九名となっている。合わせると計一八名となり、全会員の半数が教員で占められていたのである。

こうした事実は、この当時の学校教育の内部に、童謡創作を通して「童児の生活を最も自然に、藝術的に復興さしたい」というヘキの童謡観に通じる思いを抱く教師が多数存在していたことを物語っている。童謡を創作する過程で、苦しみ悩みながらヘキが到達した認識と、子どもたちの情操教育の方法を求めていた教師たちとでは、「童児の生活を最も自然に、藝術的に復興さしたい」という認識に至った道筋は異なっていたが、共通の認識に到達し、ヘキらの活動に教師たちが賛同する土壌が形成されていたのである。この翌年におてんとさん社で活動した人々と、教員たちが連携して仙台児童倶楽部を立ち上げることになるが、その土台は、童謡研究会の活動の中で形成されていったのである。

『研究会報』の「会告」には、「四月に研究会主催にて野外童謡会をひらきます。大体岩切辺の草丘にて子供らと一緒に創作したりうたったりお話をしたりします」という活動が予告されている。子どもの創作活動を大切にしながら共に童謡を楽しむことは、この後も仙台の児童文化活動に見られる特色となっていく。

一四-二　『おてんとさん』後の同人誌とさくらんぼ社の活動

『おてんとさん』終刊後には、『おてんとさん』に作品を投稿したり、『おてんとさん』に関わった人々と交友関係を持ちながら自身も創作活動を展開したりしていた人々が、次々に同人雑誌を創刊していく。スズキヘキ旧蔵資料に残されている『おてんとさん』終刊後に出された同人誌で、おてんとさん社に関係した人々が出した同人誌を大正時代のものに限って列挙すると表Ⅱ14‐1のようになる。

これらの同人誌の性格は、『こがねの国』『木蔭』『シャボン玉』『BINDORO』『小鳥の本』『ハトポッポ』のグループと、『さくらんぼ』とに大別できる。

『さくらんぼ』を除く『こがねの国』等の同人誌は、おてんとさん社に関わりながら創作活動をしていた人々が、『おてんとさん』終刊後に創作の拠り所を求めて発行したものである。これらの中でも、『小鳥の本』は、幸四郎や正五郎の鈴木兄弟が中心となりながら発行し、天江とヘキを中心とした旧おてんとさん社の中核メンバーが参加しており、その意味では、『おてんとさん』の後継雑誌とみなしてよい同人誌である。

また、木町通小学校の黒田正学級の生徒だった千葉貴策と鈴木正一が社員に加わっていることは、仙台の児童文化活動の意味と特質を考える上で重要である。ヘキと桜田はるをが黒田学級の国語の時間に招かれて子どもたちと童謡作りを行い、黒田が童謡教育を熱心に推進したことも手伝って、その後の黒田学級では、個人で童謡雑誌を作ることが流行する。千葉貴策は『ヒコーキ』、鈴木正一は『夢の国』を作り、旺盛な創作活動を展開していく。さらに彼らは、木町通小学校発行の『コトリ』や『おてんとさん』など、さまざまな童謡誌にも作品を発表していく。

彼らの例だけにとどまらず、童謡の〈受け手〉だった子どもたちが、童謡に接しながら自らも創作する楽しさを知り、やがて〈送り手〉になるという〈循環と連続〉が、仙台の児童文化活動のいたるところで確認できる。そうした循環と連続が『おてんとさん』終刊後に早くも始まり、その典型を、『小鳥の本』に参加した千葉と鈴木の姿に見ることができるのである。

『ハトポッポ』は、おてんとさん社を継いで昭和初期の仙台の児童文化活動を担った七つの子社の中核メンバーの一人として活躍した山田重吉が中心になって発行した同人誌である。天江とヘキ、そして蛯子が賛助に名を連ね、おてん

表Ⅱ14－1『おてんとさん』終刊後の同人誌

雑誌名	創刊年月	編集者	出版社・出版人	印刷形態・サイズ	備考
さくらんぼ	大正一一年六月	こうのす淳 鴻巣博	さくらんぼ編輯所	活版 B6	子どもの自由詩・童謡・童謡評 同人：黒田正、伊藤博、錫木碧、千葉行雄、いとうりく郎、こうのす淳、鴻巣博 一集・二号・三号にヘキの童謡
こがねの国	大正一二年一月	山田重吉	菅野誠治	謄写版 後、活版	童謡・自由詩 ヘキの童謡掲載
小鳥の本	大正一一年	西街赫四 （鈴木幸四郎）	こまどり社	謄写版 A5	社員：桜田耕吾・鈴木正一・千葉きよじ・庄司泰玉・菅野俊八郎・千葉貴策・堀田貞之助 ヘキ、天江、片平庸人、黒田正、蛯子英二、鈴木幸四郎、鈴木正五郎らの童謡・随筆など
ハトポッポ	大正一二年七月	山田重吉	たんぽぽ童謡会	謄写版 B6	童謡・雑感 賛助：錫木碧、天江富弥、蛯子英二 ヘキ、鈴木幸四郎の童謡
木蔭	大正一二年一〇月	堀田貞之助 鈴木正五郎	木蔭詩舎 菅野迷雀	自筆回覧誌	詩・童話・童謡・小曲・俳句他 ヘキの童謡、鈴木正五郎の短歌、ヘキの俳句、鈴木幸四郎の評論他
シャボン玉	大正一三年一月	錫木碧	シャボン玉社	謄写版 A5	童謡・童話 ヘキ・片平庸人・鈴木正五郎、鈴木幸四郎の童謡、正五郎の童話他
BINDORO	大正一四年九月	斎藤弘道	ビンドロ社	自筆回覧誌	斎藤弘道が主宰し、ヘキ、幸四郎、正五郎、佐藤長助、庄司泰玉らが参加

とさん社の第二世代とも呼べる後輩たちの活動を支援する形となっている。仙台の児童文化活動の担い手がどのようにして受け継がれ、活動が継続していったのか知る上で、『ハトポッポ』の存在は重要である。

『さくらんぼ』は、木町通小学校教諭の黒田正と、上杉山通小学校教諭の伊藤博、さらにスズキヘキが同人に名を連ねた同人誌である。黒田と伊藤の二人が同人に名を連ねていることと、子どもの作品を中心に編集していることを考えると、翌年から始動する仙台児童倶楽部の活動につながる同人誌として注目される。

編集内容が整った第二号を見ると、内容は、千葉行雄の童謡論「童謡を作る子供達に」、山田あい灯の評論「童謡の未来主義」、ヘキら同人の創作童謡、野外童謡指導会の報告が掲載されているが、その他は全一六ページのうち九ページが小学生の投稿童謡作品で占められている。

掲載された全四〇にのぼる小学生の作品のうち、仙台市南材木町小学校児童の作品が一一と圧倒的多数を占めている。また、一二作品は茨城県の若柳小学校や千葉県の東金小学校、山梨県の多摩小学校など、仙台市以外の小学校児童の作品となっていることも注目される。

第二号から「せんでん」として次の文章が毎号掲げられるようになる。

◎この本を手にしてお読みになるお子供は、自分の人格を立派にしたいと心の奥底から考へてゐらつしやる方です

◎この本の中にある一つ一つは、どれもこれも、光つた作品ばかりであります。ただむやみに沢山載せる事よりも内容のよい事が第一等であります。

◎この本は、皆さんの最も親切な先生であります。

◎この本は、皆さんの最も楽しい遊び場でありしかも、最も秀れた優良な文集です。

◎ただこれだけです、この外になにもありません。

この文章を見ると、創作童謡の作品発表の場にするという目的ではなく、綴方教育や情操教育のための副読本の性格を持たせることを意図して作られていたことがわかる。

巻末には、一九二二年（大正一一）六月一一日に行われた「野外童謡指導会」の報告が掲載されている。この会は、日曜日の午前一〇時に南材木町小学校に集合し、南材木町小学校の三年以上の男女児童三二名が参加して行われている。引率指導は、千葉行雄他教師が三名と『さくらんぼ』の編集人鴻巣博の計四名である。

はじめに童謡唱歌練習を四〇分間行い、午前一一時に学校を出発して仙台市南部に位置する大年寺山に向かう。そこで、創作の着想指導のために「原にねて」「でんでんむし」二つの詩を鑑賞。その後原稿用紙を渡して創作させる。作品を回収して講評を行い、午後二時一五分に解散している。この時の子どもたちの作品は、『野外童謡集』としてまとめられているが、日常的な学校教育の中では実現できないことを、日曜日に校外に出かけて実現しようとしたのである。

散歩をしながら童謡創作を行う童謡散歩会は、おてんとさん社や山田重吉を中心としたたんぽぽ社でも計画されていたが、学校教育の延長として教師が指導するという形はさくらんぼ社のみが行っている。こうしたことからも、さくらんぼ社が学校で行う情操教育を学校外で補完する目的を持って設立されたことが理解できる。

学校外での情操教育の充実という目標は、この後、宮城県図書館を主な舞台とした仙台児童倶楽部の活動に引き継がれていく。子どもたちの作品を大切にし、子どもの情操教育を主眼にしたさくらんぼ社の活動は、おてんとさん社から続く活動の特徴を示していると同時に、来たるべき仙台児童倶楽部の活動に直結していく活動だったという点で注目しなければならない。

同人に木町通小学校の黒田正、上杉山通小学校の伊藤博、そしてスズキヘキが名を連ねているが、この三人は仙台児童倶楽部の中心となっていく人物である。大正時代の仙台の児童文化活動史として、これまでおてんとさん社と仙台児童倶楽部の活動だけが取り上げられてきた。だが、さくらんぼ社の活動を確認すると、おてんとさん社の活動が仙台児童倶楽部の活動に直結するのではなく、二つの活動の中継役となったさくらんぼ社が存在していたことに気がつく。

仙台の児童文化史は、おてんとさん社の活動からさくらんぼ社の活動を経て、仙台児童倶楽部の活動へと受け継がれていくのである。

第一五章　仙台児童倶楽部の誕生

一五－一　仙台児童倶楽部設立計画

『おてんとさん』を廃刊し、おてんとさん社の組織を解散することを宣言したとはいえ、「おてんとさん」という名称は仙台児童文化活動の象徴としてその後も生き続け、おてんとさん社の名前はスズキヘキや天江富弥を中心とした仙台児童文化活動の中で後々まで用いられていく。

特に天江は、解散宣言後も自らの肩書きにしばしばおてんとさん社の名前を用いている。また、「おてんとさん社の錫木碧さん」[*1]という記述からもうかがえるように、ヘキや天江を見る人々のまなざしには、おてんとさん社解散宣言後もおてんとさん社のヘキでありおてんとさん社の天江として映っていたのである。

ただし、おてんとさん社の解散と『おてんとさん』の廃刊は仙台の児童文化活動に一つの区切りをつけ、その後の展開に多大な影響を及ぼしていく。『おてんとさん』が撒いた種は、おてんとさん社に関わった人々がそれぞれ独自にさまざまな同人結社の結成という形で結実していくことになる。

ヘキとその弟の幸四郎や正五郎の鈴木兄弟が中心となって作ったこまどり社、ヘキや黒田正らが中心になって作ったさくらんぼ社、ヘキが主宰し、正五郎や菅野迷雀、佐藤長助、千葉貴策らが同人となったシャボン玉社、山田重吉が中心となって秋葉兄弟姉妹や鈴木兄妹、見澤姉妹、久保姉弟ら子どもを会員とした黄金の国社、など次々に童謡創作のための結社が作られていく。そして、前章で紹介したように、それぞれ『小鳥の本』や『さくらんぼ』『シャボン玉』『こがねの国』などの同人誌を発行していくのである。

こうして、『おてんとさん』廃刊後も活動の熱意は途絶えることなく燃え続け、おてんとさん社に参集した人々を中心に活発な児童文化活動が展開されていく。その後の活動について、『童謡童話　おてんとさん』第一号に「私達の其後」として次のように紹介されている。[*2]

> 雑誌を休刊してからもう一年も過ぎて了ひました。その間私達は随分いろんな事を致しました。野口雨情氏を招聘して童謡大会を開く、本居長世氏が新日本音楽会をひきつれて来仙されたので、そのお手伝をする、其の内にも蛯子錫木は非常な決心を持て、童謡宣伝の為に路傍に立たれる、十一月には天江錫木蛯子の三名が県下へ講演旅行に出掛けて、桃生郡北村校前谷地校、石巻町、遠田小牛田校等で講演する、其後、福島飯坂校槻木校、川渡校等でも講演する、本年早々黒田氏の著書「童謡教育の実際」が上梓されたので、その紀《ママ》念の会を催すと共に県下の小学校全部へ宣伝書を発送する、紀元節には伊藤氏が自由画研究の故を以て市より表彰される、私達の手で仙台児童倶楽部は創設される、沖野氏を招聘して童話大会を二日に亘つて開催する、大変な忙しさです。今社が関係してゐる子供の集りは、図書館の児童倶楽部、東一本願寺の日曜学校、東二同事舎の仙台仏教婦人会、荒町皎林寺の日曜学林、新寺小路東秀院宮城野コドモ会、山屋敷相原氏方童謡日曜学校、榴ヶ岡日曜学校、その他です。附近の子供さん達はぜひ遊びにいらつしやい。

『童謡童話　おてんとさん』は、おてんとさん社解散宣言の一〇ヶ月後の一九二三年（大正一二）三月三日に発行された四ページの小パンフレットである。二号以降が現存していないので、おそらく一号限りのものだったと考えられる。編集人は鈴木栄吉（ヘキの本名＝筆者注）、発行人は天江富蔵（富弥の本名＝筆者注）で、発行所は解散宣言を出したにもかかわらずおてんとさん社となっている。

「▲パンフレット発行の費用の内へ金五円也桃生郡北村校斎藤校長より寄贈を受けました」[*3]という記述を見ると、前年の一一月に北村校に碧と天江らが講演に出かけた折に斎藤荘次郎校長との間で『おてんとさん』再刊、もしくは後継誌発行の話が持ち上がったのではないだろうか。そして、斎藤校長から支援の申し出を受けるところまで話が盛り上がり、『おてんとさん』復活号のつもりでこの小パンフレットを出したのではないかと推測できる。

「私達の其後」には、『おてんとさん』廃刊から一年の間に本居長世や沖野岩三郎といった童謡童話の児童文化関係者来仙時のお世話とイベントの手伝い、県内小学校での童謡についての講演、日曜学校での童謡と童話の実演、さらに路傍童謡会のような子どもたちとの童謡・童話を通しての触れ合いなど多岐にわたる活動を行ったことが記されている。県内各地に講演に出かけたり、仙台児童倶楽部を立ち上げたり、多くの日曜学校に関わったり、路傍童謡童話会を行ったりと、『おてんとさん』を発刊していた時よりもはるかに多彩な活動が展開されていたことがわかる。

おてんとさん社を中心とした仙台の児童文化活動は、『おてんとさん』廃刊を機に、童謡の研究という専門的な活動から、児童文化全般の活動へと活動の幅を広げていったのである。仙台の児童文化活動は、誕生期から本格的な発展期に移行しつつあったともいえよう。

注

1　『こがねの国』第一輯、一九二三年、一二ページ

2　『童謡童話　おてんとさん』第一号、一九二三年三月、二〜四ページ

3　同前、四ページ

一五−二　仙台児童倶楽部の発足と構成員

『おてんとさん』を廃刊し、おてんとさん社の解散宣言を行った後に、仙台での児童文化活動の中心機関となっていくのは仙台児童倶楽部である。仙台児童倶楽部は一九二三年（大正一二）四月から活動を開始している。

仙台児童倶楽部を立ち上げたのは、後に仙台児童倶楽部委員となる天江富弥、スズキヘキ、黒田正、伊藤博、安倍宏規、蛯子英二の六人と、仙台児童倶楽部顧問として実質的な代表となる池田菊左衛門である。

ヘキの筆記による倶楽部発足打ち合わせ時のメモ「委員内規」全六条がヘキ旧蔵資料に残されている。そこには仙台児童倶楽部の委員について、「1、委員は児童の情操教育の研究と実行に専心せんとする教育家宗教家芸術家官公吏等より顧問又は委員会の協議推センにより任ず人員を定めず」と記されている。ヘキら民間人と小学校の教員を中心に活動していたおてんとさん社に比べて、日曜学校に関わる宗教家と、宮城県図書館で働く人をはじめとする官公吏等までを巻き込んで活動することを想定した大規模な構想の下に仙台児童倶楽部が立ち上げられたことがわかる。

天江が主に記し、ヘキが補筆した手書きの仙台児童倶楽部「名簿」が残されているが、その目次を見ると、芸術家・児童教育家として野口雨情、北原白秋、西條八十、山村暮鳥、竹久夢二、沖野岩三郎、若山牧水、小川未明、秋田雨雀、鈴木三重吉、山本鼎、千葉春雄ら二五名、芸術教育家（県内）として桃生郡北村小学校長斎藤壮次郎、桃生郡野蒜小学校桜井覚右ェ門、宮城県男子師範学校附属小学校後藤才治ら二二名、官衛関係者として宮城県知事力石雄一郎、仙台市

長鹿又武三郎ら八名、賛助者として宮城県盲亜学校四竈仁迩ら一一名、中等学校長として宮城県師範学校長若月岩吉ら一二名、小学校長として東二番丁小学校長梅良造ら一三名、幼稚園としてメソジスト幼稚園、尚絅女学校幼稚園ら八園、日曜学校として宮城野コドモ会、バプテスト教会、聖公会ら一八団体、婦人会として仙台仏教婦人会ら四団体、小学校保護者会長として荒町小学校ら一五校、新聞社として河北新報、東華新聞社ら九社、市内研究家・市内文学家として石川善石（善助＝筆者注）、舘内勇、渡邊波光ら二〇名、市内文芸団体として渡邊波光の現代民謡社、石川善石の感觸詩社ら一〇団体の名前が列記されている。仙台児童倶楽部は、これらの個人や団体を視野に入れた壮大な規模で展開していくことを構想した活動だったのである。

名簿にはこれらの個人や団体に続いて実際の運営と賛助にあたった賛助員、特別会員、顧問、委員の氏名が列挙されている。

賛助員には、後に太陽幼稚園を創設する相澤太玄や天江の親戚で老舗の味噌店主佐々木重兵衛、桃生郡北村小学校校長の斎藤壮次郎、日曜学校活動を精力的に行った八幡町龍宝寺住職河原亮賢らの氏名が書かれている。これらの氏名を見ると、賛助員は金銭的な支援および趣旨への賛同者という位置づけだったことがわかる。

特別会員には、ヘキの友人として『おてんとさん』創刊号からおてんとさん社に関わっていた片平庸人の名前があるが、それ以外ではヘキの弟幸四郎をはじめとして菅野俊八郎（迷雀＝筆者注）や佐藤長助ら、ヘキ・天江らの下の世代で後の仙台児童文化活動の担い手の中心となっていく、いわゆる仙台児童文化第二世代の名前が並んでいる。これらの人々は、催しの際の会場設営等、仙台児童倶楽部の実働部隊として活躍することになる。

顧問は発足時一〇名だったが、最終的には一三名が名簿に記載されている。氏名と所属は表II 15-1の通りである。

表で明らかなように、顧問一三名のうち学校関係者が九名と過半数を占めている。その他の四名のうち真山と石堂は日曜学校関係者、池田は図書館長であることを考えると、顧問のほぼ全てが学校教育関係者もしくは教育活動に関わる

表Ⅱ15-1　仙台児童倶楽部顧問一覧

氏名	所属
稲辺　彦三郎	仙台市立上杉山通小学校長
秋葉　馬治	宮城県立第二高女校長
河野　通則	仙台市立荒町小学校長
池田　菊左衛門	宮城県図書館長
小野　平八郎	東華新聞社長
鈴木　愿太	仙台市立仙台商業学校教諭
栗田　茂治	宮城女子師範教授
真山　良	日本クリスト教会
石堂　文龍	荒町皎林寺住職
戸田　一男	仙台市立立町小学校長
斉藤　譲一郎	仙台市立木町通小学校長
詫摩　卯吉	仙台市立片平丁小学校長
二階堂　清壽	宮城県女子師範学校附属小学校主事

人物だったことがわかる。教育、特に学校教育と深い関係を持ちながら活動を展開していった仙台児童倶楽部の性格がこれら顧問の人選に表れていることに注意しておきたい。

この一覧に名前が挙がっている者たちの、この後の活動実績を見ると、名前だけ顧問として連ねていた者がほとんどである。この中で実質的に活動に関わっていくのは、鈴木愿太、真山、石堂、戸田、詫摩、そして池田菊左衛門である。この中でも、仙台児童倶楽部の実質的な代表として活動するのは池田菊左衛門である。

池田は一八七〇年（明治三）に宮城県本吉郡大谷村に生まれ、宮城県師範学校や東京専門学校で学び、福島、静岡、広島各県の教諭や校長を歴任。一九二〇年（大正九）に宮城県初代社会教育主事に任じられ、翌大正一〇年五月二六日に宮城県図書館長に任じられた人物である。宮城県の学校及び社会教育に大きな足跡を残し、常に勤労青少年教育の重要性を説いていたが、一九二五年（大正一四）には夜間仙台明善中学校の設立に奔走し、初代校長となっている。

仙台児童倶楽部の発足について、発足の前月に出された『童謡童話　おてんとさん』には次のように紹介されている。[*1]

宮城図書館ではこの度館内に仙台児童倶楽部を新設し、

毎月童謡童話会、或は子供にふさわしい音楽会や自由画展覧会などを催すことになりました。「子供は家の宝だと言ひながら、その子供の為には学校を離れて何等の情操教育機関がないではないか、この遺憾を補ひ且つ子供の情操を少しでも美的にしたい、豊富にしたい」と言ふのがその主旨です、その第一回の童謡童話会が四月三日（神武天皇祭）午後一時より図書館児童室で開かれます、沢山子供さん達の御集りをのぞみます。

本部を宮城県図書館内に置き、図書館が活動の中心地となっていくことからも、仙台児童倶楽部における宮城県図書館長池田の占める位置が理解できる。

仙台児童倶楽部は一九二四年（大正一三）五月二三日に「仙台児童倶楽部一周年記念　野口雨情氏招聘　童謡童話大会」を仙台市公会堂で大々的に催したり、一九二八年（昭和三）一一月一一日に大規模な「御大典奉祝コドモ大会」を仙台市公会堂で催したりしているが、基本的な活動は月例の童話童謡会の開催である。宮城県図書館や立町小学校講堂などを会場にしながら、一九三一年（昭和六）三月の池田図書館長の退任まで継続して行われることになる。

仙台児童倶楽部の運営を担ったのが委員である。設立打ち合わせのヘキメモには、「2、委員は倶楽部維持、各実行に伴ふ経費を負担すると共に身を以て倶楽部の仕事にあたるべきものとす」や「6、委員の創作になる児童劇、童話、童謡等の演出はあくまでも真摯に研究的なることを心がけること」とあり、委員は経費の負担はもとより、理論的支柱となることまでを自らの責務としていたことがわかる。「倶楽部」とは称していても、単なる同好会的な集まりを作ろうとしていたのではなく、児童文化活動の活性化と児童文化の研究、そして児童文化を通した子どもたちの育成を目指した本格的な組織を作ろうとしていたのである。

発足時の委員は六名であるが、活動を開始するにあたって増員され、一四名が名簿に記載されている。氏名と所属は表Ⅱ15-2の通りである。

表Ⅱ15－2　仙台児童倶楽部委員一覧

氏名	所属
本郷　兵一	宮城女子師範学校附属小学校訓導
黒田　正	仙台市立上杉山通小学校訓導
伊藤　博	仙台市立上杉山通小学校訓導
安倍　宏規	仙台市立上杉山通小学校訓導
蛯子　英二	東北学院高等師範部
鈴木　栄吉	定義電気株式会社
天江　富蔵	おてんとさん社
舘内　勇	宮城県立工業学校講師
後藤　才治	宮城県男子師範学校附属小学校訓導
太宰　武雄	仙台市立片平丁小学校訓導
氏家　積	仙台市立片平丁小学校訓導
小松　郁雄	仙台市立五橋小学校訓導
小林　藤吉	宮城県図書館
金　達夫	仙台市立立町小学校訓導

一覧で明らかなように、一四名中一〇人と、委員の場合も顧問同様学校関係者が大半を占めている。小林が図書館勤務であることを考えると、天江とヘキ、そして学生の蛯子を除いてほぼ全ての委員が教育関係者だったことになる。学校の教師と民間の活動家が連携して推進された仙台の誕生期「児童文化」活動の特色が委員の選定にも色濃く表れていることに注意したい。

注

1　前掲『童謡童話　おてんとさん』第一号、三ページ

一五－三　黒田正の活動

次に、委員の一人として仙台児童倶楽部の活動に大きな足跡を残した黒田正（一八九一－一九五七）について検証し、仙台児童倶楽部の性質を浮き彫りにしていく。

黒田正は一八九一年（明治二四）に仙台市に生れている。父親は警察署長で藩政時代に侍屋敷が立ち並んでいた北六番丁に昔からの家屋敷を構えていた。仙台市内の伝統校の一つである上杉山通小学校長を経て定年退職後、日本赤十字社仙台支部の事務長になっている。職務態度は真面目一途で、「朝早く退校が遅いので部下の若手教員が迷惑

した」[*1]という話も残されている。

ヘキは黒田を回想した中で、「どっちかというと情熱詩人、熱情教師的とは反対に保守的な明治形の人であったので創作はない」[*2]と述べているが、これはヘキの思い違い、もしくは創作が比較的少なかったことをこのように表現したものであろう。初期の黒田は、創作にも意欲的に取り組んでいた。

『おてんとさん』創刊号にも協力していた黒田だが、本格的におてんとさん社の活動に参加するのは、一九二一年（大正一〇）二月一五日に第二回童謡研究会が開催された時である。

仙台市内の東一番丁露月堂本店で六時から行われた会には、ヘキや天江の他に刈田仁、石川善石（善助）、宮下由紀夫、鈴木正五郎、鈴木幸四郎、郡山博、蛯子英二、吉田昌次郎ら誕生期のおてんとさん社活動の中核を担っていく人物二〇数名が参加している。そして、「市内木町通小学校から黒田正先生が生徒の作を御持ちになつて参会せられた」[*3]と黒田が参加したことが記されている。

この時の童謡研究会は、黒田が持参した木町通小学校の生徒の作品や社人の佐藤勝熊の作などを読み上げながら批評し、選点を計算していった。その中で、

ほうづきの紅提灯　どこに
お祭りあるんだい――「ほうづき」

という作品について、参会者の一人が「童謡のあんまり短詩形なのはリヅミカルといふ素因を殺ぐ。くり廻してるうちに一つの調子をもつ位に、はつきりした音楽的要素がなくてはいけないと思ふ」と述べ、天江が「この詩にはリヅムがないのか」と尋ね、蛯子は「子供が胸からうたひ出した言葉はみんな詩だ」と反論して激論になったことが記されて

いる。その後、

私共の小さい日の短い、くりかへして歌ふ歌には、これより字句の不足なのが沢山あったのに、くりかへして節おもしろくうたつてゐるうちに立派な「子供の節」をこしらへてうたつたものである。そのやうに子供はくりかへしてるうちに、立派に作曲する。その自分たちの節の中に、その歌の中に限りない喜悦と幸福の心持をやしなつてゐるのだ。この時に、この作のほんとの批評が出来さうな気がする只詩形丈として見る童謡も許されるであらうが、それとしては音楽的効果の少ないといふことにはみんな同感した。

というように議論が落ち着いていったことが述べられている。[*4] そして、

すべてのものに、ことに文化の上に、現代的色調を盛ることが必要なやうに、童謡といふもの丶進程もどんどん新しく広くうたはれていい筈だ、私達はすべての形式や激論や分派におかまひなしにどしどしと自分たちのみちをすすまふ。

(中略)

仙台で、ことにまだ児童文学の上にくらいこの地に、突如二十四五人からの熱心な研究者と会し得た事は奇蹟な気がした。十一時に閉会した。

と結ばれている。[*5] この時、ヘキと天江は二一歳、草野心平らと交友し遺稿詩集『亜寒帯』がある詩人石川善助一九歳、ヘキの弟幸四郎一五歳、正五郎一三歳、この中では年長の黒田正でも二九歳の若さである。若い童謡詩人・童謡愛好家

たちの興奮とこれからの活動への希望の胸の高鳴りが聞こえてきそうな回想である。

この時の研究会に参加した黒田について、「いろいろな材料をもつて来られて研究」したと記されている。黒田はこの翌年の一九二二年（大正一一）一二月に『童謡教育の実際』を米本書店から出版するが、この時すでに童謡教育について実践を踏まえたさまざまな考察の材料を持っていたことがわかる。

このように、学校での童謡教育の実践を中心におてんとさん社で発言・活動していた黒田だが、創作活動の結社として結成されたおてんとさん社において、自身も作品を発表している。『おてんとさん』第二号には、次のような童謡を掲載している。

獅子雲

おー　獅子が
雲の中を駆けてゐる
大きな獅子が
すごい声で
ごーごー叫ぶ
見てゐる中に
雲の中へ飛び込んだ

虹と雀

夕方虹はつた

雀三十
電線にのつてた
汽車がボーと鳴ると
ぱッととんだ

いずれも、面白みとリズム性が乏しく、作品として高い評価を受けるものではない。この他、三号には「あめんぼう」、四号には「きうり」、第二巻第二号（通巻七号）には「猫の子こつ」が掲載されている。「猫の子こつ」は、

猫の子こつ
猫の子こつ
ながされた

遠い　遠い
砂原に
だれも葬式
してくれぬ

風が泣いて
くれました

川が埋めて
くれました。

というものである。二連と三連の内容が同時代の金子みすゞの作風にも通じる作品だが、みすゞに比べると表現と情景描写が大雑把でやや繊細さに欠ける作品になっている。

創作作品はさほど評価されるものではないが、黒田の仙台児童文化活動での評価は、学校教育を担う教師の立場で児童文化活動に関わり、積極的な発言を行っていったことである。黒田は『おてんとさん』第二号の編集後記「オテントサンメガネ」に、

改正国定読本巻一から巻七まで各巻三四の韻文がありますが何れも
日本中の小学生　八百万といふ
八百万の小学生　四列になつて歩かんか
八十万間つづくべし―（巻七、第二、長き行列）
といふやうなもので、コドモの感興をひくものではありません。「国定読本に童謡を採用して欲しい」ことについて書かふと思つてます。

という創刊号を見ての感想を寄せている。[*6] そして、その予告通りに、第六号に「国定読本の童謡と民謡」、第二巻第二号に「国定読本の童謡と民謡―その二」、そして『童謡童話　おてんとさん』第一号に「生活の童謡化」という評論を寄稿している。創作活動の母体としてのおてんとさん社内で、黒田は創作の実験を行うと同時に、教育実践の場から童

謡の意義を考えてその見解を発表していたのである。

『童謡教育の実際』は一九二二年（大正一一）一二月三〇日に米本書店から出版されている。この書には、おてんとさん社と関わりが深かった野口雨情の次のような序文が寄せられている。

> 全国に先んじて郷土童謡を標榜した「おてんとさん社」が天江登美草、錫木碧氏によつて三《ママ》年前に仙台市から生れたのは、意義ある童謡本質の運動でありました。
>
> 同時に本書の著者黒田正氏が同じ仙台市にあつて郷土童謡と児童の教育、教育と童謡の善用について実際指導の位置に立たれたのも最も意義ある事業でありました。
>
> ややともすれば空論になり易い教育と童謡との実際的効果を事実の上に見出すまで三年間の黒田氏の努力と苦心は児童教育家の学ぶべきことであります。
>
> 本書は黒田氏自身の永い経験を記述し、童謡研究者のために、童謡指導者のために、一々実例を示された童謡教育の良参考書であり意義ある事業の生きた記録であります。

雨情からの賞賛がこのような文章として寄せられているが、黒田自身も「はしがき」の中で「童謡に関する書物は甚だ多いが、しかし教育者が自己の実地指導上より獲た生きた経験なり、業績なりを発表して斯界の研究資料に供したものはないやうです」と述べ、この書への自負を表明している。

この著書の出版に先立つこと一〇ヶ月前の一九二二年（大正一一）二月一一日の紀元節に、黒田は童謡教育への取り組みによって「多年童謡ニ関スル研究ヲ積ミ児童ヲ奨励シ教育上資益スル所少カラス仍テ置時計一個ヲ贈与シテ之ヲ薦奨ス」と仙台市長鹿又武三郎から「薦奨状」を授与されている。

「薦奨状」の授与からもわかるように、この本が出版された当時、すでに「童謡教育の黒田」として仙台市の教育界では一定の評価を受ける存在だったのである。同時に、黒田の童謡教育に理解を示し、黒田への薦奨状授与の実現に尽力した教育関係の実力者が存在したこともうかがえる。

だが、この本自体は仙台市内の教育関係者らによって出版を勧められたわけではない。おてんとさん社のヘキと天江の二人が尽力して実現したものである。大正一一年一〇月二二日付のヘキ宛ての黒田の手紙には、出版に至る経緯を推測させる次のような文章が記されている。

> 出版の方も御蔭様で纏まりました、野口先生に御礼状出しましたら、其の後二回程御手紙を下さいましたが、毎度お二人によろしくと書いてありました、米本書店にも挨拶を出しましたら、主人公より四頁に渡る詳細なお手紙がありました、組版進行中で近日中校正刷送ること〇〇だけは私の手ですること、其の他は確定といふわけではないやうですが、菊版半裁《ママ》で定価七拾銭位になるだらうとのことです、広告文二、三種送れとのことで今日午後から認め「はしがき」の増訂と共に送る積りです
>
> 〔〇〇＝文字脱落〕

この文章からは、黒田に出版を相談されたヘキと天江が野口雨情に出版社の紹介を依頼したこと、その結果、雨情が米本書店を紹介して出版の運びとなったことを読み取ることができる。この時期の黒田がおてんとさん社の人々と親密な関係を築いていたことと、黒田の童謡教育への取り組みにとっておてんとさん社の人脈がきわめて大切なものであったことが理解できる。

出版に際して力を借りた天江とヘキに、黒田は出版までの詳細な経過報告を行っている。大正一二年一月一二日付の

黒田からヘキ宛ての手紙には、原稿料の代わりに本を五〇冊ほどもらおうかと思っていることや、年末で慌しく折り本内職屋のところで仕事が止まっていて年内の出版は不可能になったことなどを細かに書き記している。天江には、一月一七日付の葉書で、今日の夕刻に本の見本一部が到着し、予想外に立派だったことや、雨情の序文を葉書に書き写して具体的に報告している。これらの書簡からは、黒田の本の発行日が、奥付とは異なり、実際には大正一二年一月だったこともわかる。

「はしがき」に天江とヘキへの謝辞も書かれたこの本は、発足以来、単なる童謡愛好団体ではなく、童謡の創作や子どもたちとの童謡を通した関わり方などを研究することに主眼を置いてきたおてんとさん社関係の人々にとっても喜ばしいことであったのは間違いない。おてんとさん社関係で著書を出版するのは、一九二二年（大正一一）七月に田中豊太郎との共著で千葉春雄が目黒書店から『童謡と子供の生活』を出したことに次いで二番目の快挙であった。千葉は出版前年の大正一〇年に東京高等師範学校附属小学校訓導への栄転という形で仙台を離れているため、在仙のおてんとさん関係者の著書の出版は黒田が初の快挙であった。

出版の実現に関わった天江やヘキらは、この本の宣伝にも力を注いでいる。天江の筆跡になる大正一二年二月付のおてんとさん社関係者への呼びかけ文が残されている。そこには、「童謡研究家としても、童謡教育者としても斯界に令名ある著者を我が社内に持ち得たことは大へん力強いそして名誉ある事」と述べ、「この好著を社内の教育者諸君に御読を願ひ一層の御研究をお願いいたしたく思ひます、依而此際弊社は皆様の御便宜を計り参月末日まで右書を送料小社負担にてお取次の労をとる事にいたしました。何卒私共の意ある処を御了解の上ぜひ沢山取纏め御申込に預かりたくお願申上げます」と記されている。

後年ヘキは、「正直に言って一年位の新開拓の童謡教育を完全にまとめることは不満足であり、創見は少なかったが歴史上は特筆されてよい」[*7]と的確なこの書への評価を下している。ヘキの評価のとおり、内容は決して十分なものとは言えないながらも、国定教科書の使用義務をはじめとして視学や校長等による授業内容の管理・監督が厳しかった時代にあって、従来の綴り方に代わって童謡を取り入れて子どもたちに美育を推進した実践記録としてこの本が出版されたことは、童謡運動にとってだけではなく教育の歴史の上からも意味のあることだったと評価しなければならない。

既述したように、黒田が一九二三年（大正一二）三月まで在職していた木町通小学校では、大正一〇年六月に自由教育展覧会を開いている。この時には一般の観覧者の他に、市内の各学校長や主事、各郡視学など県や市の主な教育関係者も多数観覧している。また、ヘキの回想によると、黒田は綴り方の授業中にヘキらを教室に招きいれて童謡創作の授業を展開したこともあった。

黒田学級に招かれたのはヘキと桜田はるをである。綴り方の時間に黒田学級の子どもたちと童謡作りをしたヘキは、木町通小学校黒田学級での体験を回顧しながら、次のように述べている。*8

この若い二十一、二と十七、八才のカクオビ少、青年を、子供の童謡教育の綴り方時間の正式の授業に、私と桜田春男を指導教授の名で校長の許可を得て招いた事である。私たち二人は、キモノカクオビ姿で、この木町小の四年の男の子たちと一時間、ニコニコと談り合い、歌い合い、創作し合い批評感想をのべたり楽しく暮した。こんな教室風景がどこにか、もう一度あるものであるかどうか。

国定教科書での授業を強いられていた時代の中で、木町通小学校が教師の個性を認めながら自由な教育を行っていたことがわかる逸話である。

黒田にとって、『童謡教育の実際』を出版し、仙台児童倶楽部の委員として活動するこの時期は、自由教育の実践活動家としての成果を挙げ、一方で県下にその名を知られるようになった充実期だったのである。同時に、宮城県の教育にとっても自由教育が豊かに花開いた時代だったことも忘れてはなるまい。

だが、やがて教育を取り巻く環境は急速に変化していく。一九二四年（大正一三）になると自由教育の展開は歯止めをかけられ、副教科書の使用取り締まりの通牒も厳しく行われるようになる。大正一三年九月五日には、松本女子師範学校附属小学校訓導川井清一郎が修身の時間に教科書を用いずに授業していたことを視学から糾弾され、休職処分とされる事件が起こる。いわゆる川井訓導事件である。この事件は、この後の急激な教育環境の転変の始まりを告げる事件でもあった。

仙台児童倶楽部は、教育を取り巻く環境が急激に変化する直前の自由教育の雰囲気が教育界全体を覆っていた時期に発足したのである。

注

1　スズキ・ヘキ「仙台の童文学の人人（12）—黒田正」（『ポランの広場』第一六号、仙台グリーンハンドコミュニティ、一九七一年）、三ページ
2　同前
3　前掲『おてんとさん』第二号、四八ページ
4　前掲『おてんとさん』第二号、四九ページ
5　前掲『おてんとさん』第二号、五二ページ
6　注4に同じ
7　前掲「仙台の童文学の人人（12）—黒田正」、三ページ
8　前掲「仙台の童文学の人人（12）—黒田正」、三ページ

一五－四　木町通小学校と二階堂清壽の自由主義教育

黒田が在職していた当時の木町通小学校は、既述したように、森谷清一が自由画を推進し、黒田が随意選題の綴り方を推進し、そして綴り方を中心に自由主義的教育論を展開して論客として知られた千葉春雄が在職する仙台市内におけ

る自由主義的教育の実験学校とも見なされる校風を持つ学校だった。「新人論客が多く、毎日放課後の職員室は議論百出、賑やかなもの」[*1]だったと回想されている。

そうした自由主義教育的校風を木町通小学校にもたらしたのは、校長を務めた二階堂清壽《せいじゅ》（一八八二－一九七六）である。

二階堂は、一八八二年（明治一五）に宮城県志田郡三本木町（現、宮城県大崎市）に生まれ、一九〇三年（明治三六）宮城師範を卒業している。卒業後は三本木小学校訓導を振り出しに、仙台市東二番丁小学校、牡鹿郡蛇田小学校、遠田郡田尻小学校、再び東二番丁小学校、そして広島高等師範学校附属小学校、二年後に再び東二番丁小学校、そして一九一七年（大正六）に仙台市北五番丁高等小学校長となり、大正九年に数え年三九歳の若さで仙台市内小学校の中心校の一つ木町通小学校長に任じられている。その後は宮城県女子師範学校教諭、同附属小学校主事、東二番丁小学校長、仙台市視学、学務課長などを歴任する。晩年には日本女子体育大学長を務めた他に、一九四七年（昭和二二）に日本女子体育大学附属みどり幼稚園を創設し、初代園長として幼児教育に精力を注いで九四歳の天寿を全うしている。

二階堂の経歴を見ると、宮城県教育界のエリートとして期待され、宮城県教育界を担う人物としての道を歩んでいったことがわかる。だがそうした経歴以上に、二階堂が確固とした独自の教育観を確立していたことに注目しなければならない。

二階堂は一九一九年（大正八）一月一日発行の『宮城教育』第二五八号に「自学自修につきて」という論文を発表する。これは二階堂が北五番丁小学校長になって間もない大正六年四月初めに「佐々木主事、森田視学、大内市視学が当校を視察」した際に、「より多く自学自修せしめよ」との批評を残していったことに端を発して始められた、二年間に及ぶ校内各教科研究部での実際的研究の報告としてまとめられたものである。

その後、三月一日発行の二五九号に「自学自修につきて（二）」を発表し、九月一日発行の二六五号まで、修身、綴り方、算術、書き方の各教科を取上げながら計六編の論文が掲載されている。二五八号のみ二階堂の個人名での論文になっていて、それ以降は「仙台市北五番丁小学校」名での発表となっているが、文体から見ていずれも二階堂自身の執筆によるものと思われる。

この中で、二階堂は及川平治（一八七五－一九三九）の分断式動的教育法に言及している。及川は一八七五年（明治八）三月に宮城県栗原郡若柳町（現、宮城県栗原市）に生まれ、一八九七年（明治三〇）に宮城県尋常師範学校を卒業し、卒業と同時に同校附属小学校訓導になっている。三年後には宮城県名取郡茂ヶ崎高等小学校の校長に任じられている。一九〇二年（明治三五）に上京し、その後兵庫県明石女子師範学校附属小学校主事を務め「為さしむる主義による分団式教授法」を唱えて一世を風靡した教育者である。

及川は一九二一年（大正一〇）八月一日から八日間、当時の新しい教育理論を紹介するために東京高等師範学校附属小学校講堂で開かれた「八大教育主張講演会」にも登壇して「動的教育論」を講じ、大正自由教育の旗手の一人として注目された人物としても知られる。明石女子師範学校附属小学校には連日多数の参観者が訪れ、年間三万人を超える年もあったほどだといわれている。[*2] 郷里の宮城県でも何度か講習会を開き、宮城県下の教師たちにも多大な影響を与えている。

当時の新教育運動の旗手の一人である及川の影響が認められることからもわかるように、二階堂はこの当時の教育界に渦巻いていた自由主義教育に敏感に反応した教育者であった。その意味では、県の教育界の王道を歩んだ人物であるにもかかわらず、画一的な注入主義の明治時代以来の教育に飽き足らず、貪欲に新しい教育論を吸収しようとした教育者だったと言える。

そうした二階堂の姿勢は、一九二〇年（大正九）一〇月二五日発行の『宮城教育』第二七五号に掲載された「成城小学校講習会」の報告に顕著に表れている。この報告は、瓢零のペンネームで書かれているが、すでに木町通小学校長になっていた二階堂による報告である。木町通小学校長だった二階堂は、大正九年一〇月一一日に成城小学校で開かれた講習会に自ら参加して研鑽を深めようとしたのである。

成城小学校は、澤柳政太郎（一八六五－一九二七）が一九一七年（大正六）四月に設立した大正時代の自由主義教育を代表する私立小学校である。「創設趣意書」には、「我が校の希望理想のごときもの」として、①個性尊重の教育、②自然に親しむ教育、③心情の教育、④科学的研究を基とする教育、以上の四項目を掲げている。科学的研究を基とすることを重視し、日々の教育を通して研究を積み重ねていく実験学校の様相を呈していたのである。

二階堂の報告は、次のような文章から始まる。*3

現代初等教育界の弊竇を一洗しようとして建てられた成城学校、校長澤柳博士を初め新しい教師の面々、夜を日に次いでの研究、其の余瀝になれる講習会、私はどうしても聴かずには居られなかつた。

「成城小学校」の校門に立つた時、「会場」と黒々と書いた大きな文字を見た時に如何に私の心は躍つたでせうか。

「新しい教師の面々、夜を日に次いでの研究」への期待とその成果を目にすることへの胸の高鳴りが伝わる文章である。

二階堂が会場に入るとすでに講演が始まっていた。演者がさかんに外国語や外国の事を引用することから、「鯵坂文学士だなと判断」していることからすると、二階堂は成城小学校の教師たちが書いた文章を以前から読み込んでいたことがわかる。そして、「成城小学校は自由主義だと世間では言つてゐるが、それは結果で吾々はそんなことを考へてゐるのではない、唯々児童の個性を尊重すると云ふのである其結果は或る程度迄自由を与へなければならぬのだ」という鰺坂（後の小原國芳）の発言に共感を示している。成城小学校で行われていた自由主義教育への二階堂の心酔ぶりが伝わってくる書き出しとなっている。

講習会は、第一時が柏木訓導の地理と奥野訓導の聴き方、第二時が鰺坂国芳主事の修身、第三時が諸見里訓導の理科と続く。そして、会員研究発表に際して、二階堂は次のように発言する。*4

私共が若しも成城学校の訓導を拝命したとしたら何が一番に苦しいだらうか？色々あらうが先づ次の点だらうと思ふ。

「子供がヂットして聴いて呉れない」と云ふ点であらうと思ふ。教師の献立が何時も水泡に帰して万事休焉の状態に陥ることだらうと思ふ。

失礼な申分だが、成城学校の先生方が、若しも野に下られたとしたならばどんな感じを抱かるゝだらうか恐らく次の点に一致せらるゝだらうと思ふ。

校長や郡視学なんといふものは、至つて下らないものだ、六ヶ敷五條目などばかり並べて窮屈な天地を造つてゐることに嫌焉たらず思はるゝであらう。

そして、次のように続ける。*5

成城学校には自由な空気が流れてゐるそして児童は野雲雀のように高く歌ふてゐると云ふことに来会諸君は一致した感想を抱かれたであらう。

地方の学校は集団的に形式的に或る拘束圧迫が活いてゐると云ふことは今日否むべからざる現状である。

成城小学校の子どもたちが自由主義教育の中でのびのびと活動している様子を「野雲雀」に喩え、地方の公立小学校の現状を「拘束圧迫」とした表現は、仙台市の中心校である木町通小学校の校長という立場を考えるときわめて柔軟かつ大胆な発言と言わざるをえない。

そして二階堂は、自らの教育上の信念について次のように述べている。[*6]

自由も拘束も問題ではない、個性尊重が第一義である、私は其個性尊重を徹底せしむる為めに「教育的愛」を絶叫せねばならぬ。私は乏しきを小学校長に享けて居るが、職員に向つての唯一の要求は「子供を可愛がつて下さい」の一事である。

個性を尊重し、そのために子どもへの愛を大切にし、子どもへの愛を実現する環境として自由な教育空間を目指したのが二階堂の教育理念だったのである。

二階堂は、自由主義教育の特長として、①自己活動の促進、②創作的態度、③教師と児童との人格的接触、を挙げている。こうした理念と理想の実現の場として、二階堂校長時代の木町通小学校では、黒田や森谷らによる先進的な自由主義教育がさまざまな形で実践されていったのである。

注

1　仙台市立木町通小学校編『培根』一九七四年、五六ページ

2　中野光『学校改革の史的原像――「大正自由教育」の系譜をたどって』黎明書房、二〇〇八年、五七ページ

3　『宮城教育』第二七五号、宮城教育会、一九二〇年一〇月二五日、四三ページ
4　前掲『宮城教育』第二七五号、四五ページ
5　前掲『宮城教育』第二七五号、四五〜四六ページ
6　前掲『宮城教育』第二七五号、四八ページ

一五－五　黒田正の教育実践と二階堂校長

二階堂が木町通小学校の校長だった期間は、きわめて短い。在任期間は一九二〇年（大正九）五月から翌大正一〇年七月までのおよそ一年間にすぎない。だが、自由主義教育を推進した二階堂校長の印象は、在任期間の短さに反比例して木町通小学校の教員たちに強烈な印象を残している。

第一七代の梅良造校長と第一八代の二階堂清壽校長時代に木町通小学校の訓導だった小松郁雄は、「号砲一発!!（二階堂先生の思い出）」という文章を書いている。そこには、豪放磊落で義理人情に厚く、部下掌握の妙を得ていて斗酒なお辞せずという酒豪で学校の運営はもっぱら主席訓導にまかせ、「県下の大元老として教育界を大所高所より指導」していた梅校長の後に、「英知にみちあふれ、画一的な詰込み教育を排除して、デモクラシー思想を根底とする個性尊重の教育理念を標榜する二階堂先生が赴任されたのですから、職員間に相当の抵抗があったことは想像されます」と記している。そして、「真の教育はつねに研鑽をはげむ教師の実践を通してのみ効果がある。父兄、児童よりの信頼は、そこから生まれる」という二階堂が日頃教師一同に述べていた信念を紹介している。*1 明治以来の画一的注入主義の気風が色濃く残る当時の教育界にあって、木町通小学校の教員たちの間でも二階堂の教育理念は清新な気風に満ちたものと感じる一方で、強い違和感と抵抗感を持って受け止められていたことがわかる。

だが、こうした二階堂校長の下で、木町通小学校では「自由主義的教育の実験学校」と評されるほどの校風が形成されていった。*2 二階堂校長の下での木町通小学校は、世間の耳目を集めるほどの先進的な教育を次々に実践していったの

である。
多くの教員にはとまどいと共に受け止められた二階堂の自由主義教育だが、二階堂の教育理念に強い共鳴を覚えた黒田にとって、二階堂校長の下での一年間は、二階堂言うところの「つねに研鑽をはげむ教師の実践」を行う日々であった。

子どもたちの創作童謡を集めた学校文集『コトリ』を創刊（大正一〇年三月）したり、「自由教育の主張に立脚した展覧会」を盛大に開催（大正一〇年六月）したり、「校長の許可を得て」スズキヘキと桜田はるをを綴り方の時間に指導教授として招いたり（大正九年、一〇年）したことは、全て二階堂校長の下での実践であった。そして、黒田が一九二一年（大正一〇）二月一五日に開かれたおてんとさん社の第二回童謡研究会に「生徒の作を御持ちになつて参会」[*3]したのは、二階堂校長の「研鑽をはげむ教師の実践」を推奨したことに意を強くした結果でもあったであろう。

二階堂は木町通小学校九〇周年にあたり、当時の主席訓導玉虫貞也のことや京都で調整した緋色の校旗の思い出を述べた後に、自らが推奨した「研鑽をはげむ教師の実践」を積極的に行った黒田について次のように述べている。[*4]

> それからもつと大事なことは、当時童謡童話が提唱され、仙台でも天江富弥氏、鈴木碧《ママ》氏らが「おてんとさん社」をおこし盛んに宣伝した。そのメンバーに本校の黒田正先生が居られて一翼を担つた。そして熱心に研究を続け、その成果を著書にして名乗りを挙げた。あの本が残つていないでしょうか？
> 文語より口語に、大人の心理から、児童の心理への過渡期に立つて、その先端を切つた黒田正先生をめぐる同僚並に「おてんとさん社」に敬意を表したい。

二階堂は、自身が木町通小学校校長時代に情熱を燃やした自由主義教育の実践者として、黒田を高く評価していたのである。既述のとおり、黒田は一九二三年（大正一二）二月一一日に仙台市長から童謡教育に関する研究で推奨状を授与されるが、二階堂の黒田への高い評価からすると、推奨状の対象として黒田を強く推薦したのは二階堂だった可能性が高い。

二階堂の理解の下で芸術による精神の陶冶を図ることを目指してさまざまな実践を行っていた黒田だったが、二階堂が宮城県女子師範学校教諭に転出した後任として赴任した第一九代校長斎藤譲一郎の下では、それまでのような教育実践を実現していくことは困難になっていく。一九二三年（大正一二）三月五日付けのヘキ宛ての黒田の手紙には、斎藤校長への不満が次のように述べられている。

> 活版童謡集を佐久間に頼んだのでした（百部で十八円）が校長が少し高いから止めたらよからうとのことで三日過ぎてから原稿を返して貰ひました〔。〕活版社に無理に頼んで来たのにほんたうに都合悪かつたです、謄写版でやります、校長も書いて助ける筈です、どうも理解が足りなくて困ります、〔〕＝引用者

『コトリ』を活版にして本格的な学校文集を作る意欲に燃えていたにもかかわらず、斎藤校長の理解が得られなかったのである。校長の交代による校風の変化で、木町通小学校から自由主義教育の風潮が失われていった様子が理解できる。

そして、自由主義教育の衰退は、自由主義教育に立脚して展開されていた学校での児童文化活動の衰退をも意味していた。やがて、黒田自身も新たな天地を求めて、八年間在籍した木町通小学校を離れて、伊藤博や安倍宏規らおてんとさん社での知己が待つ上杉山通小学校へと転勤することになるのである。

注

1　前掲『培根』五八ページ

2　前掲『培根』六六～六七ページ

3　木町通小学校の『コトリ』の発行と自由教育展覧会については第Ⅰ部第七章に記述している。

4　『九十年のあゆみ』、木町通小学校同窓会、六ページ

一五－六　『宮城教育』と黒田正と池田菊左衛門

この時期の黒田は、宮城県教育会が発行した『宮城教育』の編集委員にも任命され、『宮城教育』の編集に大いに情熱を燃やしていた。

一八九〇年（明治二三）七月一九日に設立認可が許可された宮城教育会が明治二七年九月に創刊した『宮城県教育雑誌』は、一八九七年（明治三〇）一〇月の『宮城県教育会雑誌』への改題を経て、一九一六年（大正五）に『宮城教育』に改題される。第一次世界大戦による好景気に沸いていた大正五年頃には「戦後教育号」や「行啓記念号」、「運動会号」など増ページの記念号を次々と出していた。だが、第一次世界大戦後の不況によって県の財政悪化が深刻になると、宮城県教育会に対する県の助成が困難となり、一九二一年（大正一〇）一〇月に発行した二八〇号をもって休刊を余儀なくされることになる。*1

財政上の理由で活動が停滞していた宮城県教育会だったが、一九二二年（大正一一）一〇月三〇日の学制発布五〇年を記念して『宮城教育』の復刊計画が持ちあがる。大正一一年一一月一〇日に復刊された『宮城教育』第二八一号には、復刊の経緯が次のように報告されている。

編集便り

□長いこと休眠期を脱し得なかつた本誌も、熱誠な会員諸彦の鞭撻に覚めて、九月二十八日には理事会を催すこと丶なつて、鈴木茂、柴垣則義、石堂兵次郎、栗田茂治、梅良造、中木博智、萱場柔壽郎、八谷惕、それに図書館長の池田氏が参加されて、種々凝議された結果、敢然復活することに決して、夫々計画を練られました。

□編輯委員の任命。十月七日付で黒田正、渡邊重蔵、氏家勇記、内海靖、戸田一男、栗田茂治、藤波国途、秋葉馬治、二階堂清壽、八谷惕、萱場柔壽郎、利根川準七郎、中木博智の諸氏が嘱託されました。

□十月十二日には第一回の委員会が開かれ、編輯の形式内容や、各委員の分擔や、経営の全般にまで渉つて熱烈な意見が交換されました。

□更に新嘗祭を前にした十月十六日、第二回が開かれて、各分擔整理の原稿に、更に精査を遂げて、愈々宮城教育第二八一号が芽出度生れ出づる準備が整ふたので御座います。

□今回は最も慌しい間に一切を了しましたので、広く会員諸彦、並に読者諸君の玉稿を仰ぐに遑なかつたことは、遺憾の極みで御座います。が、本誌の全生命は、どこまでも諸君の有ですから、どうか、次号からは続々玉稿を寄せられんことを祈つてやみません。

ここに記された『宮城教育』復刊の経緯は、仙台児童倶楽部発足の経緯を知る上で注目しなければならない。ここに記されているように、大正一一年九月二八日に宮城県教育会の理事が参集して復刊計画について話し合われている。この時に、復刊に際して編集委員がまず初めに選定されたものと思われる。

この話し合いに参加した宮城教育会の理事は、「鈴木茂、柴垣則義、石堂兵次郎、栗田茂治、梅良造、中木博智、萱場柔壽郎、八谷惕、それに図書館長の池田氏」と明記されている。

ここに登場する「池田氏」とは、顧問として仙台児童倶楽部の中心的な存在となっていく池田菊左衛門のことである。池田はこの時期宮城県図書館長との兼務で宮城県教育会主事を務め、宮城教育会の文字通りの中心的存在であった。この時の池田の立場を考えると、編集委員の任命と復刊後の編集内容について、一定の影響力を持っていたことは間違いない。

次に注目すべきは、宮城県教育会理事梅良造の存在である。梅は一九一五年（大正四）七月から大正九年五月まで第一七代仙台市立木町通尋常小学校校長を務めている。当時教職員の採用には学校長の内申権が大きかったが、木町通小学校には「伝統の気風と梅校長の徳望を慕う有能な青年教師が大勢集まっていた」[*2]と言われている。豪放磊落で部下掌握の妙に長けた度量の大きい梅を慕う教師と、梅が教師としての人物力量と資質を認めた教師が木町通小学校に多数存在していたのである。そして、その「有能な青年教師」の一人が、梅校長と同じ大正四年に木町通小学校に赴任する黒田正なのである。

こうした関係を勘案すると、黒田が『宮城教育』の編集委員に任命されることになったのは、梅の強い推薦によるものであるとみて間違いないであろう。なぜなら、木町通小学校で自由教育に熱心な青年教師として頭角を表わし、仙台市長から薦奨状を授与されていたとはいえ、まだ何らの役職にも就いていない一訓導の黒田が編集委員に任命されたことは、異例の大抜擢だったといわざるを得ないからである。

それは、黒田以外の編集委員の所属を見ることで理解できる。黒田を除く一二名の編集委員のうち、当時の所属は表Ⅱ15-3のとおりである。

ほとんどが校長や主事もしくは県視学の重職を担う当時の宮城県教育界の重鎮だったことがわかる。中木博智は『宮城教育』の委員の選定時には宮城県社会教育主事だったが、この後まもなく、池田菊左衛門が宮城県図書館長に専任するために宮城県教育会主事を辞職した後を受けて宮城県教育会主事になる人物である。また、藤波、栗田、利根川、萱

表Ⅱ15－3　『宮城教育』編集委員一覧

氏名	所属
渡邊　重蔵	仙台市立五橋高等小学校校長
戸田　一男	仙台市立立町小学校校長
栗田　茂治	宮城県女子師範学校校長
藤波　国途	宮城県男子師範学校附属小学校主事
秋葉　馬治	第二高等女学校校長
二階堂　清壽	宮城県女子師範学校附属小学校主事
八谷　愊	宮城県視学
萱場　柔壽郎	宮城県視学
利根川　準七郎	宮城県視学
中木　博智	宮城県社会教育主事
黒田　正	木町通小学校訓導
氏家　勇記	南材木町小学校訓導
内海　靖	宮城県男子師範学校附属小学校訓導

場、八谷、中木の六名は、同じ年に補習学校用教科書編纂委員も委嘱されていて、この時代の宮城県教育界の中心に位置していた人物であることがわかる。

　こうした、いわゆる大物の中に、黒田と氏家、内海の三人の訓導が含まれている。彼らの役割は、原稿を集めたり企画を立てたりという編集実務を担うことだったものと思われる。

　黒田は大正一一年一〇月二二日付けでヘキに宛てた手紙の中で、『宮城教育』に次のように言及している。

> 宮城教育の方は、復活第一号分は南材校（△二十篇ばかりの中から五篇を選びました。）と木町校各五篇宛外に童話一篇としましたが、第二号分は郡部五、六校へ投稿依頼しましたから、少しは集まらうかと思ひます。（二十七日〆切としました）
> 三号からは大丈夫だらうと考へます。研究文として「童謡の研究」と題し、（1）童謡勃興の所以、と（2）童謡の価値、とを載せる筈です。

この手紙から、復活号の『宮城教育』に掲載した子どもの童謡

表Ⅱ15－4 『宮城教育』第二八一号目次と執筆者・担当者名

欄	題目	執筆者	担当者
主張	新と旧	敬六	
論説	自然法則と我等の生活	三木春彦	
	教育上に於ける哲学的努力	秋葉馬治	
研究	林子平の教育主義	内海靖	
	博物教授に関する研究	氏家勇記	
	童謡教授観	戸田一男	
	子どもの綴方	三塚浩	
	童謡の研究	黒田正	
思潮紹介	ダルトンプラン	栗田茂治	
教授資料	其の一、二		氏家勇記
童話	童謡	木町通小学校、南材木町小学校児童	黒田正
	童話	東二番丁小学校児童	
雑纂	学制回顧	藤波国途	
	同	四竈仁迩	
	彙報	春村	
	市校長会参観スケッチ	飄零	
	雑司ヶ谷便り	千葉春雄	
	仙台市女教員会		
	男女師範学校附属小学校主催県下初等教育研究大会		
転任辞令			
本会彙報			
編輯便り			

と童話は黒田が集めて選定したものであることがわかる。そして、木町通小学校と南材木町小学校の子どもの童謡から選ぶことになったのは、復活第一号の編集という特殊な事情の中で、童謡の募集を県下の小学校に周知する時間がなかったためだと思われる。広く呼びかけるゆとりがない中、自らが勤務する木町通小学校と、編集委員の中でも黒田と同じような立場で編集実務を担当する氏家の勤務校の子どもの作品から選定せざるを得なかった、ということなのであろう。

黒田の手紙から、子どもの作品を掲載した頁が黒田の発案によるものであり、黒田が担当した頁であることが理解できるが、黒田、氏家、内海の三人、特に黒田と氏家は復活第一号を実質的に担当した編集委員だったのではないかと思われる。そのことを確認するために、復活第一号の目次と執筆者・担当者をまとめると表Ⅱ15－4のようになる。

この中で、黒田が担当したことが明確なのは、自身が執筆した研究欄の論文「童謡の研究」と童話欄である。だがこの他に、旧友千葉春雄の「雑司ヶ谷便り」の企画立案と担当は黒田が担ったものと思われる。氏家が担当したことが明確なのは、研究欄の論文「博物教授に関する研究」と教授資料欄である。そして、黒田に協力して童話欄の童謡にも多少関係したものと思われる。内海が担当したことが明確なのは、研究欄の論文「林子平の教育主義」のみであるが、宮城県師範学校附属小学校の教育研究大会報告は、内海の担当とみて間違いないであろう。

以上のように、実質的な編集実務の担当を要請されて編集委員に加わることになったとはいえ、黒田が『宮城教育』に関わることになったことは、仙台の児童文化活動にとって大きな意味を持つことになった。このことは、仙台児童倶楽部の誕生とも密接に関係していくことになる。

注

1　宮城県教育委員会『宮城県教育百年史』第二巻、ぎょうせい、一九七七年、七〇三ページ

2　前掲『培根』五八ページ

第一六章　仙台児童倶楽部の活動

一六－一　仙台児童倶楽部の発足準備と組織

仙台児童倶楽部が第一回童謡童話会を開催して本格的に活動を開始する前月（一九二三年三月）に出された『童謡童話おてんとさん』第一号には、仙台児童倶楽部の活動内容として「毎月童謡童話会、或は子供にふさわしい音楽会や自由画展覧会などを催す」ことが予告されている。また、仙台児童倶楽部を発足させる中でヘキによってメモが残された「委員内規」には、「委員の創作になる児童劇童話童謡等の演出はあくまでも真摯に研究的なることを心がけること」という一条が記されている。ここに記された「演出」とは、毎月の童謡童話会での「演出」を想定しているものと考えてよいだろう。これらの資料から、仙台児童倶楽部は発足前の計画を練っていた段階から、童謡童話会の開催を活動の中心と考えていたことがわかる。[*1]

こうした計画内容には、大阪児童倶楽部や山形お話会をはじめとする図書館を中心にして開催されていた他府県での童謡童話会の活動が念頭にあったことは間違いない。特に、仙台児童倶楽部設立の発案・計画の中心にいた宮城県図書館長池田菊左衛門は、他県のこうした動向を強く意識していたものと思われる。

宮城県図書館が目指した活動と近似の活動の中で最も早くから活動していたと思われるのが大阪児童倶楽部である。第Ⅰ部第八章でもふれたように大阪児童倶楽部は、大阪市立清水谷図書館の片山館長が主宰し、雑誌『木馬』の発行や蜻蛉の家の活動に関わっていた小学校訓導の西田謹吾をはじめとする小学校の教員を会員の中心に据えて運営された組織である。一九二二年（大正一一）二月五日に六甲苦楽園の不二庵別荘で第一一回大阪児童倶楽部例会が開かれていることからすると、前年の大正一〇年には結成されていたものと思われる。

例会の様子は、『木馬』第一三号に次のように紹介されている。*2

> △前号で予告した如く、第十一回大阪児童倶楽部例会が去る二月五日六甲苦楽園の不二庵別荘で行はれた。会員以外にも多数の来会者があつて盛会であつた。西田幹事司会の下に、国澤氏の開会の辞、ついで、星の子供（童謡集）の二三編づゝを作者の章子千賀子園子さんが可愛い声で朗読された。次に、伊奈津、西田両幹事の批評があり、二三の童謡朗読についで面白い童話が二つあつて楽しく散会。

規模の点では仙台児童倶楽部が毎月開いた童謡童話会には及ばないものの、内容の面ではほぼ同じものとなっている。特に、小林園子・千賀子・章子姉妹が、『星の子ども』（大正一一年、天祐社）に収録した自作童謡を朗読した共通点は注目される。

池田菊左衛門はこうした他地域の図書館を中心とした児童文化活動の動きに関する情報を持っていて、自身もそうした組織の設立への意欲を持っていたのではないだろうか。そして、児童倶楽部の設立の意志を持っていたところに、おてんとさん社に属して児童文化活動を積極的に行っていた黒田正と『宮城教育』を通して知り合ったことが、仙台児童倶楽部立ち上げの直接的な契機となった可能性が高い。

大阪で図書館が中心となって展開した児童文化活動は、この前後、他県にも広がりを見せている。たとえば、一九二一年（大正一〇）一二月には山形お噺会が結成され、大正一一年一月から一二年二月まで山形市内小学校図書館内でお話会を開催する。この山形でのお話会の中心になって活動した小林藤吉は、仙台児童倶楽部が発足する大正一二年四月に宮城県図書館に異動してくる。そしてその後、宮城県図書館の司書のかたわら、仙台児童倶楽部の事務局的な仕事を引き受けていくことになる。山形の活動を熟知していた小林の異動も、仙台児童倶楽部の立ち上げとその後の運営に与えた影響は大きい。

一九二六年（大正一五）には奈良県図書館の仲川明を中心に奈良県内の小学校教員の多数が会員となって組織された奈良県童話連盟が誕生する。奈良県童話連盟は、誕生時期は大阪や宮城にやや遅れたものの、組織と活動の規模の点では大阪や宮城を凌駕するほどのものとなっていく。

ヘキ資料の中には、「童謡会の記録」と題されたB5判の大学ノートが仙台児童倶楽部名で残されている。ヘキや天江富弥、宮城県図書館職員小林藤吉や黒田正らによって手書きされたノートには、第一回から第一二回までの童謡童話会の詳細な記録が残され、発足前の準備の様子やその後の組織の変化の記録も記されている。発足に向けては、次のような経緯だったことが記されている。

△ 雑記

三月三日沖野氏の童話会、その準備の時より話ありしを四月に延期してあり、三月十七日の第一回委員会を図書館にひらき、期日、内容、規約等協議す。

三月二十二日木町校を借りてプログラム、案内状、ビラ等を作成す。顧問、各小学校長、女学校長、幼稚園、日曜学校、婦人会、保護者会長其他童話研究団体等に対し案内状を配る。今日より三四日に渡り各小学校住所にビラを下ぐ。折悪しく四五日にして学校休暇となれり。ために児童に対する宣伝効なきを慮り図書館前に大ビラを二枚立て、各新聞に記事を依頼し、途上児童らに通知して宣伝す。

この「雑記」から、仙台児童倶楽部主催の童謡童話会の計画は、三月三日に企画されていた沖野岩三郎を招聘しての童話会の準備段階ですでに煮詰められていたことがわかる。そして、沖野の来仙に合わせて三月に開催する話が出されていたものの、四月に延期して開催することになったことが記されている。

延期の理由は複数存在したであろうが、そのうちの主な理由の一つが黒田の転勤だったと考えて間違いないであろう。

黒田が、仙台児童倶楽部設立の中心人物の一人だったことはすでに確認してきた。『童謡童話　おてんとさん』第一号では、黒田の「生活の童謡化」という文章や、黒田の教え子鈴木正一の父親が寄稿した「家庭欄」、黒田の『童謡教育の実際』の紹介と、黒田関連記事が全体の五分の一ほどの分量を占めている。仙台児童倶楽部を立ち上げた頃の黒田のおてんとさん社内での活躍ぶりと位置づけをこうした事実からもうかがうことができる。

また、「三月二十二日木町校を借りてプログラム、案内状、ビラ等」を作成し、設立準備のための諸作業を行っていることからもわかるように、黒田が作業の場所や謄写版を提供し、設立準備作業の中心としても活躍したことがうかがえる。この時期の黒田は、おてんとさん社の中でも、天江やヘキらと共に実質的な中心人物として活躍していたのである。

黒田は、木町通小学校第一七代梅良造校長、第一八代二階堂清壽校長からその力量を認められ、活躍の場を与えられてきた。だが、既述したように、二階堂校長の後任として着任した斎藤譲一郎校長と黒田の関係は、前任者たちほどの関係にはならなかった。

ただし、斎藤譲一郎校長が、黒田も信奉した児童中心主義教育や自由主義教育に全く理解がなかったわけではない。斎藤は、「芦田恵之助の『随意選題』『七変化の教式』そこから流出してくる皆読、皆書、皆話、皆綴として現われ出た一種のヒューマニズムに共鳴して、いわゆる芦田式の教式を熱心に研究し、ひろめた人に斎藤譲一郎と岩井克己のふたりがある」*3と評されている人物である。当時の一般的な校長に比して、自由主義教育や児童中心主義教育への理解は深かったものと思われる。

一三名の発足時仙台児童倶楽部顧問の一人に名を連ねていることからも、黒田らの取り組みに理解がなかったとは考えにくい。むしろ、国語教育に対する自身の教育論を確立していた者同士が、お互いを認め合う一方で、お互いの教育論とそれに基づく取り組みへの自負を強く持つだけに、どこか遠ざけあって反りが合わなかったのではないだろうか。

結局、黒田は一九二三年(大正一二)四月に木町通小学校から上杉山通小学校に主席訓導として転任する。

以上のような、発足準備の中心にいた黒田の転勤という事情などで発足が遅れたものの、「雑記」に記されていたように、三月一七日に発足準備のための会合を開くことになる。この時集った委員は、天江、ヘキ、黒田の他に、伊藤博、安倍宏規、蛯子英二の六人である。そして、図書館で委員会が開かれていることから、この会合には、仙台児童倶楽部の実質的な責任者となる図書館長池田菊左衛門も加わっていたとみてよいであろう。この会合では、一回目の童謡童話会の期日・場所等の実施要項と詳細、仙台児童倶楽部の委員内規と仙台児童倶楽部規約の制定を中心に話し合われている。

委員内規は、ヘキの鉛筆書きの手書きメモによって詳細を知ることができる。そこには、つぎのような内規が記されている。

1. 委員は児童の情操教育の研究と実行に専心せんとする教育家宗教家芸術家官公吏等より顧問又は委員会の

協議推センにより任ず人員を定めず
2. 委員は倶楽部維持、各実行に伴ふ経費を負担すると共に身を以て倶楽部の仕事にあたるべきものとす
3. 委員は皆毎月三十銭を例会の経費に充つる範囲に於いて委員費を負担す
4. 常に事務に都合よき委員より常任委員と会計係をおく
5. 毎月例会の司会は委員順番に之にあたり
6. 委員の創作になる児童劇、童話、童謡等の演出はあくまでも真摯に研究的なることを心がけること

ここに記された通り、各委員は「身を以て」献身的に倶楽部の仕事を分担していく。第一回童謡童話会の準備の様子は、「童謡会の記録」にヘキによるメモとして次のように記されている。


四月二日（月）当日天江委員止むなく上京にてあてにならず午前中より各委員及び設ちに特別会員に推せらる若き愛好者にて階下図書室の机かたづけにやつきとなる。

好晴、みなすてきにはたらく。館長もよく出勤されて指導す。委員のビールの空箱、中村梅三氏宅よりオールガン借用。下足番をやとひ、小使老夫婦を手伝はしめ準備す。

下足は最も訓練を要する話になりて学校名を記せる紙片を建物にはりてその下にござをしきてぬがしめることとし、受付には参会大人の芳名録を備ふ。木町校より赤草履三十足程及びステージにかくるテントを借りる。その時天江委員急に顔を出し、少しおてんとさん社と児童倶楽部に対し世評をきき、いろいろ案ぜられて夜行にて東京より来仙せしといふ。遺憾なるは図書館は月曜日ならねば休まぬ事。ステージなきこと。机片付けが大骨なること。下しきなき為すはりていたき事。便所の設備なきこと。来会児童を予測し得ぬ事。委員が経費

を負担し労働し、且つ出演すること、特別会員の手伝者に対する礼遇法なきこと等

経費の負担の他に会場設営から当日の会場整理まで、まさに献身的な態度で委員の仕事を遂行したことがわかる。発足準備段階で六人だった委員は、実際に童謡童話会を開催してみて人手不足が痛感されたのであろう。第二回童謡童話会開催時には「新任委員　小林、後藤、目黒、舘内氏ら加入」というように、一四名に増員されている。

「委員が経費を負担し労働し、且つ出演」するという大変な負担を強いられる中での倶楽部の運営であり、労働の中身も、図書室の机を片付けて子どもたちを入場させる準備をしたり、ステージにするためにビールの空き箱を集めたり、草履やオルガンを用意したりと、実に大変な作業であった。

こうした委員の負担軽減を期待されて、委員を手伝う「特別会員」が指名されて下働きに駆り出されていたことも記されている。「童謡会の記録」に記された名簿によると、特別会員は、菅野俊八郎、鈴木幸四郎、山田夢二、堀田貞之助、武田栄七、佐藤長助ら、おてんとさん社に関係する若い世代が中心であった。そして、彼らがやがて、天江やヘキら仙台児童文化活動の第一世代の後を継ぐ第二世代とも呼び得る存在へと成長し、昭和以降の仙台児童文化活動の中核を担っていくことになる。

ただし、特別会員とは言っても、実際には会場整備のための労働力を期待された実働部隊であった。第四回の童謡童話会開催時には、「ビール箱十八個及びござの運搬等に錫木委員之舎弟外二名の青年の労力に待つ所が多かつた」と記され、特別会員の労力なしには童謡童話会が運営できなかったことがわかる。

委員と特別会員の他に、仙台児童倶楽部の趣旨に賛同して後援者となった者たちは、賛助員として位置づけられていた。賛助員は、経費の支援と各種催し物の後援を期待されていたものと思われる。「童謡会の記録」には、八月の旧盆一四日に、相澤太玄の斡旋で、南郷村砂山小学校名月講演会と南郷村尋常高等小学校同窓会、東光寺コドモ会が開かれ、

天江とヘキが参加して童謡独唱や童話を口演していることが記されている。また、八月二九日には、河原亮賢が住職を務める龍宝寺で北星コドモ会少年少女会が開かれ、小林藤吉の童話とヘキの童謡独唱が披露されたことが記されている。

童謡童話会開催を中心に仙台児童倶楽部が運営されていく中で、組織の見直しがしばしば行われている。「童謡会の記録」には、五月末に図書館長室で委員会を開き、今後の方針等を協議して次のように決定したことが記されている。

△　今後委員を左の通り組別分し
　毎月交互当番委員が常任委
　と協議の上例会の準備をすること
　　常任委員　図書館　小林司書

（一ノ組）
蛯子英二氏（学院）　本郷兵一氏（女師範）
黒田正氏（上杉山校）　氏家績氏（片平丁校）
（二ノ組）
伊藤博氏（上杉山校）　目黒武雄氏（片平丁校）
天江富蔵氏（おてんとさん）　小松郁雄氏（五ッ橋校）
（三ノ組）
阿《ママ》部宏規氏（上杉山校）　舘内勇氏（県工）
錫木碧氏（おてんとさん）　後藤才治氏（男師）

以　上

△　委員費は毎月三十銭以下とし
　経費は可能的節約し、不足は有志の
寄附をまつ事
△　市内各校長を顧問に推し
　各小学校より一名以上の委員を選び
　加入を求める事
△　会場は図書館を本部にするも、市内
　各方面に亙り、巡回的に○○会
　（例会）を催したきこと
△　経費節約の為、例会当日に昼食代外
　自粛のこと　　以下

〔○○＝不明文字〕

戦略的に顧問と委員の増員を行うことで組織拡充を図る議論が繰り広げられたり、経費をめぐる議論がなされたりした様子がわかる。

こうした議論を経て、発足から約半年後の九月には組織がほぼ固まっていく。『宮城教育』二九一号（大正一二年九月一日）には、黒田正が「童謡の創作と唱歌教材」という論文を寄稿し、論文の巻末に「附記」として次のような仙台児童倶楽部規約を掲載している。

毎月県立図書館に例会を開いている童謡童話並に児童劇等の研究団体である仙台児童倶楽部の規約を掲げて御参考に供する。

仙台児童倶楽部規約

一、本会ハ仙台児童倶楽部ト称シ、事務所ヲ宮城県図書館内ニ置ク
二、本会ハ児童ノ情操教育方面ヲ研究スルヲ目的トス
三、本会ニ左ノ役員ヲ置キ、会務ヲ処置ス
　顧問　若干名
　委員　若干名
四、本会ハ其ノ目的ヲ達スルタメ左ノ事業ヲ行フ
　イ、童謡童話会　毎月一回
　ロ、童謡童話研究会　同
　ハ、情操教育講演会
　ニ、児童音楽会
　ホ、自由画展覧会
　ヘ、児童劇会
五、本会ノ経費ハ委員ノ醸出スル委員費並ニ一般ノ寄附ニヨリ支弁ス

数回の童謡童話会を開催する中でしだいに組織が整っていき、組織としての目的と具体的な事業の内容も漸次固まっていったのである。

注

1 大正一二年三月三日付けで発行された『童謡童話 おてんとさん』には、「仙台児童倶楽部生まる」という記事があり、顧問と委員の氏名が列記されている。また、その中の「私達の其後」には、「私達の手で仙台児童倶楽部は創設される」と記されている。これらの記事から考えると、仙台児童倶楽部の構成員が決まり、組織が成立したのは大正一二年二月以前だったものと考えられる。

2 『木馬』第一三号、木馬社、一九二二年三月五日、二三ページ

3 『宮城県教育の源流とその流域 百年史に輝く教師群像』宮城師範学校同窓会、一九七三年、六〇ページ

一六‐二 仙台児童倶楽部の設立目的

仙台にとどまらず、日本の児童文化の歴史においてきわめて重要な組織と考えられる仙台児童倶楽部であるが、これまで、仙台児童倶楽部の具体的な活動内容はおろか設立目的について書かれた文章さえもほとんど存在しない。わずかに、遠藤実による『仙台児童文化史』(一九九六年)と、やはり遠藤が分担執筆した『宮城教育百年史』第二巻(一九七七年)の中の文章が、仙台児童倶楽部についてまとまった分量で記述したものとなっている。『宮城教育百年史』では、次のように記されている。[*1]

大正十年三月『おてんとさん』が創刊されてから一年、雑誌は休刊したが、郷土童謡運動は、多少ながらマスコミに助けられることもあって、急速に進展していった。その後も、着実に活動をひろげ、大正十二年代には、教師・学生・勤労青年・宗教家など、多数の人びとがこれに参加するようになり、家庭から地域、学校と

いろいろな場で、さまざまな活動が展開されるようになっていったのである。

そこで、これら各界の活動家の横のつながりを強め、地域でだれもが、思想信条をこえて協力しあえる体制づくりや、リーダーおよび活動メンバーの資質技能の向上をはかる研修会や講演会の開催など、活動の多様化に適応できるための、連絡提携や情報交換の体制づくりなどを目的に、活動家が一致団結し「童謡童話会」や「研修会や講演会など」の事業も行なう組織をつくっていったのである。これが、大正十二年四月、宮城県図書館を拠点につくられた「仙台児童倶楽部」である。

仙台児童倶楽部について紹介される際には、現在までこの記述をもとになされてきたと言ってよい。だが、「各界の活動家の横のつながりを強め、地域でだれもが、思想信条をこえて協力しあえる体制づくり」と、「活動の多様化に適応できるための、連絡提携や情報交換の体制づくりなど」を目的に仙台児童倶楽部が組織されたという記述が正確であるかどうか、あらためて検討する必要がある。

遠藤は、『仙台児童文化史』でも、山田重吉や菅野迷雀、西街赫四、ヘキらそれぞれの活動に触れながら、「仙台の市民生活レベルで児童文化のルネッサンスとでも呼んでさしつかえないような波が興っていた」とした上で、「今までは各グループが群雄割拠的に活動をしていたのですが、互いに連絡を取り合ったり、最小限でも共通の理念を持って活動することができるならば、活動家にとっても子どもたちにとっても良い結果が得られるにちがいない」と思い、「スズキ・ヘキや天江富弥が考え出したのに違いないと想像しますが、構想されたのはグループの大同団結でした」と記述している。[*2]

これらの記述は、『おてんとさん』廃刊後の状況として、さまざまなグループが乱立して「群雄割拠」のような様相を呈したという認識を前提にして書かれている。遠藤が前提としたこの認識は事実を反映したものであろうか。

あらためて遠藤の記述を検証してみよう。西街赫四とは、ペンネームを使用しているためわかりにくいが、ヘキの弟の鈴木幸四郎のことである。幸四郎は、終生ヘキから離れることなく、ヘキと共にさまざまな児童文化活動を行った人物である。菅野迷雀、山田重吉ら遠藤が名前を挙げている人々は幸四郎と同世代の仲間であり、ヘキらの下に集まって活動したおてんとさん社以来の親密な仲間であった。決して、異なる理念を掲げて活動したり、異なる志向の下に自らの旗を掲げてメンバーを集めたりしていたわけではない。したがって、各グループが「群雄割拠」していたなどという表現は全く当てはまらず、彼らは『おてんとさん』廃刊後も何かにつけては集って共に行動し、共に酒を酌み交わして童謡論に花を咲かせる仲間であり、当事者間に別グループを作って別個の活動をしているという意識は皆無だった。

事実、それぞれが主宰した雑誌には、お互いがそれぞれの雑誌に童謡を発表し合い、人的な垣根など全く存在していなかった。むしろ、それぞれが自分で主宰する雑誌を作ることを楽しみ、同時に、自分と仲間の作品を発表する媒体を増やし、そうした活動を純粋に楽しむことを目的に独自の活動を展開し活動の幅を広げていた、と考えることができる。

また、「教師・学生・勤労青年・宗教家」などに児童文化活動が広がったために、彼らの間の連絡や情報交換を図り、「大同団結」を図る目的で仙台児童倶楽部が設立された、という記述も、事実を正確に伝えるものではない。日曜学校で宗教家が児童文化活動を行ったことは事実であり、東北学院の学生たちや栴檀《せんだん》中学の学生たちが児童文化活動を行ったことも事実である。さらに、黒田や伊藤博ら多くの教師が児童文化活動に参加したことも事実である。だが、彼らの場合も、それぞれが異なる理念の下に活動していたなどという事実はなく、相互に人的な交流は活発に行われていた。ヘキのように、全ての活動に招かれたり自ら進んで参加したりする人物も多く、それぞれが別の活動を行っている、あるいは行おうとしたという意識は存在していなかった。

以上のように、仙台児童倶楽部に関してこれまで唯一詳細な記述をしていた遠藤の記述は、事実関係に対する認識が不正確と言わざるを得ない。そこで、あらためて仙台児童倶楽部設立の目的を考えてみる。仙台児童倶楽部設立の目的は、ここまで確認してきた設立の経緯、委員と顧問の人選などを考えると、〈学校で行っていた「児童文化」活動を学校以外に広げる活動の「場」〉を設けることを目的として設立されたととらえることが正しい。

ここまで確認してきた設立の経緯を再度確認すると次の通りである。他県で図書館を舞台とした童話や童謡に関する活動が活発に展開されるようになる中で、宮城県教育会主事を務めていた宮城県図書館長池田菊左衛門も、図書館を舞台にしたなんらかの活動を模索していた。宮城県教育会が発行する雑誌『宮城教育』の編集を通しておてんとさん社社人黒田正と知り合う中で、童謡や童話に関する活動を図書館を舞台に展開する構想が持ち上がる。そこで、黒田を通して相談を受けたヘキや天江、蛯子、伊藤らおてんとさん社人が池田と共に計画を練り上げ、二階堂清壽、戸田一男、稲辺彦三郎、秋葉馬治ら宮城県教育界の重鎮たちに呼びかけて発足させたのが仙台児童倶楽部であった。

ここで確認しなければならないことは、設立を発案した中心人物は従来信じられてきた天江やヘキではなく、他県の動向を察知しながら図書館を使った学校外の情操教育の機会を模索していた図書館長池田や黒田だったということである。池田らの念頭には、『童謡童話　おてんとさん』第一号に記されているように、「子供の為には学校を離れて何等の情操教育機関がない」ため、「この遺憾を補ひ且つ少しでも美的にしたい、豊富にしたい」という思いがあったのである。[*3]

誕生期の「児童文化」活動は、黒田の活動を通して確認してきたように、ヘキら民間人の活動の他に、学校を舞台とした活動も活発に展開されていた。学校の教員は、子どもたちと「児童文化」とを結びつける接点の役割を果たし、自らも児童文化活動の担い手となって活動の推進役を果たしていたのである。こうした状況の中で、学校で行われていた児童文化活動を学校外にも広げ、そのための場としての役割を図書館が担おうとしたのである。

仙台児童倶楽部顧問や委員の多くが小学校の教員だったことは、学校で行われていた児童文化活動を、学校外に移植しようとしたことが反映された結果である。「童謡会の記録」に記されたように「市内各校長を顧問に推し各小学校より一名以上の委員を選び加入を求め」ていくことや、「仙台児童倶楽部規約」に記されたように「児童ノ情操教育方面ヲ研究スル」ことが掲げられていることも、学校の教員を担い手としながら、学校で行われていた児童文化活動を学校外の図書館を舞台にして展開しようとしたことを表している。

以上のように、仙台児童倶楽部の設立の目的が、学校で行われていた児童文化活動の場を学校外にも移植しようとすることだったことは、児童文化の歴史と誕生期「児童文化」の性格を考えたときにきわめて重要な事実として注目しなければならない。これまでは、「学校教育」や「学校文化」に対して、「児童文化」は〈学校教育と対立する学校外の文化〉としてとらえられることが一般的であった。仙台での児童文化活動も、ヘキや天江らおてんとさん社関係の民間人を中心に展開された学校と一線を画す文化活動だとこれまでは信じられてきた。

だが、仙台児童倶楽部の設立経緯と目的、委員などを詳細に検討していくと、「学校」と「児童文化」の関係を再検討していく必要を痛感せざるをえない。民間人が児童文化活動に関わる一方で、小学校の教員たちも学校や図書館などで児童文化活動に積極的に関わっていたことを見逃してはいけないのである。

そして、こうした事実への注目は、誕生期以降の「児童文化」がどのように変遷していくか、そしてどのような性質へと変化していくか、といったその後の「児童文化」を考えていく際に、きわめて重要な視点となっていくことに注目しておきたい。

注

1 宮城県教育委員会『宮城教育百年史』第二巻、ぎょうせい、一九七七年、七〇九～七一〇ページ

2 遠藤実『仙台児童文化史』久山社、一九九六年、三六ページ

3 『童謡童話　おてんとさん』第一号、おてんとさん社、一九二二年、三ページ

一六－三　童謡童話会の開催

仙台児童倶楽部は、設立段階から童謡童話会（童話童謡会）の開催を活動の中心に据えようとしていた。「童謡会の記録」によると、第一回童謡童話会開催までの準備は実に精力的に行われている。三月二二日に黒田正が在職していた木町通小学校を借りてプログラム、案内状、ビラ等を作成し、顧問、各小学校校長、女学校校長、幼稚園、日曜学校、婦人会、保護者会長その他童話研究団体等に対して案内状を配り、各小学校にビラを配布している。さらに、すぐに春休みに入ってしまうために小学校へのビラの効果が少ないことを危惧して、宮城県図書館前に大ビラを二枚立て、各新聞に童謡童話会開催の記事を依頼して宣伝に努めている。

こうした万全の準備に加えて、四月二日当日は委員たちが準備に奮闘した結果、「午後一時開会す。おすなおすなと来り全くおどろける程なり。大人も二百名近く大人の氏名は各階級各方面の招待者も見え（別冊に記名す）てうれしく満足なる盛会なり」と一〇〇〇名に達する来会者を集めて午後四時に大成功のうちに終わったことが記録されている。

ただし、実際に童謡童話会を実施してみると、「図書館は月曜日ならねば休まぬ事。ステージなきこと。机片付けが大骨なること。下しきなき為すはりていたき事。便所の設備なきこと。来会児童を予測し得ぬ事。委員が経費を負担し労働し、且つ出演すること、特別会員の手伝者に対する礼遇法なきこと等」のさまざまな反省点と改善点も浮き彫りになり、次回以降の課題になっていく。

「童謡会の記録」の中にヘキによって記録されている第一回童謡童話会のプログラムは次のようなものである。

第一回　童話童謡会

要目

大正十二年四月二日午後一時より　（月曜日）学校休み

県図書館階下閲覧室

プログラム

司会者　委員蛯子英二

一、開会のあいさつ　司会者

二、童謡斉唱「積木の城」　コドモノクニ　中山晋平氏曲

仙台日本キリスト教会生徒

三、童話「大国主命」　委員伊藤博

四、童謡独唱「もぐらもち」「人形やの小母ちゃん」「文福茶釜」　委員錫木碧

五、童謡のお話　委員黒田正

六、童謡合唱　羽衣　上杉生徒有志

休けい

七、童謡合唱　「雨夜の傘」　野口氏　本居氏

女附生徒有志

八、童謡合唱と遊戯　「赤い鳥小鳥」「カッコカッコ帰れ」

木町二年　鈴木敬子

四才　同　浩次

番外　童話　金角大王　五橋校　小松

九、童話「コガネノタネ」　顧問　鈴木愿太

一〇、児童劇　ハイトクモ　　　　坪内氏作家庭劇
一一、閉会のあいさつ　と、錫木の挨拶。

一回目ということもあって、伊藤や黒田、ヘキ、鈴木愿太《げんた》ら委員と顧問自身の出演が目立っている。だが、上杉山通小学校と女子師範学校附属小学校の子どもたちやキリスト教会の日曜学校の生徒たちが出演し、子ども自身による児童文化活動が重視されていることは、発足当初の仙台児童倶楽部の特色を現したものとして注目される。特に、鈴木敬子、浩次姉弟が童謡合唱と童謡舞踊を行っていることは、家庭における誕生期「児童文化」活動の実態を伝えてくれる。

午後四時に閉会して子どもたちが帰った後、「階上応接室にて顧問委員来賓参会の有志にて批評会をひらき本日の小松氏の童謡其他について研究　六時解散」と有志による研究会が開催されている。研究会では次のような批評がなされている。

△　批評
1、司会者は場内整理にもう少し念を入れること。
2、「積木の城」声ひくし、曲はよし。一向にのどかなしづかな曲のみ選定されしは考へもの也
3、「大国主命」静かにて落ついて特意《ママ》の話しぶり敬服。
本郷委員曰く…
4、童謡独唱。人形やの小母ちゃんのうたも、人形も出すこともこんかい限りにて止めてもらひたし。
5、童謡のお話　独唱をはさみしが声はわるく黒田委員は歌はうまくなし、一同と合唱せしはよし、又仙台弁の童謡の悪しきを例にひけるなど気が利いたり。

6、「羽衣」合唱

休けい

この時便所とりこみ不整頓なり。

7、「雨夜の傘」例によって近年の名曲なり。

公会堂にてやりし時と出演児童別なる為あの時より不出来

8、敬子、浩次さんの遊戯。

大人もその幼年者の真剣に涙ぐめるとみな言ふ。

弟が姉さんの顔を見、見やりしは殊にひきつけたり。

9、番外に

「金角大王」は子供がすてきに喜びしは問題となれり。

それにつきては一番問題起り大方反対なり。決局小松氏に反省をもとめ、又、考究の余地あるものとなれり。

10、「ハイトクモ」二場好評

指導者の主張せる少年少女時代を男子女子共演を実地せる、手をくみて踊れることなど大方賛成せり。

ゆとりあること、ブンブンのうなり声がてつていすること。

その他。

11、閉会のときは混乱せり。

委員であるヘキの童謡独唱や黒田の歌を酷評しているところなど、委員や顧問といった立場の人びとへも遠慮することのない真摯で率直な議論が交わされた批評会だったことがわかる。また、「金角大王」を子どもが喜ぶことが問題とされ、この種の問題を引き続き課題としていくことも議論されている。子どもたちを保護の対象として認識し、下品なことから遠ざけようとする近代的子ども観に根差した意見が述べられていることは、誕生期「児童文化」が求めていた文化の内容や質を示唆することとして注目される。

総じて、仙台児童倶楽部設立時の委員内規に定められたとおり、「委員の創作になる児童劇、童話、童謡等の演出はあくまでも真摯に研究的なること」が実践された第一回の童謡童話会であり批評会だったといえよう。

一六－四　童謡童話会の推移

童謡童話会はスタッフの増員を図ったりしながら改善を行い、第三回を迎える頃に内容も特質もほぼ完成の域に達する。第三回の童謡童話会をまとめると表Ⅱ16－1のようになる。

こうした内容での童謡童話会が四時に閉会した後、いつものように図書館楼上に移って四時から五時半まで、当日に行われたプログラムに対する講評と委員らによる童謡・童話についての研究会が行われている。

講評では、「お話」をした池田館長の渋く枯淡な声について「若し、練習することによって、さっぱりとした、通った声になれるのなら、早く練習して欲しい」といったものや、片平丁小学校訓導目黒武雄委員の童話について「言葉と、態度を洗練するの要ある。(中略)主題が明瞭をかく。五人兄弟の内容がぼんやりした」といった厳しい批評が見られる。また、上杉山通小学校訓導伊藤博委員の童話について「話材の芸術味豊かなると、話術の洗練されてること、、そして、伊藤氏この人の個性にぴつたりと溶融して居ること、」を指摘し、「当日の白眉」と激賞している。

大人の童話・童謡については、このように内容・声・話材・態度・言葉遣いなど細部にわたる批評が行われ、子どもたちに童謡・童話を提供・教授する立場と、童謡・童話を創作する立場の双方を視野に入れた議論が交わされていった。

表Ⅱ16－1　仙台児童倶楽部第三回童話童謡会

第三回童話童謡会　大正一二年六月一〇日（日）　於：宮城県図書館
開会：一三時一〇分、閉会：一六時一〇分
参加人数　児童：四五〇名、大人：七〇名、来賓：六〇名

第一部				
1	あいさつ			司会者・天江富弥委員
2	お話			顧問・池田菊左衛門館長
3	斉唱	七つの子		一同
4	斉唱	大きな帽子	一年	女子師範附属有志
5	童話	白い鳥と赤い雀	六年	木町通小学校鈴木正一
6	独唱	鳥の手紙	四年	男子師範附属渡辺新三
7	童話	五人兄弟		目黒武雄委員
8	自由遊戯	おてんとさん	一年	木町通小学校鈴木敬子
9	童謡唱歌教授	夕日		目黒武雄委員
第二部				
10	斉唱	帰雁	四年	片平丁小学校有志
11	自作童謡独唱	とうふやさん	四年	上杉山通小伊澤正平
12	童話	運命の鍵		伊藤博委員
13	二重唱	晴天雨天	四年	片平丁小有志
14	独唱	夜宮のお囃子	四年	上杉山通小今井四郎
15	児童劇	雀の子	二年	上杉山通小有志
16	あいさつ			司会者・天江富弥委員

子どもたちの独唱や斉唱についても真剣な議論が交わされている。例えば、宮城県女子師範学校附属小学校の一年男子の有志によって斉唱された西條八十の「大きな帽子」について「大体に於いて、声が揃って、男としての音色として、よろし」と評した上で、「目で観たのと、耳から唄にして聞いたので、作品に可成りの相違を感じる。それは、童謡そのものが音楽のリズムにぴつたり合つた、そのよい感じであらう」というヘキによる評がなされたことが記録されている。

上杉山通小学校二年生有志による児童劇「雀の子」については、「『欠陥の美』とも言ふべきものが見られて、奥床しかつた。気持よい、感じのよいお芝居の一つであつた。『チューチュー』―口を大きく開いて、顔を真赤にして、親鳥の獲つて来た食餌を求むるあたり―や、女の小雀が飛んで土の上に跳ねられなくて、たぢろぐあたり―真に迫るものがあつた」と好意的に評している。

一方で、片平丁小学校四年有志による二重唱「晴

天雨天」については、「四年として二重唱はちと程度高過ぎる感あるも、うまくやつてのけた。教育の仕方の巧みなのに一同驚いた」としながらも、「唄つて居る態度に、また唄つて降壇する態度に、冗談気分を感じさせたのは、いやだつた」という厳しい批評もなされている。

取り扱った作品についての批評と同時に歌ったり演じたりした子どもたちの態度や声、巧みさなどについても議論されていたのである。こうした批評からは、出演した子どもたちの「教育」に力点を置いていた仙台児童倶楽部内の雰囲気をうかがい知ることができる。

第三回童謡童話会の中で誕生期「児童文化」の特質を示すこととして注目されるプログラムは、木町通小学校六年鈴木正一による童話「白い鳥と赤い雀」、木町通小学校一年鈴木敬子による自由遊戯「おてんとさん」、そして上杉山通小学校四年伊澤正平による自作童謡「とうふやさん」である。それぞれについて、研究会では次のような講評がなされている。

五、童話……白い鳥と赤い雀、―それは今回始めて試みられた子供が作った童話を、その作者によつて物語にと言ふことで、木町小学校の六年である鈴木正一氏によって試みられた。

作風はどつか子供らしい処があるが、相当に纏つて居り材料と事件の接合しかたも上手な手技を見せ、理科的知嚢を絞つたり、実際的のそれに、省みたりし彼自身の勢力を一杯に滲出して居る。この点は、殆んど大人の作風に近いところがある。「ゼッシヤー」も目や顔色で表白して、気障なところもなく、話す声も色も、美しさを感じるものであった。

たゞ惜しいことが一つある。それは主題《テーマ》が明瞭でなかつた。やゝぼんやりの傾があつたと言ふことだ。

次に問題となつたのは、子供をステージにたゝせて、子供に話させることの可否であつた。「語る人」は誇りや利欲を感じ、「聞く人」は憧れと悔しさを感じるとならば、いけないか―その程度の事実は、人間たる以上誰もかにも共通する「人間らしき」所でもあり、「人情の弱さ」でもあるのだ。

だから、それ程迄に吟味するの要もない。

八、自由遊戯……おてんとさん
一年鈴木敬子さん。

やさしい踊りであつた。弱いリズムであつた。然し、彼女の性格そのものが表白されてる以上、いたしかたない。寧ろ、彼の個性が最もリアルに表現されたと言ふ点で、許すべき点であらうと思ふ。

一一、自作童謡　とうふやさん
天才児としての創作に驚いた。四年の伊澤正平さん、リズムは上品なおとない《ママ》ものだ。唄ふ時少しあせつたのを遺憾とした。

以上の講評でわかるとおり、これらの作品や遊戯はすべて子ども自身の創作・創造によるものである。鈴木正一は三月まで黒田正が在職していた木町通小学校の教え子であり、敬子はその妹。伊澤正平は伊藤博や安倍宏規が在職し、黒田が四月に赴任した上杉山通小学校の教え子である。黒田学級では、芸術教育を信奉する黒田の下、童謡の創作を積極的に行い、子どもたち自身が自発的に家でも童謡を作ったり、自分や兄弟姉妹、友だちの作品を集めた手作り雑誌を作ったりしていた。そうした中で、鈴木兄妹と伊澤正平は黒田や伊藤らが行った芸術教育の申し子とも言える存在だったのである。

だが、子どもの出演と子どもの創作の披露は回を追うごとに少なくなっていく。そして、一一月一六日に通町小学校を会場に開催された第八回童謡童話会以降は、子どもたちの出演や子どもたちの創作の披露は行われなくなってしまう。第八回の童謡童話会の内容は次の通りである。

十一月十六日（金曜）

第八回童謡童話会　於　通町小学校

●○時四十分開会

●首席訓導ノアイサツ

一、ドイツ小学読本の話　天江委員

一、犬少尉　小林委員

一、童謡の話　蛯子委員

以上尋常三年以下

一、○米明神　三十分　蛯子委員

一、童謡のお話　十五分　天江委員

一、太郎とはな子　三十五分　二中教諭

一、　徳田賛助員

一、実話　石川清馬　十分　池田顧問

四時十分閉会

こうした変化は、大正時代の教育界を席巻した自由主義教育に根差しながら発展した誕生期「児童文化」が、自由主義教育の衰退と共に、内在させていた子どもの内発性を重視するという特質が、次第に変質していく兆しを示すこととして注目しなければならない。

こうした変化の要因や原因を分析することは、誕生期「児童文化」の本質に迫り、「児童文化」がこの後どのように展開されていったのか知る上できわめて重要となる。

一六―五　仙台児童倶楽部が内包した二つの潮流とたんぽゝ童謡研究会

仙台児童倶楽部内で変化が生じた背景として、一九二四年（大正一三）の岡田良平文部大臣によるいわゆる「学校劇禁止令」や、同年五月の松本女子師範附属小学校訓導川井清一訓導を糾弾した「川井訓導事件」に象徴されるような、自由主義教育に対する反動を挙げることができる。子どもの内発的な動きを重視し、児童中心主義を掲げた自由主義教育が抑圧によって衰退していく中で、自由主義教育の中で花開いた芸術教育も退潮の兆しを見せていたのである。

仙台児童倶楽部内の問題に目を向けると、芸術教育の立場から教育的意図に立って児童文化活動を推進しようとしていた人びとと、ただひたすら子どもたちと文化の創造や創作を楽しむことを目的にした人びとの二つの潮流が仙台児童倶楽部内に混在していたことを指摘することができる。

『童謡童話　おてんとさん』第一号には、仙台児童倶楽部の設立の目的を説明する際に、「子供の為には学校を離れて何等の情操教育機関がないではないか」と記されていた。つまり、学校で行っていた情操教育を学校外でも行うための活動母体としての期待から設立されたことが記されている。また、『宮城教育』二九一号には、「仙台児童倶楽部規約」が掲載され、そこには「児童ノ情操教育方面ヲ研究スル」ことを目的とするとあった。多くの小学校の教員が活動に参加した仙台児童倶楽部には、情操教育の研究機関としての役割も期待され、教員の情操教育への理解の増大と技術の練磨の場となることが期待されていたのである。

前宮城県教育会主事で宮城県図書館長であった池田菊左衛門が組織の中心となり、宮城県下の教育界の重鎮たちが顧問として名を連ね、市内の小学校教員が運営の中核を担っていった事実を考えても、仙台児童倶楽部は学校外での情操教育の実現という教育的色彩を強く持ちながら設立された組織だったとみて間違いないであろう。

一方で、ビラの作製や童謡童話会の会場設営を行うといった運営の実働部隊となって活躍したのは、スズキヘキと天江富弥を中心とした旧おてんとさん社に関係する人々であった。彼らは、ヘキに象徴されるように、「童謡を唄ったり、作つたり、小学児童とは遊ぶこと以外つまり先生方のする部面は全然嫌いな立場」であり、「面白い、為になる、ありがたい等の条件のそのさきに、童謡は最も混交のない、純一な詩的な話であれ」[*1]との認識を持ちながら児童文化活動を行っていた。彼らは、教育的な意図で子どもたちと児童文化活動を行おうとするのではなく、文化創造や創作を子どもたちと共に楽しみ、童謡や童話を作ったり演じたりすること自体を楽しもうとしていたのである。

そうした活動の典型に、「たんぽゝ童謡研究会」の活動がある。たんぽゝ童謡研究会は、明戸陽（片平庸人）、赤塚幸三郎（赤塚淋果）、西街赫四（鈴木幸四郎）、山田夢路（山田重吉）、堀田貞之助をメンバーとして、天江富弥、スズキヘキ、蛯子英二を賛助員に結成された組織である。設立に際して配布したチラシがスズキヘキ旧蔵資料の中に残されている。そこには、次のような「おねがひ」が記されている。

おねがひ

仙台のどこの子供も、おてんとさんの唄七つの子等いろんな童謡を盛んに謡つて遊んでゐるようになりました。

それによつても、私達郷土の子供がどれほど童謡によつて詩的感情の育みを成長されてゐるかと云ふ事は、この一例を見ても十分証拠立てることが出来るように思はれます。

このやうに、童謡勃興が生んだ仙台の子供の幸福を考へるとき私達はこの運動の為めに働ひて下すつたおてんとさん社の人々に深甚な感謝を表するもので御座います。

私達は子供になりたいと思ひます。

然しそれは私達にとつて、今はさびしい憧憬に過ぎないでしよう。

唯、子供のみのもつ謡ふが故の幸福を、私達の手によつて、もつともよい道に導いてやることのみ、ゆるされてゐるように感じます。

その意味に、子供を中心にした情操教育研究の見地から、私達たんぽゝ童謡研究会の樹立をおしらせして、私達の今後の仕事に皆様の御助力をお願ひ申す次第です。

そして、「おねがひ」に続いて、「私達の仕事」として次のようなことが記されている。

A　パンフレット「ハトポッポ」の刊行。

　主に、童謡消息と童謡に関する研究、感想及び童謡作品を載せるつもりです。

B　日曜日のコドモ野外童謡会。

　当分、榴ヶ岡公園にひらきます。

C　大人のみの集まる童謡研究会、合唱会の例会。

D　童話童謡に関する研究雑誌、単行本の廻覧。　其の他

ここに記された『ハトポッポ』は、第一信と第二信がスズキヘキ旧蔵資料に残されている。第一信が一九二三年（大正一二）七月、第二信が同年九月に発行されている。また、仙台児童倶楽部童謡童話会の第三回（大正一二年六月）の記録に、来会者として山田夢路、片平庸人、鈴木幸四郎、吉田昌次郎、庄子泰玉、菅野迷雀、堀田貞之助の氏名が「たんぽゝ社」として記載されている。

これらのことから見て、たんぽゝ童謡研究会の設立は、仙台児童倶楽部設立とほぼ同時の大正一二年四月から五月にかけての頃と考えてよいであろう。設立メンバーに加えて、その友人たちを加えながら、六月にはメンバーも拡大していたものと思われる。なお、これらの人びとの多くは、昭和前半の仙台の児童文化活動の中核を担う七つの子供社のメンバーになっていくことにも注意しておきたい。

メンバーは、いずれもおてんとさん社に関係した人びとで、仙台児童倶楽部の特別会員として名を連ねる人々である。童謡童話会の際には、会場の設置をはじめとした雑用を行う実働部隊として活躍していた。賛助員に名を連ねる天江とヘキと蛯子は、仙台児童倶楽部設立時委員の中で、学校の教員だった黒田、伊藤、安倍宏規等と異なり、非教員の委員である。

こうしたメンバー構成や設立の時期、メンバーの仙台児童倶楽部への参加の様子、そして「おねがひ」を見ると、たんぽゝ童謡研究会の設立目的は、①仙台児童倶楽部の実働部隊の結成、②教員主導で方向が定められてきた仙台児童倶楽部の活動目的に飽き足らない人びとが集まった活動組織、と考えることができる。

たんぽゝ童謡研究会の活動の中で、特に重要と思われるのが「コドモ野外童謡会」である。これは、榴《つつじ》ヶ岡《おか》公園に子どもたちが集り、研究会のメンバーと一緒に目にした景物を題材に即興の童謡を作っていく活動である。仙台児童倶楽部が活動の中心にした大規模な童謡童話会では実現できない子どもたちとの直接的な触れ合いや、子どもと共に文化を創造したり文化に触れたりすることを楽しむための活動として計画されたのである。ここでは、大人と子どもが、共に創作や文化創造を楽しむことが企図されていたのである。

仙台児童倶楽部が活動の中心とした童謡童話会は、初めのうちは子どもたち自身の創作や発表を大事にしていた。だが、童謡童話会は、次第に情操教育の担い手としての教員たちが口演の技術を練磨する場となり、熟練した技術で童謡や童話を子どもたちに伝えることが主な目的になっていったことは否めない。そうした仙台児童倶楽部の動向に対して、童謡や童話を演じることはもとより、童謡や童話を創作することそのものを子どもと共に楽しむことを主な目的にした組織が、たんぽゝ童謡研究会だったのである。

これら二つの潮流と立場の違いは、仙台のみにあてはまることではなく、全国で展開された誕生期「児童文化」活動に内在していたことでもあった。そして、「児童文化」という用語の下での活動や現象にとって、誕生期から現在に至るまで、この二つの潮流の間のバランスと関係をどのように構築していくかということは課題となり続けている。

仙台児童倶楽部とたんぽゝ童謡研究会は、この二つの潮流を体現しながら、昭和初期の仙台の児童文化活動への流れを形作っていくことになるのである。

注

1　錫木碧「小学随筆」(『宮城教育』第三二六号、宮城県教育会、一九二六年)、一三六〜一三七ページ

一六-六　催物の主催と後援

仙台児童倶楽部にとって、宮城県図書館や立町小学校講堂などを主な会場として毎月童謡童話会を開催することが活

動の中心だったことはすでに述べたとおりである。

だが、毎月開催される童謡童話会の他にも仙台児童倶楽部の活動は多岐にわたっていた。スズキヘキ旧蔵資料に残されている資料から、仙台児童倶楽部が主催もしくは後援した催しをまとめると表Ⅱ16-2の通りである。

これら仙台児童倶楽部が主催もしくは後援した催しは、その目的も内容もさまざまである。それぞれの活動について具体的に確認する。

表Ⅱ16-2　仙台児童倶楽部主催・後援催事

年月日	催事名称	主催／後援
大正一二年　九月　一日	お伽幻燈会	主催
大正一三年　五月二三日	野口雨情氏招聘童謡童話大会	主催
大正一三年　七月　一日	メートル法宣伝童謡童話会	主催
大正一五年　八月　七日	童謡・童話・舞踊・大会	後援／（主催）太陽幼稚園
昭和　三年　二月　四日	新春大音楽会	後援／児童音楽園（主催）
昭和　三年　二月一一日	第一回童話童謡童話劇大会	後援／（主催）東北学院中学部文芸部
昭和　三年　九月一一日	岸邊福雄先生歓迎童話座談会	主催
昭和　三年一一月一一日	御大典奉祝コドモ大会	主催
昭和　四年　二月一一日	第二回童話童謡大会	後援／（主催）東北学院中学部文芸部

①「お伽幻燈会」

「お伽幻燈会」は北星少年少女会との連合で午後七時から一時間半にわたって宮城県図書館東側広場を会場に開かれた会である。内容は①お伽童謡（簡単ナ教育的価値アルモノヲ選ブ）、②幻燈（夏季モノ殊ニ、ナイヤガラ瀑ノ偉観、欧米ノ山水、其ノ他滑稽趣味アルコミック劇等）であった。そして、この会を催す趣旨について、宮城県図書館の職員で仙台児童倶楽部委員でもあった小林藤吉は、八月二七日付けで配布した案内に次のように述べている。

●幻燈こども会と図書館

一、活動写真や幻燈などの所謂民衆の教化は実に偉大な力があるものです。近頃活動写真の全盛を極めた結果、幻燈などを見るもの漸次なくなりました。如何なる山村水廓で於てすら、何でも活動写真でないと承知しない様になつた。それは言ふ迄もない幻燈の静態を現ずるのみでは間が抜けてるに反し、活動は静動共に現じ得てキビキビして居るからでした。処が最近米国から帰つて来た人の話では、彼の国では既に活動は漸次すたれ、生存競争のはげしき中より静観自得が出来る幻燈が復活したそーだ。

二、米国の図書館では到る所最新な幻燈機械を以て毎週一回こどもに教育上の参考になる様な「ロビンソンクルーソー」「湖上の美人」「宝島」や、自然研究に益する、山水草木地理風土の資料等を映写し、子供は大喜びで大人も大層満足して居ることだ、今度仙台児童倶楽部の初めての試みで、図書館構内で残暑の一夜を自由な楽園に逍遥せしめることは、真に生き生きした教授をやると同じである。

以上のような小林の文章から、アメリカの文化状況、特にアメリカの図書館の活動に関する知識・情報を参考にしながらこうした会が企画されていたことがわかる。

仙台児童倶楽部に関わった主な人々は、①天江やヘキをはじめとするおてんとさん周辺の人々、②黒田や伊藤をはじめとする学校教員、③そして顧問の池田と小林のような図書館職員、の三者に大きく分けることができる。それぞれがそれぞれの立場で関わり、思惑や活動の狙いもそれぞれの立場ごとに異なっていたことは容易に推測できる。

そうした観点からこの案内文を見ると、仙台児童倶楽部委員であると同時に図書館職員でもあった小林にとって、幻燈会の開催と童謡童話会の開催は、図書館に子どもたちを集めるための有効な施策として企画し開催したものであったことがわかる。図書館職員の小林は、仙台児童倶楽部を母体にしたさまざまな催しによって図書館を活性化させることを目的に仙台児童倶楽部に関わっていたのである。

②「メートル法宣伝童謡童話会」

「メートル法宣伝童謡童話会」は、県会議事堂で午後三時から四時半までの「午后の部」と七時から九時までの「夜ノ部」に分けて行われた催事である。

「午后の部」では、開会のあいさつに始まり、小林藤吉による童話「ほまれの御旗」、スズキヘキによる童謡「メートルの童謡」、池田菊左衛門によるお話「馬の名人」、男子師範学校附属小学校五年有志による児童劇「メートルのお宿」(指導：本郷兵一)が演じられている。「夜ノ部」では、開会のあいさつに始まり、男子師範学校附属小学校五年有志による児童劇「メートルのお宿」、小林による童話「同情の力」、ヘキによる童謡「メートルの童謡」、池田によるお話「数ヨリ見タル世界」が演じられ、さらに活動写真「馴れよ覚めよ」が上演されている。

出演者はいずれも仙台児童倶楽部の顧問と委員の中の限られたメンバーとなっている。出演メンバーと会場が県会議事堂であることを考えると、メートル法を普及させるために県が企画したさまざまな催しの一環として仙台児童倶楽部が子ども向けの催しを委嘱され、顧問と委員の主だったメンバーで引き受けることにしたのであろう。

メートル法とは、一八世紀末のフランスで、世界で共通に使える統一された単位制度の確立を目指して制定されたものである。一八六七年のパリ万国博覧会の際の決議を受けて、一八七五年には各国が協力してメートルに単位を統一していくことを努力するという主旨のメートル条約が締結される。日本では単位系として尺貫法が用いられていたが、一八八五年にメートル条約に加入する。それにともない、一八九一年(明治二四)に尺貫法と併用する形でメートル法が導入される。さらに、一九二一年（大正一〇）に尺貫法を廃してメートル法に完全に移行しようとする。だが、人々の間では依然として使い慣れた尺貫法が一般的であった。そうした情勢を受けて、メートル法普及のためのさまざまな企画が立てられていたのである。

宮城県内では、仙台市の他に石巻町（現、石巻市）でも役場がメートル法普及のためのパンフレットを作っている。そこには、「夏疲《ママ》せの人より知らぬグラム瓶」という俳句や、「大君の恵も深く民草にメートル法で国は栄ゆる」という短歌、狂句、甚句などの作品が計二三掲載されている。そして、それらの他に、ヘキの童謡「雀の町」「父さん母さん知つてるか」「メートル虫」「てまり」「運動会」、ヘキの弟幸四郎（当時二〇歳）の童謡「メートル開き」、正五郎（当時一七歳）の童謡「尺貫法はお爺さん」「尺とりさん」、明（当時一六歳）の童謡「尺取り虫」が掲載されている。次の明の作品をはじめとして、工夫された歌詞で尺貫法の不便さとメートル法の優位を訴え、メートル法を普及させることを第一義に作られたものとなっている。

ぽかぽかお庭の松の木で
のつそりのつそり計つてる
一尺二尺と計つてる
米《メートル》法の進む世に
のんきな顔して尺とり虫

ヘキの肩書きが仙台児童倶楽部となっていることや、ヘキの弟たちが動員されていることから見て、石巻町から仙台児童倶楽部にメートル法普及のための活動の依頼があり、それを受けてヘキが中心となってこのパンフレットをまとめたのだと考えられる。宮城県図書館長の池田菊左衛門が仙台児童倶楽部の実質的な責任者であり、社会教育機関でもある図書館が仙台児童倶楽部の運営の拠点となっていたこともあって、仙台児童倶楽部はこうした社会的な活動を要請され、その役割を担うこともあったのである。

③「童謡・童話・舞踊・大会」他

その他の活動では、太陽幼稚園主催の「童謡・童話・舞踊・大会」を仙台有志コドモ会、栴檀中学日校部と共に後援したことや、東北学院中学部文芸部が主催した童話童謡童話劇大会を後援した記録もスズキヘキ旧蔵資料の中に残されている。

後で詳しく検証するが、太陽幼稚園は宮城県遠田郡南郷村（現美里町）の東光寺住職だった相澤太玄が托鉢で集めた私財をなげうって、一九二六年（大正一五）三月一七日に認可を受けて仙台市東二番丁一四一番地に設立した幼稚園である。相澤は、仙台児童倶楽部賛助員にも名を連ね、天江やヘキらとの親交が深かった人物である。幼稚園では、「保育要目」の中の「談話」の項目として「簡単ナル話シ方」「史談」「事実談」と共に「童話」を掲げるなど、児童文化を積極的に取り入れる保育を行っていた。

「童謡・童話・舞踊・大会」は宮城県立第一高等女学校講堂を会場に午後一時に開会している。出演者が「東京本郷コドモ会職員及児童」となっていることや、後援が栴檀《せんだん》中学日校部と仙台有志コドモ会となっていることから、主に日曜学校関係の催しだったことがわかる。開会の挨拶を相澤の死後太陽幼稚園第二代園長になる三宅俊雄、閉会の挨拶をスズキヘキが行い、司会を相澤が行っている。童謡合唱「木の葉のお舟」「ながれ椅子」、童謡舞踊「どんぐりころころ」「かへるの学校」、童謡独唱「父と子」や、おはなし、絵ばなしなどがプログラムとして掲載されている。

プログラムを見ても仙台児童倶楽部が積極的に後援したという形跡は見られない。ヘキと相澤の個人的なつながり、そして賛助員である相澤と仙台児童倶楽部とのつながりから後援団体の一つとして名前を連ねた程度の関わりだったと考えられる。

同様のことは、東北学院中学部文芸部主催の「童話童謡童話劇大会」にも言える。この大会は、おてんとさん社とのつながりを持っていた東北学院中学部文芸部が、おてんとさん社による児童文化活動の影響を強く受けて開催したものである。

東北学院中学部文芸部は、一八九三年（明治二六）一〇月に、東北学院の前身である仙台神学校の学生だった岩野泡鳴によって作られたものである。おてんとさん社社人の蛯子英二と刈田仁が東北学院在学中からおてんとさん社の活動に加わっていたこともあり、東北学院文芸部とおてんとさん社の人々との間には交流があったものと思われる。そうしたことから、東北学院中学部文芸部は童謡や童話に関心を持つようになったのだと考えられる。

文芸部では、第一回の童謡童話童話劇大会開催に先立って、「御願ひ」と題した書状を市内各小学校に配布している。そこには、文芸部主催で童謡童話大会を開催することを記した上で、「童謡普及のため広く之を市内各小学校より自作童謡を募集して左の審査員に依頼して厳選の上同席上にて発表致し度いと思ひます」と、天江富弥、スズキヘキ、石川善助、舘内勇を審査員に、市内各小学校から自作童謡を募集することが記されている。さらに、優秀作品には、一等であれば教育用地球儀、童話書籍（四冊）、児童成績保存帳、ノート（一〇冊）といった賞品を与えることが述べられている。

審査員が全て旧おてんとさん社に関わる人々であることを見ても、この催しは仙台児童倶楽部というよりは、おてんとさん社関係の人々と東北学院文芸部との個人的なつながりによって行われたものであることが明らかである。また、第一回のプログラムを見ても、奏楽や童話、童謡遊戯を演じる宮城女学校、尚絅女学校、仙台メソヂスト日曜学校、愛隣幼稚園の教師や児童らと共に、山田重吉による童謡独唱「雀のかくれんぼ」、スズキヘキによる創作童謡独唱、天江富弥による募集童謡の講評、七つの子供社によるジャズ「童謡の夕」、鈴木愿太による童話「トム爺やの赤ん坊」が演じられていることから、仙台児童倶楽部が組織を挙げて後援したものではなく、旧おてんとさん社ゆかりの人々を中心に関わったことがわかる。

④御大典奉祝コドモ大会

後援として参加した催しに対して、仙台児童倶楽部が主催した大規模な催しの一つに一九二八年（昭和三）一一月一一日に仙台市公会堂で催された御大典奉祝コドモ大会がある。

この年、昭和天皇の即位への奉祝行事は全国でさまざまに挙行された。各地で花電車が運転されたり、軍人の格好や奇抜な仮装で人々が練り歩いたり、山笠を作って市中を練り歩いたりしたが、京都では、一一月一〇日に京都御所で即位式が行われたのをはじめ、一四日から一五日にかけて大嘗祭が行われ、一六日からは即位の御大典を祝う一般市民の提灯行列や旗行列が盛大に行われた。また、名古屋では「御大典奉祝名古屋博覧会」が催されている。

仙台では、一一月一一日(日)午後一時から、仙台市公会堂で御大典奉祝行事の一つとして仙台児童倶楽部主催「御大典奉祝コドモ大会」が催されている。河北新報には、「すべてが大人本位の催し物の中ただ一つの子供のものだけに午前中から小さな可愛いお客様方が押寄せて〇時半頃には満員の札を張って玄関の扉が堅く閉められた程の盛況」だったと報じられている。

河北新報の記事から当日の演目を再現すると表Ⅱ16-3のようになる。

表のようなプログラムが大盛況のうちに進み、午後四時過ぎに閉会する。君が代の斉唱や万歳三唱を除けば、仙台児童倶楽部が毎月行ってきた童謡・童話会とほぼ同じである。

プログラムの中に見られるフウセン社は、東北学院中学部文芸部が催した第二回童話童謡大会にも出演している。そこでのプログラムには、「七、童謡舞踊　風船社　小倉あつ子さん」と記されている。

表Ⅱ16－3　御大典奉祝コドモ大会

番号	内容	演目	出演者
		第一部	
1	国歌斉唱	君が代	来会者一同（司会、本郷兵一）
2		開会の挨拶	不明
3	童謡斉唱	十五夜、お池の秋	女子師範附属小四年有志
4	童謡合唱	雨だれぽっつりさん	フーセン社（女子児童十人）
5	童謡舞踊	トマトと日和傘	上杉山通小三年（女子十八人、指導：男澤）
6	演奏	ピアノ連弾（曲目不明）	出村姉妹
7	童話	題目不明	沖野岩三郎
		第二部	
8	斉唱	曲目不明	仙台児童音楽団少女
9	お話	題目不明	女子師範附属小四年佐藤栄一
10	演奏	ピアノ独弾（曲目不明）	飯川けい子、鈴木八郎
11	唱歌劇	蛙の王子	片平丁小三年有志
12		万歳三唱	発声：池田菊左衛門
13		閉会の挨拶	舘内勇

　フウセン社は、童謡、童話、論説などを掲載した『フウセン』第一輯を一九二八年（昭和三）二月に発行している。奥付の所在地を見ると仙台市新寺小路の小倉方であり、編集発行人は小倉旭、見明空、門脇香となっている。また、『フウセン』は『ミヒカリ』を改題したものであることも記されている。『ミヒカリ』は、小倉旭が編集発行人となって閖上《ゆりあげ》コドモ会童謡部から一九二六年（大正一五）一一月に第一集が発行された童謡・童話集である。閖上コドモ会については、第二一章で詳細を確認するが、名取川の河口に位置する閖上地区で行われていた日曜学校の母体の名称である。

　『フウセン』と『ミヒカリ』の関係を見ると、閖上コドモ会のような日曜学校や各種の児童文化関係の催しでの童謡や童話の演じ手を集めて結成されたのがフウセン社だったのではないかと考えられる。そしてその中心は、代表の小倉旭とその妹弟である小倉あつ子や小倉和だったものと思われる。

　また、プログラムの中で沖野岩三郎が童話を口演していることも注目される。この時の来仙は、沖野にとって二度目である。沖野は一九二三年（大正一二）三月三日と四日におてんとさん社と仙台文化生活研究会の招きで来仙し、「通俗教育講演会」として仙台市公会堂で講演、五日が塩釜市内、六日が白石町内でそれぞれ講演している。その時のことは、『童謡童話　おてんとさん』第一号に次のように紹介されている。

此度、本社並に仙台文化生活研究会の招聘に応じて、雑誌「金の星」の講演部から、沖野岩三郎先生が御来仙下すつて、今明両日仙台の子供達へ面白い童話を話して下さる事になりました。当日は先生のお話の外に、おてんとさん社の子供達の新作童謡の合唱や舞踊や、童話劇などもある事故、どんなに面白いでせう。尚四日の夜は大人の為に「家庭教育と童話」について三時間に渉つて有益な講演がある筈です。

この時の沖野の来仙は、仙台児童倶楽部にとって実に重要な意味を持っていた。既述のように、沖野の来仙準備のさ中に仙台児童倶楽部設立の話が持ち上がっており、沖野の来仙は、仙台児童倶楽部発足の導火線となったのである。沖野の他にも仙台児童倶楽部は中央で活躍する児童文化活動家と積極的に交流を持っている。一九二八年（昭和三）九月一一日には、仙台仏教コドモ会連盟と共催の形で岸邊福雄を招き、「岸邊福雄先生歓迎童話座談会」を開催している。この時の会は子どもたちへの童話の口演は行われず、仙台児童倶楽部に関わっていた人々や日曜学校に関わっていた人々が、岸邊を囲んで談話をすることが主な目的であった。

以上のようなさまざまな会を催した中で、最大のイベントだったのが野口雨情を招いての童謡童話大会である。

第一七章　仙台児童倶楽部の終焉

一七－一　野口雨情招聘童謡童話大会

仙台児童倶楽部は、創立一周年を記念して一九二四年（大正一三）五月二三日に野口雨情を招聘して仙台市公会堂を会場に大規模な童謡童話会（図Ⅱ－20）を開催する。宮城県教育会と仙台市教育会、そして『金の星』が後援に名を連ねて行った一大イベントであった。

この催しに関する資料がスズキヘキ旧蔵資料に残されている。会の開催に先立って、最初に次のような書状を関係者に配布して宣伝に努めている。

拝啓兼て御厚情いただいて居りました当倶楽部も御蔭様にて創立一年を迎えましたに付て五月二十三日（金）野口雨情氏を聘し左の通り記念童謡大会を開催することになりました。野口氏は御存知の通り童謡と教育の一致を創唱された斯界の先覚者として、又童謡作家として一家をなして居られ、氏の講演は必らず我が教育界及

図Ⅱ-20　仙台児童倶楽部主催　野口雨情童謡童話会（鈴木楫吉氏蔵）

児童事業関係方面に齎らすところ少くないと信じます

　当日は万障御繰合の上是非御来会下さる様御案内申上ます

　　当日、受付へ御名刺御示し願ひます、又来会御希望者へ御宣伝も併せて願上ます。

　このような書状を配布する一方で、当日のプログラム、そして仕事分担を綿密に打ち合わせている。「野口雨情氏童謡会仕事分担」と題された二枚綴りの紙には表Ⅱ17-1のような詳細な記録が残されている。

　以上のように綿密に役割分担を取り決め、万全の体制を整えて大会当日に備えたのである。また、役割表に名前が記載された役員に向けて、「諸般手落なく致したいし、又その後御報告御協議事項変更沢山あり打合致します」との書状を出して宮城県図書館事務室で大会直前の二一日に打合会を開き最後の確認作業を行っている。

　さらに、五月一八日の日付で各小学校の校長宛に「職員方招待」「児童引率」「出演」「雨天開催」についてのお願いの

表Ⅱ17－1　野口雨情招聘童謡会分担予定

係名	担当者氏名	備考
受付係	●氏家　積 庄子泰玉 山田重吉	昼夜入口ニテ会員券販売ト受付 引率児童及招待者記録・プログラム渡し
会場係	●羽生義三郎 小林藤吉 小松郁雄 錫木　碧	早朝会場ニ着掃除人夫カントク、下足世話、ゾウリ、ゴザ、椅子、古新聞ノ調度、会場一切ノ整備
装飾係	●山田重吉 田鎖武一 鈴木幸四郎	前日夕方及当日早朝正門、玄関、舞台ノ装飾、取外シ、舞台設備品調達
舞台出演係	（午前） ●本郷兵一 金　達夫 （午后） ●目黒武雄 黒田　正	プログラム進行、プロ、幕、引幕、バック、ピアノ、オルガン、調度 舞台及出演一切世話
児童係	●相澤太玄 羽生義三郎 堀田貞之助 佐藤長助 石川三郎	来会児童会場出入監督、場席セイトン、静粛注意、児童ノ衛生保護、土産配布
講師接待係	●池田菊左衛門 天江富弥	旅館、休けい室、昼夜接待
来賓接待係	●石竜たか	昼夜、案内状招待券所持者ノ定席案内

書状を配布している。そこには、市内各小学校の職員は全員招待することに変更したこと、教員たちに児童を公会堂まで引率してもらうこと、児童の出演の許可等が書かれている。市内全ての小学校校長宛に書状を出していることは、学校外の情操教育の場として期待された仙台児童倶楽部という組織の活動の本質を示すこととして注目したい。

こうした入念な準備の様子を見ると、この催しが仙台児童倶楽部の組織を挙げて行った一大イベントだったことがわかる。当日のプログラムも、午前・午後の部に分けた子ども向けのプログラムと、午後七時からの大人向けの講演会の二部構成になっていて、昼夜にわたるものとなっている。ヘキ旧蔵資料に残されているプログラムは表Ⅱ17

−2の通りである。

この会に先立って寄附を募る際に作られた「倶楽部一周年記念童謡童話会寄附芳名録」には、仙台市公会堂を会場にした童謡童話会の後に、九時から会費五〇銭で「野口雨情氏歓迎会」も予定されていたことが記されている。まさに昼夜にわたる一大イベントだったのである。

五三名が寄附者に名を連ねた「寄附芳名録」には、予算総額二五〇円と記されている。当初から予算的にも相当大掛かりな会を想定していたのである。会計担当だったヘキがまとめた「野口雨情氏招待童謡大会　会計報告」を見ると実際の規模の程を実感することが

	小松郁雄 黒田　正 後藤才治 氏家　積 錫木　碧	一般来会大人ノ世話
講演会係	●黒田　正 後藤才治 金　達夫 本郷兵一	夜ノ講演会会場整頓、プログラム進行司会終了迄
茶話会係	●舘内　勇 氏家　積 相澤太玄 目黒武雄	講演会后ノ茶話会場交渉 セイトン出席宣伝茶菓用意 会計司会一切
写真係	●田鎖武一	役員　出演児童　講演等ノ撮影、エハガキ等一切世話
記録庶務係	●小林藤吉 天江登美草	大会記事　講演筆記、各統計其他庶務 現金出入取扱一切
会計係	●錫木　碧	

※●＝主任者

できる。収入と支出をまとめると表Ⅱ17−3の通りである。

ヘキが残した詳細な会計報告によって支出合計額が二六二円に及んだことがわかる。朝日新聞社発行の『値段の風俗史』（一九八一年）によると、大正九年の巡査の初任給が四五円、大正一四年の早稲田大学の授業料が一四〇円、大正一

表II 17－2　野口雨情氏招聘　童謡童話大会プログラム

一　児童大会

午前の部（司会者　錫木碧）十時より

演目	タイトル	出演者
一部		
	おてんとさんの唄	一同
	開会のあいさつ	司会者
童謡	雲雀の水汲・二つの蝶々	二年男女
童謡	花まつり	四年女
童話	何でせう	顧問二階堂清壽
童謡	夢を見る人形	四年女
児童劇	鉢の木（一場）	六年女
二部		
童謡	今夜のお月さんなぜ赤い・つるつるつるすべる猿すべり	六年女
童謡遊戯	雨	二年女
	童謡のお話	野口雨情先生
児童劇	猿と海月（「金の星」五月号所載）	五年男女
童謡	七つの子	一同

午後の部（司会者　天江富弥）一時より

演目	タイトル	出演者
一部		
	おてんとさんの唄	一同
	開会のあいさつ	司会者
童謡	母がうたう	六年女
童謡	花まつり	四年女
郷土童謡遊戯		四年女
童話劇	猿と海月（「金の星」五月号所載）	五年男女
二部		
童謡	未定	五年女
童謡	もろこし畑	五年北島てる
童話	雲雀の巣	顧問鈴木愿太
童謡	子とろ	五年女
	童謡のお話	野口雨情先生
児童劇	芋とり（一場）	三年男
童謡	七つの子	一同

二、童謡講演会（司会者　黒田正）

演題	講演者
挨拶	黒田　正
野口氏作品合唱（もろこし畑他数編）	有志
芸術教育に就て	顧問　二階堂清壽
野口氏作品合唱（雨夜の傘他）	有志
童謡及童謡教育に就て	野口雨情
自作朗唱	

四年にうな重が五〇銭、大正一二年にアンパンが二銭五厘という時代である。現在の早稲田大学の授業料約一〇〇万円や約二〇万円の巡査の初任給などと比較すると、単純な計算はできないが、現在の金額にして二〇〇万円を超える予算規模だったものと思われる。その中で、雨情への謝礼が現在の金額でおよそ五〇万円程度を占めていることは興味深い。

一七－二　野口雨情童謡童話会に見られる仙台児童倶楽部の活動方針

野口雨情童謡童話会のプログラムには、創立一周年を迎えた仙台児童倶楽部の活動の実態と、仙台児童倶楽部が目指そうとした方向性が明らかに示されている。

既述してきたように、仙台児童倶楽部の設立当初の童謡童話会は、倶楽部員の大人による童謡や童話の口演だけではなく、子どもたちに自らの創作を発表させる機会を積極的に設け、子どもたちの創作意欲を促すことを意図した会の運営を行っていた。

ところが、発足からおよそ半年が過ぎた第八回の童謡童話会の頃になると、子どもたちが自らの創作を発表する機会

表II17-3　野口雨情招聘童謡童話会会計報告

金額	費目その他	備考
収入（合計二五八円四〇銭）		
六九円	賛助各位よりの寄附金	斎藤弘道、河原亮賢、蛯子英二、石川善石他計三四名
三七円	倶楽部顧問醵出	二階堂、戸田、詫間、池田、石竜他計一一名
七九円六〇銭	会員券代金	当日児童の会入場者八円、講演会入場者一七円六〇銭、前売五四円
七二円八〇銭	茶話会収入	
支出（計二六二円五三銭、差引不足金四円一三銭倶楽部より支弁）		
二一円四三銭	準備費	招待状ビラ、入場券、用紙、諸般手伝人食費
六一円九四銭	会場費	内外装飾費、公会堂使用料、電灯料、ピアノ代、人足料、当日手伝人昼食代、ゾーリ代、庶務費
一二円	茶話会費	会場使用料、茶代、菓子代
一一円八六銭	児童費	特別出演児童へ土産、他
二七円	写真代	写真四種、エハガキ二〇〇枚代
八三円	講師費	旅費、謝礼
四五円三〇銭	接待費	自動車車代、宿屋払、昼食代、市内案内接待費

は見られなくなり、大人が子どもたちに質の高い児童文化を提供し、そうした質の高い児童文化を子どもたちが享受したり、大人によって与えられた演目を子どもたちが演じたりする場へと変貌していった。仙台児童倶楽部の活動が、児童中心からしだいに方向転換していったのである。

こうした傾向は、仙台児童倶楽部の創立から一年間の活動の総決算ともいえる雨情を招いての童謡童話会でより明確となる。野口雨情童謡童話会のプログラムを見ると、①宮城県・仙台市教育会が後援に名を連ねていること、②仙台市内各小学校の教員を全員招待していること、③二階堂清壽が登壇していること、④「芸術教育」を講演の演題に掲げていること、以上がそれまでの童謡童話会との顕著な相違であることに気づく。ここに表れていることを端的にまとめると、仙台児童倶楽部は、「芸術教育推進を目的とした社会教育組織」と表現できる組織に変貌していたことになる。

すでに述べたように、宮城県社会教育主事だった池田菊左衛門とおてんとさん社の黒田正が雑誌『宮城教育』の編集の場で出会ったのが、仙台児童倶楽部誕生のそもそもの端緒であった。そして宮城県図書館長に異動した池田が、図書館を舞台にした社会教育活動と、図書館に子どもたちを集める方途を模索していたところに、黒田を通じて天江やヘキらおてんとさん社の人々との知己を得、仙台児童倶楽部の構想は一挙に具体化していった。そして、組織を整えていく過程で、組織の中核に名を連ねるようになったのは、多くが小学校を中心とした教員たちであった。おてんとさん社以来のヘキや天江、さらに鈴木幸四郎や山田重吉、静田正志らは組織の中核ではなく、組織を運営する実働部隊としての立場で仙台児童倶楽部の運営に関わっていった。

教員中心に形成された組織構成は、仙台児童倶楽部が発足して活動を重ねていくうちに次第に明確になっていく。そして、会の活動も、子どもたちと共に児童文化の創造活動を楽しんでいたおてんとさん社の人々の活動のスタンスから、次第に芸術教育に比重を置いた子どもたちの情操教育を目的とした活動の場へと変貌を遂げていくのである。

以上のような仙台児童倶楽部の変貌と仙台児童倶楽部が目指すようになった活動方針は、野口雨情童謡童話会の二階堂の講演演目に明確に表れている。二階堂自身、それまでの活動では顧問の一人に名を連ねているものの、毎月行われる童謡童話会で童話を口演したり講演を行ったりすることはなかった。そうした二階堂がこの時には童話を口演し、仙台児童倶楽部の側を代表する形で講演し、しかもその演題が芸術教育についてであったことは、仙台児童倶楽部の活動の目的をあらためて内外に印象づけることになった。

一七－三　仙台児童倶楽部の終焉

一九二三年（大正一二）四月から活動を開始した仙台児童倶楽部の活動の中心であった毎月の童謡童話会は、一九三一年（昭和六）三月まで継続される。ここが区切りとなったのは、三つの理由が考えられる。

一つは、盛り上がりを見せた大正自由主義教育を背景に活発化した芸術教育が、大正自由教育運動の衰微と共に次第に下火になっていったことである。これは仙台に限ったことではなく、全国的に見られた動向であった。

昭和六年は満州事変が勃発した年である。教育界は、大正時代以来の自由主義的雰囲気を失い、次第に国家主義的な戦時教育の色を強めていった。仙台近辺では、満州事変直後の一九三一年（昭和六）一一月に、子どもの内発的活動と創造性を重視し、生活を通して学ばせようとする新教育協会宮城支部が名取郡中田小学校で発足している。この組織の基本理念は、峰地光重らが主唱した教育理念に合致し、大正自由教育の中から生まれた理念となっている。また、東二番丁小学校と南材木町小学校は一九三二年（昭和七）以降、ラジオ放送を通しての児童唱歌コンクールで全国一位となる。この結果は、仙台児童倶楽部の活動や、そこに参加した多くの教員たちによる芸術自由教育への取り組みが成果として現れたものとして注目される。

だが一方で、昭和七年一一月には仙台市内各小学校に「愛国少年会」が設立され、その中心組織として「仙台愛国少年会連盟」が設立される。さらに、一九三四年（昭和九）五月には、宮城県内の小学校教員を対象にした精神作興大会が仙台市などで開催され、教員たちは報国に従事することを余儀なくされていくようになる。自由主義教育に基づいて子どもの内発性を重視しながら芸術教育を推進できた時代は、急速に過去のものとなりつつあったのである。

二つ目が、仙台児童倶楽部の中心人物の一人としてスズキヘキと共に倶楽部の運営の中心にいた天江富弥が、家業の造り酒屋の仕事の関係で一九二九年（昭和四）夏に仙台を離れて上京してしまったことである。行動力があり人を集める力に秀でた天江の離仙は、仙台児童倶楽部にとって活動の推進力を失う打撃となった。

そして三つ目が第二六代宮城県図書館長であり仙台児童倶楽部顧問としてさまざまな活動の中心にいた池田菊左衛門が、一九三一年（昭和六）三月三一日に依願免職し、四月に仙台市学務課長に異動したことである。仙台児童倶楽部立ち上げの時から顧問に就任した池田は、その他の顧問の多くが名前だけの顧問であったのに対し、実質的な仙台児童倶楽部の代表としての役割を果たしていった。そして、宮城県図書館へ子どもたちを誘導するねらいも込めながら、宮城県図書館を主な会場として毎月の童謡童話会を実質的な責任者として開催していった。仙台児童倶楽部にとって実質的な代表であった池田の図書館からの異動は、天江の離仙と同様に活動の中心を失うという意味で倶楽部にとって大きな打撃となったのである。

仙台児童倶楽部は、解散という形はとらなかったため、その後も名前は残されていく。だが、芸術教育が衰退し、池田が宮城県図書館を離れる昭和六年三月が、実質的な仙台児童倶楽部終焉の時期だったのである。

太平洋戦争終戦翌年の一九四六年（昭和二一）三月、仙台児童倶楽部は、仙台児童クラブとして復活する。復活に際して、各小学校の校長宛に次のような「お願」を配布している。

終戦この方荒い世の波風の中にゐる子供たちの心情を思ふと、どうかして彼らに力強く明るく生きて行く力を得させたいと思ふのは私達だけではないと思ひます。
私達は同好の人と語り合ひ仙台児童倶楽部の名の下に、子供のための文学、美術、舞踊、音楽、映画等総合的な文化運動を起こすこととといたしました。（市内北松竹劇場を借り定期的に子供会をもつ計画も具体化して居ります）しかし私達は微力です。もっともっと各文化部門の方に参加していただき強力に実践運動を展開したいと思ひます。殊にも教育の場にある先生方の御協力を切望いたして居ります。
就ては下記の日程で最初の児童文化運動懇親会を開き、今後の仕事のことにつき意見を交換し合ひ又、学校の先生方の立場よりいろいろ御教示を承りたいと存じますから、貴校の適当の方を御推薦の上出席さしていたゞければ幸甚の至りです。
学年末はなにかとお忙しいところ恐縮ですが、よろしく御取計ひ下さる様お願ひいたします。

記

一、期日　昭和二十一年三月十三日（水）午后一時より

一、場所　連坊小路国民学校

戦後の荒廃の中から、いち早く児童文化復興の狼煙を上げ、戦争によって荒んだ子どもたちの心と生活を立て直そうとしたのである。戦前の仙台児童倶楽部が保持していた精神が、戦争による断絶を乗り越えて再び蘇ってきたのである。

そして、天江富弥やスズキヘキ、山内才治、小松郁雄、刈田仁ら戦前の仙台児童倶楽部に関わった人々が発起人に名を連ねる中で、その筆頭には、七五歳を迎えようとしていた池田菊左衛門の名前が記されていた。

仙台児童倶楽部は、仙台における芸術教育の推進母体として大正時代から昭和の初めにかけて活動し、仙台の児童文化活動と密接に連動しながら芸術教育、そして児童文化を子どもたちに提供した組織だったのである。

第一八章　七つの子社の誕生と活動

一八―一　仙台児童文化活動の第二世代

一九二一年（大正一〇）一月におてんとさん社が結成されて以降、仙台児童倶楽部をはじめとしたその後の仙台におけるさまざまな児童文化活動の中心には、常に天江富弥とスズキヘキがいた。だが、さまざまな活動において実際に運営のための下働きにあたったのは、天江やヘキらより若い世代であった。

彼らは、天江やヘキら「第一世代」の活動に身近に接することで児童文化の楽しさを知り、やがて自らも童謡や童話の創作、口演、その他の活動を行うようになっていった世代である。いわば、仙台における児童文化活動の「第二世代」とも呼び得る人々である。

第二世代の典型的な例は、鈴木幸四郎、正五郎、明のスズキヘキ兄弟に見ることができる。児童文化に接した最初の思い出について、幸四郎は一九一八年（大正七）の秋に、銀行から帰宅したヘキが『赤い鳥』を買ってきて弟たちに見せたことが、幸四郎や正五郎、明にとって『赤い鳥』、ひいては児童文化との出会いであったことを述べている。[*1] 鈴木兄弟の場合、長兄ヘキによって「児童文化」という未知の文化がもたらされたのである。その後、鈴木兄弟は、『赤い鳥』や『おとぎの世界』『童話』などの児童文芸雑誌に刺激を受けて、手書きの雑誌を何冊も作っていく。

ヘキ旧蔵資料の中に残された幸四郎や正五郎手作りの『馬鹿の小猿』『小人』『小学生』『指の魔』『小人の世界』『私の童謡の本』『鳳仙花』『おてんとさん目鏡』には、見事な表紙絵や挿絵が描かれ、凝ったレイアウトによって創作童謡や童話が誌面に美しくちりばめられている。この後兄弟は、幸四郎や明は兄ヘキの後を追うように童謡作りに精を出し、正五郎は冬木一《ふゆきいっ》のペンネームで童謡以上に童話の創作に打ち込んでいくことになる。幸四郎や正五郎はそれぞれ『赤い鳥』『金の船』『おとぎの世界』などに童謡を投稿し何編も掲載されている。

仙台市の「北目町通りの二間の長屋に『おてんとさん社』の木札を下げ」[*2]、兄弟で児童文化活動を楽しんでいた鈴木家には、看板を目当てに尋ねてきた蛯子英二や刈田仁《まさし》、近所に住んでいて文学好きだったこともあって出入りするようになった片平庸人《つねと》のような人物の他に、さまざまなルートと経緯で多くの児童文化や文学に関心を持つ青少年が出入りすることになる。そのルートの一つが曹洞宗の第二中学林である。ヘキの家が第二中学林の寄宿舎を一時期請け負っていたことと、その後ヘキの母親が学生たちが食事とお勤めをともにする同事舎の賄いをしていたことで、ヘキと第二中学林、仏教関係団体との関係が結ばれていく。[*3]

私の父母は第二中学林（この同事舎、今しようしやたる河北新報が建つた）の寄宿舎を請負して何十人の生徒を泊めておいた。朝、夕と二度その同事舎という学校に御飯をたべに行く。早朝は粗末な黒の衣を着て下駄をはいたいがくり中学生がぞろぞろと私の家から北目町通りを（学院中学校庭の横丁）経て舎に行つておつとめと食事をする。帰ると学生服で出直した。

こうした中で、ヘキは第二中学林があった仏教会館内で行われていた日曜学校に関係するようになり、「仏教婦人会日曜学校があったので、私達はヘキのあとについてここになじんでいたから、この関係の若人がよく出入りしていた。静田正志、庄司泰玉、斎藤弘道等はそのつながりである」[*4]と幸四郎が回想するように、弟たちも第二中学林の生徒たちと人的つながりを持つようになる。その中から「静田正志はむっつり型で、正五郎と通じる処があったらしく、来るとよく二人で畳にねころがっていた」[*5]といった友情が芽生えていった。

そして、「僕が十八才の時、五城塾の友人赤塚淋果に紹介され、ヘキさんの家に出入り」[*6]したという山田重吉の回想が象徴するように、それぞれがそれぞれの友だちを連れてヘキ宅を訪れるようになり、人的なつながりがさらに拡大していった。こうして多彩な人物が「同事舎から、学校から、いろいろの方面から、私の四人の男兄弟（みな童謡を作り正五郎が小さい雑誌を自分でさし絵も描いた。コトリの本や、いろいろの名をつけた世界でたった一冊の童謡本が私にとってある）へ遊びに来た」[*7]のである。

この頃、ヘキ兄弟のところに遊びに来て児童文化活動に関わるようになっていった人物として、ヘキは久慈文雄、蛯子英二、吉田昌二郎、刈田仁、静田正志、渡辺無住、庄司泰玉、斎藤弘道、菅野門之助、鎌田孝、千葉得造、片平庸人、菅野俊八郎、桜田春男、堀田貞之助、佐藤長助、山田重吉、成田美子、千葉仔郎らの名前を挙げている。[*8]ヘキが名前を挙げた人物のうち、久慈、蛯子、吉田、刈田、桜田、千葉、片平を除いた残りの人物は「第二世代」に含まれる人々である。

以上のような仙台児童文化活動第二世代の形成の様子を見ていると、特別な目的意識を持って児童文化活動に加わるようになったというよりは、ヘキ兄弟らが作りだしていた空間が楽しく、その楽しい空間の中で純粋に楽しむことを目的にした人々が自然に集まり、その中から児童文化活動の集団が自然発生的に形成されていったことがわかる。

仙台児童文化活動第二世代とは、児童文化活動を通して自分たちが楽しむことを何よりも求めていた人々だったのである。

注

1 西街赫四『私の童謡の本』第一輯、こまどり社、一九二三年

2 スズキ・ヘキ「文献となる同事舎」(「天探女のうた」編輯委員会編『天探女のうた』、静田正志仙台友達会・太陽保育学園同窓会、一九五五年)、六五ページ

3 前掲「文献となる同事舎」六三ページ

4 鈴木幸四郎「一本の木」(「ポランの広場」第一三号、一九七一年)、二ページ

5 同前

6 『影絵の国―山田重吉と七ッの子社作品集』おてんとさんの会、一九七三年、三四ページ

7 前掲「文献となる同事舎」六六ページ

8 前掲「文献となる同事舎」六六～六七ページ

一八―二 七つの子社の誕生

第二世代の力が発揮され、その存在が目立つようになるのは、仙台児童倶楽部の活動の中においてである。既述したように、仙台児童倶楽部の組織は、小学校の教師を中心とした教育関係者によって顧問や委員の大半が占められていた。顧問は直接運営に携わることはなく、委員が毎月開催される童謡童話会の運営実務を担っていた。ただし、第一回童謡童話会(大正一二年四月二日)の準備が「各委員及び設ちに特別会員に推せらる若き愛好者にて」行われ、「若き愛好者」が「階下図書室の机かたづけにやつきとなる」と「童謡会の記録」に記されているように、委員だけでは人手が足りず、運営実務には「若き愛好者」の協力が必要不可欠であった。

第二回童謡童話会(大正一二年五月一三日)の時も、「当日十時頃より委員及び特別会員の手により会場用意」を行い、

第四回（大正一二年七月八日）の準備では、「ビール箱十八個及びござの運搬等に錫木委員之舎弟外二名の青年の労力に待つ所が多かつた」と記されるように、毎回「若き愛好者」たちは労力の提供を惜しまずに仙台児童倶楽部の運営に協力している。

第二回童謡童話会の後、第三回を迎える前に委員たちは運営に関する協議を行い、宮城県図書館職員司書で仙台児童倶楽部の事務局的な立場にあった小林藤吉委員を常任委員とし、その他の一二名の委員を各四名ずつ三つの組に分けて運営にあたることにしている。委員の分担を公平にすることを図ると共に、運営に責任を負うことを求めたのである。

それにもかかわらず、第四回の童謡童話会の批評に「会場の設備として舞台装置係主任たる目黒委員の欠席により、がっかりした」と記されたり、大正一二年一〇月一七日開催のアンデルセン童話会に際し、「当番委員伊藤氏ニ差支出来、折角ノ順序マデ決定シタルニ、全ク計画ヲ立テ直」す必要が生じたことが記されたりしているように、多くが小学校教員であった委員たちにとって、毎月開催される童謡童話会の運営実務の分担が大きな負担だったことは想像に難くない。こうした状況の中で、「若き愛好者」の存在が仙台児童倶楽部の運営にとって欠かすことのできない戦力になっていくのである。

「若き愛好者」の名前は、第二回童謡童話会の準備の際に登場する。そこには、「のちに特別会員に推すべき静田、片平、山田、西街氏労働後援を受く」と記され、静田正志、片平庸人、山田重吉、西街赫四（鈴木幸四郎）の名前が見られる。また、第三回童謡童話会の来賓者氏名の中に、「△特別会員　たんぽゝ社」として、山田夢路（重吉）、片平庸人、鈴木幸四郎、吉田昌次郎、庄子泰玉、菅野迷雀、堀田貞之助の氏名が見られる。さらに、九月一日に図書館で開催した幻燈童話会の準備には、「いつもの様にコマドリ社、たんぽゝ社の若い人々のお助けはようやく七時弐十分に開会の運びにいたらしめ、その上、予期以上の成功を納めさしてくれたのだ」と記され、「若き愛好者」がたんなる雑用係を超えた働きをした様子をうかがわせてくれる。

たんぽぽ社とは、前章で既述したように、たんぽゝ童謡研究会のことである。明戸陽（片平庸人）、赤塚幸三郎、西街赫四（鈴木幸四郎）、山田夢路（山田重吉）、堀田貞之助が創立メンバーだが、当時、片平庸人（一九〇二－一九五四）は二一歳、鈴木幸四郎（一九〇五－一九九九）が一八歳、山田重吉（一九〇二－一九七六）が二一歳であった。

子ども自身の創造活動を大事にし、自分たちも共に創造することを楽しもうとしたたんぽぽ社と同様の目的は、こまどり社の活動の中に、より顕著に見ることができる。こまどり社は、庄司泰玉、千葉次男、桜田耕吾、千葉貴策、菅野俊八郎、西街赫四（鈴木幸四郎）、堀田貞之助、鈴木正一、鈴木正五郎によって結成された児童文化結社である。結成年月日は明らかではないが、機関誌である『小鳥の本』の第一一集が大正一二年六月に発行されていることを見ると、設立は一九二二年（大正一一）の春から夏にかけてと考えられる。『小鳥の本』の発行所であるこまどり社の住所が仙台市北目町通一九と記され、スズキヽキ兄弟の自宅住所になっていることからも、西街赫四、つまり鈴木幸四郎と鈴木正五郎の鈴木兄弟が中心だったと考えてよいであろう。

こまどり社の仕事について、『小鳥の本』第一一集の「社告」に次のように記されている。

○　こまどり社の仕事＝前号で申上げましたから精しい事は略しますが「ことりの本」発行の事「にじの橋」発行の事及影絵部の事等です。お問合せは編輯部へ願います。

詳細を説明したという第一〇集が確認できないのでこれ以上のことは不明である。だが、メンバーに千葉貴策と鈴木正一が加わっていることは、この組織の性質と成り立ちを明瞭に表している。

千葉と鈴木は、共におてんとさん社の社人で仙台児童倶楽部の委員としても活躍した黒田正が木町通小学校で教えた生徒たちである。こまどり社が設立された大正一一年には共に小学校五年生の一一歳である。

黒田学級でヘキらと綴り方の時間に童謡を作ったり、黒田が中心になって発行した『コトリ』に積極的に童謡を発表したり、ヘキが催した童謡散歩会に参加したり、さらに二人はそれぞれ鈴木が『夢の国』、千葉が『ヒコーキ』という手作り雑誌を作ったりしていた。また、鈴木は仙台児童倶楽部では童謡童話会で自作の童話を披露することもあった。日ごろから創作に親しみ、ヘキらとの密接な交流の中で強い影響を受け、その中で児童文化活動を楽しんでいたのである。

こうした二人が、大正一一年に一七歳の鈴木幸四郎、一五歳の菅野俊八郎（一九〇七―一九三六）、一四歳の鈴木正五郎（一九〇八―一九二七）らに混ざって社人の一人として加わっていたことは、大人が子どもたちに芸術的な文化に触れさせることを目的としたわけではなく、芸術性の高い文化を発信することを目的にしていたわけでもなく、ただひたすら大人も子どもも共に児童文化活動を楽しみ、創作することに喜びを見出し合う仲間が集まって作られた結社だったことを物語っている。

『小鳥の本』第一一集の「編輯後記」を見ると、一一集には、童話三編、子どもが創作した童謡四八編、大人が創作した童謡一〇編の原稿が寄せられたと記録されている。この内訳を見ても、『小鳥の本』には児童文化活動や創作を楽しむ子どもたちの作品が多数寄せられていたことがわかる。

以上のように、仙台児童倶楽部の運営の下支えを行った「若き愛好者」たち第二世代は、共に独自の結社を作り、仙台児童倶楽部とは異なる目的と性質の下での活動を日常的に展開していた。そして、童謡や童話の実演と童謡の創作を通して自らが楽しむ事を目的とした、おてんとさん社以来の特質を強く受け継ぎながら活動を展開していたのである。

おてんとさん社は大正一一年五月に解散宣言を出して社としての活動を終える。だが、おてんとさん社が体現していた児童文化結社としての特質や、メンバーたちの活動に見られた独特の雰囲気は、たんぽぽ社や、おてんとさん社の後継結社とも言えるこまどり社の中に色濃く受け継がれていったのである。

そして、仙台児童倶楽部の活動が教師たちを中心とした学校外での情操教育としての性格を強めていく一方で、創作を大事にしながら児童文化活動を通して自分たちの楽しみを追求した活動を展開していった。情操教育機関としての色彩を強めていった仙台児童倶楽部の活動から、一九二四年（大正一三）春頃を境に旧おてんとさん社の人々が次第に離れていくようになる中で、第二世代の二つの結社双方に関わっていた鈴木幸四郎を中心に、大正一三年春、昭和初期の仙台の児童文化活動の中心として活動することになる七つの子社が結成されることになるのである。

一八‐三　七つの子社のメンバーの特質

鈴木幸四郎が残した「七つの子社の資料的な概想メモ」には、「七つの子社グループの主なる活動」として、①太陽幼稚園の支援と活動の拠点化、②児童音楽団の設立、③伊勢堂山林間学校の運営、④児童文化の総合雑誌『童街』の発行、⑤太陽保姆養成所への協力、以上が挙げられている。この他に、七つの子社の中で独自に進化を遂げていった影絵の公演も七つの子社の活動として重要なものである。

多岐に及ぶ七つの子社の活動を実現した原動力は、メンバー個々の個性と多彩な才能である。そして、多様な児童文化活動の中で友情を深めていったメンバー間の強い結束が、それらの活動を支えるもう一つの原動力であった。そうしたメンバーたちの個性や友情の様子を伝えてくれる資料がヘキ旧蔵資料に残されている。

四〇〇字詰め原稿用紙二八枚を綴じた『キャンピング―童謡童話ジャズ行脚―』と題する手書きのノートには、一九二六年（大正一五）七月二九日から八月一日にかけて鈴木幸四郎、山田重吉、佐藤長助、鈴木明、菅野門之助の五人が、テントを抱えて仙台市郊外の泉ヶ岳から定義《じょうぎ》如来、秋保《あきう》温泉を歩いた「弥次喜太漫遊記そこのけの我等山狐族のキャンピング物語」が記録されている。

共同携帯品として六枚張りテント二個、飯ごう、水筒、ガスランプ、蚊取り線香、さらに食料品として一人米二升、

図Ⅱ-21　七つの子社
左から山田重吉、佐藤長助、鈴木明、前列鈴木幸四郎

缶詰、味噌、塩、沢庵、梅干に菓子やキャラメルなどを背負ってのキャンプへの出発であった。その他に、ジャズ道具と童謡童話資料を持っていったところにこのメンバーの特色がよく現われている。

出発して間もない頃から土砂降りの雨に見舞われて、一泊目に冠川河原にテントを張ったものの、「道中汗と雨で濡れきつた身体はいよいよずぶぬれ、濡鼠の体」で大変な目に遭ってしまう。雨のために火をおこすこともできず、結局一泊目の夜はご飯を炊くことを断念して携帯してきたするめなどをかじって飢えをしのぐことになる。

「涙が出て来さうな恐しい大雨の一夜、恐怖と飢と寒さと戦ひつゝ、忘れんとしての馬鹿歌ひ馬鹿騒ぎの交響楽も風雨の音に打消される程」の中、「流石の狐共も等しくお念仏、南無阿弥陀仏、々々々々々」と祈るような気持ちで夜明けを待つことになる。夜が明けて朝食の準備ができると、「無我夢中義理もヘチマもあらばこそ、昨夜の分まで喰ふとか何か口々にどなり乍ら喰ふは喰ふは、その様、牛馬の寄り集りの如しとか先哲はぬかせりとぞ」と、猛烈な勢いでご飯を胃袋に流し込んだ。

二日目は天気に恵まれ、平家の落人伝説で知られ近郊住民からの篤い信仰を集める定義如来の近くにテントを張る。そして、昨夜の「惨めな苦闘の末の必然的に来るべき愉悦を心行くまで味ふ事の出来る幸福な夜の幕は上げられ」ることになる。食後に、旅で最初のジャズの演奏を楽しみ、「子供の夕、アル、の女」を演奏したのである。青い草原に一枚のテントを敷いて一同は車座になり、コンダクターの合図で演奏し、「夢に思つてゐた事は遂に実現」されたのである。音楽好きで楽器の演奏から作曲までこなすメンバーが多かった第二世代の特徴がよく出た夜の楽しみ方である。

その後、あらかじめ部落に宣伝していた童話会を開くことになる。部落の子どものほぼ全ての一二名が集まる中で、「お菓子屋の露台で夏の夕にふさわしいこじんまりとした童話会」を行う。演目は「合唱　雀のはたをり」「独唱　ひよこのかゝさん」「童話　甚兵ヱさん」「独唱　ほたるの唄三つ」「独唱　雀のお手まり」「童話　大助小助」であった。

三日目は前日までの疲れが出て、筋肉痛で思うように先に進めない苦労を味わう。歩いている途中で涼しい風が吹きぬけると、「このまま此処で死んでもいゝ」と誰かが叫ぶ声に皆が吹き出し、「このたれかもの!」と別の誰かがどやしたりしながら、苦闘の中にも笑いとお互いへのいたわりを失くすことなく足を動かして行く。秋保に入って駄菓子屋を見つけると、「駄菓子店の前に来さへすれば山伏の様な一隊は一列横隊にずらりと店先に立上」って駄菓子の立ち食いを始めるあたりは、二〇歳前後の若者らしい。三日目の夜も「子供の夕」を演奏し、童謡合唱の練習をしてから就寝する。

翌日は分教場で「天下晴れての童謡童話会を開く事が出来」た。「この学校は模範校であり設備も相当よく近時は先生方が童謡童話を研究して漸次児童に教へてるとの事で子供等は非常に真面目に一つ一つの言葉も逃さ」ずに聞き、「斉唱、輪唱、独唱には佐藤君が大きなオルガンで伴奏したのでやが上にも会が引き立」ち、「今迄のどの会にも劣らぬ出来栄えを示し」た。演目は、「斉唱　明日」「合唱　なくした鉛筆」「童話　走る鍋」「ジャズ　アル、の女」「独唱雀のお手まり」「独唱　白い夢」「童話　大助小助」「輪唱　小鳥の飴屋」「合唱　雀のはたをり」であった。

学校では大いに歓待され、氷水や生菓子等をご馳走されたが、「一同先生の前では至つて殊勝な顔をしてゐたがさて先生が一寸他出したら、この機会を逃すものかとばかり狐心むらむら起し一斉に菓子皿に飛びかゝつて山とあつた生菓子を瞬く間に残り少なに」してしまうということがあった。そしてこの出来事は、「二歩三歩と退却し、先生が戻つて来た時は長さんだけが間の悪い顔をしてゐたのは誰が見たつて一寸呆れてしまふ場面だ。この重罰犯は門ちやんを筆頭にぼんぼん、幸さん。我等狐族の顔に泥をぬつたる曲者共だ」と記されている。旅の記録には、こうした青少年期特有の自由奔放で伸びやかな振る舞いが随所に記されている。

記録は次のような文章でまとめられている。


山の旅！とても素的だつた。

山は神秘の床だ。人間臭くなつてゐないから好きだ。

俺達は雨を冒して苦しい旅を続けた。しかしその苦闘の為めに最も強い印象を得たので今になつて見れば返つて得難い体験を味つた好機会になつたのだ。

何十年かの後、白髪の爺になつた俺達はきつと一堂に会して山の旅の追想に余念なくされる時が来るであろう。

そしたらきつと谷間に咲き乱れてゐた姫百合の花も話題となる事だろう。


この雨中の珍道中の記録に示されている友情とメンバー一人ひとりの個性が、七つの子社の活動の原動力となっていくのである。七つの子社の活動は、音楽を愛し、童謡や童話を歌ったり作ったり演じたりすることを楽しむ若者たちが、お互いの友情を大切にしながら、まず何よりも自分たちが楽しむことを追及した活動だったのである。

一八―四　七つの子社影絵の誕生と影絵の演目

既述のように、七つの子社の活動は多岐にわたるが、影絵の立案と影絵会の開催も七つの子社の主要な活動の一つである。

スズキヘキ旧蔵資料には、七つの子社の影絵に関する資料がいくつか残されている。その中の、一九二六年（大正一五）九月四日の影絵会の案内チラシと、昭和二年一一月一二日の影絵会案内チラシには、七つの子社の影絵の活動が、七つの子社の誕生以来長年にわたって活発に行われていたことをうかがわせる記述が見られる。そこには、「影絵の会を催ほしてから約四年間諸所に数十回を数へその間改良工夫を経てかなり自信がついて参りました」（大正一五年九月四日）や、「四五年来影絵に就いて研究を重ね、市内各方面に於て既に四十回も開催してをられる七つの子社」（昭和二年一一月一二日）といった記述が見られ、七つの子社の誕生前から影絵活動が行われていたことを知ることができる。

七つの子社は一九二四年（大正一三）春に誕生しているが、これらの記述は、影絵そのものは大正一二年にはすでに行われていたことを示している。この事実から、仙台における影絵は七つの子社によって始められたのではないことがわかる。この間の事情について、七つの子社の中で影絵の中心となって活動した山田重吉が「座談会　山田重吉を囲む七つの子社影絵今昔」の中で次のように述べている。*1

我々の影絵は、僕が考え出したのではない。まねただけだ。と云うのは、僕が十八才の時、五城塾の友人赤塚淋果に紹介され、ヘキさんの家に出入りしているうちに、正五郎さん、明さん、幸四郎さんが居て今から云うと馬鹿に貧弱なボール紙製の影絵を写して見せられた。（中略）そのうちにもう少し何んとかと、僕が固定式の舞台作った。だから影絵の本当のやり初めと云うのは、鈴木さん兄弟なんです。

図Ⅱ-22　七つの子社影絵会（鈴木楫吉氏蔵）

山田の発言を受けて、座談会を取りまとめた鈴木幸四郎は、「最初は、障子に手で写していたがその頃は赤い鳥の時代の初期で、童謡童話に夢中な時代だから、お山の大将（西条《ママ》・本居）を歌いながら、山と子供の影絵で簡単な動作をして遊び、次々童謡や童話を増やして来た。山田さんが入って工夫が加えられ、七つの子グループが参加した」[*2]と述べている。七つの子社の影絵の前に、幸四郎、正五郎、明を中心とした鈴木兄弟が自宅で家の障子に写して影絵を楽しみ、それに山田重吉が改良を加え、七つの子社の影絵ができあがっていった、ということがわかる。

　山田が鈴木兄弟に最初に見せられた影絵は、鈴木三重吉の「ぷくぷく長々火の目小僧」だったという。その後、山田は固定式舞台が運搬に難があることから組み立て式に改良し、カーテンを幕にしたり、さらに緞帳《どんちょう》式のものに改良したりしたと回想している。山田は鈴木兄弟の影絵に舞台の改良を加えて七つの子社独自の影絵を確立していったのである。

　また、「日本少年かに影絵の遊びがあった。黒い絵を切

表Ⅱ18－1　七つの子社影絵会記録

名称・年月日	開催場所	演目	その他
影絵会 大正一五年四月二九日（木）	不明	第一部 1　童謡合唱　おてんとさんの唄 2　ハーモニカの劇　兎と亀 3　童話　桃太郎さん 4　童謡　朝鮮飴屋 5　影絵音楽　キャラバン（オルマン・ウキーデフト氏作） 6　童話　お山の麓・前篇 7　童謡　十五夜お月さん 8　童話　豆小僧 第二部 1　童謡合唱　お坊さま 2　ハーモニカ子供と王様とけものの行列 3　童謡　雨夜の傘 4　童話　お山の麓・後篇 5　童謡　かちかち山の春 6　童話　山六爺さん	
七ッの子供社 影絵会 大正一五年九月四日（土） 夜六時、閉会八時頃	仙台仏教会館	一部 1　おてんとさんの唄　2　たんぽぽ山 3　ジャックの豆の木　4　あの町この町 5　朝鮮飴屋　6　キャラバン 二部 1　雀のはたおり　2　泣きん坊の話 3　かちかち山の春　4　一日鍛冶屋 5　カリフの鶴　6　夢の街の行列	演出　七つの子供社 主催　童詩社仙台支部 仙台仏教婦人会少女部 後援　仙台仏教会館講演部

ナツヤスミ 影絵会 昭和二年八月二〇日（土） 夜七時より	鈴木さんの家	不明	六ツヨリ小サイ人ハダメデス
オハナシ童謡 カゲヱの会 昭和二年八月二七日（土） 夜六時半	鈴木方	オハナシ 童謡 音楽	
影絵会 昭和二年一一月一二日 （土）夜六時から七時二〇 分まで	黒田正宅	第一部 1　海の行進曲　2　あの町この町 3　ジャックと豆の木　4　雨の後 5　船長さん　6　一日鍛冶屋 7　三匹の羊と狼　8　もろこし畑 第二部 1　小人の踊り　2　かちかち山の春 3　泣きん坊の話　4　百面相 5　雪の降る夜　6　月夜とメガネ 7　夢の街の行列	会場が手狭なため、北六番丁、上杉通と中山杉通間の子どもを対象に。
影絵会 昭和五年九月六日（土）夜 六時から	図書館楼上児童室	童謡　おてんとさん　童謡　あの町この町 童謡　カカシ　童話　船長さん 童謡　十五夜お月さん　音楽　キヤラバン 童話　ジャックと豆の木　童謡　カチカチ山の春 童謡　雨夜の傘　童話　お山の麓 童謡　雨降りお月さん　童話　豆小僧 音楽　行列	主催　七つの子供社 後援　宮城県図書館児童係

り抜き、障子に貼って、うしろからローソクを動かす操作で大正八年頃だと思う」[*3]という回想から、鈴木兄弟の影絵遊びは、『日本少年』などの雑誌に影絵遊びの記事が載り、それを実際に行う中から発展していったものであることもわかる。

影絵人形は、最初は不要になった紙を用いて作っていたが、次第にラシャ紙を用いるようになる。また、人形の骨には団扇のヒゴや割り箸を用いて作り、ライトは蠟燭から懐中電灯を用いるようになっていく。スクリーン紙は薄美濃紙を用いるなどの工夫をした。[*4]実演を繰り返しながら、人形も舞台も改良を重ねていったのである。

こうして、「伊勢堂山林間学校や、児童音楽園、幼稚園活動等と共に影絵は特に七つの子社の独創と云ってよい」[*5]と評価されるほど、七つの子社の活動の中で影絵は重要なものになっていく。スズキヘキ旧蔵資料の中に残された資料から影絵会実施の記録をまとめると表Ⅱ18-1のようになる。

スズキヘキ旧蔵資料に残されている影絵会のチラシは計六回分に過ぎない。だが、これらの影絵会以外に、七つの子社のメンバーはさまざまなところで影絵の実演を行っていたことが確認できる。『影絵の国』の中で紹介されている実演の記憶は、①亘理・逢隈小学校子供会、②亘理・安田医院、③山下村・佐藤全明の寺、④根白石定義キャンピング、⑤仙台・仏教会館、⑥仙台・杉田宅、⑦仙台・北三番丁の教会、⑧仙台・北星教会、⑨利府・菅谷不動、⑩仙台米ヶ袋・鈴木宅、以上である。[*6]七つの子社同人による根白石定義キャンピングの時も影絵セットを持って行き、テントを張った村の子どもたちを集めて披露していた。

影絵化した作品も実に多彩である。ヘキ旧蔵資料に残された影絵関係のチラシにもさまざまな作品名が記載されているが、『影絵の国』では、さらに多くの作品の記憶が語られている。『影絵の国』に名前が挙げられている作品を列挙すると表Ⅱ18-2のようになる。

童謡が三七、童話が一五にのぼっている。この他にも存在したということなので、レパートリーはかなりの数にのぼ

表Ⅱ18-2　七つの子社影絵演目一覧

童謡	七ツの子、おてんとさんの唄、ワンガマワシ、たんぽぽ山、カチカチ山の春、雨夜の傘、証城寺の狸ばやし、十五夜お月さん、木の葉のお舟、さらさらしぐれ、雨ふりお月さん、ツクシンボコヤマ、一日鍛冶屋、はね橋、田圃にて、きじ打ちじいさん、叱られて、ゆりかご、かたたたき、あの町この町、お山の大将、むかし噺、重い車、しのだのやぶ、砂山、かかし、足柄山、祭り、動物行進、海の行進曲、雨の夜、もろこし畑、小人の踊り、百面相、雪の降る夜、朝鮮飴や、雀の機織
童話	カリフのつる、月夜のめがね、北風と太陽、ねずみのよめいり、さるかに合戦、七匹の仔山羊、船長さん、ジャックと豆の木、豆小僧、迷子のひよこ、つわものの道、杜子春、お山の麓、マッチ売りの少女、ぶくぶく長々

ったことがわかる。大部分は『赤い鳥』や『金の星』などに収録された童謡・童話をもとにしているが、「ワンガマワシ」や「たんぽぽ山」「一日鍛冶屋」「ツクシンボコヤマ」など、スズキヘキの作品も影絵化、上演されていたことは注目される。

七つの子社メンバーの小倉旭が深く関わった閖上《ゆりあげ》コドモ会の機関誌『ミヒカリ』第四巻第七号には、八月二〇日と九月四日の影絵会の報告が上演演目と共に掲載されている。[*7]

八月二十日　童詩社仙台支部錫木氏宅にて六時から影絵大会開催
コドモ百数十名集る。
プログラム
童謡　雨ふりお月さん
〃　きぢうち爺さん
童話　なきん坊の話
童謡　お山のカラス
童話　月夜とメガネ
童謡　雀の機をり
童話　船長さん
漫画　百面相

童話　おせつかいの話
ジャズ　夢の街の行列

九月三日《ママ》　東二仏教会館で夕六時半から影絵大会あり
主催　仏教婦人会少女部　七ツの子供社
一般観覧者数百名
プログラム

1

童謡　お坊さま
童話　船長さん
童謡　雀のハタオリ
童話　月夜とメガネ
童謡　きぢうちぢいさん
〃　お山のカラス
童話　おせつかい

2

童謡　箱根のお山
〃　雨ふりお月さん
漫画　百面相

童話　豆小僧
童謡　いたどり
童話　七匹の羊と狼
ジヤズ　夢の街の行列
仏教婦人会少女部の児童と、三日からの林間学校に入つたコドモとが加はり非常な盛会裡に散会し八時半から茶話会があつた。

この報告から、影絵会での上演演目が具体的にわかるだけではなく、参加人数や開催時間等、貴重な情報が得られる。影絵単独の催しで数百名の来場者を集めていたという事実は、影絵が当時の仙台市内の子どもたちに魅力あふれる文化として広まっていた様子を伝えている。

注

1　七ッの子社同人編『影絵の国―山田重吉と七ッの子作品集』おてんとさんの会、一九七三年、三四ページ
2　同右
3　前掲『影絵の国』四一ページ
4　前掲『影絵の国』三六ページ
5　前掲『影絵の国』三五ページ
6　前掲『影絵の国』三六〜三七ページ
7　『ミヒカリ』第四巻第七号、閖上コドモ会、一九二七年九月、三五ページ

一八―五　七つの子社影絵の理念と技法

七つの子社の影絵について、一九二六年（大正一五）四月二九日影絵会（以下、大正一五年影絵会）に対して佐藤長助が、そして一九二七年（昭和二）一一月一二日の影絵会（以下、昭和二年影絵会）に対して鈴木幸四郎がそれぞれ詳細な解説と感想を記した謄写版の文書を残している。

昭和二年影絵会の中で、鈴木幸四郎は七つの子社影絵会について次のように説明している。

> 私共はこれ迄方々で四十回近くこの影絵を開きました。
> 私共の影絵の主旨とか目的とかは申し上げることよりも子供の世界にすっぽり入られたまゝよく御覧下されば何の理窟もなくいゝ気持になつていたゞけます。
> 実際私共は、これをどうしようなどと考へてやつてゐるのではありません。たゞ「影絵」を開くことによつて子供達と一緒に同じ気持になつて失舞ふ子供達の喜ぶ顔をみて、わけがわからなく嬉しくなつてしまふのです。私共はこの「影絵の気持」を永久に喜びつゞけてゐるだけです。

影絵を喜ぶ子どもたちに同化して子どもたちと共に影絵を純粋に楽しむことを「影絵の気持」と表現し、「影絵の気持」こそが七つの子社の影絵活動の根本理念であり活動の源泉であることが述べられている。子どもたちと同化しながら児童文化活動を楽しむ「影絵の気持」は、七つの子社の全ての児童文化活動を貫く活動の理念となっていることにも注目しておきたい。

影絵の題材を決めるに際しては、七つの子社同人の間でさまざまな議論が展開されていたらしい。大正一五年影絵会の「桃太郎さん」の解説の中で佐藤長助は、「影絵劇にするお話は、最も子供に知られてゐるのが効果が強いか、子供の少しも知らないものがいゝかは今まで時々問題になつたが説明と表現の仕方に依つてどつちでも差支へがない事にしました。善く知られてゐるだけそれだけこのお話は表現に苦心したものです」と述べている。

こうした議論を経て、七つの子社では影絵の題材を選択する際には、同人が表現したいと感じた作品を取り上げていくことになる。例えば、一九二四年（大正一三）八月号『金の星』に掲載された小寺融吉の「山の麓」について、佐藤長助は「この『山の麓』は私の童謡《ママ》に対する理想を遺憾なく現はしてもらつた様な気がしてならない程私の心としつくりするもので、私はこうしたストリー《ママ》の簡単なものが大好きです」と述べている。世間的にはさほど知られていないこうした童話も、同人の好みによって取り上げられていたのである。

同人間の童謡・童話観が強く反映されて影絵に取り上げられた作品の典型は、おてんとさん社以来仙台の児童文化活動の中心となってきたスズキヘキの「たんぽぽ山」である。この作品は、ヘキ自らが自らの詩に曲をつけた、いわゆる自由独唱の作品である。ヘキの自由独唱には、この他に「イチニチカジヤ」「カミフウセン」「サムカゼ」「ユキムシトテブクロ」などがある。

ヘキの自由独唱について、佐藤長助は「若しその曲が楽理的には論究する価値を持たないものとしても何びともこの曲に対し非を打つ事が出来ない」と述べ、音楽的な水準の面から評価すべきでないことを述べている。そして、「詩人の感じた詩境を曲として遺憾なく現わせるのは音楽家でなくして実にその詩の作者自身の作曲より外ない」ということにこの曲の意味があるとしている。

佐藤はさらに、「歌で見た味ひを真に忠実に旋律化してゐるものは実は何程もなさゝうである」という中山晋平の言葉や、詩と音楽が各々独立した芸術境を作っている理由を説明した北原白秋の言葉を引用しながら、「氏の自由独唱を聞く度に私は大きな波紋の中に投ぜられてそして詩のリズムと旋律とがよく溶け合つた響音に静かに聞き入るのです」とその魅力を語っている。佐藤は、ヘキの自由独唱に「詩人の作曲、私は異様な光りを見出した様な気」がしたと述べている。こうした評価の下でこの作品を影絵の題材に取り入れたことがわかる。

作品の内容が影絵の表現に適したものであることを認めて積極的に影絵の題材として取り上げた作品も多数存在する。その典型は「笛吹童子」や「紅孔雀」の作者として知られる北村寿夫の童話「船長さん」である。

この作品について鈴木幸四郎は昭和二年影絵会の「船長さん」の解説の中で、「『船長さん』は影絵に適した話で、簡単で何の意味もない様ですが、まア御覧下さい、私はこんな話をみつけて喜びました。それから画面で船長さんがビール瓶をラッパ飲みにするところなど必ず拍手喝采でせう。船長さんのお腹がぶくぶくふくれて船と一緒に海に沈みます、そんなところなどにも面白味があります」と述べ、作品としての価値よりもこの作品の影絵への適性を高く評価し、その適性を効果的に影絵作品に反映させようとしたことを述べている。

野口雨情作詞・本居長世作曲の「雨夜の傘」も影絵への適性を認められて取上げられた作品である。佐藤長助は大正一五年影絵会の解説で、「その内容が実に面白く、影絵としてはお化け等が滑稽味を帯びて出るのでそれだけ印象を強く子供に与へるものです」と述べている。これらの解説から、影絵への適性や影絵にした時の効果を十分に考慮して作品が選択されていたことがわかる。

影絵を意識して影絵のために作られた曲もある。「小人の踊り」がその代表である。この曲は、鈴木幸四郎によるハーモニカ曲である。幸四郎は昭和二年影絵会の解説の中で、「この曲は『ハーモニカ曲』として作つたのですが、作曲の生れは影絵からです。影絵をやつてゐるうちに、いつかその舞台上に種々想像空想を生みました。円い光線がさすと、そこへ異様な小人が現れ不思議な音楽と共に踊る。うつとり妖幻な気持になつて、この曲を作つたのです」と述べている。幸四郎は影絵の舞台を見ているうちに、小人が現れて音楽に合わせて踊りだす幻想を抱き、その幻想を曲にしてさらにその曲を影絵の題材にしたのだと述べているのである。「小人の踊り」は、影絵の持つ幻想的な世界から生まれ、生まれると同時に影絵の世界に帰っていった作品だったということになる。

七つの子社では、影絵を上演していく中で、表現の工夫もさまざまに行っていった。北原白秋作詞、草川信作曲の「かちかち山の春」について、昭和二年影絵会解説には、「場面の変化を光線によつて現す私共影絵の新しい表現法の一つです」と記されている。また、やはり白秋と草川信のコンビで作られた「お坊さま」について、大正一五年影絵会解説には、「この童謡には快活なそして、童心性の豊かな白秋氏の面目が躍如としてゐます」とした上で、「この童謡の性質からして私達は子供の声と坊さんの声と二部に分け、前者は二人で高く歌ひ後者は一オクターブ低く歌ふ合唱として は成功した試みです」と述べている。影絵人形の動かし方や照明の工夫の他に、歌や声の面でも作品に合わせてさまざまな試みがなされていたのである。

北原白秋作詞の「雉子射ち爺さん」について、『影絵の国』の中に「鉄砲を上下させる動きをつけました。糸と輪ゴムをつかった、ごく単純なものです。人形の中に、動きを考えた初期の作品です[*1]」と記されている。人形の動きにもさまざまな工夫が加えられていったのである。

また、スズキヘキ作詞の「ワンガマワシテイツタコドモ」のタイトルを変えて影絵化した「ワンガマワシ」では、人形の背景に工夫が加えられている。「ワンガマワシ」は次のような作品である。

　　ワンガマワシ
ワンガ　マワシテ
イッタッタ
ユウヤケ　マチハ
アカカッタ
ドコカノ　マチハ

トウカッタ

ワンガノ　カネガ
ナッタッタ
ワタシガ　トウノ
コロダッタ
ヒトリデマワシテ
イッタッタ

この歌の解説では、「夕焼けの色、セロファンでつくりました。だんだん取外して日暮れにします」[*2]という説明が加えられている。今でも仙台文学館の常設展示で見ることができるこの影絵作品では、背景の夕焼けが次第に暗くなっていく様子が鮮やかに演出され、この詩が描く暗く物寂しく孤独な心象風景を表現している。夕焼けの色をセロファンで作るという工夫が見事な効果を挙げているのである。

上演回数を重ねながら以上のような模索を続けていった七つの子社影絵について、大正一五年九月四日に仙台仏教会館で行われた影絵会の案内チラシに、七つの子社同人たちは自らの影絵を評して次のような文章を記している。

児童を中心とする芸術で面白い集会や研究や事業は段々盛んになります。幼年時の夏の夜、障子に映した「カゲボーシヲドリ」がなつかしくて七ツの子供社では影絵器と切り抜き人形を製作し、童謡、お伽話、音楽とを配した影絵の会を催ほしてから約四年間諸所に数十回を数へその間改良工夫を経てかなり自信がついて参りました。勿論未だ未だ物足らないところはあります。けれどもみなさんが御覧になつて決して「何だ詰らない」とはお思ひになりせん《ママ》。従来のコドモの集りでは知る事の出来なかつたところの忘れられない夢の様なつかしさをお感じになる筈です。

七つの子社同人たちも、さまざまな改良の果てに影絵に対して自信をつけ、七つの子社の代表的な活動として自負するようになっていったのである。誕生期「児童文化」の中で以上のような影絵会が頻繁に子どもたちのために開かれ、演じ手と子どもたちが共に楽しんでいたのである。

注

1　前掲『影絵の国』二三ページ

2　前掲『影絵の国』八ページ

第一九章　伊勢堂山林間学校

一九―一　林間学校の誕生

林間学校・臨海学校は、海水浴を中心とした海浜での生活や、清浄な空気に包まれた山間での生活が、結核予防と療養に効果があるとされ、明治末から行われるようになった行事である。

明治期の日本では、都市化や近代化が進んだ結果、人口密度の増加や空気の汚染の増加と歩調を合わせるかのように、結核が増加し、不治の病として多くの人を苦しめることになる。こうした中で、政府は、内務省衛生局を中心に結核予防と療養のための保養地の開発に力を入れていく。ベルツ水で有名なお雇い外国人ベルツによって、草津温泉や伊香保温泉、熱海温泉などが湯治のための温泉場から近代的な「保養地」として再発見される。また、松本順によって大磯が保養を目的とした海水浴場として開発され、さらに、長与専斎によって鎌倉の由比ヶ浜に療養施設の鎌倉海浜院が建てられて湘南地方が保養地に適した場所として発見されていく。その後、茅ヶ崎に結核療養施設の南湖院、平塚に杏雲堂分院が作られ、湘南は結核の療養地として発展をとげていく。これらの土地は、清浄な空気が満ちた風光明媚な場所で

表Ⅱ19-1　敷島小学校林間学校概要

目的	児童の虚弱な体格、体質の向上を計り、規律的模範的生活法の訓練をする。
期間	夏季休業中八月一日より二十一日迄の三週間（雨天の際は学校）
場所	勢多郡南橘村小出河原松林（約二町歩）
収容児童	四月の身体検査で栄養丙の児童一六〇人のうち筋骨及皮膚薄弱、腺病性体質、貧血症等について再検査し、家庭の希望する者一〇四名。
設備	児童収容所、物置、湯沸所、午睡用ハンモック百個、ブランコ、平行棒、はん登棒、土俵、黒板、課外読物など
日課	八時半　集合、点呼、健康診断 八時半～九時半　朝参票授与、学科復習 九時半～十時半　露天にて裸体体操及遊戯 十時半～十一時半　林間にて間食、自由学習、自由遊戯及び矯正体操 十一時半～零時半　安静、中食、うがい、安静 零時半～二時　健康調査、午睡 二時～三時　冷水浴、水遊び、散歩、見学 三時～四時　間食、慰安 午後四時　疲労調査、整理、解放

あることという条件を満たした土地として、転地療養に適した場所として発見されたのである。

転地療養の効果が認められ、国家の事業として保養地が開発されていく中で、虚弱児のために保養地での生活が注目されるようになる。特に、長期の夏期休暇を利用して保養施設を利用した生活を行うことで、体質の改善を図り、体力を増強させることが注目され始める。

そのモデルとなったのは、欧米で行われていたフェリーンコロニー（Ferienkolonie）である。フェリーンコロニーは休暇聚落や休暇移住などと翻訳され、明治二〇年代に学校衛生の関係者によって日本に紹介されている。また、同時期に、ワルドシューレ（Waldschule）と呼ばれる虚弱児のための常設の施設が紹介され、それに対して森林学校や林間学校という訳語が用いられていく。内容は季節限定のフェリーンコロニーでありながらも、日本では休暇聚落などという訳語ではなく、常設のワルドシューレの訳語である林間学校が言葉として定着していくことになる。

一九一一年（明治四四）八月に本郷区小学校児童夏期休養団、一九一二年（大正元）八月に高松市四番丁小学校が避

暑保養所、一九一六年（大正五）八月に京都高等女学校主催林間教育など、各地で林間学校・臨海学校が盛んに催され、夏の行事として定着していくようになる。

こうした実践は、一九二〇年代になると各地で盛んに行われるようになる。例えば、群馬県前橋市立敷島小学校では、一九二一年（大正一〇）八月に専任学校医狩野寿平が虚弱児に対して林間学校で規律正しい生活をさせ、適当な栄養と運動、睡眠を与えて健康の増進を図ろうとする。その結果、前橋教育会などの協力を得て敷島小学校と桃井小学校合同の林間学校が実施される。概要は表Ⅱ19-1の通りである。*1 八月一日の合同開校式には大芝惣吉県知事をはじめとして市議会議員ら多数が参列し、新聞記者も多数取材に来たと言われている。こうした取り組みへの注目度と期待度の高さを物語っているといえよう。

次に、大正から昭和初期にかけて行われた林間学校・臨海学校の詳細な内容を知るために、日本赤十字社が行った夏季児童保養所について確認する。

注

1　五十嵐誠祐『松風—学校保健の父狩野寿平と林間学校』煥乎堂、一九九九年、四六～四七ページ

一九-二　日本赤十字社夏季児童保養所

日本赤十字社（以下、日赤）は全国に支部を持ち、支部それぞれがさまざまな事業を展開していた。宮城支部の主事戸田元太郎は「日本赤十字社、愛国婦人会宮城支部の事業現況」と題して、一九二四年（大正一三）の宮城支部の現況を報告している。*1 そこには、「看護法繃帯術講習会」「児童健康相談所」「編物、児童洋服ミシン講習会」「生活不如意なる

遺族廃兵救護」「無料診療所」「児童養護講習会」と並んで「夏季児童保養所」が挙げられている。

戸田は、日赤が行っていた夏季児童保養所について、「夏季児童保養所実施概況」と題した文章の中で次のように記している。[*2]

児童愛護の精神は人類自然の発動にして文化の進運と伴に益々発達すへきは当然にして人生の幸福亦之に過ぎざるなり今や児童保護問題は国際的に研究せらるゝの趨勢にして全世界を通し各国民の努力を促進しつゝあり日本赤十字社は大正三年以降二、三支部に於て身体虚弱及腺病質児童に対し体質改善健康増進の目的を以て夏季児童保養所を開設し良好の成績を収め逐年之が企画増加の傾向にあり当支部に於ても大正十二年以降県下宮城郡菖蒲田浜に夏季児童保養所を開設し羸弱児童を収容し体質改善健康増進に資せり

日赤が虚弱児童の体質改善と健康増進を目的に夏季児童保養所を開設していたことを戸田の文章は伝えている。

日赤の夏季児童保養所の活動実態を伝える資料の一つに、一九三一年（昭和六）八月一日から二一日まで岐阜県武儀郡美濃町（現、岐阜県美濃市）で開かれた日赤岐阜支部の夏季児童保養所の『記念写真帖』が残されている。[*3]そこには、入所式の集合写真、林間にテーブルを並べての食事風景、長良川での水泳、ハンモックでの午睡、遊戯と小倉滝での冷水浴、学芸会と七夕祭り、職員児童の写真と共に、夏季児童保養所職員の氏名ならびに参加児童の氏名、そして日課と特別行事日程が掲載されている。

参加職員数は一四名（女性四名）、参加児童数は一〇一名（男児六四名、女児三七名）である。参加児童の住所を見ると、美濃町の二九名を筆頭に、郡上郡八幡町（現、郡上市）が一二名、岐阜市が一〇名、大井町（現、恵那市）が八名など、岐阜県内のほぼ全域から参加していたことがわかる。

表Ⅱ19-2　日赤岐阜支部夏季児童保養所日課表

	1	2	3	4	5
5:30 ～ 8:00	検温・起床(6:00)・乾布摩擦	洗面・整容・整頓	朝礼・保健体操・訓話・清潔・動植物手入れ	朝食（7:00）	食後含嗽・食後安静
8:00 ～ 10:30	八幡神社参拝	自習	体操遊戯	自習	
10:30 ～ 14:00	水泳・日光浴	昼食（11:30）水泳・日光浴	食後含嗽	午睡	検　温（13：40）・洗面
14:00 ～ 16:00	遊戯		間食（15:00）	唱歌・図画・手工等	八幡神社参拝
16:00 ～ 18:00	動植物手入れ	入浴			
18:00 ～ 19:30	夕食	食後の歯磨き・安静	自由遊戯又は郊外散歩		
19:30 ～ 20:30	娯楽	夕礼	就寝		

表Ⅱ19-3　日赤岐阜支部夏季児童保養所特別行事日程

月日	行事内容	月日	行事内容
8月1日	開所式・記念撮影・川祭見物	8月12日	日赤岐阜支部支部長吉田勝太郎閣下篤志看護婦人会岐阜支部支会長吉田政子殿来所
8月2日	蛔虫駆除・衛生講話・宝探し	8月13日	お伽話の会・蓄音器レコードの鑑賞
8月3日	活動写真・虫籠作り	8月14日	身体検査・万燈流し
8月4日	キリギリスつり	8月15日	福引会
8月5日	福引会	8月16日	小倉山廻り
8月6日	洗髪・剪爪・七夕祭	8月17日	活動写真会
8月7日	身体検査・七夕祭・学芸会	8月18日	お伽話の会・家庭通信
8月8日	お伽話の会・口腔検査	8月19日	学芸会
8月9日	活動写真	8月20日	身体検査・展覧会
8月10日	洲原神社へ遠足・口腔衛生講話	8月21日	退所式
8月11日	宝探し・家庭通信		

職員は、夏季児童保養所主幹の日赤岐阜支部主事豊田仁三郎をはじめとして看護婦二名を含む日赤職員が六名、教養主任の美濃尋常高等小学校長水谷儀一郎をはじめとして同校訓導が八名となっている。

転地療養による参加児童の体質改善と健康増進を目的としていただけに、一日のプログラムは厳密に計画されていた。日課をまとめたものが表Ⅱ19－2である。

午前と午後に予定されていた水泳と日光浴を中心とした規則正しいプログラムが組まれていたことがわかる。このプログラムを基本にしながら、特別行事も連日予定されていた。特別行事日程をまとめたものが表Ⅱ19－3である。

毎日の日課表と照らし合わせると、これらの特別行事は、おそらく入浴後から就寝までの間に組み込まれていたものと思われる。

宮城支部が一九二三年（大正一二）と一九二四年（大正一三）に行った夏季児童保養所の詳細な実施状況も残されている。岐阜支部と比較すると、一日の日課もほぼ同じ時間帯に大差ない内容のプログラムが組まれている。天候によって予定のプログラムが実施できない場合や、子どもの体力の状態を見て臨時日程が用意されていた。臨時日程として学芸会、遠足、野球、お伽会、七夕祭りが挙げられている。

岐阜支部の写真帖には掲載されていない参加児童の詳細なデータが、宮城支部の記録には報告されている。大正一二年の参加児童数は男児六六名、女児二七名の計九三名、大正一三年は男児八九名、女児四一名の計一三〇名となっている。収容児童は、「管内各小学校尋常第三学年以上の児童中希望者を身体検査の成績に依り健康者及現に伝染性疾患を有するものを除き収容す」と記されている。[*4] 内訳は表Ⅱ19-4のとおりである。

保養を目的に実施されただけに、身体と精神両面に対して保養の方法が定められていた。身体面に対しては、①保養所を寄宿制にする、②天候不良の場合を除き毎日時間を定めて海水浴をさせる、③時間を決めて体操または遊戯をさせる、④食後時間を決めて休息と午睡をさせる、⑤理想的献立による飲食物を提供し、栄養の増進と体力の発達を図る、

表Ⅱ19-4　日赤宮城支部夏季児童保養所参加児童内訳

学年	大正12年			大正13年		
	男児	女児	計	男児	女児	計
尋常1年	0	1	1	0	0	0
尋常2年	1	0	1	0	0	0
尋常3年	20	6	26	7	5	12
尋常4年	10	12	22	34	12	46
尋常5年	16	5	21	14	14	28
尋常6年	16	3	19	26	7	33
高等1年	3	0	3	5	2	7
高等2年	0	0	0	3	1	4
計	66	27	93	89	41	130

表Ⅱ19-5　収容児童の症状

症状	大正12年		大正13年	
	男	女	男	女
神経過敏	46	23	52	30
寒胃易患	38	19	41	28
琳巴腺腫脹	47	21	69	36
扁桃腺増殖	43	19	62	33
慢性鼻炎	36	9	45	19
毳毛	19	21	27	34
皮膚貧血	32	17	42	21
栄養不良	18	9	20	16

⑥身体に害を及ぼさない程度に間食を与えて児童の欲求を満足させる、以上が掲げられていた。

精神面に対しては、①自然の風光に浴せしめ無限の趣を感受せしむ、②唱歌、奏楽、蓄音器及玩具の使用、於伽噺談話会、学芸会等に依り快楽を与ふる、③児童より家庭に家庭より児童に通信せしめ親子の愛情を満足せしむ、以上が掲げられていた。唱歌やお伽話、学芸会などの児童文化活動が、子どもたちに快楽を与えるためのものと位置づけられていたことに注目しておきたい。

収容児童は健康者を除くことが原則だったため、身体検査の結果、その状態はおおむね「羸弱《るいじゃく》児」だったことが報告されている。その症状と人数は表Ⅱ19－5のとおりである。

こうした子どもたちを収容するにあたり、「衛生上甚深の注意を払い毎日健康状態を観察し運動量海水浴の程度食物摂取量等斟酌制限し又児童の居室食堂炊事物等の採光通気に留意し清潔保持に努め食器は使用の都度煮沸消毒を行ひ各自使用品の混用を避くる等万全を期」[*5]した結果、一九二四年（大正一三）三週間の林間学校を終了した後、身長が伸びた者は男児六二名、女児二六名、体重が増加した者は男児五七名、女児二六名であった。

身長と体重が増加した子どもがほとんどだったことがわかる。身長の場合、九歳男児が〇・〇九尺（約二・七センチ）伸びているものの、参加児童の平均の増加が男児〇・〇六尺（約一・八センチ）、女児〇・〇三尺（約〇・九センチ）の伸びとなっている。この数値を見ると、林間学校が健康増進と体力増強に画期的な効果があったと評価するには微妙な数値であるものの、一定の効果があったことを裏付けるものとなっている。

主催者の日赤では、子どもたちの栄養の状態として次のように総括している。[*6]

入所児童は一般に羸弱者なりしも入所後日々の新鮮なる海気を呼吸し清澄なる海水に晴朗なる日光に浴し且つ多数の児童互に愉快に活動し心身共に大自然の感化の下に人生無限の康寧福祉を享受しある為自然消化力旺盛となり食欲増進し栄養状態漸次改善せられ皮膚赤銅色に変し活気充溢し閉所数日前には頑健なる海岸居住の児童と殆と識別し難き状態となれり

主催者側では、子どもたちが真っ赤に日焼けし、外見上の変化が著しいことから、健康増進や体力増強にとって一定の成果があったと考えていたのである。また、精神状態として次のように総括している。[*7]

入所児童は体質虚弱にして健康児童と其の軌を一異にし陰気執拗なるもの多し而かも恩愛の情温かき父母の

膝下を離れて来れるのみならず幾十の異なれる生活をなせる一時的集団なれば之か取扱に多大の考慮を要すべきこと勿論なり故に成るべく児童をして自主的ならしめ彼等か個性を尊重して之か伸展を計る如く指導し一方温き抱擁中に彼等の生活を置き職員一致児童と起居を共にし児童をして温き中に愉快に保養の目的を達せしめ思郷病を予防することに苦心せり然るに入所後一日と経過するに従ひ児童互に相輯睦し教員を父母と仰き親み友を同腕と敬愛し互に相扶け相励まして一家庭の如く且つ環境耳目に触るゝ所皆一新せんと共に精神状態も亦一変し快活嬉々とし楽むの状況を見るに至れり

三週間もの長期間小学生を家庭から離れたところで寝泊りさせる上で、子どもたちの精神状態への観察には細心の注意が必要とされたのであろう。

一九二七年（昭和二）の小学三年生から昭和四年の小学五年生まで、日赤宮城支部の夏季児童保養所に参加した富田博（一九一九年生まれ）は、「なにせ、三週間も家を離れたのは初めてです。はじめの年、三週間のちょうどなか日に母がみんなのおやつを持って尋ねて来てくれました。帰る時には別れがつらかったですね」[*8]と家庭から初めて長期間離れて暮らした夏季児童保養所の思い出を語っている。

富田の回想によると、富田の母親は入所している子どもたちにおやつを持参したらしいが、日赤では「父兄中には飲食物を携帯して偕に児童に与ふるが如きものありしが情に於ては不得已事ならんも消化器保健上之を拒絶したり」[*9]と述べている。富田の親以外にも、子どもたちに差し入れを持参する親が多かったのであろう。多くの親子にとって、三週間もの長期間離れることは、肉体の鍛錬以上に精神の鍛錬の上で大きな出来事だったのである。

注

1　『宮城教育』第二九八号、宮城県教育会、一九二四年四月、四八〜四九ページ

2　『宮城教育』第三一三号、宮城県教育会、一九二五年七月、二八ページ

3　この資料は、日赤岐阜支部が開設した夏季保養所に参加した永田元彦氏（大正九年七月三一日生まれ）が保存していたもので、元彦氏のご息女永田桂子氏からご提供いただいたものである。また、この年の夏季保養所には、元彦氏の妹崎子氏（大正一一年生まれ）も共に参加していた。

4　前掲『宮城教育』第三一三号、三一ページ

5　前掲『宮城教育』第三一三号、三二ページ

6　前掲『宮城教育』第三一三号、三四ページ

7　同前

8　鈴木楫吉・加藤理編『富田博が語る　みやぎの児童文化と国語教育の軌跡』おてんとさんの会、二〇一〇年、一一ページ

9　前掲『宮城教育』第三一三号、三四ページ

一九－三　宮城県で開催された林間学校・臨海学校

日赤が行った夏季児童保養所を中心に、大正から昭和初期にかけての林間学校・臨海学校の実態について確認したが、次に大正から昭和初期にかけての宮城県内での林間学校・臨海学校の取り組みについて確認する。

管見の限り、宮城県内で最も早く林間学校・臨海学校に取り組んだのは、仙台市の片平丁小学校である。片平丁小学校では、一九一四年（大正三）に夏季林間教養所を開いている。

片平丁小学校が林間学校を開いたのは、欧米で夏季休業中の特設事業が「体格増進の上に多大の貢献を奏しつゝあることを段々耳に[*1]」したためである。長期夏季休業の存廃も議論される中、「国民体格減退の声もありますので、旁々右と同趣意の事業を見聞少なき癖に気強く実施[*2]」に移すことになる。

収容児童や日課等に関する八条からなる「第一回夏季林間教養所実施規定」が作成されている。その内容をまとめた

ものが表Ⅱ19－6である。

以上の実施規定の下、八月一日から二一日間に参加児童数二二名によって第一回が実施された。各日課に二名の教員が担当することとし、学級担任はもちろん、校長を除いたほとんど全ての教員が進んで参加を申し出て実施された。費用は、食費や人足雇料、炊夫手当て等全て含めて計一二六円二二銭五厘、参加児童一人当たり三円六〇銭六厘、うち食費が二円八三銭五厘であった。[*3]

片平丁小学校のこうした取り組みは、県内の他小学校や他団体にも広く知られるところとなり、追随する動きが広がっていく。一九一六年（大正五）には、「学校裏山の涼しい杉林の中」で八月一日から三〇日まで毎日午前八時から一一時まで「林間教授」を実施して教科の復習や体操遊戯などを行い、林間教授の後、教員監督の下、学校近くの清流で水泳会を実施したことを黒川郡大衡《おおひら》小学校が報告している。[*4]

また、男子師範学校附属小学校が、一九一七年（大正六）に松島公園内桂島に第一回海浜林間教養園を開園している。期間は八月一日から二一日間で、五九名の児童と六名の教師、そして二名の医師によって実施された。大正一四年に実施の際の「夏期臨海学校設立趣意書」には、次のようにその目的が記されている。[*5]

児童教育のパラダイスは、唯に二十坪の教室に限られて居りませうか。俗生活から純朴生活へ、塵埃の巷からオゾンの海浜へ、限られたる教室から大自然の風物の中へ、是は都会地小学校が何れも望む所であらうと思ひます。

併し、平日の授業場を、手易く移転する事は出来ませぬ。或特殊な時期を選ぶ、となると、夏期の休業を利用するに若くはないのであります。

で、茲に当校は本夏、臨海学校設立を計画し、着々歩を進めてゐます。

臨海学校の効能は、今更申し述べるまでもない事と存じますが、先づ健康の増進と云ふ事が第一にあげられると思ひます。次はやゝもすると他人行儀になりやすい児童と教師との交渉関係を家庭的愛の世界に導き得ると云ふ点であらうと思ひます。その他前にあげました大自然に親しむ生活等々、数へあげるともつと多くあらうと思ひますが、今は管々しく申しませぬ。

この趣意にたち、左記要項にしたがつて、開設したいと思ひます。

毎日の日課は、午前六時起床後の散歩にはじまり、午前中と午後の水泳と磯遊びを柱にして学科の復習や談話会を組み入れ、午後八時に就寝と、日赤や片平丁小学校と大きく変わるものではなかった。また、期間中に学芸会や鳴瀬川での流燈会といった行事を行ったことも、日赤などと同様である。他校の実績を参考にして実施計画が立てられていったこともあり、林間学校の日課はどの学校でもほぼ一定の内容になっていたものと思われる。

この他では、宮城県南部に位置する大河原小学校の教員による海浜学校の日記も残されている。大河原小学校では、一九二五年（大正一四）七月二八日から八月一日まで、三年生以上の男女児童四〇名と六人の教員が参加して亘理荒浜で荒浜小学校を借りて海浜学校を実施している。毎日海に入ることが主な日課であったが、最終日の午前一〇時から、荒浜小学校の主催で合同文芸会が開かれ子どもたちを慰撫している。

「子供たちは少しの疲れも見せずに、元気よく歩く、随分黒くなつた、たしかに体重や胸囲や身長等も変化があるに違ひない」と実感できるほどの成功を収めたことが記されている。同時に、「今度来た子供等は大抵有産階級のもの許りだつた、尤も貧乏人の子供に弱い者がないと云へば、それ丈だが、栄養不良なのや、身体虚弱の子供も居ない事はない、このやうな子供達には寄附でも貰ふ位の苦心はしても是非連れて行きたいものである」[*6]という大河原小学校教員の感想は、当時の林間・臨海学校が抱える問題を浮き彫りにしているものとして注意しなければならない。

表Ⅱ19-6　片平丁小学校夏季林間教養所実施規定

	項目	概要
第1条	収容児童	比較的虚弱で腺病質の子どもを体質改善のために収容
第2条	場所	向山修養学園内と八木久兵衛氏所有の森林内
第3条	人数	尋常5、6年男女から35名以内
第4条	実施項目	①新鮮な空気への接触と日光浴、②適当の運動、③必要な安静、④唱歌・お伽話会・読み物の縦覧等の精神的慰安、⑤栄養に配慮した飲食物、⑥予防消毒と救急手当て、⑦入浴、⑧健康診断と身体検査、⑨教科の復習
第5条	日課	①午前6時修養学園に集合、②教科の復習整理、③7時朝食、④安静休息、⑤8時から9時遊戯、⑥9時林間に入る、⑦10時まで自由遊戯と娯楽、⑧11時まで体操遊戯、⑨11時30分まで安静休息、⑩11時30分から昼食、⑪安静休息、⑫午後1時から3時午睡、⑬4時まで散歩、⑭4時から間食、⑮4時30分まで娯楽、⑯4時30分から入浴、⑰帰途に就く
第6条	児童の心得	①教師の指示に従うこと、②言語動作を慎むことと友人と仲良くすること、③自分の仕事を遂行すること、④帰宅後は衛生に注意すること、⑤夜は早く就寝すること、⑥最後まで参加すること、⑦腹巻・運動足袋と脚絆・毛布・枕・ハンモック・茶碗と箸と汁椀と大小皿一枚用意すること、⑧携帯品は銘々始末すること
第7条	留意事項	①体重と胸囲の増加、②栄養の良否、③食欲増進の有無、④体質強壮の程度、⑤精神快活の状態、⑥動作が敏活かどうか、⑦夜安眠できるかどうか
第8条	費用	保護者会と一般父兄有志の寄付により行う（収容児童の保護者の寄付は食料実費を標準とする）

大河原小学校の臨海学校の参加費は、一人三円である。一日児童一人あたり六〇銭そこそこでまかなう予定で始められている。参加した教員は、実施期間について「せめて十日位はあつてもいゝだらう」[*7]という感想を持っているが、その場合の問題は子どもたちの家庭が負担する経費であった。「五円あつたら十日位は十分間に合ふ、只この五円の経費だこれを出し得る子供が果して何人あるかとなると困つて来る」[*8]という問題が横たわっていたのである。

仙台市内の比較的裕福な家庭の子どもたちが集まる片平丁小学校や男子師範学校附属小学校、そしてゆとりのある家庭の子どもが参加する日赤の林間学校や臨海学校が二一日間実施されているのに対して、宮城県南部の郡部の小学校である大河原小学校が五日間の実施に止まらざるを得なかったのは、経費の負担という現実的な問題が存在していたためだったのである。

小学校が主催した林間学校・臨海学校以外に、宮城県内では日曜学校を主催するキリスト教の教会や仏教の寺院の中に林間・臨海学校を行う教会・寺院が存在していた。日曜学校が主催して実施された林間・臨海学校の記録は、スズキヘキ旧蔵資料の中にわずかながら残されている。

その一つが、名取郡増田町（現、名取市）円満寺が行った「海林学校開設」の案内チラシである。実施年は不明だが、他のスズキヘキ旧蔵資料の年代と照らし合わせると、大正末から昭和のごく初めのものであると思われる。そこには、八月二日から八日までの七日間、男女児それぞれ一〇名、食料費三円で実施されることが記されている。そして、その趣旨について次のようなことが記されている。

名取郡増田町円満寺は増東軌道の円満寺前停留所の在る所にして境内の林間に運動すれば林間学校となり閑上海浜に遊楽すれば海浜学校となる実に海林二利を兼有する理想的好適地なり幸ひに入学を許し賜はらは愛児は果して健康を増進し優績を勝ち得ん

同時代に小学校で盛んに行われていた林間・臨海学校と同様に、子どもたちの健康増進を目的に掲げた林間学校だったのである。

キリスト教関係のものでは、日本日曜学校協会仙台部会が主催した海浜学校の記録が残されている。日本日曜学校協会は、一九〇六年（明治三九）に結成され、翌明治四〇年に第一回日本日曜学校協会大会を開いて活動を本格的に開始した組織である。第二回大会では小崎弘道を会長に選出している。[*9] 全国に部会が設立されてさまざまな活動を行っていた。

スズキヘキ旧蔵資料には、一九三二年（昭和七）に海浜学校参加者の父兄に宛てたお知らせと、注意事項を書いたニュースレターが残されている。それによると、昭和七年が第七回の海浜学校であることが記されているので、第一回は一九二六年（大正一五）に実施されたことがわかる。実施期間は、八月三日から一〇日間で、場所は松島の桂島である。海浜学校参加者のために健康診断を実施し、海水浴を行うことになっていることから、やはり健康増進が大きな目的であったことがわかる。同時に、この海浜学校では、「基督教の精神に基き個性人格を重んじ、自由を尚ぶ生活を理想として」いた。団体生活の中でキリスト教精神を体得しながら規律を守る生活をすることも目的とされていたのである。

ここまで見てきたように、この時期の林間学校開催の目的は、健康増進と体質改善、そして夏季休暇の有効利用が目的とされていた。国民の衛生問題への対策が急務とされ、その中で長期の夏期休業の是非が論じられる中、学校を中心に夏季休業を利用して子どもたちの体質改善と体力増強を目的にほとんどの林間・臨海学校は実施されていたのである。

これに対して、七つの子社が実施した伊勢堂山林間学校はその目的において同時代の他の林間・臨海学校とは一線を画している。次に、伊勢堂山林間学校について確認する。

注

1 『宮城県教育会雑誌』第二一二号、宮城県教育会、一九一五年四月、五四ページ
2 同前
3 同前、五八～五九ページ
4 『宮城教育』第二二九号、宮城県教育会、一九一六年九月、七七ページ
5 前掲『宮城教育』第三一三号、三六ページ
6 同前、四三ページ
7 同前
8 同前
9 『日本日曜学校年鑑』日本日曜学校協会本部、一九二四年、三ページ

一九―四　伊勢堂山林間学校の開校

伊勢堂山林間学校は、一九二七年（昭和二）から一九三六年（昭和一一）までの昭和初期（戦後の一九五〇年（昭和二五）から一九五四年（昭和二九）に仙台児童クラブによって再開）に一〇年間開催された林間学校である。開催された場所は、仙台市北西部の伊勢堂山（今の東北福祉大学一帯）で、伊勢堂山にあった栴檀《せんだん》中学の施設を利用して行われた。主催は、七つの子社である。伊勢堂山林間学校では、主催の七つの子社が日課の考案、運営等を取り仕切っていた。

第一回伊勢堂山林間学校は、昭和二年の八月三日から一二日までの一〇日間開かれている。この時期に行われていた他の林間学校が、二一日間で実施することが多かったことからするとやや特殊な開催期間となっている。これは、後に述べる伊勢堂山林間学校の開催の目的にも理由があるものと考えられる。

また、目をひくのが後援団体の数々である。宮城県教育会、仙台市教育会、仙台社会事業協会、仙台児童倶楽部、栴檀中学が列挙されている。七つの子社は、民間の児童文化結社である。その七つの子社主催の林間学校に、公的な団体も含めた団体・組織が後援として名を連ねているのである。特に、宮城県教育会と仙台市教育会が名前を連ねているこ

とは注目される。

第一回の林間学校開設の告知と申し込み募集の文書がスズキヘキ旧蔵資料に残されている。そこには、林間学校校長に宮城県図書館長で仙台児童倶楽部顧問の池田菊左衛門の名前をはじめとして、顧問や講師として多くの人物名が記載されている（表II19―7）。

顧問には後援として列挙された各団体の主な人々の名前が記されているが、特に、当時仙台市内にあった一四校全ての小学校の校長の名前が列挙されていることは注目に値する。宮城県教育会や仙台市教育会が後援に名を連ねていることからもわかるように、第一回伊勢堂山林間学校は、民間の児童文化結社である七つの子社のメンバーと、小学校を中心とした教員たちが連携しながら計画された企画だったのである。

こうした特色は、実際に子どもたちに接した講師を見るとより明瞭になる。講師に名を連ねた人々は、天江富弥やスズキヘキらおてんとさん社に参加して以来民間人として仙台で児童文化活動を展開していた人々と、伊藤博、安倍宏規、黒田正ら学校の教師をしながらおてんとさん社に参加し、共に仙台児童倶楽部を立ち上げた人々であった。

仙台における誕生期の児童文化活動は、おてんとさん社を中心とした民間人と学校の教員たちが活動を共にしながら活発に展開していったところにその特色があった。第一回伊勢堂山林間学校は、こうした誕生期の仙台の児童文化活動の特質を色濃く体現して行われたものであったことがわかる。

一九―五　伊勢堂山林間学校開設の背景

大正末から昭和の初め頃、全国的に、長期の夏期休暇をどのように位置づけ、どのように利用すべきかということについて議論がなされていた。

宮城県でも、一九二五年（大正一四）七月発行の『宮城教育』第三一三号誌上で「此の夏休を」という特集を組み、

表II19-7　第一回伊勢堂山林間学校役員一覧

校長	池田菊左衛門	宮城県図書館長 仙台児童倶楽部顧問		
顧問 三八名	長門頼三	宮城県社会教育主事	谷川敦之助	宮城県社会課社会主事
	田上命吉	宮城県学校衛生主事	佐藤義江	宮城県体育主事
	本田甚平	宮城県教育会主事	石堂兵次郎	仙台市教育会
	棟方唯一	梅檀中学校長	金山活牛	梅檀中学校同窓会長
	柳澤仙三	梅檀中学校学監	根本慶助	梅檀中学校教諭
	佐藤彰	東北帝大附属病院小児科長	戸田元太郎	日本赤十字社仙台支部主事
	二階堂清壽	女子師範教諭	鈴木愿太	前メソヂスト教会日曜学校長
	相原勝治	男子師範附属小学校主事	中村勝衛	女子師範附属小学校主事
	梅良造	東二番丁小学校長	斎藤譲一郎	木町通小学校長
	戸田一男	立町小学校長	門岡長蔵	南材木町小学校長
	小関三郎	東六番丁小学校長	河野道則	荒町小学校長
	岩井克己	片平丁小学校長	稲辺彦三郎	上杉山通小学校長
	国安源左衛門	通町小学校長	石森勉	連坊小学校長
	目黒文吉	榴岡小学校長	渡邊重蔵	五ツ橋小学校長
	玉澤正吉	北五番丁小学校長	有路政五郎	八幡町小学校長
	一力次郎	河北新報副社長	小野平八郎	東華新聞社長
	木村智丈	宮城毎日新聞社副社長	山内清一	北方幼稚園長
	村松はな	宮城婦人会附属幼稚園長	川又吉五郎	北星バプテスト教会牧師
	河原亮賢	龍宝寺コドモ会長	石龍文堂	皎林寺コドモ会長
講師 二二名	熊谷仙太	仙台高等女学校	三宅俊雄	太陽幼稚園長
	小林藤吉	仙台児童クラブ	本郷兵一	女子師範附属小学校
	手島勇	古川高等女学校	伊藤博	上杉山通小学校
	安倍宏規	上杉山通小学校	天江富弥	仙台児童クラブ
	白石玄浄	コドモノ家	錫木碧	童詩社仙台支部

	津田重吉	仏教婦人会少女部	氏家積	片平丁小学校
	国安泰嶺	北嶺コドモ会	阿部やゑ子	女子職業学校
	渡邊波光	民謡社	黒田正	片平丁小学校
	庄子まさ子	宮城婦人会幼稚園	馬籠節子	榴岡小学校
	千葉得三	基督教日曜学校協会仙台部会	前田河はる子	東北音楽院
	佐藤よし子	女子師範附属小学校	小松郁雄	五ツ橋小学校
校医	中目伊勢雄	医師	黒澤英俊	医師
	堀田勇	医師		
常任	刈田仁		吉田昌次郎	
	舘内勇		石川善助	
	山田重吉			

日本赤十字社の戸田元太郎、女子師範の二階堂清壽、片平丁小学校保護者の小池堅治、仙台市教育課長の石堂兵次郎がそれぞれ所感を述べている。さらに、臨海学校を実施していた日本赤十字社宮城支部と男子師範学校附属小学校、仙台市郊外の泉ケ岳登山を実施していた北五番丁高等小学校、そして亘理荒浜での海浜学校を実施していた大河原小学校が、それぞれ実施概況や実施記録を寄稿している。

この中で、戸田は「海浜学校、林間学校、山間聚落等の施設が、更に有力な方法で高潮されなければならぬ」[*1]と主張し、小池は、夏期休暇は「児童の生活環境を変換してやる絶好の期であると信ずる。この環境変換といふ事は教育上非常に重要な、そして根本的の問題である」[*2]と述べている。毎年臨海学校を実施して一定の成果を挙げていた日本赤十字社の戸田と、仙台市内の小学校としては最も早くから林間学校を実施していた片平丁小学校の父兄である小池にとって、子どもの生活環境を変えて健康増進を目指す臨海学校や林間学校の実施は、夏休み中の子どもたちの生活にとって最適の施設と考えていたことがわかる。

戸田と小池の主張はあらかじめ予想されたもので取り立てて注目すべき内容はない。それに対して仙台市教育課長の石堂と女子師範教諭の二階堂清壽の主張には注目すべき点が見られる。

石堂は、「学校当局は、児童心身の状態に応じて、相当の課題を課するとか、折々召集を行ふとかの行事は、よい施設でせう」[*3]と述べ、「一学期間に築き上げた学校訓練を破壊」[*4]しない工夫が必要である、と述べている。石堂は、夏休み期間中の全てを子どもたちの自由な生活にまかせることに対して危惧の念を持ち、夏休み中といえども子どもたちに対してなんらかの拘束を課し、課題を与えることが必要だと考えていたのである。その一方で、「夏期休暇は一面教師側から見ると、またとない纒まつた休養の時であるから、事情の許す限り充分に静養もし、修養につとめる事が肝要である」[*5]と述べている。教師の負担は極力抑えながらも、子どもたちに課題を課したり召集したりする機会をなんらかの形で作る、これが石堂の考える理想的な夏期休暇ということになる。

石堂の考えと対立しながらも共通点も持っていたのが二階堂である。二階堂は、「夏季休業は学習のためのものではなくて、児童心身休業を目的とするものである。から云ふ点から云へば、中等学校入試準備、頻繁な召集、課題宿題改め等は、教育上有害無益なもの」と述べ、「折角の夏休を、セ、コマしく、やれ課題のやれ召集のと余りにあせるような気味があるやうに思はれるが、之等は大に反省せねばならぬ」[*6]と断じている。

既述したように、二階堂はこの当時の教育界に渦巻いていた自由主義教育に敏感に反応して信奉した教育者であった。「教育は単に知識持《ママ》能のみを与へることを目的とはしない。強健な身体、鞏固な意志を陶冶育成するでなければ、完全な教育とは云ひ難い」[*7]という認識を持っていた二階堂は、「学校訓練」を重視し、子どもたちを拘束することで教育の成果を挙げることができると考えていた石堂の教育観と、大きくかけ離れた教育観を有していたのである。

こうした認識に立つ二階堂は、「夏休は自由の天地を与へて、思ふ存分休養にあてるがよい」と主張する。その一方で、「思ふ存分と云つても、唯々放擲しておいたんでは、その目的を達することが出来ないから、その手段方法を講ずることが肝要である」[*8]と述べている。そしてその具体例として、林間学校、戸外学校、休暇聚落、臨海保養等を挙げている。二階堂の場合、夏休みは自由の天地の中で子どもの心身を思う存分開放する期間であると考え、そのための有効な手段として林間学校を考えていたのである。

教育観において両極にいる石堂と二階堂であるが、夏休みの目的を達するために手段方法を講じる必要があるという点と、教師の負担への認識では共通している。

二階堂は夏休みの目的を達するための手段方法として「林間学校、戸外学校、休暇聚落、臨海保養等」を挙げていたが、同時に「是等の施設は一面に於ては経済的制約を受け、一面には教師の熱心努力を要するのである。真に児童を愛し、道のために献身すると云ふ意気に燃えなければ、之等の施設は恰も画餅に等しいものである」[*9]と述べている。二階堂が、「一面には教師の熱心努力を要する」と指摘し、参加する教師は単に義務として林間学校に参加するのではなく、「真に児童を愛し、道のために献身すると云ふ意気に燃え」る教師が必要だ、と述べていることは、石堂が夏休み中の教師の負担を危惧している気持ちとも根底では通じている。夏休みといえども、自身の研鑽も含めて何かと仕事が多かった教師の中には、こうした行事に義務感から消極的に参加していた者も少なくなかったのであろう。

既述したとおり、二階堂は木町通小学校校長時代に同校訓導の黒田正を高く評価し、黒田が参加していたおてんとさん社の活動にも高い評価を与えていた。そうした二階堂が、林間学校の必要を強く感じ、同時に「之等の施設は恰も画餅に等しいもの」になることを避けるために、「真に児童を愛し、道のために献身すると云ふ意気に燃え」る人々による林間学校の開設を考えた時に、二階堂の脳裏に、仙台児童倶楽部の活動を教師たちと連携しながら熱心に進める旧おてんとさん社の人々の存在が浮かんだことは想像に難くない。

林間・臨海学校の必要性への認識が高まる一方で、教師の負担を軽減した形での実施が模索される中、教師が全面的に運営を担う従来の学校主催の林間学校とは異なる「真に児童を愛し、道のために献身すると云ふ意気に燃え」る民間人を中心としながら、教員たちも協力して行われる林間学校が構想されたのである。民間人を中心に教師が協力する形で開催される「宮城型林間学校」とも言うべき独自のスタイルは、こうした状況の中でその機運が醸成されていったのである。

注
1　前掲『宮城教育』第三一三号、二三ページ
2　前掲『宮城教育』第三一三号、二六ページ
3　前掲『宮城教育』第三一三号、二七〜二八ページ
4　前掲『宮城教育』第三一三号、二七ページ
5　前掲『宮城教育』第三一三号、二八ページ
6　前掲『宮城教育』第三一三号、二五ページ
7　同前
8　前掲『宮城教育』第三一三号、二六ページ
9　同前

一九－六　伊勢堂山林間学校開校の目的

スズキヘキ旧蔵資料の中には、七つの子社からヘキ宛の次のような手紙が残されている。

前略御免下さい　種々と御声援御指導をいたゞきました伊勢堂山林間学校はいよく準備が整へ《ママ》ましたつきましては八月三日より十日間の本校開催期中に是非共先生の御来校を御願ひ申し上げます誠に勝手ではございますが日割の都合上
八月三　七日（日課表に●印の時間迄）に御願ひいたし度う存じます日数も御座いますから確定はどうかと思ひますが予め御都合を御伺ひ致し度う存じます

何卒御一報下さいますやう御願ひ申し上げます

昭和二年七月九日

七つの子供社

この手紙の日付によると、林間学校開校のための諸準備が完了したのが七月九日ということになる。準備が完了した日付けから考えると、計画と諸準備は大正一五年の後半から昭和二年の春にかけて行われたのではないだろうか。

第一回伊勢堂山林間学校は、「昭和二年七月」の日付で開設を告知する案内・申し込み文書を作っている。この文書も七月九日前後に仙台市内の各小学校に配布され、教員を経由して子どもたちの家庭に手渡されたものと思われる。案内文書には次のように記されている。

発育盛りの子供達にとつて大いに注意を要する夏が参りました。空気の新鮮な郊外の地に、そして規則正しい生活をするならば、どんなにか子供達の健康の上によい結果をもたらすことでせう。今回私達の計画した林間学校は、第一位置が近く、家庭との連絡がとれ、至極安心であります。其会場たるや校舎、講堂、雨天体操場、宿舎、浴室、食堂運動場等悉く備り、加ふるに附近一帯は樹木鬱蒼たる青巒であり、心地よき緑草の岡で運動によく登山亦可なりといふ全く最も適切なる處であります。

次に日課の内容は精選の上に精選し、顧問講師は市内に於ける児童教育の権威者を御頼みしてあります。また衛生栄養については充分なる注意をいたして居りますし、会費は実費よりも少なく計上してあります。

以上の計画を以て私共の親愛する仙台市内の子供達の心の上にも、体の上にも貴き獲物を得しめたいと思ひます。何卒皆様方の御賛成を希ひます。そして一日も早く御申込下さい。

図Ⅱ-23　伊勢堂山林間学校（鈴木楫吉氏蔵）

昭和二年七月

この案内文書には、開設の目的として「仙台市内の子供達の心の上にも、体の上にも貴き獲物を得しめ」ることが掲げられている。同時代に開催されていた他の林間学校は、体質改善や健康増進を開校の目的に掲げていた。それに対し、伊勢堂山林間学校が、健康増進と同時に「子供達の心」、つまり子どもたちの情操面を重視していたことは注目される。

伊勢堂山林間学校の後援として名を連ねていた仙台児童倶楽部は、発足の目的について『童謡童話　おてんとさん』第一号上で、「子供は家の宝だと言ひながら、その子供の為には学校を離れて何等の情操教育機関がないではないか、この遺憾を補ひ且つ子供の情操を少しでも美的にしたい、豊富にしたい」というのがその主旨だと述べていた。芸術教育論に基づいた学校外での情操教育の充実を目指して発足した仙台児童倶楽部を後援団体として持つ伊勢堂山林間学校もまた、子どもの情操面の発達を重視した活動を展開しようとしていたのである。

仙台児童倶楽部顧問の池田菊左衛門を校長にし、黒田正、伊藤博、安倍宏規、本郷兵一、小松郁雄、小林藤吉、天江富弥、スズキヘキら仙台児童倶楽部の委員を講師として実施された伊勢堂山林間学校の開校目的は、仙台児童倶楽部創設の目的と共通したものだったのである。

こうした開校の目的は、日課を確認することでより明確になる。スズキヘキ旧蔵資料に残されている第一回伊勢堂山林間学校の日課表は表Ⅱ19-8のようなものである。

日課表の中で、網掛けにしている箇所は児童文化活動に関連した日課である。

既述したように、同時代の林問学校・臨海学校では、午前と午後は水泳もしくは日光浴など、健康増進・体力増強を目的とした日課が中心になっていた。だが、伊勢堂山林間学校では、午前と午後の日課の中心は、お話、音楽といった児童文化活動になっていたのである。

表Ⅱ19-8　第 1 回伊勢堂山林間学校日課表

	1 日目	2 日目	3 日目	4 日目	5 日目	6 日目	7 日目	8 日目	9 日目	10 日目
5 時										
5:30										
6:00		起床	起床	起床	起床	起床	起床	起床	起床	起床
6:30		散歩	散歩	散歩	散歩	散歩	散歩	散歩	散歩	散歩
7:00		朝食	朝食	朝食	朝食	朝食	朝食	朝食	朝食	朝食
7:30										
8:00	集合	自習	自習	自習	自習	自習	自習	自習	自習	自習
8:30	体格									
9:00	検査									
9:30		運動	登山	体操	競技	遊戯	運動	体操	大運	体格検査
10:00	出発				会				動会	帰宅準備
10:30						校外				
11:00	到着	お話		音楽	お話	写生	音楽	お話		
11:30										
12:00	昼食	昼食		昼食	昼食	昼食	昼食	昼食	昼食	昼食
12:30										
1 時	休憩	昼寝		昼寝	昼寝	昼寝	昼寝	昼寝	昼寝	閉会式
1:30										記念撮影
2:00	発会式	遊戯		お話	体格	音楽	遊戯	少年団	音楽	茶話会
2:30					検査			招待会		
3:00				おやつ	おやつ	おやつ	おやつ		おやつ	解散
3:30	茶話会	おやつ		七夕祭	運動	体操	手工		図画	
4:00		音楽		準備					手工	
4:30	休憩								作品 展覧会	
5:00	入浴	入浴	入浴	入浴	入浴	入浴	入浴	入浴	入浴	
5:30										
6:00	夕食	夕食	夕食	夕食	夕食	夕食	夕食	夕食	夕食	
6:30										
7:00	談話会	影絵会	童謡	七夕祭	音楽会	活動	文芸会	影絵会	分散会	
7:30			童話会			写真会				
8:00	日記	自習 （日記）	自習 （日記）	自習 （日記）	自習 （日記）	自習 （日記）	自習 （日記）	自習 （日記）	自習 （日記）	
8:30	就寝	就寝	就寝	就寝	就寝	就寝	就寝	就寝	就寝	
9:00										

この日課表は、伊勢堂山林間学校が、同時代の林間学校・臨海学校に比して健康増進・体力増強のためのプログラムよりも、児童文化活動に重点を置いていたことを明瞭に示すものとなっている。伊勢堂山林間学校は、夏休みを利用して児童文化活動を本格的に楽しむ目的で企画されたものだったのである。

仙台近郊の日曜学校の一つ閖上《ゆりあげ》コドモ会の機関誌である『ミヒカリ』第四巻第七号（昭和二年九月発行）には、ケイ生なる人物による「仙台七ツの子供社主催　伊勢堂山林間学校（追憶）」と題して、第一回伊勢堂山林間学校の二日目を中心に一日の出来事を記した詳細な報告が掲載されている。*1

朝から「子供達は嬉しさの為ねて居れない。各室とも早く四時頃から起きてさわぎ出」す。子どもたちは起きるとすぐに掃除をすませ、その後に散歩の時間になる。散歩では、体操をしたり運動場へ出たり、屋上へ上がったり、伊勢堂山や裏山へ行って仙台の街を遠望したり、沼へ行って先生たちの泳ぎを見たり、林子平の墓へ行ったりと、日によってさまざまである。ただ、どんな日でも、伊勢堂山の緑の木々の間を通り、山一杯に充ちている清い空気を胸いっぱいに吸い込み、道端の草花を眺めたりしながら、気持ちのいい散歩だったことが記されている。

散歩でお腹がすいた後は朝食。朝食後に部屋に戻り自習をしながら体を休める。各自教科書と夏休みの練習帖や問題集などで勉強を行う。その後お昼までは体操、音楽、お話、遊戯などを行い、ドッジボールも盛んに行われている。運動の後は松林の中のベンチでお話を聞いたり音楽を聴いたり唱歌を歌ったりする。「黒田先生の仙台についてのお話…これはベンチへ腰かけたまま話の中の仙台の大半が見えるので、指さしてのお話だったので大変面白く興味を以て」聴いていたことが記されている。また、法堂での先生方の素敵な音楽や郊外写生の楽しさはひとしおで、「大友先生や石川先生のうまいこと」と、林間学校に参加していた詩人石川善助の絵の巧みさについても記されている。

一二時に食事の鐘がなって昼食。「大抵の子供は一人で五六杯位平気」という食欲で、食後は昼寝の時間だが、大抵の子どもは図書室へ行って本を読んだり予習をする。二時に鐘がなって、日課にしたがって遊戯、お話、音楽、体格検査などが行われる。三時半頃になると子どもたちは事務室に行って「オヤツまーだ?」「今日のオヤツなーに?」などと言いに来たという。子どもにとっておやつは大変な楽しみとなっていた。

四時からは日課である。音楽、図画、手工など。「手工の時間には美術界（彫刻）の大家鈴木文造氏の指導を受けて粘土細工等大人のまねられる立派な作品がゾロゾロ」出来上がる。六日は七夕祭で色紙細工の面白いものがたくさん出来る。粘土細工の第一日目は「人間と動物」、二日目は「煙草の灰皿」で、「みんな夢中になつて一生懸命やつた」ことが記されている。

入浴は五時から。その後夕食となり、夕食後は七時から夕べの集いが始まる。一日目は談話会で、池田菊左衛門校長の挨拶や刈田仁先生のお話などがあった。二日目は影絵会。三日目は童謡童話会。四日目は七夕祭で手工の時間に作った七夕を法堂に飾り、その後七夕に関するお話やお伽の会があり、「面白いやら楽しいやらで非常ににぎはった」という。五日目は音楽会。六日目は活動写真会。七日目は文芸会で、みんなの童謡童話の披露や大人たちの劇などでにぎわっている。八日目は少年団歓迎影絵会。九日目は分散会が行われた。

就寝は各自部屋で日記をつけたり自習したり、家族に手紙を書いたりした就寝の鐘がなってから床を敷くが、二列に並んで枕を並べて寝る。

この記録からも、かなり充実した林間学校だったことが伝わってくる。このような伊勢堂山林間学校の活動は、夏休みにもなんらかの形で情操教育の場を持ちたいと考えていた教員たちの意向と、自らの楽しみとして児童文化活動を子どもたちと共に行う場を求めていた七つの子社同人の意向が一致した結果行われることになったのである。

期間中には、子どもたちの作品を集めた『自由詩作品集　涼風とハンモック』（昭和七年）や子どもたちの日記集『お山の日記』（昭和一一年）を作ったことも、スズキヘキ旧蔵資料に残された資料の数々から確認できる。

注

1 『ミヒカリ』第四巻第七号、閖上コドモ会、一九二七年九月、二三〜二七ページ

一九-七　伊勢堂山林間学校の参加者と予算

第一回の林間学校は、募集人員六〇名に対して男児二四、女児二七の計五一名が申し込んで実施された。第二回は男児五二、女児二二の計七四名、第三回は男児四四、女児二四の計六八名、第四回は男児三六、女児二二の計五八名、第五回は男児四九、女児三八の計八七名、第八回は男児三四、女児一四の計四八名、第九回は男児二七、女児一四の計四一名、第一〇回は男児二七、女児八の計三五名で実施されている。

募集資格には、「尋常科第三学年以上第六学年迄ノ男女児」と記されていたが、第一回は二年生男児も三名参加して実施されている。また、実施概況には、「伝染病性病者資格ナシ」とも記されている。第一回の参加児童の学年と性別の内訳は表Ⅱ19-9の通りである。

参加児童の住所氏名と在校名が記された一覧が、第六回と七回を除いてヘキ旧蔵資料に残されている。第一回は東二番丁小が一二名、片平丁小が九名、東六番丁小が七名、立町小が六名、榴ヶ岡小が四名、上杉山通小が三名、木町通小が三名、連坊小が二名、荒町小が二名、通丁小が一名、遠田郡田尻小が一名、福島県の梁川小が一名、となっている。福島県の梁川小学校からの参加は、梁川小学校訓導の大友文樹の参加に伴うものである。

田尻小学校と梁川小学校からの参加を除き、他は仙台市内の小学校に在校している児童だが、当時仙台市内に一四あった小学校の中でも、中心部に位置した小学校の在校児童が中心である

表Ⅱ19-9　第1回参加児童内訳

	2年	3年	4年	5年	6年	計
男	3	6	6	8	1	24
女		2	7	5	13	27
計	3	8	13	13	14	51

表Ⅱ19-10　第2回伊勢堂山林間学校収支内訳

	内　訳
収入 (944円55銭)	会費及び申し込み金 (698,000)、主催者負担 (78,000)、食券代 (18,600)、児童音楽園寄附 (85,450) 父兄及有志一般寄附 (60,500)
支出 (944円55銭)	備品費 (53,280)、薬品代 (16,200)、印刷費 (28,000)、通信費 (16,540)、電燈費 (15,700)、筆紙墨文具 (26,870)、写真代 (8,800)、自動車・電車賃 (26,650)、器具損料 (29,900)、謝礼 (34,200) 記念品代 (15,620)、営繕費 (49,760)、雑費 (17,570)、米代 (246,600)、薪炭代 (55,400)、味噌醤油代 (34.600)、八百屋代 (68,740)、魚代 (86,750)、おやつ代 (57,150)、肉代 (47,820)、職員慰労費 (6,900)

ことが注目される。こうした参加児童の特徴は、会費との関係からも考えてみる必要がある。

第一回は、申し込み金一人一円、会費一人五円で実施されている。第一回伊勢堂山林間学校の実施概況を見ると、会費の他に寄付金、主催者負担によって経費がまかなわれていたことがわかる。翌年の第二回林間学校では、申し込み金を五〇銭に下げたものの、会費を九円に値上げしている。おそらく第一回は主催者負担もかなり多く、第二回実施に際して値上げせざるを得なかったものと思われる。収支の内訳については、第二回伊勢堂山林間学校の詳細な資料（表Ⅱ19-10）がヘキ旧蔵資料に残されている。

後援に名を連ねる栴檀中学の施設を借りて実施されただけに施設代は必要なく、七つの子社の人々や仙台児童倶楽部関係の人々をはじめとする多くの人たちがボランティアのような形で協力して実施されたために人件費も計上されていない。他の林間学校に比べれば、費用の面では恵まれた条件の中で実施されたと言える。

支出で目立つのは食費である。おやつ代、薪炭代も含めて、食事に要した費用が計五九七円六銭と全体の六三パーセントを占めている。一九一四年（大正三）に片平丁小学校が実施した林間学校も、参加児童一人当たりに要した経費三円六〇銭六厘のうち食費が二円八三銭五厘と、約七九パーセントを占めていた。林間学校を実施する場合には、食費のやりくりが大きな問題だったことがうかがえる。

第一回の参加費は申し込み代も含めて六円、第二回は九円五〇銭、第四回は八円、第五回と六回は六円五〇銭、第九回は七円、第一〇回は七円五〇銭である。銀行の初任給が七〇円、小学校教員の初任給が四五～五五円、食パン一斤が一六～一七銭、幼稚園の保育料が年額三三円の時代に、子どもを林間学校に参加させるためにこれだけの金額を支出できる家庭は限られていたものと思われる。参加者は中流階級以上の主に富裕層の家庭の子弟だったと考えてよいであろう。

二階堂は『宮城教育』三一三号に寄せた「夏休を如何に利用すべきか」の中で、林間学校や戸外教育、臨海保養等の実施によって従来の知的偏重の教育を排斥すべきだと主張しながらも、「是等の施設は一面に於ては経済的制約を受け[*1]」ることを述べている。大河原小学校でも、「今度来た子供等は大抵有産階級のもの許りだつた、尤も貧乏人の子供に弱い者がないと云へば、それ丈だが、栄養不良なのや、身体虚弱の子供も居ない事はない、このやうな子供達には寄附でも貰ふ位の苦心はしても是非連れて行きたいものである[*2]」と記されていた。

子どもたちにさまざまな好影響を与えることが認められていた林間学校には、費用の問題という大きな問題が横たわっていたのである。

注

1　前掲『宮城教育』第三一三号、二六ページ

2　前掲『宮城教育』第三一三号、四三ページ

表Ⅱ19-11　第 1 回伊勢堂山林間学校献立表

	朝	昼	夜
第 1 日		ご飯、牛肉磯焼、胡瓜もみ、香の物	ご飯、豆腐すまし、にしん昆布巻、香の物
第 2 日	ご飯、若芽みそ汁、金時豆葛煮、香の物	山かけ豆腐、もみのり、白魚佃煮、ご飯	ご飯、繊玉菜卵とぢ、茄子鴫焼、香の物
第 3 日	ご飯、茄子みそ汁、卵、香の物	胡麻みそづけおにぎり、いかふくめ煮、香の物	豚肉カツレツ、キャベツ胡麻あへ、ご飯
第 4 日	冬瓜水とん、昆布佃煮、香の物、ご飯	ご飯、あじ塩焼、胡麻あへ、香の物	ご飯、干鰺のかのこ煮、ラッキョ漬
第 5 日	ご飯、角豆茄子みそ汁、金ぴら牛蒡、香の物	豚肉大和焼、なづな胡麻あへ、香の物、ご飯	豆腐薄葛かけ、浸し、ご飯、香の物
第 6 日	馬鈴薯みそ汁、福神漬、香の物、ご飯	鮭の照焼、甘煮牛蒡、ご飯、香の物	ご飯、かき卵、茄子一口焼、香の物
第 7 日	ご飯、キャベツのみそ汁、ひじき油揚煮	ご飯、衣揚鯡の甘煮、なずなの浸し、香の物	ご飯、豚肉入シチュー、蒟蒻白あへ、香の物
第 8 日	ご飯、茄子みそ汁、卵、香の物	焼魚、ご飯、甘煮牛蒡、香の物	ご飯、たまな煮つけ(卵入)、鮭かんづめ、香の物
第 9 日	若芽みそ汁、金時豆葛煮、香の物、ご飯	ご飯、牛肉磯焼、胡瓜もみ、香の物	ライスカレー、野菜サラダ、香の物、コーヒー
第 10 日	茄子角豆みそ汁、肉のかんづめ、ご飯、香の物	まぐろさしみ、胡瓜もみ、すゞきの塩焼、香の物、ご飯	

一九－八　伊勢堂山林間学校の献立と身体上の変化

伊勢堂山林間学校では、間食として飴類や果物も提供されていた。「種々調理シ品質ヲ厳ニ栄養美味新鮮ナルモノヲ与フ」と実施概況に記されている通り、栄養面には十分な配慮がなされたものと思われる。表Ⅱ19－11のような第一回伊勢堂山林間学校の献立がスズキヘキ旧蔵資料に残されている。

伊勢堂山林間学校の案内文書には、「衛生栄養については充分なる注意をいたして居ります」と記されていた。情操教育と同時に健康増進も謳っていた林間学校では、食事と栄養面への配慮はきわめて重要な問題であった。

実施概況によると、伊勢堂山林間学校では炊事担当五名、監督一名によって献立作成と調理が行われていた。実施概況には、主食は「白米時ニ小豆飯等饗応ス」と記され、副食物には牛肉や豆腐、玉葱等の野菜や海藻、そして漬物の類にいたるまでさまざまな食べ物が記されている。その他全体的な傾向としては、夕食よりも、昼食時に豚肉大和煮や牛肉照り焼き、衣揚鯡の甘煮などの高カロリーの動物たんぱくを多く摂っていることが特徴である。健康増進の観点から、理にかなった献立だったことがわかる。また、シチューやライスカレーなど、当時の子どもたちの日常では珍しかったメニューも提供されていたことがわかる。

こうした食事で一〇日間を過ごした参加児童は、期間中に校医と賛助二名によって三回の検査を実施されている。その結果、第一回伊勢堂山林間学校実施概況には次のような身体上の変化が記されている。

一、身長一人平均　男五六年一三一・〇糎　三四年一二二・二糎
　　　　　　　　　女五六年一三五・一糎　三四年一二三・五七糎
二、体重の増加一人平均　男〇・〇三七貫　女〇・〇五四貫
三、胸囲の増加一人平均　男〇・六一糎　女〇・四三糎

四、栄養―殆と甲

五、其他―血色良好、皮膚内臓筋肉カ強健トナル

一貫は三・七五キログラムなので、五、六年生の男児で約〇・一四キログラム、五、六年の女児で約〇・二キログラム体重が増加したことになる。胸囲が男児で約〇・六センチメートル、女児で約〇・四センチメートル増加したことをみても、一〇日間という短期間のわりには健康増進の面において、子どもたちの身体にそれなりの変化をもたらしたといえよう。規則正しい食生活と生活習慣の中で適度な運動を行い、児童文化活動を楽しんだ子どもたちの身体には、それなりの効果が現れていたのである。

児童文化活動を楽しんで心を豊かにすると共に、清浄な空気とバランス良い栄養を摂ることで、身体の成長も促す活動が仙台の誕生期「児童文化」活動の中で展開されていたのである。

第二〇章　太陽幼稚園と児童文化活動

二〇－一　仙台の幼稚園と青葉幼稚園

東洋幼稚園や岸邊幼稚園の園長を半世紀にわたって務めた岸邊福雄、早蕨幼稚園を開設した久留島武彦、姫百合幼稚園を開設した後藤牧星をはじめとして、児童文化活動が活発に展開された大正から昭和初期にかけて、幼稚園を自らの活動拠点にした児童文化関係者は多い。おてんとさん社の流れを汲む仙台の児童文化関係者、特に七つの子社に集まった人々にとっても、幼稚園は重要な活動の拠点となっていく。

一八七六年（明治九）に日本で最初の幼稚園である東京女子師範学校附属幼稚園が開園するが、仙台の幼稚園の歴史は、それから遅れること三年の明治一二年六月に木町通小学校附属幼稚園（後の東二番丁尋常小学校附属幼稚園）が開園して始まる。全国で四番目という早さであった。

その後、大正時代の終わりまでに私立宮城養稚園（後の宮城幼稚園）、宮城婦人会附属仙台幼稚園、青葉幼稚園、北方幼稚園、尚絅幼稚園、聖愛幼稚園、愛隣幼稚園が開園し、一九二七年（大正一五）には太陽幼稚園が開園する。ただし、仙台に幼稚園が誕生した明治から大正にかけて、入園幼児の総計は五〇〇名前後と少数で、一般市民に普及していたとは言い難い状況であった。[*1]

当時の仙台市の幼稚園の教育内容はどのようなものだったのであろうか。日本聖公会北教区がまとめた『青葉女学院史』（一八八九年）をもとに、青葉幼稚園を例にしながら確認する。青葉幼稚園は、聖公会が一九〇九年（明治四二）四月一六日に宮城県から設立認可を得て五月一日に開園している。一九一三年（大正二）に伝道女学館を改称した青葉女学院が、二年課程の保姆養成部を設けて毎年一〇名ほどの保母を養成するようになると、青葉幼稚園はその附属幼稚園として重要な役割を担うようになる。太平洋戦争勃発を前にアメリカから宣教師への強制的帰国命令が出され、一九四一年（昭和一六）三月に幼稚園の建物と園児の一部を仙台ＹＭＣＡに譲渡して閉園する。

フレーベルの提唱したキリスト教主義幼児教育に基づき、自由作業、自由遊戯、自由会話等を規律ある団体生活の中で行う保育を実践した昭和初期の青葉幼稚園では、次のような日課を行っていた。①自由制作（八時～九時四五分）、②整頓（九時四五分～一〇時）、③聖話（一〇時～一〇時二〇分）、④礼拝（一〇時二〇分～一〇時三〇分）、⑤律動・庭園散歩（一〇時三〇分～一一時）、⑥弁当用意・弁当（一一時～一一時三〇分）、⑦休息・お話・音楽（一一時三〇分～一二時）、⑧降園（一二時）

この中で、児童文化活動に関連するのは「自由制作」と「律動」である。「自由制作」とは、「幼児の知的・身体的・道徳的・能力に関係し、幼児一人一人の『人間の内に存する最善のものをひきだす』真の自己表現をねらい」[*2]として行われたもので、①個々の幼児の創作的思考、②言語の矯正、③貫徹する力、④協同作業、⑤自己の考えや材料を友達と分け合う等の実現が目指されていた。

「律動」は、「1　跳躍、走る、マーチ等の律動的活動、2　静かな子守歌、喜びの音楽、ダンス音楽等、いろいろな種類の音楽により活動的感応の表示、即ち自由表現活動、3　汽車、人形、象、飛行機、馬、駆足等律動的、演劇的活動、その他幼児の身体の発達と熟練に伴い創作的表現活動へと発展させる」[*3]ことの実現が目指されていた。これらの他には、降園前のお話と音楽も児童文化活動に含まれるものである。

青葉幼稚園のプログラムを見ると、「聖話」と「礼拝」による宗教教育と、「自由制作」と「律動」による児童文化活動関連プログラムを柱として組み立てられていたことがわかる。そして、宗教教育が合計三〇分だったのに対し、児童文化活動関連プログラムが合計二時間一五分と、時間の上から見ても中心的な活動として位置づけられていたことが理解できる。大正から昭和初期の仙台の幼稚園において、児童文化活動は積極的に取り入れられていたのである。

注
1 『仙台市史』近代二、仙台市、二〇〇九年、一八六ページ
2 前掲『青葉女学院史』四一ページ
3 同前

二〇-二　相澤太玄の活動

ヘキの弟で七つの子社の中心メンバーとして活動した鈴木幸四郎が、「おてんとさん」の名称より生まれた太陽幼稚園を側面から応援し、「三代静田の時、同園が七つの子社の活動の拠点となった」[*1]と述べているように、おてんとさん社の流れを汲む仙台の児童文化関係者にとって重要な活動拠点となる幼稚園が、太陽幼稚園である。

太陽幼稚園は、相澤太玄（一八八七-一九二七）によって、一九二六年（大正一五）五月二七日に、仙台市東二番丁百四十一番地に創設されている。

相澤太玄の生涯を伝える資料はきわめて少ない。スズキヘキが『ポランの広場』第八号に書いた「仙台の童文学の人人―相沢太玄」が、太玄について伝えるほとんど唯一のまとまった資料といってよい。そのため、太玄の活動歴は不明のまま今日に至っている。『ポランの広場』やヘキ宛て葉書等、残された手がかりを集めて太玄の生涯を確認する。

図Ⅱ-24　相澤太玄　前列左から三人目（鈴木楫吉氏蔵）

太玄は、宮城県遠田郡南郷町（現、美里町）東光寺の僧侶であった。ヘキは、太玄との出会いを次のように記している。*2

> 天江富弥が主となり私共も駈け参じて仙台は始めて地方童謡小冊誌（豆本）を発行し、一年でつぶれて、今度は立体的に、空間での実践活動に入り、教師と学生と民間の子供ずきの他愛の無い青壮年層が寄り集って発展した。その中へ太玄さんはどこか遠いお寺の住職を打切って仙台へ戻って来た。

ここでヘキが述べている『おてんとさん』廃刊後の「空間での実践活動」とは、多くの子どもたちを集めて毎月童謡童話会を開いた仙台児童倶楽部のこととみてよいであろう。

仙台児童倶楽部が発足したのは一九二三年（大正一二）四月であるが、僧侶であった太玄が児童文化活動に出会うのは、大正一二年三月三日と四日に、おてんとさん社が沖野岩三郎を招聘して開催した童話会の時である。沖野はおてんとさん社と仙台文化生活研究会の招きで来仙し、「通俗教育講演会」として仙台市公会堂で講演、五日が塩竈町内、六日が白石町内でそれぞれ講演している。この時に会場で沖野の童話を聞いた太玄は、「一ぺんで、その長編の一句も忘れずたった一回で頭の中に導入し、ほんとうに沖野岩三郎になつて了った」[*3]という。

そもそも、太玄が沖野の童話を聞くことになったきっかけは、太玄の師である松音寺住職金山活牛との関係にある。南郷町の住職を打ち切って仙台に戻ってきた太玄は、松音寺の住職であった金山活牛に弟子として帰寺の挨拶に立ち寄り、「その序に童運動へ飛び込」[*4]むことになる。

活牛は、松音寺の住職であると同時に、第二中学林の林長を務めていた。第二中学林は、仙台市荒町に開校していた曹洞宗専門支校を一九〇二年（明治三五）に改称した、曹洞宗の学校である。

ヘキの両親は、「第二中学林の寄宿舎を請負して何十人の生徒を泊めて」[*5]いたが、ヘキの「家の寮の監督は金山活牛老師」[*6]であった。つまり、ヘキの両親が請け負っていた第二中学林の学生寄宿舎の監督が活牛だったのである。

ヘキと活牛のこうしたつながりを通して、太玄は沖野岩三郎の童話を聞く機会を持ったと考えられる。つまり、ヘキらが中心となって沖野岩三郎を招聘するにあたり、活牛もヘキとの関係でそのイベントに接し、太玄は活牛から沖野招聘のことを聞いたものと思われる。そしてその後、「三・四年間彼は宮城県、岩手県を主として、話を大袈裟に申せば全小学校全寺院に童話の旅」[*7]をしたという。ヘキとの交流も深まり、ヘキも「何回も会社を暇をとって彼と共演し楽しい生活に宇《ママ》頂点になっていた」[*8]と回想している。

初めのうち沖野童話を口演していた太玄は、童話の旅を続けるうちに、「沖野氏の作品をこなして相沢童話と化し話技はいやみなく順々に淳化発展して楽しさは己れと相手の子供らをいっしょにとりこに」[*9]するようになっていく。特に、お釈迦様が森林大火災の時にやせ細った一匹の鹿となり、焼け落ちた木橋の代わりに川岸から向こう岸に細長の四肢を長々と横たえ、火災から逃げ惑うさまざまの動物を渡らせて助けた話は、「何度きいても実況と仏教性談《ママ》の一大寓話に、私はうっとりききいったものだ」[*10]とヘキは回想している。

ヘキ旧蔵資料には、太玄からヘキに宛てた葉書が六枚残されている。その中に、一九二三年（大正一二）一一月一〇日の日付で書かれた葉書が残されている。一部欠字があるが、全文を引用する。

遠田郡内各小学校巡回童話も修了いたしました。巡回の校数ハ十七、郡長の伝達ハ八月廿二日、巡回開始ハ九月一日、修了日ハ十一月八日、大部分黒八ぢいさん、飴売八公の話とおてんとさんの謡、敬子さんの遊戯及び童謡二三、これらが私のステージにたつた時の道具です。壇を下つてから教師達の批評感想、研究談合の次第ですが〇学校となると児童劇や遊戯、学校ダンスの数々を拝見させられるものもありました。一番面白く思つたのハ研究談合です。智識を主とした教育と感情を主とせんとする教育の論戦、童謡ハ教導し得るものかの問題これハいつか御話した調子でとにかく無事に過ごしました。低級な情操教育〇〇者の大胆なそして無準備な巡回でハあつたが何となく郡内のどこかに明るい気分ができたやうな感じがするのです。どうか仙台の先達の先生方もよろこんで下さい。

仙台児童倶楽部万歳。〔〇＝欠字〕

この回想から、ヘキの回想を裏付けるように、太玄が宮城県内の「全小学校全寺院に童話の旅」をし、教師たちと情操教育や童謡について議論していたこと、そして、ヘキをはじめとした仙台児童倶楽部のメンバーと親密な関係を築き、仙台児童倶楽部の活動に心酔していたことがわかる。

また、仙台の児童文化活動の中で、兄正一と共に、仙台児童倶楽部の童謡童話会に出演して注目されていた当時六歳の鈴木敬子が、太玄の童話の旅についてまわっていたことは注目される。本居長世が娘のみどりや貴美子、若葉とともに日本各地で童謡公演を行ったことは有名だが、幼女をステージに上げることが宮城の児童文化公演の中でも行われていたのである。

ヘキ宛ての葉書から、太玄が仙台児童倶楽部の活動と関わっていたことが裏付けられるが、これまで活動の詳細が不明だった太玄について、仙台児童倶楽部の活動記録を丹念に見ていくと、その足跡を見出すことができる。

太玄が、仙台児童倶楽部の記録に最初に現れるのは、一九二三年（大正一二）五月一三日に行われた第二回童謡童話会の後の研究批評会の時である。そこには、

閉会後、同会場に机を仮設して直ちに第二回研究批評会をひらき委員顧問の外、特別会員、及び相沢太玄氏、其他熱心なる来会者も見え二十人近し。

と記されている。この記述内容からすると、太玄は、特別会員といった立場ではなく、一参会者として童謡童話会後の批評会に参加したものと思われる。ただし、氏名を記されていることからすると、単なる参会者とは区別される存在として、この時すでに太玄が仙台児童倶楽部関係者の中で認知されていたことがうかがえる。

次に記録に現れるのは、大正一二年六月一〇日に行われた第三回童謡童話会の時である。ここには、主な来会者として、次のように記されている。

来会者の内主なるハ左記の如し

△賛助者

遠田郡　相沢太玄

栗原郡　伊藤嘉市郎

〃　佐藤　実
〃　武田信介
外記丁　青木喜明

この時には、「賛助者」として、仙台児童倶楽部の活動に関わるようになっていることがわかる。おそらく、第二回の批評会の席上で、ヘキら仙台児童倶楽部委員から、賛助者になることを求められて承諾していたのであろう。ヘキ旧蔵資料にある仙台児童倶楽部名簿を見ると、太玄は「賛助者」の欄に桃生郡北村小学校校長の斎藤壮次郎らと共に記されている。さらに、「委員補助」の欄にも記されている。太玄は、仙台児童倶楽部の初期の段階から、会の運営に深く関わっていたのである。

次に太玄の名前が現れるのは、八月六日に立町小学校七夕祭りとの共同開催として行われた第五回童謡童話会の記録である。この時は、それまでの宮城県図書館から会場を立町小学校講堂に移し、しかも、第一部と第二部に分けて大規模に行った童謡童話会であった。その第二部に、太玄は「黒八ぢいさん」の口演者として出演している。童謡童話会後の批評会で、太玄の童話は次のような批評を受けている。

三、黒八ぢいさん　　童話　　相澤太玄
これはかつてクラブ例会の折私が出演したものだった。
私の失敗だったのに比べて、
まるで成功だった。一時間近くの長時間をあきさせず
引づってゆく、相澤氏の手腕には感心した。

けれども、子供を引づる為に
子供にこびたワザトラシサの表情態度があまり多くはなかったろーか、氏の表情は独自のものだが、童話講演の理想としてあまりにこの様な態度をきらってゐる●●を、感心はすれ、（表情の上手な事に）心服をしなかった。ことに大切の黒八ぢいさんが死ぬときの模様を余述するに、大正博覧会の時買ったヨーカン色の高帽を冠った村長さんの何のと茶目ったのを、感心出来なかった。
ともあれ、氏の童話は一種独特の壇上で、我々がお手本とする箇所がたくさんあった様に思ふ。

この記述は、仙台児童倶楽部委員天江富弥によるものである。厳しい批評も含まれているが、全体的には高い評価がなされている。沖野の童話に出会ってまだ半年に満たない太玄が、急速に口演童話の力をつけていった様子がうかがえる。また、太玄の口演の様子も、この記述から知ることができる。

次の記録は、八月の旧暦のお盆に、太玄が地元の南郷村にヘキと天江と共に童謡・童話の講演会を行った記録である。次のように、二日間にわたって数百名の老幼男女を集めての盛大な催しを行ったことが記されている。

日記抄

△八月●〔欠字＝引用者、以下同じ〕日（旧盆十四日）
南郷村相澤太玄氏の●にて遠田郡二郷村
砂山小学校名月講演会に、左の委員出席
講演す。場処仝校々庭よる八時半より十一時迄
数百幅の電燈をつけたり。
聴衆、老幼男女千名、郡長外の出席あり。
△童謡独唱　狐のよめさん　鈴木委員
△童話　萬作と蚊帳　天江委員
△童話　幸福な親子　相澤賛助員
△八月●日
午前八時よりの南郷村尋常高等小学校同窓会
に出席。青年男女数百名の前にて
△童謡独唱数番　鈴木委員
△童話　世界が平和になった訳　天江委員
△童話　飴売り八公　相澤賛助員
△今日夕●時より
南郷村東光寺コドモ会集会にて、盆参りに
集りし数百の老幼男女を前に寺院本堂にて
△童話　ねむりの御殿　錫木　碧
当倶楽部賛助員

△一番の幸福者＝童話　　　　天江委員
△童話の幸福なる親子　　　　相澤住職

ヘキが、「三・四年間彼は宮城県、岩手県を主として、話を大袈裟に申せば全小学校全寺院に童話の旅」をした太玄と、「何回も会社を暇をとって彼と共演し楽しい生活に宇頂点《ママ》になっていた」と回想していることと合致する記録である。

沖野の童話に出会って半年経たないにもかかわらず、精力的な口演童話活動を太玄が行っていたことがわかる。

その後は、一二月一六日午後四時から東一番丁カフェーパコリエタニで行われた仙台児童倶楽部忘年会に、池田菊左衛門児童倶楽部顧問、ヘキ、天江、本郷兵一、小林藤吉、舘内勇らの委員と共に出席したり、一九二四年（大正一三）一月一四日午後七時から、八幡町の天江富弥宅で開かれた新年会に、本郷兵一、舘内勇、ヘキ、小林藤吉と共に招待されたりしている。

委員らと同席して忘年会や新年会に出席している様子から、仙台児童倶楽部の中心メンバーとして活動していた様子がわかる。

二月一九日に行われた第一一回童謡童話会では、「童謡の話」を講演し、三月一六日の第一二回童謡童話会では、童話「あめうり八公」を披露している。そして、引き続き行われた仙台児童倶楽部創設以来の委員蛯子英二の送別茶話会には、賛助員の一人として出席している。

また、創立一周年を記念して、宮城県教育会と仙台市教育会、そして『金の星』が後援に名を連ねて大正一三年五月二三日に野口雨情を招聘して仙台市公会堂を会場に大規模な童謡童話会を開催した際には、児童係のチーフとして配置されていたことが確認できる。この時の仕事の内容は、「来会児童会場出入監督、場席セイトン、静粛注意、児童ノ衛生保護、土産配布」であり、太玄をチーフに、羽生義三郎、堀田貞之助、佐藤長助、石川三郎が担当として名を連ねている（第Ⅱ部第一七章参照）。

以上のように、沖野の童話に出会ってからの太玄は、仙台児童倶楽部の人々との連携を強めながら、童話を中心とした児童文化活動に没入していったのである。

注

1　鈴木幸四郎「七つの子社の誕生と活動」（『研究おてんとさん』一〇号、おてんとさんの会、一九九九年）、一五ページ

2　スズキ・ヘキ「仙台の童文学の人人（4）―相沢太玄」（『ポランの広場』第八号、一九七〇年一一月）

3　同前

4　同前

5　スズキ・ヘキ「文献となる同事舎」（「天探女のうた」編纂委員会『天探女のうた』静田正志仙台友達会・太陽保育学園同窓会、一九五五年）、六三ページ

6　前掲「文献となる同事舎」六四ページ

7　前掲「仙台の童文学の人人（4）―相沢太玄」

8　同前

9　同前

10　同前

二〇―三　太陽幼稚園の創立

ここまで見てきたように、仙台児童倶楽部の活動に賛助員として加わりながら児童文化活動を展開していた相澤太玄だが、一九二四年（大正一三）七月に、亘理郡山下村（現、山元町）の徳泉寺住職として再び離仙することになる。七月二六日付けの次のようなヘキ宛て葉書が残されている。

　きびしい暑さの折柄、あなたの御機嫌を御尋ね致します。私事今回左記に、しやは《ママ》せな心にて、落着く事になりましたについては、偏へに深きみ仏の恵みと存じ、難有く、ここに御知らせ申上ます。どうぞ御閑暇の折御

来遊を御待ちして居ります。

次に従来仙台児童倶楽部委員の一人として、小学校及び家庭の情操教育を旨とし、童謡童話方面の研究をさしていただいて来ました所、此度私終生の喜ばしき仕事として、仙台コドモ研究社を設り、前記児童関係事業と併せて、専ら幼少年の宗教意識開発教養に、力を尽して見ることになりました。故に従前に倍してあなたの心よりの御指導御援助に待つこと甚だ多いことと、勝手ながらお願い申す次第で御座います。

大正十三年七月

宮城県亘理郡山下村笠野浜
徳泉住職　相澤　太玄

この葉書には、徳泉住職と共に、「幼少年の宗教意識開発教養」を「終生の喜ばしき仕事」と感じながら邁進しようとしている太玄の姿が記されている。太玄は徳泉寺での活動を通して幼児教育への認識と思いを深めていく。そして、その中で太玄は再び仙台に出て児童文化活動を行う意欲を強めていったのであろう。徳泉寺住職になって二年経たないうちに、太玄は再び仙台に出て幼稚園を開くことを決意する。

仙台で幼稚園を開くに際し、師の金山活牛と仙台児童倶楽部の人々が太玄の活動に理解を示し、応援することになる。特に太陽幼稚園を開園することになったのは、活牛の理解と援助によるところが大きかったようである。ヘキは次のように回想している。[*1]

「おてんとさん」という雑誌を漢訳して「太陽」という堂々たる幼稚園を仏教会館内に作つた。師たる金山活牛老僧が困つた珍弟子に対してお寺も与えてくれられないという憐びんの情は偉く深く、その金山活牛老師の大恩を私は感ずる。

太玄が太陽幼稚園を開いた場所は、仏教会館内である。ここには、第二中学林の同事舎もあったが、太玄の師の金山活牛は、第二中学林の校長兼同事舎の舎監であった。そうした立場を利用して、活牛は弟子の太玄が仏教会館内に幼稚園を開園することを特別に許可したものと思われる。

園の名前は、ヘキが記す通り、「おてんとさん」から付けたものである。園の設立認可がおりるのは、一九二六年（大正一五）三月一七日。ヘキ旧蔵資料には、幼稚園設立を知らせる次のような太玄の葉書が残されている。

謹啓
太陽幼稚園設立認可申請中ノ所本日認可相成候ニ付不取敢御通知申上候
敬具
大正十五年三月十七日
仙台市東二番丁百四十一番地
太陽幼稚園代表
相　澤　太　玄

こうしてスタートした太陽幼稚園は、五月一六日に、関係者を招いて開園披露会を催している。ヘキ旧蔵資料に残された披露会後のお礼状には、「去る十六日当幼稚園開園披露会を相催ふし候所予期以上の好盛会を納め」たことが記されている。

太玄の熱意と活牛や仙台児童倶楽部関係者たちの支えによって開かれた太陽幼稚園は、仙台の幼児教育の中心として、そして仙台の児童文化活動の拠点として順調にその歩みを始めたのである。

注

1　前掲「仙台の童文学の人人（4）―相沢太玄」

二〇―四　相澤太玄の死と太陽幼稚園のその後

相澤太玄の熱意と金山活牛や仙台児童倶楽部関係者たちの支えによって開園した太陽幼稚園だったが、太陽幼稚園を開園した太玄は、開園から一年後の一九二七年（昭和二）一二月三日に多臓器疾患のため享年四〇で死去する。ヘキは、太玄の死を次のように記している。*1

終えんは非常に淋しい。肝臓と〇蔵と〇蔵とが同発して大学病院に入院、半年位で身寄りのない童話僧は三十何《ママ》才で私共から遠く去った。

〔〇＝欠字〕

開園資金を得るために行っていた托鉢など、さまざまな無理がたたっての病死だったが、開園して間もない太陽幼稚園にとって、太玄の死はその後の存続や運営を考えた時に大きな痛手であった。

一二月一一日（日）に、「相澤太玄先生追悼童話会」が午後一時から、仙台児童倶楽部と太陽幼稚園の主催によって仙台仏教会館で開催されている。ヘキ旧蔵資料に残されたプログラムには、次のような出演者の名前が確認できる。

追悼式　　　司会　錫木碧氏

諸仏歌（修証義一・二）　　同

顕花・献香　　幼稚園児童

追悼のお話　太陽幼稚園長　三宅俊雄氏

仙台児童倶楽部　池田菊左衛門氏

焼香　　来　賓

童話・唱歌会　　司会　舘内勇氏

斉唱　おてんとさんの唄　　一　同

開会のあいさつ　　天江富弥氏

一　輪唱　からまつ原　　日曜学校生徒

二　舞踊　数種　　童踊研究会児童

三　童話　あめうり八公　　本郷兵一氏

四　遊戯　数種　　幼稚園児童

五　斉唱　ペチカ　　音楽園生徒

六　独唱　未定　　錫木碧氏

—休み—

一　ジャズ　子供の夕べ　　七つの子供社

二　遊戯　数種　　幼稚園児童

三　輪唱　カミテツポウ　　日曜学校生徒

四　童話　未定　小松郁雄氏
五　独唱　雀のかくれんぼ　音楽園生徒
六　斉唱　お山のあられ　日曜学校生徒
斉唱　七つの子　一　同
閉会のあいさつ　三宅俊雄氏

午後一時開始で、おそらく二時間ほどのプログラムだったものと思われる。「生前故人が好んで講演《ママ》された童謡童話を加へ」たプログラムになっている。仏前には幼稚園関係者有志から寄贈の故人の遺影が飾られ、さらに童謡童話関係者（旧おてんとさん社の人々のことだと思われる）から寄贈された野口雨情筆「おてんとさんの唄」童謡額が飾られる中で執り行われている。また、終了後、参加した子どもたちにお菓子が配られ、童話と子どもたちを愛した相澤太玄にふさわしい追悼会であったことがうかがえる。

追悼会の主催として、太陽幼稚園の他に、太陽幼稚園開園前から太玄が深く関わっていた仙台児童倶楽部が名を連ねている。また、主な出演者は、スズキヘキ、舘内勇、天江富弥、本郷兵一ら、仙台児童倶楽部関係者と旧おてんとさん社ゆかりの人々である。こうしたことから、天江やヘキら旧おてんとさん社の人々がこの追悼会の実質的な主催者だったことがわかる。また、太陽幼稚園二代目園長となり、追悼の話をし、閉会の挨拶をしている三宅俊雄は、太玄と同様に金山活牛の弟子である。

こうした事実から、太玄亡き後の太陽幼稚園が、活牛の影響と旧おてんとさん社関係の人々の協力によって運営されていくことになっていたことがわかる。だが、僧侶だった三宅は、自坊や他の仕事の多忙さから就任した翌年の昭和三年には園長を辞任してしまう。代わって園長になるのが、活牛の甥で、七つの子社同人として活動していた静田正志である。

注

1　前掲「仙台の童文学の人人（4）―相沢太玄」

二〇―五　第三代園長静田正志と児童文化活動

静田正志（一九〇三―一九四七）に関する資料としては、ヘキ旧蔵資料の中に関連するものが散見される他に、まとまったものとして、静田の七回忌に刊行準備会が結成されて一九五五年（昭和三〇）一一月に刊行された『静田正志遺作集　天探女のうた』（編集委員会代表鈴木幸四郎）がある。

『天探女のうた』をもとに静田の略歴をまとめると、静田は、一九〇三年（明治三六）九月二八日に山形県南置賜郡南原村（現、米沢市）笹野に、静田勝蔵・きみの長男として生まれている。父と死別した後、一九一五年（大正四）、一三歳の時に仙台市新寺小路にある松音寺住職で祖父の弟にあたる金山活牛に引き取られ、仙台市東二番丁小学校に転入。翌大正五年に第二中学林に入学し、活牛が監督をしていた仙台市東二番丁にあった第二中学林の同事舎に通うようになる。第二中学林は「鼻が悪くて中退」[*1]するが、第二中学林に入り、同事舎に通ったことで静田は児童文化活動に出会うことになる。

既述したように、仙台市北目町のヘキの家が第二中学林に通う生徒たちの寄宿舎を請け負っていたため、ヘキの家は第二中学林との深いつながりを作っていく。ヘキ兄弟と第二中学林の生徒たちも、その関係の中で自然と親しくなっていく。その中の一人に静田正志がいた。この頃の静田の印象について、ヘキは次のように記している。[*2]

脳膜炎でもやつたような髪をぼうぼうはやし、大きい絣のイショを着て、賢愚不明、何となく田舎者じみて、どんもりした男が私の弟、正五郎と極めて似ていて二人は仲よしの様だつた。何かエヘエヘ笑つたり、ゴモゴモ言つていた。

第二中学林を退学して、「ぶらぶらして同事舎にいた」静田は、「おてんとさん社」の木札を下げたヘキの家に「チヨイチヨイ来る」ようになる。[*3] ヘキは、「眼の見えない私の祖母は一番出入りしていた静田と庄司恭玉のイナカツペ《ママ》が一番好きであつた。それは山形県人に通じたのだろう」[*4] と推測しているが、山形出身の静田自身も、山形出身であるヘキの祖母やヘキ一家に同郷人に感じる特別な親しみを感じていたのかもしれない。そして、いつしか、静田はヘキらが行う児童文化活動に参加する常連の一人になっていく。

静田が児童文化活動に関わり始めた頃の様子は、ヘキらによる路傍童謡童話会、ヘキ主催の童謡散歩会、仙台児童倶楽部の童謡童話会、児童音楽園、そして伊勢堂山林間学校の諸記録に残されている。静田が児童文化活動に加わり始めた頃は、ヘキの後を追いかけながらさまざまな活動に顔を出している。

ヘキは、赤いほうづき提灯を提げて、仙台のさまざまな街角で子どもたちを集め、街頭童謡童話会を開いていた。ヘキが二一歳の時だと回想しているので、一九二〇年（大正九）頃のことである。静田は一七歳である。ヘキはこの頃の様子について次のように記している。[*5]

私は赤いホーヅキ提灯をつけて一大波紋で興隆した新作曲童謡とおとぎ噺しを仙台の辻々で子供を集めて、聞かして、ちつとも恥かしいと思はなかつた（私二十一才）これにのうのうといつもついて来て、いわゆる提灯もちをしたのは静田であった。彼はバスの声でしつとりと雨情のうたをきかせることもたまにあつたが表芸は私と蛇子と片平の熱狂の士のみ。彼は影の様に夏祭りの盛り場にもついてあるき、売屋のオッサンに子供をそつちによせられては商売の邪魔だと怒られたこともあつた。

この回想に記されているように、「いろいろな子供の会にぶらぶらついてあるいたがいつも居たか居ないか存在がはっきりしない」[*6]人物という印象だったらしい。

静田正志という人物は、組織の中心となって活動を動かすというよりは、活動を支える役割を率先して行う人物だったようである。天江富弥やヘキらと共に旧おてんとさん社以来活動を共にした刈田仁は、静田について、「先輩づらして気焰毒舌を振う僕の話をその後もいつもニコニコしながら傾聴して呉れたのはこの愛すべき後輩静田君一人である」と評した上で次のように記している。[*7]

仙台児童クラブが生れて県図書館を会場として子供会を度々やつたが、それの繁雑極まる事務関係は主として静田君と鈴木幸四郎君の二人の手によつて処理された。両人はその時からの良きコンビでろくでもない僕達を先輩として正面に押出し、自分達は終始蔭の人掾の下の役を勤め来たのである。仙台児童クラブ、伊勢堂山林間学校の運営はみなこの両人の働きであつた。子供会の時などは、いつでも両人で下足の番をしていた。子供に華々しく童話を聞かせる役も必要ではある、然し、その下足の番をして間違いなく子供が帰宅出来るよう心を配る事は一層大事な役である。より深い子供への愛情を必要とする。

ヘキや刈田仁の回想から、静田の仙台の児童文化活動への参加の様子と人物像がよく理解できる。童謡や童話を積極的に演じることが少なかった静田は、その一方で音楽を通して子どもたちと積極的に関わっていく。

『天探女のうた』の年譜によると、静田は、一九二二年（大正一一）に宮城郡高砂尋常小学校の代用教員となり、一九二四年（大正一三）に同校を依願退職している。代用教員時代から作曲を行っており、大正一三年には「忘れてる」等約十曲書き下ろしたことが年譜に記されている。

小学校を退職後の大正一四年、静田は上京して東京中野に設立された日本音楽協会（現、有明教育芸術短期大学）に入学している。日本音楽協会は、東京音楽学校教授山田源一郎が、日本の音楽教育の発展と幼稚園教員を養成することを目的に、日本で最初の私立音楽学校として一九〇一年（明治三四）に音楽遊戯協会講習所を設立したことに始まる。三年後に男女それぞれのための女子音楽学校と日本音楽協会に発展し、一九二七年（昭和二）に日本音楽学校に名称を改めている。

静田は眼病を患い、一年後の大正一五年に中退して帰仙し、その年から大正一三年に設立されていた七つの子社に本格的に参加することになる。もともと音楽の素養があり、わずか一年とはいえ、音楽教育を受けた静田は、七つの子社の中の音楽活動の中心として活動していくことになる。

七つの子社の中心として活動した鈴木幸四郎が残した「七つの子社の資料的な概想メモ」の中でも活動の柱の一つに挙げられていた児童音楽園の設立について、幸四郎は次のようなメモを残している。

昭和二年音楽グループが主となって児童音楽園を設けた（静田、佐藤長、鈴木幸、小倉）童謡作曲、児童合唱隊、バンド出演、ラジオ放送、等多彩な活動を行った外、「七つの子童謡楽譜」を第五集まで印刷発行した

七つの子社のメンバーの中でも、特に音楽好きのメンバーが作ったのが、児童音楽園という団体であった。ヘキ旧蔵資料には、児童音楽園に関する資料が二枚残されている。どちらも一九二八年（昭和三）の活動の記録であ

る。一枚目は、二月四日に仙台市公会堂で児童音楽園が主催した「新春大音楽会」の記録である。出演者等は不明だが、ドイツ唱歌「おもちゃの汽車」、西條八十詞・中山晋平曲「肩叩き」、海野厚詞・中山晋平曲「背くらべ」、海野厚詞・中山晋平曲「からくり」、浜田広介詞・大和田愛羅曲「舌切雀」、清水かつら詞・弘田龍太郎曲「叱られて」、北原白秋詞・山田耕筰曲「新入生」、北原白秋詞・山田耕筰曲「かへろかへろと」がプログラムに記載されている。

もう一つの記録は、三月三〇日午後七時から仙台市公会堂洋館で開催された「祝東北産業博覧会開催　ハーモニカ大演奏会」である。この催しの主催は国分ハーモニカ店で後援が産業博演芸部と新奥州社となっている。そして、出演が仙台グリーン・ハーモニカ・バンドである。賛助出演として、口笛・今野嘉雄、童謡・児童音楽園、オルガン・静田正志の名前が記載されている。

この催しに出演した仙台グリーン・ハーモニカ・バンドには、鈴木幸四郎と静田正志がメンバーとして加わっていた。プログラムに記載されたパート編成には、バリトンに鈴木幸四郎、オルガンに静田正志の名前が見られる。

会員による合奏としてシューマンの「トロイメライ」やシューベルトの「セレナーデ」、ブラームスの「ハンガリアンダンス第五曲」などが演奏され、その他に第一部で「木琴　独奏」「三重奏」「童謡」「二重奏」「口笛独奏」「独奏」が演じられている。幸四郎も静田も、会員による合奏ではそれぞれバリトンとオルガンで出演したものと思われる。鈴木幸四郎はこの他に、ゴダールの「ジョセランの子守歌」とブラーガの「エンゼルスセレナーデ」の三重奏にギター伴奏で出演している。

賛助出演の児童音楽園は、「童謡」で出演している。詳細な氏名は記載されていないが、ここには幸四郎と静田の他に、おそらく山田重吉と佐藤長助も出演したであろう。演目は、錫木碧詞・鈴木幸四郎曲の「カミテツポウ」、野口雨情詞・中山晋平曲の「雨降りお月さん」である。

児童音楽園の主要メンバーの一人として記されている佐藤長助（一九〇六－一九八三）は、童謡作曲を志していた人物だが、陸軍戸山学校で音楽を習い、戦後はキングレコードに所属して本格的に音楽に関わった人物である。その佐藤が、静田について次のような回想をしている。[*8]

静田正志、山田重吉、鈴木幸四郎が主になり、それに私も加わつて童謡童話の会「七つの子供社」を創ったのは大正十三年の春。（中略）重吉は「我等のテナー」で、新しい童謡を次々と覚えて器用に歌えば、幸四郎はハーモニカを操つて通俗楽曲を巧にこなしたが、私がピアノでソナチネに取りついていた頃は、正志はオルガンと取組んで既にバツハ、ヘンデルを論じていた。

この回想や仙台グリーン・ハーモニカ・バンドでオルガンを担当したことからもわかるように、静田は楽器の中でも特にオルガンの演奏を得意としていたことがわかる。

静田や幸四郎の他に、七つの子社のメンバーの中には音楽好きが多く、特にジャズは活動の中に積極的に取りいれられていた。静田とジャズの関わりについて、金山活牛の弟子で、静田と一時期共に松音寺で生活していた菅原寛一の次のような回想もある。[*9]

「どんなもんでもいいから叩いて音の出るものを集めろ」と或る日正志さんに言はれた。これ又何に使うものやら目的不明である。叩いて音の出ないものがないので私も面喰つたが空罐や木片など、集めてもつて来た。正志さんはビール瓶を十二、三本並べて適当に水を入れて棒片で叩き叩き水を入れたり出したりした。私が集めて来たガラクタを其処に置かして私に叩けという。私は何のことかわからぬままに滅茶苦茶に叩き出した。正志さんはビールビンを叩く音譜の整つた奇妙なリズムが小さくあたりに拡がつてくる。正志さんの得意らしい顔、熱狂的にこの奇妙な音楽に、陶酔する正志さんの姿は忘れられない。
「ジャズだ、これがジャズ、新しい音楽だぞ」といった。その後私はこのジャズの一団が日曜学校の子供大会のときの演奏をきいたことがある。幸ちゃん、山田さん、正志さん等々、草笛を吹いたり、ブリキ罐を叩いたり若い青春の仲間の姿だつた。

この回想は、一九〇八年生まれの菅原が一五、六歳の頃のことなので、大正一二、三年ということになる。静田が児童文化活動に積極的に参加し始め、鈴木幸四郎ら、後の七つの子社のメンバーたちと知り合った頃のことということになる。
音楽好きの仲間と知り合い、音楽に情熱を傾けていったのが静田の青春時代だったのである。そして、日本音楽協会で幼稚園教員を養成するための教育と音楽教育を学び、児童文化活動に熱中して行った静田は、やがて太陽幼稚園第三代園長として、幼児教育と幼稚園を舞台に行われる児童文化活動に終生を捧げることになるのである。

注

1　前掲「文献となる同事舎」六四ページ
2　前掲「文献となる同事舎」六四ページ
3　前掲「文献となる同事舎」六五ページ
4　前掲「文献となる同事舎」六七ページ
5　同前
6　前掲「文献となる同事舎」六五ページ
7　刈田仁「種子播く人」（前掲『天探女のうた』）六二ページ
8　佐藤長助「正志さんと私」（前掲『天探女のうた』）三二ページ
9　菅原寛一「馬鹿どり、壺、無尽」（前掲『天探女のうた』）四五〜四六ページ

二〇―六　太陽幼稚園の教育

音楽を中心とした児童文化活動に精力的に取り組んでいた静田が園長に就任した後、太陽幼稚園は七つの子社の同人たちが側面から支援し、七つの子社の活動の拠点となっていく。

昭和初期の太陽幼稚園の概要は、「太陽幼稚園規則」で知ることができる。全部で一〇ヶ条からなる規則には、次のように記されている。

第一条　本園ハ専ラ家庭教育ヲ補充センガ為メニ幼児ノ心身発達ヲ健全ニシ習慣ヲ善良ニ保育スルヲ以テ目的トス

第二条　本園ニ収容スヘキ幼児ノ定員ヲ四十名トス

第三条　保育年限ハ満四歳ヨリ学齢ニ達スルマテトス

第四条　保育時間数ハ三時間乃至四時間トシ其終始左ノ如シ

午前九時ニ始マリ午後一時ニ終ル

但シ季節ニヨリテ之ヲ変更スルコトアルヘシ

第五条　保育要目左ノ如シ

談話　簡単ナル話シ方、童話、史談、事実談

唱歌　平易ナル単音唱歌

遊戯　自由遊戯、共同遊戯

手技　恩物ノ取扱、簡単ナル手工細工

第六条　本園ノ休業日左ノ如シ
一、日曜日、祝日、大祭日
二、春期休業　自三月二十五日至四月七日
三、夏期休業　自七月二十五日至九月五日
四、冬期休業　自十二月二十二日至一月七日
五、青葉神社祭
第七条　入園ノ定期ハ毎年四月、九月、一月ノ三回トス但シ欠員ノ場合ニハ随時入園ヲ許ス
入園者ハ其ノ保護者ヨリ甲号ノ様式ニ従ヒ願書ヲ差出スヘシ（用紙ハ事務所ヨリ支給ス）
第八条　幼児欠席スルトキハ又ハ退園セントスルトキハ其旨保護者ヨリ届出ツヘシ転居ノトキモ亦同ジ
第九条　在園一年以上ノ幼児ニハ乙号ノ様式ニヨリ保育証書ヲ授与ス
第十条　保育料ハ一ヶ月金壱円五拾銭トシ毎月五日限リ保護者ヨリ納付スヘシ

保育内容として童話や唱歌を重視している様子がわかるが、詳細なカリキュラムは、「太陽幼稚園八月保育要項」で知ることができる。年度は不明であるが、表Ⅱ20-1のように、第一週から四週までが円グラフ状に示されている。談話、音楽、遊戯、図画、手工、観察のカリキュラムが掲載されている。

この図に示された教育内容について、より詳細な内容は、太陽幼稚園の姉妹園として一九三〇年（昭和五）に開園した向山幼稚園のカリキュラム（表Ⅱ20-2）から知ることができる。向山幼稚園の『向山幼稚園　保育パンフレット　第三号』には、一ヶ月のカリキュラムが曜日ごとに示されている。

落葉拾いや落葉での工作、紅葉での室内装飾をカリキュラムに取りいれるなど、自然との関わりを大切にしていたこ

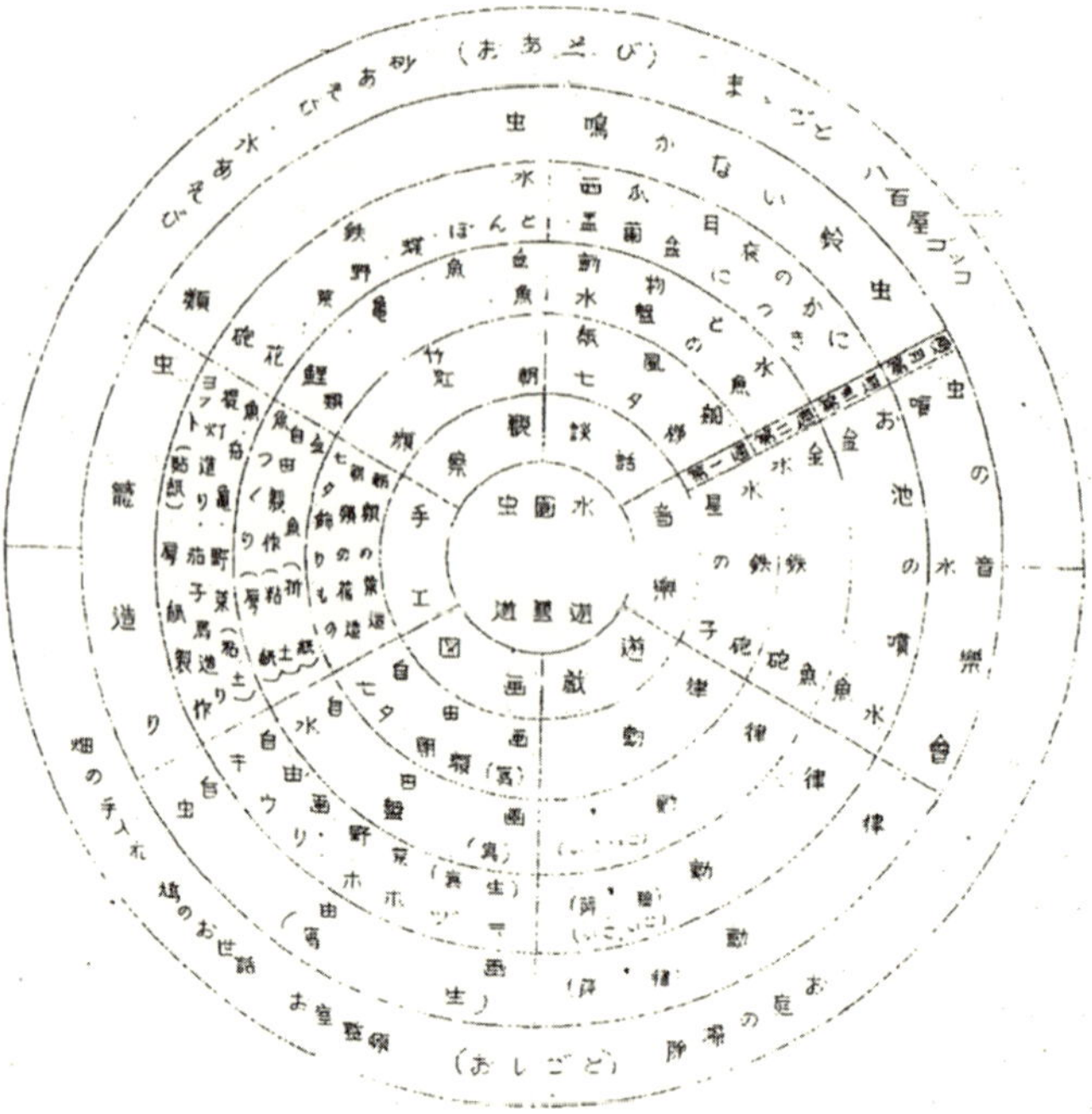

表II 20-1 「太陽幼稚園八月保育要項」

とがわかる。また、自由遊びを重視している様子もわかる。

七つの子社の同人で太陽幼稚園にも関わった菅原寛一が『太陽保育学園　保育パンフレット』第一一号に「自由遊びに就て」の一文を掲載している。[*1]

> 保育に於ける「自由」の概念と、「自由の場」を与える事の目的を確立した事はモンテッソーリー以後の保育界に於ける大きな価値高き進歩である。幼児に於ける自由は、直ちに幼児の遊びと結び付くもので、幼児の本質を解する時それは全く同義語である事を理解するであらう。自由遊びとはこの意味に於て幼児生活の本質を指したものであり、最も幼児らしい生活のまる出しされた姿であつて、保育項目に指示される遊戯と自ら区別されるべきで、又区別する事に依つて寧ろ、

表II 20－2　向山幼稚園一一月のカリキュラム

	月	火	水	木	金	土
一週目		自由遊ビ 落葉拾ヒ 明治節ノ唱歌 カレンダー作リ （一） オ話、シヤチホコ立 チノ先生 色紙ニテ紅葉作リ	自由遊ビ 自然物ニテ十一月誕 生ノ方ヘ贈リ物作リ 葉細工（草履） 唱歌　落葉（一）	明治天皇祭 （オ聖徳ノオ話） 童話 オ土産分配	自由遊ビ 贈リ物作リ続キ 紅葉ニテ室内装飾 プログラム作リ	誕生会 自由遊ビ 誕生会準備 オ話・遊戯・唱歌 幼児及先生 晴天ノ際影絵
二週目	自由遊ビ 昨日ノ生活発表（絵 ニテ） 落葉デ自由製作 唱歌　カアカア烏 （一） 遊戯同其他練習	自由遊ビノ間文字作 リ 唱歌　カアカア烏 （一） 遊戯同 チギリ紙	自由遊ビ 文字作リ続キ オ話シ（菅原先生） 自由遊ビ 折紙遊ビ 折紙　切リ紙 唱歌 遊戯ノ練習	自由遊ビ 頭字遊ビ 三ツ五ツ七ツノ方ニ オ祝物作リ 唱歌ミカン山（一） 自由遊ビ花ヤゴツコ 落葉遊ビ	自由遊ビ 贈リ物作リ折紙カラ ス 唱歌ミカン山（二） 自由遊ビ 番号合セノ遊ビ方 庭作リ	贈リ物作リ 錨寿司ヘ散歩 鯉猿七面鳥九雀其ノ 他ノ観察
三週目	自由遊ビ 贈リ物ヲマトメ包装 シテ宛名ヲカク 一昨日及昨日ノ記憶 画 字カクシ遊ビ 唱歌遊戯練習	自由遊ビ オ祝ノ会挨拶 贈リ物　談話 愛宕神社参拝	昨日ノオ祝ニ関係ス ル 自由発表 切リ紙　折紙 貼リ紙　記憶画 唱歌スヾメノ遊ビヲ 観察サセテ自由ニ表 現サセル	自由遊ビ トランプ作リ オ話シ雀 自由遊ビ 松笠	自由遊ビ トランプ作リ 唱歌スヾメ（二） 遊戯同 松笠拾ヒ自由遊ギ スヾメノ用使ヲマト メテ表現ス	自由遊ビ トランプ作リ スヾメノ貼紙及ビ松 笠細工

四週目	昨日ノ生活自由発表 郵便遊ビニ関スル準備 知ツテキル事ヲ発表サセル 葉書、切手作リ	自由遊ビ カルタ取リ オ銭作リ スタンプ作リ 唱歌郵便 トランプ遊ビ	オ休ミ	自由遊ビ 色紙其ノ他包紙ニテ袋作リ 銀杏ノ葉拾ヒ 有志郵便局ノゾキ	自由遊戯 ポスト作リ 唱歌　郵便 遊戯練習 落葉及桜紙ニテ花作リ	自由遊ビ 銀杏ノ葉ニテフラワー作リ 室内ニ装飾ス ポスト色塗リ

保育効果を万全に期する事に利益するものである。

菅原が示した認識から、子どもの主体的な意志と内発性が尊重された中での子どもたちの生活の本質として「自由遊び」を捉えていることが理解できる。「自由遊び」を重視することと同時に、「自然」を大切にすることも太陽幼稚園の特質である。静田は、『保育パンフレット』第一一号の「巻頭言」で次のように述べている。

「自然に環れ」素朴に環り、その時始めて本質に環り得るのであります。「自然保育」これを新しい目標として、塵だらけな、髄へもの丶、悲しむべき現今の保育への新鮮な活力素として注いで行き度い。

子どもたちの主体的で内発的な動機に基づく活動を大切にしながら、「自然保育」と「自由遊び」を尊重することが、太陽幼稚園の保育の特色だったのである。

注

1　菅原寛一「自由遊びに就て」(『保育パンフレット』第一一号、太陽保育学園、一九三四年五月)

二〇‐七　太陽保姆養成所の設立

一九二八年(昭和三)に、初代相澤太玄、二代三宅俊雄の後をうけて三代目太陽幼稚園園長に就任した静田正志は、太陽幼稚園を拠点としながら活発な幼児教育事業を展開していく。その一つに太陽保姆養成所の設立がある。

「太陽保姆養成所入学案内」によると、太陽保姆養成所は「イ、保育者トシテノ女性、ロ、幼稚園保姆、ハ、託児所保姆」を養成することを目的として、一九三〇年(昭和五)に仙台市東二番丁一四一に設立され、募集人員三〇名、修業年限は一年とされていた。

静田は、太陽幼稚園園長になって以降、保育者養成の重要性を感じるようになっていく。そして、園長になった翌年の昭和四年に上京して約半年間、女子師範学校保育実習科で、倉橋惣三の下、幼稚園経営見習いや保育者養成について勉強する。帰仙後、第二中学林の寄宿舎である同事舎が移転した跡地に、金山活牛と共に太陽保姆養成所(昭和九年に太陽保育学園に名称変更、昭和一四年に閉鎖)を開設する。

所長は医学博士で仙台日赤の所長だった佐藤基が就任し、顧問に東京女子高等師範学校教授倉橋惣三、東洋幼稚園園長岸邊福雄、東北帝国大学教授千葉胤成、前貴族院議員伊澤平左ェ門、東洋大学教授関寛之、東京帝国大学教授宇井伯壽が就任している。

入学金は三円で、授業料(一ヶ月)は四円である。小学校教員の初任給がおよそ五〇円の時代なので、小学校教員の

表Ⅱ20-3　太陽保姆養成所学科課程表

学科	毎週教授時数	課程
倫理	一	道徳の要旨
教育	四	教育学　教授法　管理法　教育史
心理	二	心理学　児童心理学
保育	四	育児法　保育法　保育項目の実際
理科	一	動植物の生活栽培飼育　自然研究
生理衛生	一	生理化学　保育衛生　栄養の理論と実際
談話	一	幼児に関する談話の研究
図画	三	自財画　考案画　美術史
手工	二	紙細工　木工　粘土細工　簡単な彫塑　その他
音楽	三	楽典　声楽　器楽　教授法　音楽史
遊戯	三	遊戯　体操　競技並びに理論
人文	一	一般芸術　児童芸術の鑑賞批判　その他
社会	一	託児隣保保育事業及び社会学概論
随意科		生花　割烹　作法　裁縫　手芸
実習	一四	幼稚園における実地練習
計	四一	

初任給一ヶ月分とほぼ同じ額の年間授業料だったことになる。昭和二年の慶應義塾大学の授業料が、年間で一二〇円[*1]だったことと比べると、決して高くはないものの、通学できる学生は比較的裕福な家庭の子女だったものと思われる。入学希望者は東北各県からの学生が主だったが、富山県などからも希望者があった。

入学資格は、「イ、高等女学校卒業者、ロ、実科高等女学校卒業者、ハ、専門学校入学者検定規定ニ依ル試験検定合格者」とされ、一八歳前後の女子が入学していたことになる。

午前九時から一二時まで実習、午後一時から五時まで学科の授業が行われることが記されている。「入学案内」に記された学科課程と毎週の教授時数をまとめると表Ⅱ20-3の通りである。

実際は、四月から六月までは午前八時から夕方六時頃まで各学科の授業があり、七月からは午前中が実習。午後は学校に帰って七時か八時頃まで学科の授業があったという。卒業は試験によって決められ、成績が悪い場合は免許状が出ないこともあった。

実習は、静田が実習園として設立した向山幼稚園（昭和五年設立）と南小泉幼稚園（昭和九年設立）で行っている。向山幼稚園について、向山幼稚園の保育運営を引き受けた鈴木幸四郎による「緑の山の小さな幼稚園―向山幼稚園創世のころ」という一文がある。そこには、「この幼稚園は、静田正志氏創設の太陽保母養成所の附属の一つで、同氏のひたむきな教育的自覚から生れ、新鮮な保育の発展を目指す一環として設けた自然幼稚園である」[*2]と書かれ、山に設けられた自然幼稚園だったことが記されている。

向山幼稚園があった場所は、佐伯山の仙遊園として市民の憩いの場として開放されていた。そして、その一角に木造建ての向山会館があった。その土地を、仙台の素封家佐伯満雄から、建物ごと昭和五年に借用したことで向山幼稚園は誕生する。三〇人ほどの小さな幼稚園だったが、そこでは、次のような光景が展開されていた。[*3]

林に囲まれた緑の丘。その傾斜の坂道を園児達が嬉々として登って来るのは嬉しい。傾斜面の林へ鞠がころがり探し廻ることも、豆の種・草花の種を播き、蔦が延び、葉が生れ、実がなり、花が咲く日々も、山羊・兎・鶏が子供達の友達であることも、観察教育として、理屈を語ることなしに、そのまま子供達の生活体験として、そこに在った。

まさに、自然を取り入れた保育が行われていたのである。

ただし、太陽保姆養成所で学んだ者は、卒業しても全員が幼稚園に就職したわけではない。幼稚園そのものの数が限られていたことと、女学校卒業後の花嫁修業の一環として入学する者もいたためだと思われる。

ヘキ旧蔵資料に残されている「太陽保育学園同窓生名簿」には、一九三一年（昭和六）度の第一回卒から第九回卒まで一六六名の卒業生氏名が記されている。また、太陽幼稚園の『保育パンフレットⅦ』には、第三回卒業生までの氏名と就職先が残されているが、それらによると、第三回卒業生まで計七四人のうち、幼稚園に就職した者は三四名、小学校が三名、保育所・託児所が五名、養護施設等が四名、就職していない者が二八名となっている。

だが、幼稚園教諭にはならなくても、太陽保姆養成所での教育は、一人ひとりの内部に深く根付き、人生に大きな影響を与えることとなった。太陽保姆養成所の教育が及ぼした影響は、太陽保姆養成所で学び、後に故郷で文庫活動に携わった小関みつの回想から知ることができる。ヘキ旧蔵資料に残された小関の手紙には、次のような文章が記されている。

思えば私は、戦争前の僅かに平和の続きました昭和五年春にその頃の東二番丁宮城学院校隣りのあの懐しい「太陽保姆養成所」の第一回生としてこの福島より入学させて頂きました。

静田正志園長先生を中心に、鈴木ヘキ大人、幸四郎先生、明さん、そして小倉旭さんの童踊、絵をお習いした小原育雄先生、天江大人をんちゃん、みんなみんな世代世代の若い溢れるばかりの「おてんとさんの心」を寄せ集めたお仲間でありました。

数え年で十七才の私などは女学校卒業したばかりの夢みる少女でありましたが、何と広く豊かな「自由」「個性」「勤労」の教育の有難さを叩き込まれたことか。本当に「わが青春に悔いなし」のその頃流行った言葉の通りの充実でありました。

さて、今頃の季節（十月）となると真先きに思い出されるのは、あの古い冠木門を押し分けて園舎の庭に入ると得も言われない蘭の花盛りの庭です。

ほんとうに足の踏み場もない位に咲き乱れた色とりどりの蘭の花に囲まれた太陽幼稚園、そして保姆養成所なのです。（中略）

裏庭は柿の実、いちじく、栗、どんぐり、サクランボ、そうした木の実の他に紫花も百日草も…。〃よろこべばしきりに落ちる木の実かな〟の風生やらの句そのまゝの豊かさなのです。

（中略）

はるかにも過ぎ来し方かな。今七十二才、白髪の媼の私は、あの若い心を精一杯にせめて唄って独り楽しむ幸せを喜ぶのです。

一九三四年（昭和九）に太陽保育学園と改称した後、戦時色が濃くなった一九三九年（昭和一四）に経営が苦しくなり、同学園は閉鎖せざるを得なくなる。その後、学園の図書、教具教材、機械、教員、実習園としての太陽幼稚園等の一切は吉田女学校に移管される。そして、昭和一四年四月一日から吉田専修女学園として再発足するが、戦争が激しくなった一九四四年（昭和一九）に廃校になる。

太陽幼稚園、そして太陽保姆養成所を実践活動の場として旺盛な児童文化活動を展開した静田正志は、園や養成所の終焉と軌を一にするかのように、脳軟化症を発病し、一九四七年（昭和二二）に四五歳でこの世を去っている。

注

1　週刊朝日編『値段史年表　明治・大正・昭和』朝日新聞社、一九八八年、一一六ページ

2　鈴木幸四郎「緑の山の小さな幼稚園」一一〇ページ

3　同前

二〇－八　太陽幼稚園・太陽保姆養成所を拠点とした児童文化活動

七つの子社において、鈴木幸四郎らと共に活動の中心となっていた静田正志が経営した太陽幼稚園と太陽保姆養成所は、七つの子社のメンバーたちによる全面的な協力の下で運営が行われた。同時に、太陽幼稚園は、七つの子社のメン

バーたちの実質的な活動の拠点となっていった。

一九三一年（昭和六）三月に仙台児童倶楽部が実質的に活動を終えた後、おてんとさん社以来の流れをくむ児童文化活動の中心は、七つの子社が担うことになる。昭和六年以降、七つの子社のメンバーたちは、太陽幼稚園や太陽保姆養成所主催によるさまざまな児童文化活動を展開していく。

スズキヘキ旧蔵資料には、この時期の七つの子社のメンバーが中心となったさまざまな活動の資料が残されているが、太陽幼稚園と太陽保姆養成所が主催した児童文化活動や催しをまとめると、表Ⅱ20-4の表のようになる。

これらの催しを内容別に分類すると、①幼稚園の年中行事、②童謡童話会、③啓蒙活動、④子供の劇場、となる。幼稚園の年中行事としては、ひな祭りと運動会の記録が残されている。現在でも、運動会とお遊戯会が年中行事の中心になっている幼稚園は多い。太陽幼稚園の場合、ひな祭りの内容を見ると、いわゆるお遊戯会に相当するものとなっていることがわかる。一九三五年（昭和一〇）の「オヒナマツリ」は次のような内容であった。

プログラム

開会のあいさつ

オヒナサマのうた

第一部

唱歌

1　ハーハ　赤組女

2　電車と汽車　白組男

3　赤牛黒牛　本間六雄さん

表 II 20-4　太陽幼稚園・太陽保姆養成所主催行事

活動名・催事名	日時	場所	主催・後援
子供の劇場 建国コドモ祭	昭和 6 年 昭和 7 年 2 月 7 日	太陽幼稚園 仙台市公会堂	主催　太陽幼稚園 主催　太陽幼稚園 後援　仙台市学務課 社会課
小原國芳講演会	昭和 7 年 3 月 1 日	仙台市公会堂	主催　太陽保姆養成所 栴檀中学 仙台市教育会 仙台市教員会 仙台市学務課 宮城県教育会
保育講習会	昭和 7 年 8 月 14 ～ 16 日	五橋高等小学校	主催　太陽保姆養成所 後援　宮城県保育会 仙台市保育会 宮城県教育会 仙台市教育会
建国コドモ祭	昭和 8 年 2 月 19 日	仙台市公会堂	主催　太陽保姆養成所 後援　仙台市学務課
建国コドモ祭	昭和 9 年 2 月 9 日	仙台市公会堂	主催　太陽保姆養成所 後援　仙台市学務課
建国コドモ祭	昭和 9 年 10 月 20 日	宮城県商品陳列所	主催　太陽保姆養成所 後援　仙台市学務課
オヒナマツリ	昭和 10 年 3 月 3 日	太陽幼稚園	主催　太陽幼稚園
建国コドモ祭	昭和 10 年 12 月 1 日	宮城県商工奨励館	主催　太陽保姆養成所 後援　仙台市保育会 河北新報社
アンデルセン 記念童話会	昭和 10 年 12 月 1 日	宮城県商工奨励館	主催　太陽保育学園
建国コドモ祭	昭和 11 年 11 月 8 日	太陽幼稚園	主催　太陽保姆養成所 後援　仙台市保育会 河北新報社
運動会	昭和 11 年 10 月 25 日	向山幼稚園	主催　向山幼稚園同窓会 太陽幼稚園同窓会 小泉幼稚園同窓会
オ雛祭	昭和 15 年 3 月 3 日	太陽幼稚園	主催　向山幼稚園 太陽幼稚園 小泉幼稚園

4　あられとみぞれ　　赤組男女

5　霜柱　　白組女

おはなし　　三宅先生

第二部

遊戯

1　ねぎ坊主　　赤組

赤トンボ

2　お山のお猿　　赤組

ハトポッポ

3　毬と殿様　　杉田圭子さん

小倉照子さん

4　金太郎

雪だるま　　白組

凧

おはなし　　天江先生

第三部

茶菓

童謡とおはなし　　錫木先生

同窓会々員

七ツの子供社

天江富弥、スズキヘキ、そして七つの子社の同人たちが協力して行い、仙台児童倶楽部が毎月行っていた童謡童話会を、太陽幼稚園に舞台を移し、小学生中心から幼稚園児中心に対象も移して行ったものとみることができる。

太陽幼稚園のひな祭りと同じような内容でありながら、さらに規模を大きくして実施したのが建国コドモ祭とアンデルセン記念童話会である。特に、一九三五年（昭和一〇）一二月一日には、宮城県商工奨励館を会場に、午前九時から建国コドモ祭を実施し、午後一時からアンデルセン記念童話会を開催するという、大規模な催しを実施している。

建国コドモ祭は、幼稚園の子どもたちによる童謡や遊戯、ダンスなどの発表を中心に行い、そこに七つの子社のメンバーなどによる音楽の演奏やお話などが加えられたものとなっている。一九三二年（昭和七）二月七日に開催された建国コドモ祭のプログラムを見ると、来賓や生徒の挨拶が並ぶ第一部に続いて、第二部での演目は次のようなプログラムになっている。

合唱	子守歌	太陽保姆養成所
遊戯	じゃんけんぽん	東二番丁小学校附設幼稚園
遊戯	イ、太鼓橋	能仁保児園子供の家
	ロ、まひごの子猿	
ピアノ	行進曲	児童音楽園
遊戯	イ、三ヶ月様	仙台仏教託児院
	ロ、赤いとんぼ	

オハナシ　　　　　　　　　　仙台児童学芸協会　錫木碧先生
遊戯　あひるの家　　　　　　太陽幼稚園
童謡　イ、白帆　　　　　　　仙台子供研究会
　　　ロ、水ぐるま
遊戯　イ、ポチとカロ　　　　アソカ幼稚園
　　　ロ、ネヅミの兵隊さん
児童劇　黒い眼鏡　　　　　　仙台子供の劇場
吹奏楽　イ、進行曲（鎗騎兵）　仙台少年団音楽部
　　　ロ、童謡集
独唱　イ、花すみれ　　　　　熊谷仙太先生
　　　ロ、つばめ
　　　ハ、お祖父さんお祖母さん
遊戯　イ、小馬の道草　　　　愛生幼稚園
　　　ロ、てる〳〵坊主
ピアノ　赤い雲　　　　　　　児童音楽園
お唱歌　イ、ハーハ　　　　　向山幼稚園
　　　ロ、雪兎
遊戯　イ、毬と殿様　　　　　仙台子供研究会
　　　ロ、木の葉のお舟

童謡教授　　霜柱　　　　　　七つの子供社
童話劇　　人買船　　　　　太陽保姆養成所

ピアノの演奏を行っている児童音楽園は、既述のとおり静田や鈴木幸四郎、佐藤長助ら、七つの子社の中の音楽好きが結成した団体である。仙台児童学芸協会は、ヘキと舘内勇が結成し、主にラジオ番組や子ども会での童謡童話などの児童文化活動を行った団体、仙台子供研究会は、小学校の教師によって結成された団体である。建国コドモ祭は、仙台市内の幼稚園児の出演を中心にしながら、旧おてんとさん社の人々や、小学校の教師たちによって企画運営されていたのである。

太陽保姆養成所主催であるため、幼稚園児を主な対象とした催しになっているものの、旧おてんとさん社の人々が全面的に開催に協力し、小学校の教師たちも参加している構図は、仙台児童倶楽部主催の童謡童話会と全く変わりない。この事実は、仙台児童倶楽部が活動を休止した後に、その役割を太陽幼稚園や太陽保姆養成所を拠点とした七つの子社が引き継いだことを明瞭に示している。

建国コドモ祭に児童劇で参加していた「子供の劇場」は、七つの子社同人の一人で、太陽保姆養成所で教育学を担当し、運営に全面的に関わっていた菅原寛一（一九〇八‐二〇〇六）が責任者として組織したものである。

菅原は、一九〇八年（明治四一）に宮城県玉造郡真山村（現、大崎市）護勢寺に生まれ、一三歳の一九二一年（大正一〇）に第二中学林に入学し、金山活牛に弟子入りした人物である。駒澤大学を卒業と同時に、太陽保姆養成所を静田と共に創設した活牛によって、一九三一年（昭和六）、太陽保姆養成所の講師に任命され、昭和八年八月に退任するまで、静田正志、鈴木幸四郎と共に運営の中心となっていく。

「子供の劇場」創設にあたって発行した「子供の劇場案内」には、目的や活動内容が次のように掲げられている。

一、子供の劇場は教育機関として子供の心性陶冶を目的とします
二、子供の劇場は児童の創造性を児童文芸音楽絵画遊戯作業談話ヲ通して訓練し、それの融合として児童劇を上演します
三、子供の劇場の下に集つた子供を会員とします
四、募集人員は二十名を限度として満七才以上十三才までとします
五、子供の会員は会費二十銭を出し合ひます
六、会員は一週一回以上集ります（当分土曜日午后一時半より四時まで）
七、講師はそれ〲の部門に於ての研究家の助力にお願ひ致します

「子供の心性陶冶」や、「児童の創造性を児童文芸音楽絵画遊戯作業談話ヲ通して訓練し、それの融合として児童劇を上演」することを目的に掲げていることからもわかるように、豊かな芸術に触れながら子どもの心性を陶冶し、子どもの創造性を高めることを目指した大正時代以来の児童文化活動の正統な流れの中にこの活動を位置づけることができる。仙台児童倶楽部に参集した教師たちが求めた、学校外の情操教育の場や機会としての児童文化活動を、正統に継承した活動だったといえよう。

以上のような、おてんとさん社や仙台児童倶楽部が行ってきた児童文化活動を継承する機関としての役割の他に、太陽保姆養成所は、昭和七年を中心に、宮城県内の保育・幼児教育関係者への啓蒙活動の中心機関としての役割も果たしている。

ヘキ旧蔵資料には、一九三二年（昭和七）三月五日午後一時半から仙台市公会堂で開催された太陽保姆養成所主催小

原國芳講演会の案内書が残されている。そこには、次のような「趣意書」が記されている。

国民生活ノ基礎民族発展ノ指導ニ統一ト秩序トヲ以テ組織立ツルハ実ニ教育ノ本義ナリ統一アル所即チ力ナリ秩序アル所即チ平和ナリ今ヤ内外多端ノ時ニ際会シ近ク教育者ニ下シ給ヘル勅語ニ省ミ謹ンデ聖旨ニ副ヒ奉ランコト期セザルベカラス今回斯界ノ権威者小原國芳先生ヲ招シ教育講演会ヲ開催スルハ一ハ我等教育者ノ教育的人格確立ノ為ニ一ハ社会一般ニ教育尊重ノ思想ヲ普及向上セシメンコトヲ期スル所以ナリ

冀クハ主催者ノ微衷ヲ諒トシ御賛同アランコトヲ

この趣意書には、「教育者ニ下シ給ヘル勅語ニ省ミ謹ンデ聖旨ニ副ヒ奉ランコト期セザルベカラス」という文章が盛り込まれ、大正時代を席巻した自由主義的風潮から急速に軍事色が強まっていく時代への移行を反映したものとなっている。そうした時代の中で、大正自由教育の一翼を担った小原國芳を招いて「社会一般ニ教育尊重ノ思想ヲ普及向上セシメン」と願っていることは、太陽保姆養成所の教育内容が児童文化活動を花開かせた自由教育を基盤としたものだったことの表れとみることができよう。静田ら、太陽保姆養成所の運営に携わった人々は、大正時代に児童文化活動を花開かせた思想的基盤の一つである自由教育思想を尊重し、その中で子どもたちの内発性を重視する教育者・保育者の養成を行おうとしていたのである。

「保育講習会」は、こうした保育観・保育者観を有する静田らの、より実践的な活動である。保育講習会の案内には、「こゝに新しき保育、保育の進むべき方向をはつきりと捉へてみたい」とした上で、次のように続けている。

子供には子供の踊りがあります。大人の舞踊慾を子供の世界にあてはめて満足しやうとするのは誤りです。

子供自身が「動きのリズム」を楽しむ事が出来る踊りが真の童踊でなければなりません。つまり童踊（遊戯）はどこまでも子供が生んだ「自然の動き」でなければならないと存じます。

童謡音楽が生れてから既に十数年、その間純正な判断を以て続けてきた研究から、童謡音楽の歴史を一層究め得る最もよい機会と存じます。

八月一四日から一六日までの三日間、午前八時から午後五時まで、定員五〇名、会費一円で募集が行われている。科目は、保育（六時間）、童踊（八時間）、童謡音楽（六時間）で、講師は保育が太陽保姆養成所所長で医学博士の佐藤基と、太陽保姆養成所顧問で文学博士の千葉胤成、童踊が太陽保姆養成所講師の小倉旭、童謡音楽が太陽保姆養成所講師のスズキヘキと鈴木幸四郎が予定されている。案内文からみて、実質的には、小倉の童踊を中心とした講習会だったとみてよいであろう。

また、幼稚園の先生たちを集めた勉強会は、「保育講習会」のような大規模なものとは別に、毎月定期的に行われていた。太陽幼稚園や向山幼稚園が発行した『保育パンフレット』には、各園の先生たちを集めて開催された「保育座談会」の記録が残されている。一九三二年（昭和七）七月に発行された太陽幼稚園の『保育パンフレット第二号』には、六月五日の午後三時から五時まで、東二番丁小学校附設幼稚園、八幡幼稚園、仙台幼稚園、向山幼稚園、仙南幼稚園、霊屋幼稚園、太陽幼稚園の各教員と、太陽保姆養成所講師たちが集まって開かれた「保育座談会」の記録が残されている。

この座談会では、七月の保育について、各園の保育細目を報告し合った後にさまざまな保育についての話が進められていく。その中では、自然の観察材料が多い季節であり、同時に身体の積極的なケアと鍛錬が必要な季節であることを考えながら展開する保育について議論されている。

以上のような、太陽保姆養成所、太陽幼稚園が取り組んだ児童文化活動は、次の点を特に評価する必要がある。①児童文化運動・活動の対象を、小学生から幼児にまで広げたこと、②幼児教育に携わる人々を対象に児童文化活動について啓蒙したことにより、児童文化運動・活動を推し進める多くの担い手を育てたこと。特に、②については、児童文化活動の多くの担い手が太陽保姆養成所から巣立ち、各地域に拡散していったことが、戦後復興の中で宮城県がいち早く児童文化活動を復活させ得た要因ともなったと考えられる。

戦時色が強まる中で、太陽保姆養成所と太陽幼稚園の活動も休止を余儀なくされてしまう。だが、数年間とはいえ静田を中心とした七つの子社の同人たちによって展開された活動は、宮城県の子どもたちが戦後いち早く戦争の傷跡から立ち直る上での拠り所を心の中に築いたという点で、評価してよいであろう。

一九四六年（昭和二一）に、天江富弥とスズキヘキを中心に仙台児童クラブが再結成（かつての仙台児童倶楽部を母体として）され、一九六六年（昭和四一）には、太陽保姆養成所と太陽幼稚園の理念を引き継いで、太陽幼稚園が再開園している。そして、それらの活動には、かつての七つの子社の同人たちが、再び精力的に関わっていくことになる。

第二一章　日曜学校と児童文化活動

二一―一　日曜学校の隆盛と展開

既述してきたように、芸術教育によって精神を陶冶しながら子どもたちに真善美聖の実現を目指そうとした小学校の教師たちによって、児童文化活動が学校を中心舞台の一つとして展開されたことは、誕生期「児童文化」活動にみられる大きな特色の一つである。

学校以外では、童話や童謡を中心に編集された児童文芸雑誌の購読が盛んになり、それらの雑誌への童謡や綴り方、自由画の投稿が子どもたちによって盛んに行われていた。また、子どもたち自身によって童謡・童話雑誌が手作りされて仲間内で廻覧されたことも、学校外での児童文化活動として確認できる。さらに、自宅を開放して子どもたちを集めて影絵会を催したり、私設文庫のようなものを開設したりする活動も行われていた。

これらの活動の場の他に、誕生期「児童文化」活動が活発に展開された場として、日曜学校を挙げることができる。

日曜学校は、キリスト教と仏教の双方によって行われてきたが、日曜学校という呼称を近世に用いた最初はイギリスのロバート・レイクスによって一七八〇年に設立された「サンデースクール」だと言われている。レイクスは、六歳から一四歳までの子どもたちを集めて、日曜日に聖書に関する教養内容や一般教養を教えることを始め、イギリス全土にレイクスの活動に共鳴する人々の活動が広がっていく。

やがて、こうした活動はイギリスにとどまらず世界的な運動に発展し、日本でもお雇い外国人教師の一人として有名なヘボンが、横浜外国人居留地の自宅で第一日曜学校を始めている。

一方、仏教では、一九〇一年（明治三四）一〇月に京都明福寺の垂髪協会、一九〇五年（明治三八）に佛教大学生の無漏田謙恭によって求道日曜学校が創設され、日曜学校の名称が使われるようになる。[*1]

その後、学校外での徳育の充実を求める社会的風潮もあり、全国で日曜学校の組織作りが進んでいく。一九一五年（大正四）の大正天皇即位を記念した御大典を機に、本願寺では同年七月一五日に本願寺執行所教学課内に「日曜学校係」が特設され、「本派本願寺仏教日曜学校規定」が公布される。この規定により、出欠表用紙、校旗、記章、賞状、終了証書等が指定され、同年中に新たに開設された日曜学校は約六五〇校にも及んだという。[*2]

こうした動きは本願寺だけのことではなく、日曜学校の組織や教育内容などは宗派毎に定期的に協議されながら整えられていった。曹洞宗では、日曜学校の充実を図る目的で、「全国日曜学校大会」が開催されている。

一九二五年（大正一四）四月一一日と一二日の二日間行われた大会の記録「曹洞宗全国日曜学校大会順序」を見ると、一日目が日曜学校の組織や教育に関して議論する「協議会」、二日目は全国の寺院で行われている日曜学校の統一版ともいうべき「児童大会」が行われている。

協議会では、「児童教化方針の統一」「礼拝法の統一」「経典教授の統一」「仏教唱歌教授の統一」「教案制定に就て」「日曜学校教育者養成機関の設置」「年中行事に就て」が協議されている。年中行事に関しては、「本宗児童としての必修行事」「仏教児童としての必修行事」「特殊行事に関する事項」と細かく議論されている。児童大会では、午前が「報恩法会」で献花や焼香、読経回向などが行われ、午後は「常濟大師御伝」「大家の童話」「各種余興」が行われている。

曹洞宗の寺院では、こうした協議会の結果を反映しながら日曜学校の整備と運営が進められていったのである。

曹洞宗大本山総持寺が運営した日曜学校の一つに鶴見日曜学校がある。鶴見日曜学校では『生徒證』を発行していた。目次は、「礼拝文、おちかひ、総持寺、常濟大師、校歌、讃仏歌、鶴見日曜学校要項、出席簿、通信欄」の内容で構成されている。表紙を開くと、「牛徒心得」が次のように記されている。

生徒心得

一、鶴見日曜学校は生徒は仏様のみ教えにしたがひ、心と行ひを正しくして他の模範となることを心掛ること。

二、生徒證は毎日曜午前九時前に係りの先生に差し出して出席の印を頂くこと。

三、生徒證は大切に保護すること。

四、「おちかひ」をどこでも唱へて愉快につとめること。

どこでも唱えることが求められている「おちかひ」は、「南無帰依仏。南無帰依法。南無帰依僧」という「礼拝文」の次に掲げられている。「おちかひ」は、「心正しく身は美しく目は涼しく、返事はやく仲よくともに励みます」という文章になっている。日曜学校が始まると、この「礼拝文」と「おちかひ」を最初に子どもたちは唱えたのである。「おちかひ」の後に、『生徒證』では総持寺の歴史と開山の常濟大師の説明が続く。その後に校歌が続き、さらに、「涅槃会」「魂まつり」「仏の心」など、キリスト教の賛美歌に対抗して作られたと言われている讃仏歌が計一八掲載されている。

鶴見日曜学校の組織、目的、年間スケジュールは、最後の「通信欄」の前に「鶴見日曜学校要項」としてまとめられている。そこには、次のような目的と組織が記されている。

一、本校は仏教の本旨により児童に宗教教育を施し児童の品性を陶冶し人格の向上を図り教化善導を以て徳性を涵養し国民性を啓発せしむ。

二、本校生徒は小学校尋常一年より高等二年迄の生徒を入学せしめ左の組織を為す

菫	尋常一年	四年	女生
橘	尋常一年	四年	男生
菊	尋常五年	六年	女生
松	尋常五年	六年	女《ママ》生
桐	高等科		男女生

高等科卒業以上の人は校友として待遇す

ここに掲げられた目的は、「仏教の本旨」を「教育の本旨」に、「宗教教育」を「芸術教育」に置き換えれば、そのまま当時の学校教育の目的にもなり得る内容である。宗教教育という特殊性はあるものの、学校教育を学校外で補完する場として日曜学校が機能し、また社会的にもそうした場として期待されていたことが、この目的からも理解できる。組織は一年から四年までのクラスと五年・六年のクラス、そして高等科の生徒のクラスで構成され、縦割り学級となっていたこともわかる。学年ごとに輪切りにされる学校とは異なり、異年齢集団が形成される中での活動だったことも、学校教育を補完する学校外での教育活動という点では意味があったものと思われる。さらに、学校外で縦割りの異年齢集団が形成されていたことは、日曜学校が衰退した後に少年団活動が勃興していく際に、日曜学校の少年団への移行を

容易にするための下地となったことも見逃せない。

年間の主な行事として、①四月第一日曜の入学式、②四月八日の花まつり、③七月七日の七夕まつり、④七月一五日の魂まつり、⑤七月下旬の林間学校、⑥八月中の休暇、⑦九月九日の作品展覧会、⑧一一月二一日の常濟大師降誕会、⑨一二月八日の成道会、⑩一月一〇日の新年会、⑪一月二六日の承陽大師降誕会、⑫二月一五日の涅槃会、⑬三月二八日の修業卒業式、が列挙されている。毎週日曜日に日曜学校に通う子どもたちは、節目ごとのこれらの行事にも参加しながら学校外での活動を行っていたのである。

これらの行事を運営したり子どもたちの指導を行ったりする職員として、伊藤道海校長以下、顧問が七名、理事が二名、主任、そして教師が五名の計一六名だったことが記されている。鶴見日曜学校の児童数は不明だが、教員数から考えると、日曜学校の組織としては大規模なものだったことがわかる。

仏教系の日曜学校の年間行事の中で最大のものは、釈迦降誕を祝う四月八日の花祭りである。一九二三年（大正一二）四月五日付河北新報には、「日比谷の花祭　釈尊降誕日に花の都を飾る仏教徒の催し」の見出しで、東京の日比谷公園で八日に催される予定の花祭りについて報じている。そこには、「仏教各宗の催しで帝都の春に一段の光彩を添へる花祭りの会が桜も満開の八日の朝から日比谷公園に執行され」、当日は「各宗仏教団体を始め曹洞宗教日蓮豊山天台各大学中学生東京家政東洋淑徳日の出浅草商業女学校千代田の女学生団体仏教婦人矯風会吾妻仏教婦人会その他沢山の婦人会これに都下各寺院よりの来賓地方団体一般生花会の人々も加はるのであるからその賑やかさは今から想像される」と、その盛大さについて述べている。

こうした全国の日曜学校に関する動向は、仙台の日曜学校にも大きな影響を及ぼしていく。大正一二年四月八日付河北新報には、「全国各市仏教団では挙つて各種の釈尊降誕会の催しをしてゐるが当市連合仏教会でも今年は時勢に適合して従来と様式を変へ京都花祭同盟の催しに倣つて満都を中心に盛大な花祭りを挙行すべく準備中」という記事が掲載され、具体的な計画として「婦人子供の国として大人禁制の花祭お伽会」を行う計画が報告されている。全国の動向の影響を受けると同時に、仙台ではおてんとさん社を中心とする活発な児童文化活動と融合しながら、他の都市とは異なる様相も見せつつ日曜学校が発展していくことになる。

注

1　日曜学校沿革史編纂委員会『日曜学校沿革史―本願寺派少年教化の歩み』浄土真宗本願寺派少年連盟、二〇〇七年、七ページ

2　前掲『日曜学校沿革史―本願寺派少年教化の歩み』一五～一六ページ

二一―二　仙台の仏教系日曜学校事情

仙台における大正時代から昭和初期にかけての日曜学校の活動について、本格的な先行研究は存在しない。仙台での日曜学校に関する記述として確認できるものは、スズキヘキ旧蔵資料をもとに鈴木楫吉がまとめた「仙台の仏教系日曜学校」（『研究「おてんとさん」』九号所収）、『仙台市史　通史編7』の中に見られる記述、さらに『梅檀学園壱百年史』中の梅檀中学日曜学校活動に関する記述である。

『仙台市史　通史編7』には、仙台の日曜学校について次のような記述が見られる。[*1]

当時の仙台では、仏教とキリスト教による社会活動がさかんであった。（中略）このような宗教団体による社会活動には、とくに婦人部（婦人会）・青年部（青年会）が積極的であった。すでに、一九〇四年（明治三七）に、東本願寺別院仙台仏教婦人会や仙台仏教婦人会が存在しており、一九二三年（大正一二）に仙台仏教各宗派連

図Ⅱ-25　皎林寺日曜学校（鈴木楫吉氏蔵）

合会の後援で東北仏教青年団が設立されていた。一九二一年（大正十）にスズキ・ヘキの協力で始まった仙台仏教婦人会少女部の童謡創作活動の会場となった第二中学林（のちに栴檀中学）の学生によって、コドモ会日曜学校が開かれた。卒業した学生が寺に入ると、ただちにコドモ会日曜学校を開き、その数を増していった。仏教系団体が主催した日曜学校としては、仙台仏教日曜学校のほかに皎林寺・東本願寺・仏教婦人会少女部・東昌寺少年少女団（北陵日曜童園）・竜宝寺コドモ会・宮城野コドモ会・西本願寺少年部・法輪院鬼子母神五《ママ》年少女会などの日曜学校が確認できる。日曜学校の内容は、童謡斉唱・独唱・子ども向けの法話・児童遊戯・児童宗教劇など多彩である。そして、コドモ会日曜学校の充実、リーダーの確保と育成、連合行事の開催などに取り組むため、一九二四年（大正十三）ころに仙台仏教コドモ会連盟が設立されたようである。

キリスト教関係の社会事業も、主として青年会と婦人会によって取り組まれた。（中略）キリスト教系団体が行う日曜学校の活動は活発で、宮城女学校・尚絅女学校や東北学院の学生も指導者として参加していた。一九一六年（大正五）の仙台浸礼教会（仙台バプテスト教会）日曜学校には、市内の小学校児童約一二〇人が参加しており、讃美歌の指導、コーラス、聖劇、子ども向けの宗教講話などが行われた。

この記述が、仙台の日曜学校に関する最も分量の多い記述となっている。この記述でもわかるように、仙台は日曜学校の活動が盛んな地域だった。また、仙台の仏教系日曜学校の場合、仙台仏教コドモ会連盟が設立され、宗派を超えた仏教系日曜学校の連合行事の開催などを行ったことは注目される。

仙台仏教コドモ会連盟結成を呼びかけたのは、第二中学林の同事舎出身の庄司泰玉《たいぎょく》である。スズキヘキ旧蔵資料には、泰玉による「コドモ会に就いて」という次のような呼びかけのチラシが残されている。

> 国家の問題、思想方面の問題が喧ましい時に、私共はやはり何か考へます。新しい強い正しい日本を、建設して行く責任は現在と、其後に生れて来る子供達の小さい肩に懸つてます。お互が悪み相ひ、自分本位になり、不幸と不安との中に生活しては団体として立つ大きい日本が美しい立派な国にはなれない筈です。
> 一番大事な国民教育…
> 此処に於て私共は子供の教養と訓化と慈育と云ふ事に少しでも考へて行きたいのです。
> 　子供会―小学教育といふ基礎の上に、私達は心から、すべてのよき子供らの為に、前述の精神を建設して行きたいと思ひ、それには日本の宗教である、仏教の教化事業を、子供会の為に全き全力を盡したいと思ふのであります。
> 　宗教―については今更申上ぐるまでもなく、人々の心に遠き近き祖先を忘れず、又すべての善行と慈愛との

根本となるべき信心を教へ育ぐくみ、
童話と童謡―とによつて、美しい飾らぬ子供たちの夢のやうな世界に、その上品なゆかいな、子供らしい歌…をきかせ又歌はせ、何かのよい種を芽ばへさ《ママ》せべき高尚な楽しいお伽噺を与へて順長な子供さんにしてあげたいのです。
以上の趣旨により、賢明なる諸人士の御賛助を待つ心を、私は有して居ります。
…大正十二年　初夏…

仙台仏教コドモ会連盟が、仏教の教化事業の柱として、宗教に加えて童話と童謡を重視していたことは注目される。仙台仏教コドモ会連盟が、この後どのような経緯で設立に至るのか資料が残されていないため不明だが、仙台の仏教系日曜学校では、童話と童謡を柱に据えた教化事業が活発に展開されていくことになる。

注
1 『仙台市史』通史編七、仙台市、二〇〇九年、二二三～二二四ページ

二一－三　日曜学校と行事

スズキヘキ旧蔵資料には、仙台仏教コドモ会連盟のものも含めて日曜学校の催しの案内チラシや関係資料が残されているが、その中から、大正時代から昭和一〇年（一九三五）までに仙台市内とその近郊の日曜学校が催した会をまとめたものが表Ⅱ21－1である。

表Ⅱ21－1　仙台市・仙台近郊　仏教系日曜学校催し

催し物名	開催年月日	場所	主催	共催	内容
お伽大会	大正一三年七月六日	第二高等女学校講堂	仙台仏教コドモ会連盟		童謡、おとぎ狂言、讃仏歌遊戯、童話劇、他
一周年記念大会	大正一三年一一月八日	閖上　東禅寺	閖上　東禅寺		第一部、第二部童謡、童話（錫木碧）、マンドリン他 ※閖上の日曜学校
成道会の式	大正一三年一二月七日	不明	仙台仏教婦人会少女部		成道会の日にちなんだ文芸会。童話、童謡、遊戯、童謡劇など。スズキヘキ、山田重吉、小松郁雄出演。
コドモ花祭	大正一四年四月五日	不明	仙台仏教コドモ会連盟		第一部、第二部童謡、童話劇、絵ばなし、滑稽対話劇、他
お正月文芸会	大正一五年一月一〇日	不明	仙台仏教婦人会少女部		司会スズキヘキ、童謡、童話、合唱、童踊など。
コドモ花祭り	大正一五年四月三日	仙台市公会堂	仙台仏教コドモ会連盟		第一部（旗行列）、第二部（灌仏式）、第三部（お伽大会）童踊、讃仏唱歌、童謡、絵ばなし、宗教歌劇、他
お伽大会	大正一五年一一月一三日	不明	閖上仏教日曜コドモ会		第一部、第二部 ※閖上の日曜学校
落ち葉の集ひ	大正一五年一一月二八日	宮城野コドモ会	宮城野コドモ会		
魂まつり大会	大正一五年？	不明	ミナト仏教日曜童園		絵ばなし、童話（岸邊福雄）、讃仏歌遊戯、童謡、童謡舞踊、他　※石巻の日曜学校
コドモ花祭り	昭和二年四月一〇日	仙台市公会堂	仙台仏教コドモ会連盟		第一部（灌仏式）、第二部（童話舞踊と大会） 岸邊福雄出演

四周年記念お伽大会	昭和二年一〇月一六日	閖上コドモ会	閖上コドモ会		一、二、童話、童踊、童謡、ジャズ、唱歌劇他 ※閖上の日曜学校
コトリノツドヒ	昭和二年一〇月一六日	双葉日曜学校	双葉日曜学校		童謡、遊戯、児童劇、対話、他
童話会発会第四周年記念 仏教童話会	昭和三年一一月一八日	龍渕寺	仏教日曜学園		
コドモ花祭り	昭和四年四月七日	仙台座	仙台仏教コドモ会連盟 仙台仏教連合会		第一部（旗行列）、第二部（灌仏式）、第三部（お伽大会）童話（巌谷小波）、表情遊戯、童話劇、他
花まつり大会	昭和四年五月一六日	塩釜千壚館	塩釜仏教日曜学校		旗行列、第一部、第二部（お伽大会）、ジャズ、童謡、児童劇、第三部 ※塩釜の日曜学校
秋の集ひ	昭和四年一〇月一七日	梅檀中学大講堂	梅檀中学日校部		
釈尊降誕記念講演会	昭和五年四月八日	東二番丁小学校講堂 仙台座	仙台仏教連合会	斎藤報恩会	午前 旗行列、岸邊福雄童話会 午後 歎仏歌合唱、童謡、他 童話（錫木碧、鈴木幸四郎、片平庸人、小倉旭、刈田仁）
コドモの会	昭和五年一月一九日	集会所	東八番丁南会婦人部		
皎林寺授戒会子供大会	昭和六年九月一二日、一三日	満福寺（一二日） 皎林寺（一三日）	皎林寺授戒会		童謡音楽会（合唱、遊戯、童話劇、ジャズバンド、他）、子供授戒大会
子育鬼子母神堂少年少女会発会式	昭和七年一月二四日	子育鬼子母神堂	子育鬼了母神堂		童話、法話、宗歌 錫木碧出演
コドモ花まつり	昭和七年	仙台座	仙台仏教日曜学校連盟		師団慰問・旗行列行進、第一部（灌仏

	四月三日				会）、第二部（お伽大会）童謡舞踊、お伽狂言、児童劇、遊戯、合唱、他
東本願寺日曜学校と仙台幼稚園の報恩の集り	昭和七年一〇月九日	本願寺別院	東三番丁本願寺別院		報恩の式 第二部（童踊、児童劇、童話劇、童謡劇、遊戯、童謡、他）錫木碧出演
成道会児童大会	昭和七年一二月四日	仙台市公会堂	仏教児童研究会	仙台仏教連合会 仙台市社会課 河北新報社	成道会の式、児童大会（剣舞、童謡、児童劇、童踊、お伽狂言、童話、他）
釈尊降誕記念講演会	昭和八年四月八日	仙台座	花まつり連盟	斎藤報恩会	舞踊、試演劇、他
成道会児童大会	昭和八年一二月三日	仙台市公会堂	仏教児童研究会	仙台市社会課 河北新報社	成道会の式、児童大会（童話劇、童踊、少年団劇、童話、他）
釈尊降誕記念花祭	昭和九年四月八日	仙台座	釈尊降誕花祭全市連盟	仙台仏教連合会 斎藤報恩会	記念法要、講演、児童部（童謡舞踊、宗教劇、子供手踊、他）
花まつり児童大会	昭和一〇年四月七日	仙台座	仙台仏教連合会	河北新報社	第一部（灌仏式）、第二部（児童大会）合唱、舞踊、唱歌劇、剣舞、寸劇集、対話劇、他

仙台市公会堂や仙台座を会場にしながら、大規模な花祭りや成道会の大会が開かれていたことがわかる。

これらの大規模な催しを主催したのが、仙台仏教コドモ会連盟や仙台仏教日曜学校連盟などの組織だが、これらの組織には仙台市内の多くの日曜学校が加盟していた。表Ⅱ21－1にまとめた大会プログラムの中に記載されている日曜学

図Ⅱ-26　花祭り（鈴木楫吉氏蔵）

校名を挙げると表Ⅱ21－2の通りである。

この他に、この中には登場しないものの、西本願寺別院でも日曜学校活動が活発に行われていたことが確認できる。

前節や表Ⅱ21－1で明らかなように、日曜学校の年間行事の中で最大の規模のものは花祭り（図Ⅱ-26）である。花祭りについて、一九二五年（大正一四）四月六日付河北新報には、「降誕祭の花祭り千余の子供行列」の見出しで次のように報じている。

> 午前九時から開かるべき予定の昨日の仙台仏教コドモ会連盟の花祭りは、降り出しさうな朝の空模様に躊躇した、め午前十時半から東三番丁東本願寺の広庭に催された〔。〕境内東南隅の小丘上に花御堂を背にした大白象が飾られ、空高く掲揚された大国旗がけふの佳き日をことほぐもの、如く春風に翻つてゐる、幾本となく立ち列んだ花傘の下に、花まつりと紅く染めた白襟を肩にかけ、花御堂を描いた小旗を手にした数百名の子供達が列を整へ、君ヶ代の合唱に式は始められ石龍文堂氏の開会の辞、讃仏歌、歎徳文、献花献香、灌仏〔、〕職員礼拝と式を進めて大石賢堂師の祝辞あり

表Ⅱ21-2　日曜学校名一覧

大正時代	門脇仏教子供会、皎林寺日曜教林、仙台仏教日曜学校、東禅寺日曜学校、東本願寺日曜学校、仏教婦人会少女部、北陵日曜童園、ミナト仏教日曜童園、宮城野コドモ会、閖上コドモ会、龍宝寺コドモ会
昭和初期	青葉児童学園、大谷少女団、鬼子母神堂少年少女会、駒鳥会児童部、皎林寺日曜教林、塩釜仏教日曜学校、心友日曜学園、仙台仏教託児園、仙台仏教日曜学校、仙台幼稚園、天苗少年団、原町東岡学園、仏教婦人会少女部、保春院日曜学校、双葉日曜学校、北陵日曜童園、龍宝寺コドモ会

表Ⅱ21-3　大正 15 年　花祭りプログラム

第一部 旗行列	1. 集合（仙台駅前）　1. 整列　午前 9 時半　1. 花祭りの歌　1. 花祭り宣言　三宅俊雄　1. 誕生仏奉安大白象、旗行列進行（名掛丁－新伝馬町－大町－西公園到着）　1. 昼食（休憩）午前 11 時半
第二部 灌仏式	1. 開式（正午）　仙台市公会堂　1. 国歌二唱　一同起立　1. 開会の辞　津田重吉　1. 讃仏歌（印度の国一、二）　1. 歎徳文　男子総代（龍宝）、女子総代（北陵）　1. 献花　各校女子総代一名、各校男子総代一名　1. 灌仏　男子総代（西本）、女子総代（婦人会）　1. 市外日校代表者礼拝　1. 来賓祝辞　1. 会員礼拝　一同起立　1. 讃仏歌（印度の国三、四、五） 休憩（午後 0 時 40 分）
第三部 お伽大会	1. 童謡　サザナミ　北陵日曜童園　2. お話　サンボ　閖上子供会生徒　3. 児童宗教劇　金剛の城　皎林寺日曜学校　4. 童踊　あの町この町　仙台仏教日曜学校　5. 舞踊独唱　蟹の鋏とぎ外 1　男澤一男氏　6. 讃仏唱歌　御仏の子　東本願寺日曜学校　7. 対話唱歌　浦島　仏教婦人会少女部　8. 童謡斉唱　小鳥の飴屋　皎林寺日曜教林（休憩　10 分　花まつり団子分配）　9. 花まつり童謡　鐘なりめぐれ　各日曜学校有志　10. 絵ばなし　タマテバコ　桑原自彊氏　11. 宗教歌劇　光の宮　龍宝寺コドモ会　12. 舞踊　キナイキナイバア　宮城野コドモ会　13. 童謡斉唱　青い山　仏教婦人会少女部　14. 宗教対話劇　卯月の八日　北陵日曜童園　15. 童謡舞踊　てるてる坊主、鳳仙花、路次の細道　江刺あや子、田丸かほる　16. 対話唱歌　花咲爺　宮城野コドモ会 花祭りの歌「昔も昔」　一同 閉会の辞　白石玄浄 伴奏　佐藤長助氏 背景　山田重吉氏 万歳三唱 お土産分配

昔もむかし三千年、まるい世界のまんなかで、花咲き匂ふ春八日、ひゞきわたつた一声は、渇ける人にふりまいた、天にも地にも吾ひとり、甘露の水はかぎりなき

と小旗を打ち振りながら合唱する花祭りの歌に午前の式を終つたが誕生仏奉安大白象の下に翩翻する千余の小旗の波は、宛ら春風に揺るゝ白蓮紅蓮の池を見るの美観を呈し、合唱の響きは迦陵嚬伽の声かとも聞かれた、昼食後一時、大白象を中央に会場を出発した旗行列は、元寺小路、名掛丁、新伝馬町、大町、国分町、定禅寺通り、東一番丁、南町通り、東三番丁と経巡つて午後二時半会場に帰り、讃仏歌、遊戯、舞踊、バスケットボール等に興じて楽しい一日を送り夕刻散解したが、市内日曜学校として名取郡中田村前田日曜会、閖上コドモ会、柴田郡村田町願勝寺日曜学校生徒等が参加した

〔 〕内＝引用者

この記事で花祭り当日の様子が具体的にわかるが、大正一五年の花祭りでは、第一部の旗行列会場から第二部の灌仏式、第三部のお伽大会までのプログラムが表Ⅱ21-3のように組まれていた。

プログラムを見ると、各日曜学校の生徒たちが童謡や劇を披露しているが、大正一五年の花祭りに限らず、どの年度もお伽大会は日曜学校の生徒たちによる発表が行われていた。この時代の児童文化活動では、子どもたちは文化の享受者にとどまらず文化の発信者・表現者になっていることが確認できるが、日曜学校における児童文化活動でもこうした子どもの位置づけが確認できる。

また、仙台の花祭りで讃仏歌として歌われていたのは、「印度の国」「花まつりのうた」、そして「お釈迦さまのうた」が多かった。

「お釈迦さまのうた」は、「むかしも昔三千年／花さきにほふ春八日／ひゞきわたつた一声は／天にも地にもわれひと

り」で始まり、四番の「なん年たつても変らずに／咲いたまゝなる法の花／きれいなひとつを胸にさし／われらもまけずに励みませう」で終わる釈迦の生涯を歌にしたものである。「印度の国」は、「印度の国はガンヂス／川のほとりに宮居せる／浄飯王の御后／マーヤー夫人の身によりて／三千年のそのむかし／四月八日に誕生し／其御名をばかしこくも／悉達太子と申すなり」で始まり、五番の「仏の出生なかりせば／われらはいかでこのみ代に／尊き聖教うくべきぞ／うれしき日なり今日こそは／我等の汚れし心をば／甘露の法雨に滌ぎつゝ／今日のよき日を送りなむ／今日のよき日を送りなむ」で終わる、釈迦の生涯と徳を讃える歌である。これらの歌で、子どもたちの教化を図っていたのである。

先に引用した大正一四年四月六日付河北新報の記事では、一〇〇〇人以上の子どもたちが花祭りに参加したことが報じられていたが、仙台市公会堂や仙台座を会場にしたこの催しは、予算の面からも日曜学校にとって一大イベントであった。スズキヘキ旧蔵資料に「大正十四年度釈尊花まつり決算報告」が残されている。その報告には、表Ⅱ21-4のような内訳が残されている。

週刊朝日編『値段史年表』（朝日新聞社、一九八八年）によると、高等文官試験に合格した公務員の初任給が大正一五年に七五円、東京大学の年間授業料が大正一四年に一〇〇円、現在およそ一〇〇万円の早稲田大学の年間授業料が大正一四年に一四〇円である。その時代に総額八〇〇円二四銭の行事は、予算規模から見てもかなり大規模なものだったことがわかる。

花祭りのような大規模な行事以外にも、宮城野コドモ会が行った「落ち葉の集ひ」のような郊外への遠足や、運動会も行われていた。

実施年月日は不明だが、一九三二年（昭和七）に発足した鬼子母神堂少年少女会の運動会のプログラムが残されている。午前九時から始まり昼食をはさんで午後まで全二〇のプログラムが予定されている。競技としては、綱引き、遊戯、リレー、旗取り、字合わせ競争、バスケットボール、ドッジボール、二人三脚などが予定されている。

表Ⅱ21-4　大正14年度花祭り決算報告

総収入金 756円74銭	内訳	7校花祭負担金　350円、仏教連合会補助金150円、雑誌寄贈金110円、職員徽章売上代34円、花御堂売上代30円、エハガキ売上代21円60銭、辻文メタルヤ寄附金15円80銭、ポスターニヨル寄附金10円70銭、佐藤エハガキヤ寄附金10円、7校経常費7円、入場券売上代6円60銭、藤本氏送別費5円、前年度引継金2円80銭、閖上及前田日校寄附3円、当日賽銭24銭
総支出金 800円24銭	内訳	施本花まつり一万代205円85銭、日校メタル代102円、エハガキ3000部84円、大象装飾費45円34銭、役員及児童徽章代38円20銭、式場費30円83銭、交渉費（案内運搬車代）27円19銭、振籠14本代25円20銭、弁当費20円50銭、楽隊一組20円、慰労茶話会費20円、花御堂代100ヶ17円10銭、煙火代17円、印刷費15円10銭、新聞記者招待費15円、役員会食費14円65銭、万燈2ヶ代13円、ポスター200枚12円45銭、ピン代11円30銭、バスケットボール10円、常任経費腕章10円、事務所雑費小物代9円98銭、役員会茶菓費5円5銭、仏職役員茶菓代3円50銭、印絆天1枚3円、千旗田竹代2円50銭、メガホン代2円50銭、献花代1円、事務所費及謝礼18円 不足43円50銭

これらの行事を楽しみながら、日曜日ごとに開かれる日曜学校に参加していた子どもの数も相当数にのぼっている。スズキヘキ旧蔵資料に残された一九二六年（大正一五）の花祭りに際して仙台仏教コドモ会連盟が発行した「コドモ花祭り御案内」には、次のような文面が記されている。

> ひととせに一度の、お目出たい、おしやか様の御誕生日を迎ふることになりました。いつくしみ豊かな、みほとけさまの子として、私共三千の仙台仏教日曜学校生徒だち《ママ》は来る四月三日（神武天皇祭）に前年にも増してたのしいコドモ花祭りを催します。

大正一四年の国勢調査で、仙台市の人口は一四万二八九四人[*1]であった。学齢児童数は、大正一一年で約二万人[*2]とされている。

仏教系だけでも三〇〇〇人を超える生徒だが、キリスト教系日曜学校に通う子どもの数は、仏教系と同数かそれ以上ではなかったかと考えられる。これらを考え合わせると、仙台市内で仏教系とキリスト教系のどちらかの日曜学校に通っていた子どもは、四人もしくは三人に一人ほどの割合にのぼっていたのではないだろうか。

注

1　前掲『仙台市史』通史編七、一六ページ

2　前掲『仙台市史』通史編七、一八四ページ

二一－四　仙台におけるキリスト教系日曜学校の広がり

スズキヘキ旧蔵資料や教会史を見ていくと、仙台は、キリスト教系の日曜学校も盛んだったことがわかる。日本基督教団仙台東一番丁教会がまとめた『仙台東一番丁教会史』には、仙台におけるキリスト教系日曜学校の隆盛を示す次のような記述がある。*1

一八九七年（明治三十）頃から「日曜学校」という名称が用いられるようになり、「東京日曜学校同盟会」というものができた。一九〇一年十一月その第三回総会が開かれ、さらに発展して、一九〇七年「日本日曜学校協会」が設立された。仙台にも「仙台部会」が組織され、わが教会もその傘下に加わった。その頃の日曜学校はすこぶる盛んで、仙台教会でも生徒数は非常に多く明治四十年三月三十一日のイースターにおける生徒出席数は三百二名（男百五十、女百五十二）であったといわれ、普通の日曜日も常に二百七、八十名の出席があった。

この記述の後に、「日曜学校は大正期に最も活況を呈した」とあり、仙台教会は、「大正後期に『海浜学校』という独

自の教育を実施し、また昭和に入り『日曜学校のための又新館の建築』をして、日曜学校の発展」に力を注いだことが記されている。[*2]

仙台市の東六番丁教会では、一八九三年（明治二六）に日曜学校が始められている。アメリカから赴任してきたミラーは、次のような手紙を残している。[*3]

> 仙台に到着してから、（中略）東北学院の多くの教師、学生の協力を得て、仙台でまだキリストの福音が宣べられていない宮町に日曜学校を開きました。大変盛大なスタートでした。目新しいので、子どもたちは小型オルガンの美しいひびきを聞くと大挙して部屋に入って来ました。実に大勢で、にぎやかで、統制がとれそうにない状態でした。

キリスト教系の日曜学校は、オルガンをはじめとする目新しい文化で子どもたちを魅了していた様子がわかる。

スズキヘキ旧蔵資料に残されている仙台児童倶楽部の『童謡会の記録』には、関係団体として、西本願寺日曜学校・仙台仏教婦人会・皎林寺日曜学林・宮城野コドモ会の仏教系日曜学校と並んで、バプテスト教会・聖公会・日本クリスト教会・北星バプテスト教会・尚絅女学校附属・宮城女学校附属・荒町日本基督教会・北四番丁日本基督教会・東六番丁日本基督教会・榴ヶ岡日本基督教会・メソヂスト教会・組合教会・救世軍・教会日曜学校、以上一四のキリスト教系日曜学校が列挙されている。東一番丁教会だけで三〇〇名を超える子どもが参加していたことを考えると、仙台市内のキリスト教系日曜学校に通う子どもの数は、仏教系日曜学校と同程度かそれ以上の三〇〇〇名から四〇〇〇名に及んだことが考えられる。

これらの日曜学校は、一九二二年（大正一二）四月に発足する仙台児童倶楽部の童謡童話会にも出演するなど活発な活動を続けていくが、ヘキらは大正一二年七月一日の日曜日に北四番丁の日本クリスト教会日曜学校を参観している。仙台児童倶楽部の小林藤吉、スズキヘキ、天江富弥の三人は、日本クリスト教会日曜学校の様子について次のように『童謡会の記録』に記している。

北四番丁仙台クリスト教会日曜学校参観、

当日は共同礼拝とかにて、祈禱、賛美歌の外当クラブ賛助員羽生氏の講話ありしのみ、どの点より見ても、日曜学校なるものハ、一つの型式にとらハれ過ぎ、子供を度外視し、子供にキュークツと形式の神を与へる会合としか思われず、少しも喜ばぬ子供、講演を聞きながら活動写真「珍婚旅出」の筋書をよみふけってゐる子供もあり、あまり感心出来なかった。この様に多くの子供達がどんな喜びを感じ、又ハ期待して毎週この会堂に集まるものだろう、ナンテ話合った。

羽生氏はいつも児童倶楽部に欠かさずお出で下すって研究会席上有意なる御意見を聞かして下さってゐたが、偶然その日羽生氏の童話を拝聴する喜びを持つことが出来た。

題は『だれのしたことが一番よいか』とでも言ふか、三人の子供のなした善行の内、どれがいちばんよいかと言ふもの。題材は平凡、チンプ、つまらぬものにして聖書にある『敵を愛せ』より考へついた話でせう私達は氏の童話より、「実物応用の童話」と言ふ感じを持ました。話しなかば、写真機を持ち出してうつして見せる、火事の時はムチをもって電気のかさをたゝく、ハンカチを出してやぶく真似する。よくも、応用したと思ふ程でした。

けれども、あの実物応用が皆無だったら、子供達を終りまで静かに聞かせることの不可能だったことを考へると、まだまだ氏の童話も研究の余地あることを思ひました。

この文章は天江によって記されているが、童話とはいっても、内容はキリスト教の教義に沿ったものだったことがわかる。仏教系日曜学校でも、一般的な童謡・童話に加えて宗教色の強い話を子どもたちにしていたが、北四番丁の日本クリスト教会の日曜学校では、仏教系の日曜学校以上に、宗教色の強い童話が子どもたちに提供されていた様子がうかがえる。

キリスト教系日曜学校も、毎週の日曜学校の他にさまざまな行事を行っていた。ヘキ旧蔵資料に残された資料を中心に確認できる行事をまとめると表Ⅱ21-5の通りである。

夏期の海浜学校や遠足など、多くの楽しみが用意されていたことがわかる。海浜学校について、仙台日本キリスト教会日曜学校が発行した『こひつじ』第四号には次のように記されている。

○今年も又夏休みが参りました。そこでこの休暇をなんとか面白く愉快に、又有益にすごしたいと思つて先達つてから先生方があつまつて色々相談をいたしました。そしてどこかの海岸へいつて一週間程愉快におくりたいと思つてゐます。—海浜学校と云ふのです、朝起きると海岸で体操をしたり、礼拝をしたり、又皆んなでご一緒にごはんをいただいたり、運動をしたり、讃美歌の練習をしたり、それはそれは面白いのです。

また、大町キリスト教会が発行した『そらのとり』第三号には、「遠足のこと」として次のような報告が記されている。

九月二十八日日曜学校を終へてから三瀧へ遠足をいたしました。みんなで三十四人行きましたがお天気の好い

表Ⅱ21-5　キリスト教系日曜学校行事

催し物名	開催 年月日	場所	主催	備考
クリスマス	大正 11 年 (1922) 12 月 24 日	東二番丁日本クリスト教会	東二番丁日本クリスト教会	お話、歌、対話、童話劇、対話劇、他
海浜学校	大正 12 年 8 月 3 日	不明	仙台日本キリスト教会日曜学校	本文参照
遠足	大正 13 年 9 月 28 日	三瀧不動	大町キリスト教会	日曜学校終了後、34 人で遠足。栗拾いや茸採りなど。
日曜学校生徒大会	大正 13 年 10 月 19 日	東北学院中学部講堂	不明	合唱、お話、他
クリスマス	大正 13 年 12 月	外記丁基督教会	外記丁基督教会	第一部　奏楽、祈禱、讃美歌、他 第二部　歌、お話、合唱、他
童謡と童話の会	昭和 4 年 (1929) 7 月 20 日	二十人町仙台クリスチヤン教会	仙台クリスチヤン教会金曜会	童謡、童踊、童謡とお話、他 錫木碧出演
市民クリスマス	昭和 5 年 12 月 27 日	東北学院中学部講堂	日本日曜学校協会仙台部会	第一部　奏楽、讃美歌、祈禱、説教、他 第二部　合唱、対話、劇、お話、他

暖かい日で栗を拾ったり茸を採ったりして愉快に遊んで参りました。遠足はよいものですね。自然界の広々とした神さまのお庭で楽しくみんなで無心に遊ぶとき、心から神さまの御恵を感じます。

こうした行事の中でも、キリスト教系日曜学校の場合、年間の最大の行事はクリスマスである。各教会で独自に祝う他に、日本日曜学校協会仙台部会が仙台市内のキリスト教系日曜学校合同のクリスマス祝会も開催していた。外記丁《げきちょう》基督教会のクリスマスと、日本日曜学校協会仙台部会のクリスマスのプログラムは、表Ⅱ21-6の通りである。

キリスト教系のクリスマスと仏教系のお花祭りとを比較すると、キリスト教系の行事の方が、より宗教色が濃いものとなって

表Ⅱ21-6　外記丁基督教会クリスマスと日本日曜学校協会仙台部会クリスマス祝会プログラム

外記丁基督教会クリスマス	第一部	司会者　白石景夫 奏楽、頌榮（460）、聖書朗読及祈禱、勧話、讃美歌（438）
	第二部	司会者　我妻夏雄、菅原隆行 1. 御挨拶　瀬戸喜一　2. 羊飼―歌―　平和の組　3. 聖句諳誦　喜の組　4. 星と雪―歌―　恵の組　5. うるはしきみあしの跡―歌―　望の組　6. 天国の門―対話―　光の組　7. ナザレのふせやに　榮の組　8. お話　千葉得造　9. 合唱　日曜学校有志　10. 讃美歌（2の61）生徒一同
		報告及奨励　献金賞状及賞品授与　頌榮（462）　祝禱
日本日曜学校協会仙台部会クリスマス祝会	第一部	司会者　澤野治郎 奏楽、讃美歌（460）、聖書朗読、祈禱、挨拶、説教、讃美歌（57）
	第二部	司会者　飯沼一精 1. 歓迎のことば　メソヂストSS蒲田みち子　2. サンタクロースと子供達二十人町教会日曜学校　3. ピアノ独弾　育児院SS松井英子　4. 雪よ降れ降れ―合唱―基督教会日曜学校　5. いろいろなクリスマス―対話―二十人町教会日曜学校　6. 聖きしるべ―歌とお話―バプテストSS木村つた子　7. みなによりて―劇―仙台聖公会日曜学校　8. 聖句諳誦　仙台組合教会日曜学校　9. 厩の前―対話劇―　東北学院教会日曜学校　10. 合唱　宮城女学校附属日曜学校　11. 笑はぬ姫―お話―　鈴木愿太　12. 聖夜・みつかびのうた―合唱―仙台聖公会日曜学校　13. 献金　14. 頌榮（462）　15. 祝禱　16. 閉会

いることが明らかである。お花祭りの中では、仏教と関係ないお話や童謡も子どもたちに提供されていたが、クリスマスは歌も劇も、ほぼキリスト教に関係のあるもののみとなっている。

仙台での日曜学校を確認すると、仏教系は仏教の教義を基にした学校外の情操教育の場を提供することを目的としながらも、宗教色を抑えながら子どもたちに児童文化を提供することを重視していたのに対し、キリスト教系はキリスト教の伝道を主な目的としながら日曜学校を経営し、児童文化は教義伝達のための手段として子どもたちに提供する傾向が強かったことがわかる。

注

1　『日本基督教団　仙台東一番丁教会史』一九九一年、三九九ページ

2　前掲『日本基督教団　仙台東一番丁教会史』四〇一ページ

3　『日本基督教団　仙台東六番丁教会百年史』一九九五年、五一ページ

二一－五　仙台仏教婦人会

ここまで仙台の仏教系とキリスト教系双方の日曜学校とその活動について確認してきたが、仏教系、キリスト教系共に婦人会と青年会が日曜学校運営の担い手になっていることは注目される。特に仏教系の場合、仙台仏教婦人会と梅檀中学の学生たちの活動は、仙台の日曜学校史の中核を成すものとして注目しなければならない。

スズキヘキ旧蔵資料には、会計報告や入会者名簿をはじめとした仙台仏教婦人会に関する資料が複数残されている。

仙台仏教婦人会は、一九〇三年（明治三六）に設立されている。昭和二年一月一一日付河北新報には、「古い歴史を持

つ仙台仏教婦人会　来る六月創立記念式　婦人講座を開設」の見出しで次のような記事が掲載されている。

仙台仏教婦人会在仙の各種婦人会中最も古い歴史を有し創立以来本年をもつて実に廿有五年の星霜をけみしてる、よつて同会にては本年の晩春六月中旬初縁の頃をトし創立廿五週《ママ》年の記念式を挙行する計画を樹て今日からそれ〳〵準備に着手した。（中略）目下の事業としては日曜学校即ち午前九時から茶の湯、生花、礼法や法話などの科目があり、今日までに二千七百余人の終了者を出してゐる。だが今日まで婦人会としての眼目たる婦徳の養成といふことよりも、寧ろ附属といつたかたちのある前記の技芸方面が自然と事業の中心となつたので、廿五年の創立記念歳に相当するのを機会にこの際、婦人会の本来の立場に復すべく大に内容を改善する方針を執ることに決した。

この記事では、大正時代から昭和にかけて、仏教婦人会の中心事業が日曜学校の運営だったことを伝えている。さらに、この年までに二七〇〇名以上の修了者を輩出するほどの規模で行われていたことも伝えている。

この記事とほぼ同じ頃に仙台仏教婦人会宣伝部が出した日曜学校の案内チラシが、スズキヘキ旧蔵資料に残されている。そこには、次のような宣伝文と共に日曜学校での教授内容が記されている。

仙台仏教婦人会は二十年以前の創立でありまして爾来世の良妻賢母を養ひ出したること実に数千人に達して居ります今後益々御仏の本旨に基き婦徳を涵養するの道を講じ且つ新時代に処するの芸道を教授致しますから世の御姉妹方を御誘ひ合せて御入会の程を御勧め致します。

毎週日曜日午前九時ヨリ

図II−27　仙台仏教婦人会（創立25年記念　昭和2年6月26日、鈴木楫吉氏蔵）

教授科目

礼　法　　小笠原流
箏　琴　　生田流
生　花　　本原遠州流
茶の湯　　裏千家流

午前十一時ヨリ

三帰戒法　　会員一同
精神講話　　甲種
童謡童話　　乙種

臨時講習科目（甲種）

編物。染色。和洋料理法。絵画。和歌。

仙台仏教婦人会の日曜学校では、礼法・箏琴・生け花・茶の湯が教授科目として用意され、さらに仏教講話と童謡・童話が子どもたちに提供されていたのである。

この案内チラシの他に、仙台仏教婦人会の活動実態を知る手掛かりとなる一九二七年（昭和二）の仙台仏教婦人会の成績表が残されている。スズキヘキ旧蔵資料に残された成績表の氏名欄には、湯目勝・一〇歳と氏名と年齢が記され、さらに「礼法第一期」「乙種」

と記入されている。

案内チラシとこの成績表の双方を参照すると、仙台仏教婦人会が運営した日曜学校では、毎日曜日に礼法・箏琴・生花・茶の湯の中から選択させた教授科目を午前九時から一一時まで教授し、その後、仏法僧に帰依するための三帰戒法を全員が聞き、精神講話もしくは童謡童話のどちらかを子どもたちが選択して楽しんだ後に散会したことがわかる。

また、成績表は七月から一〇月まで、一一月から二月まで、三月から六月までの三期に分かれて作られているが、これは四ヶ月を一区切りとして日曜学校が行われていたことを意味している。ヘキ旧蔵資料には、一九二八年（昭和三）六月二四日に挙行された修業証書授与式の案内も残されているが、六月に修業証書授与式が行われたことから、四ヶ月毎に教授科目等の選択と申請を行い、各期毎に選択した教授科目に対する修業証書を授与していたことがわかる。湯目勝の成績表に「礼法第一期」と記されていたことの意味も、三期のうちの第一期に礼法を選択した、という意味だと読み取ることができる。

二一―六　日曜学校参加児童の年齢と選択科目

スズキヘキ旧蔵資料には、一九二七年（昭和二）九月から昭和三年七月までの一〇ヶ月間の仏教婦人会への入会申込書一五一人分が残されている。入会申込書に記入された一五一人の年齢別の内訳は、表Ⅱ21-7の通りである。数えで六歳から一七歳までと幅広い年齢になっているが、八歳から一三歳までが一〇八人と全体の約七〇パーセントを占めている。このデータから、一〇歳前後が日曜学校参加児童の中心となっていったことがわかる。記載されている学校名は表Ⅱ21-8の通りである。

仙台市内の尋常小学校に通う子どもたちが大部分を占めている。特に、仙台市の中央部から東部と南部に点在する小学校で占められ、木町通小学校や上杉山通小学校、東六番丁小学校など、仙台市北部や西部の小学校名は記載されてい

表Ⅱ21-7　仙台仏教婦人会入会申込者年齢別内訳

6 歳（1 人）	7 歳（6 人）	8 歳（10 人）	9 歳（22 人）	10 歳（23 人）	11 歳（18 人）	12 歳（26 人）
13 歳（9 人）	14 歳（2 人）	15 歳（6 人）	16 歳（0 人）	17 歳（1 人）	不明（27 人）	

備考：年齢は数え齢で表示している

表Ⅱ21-8　仙台仏教婦人会入会者在学校名

坂幼稚園（1 名）	荒町尋常小学校（40 名）	片平丁尋常小学校（20 名）	榴岡尋常小学校（13 名）
連坊小路尋常小学校（10 名）	東二番丁小学校（7 名）	立町尋常小学校（1 名）	五橋高等小学校（7 名）
仙台高等女学校（1 名）	第一高等女学校（1 名）	東北女子職業学校（2 名）	不明（48 名）

ない。

仙台仏教婦人会の建物が、荒町小学校や片平丁小学校、東二番丁小学校に近い東二番丁に存在していたことを考えると、入会する子どもたちは宗派を選んで入会するのではなく、家の近くにあるということが日曜学校の選択の基準になっていたことがわかる。

次に、日曜学校の教授内容に関することを確認する。一五一人の生徒が選択した教授科目を年齢別にまとめると表Ⅱ21-9のようになる。礼法を選択した生徒の数が他の科目を選択した生徒の数を圧している。特に、一〇歳未満の生徒は、礼法・箏琴の複数の科目を選択した場合も含めて、全員が礼法を選択している。礼法以外では、箏琴を選択する場合が多く、この頃の女子のたしなみとして礼法と箏琴の習得が期待され、日曜学校はそれらのたしなみを享受することも期待される場として存在していたことがわかる。また、一〇歳以降になると、礼法の他に箏琴を習う生徒の数が一気に増加している。生徒の年齢によって、社会教育の場としての日曜学校に期待することが異なっていたこともうかがえる。

次に、精神講話と童謡童話の選択状況について確認する。どちらを選択したか明記された生徒のうち、精神講話を選択した生徒は、年齢不詳の生徒のみ二〇名である。その他の生徒は、選択したものが不明

表Ⅱ21-9　入会申込者選択教授科目

教授科目＼年齢	6歳	7歳	8歳	9歳	年齢不明
礼法	1	5	8	19	5
箏琴					
生け花					7
茶の湯					1
礼法・箏琴		1	2	3	1
礼法・生け花					4
礼法・茶の湯					4
箏琴・生け花					2
生け花・茶の湯					3

教授科目＼年齢	10歳	11歳	12歳	13歳	14歳	15歳	16歳	17歳	18歳
礼法	18	14	16	6		1			
箏琴						2			
生け花						1			
茶の湯									
礼法・箏琴	4	4	10	3	1				
礼法・生け花						1			
礼法・茶の湯									
箏琴・生け花								1	1
生け花・茶の湯									
礼法・箏琴・茶の湯					1				
礼法・箏琴・生け花						1			

備考：年齢は数え齢で表示している

表Ⅱ21-10　年齢別童謡童話選択者数

6歳 (1名)	7歳 (5名)	8歳 (8名)	9歳 (21名)	10歳 (21名)	11歳 (19名)	12歳 (18名)	13歳 (9名)
14歳 (1名)	15歳 (3名)	年齢不明 (3名)					

備考：年齢は数え齢で表示している

の二二名を除き、全て童謡童話を選択している。童謡童話を選択した生徒を年齢別にまとめると表Ⅱ21-10の通りである。

一〇歳前後の生徒はほぼ全て童謡・童話を選択していたことがわかる。この当時の仙台の日曜学校での思い出について、西本願寺別院の日曜学校に一九二五年（大正一四）小学校入学と同時に通っていた富田博（大正八年生まれ）は次のような回想を記している。*1

西本願寺の日校の一日は、まず本堂でのお勤め。十二礼文というお経をみんなで唱えることから始まる。レコードから流れるトロイメライの曲を聞きながらの三分間の瞑想。短い御法話が終わると二階のホールへ移って楽しい遊びやお話。この童話を聞くのが一番の楽しみであった。

語ってくれたのは主に宮城師範の童話研究会の学生さんたち。宗派はちがうが栴檀中学の日校部の学生さんたち。それにスズキヘキさん、村山泰応、津田重吉、緑川銀星…の先生方。

また、富田と同じ大正一四年、小学校五年生の時に双葉日曜学校に通うようになった蜂屋孝夫（大正四年生まれ）は次のような回想を記している。*2

学校は毎日曜、午前九時半から始まり、日校部のお兄さんたちから、童謡をおそわりみんなで歌ったり、童話を聞かせられたりしました。ときには偉い先生も来て、おもしろい童話を話してもらい、紙芝居などはびっくりしたものです。いまと違いこれといった娯楽もなかった時代ですから、日曜学校はとても楽しみなものでした。集会所には買い入れたオルガンも運びこまれ、私たちはワイワイいいながら触って見たものでした。村山泰應さんがおり、スズキ・ヘキさんも来ておられたと思います。

この二人の回想からも、日曜学校に通う子どもたちの一番の楽しみが童謡・童話といった児童文化だったことがわかる。仏教系の日曜学校で童謡や童話を楽しむことができるということは、当時の仙台の子どもたちに定着していたのである。仙台仏教婦人会の日曜学校に通う生徒たちの大部分が、精神講話ではなく童謡童話を選択していたのも、この当時の仏教系日曜学校の実態を反映した結果だったのである。

注

1 『研究「おてんとさん」』九号、おてんとさんの会、一九九八年、六ページ

2 前掲『研究「おてんとさん」』九号、四ページ

二一‐七　仙台仏教婦人会少女部の童謡・童話会の開催

次に、仙台仏教婦人会での童謡・童話活動を確認する。

設立年や設立事情等の詳細は不明だが、仙台仏教婦人会には少女部が設けられ、童謡・童話活動は仙台仏教婦人会少女部の名前で行われている。

仏教婦人会の日曜学校では、他の日曜学校と同様にさまざまな歌が歌われていた。その一つに、校歌ともいえる「仏教婦人会の歌」がある。次のような歌詞の歌である。

仏教婦人会の歌

（一）八百万にもむすぼれし　人の心の糸すぢを
　一ッ一ッにときほどく　仏の教を仰ぐべし
（二）つゞれの衣着るとても　よしや日本の女たち
　柳桜のにしきをぞ　心の上によそはなん
（三）まことの心の大丈夫を　操正しき女子を
　あはれ御国の御為めに　育みたてよ育くめよ

仏教の教義に基づく情操教育を行うことを歌い上げた内容となっている。この他に、「深き恵み」「修證義の歌」「法の御山」「つどへる友」「法の風」、そして「いんどのくに」が、仙台仏教婦人会が日曜学校に登校する際に携帯させた『成績表』に印刷されている。『成績表』に印刷されたこれらの歌は、選択した教授科目と甲・乙のいずれの選択にもかかわらず、すべての日曜学校生徒が歌ったものと思われる。

こうした教義に関わる歌とは別に、乙の童謡童話を希望した生徒たちは、富田や蜂屋が回想していたように、童謡をみんなで歌ったり童話を聞いたりといった児童文化活動を楽しんでいた。

仙台仏教婦人会で童謡童話の指導を行った中心人物はスズキヘキをはじめとする旧おてんとさん社に関連した人々である。スズキヘキ旧蔵資料の中に「本会事業経営ニ就テハ多年其職責ヲ謁サレタル段」について、「教師補　鈴木栄吉」に対して創立二五年記念式挙行に際して金一封と共に仙台仏教婦人会から贈られた感謝状が残されている。この感謝状からも、ヘキが仙台仏教婦人会と深く関わっていた様子をうかがい知ることができる。

仙台仏教婦人会が行った児童文化活動の中心は、文芸会やお伽会、花祭り会等での童謡・童話会の開催と、子どもたちの童謡創作および児童文集の刊行である。

童謡・童話会は、仙台仏教婦人会単独での開催は少なく、仙台仏教コドモ会連盟による各日曜学校の共同開催の形をとることが多かった。仙台仏教婦人会少女部単独開催の記録として残されているのは、一九二四年（大正一三）一二月七日の「成道会文芸会」と一九二六年（大正一五）一月一〇日の「大正拾五年お正月文芸会」の記録のみである。「成道会文芸会」は仙台の仏教系日曜学校が童謡童話会を開いた初期の姿を伝える記録として貴重だが、童謡を披露したスズキヘキによる細かな書き込みがされた次のような案内状とプログラムが残されている。

御案内状

十二月の八日の明け方にお釈迦さまが貴とい世の中の御教へを御さとりになつたのです。そのお成道会の日にちなんで私共は十二月七日の日曜午後正一時から式をあげ、ひきつづいてたのしいお祝ひの文芸会をします〔。〕どうぞ皆さん御出下すつて御らん願ひます。

大正十三年十一月

順序

成道会の式

記念文芸会

第一部

1. 開会のあいさつ　司会者

2. 独唱　**流れ星**

3. 遊戯（夕日）

4. 対話（こほろぎ）

第二部

1. ハーモニカ　有志

2. 児童劇（はだか虫）

3. 遊戯（天女の舞）　有志

4. 琴（独弾）

5. 独唱　**コガネムシ**
6. 童話
7. 童話　小松先生
8. 合唱（四季の月）
9. 対話（でんでん虫）
10. 童謡　シャボン玉社**鈴木先生**
11. 遊戯（ダニューヴノ通）中田コドモ会
12. 童謡劇（鈴なし鈴虫）
13. 讃仏歌（世のやみ深し）
14. 児童劇（猿と蟹）
お休み

5. 独唱　**友の行方**　**伊澤**
6. 遊戯（ポツタンポツタン）
7. 対話（月夜と姉妹）
8. 遊戯（流れ星）
9. 独唱（月の砂漠）
10. 遊戯（天然の美）
11. 童謡　シャボン玉社**山田先生**
12. 仏教劇（石童丸）
13. 閉会のあいさつ　司会者
14. 七つの子　**合唱**　一同

〔°〕＝引用者。太字＝ヘキによる書き込み

讃仏歌と仏教劇がプログラムに含まれていることを除けば、一九二三年（大正一二）四月から始まった仙台児童倶楽部による童謡童話会とほぼ同じ内容とみてよい。「大正拾五年お正月文芸会」のプログラム（表Ⅱ21―11）は、この時以上に仙台児童倶楽部の童謡童話会に近いものとなっている。

文芸会という名称からもわかるように、プログラムを見ると、日曜学校の学芸会という位置づけになっている。乙の童謡童話を選択していた生徒たちが、日頃の成果を発表する機会だったのである。

表Ⅱ21-11　仙台仏教婦人会少女部　大正拾五年お正月文芸会プログラム

大正15年1月10日午後1時開始		司会者　錫木碧　童謡曲伴奏　佐藤長助	
1部		2部	
1.	ごあいさつ　渡邊無住	1.	琴合奏「六段」　佐藤千賀子外2名
2.	序曲　アルルの女（ジャズ）　七ツノ子供社	2.	合唱　信田の藪　野口雨情歌　藤井清水曲　高橋愛子外12名
3.	独唱　青い空　野口雨情歌　本居長世曲　伊藤富子	3.	童謡劇　月の砂漠　菊地房子外4名
4.	対話　木魂になつた子供　宗像光子外4名	4.	童踊　青い目の人形　野口雨情歌　本居長世曲　菊地とし子　久野園子
5.	童謡　夕焼小焼　作歌不明　草川信曲　田島光子　菊地信子	5.	二部輪唱　山へと行くのは北原白秋歌　成田為三曲　岸はま外5名
6.	合唱　狐のよめさん　錫木碧歌　佐藤長助曲　天野ふさ子外5名	6.	対話　春の一日　熊合つるよ外7名
7.	童話朗読　たんぽゝの毛外一篇　宍戸英子	7.	舞踊　日の出の舞　田島ゑな子外2名
8.	ハーモニカ独奏　ロングロングアゴー　皎林寺日曜教林　佐藤政行	8.	組曲　子供の夕（ジャズ）　佐藤長助編曲　七ツノ子供社
9.	四部輪唱　かちかち山の夕焼　北原白秋歌　成田為三曲　七ツノ子供社	9.	ごあいさつ　久慈文雄
10.	対話　人形の魂　高橋たか子外2名		

この会では、スズキヘキが司会者となり、七つの子社のメンバーがジャズの演奏を行い、子どもたちが歌った合唱曲がスズキヘキ作詞佐藤長助作曲「狐のよめさん」となっている。おてんとさん社に関わったメンバーが、おてんとさん社解散後にも、こうして仙台で行われた児童文化活動にさまざまな形で参与していた典型的な例といえよう。

また、仙台の児童文化活動で、仙台で生まれた童謡が折に触れて子どもたちによって歌われていたことを示す例としても注目される。仙台仏教婦人会少女部の日曜学校では、野口雨情や北原白秋らの詩、本居長世や成田為三らの曲だけではなく、仙台の児童文化活動の中で生まれた曲が、日常的に歌われていたことを、こうした事実から知ることができるのである。

二一－八　栴檀中学日校部の創設

仙台における仏教系日曜学校では、寺院が運営する日曜学校、仏教団体が運営する日曜学校と並んで、学生たちの活動も顕著である。栴檀《せんだん》中学日校部の活動である。日曜学校の歴史にとどまらず、誕生期の児童文化活動の中で、児童文化活動の指導者を養成する場としても、学生たちのこうした活動を詳細に見ておく必要がある。

栴檀中学の前身は、曹洞宗が僧侶養成の機関として一八七五年（明治八）に仙台市荒町昌伝庵境内に設置した曹洞宗仙台専門支部にさかのぼることができる。これが一八九六年（明治二九）に仙台市東二番丁に設置された第二十五中学林となり、さらに一九〇二年（明治三五）に第二十五中学林が廃されて第二中学林が設置される。一九〇八年（明治四一）に東二番丁から南鍛冶町に校舎を移転。そして、一九二六年（大正一五）に、南鍛冶町から郊外の西山への移転を機に、校名を栴檀中学と改称することになる。

東二番丁に第二中学林があった当時、敷地が手狭で寄宿舎には全生徒の一部しか収容することができず、校外に民家を何軒も借りて臨時の寄宿舎としていた。だが、食事は学校の寄宿舎で行ったため、毎朝毎夕臨時寄宿舎から生徒が集まってきて混雑をきわめていたという。*1

前述したようにスズキヘキの家は、これらの民間寄宿舎の一つだった。ヘキが記した「文献となる同事舎」には、生徒たちがヘキの家から朝、夕二度ご飯を学校に食べに行き、戻ってきて学生服に着替えて再び学校に行く様子が記されている。*2

ヘキの家と関係があったことで、第二中学林に通う生徒の中には、静田正志のようにヘキ兄弟との親交を機に、早くから童話や童謡に親しむ者もいた。だが、第二中学林の中で、本格的に童謡・童話をはじめとする児童文化活動が展開するのは、一九二五年（大正一四）になってからである。

第二中学林、その後の栴檀中学が発行した『教友』第二八号（大正一五年三月）の中に、日曜学校に携わることになる

表Ⅱ21－12　梅檀中学日校部活動　一九二五年度（大正一四年度）

月日	活動内容
五月一日	本部第一回例会開催。童謡（岡本先生指導）童話試演あり、部長の懇切な批評、部員各自その所信を戦わす。
五月八日	第二例会開催。童謡、童話の試演。
五月一五日	第三例会開催。童謡基本楽典（岡本先生指導）
五月二二日	第四例会開催。
五月二四日	閖上コドモ会の招待で部員神田出張し、童話「親指姫」を実演して帰る。
五月二六日	第五例会開催。部員神田による閖上コドモ会における参観報告。
六月五日	第六例会開催。路傍実演を行うことを協議し、河原町で路傍童話会を開くことに決定。
六月一二日	第七例会開催。童話試演後部長の訓話。
六月一三日	午後六時半から河原町で第一回路傍童話会を開く。市民多数集まり、盛会。
六月一九日	第八例会開催。市内日曜学校参観に関して協議。北陸童園、東本願寺日校、仏教婦人会少女部、宮城野日校、皎林寺日校、西本願寺日校にそれぞれ部員を派遣して参観することを決定。
六月二六日	第九例会開催。各日校参観報告。部長の批評・訓話。
六月二九日	座談会を開き、前曹人児童研究会主任桑原自彊先生の話を聞く。以後も援助してもらうことになる。
七月三日	第一〇例会開催。
七月四日	河原町で第二回童話会開催。
七月九日	第一一例会開催。疋田先生の話を聞く。
七月一六日	一学期最後の例会開催。
九月一七日	第二学期最初の例会開催。
九月二四日	第二例会開催。
一〇月三日	日校部研究事項実地研究の目的で午後二時から東二番丁仏教会館でお伽会開催。司会者、会場整理、宣伝、舞台進行等部員で行う。
一〇月一八日	第三例会開催。お伽会の所感と今後の活動を議論。
一〇月二六日	六時から座談会。
一一月九日	上杉山通小学校の男沢先生を招いて、表情、律動遊戯を練習する。

一一月一六日	表情遊戯練習。
一一月二三日	表情遊戯練習。
一一月二六日	表情遊戯練習。
一二月七日	遊戯練習。
一二月一四日	二学期最後の例会開催。
大正一五年 一月二四日	日校部新年会、仏教会館で開催。部長桑原、鈴木両先生出席。この日の決議内容。 一、今年度中に日校部所属の日曜学校設置の件　二、部員を普通部員、特別部員に分ける。特別部員は毎月二〇銭の会費を納め、部内で特別権利を有する事にする。
一月二五日	新たに部員募集を行う。

日校部に関する次のような記事が掲載されている。[*3]

四月

廿四日　本学年度本部発会式を行ふ。部長並びに諸先生の激励の辞ありて後弁論部委員の発案に依り満場一致にて本部委員二名を互選す〔。〕尚ほ今後に於ける方針を協議し一週一回の例会を開く事に決す。

〔。〕＝引用者

この記事で明らかなように、栴檀中学日校部は、一九二五年（大正一四）四月二四日に設立されている。設立後、この年度に日校部が行った活動は表Ⅱ21-12のように報告されている。[*4]

毎週開かれる例会を基本的な活動としながら精力的な活動が行われていた様子がわかる。童謡・童話についての技量を高めるための勉強会が行われ、日曜学校で活動の実態を参観し、さらに路傍童話会やお伽会で実演を行い、自分たちの技量の向上を目指している。

お伽会のプログラムは、林歌の奏楽とあいさつに始まり、童謡合唱（證城寺の狸囃、木の葉のお舟）、童話（粉屋のお婆さん）、表情遊戯（しやぼん玉）、宮城野コドモ会会員による童謡（高野山）、童謡合唱（噴水）、童話（玉子焼）、合奏（靴が鳴る）、表情遊戯（荒城の月）、童謡独唱（父を尋ねて）、仏教婦人会会員による童謡合唱（因幡の白兎）、合奏（十五夜お月さん）、一同での童謡合唱（テルテル坊主）、童話劇（お地蔵さん）、そして閉会のあいさつとなっている。

創部半年で大規模な実演会を開いたことからも、梅檀中学日校部部員たちの熱意が伝わってくる。部員たちは寺の子息たちであり、大半の部員は卒業後は実家に戻って寺を継承していく立場にある。仏教、キリスト教を問わず多くの寺院が日曜学校を開いているこの時代に、必要に迫られて日校部の活動に取り組んでいたという側面もあったものと思われる。

また、こうした部員だけではなく、純粋に童話や童謡などの児童文化活動を愛好した部員も確認できる。後に太陽幼稚園や太陽保姆養成所などを舞台に児童文化活動に積極的に関わった菅原寛一も、梅檀中学日校部の部員であった。菅原のように、童謡・童話を子どもたちと楽しむことそのものを楽しんでいた部員たちの熱意も、日校部の活動を支えていたのである。

注

1 『梅檀学園壱百年史』一九七四年、九一ページ
2 前掲「文献となる同事舎」六三ページ
3 『教友』第二八号、教友会、一九二六年三月、九三ページ
4 前掲『教友』九三〜九五ページ

二一-九　日校部の活動と附属双葉日曜学校

日校部設立年度の最後の会議で、日校部附属日曜学校の設置が決議されている。日校部にとって、部員の実習の場として附属の日曜学校の設立が急務とされたのである。

『教友』をもとにまとめられた『梅檀中学壱百年史』には、「日校部は同部所属のコドモ会を設けることが大きな念願であったが、これはこの年内には目的を達することが出来なかった（中略）昭和三年になると四月一日には仙台市北七番丁県営住宅養老園の講堂に本部附属双葉日曜学校を設立」と記されている。[*1]

『教友』第二六号には、この記述を裏付ける次のような記載がある。[*2]

本県社会課主事谷川教之助氏の依頼に応じて、北七番丁県営住宅養老園の講堂に本部附属双葉日曜学校を設立す。今日は日校の開校式を行ふ為に集りし児童約七十名なりき。

『教友』は昭和二年と三年の二年間欠落しているので、この間の日校部の動向を『教友』から探ることはできない。だが、この欠落を補い、これまで考えられてきた梅檀中学日校部附属日曜学校の誕生の経緯を塗り替える資料が、スズキヘキ旧蔵資料に残されている。

その資料とは梅檀中学日校部が昭和二年三月に発行した『二葉』である。そこには、木町通小学校、通町小学校、荒町小学校の児童一学年平均六〇名ほどが在籍する「二葉日曜学校」の存在が記されている。場所は、仙台市新坂通となっていて、北陵日曜学校、慧日日曜学校と三校連合の運動会や秋季童話大会を開催したことも報告されている。[*3]さらに、日曜学校の体験談を記した子どもの作文の中に、北陵日曜童園の生徒と並んで、「双葉日校生」の作文も掲載されている。

表II21-13　栴檀中学日校部　昭和四年の活動

二月一一日	日ごろの活動で鍛えた技量の発表と部員募集のために日校部主催懸賞童話大会。双葉日曜学校、龍宝寺コドモ会、北陵日曜童園の児童三〇〇人が会場に参集。審判は仙台仏教子供会連盟理事津田重吉、仙台児童音楽院小倉旭、栴檀中学日校部前委員三宅俊勝。午後三時閉会。
二月一六日	塩釜日校における正月子供祭を後援。出演は塩釜日校、閖上日校生徒。参集者約七〇〇名の盛会。
二月一九日	卒業生送別会。
三月九日	仙台仏教子供会連盟主催の花まつりの相談会に出席。
三月二九日	古川町で童話会開催。三月の休暇を利用して古川町瑞川寺で童話・童謡の会。参集する子ども約五〇〇人、午後三時盛会のうちに閉会。
四月七日	仙台仏教コドモ会連盟主催の花まつりに参加。受付係、出演係を担当。
四月一三日	相談会開催。例会について、部員と日校について相談。
五月七日	第一回例会。諸係決定。
五月一四日	第二回例会。仙台市内日曜学校（双葉日曜学校、塩釜日曜学校、龍宝寺子供会、北陵日曜童園、鬼子母神堂少年少女会）に主任及び後援者決定。春季大会六月二三日に決定。
五月一五日	仙台子供連盟から会議への招聘。決算報告と日曜学校の発展策の相談。
五月一六日	日校部後援の塩釜日曜学校で開催された花まつりの会に部員一同参加。参集者約九〇〇名。午後一〇時盛会のうちに閉会。
六月二三日	春季大会を「春の集ひ」と称して開催。仙台各仏教日曜学校児童、父兄、引率者を合わせて五〇〇名を超える参会者。仙台各日曜学校児童、塩釜日曜学校児童出演。
六月二七日	第三回例会。大会の慰労会と批評会。
七月二〇日	一学期最後の例会。童話を配り、休暇中の童話練習と創作童話の練習を促す。一学期は主として童話童謡の練習のために例会に部員が出席した。
八月二日	伊勢堂山林間学校に部員参加。
九月一三日	二学期例会再開。秋季大会について議論。童話の練習を開始。
一〇月八日	例会。
一〇月一七日	秋季大会。「秋の集ひ」と称して一〇時開会。参集者四〇〇名、父兄三〇名。スズキヘキの童謡と童話あり。午後三時半、記念撮影の後に閉会。

一一月一三日	塩釜日曜学校秋の集い。塩釜雲上寺の御十夜法要にちなんだ子どもの集いが催される。部員参加。
一一月二四日	附属双葉日曜学校の「秋の集ひ」を開催。全生徒出演させる。小倉旭の童話あり。
一二月六日	二学期最後の例会。二学期は童謡の教え方について研究するところが多かった。また活動を通して大会開催に参考になることが多かった。

これらの事実から判断すると、栴檀中学日校部附属日曜学校は、当初の目標通りに大正一五年中に仙台市新坂通に設立されていたものと思われる。北七番丁に設立された日曜学校は、宮城県社会課主事の求めによって二番目に設立された附属日曜学校だったとみてよいであろう。

双葉日曜学校を舞台に、日校部はさまざまな行事を行っている。昭和三年六月一〇日に「第一回の遠足として台の原に遠足」を行っている。[*4] 約四〇名の子どもが参加し、到着してすぐボール投げやリレーレース、体操などをして午後二時に日曜学校に戻っている。一一月一九日には、御大典奉祝噺大会を催し、約三〇〇名の子どもが参加している。[*5]「すゞめ」「離れ小島」「木登り太右エ門」「荒城の月」「からたちの花」などの童謡や合唱、独唱、「オモチヤノマーチ」「居眠り地蔵さん」などの舞踊、「裸虫」「お猿はお猿」などの児童劇や唱歌劇、さらに童話など盛りだくさんのプログラムでの噺会であった。

念願の附属日曜学校も設立した栴檀中学日校部は、他の日曜学校との連携や仙台仏教コドモ会連盟などとの関係を深めながら、活発に活動を展開していく。一九二九年（昭和四）の活動を『教友』第二七号をもとにまとめると表Ⅱ21-13のようになる。

数百人規模の子どもを集めた催しを頻繁に行い、子どもたちが童謡・童話を楽しむ機会を数多く提供していたことがわかる。また、日校部の関係者が仙台放送局（JOHK）の「子供の時間」に出演し、一九二八年（昭和三）一〇月一六日には、石塚慶恩が「蟹と蛇」という童話を放送していることも注目される。

さらに、附属の双葉日曜学校の他に、塩釜日曜学校、龍宝寺子供会、北陸日曜童園、鬼子母神堂少年少女会を後援し、多くの日曜学校を支援していたことも注目される。昭和五年の活動記録では、双葉日曜学校、塩釜日曜学校、龍宝寺子供会、保春院子供会、共生子供会の後援を行っている。さまざまな日曜学校を後援しながら、部員たちは日曜学校の運営を学び、卒業後に必要とされた実践力を鍛えていたことがわかる。

この他の活動では、林間学校と海浜学校の後援を行い、実施の手伝いをしている。一九三〇年（昭和五）には、八月二日に伊勢堂山林間学校に部員二名が参加し、八月四日には塩釜日曜学校主催海浜学校にも部員が参加している。翌昭和六年の八月二日に伊勢堂山林間学校と菖蒲田浜の海浜学園にも部員が参加している。日曜学校という枠にとらわれず、広く社会教育に活動が展開していった様子がうかがえる。

全国的に日曜学校が隆盛し、その中で子どもたちが童謡・童話を中心とした児童文化活動に接していく上で、梅檀中学日校部に代表される仏教系の学校やキリスト教系の学校に通う学生たちの存在は、日曜学校の活動を支える大きな力となっていたことがわかる。また、こうした学生たちの活動によって、日曜学校を運営していく人材の養成と供給が行われていたことにも注目しなければならない。そして、それは、日曜学校を運営する人材の養成と供給にとどまらず、児童文化活動を支えていく人材の養成と供給にもつながっていたことに注目したい。

注

1 前掲『栴檀学園壱百年史』、一九七四年、二三七〜二三八ページ

2 『教友』第二六号、教友会、一九二九年三月、一二七ページ。『教友』は、大正一五年の奥付を持つものが二八号であるが、昭和四年の奥付の号が二六号になり、それ以降、昭和五年の奥付の号は二七号と進んでいく。

3　『二葉』梅檀中学日校部、一九二七年三月、一九ページ
4　『教友』第二六号、教友会、一九二九年三月、一二八ページ
5　『教友』第二六号、教友会、一九二九年三月、一二九〜一三〇ページ

二一―一〇　日曜学校発行の文集

日曜学校関係の残された資料を見ると、文集や文芸誌の発行が活発だったことが、仙台の日曜学校の活動の特色の一つになっていることがわかる。スズキヘキ旧蔵資料に残されている仙台市内もしくは近郊の日曜学校が発行していた文集や文芸誌を列挙すると表Ⅱ21-14の通りである。

これらの文集を発行していた日曜学校では、先生が童謡や童話を聞かせるだけではなく、子どもたち自身に童謡の創作を積極的に行わせていた。

仙台仏教婦人会少女部が一九二四年（大正一三）八月に発行した『童謡の本』三号の巻末の「おはりに」には、「みんなで二十三人から五十九篇あつまりました」と選を担当したスズキヘキが記している。五九編のうち、「かんしんした童謡」として次の作品などが掲載されている。

でんしんばしら　　　只野千代子

でんしんばしらは大男
てあしは土にうめられて
うんうんうんと　ないてゐる
てあしはなんぼあつたとて

表Ⅱ21-14　仙台市内・近郊日曜学校発行文集

誌名	発行年月	編集者	発行所	形式	備考
月見草 九月号	大正11年9月		仙台仏教婦人会少女会	謄写版 B6	童謡
ほたろ 七月号	大正11年9月	錫木碧編集	仙台仏教婦人会	謄写版 B6	童謡 ヘキ「童謡のおはなし」、 ヘキ「月夜の蛙」、「山とんぼ」 ヘキの編集後記
皆さんの童謡集	大正13年2月		宮城野コドモ会	謄写版 A5	子どもの童謡集 錫木碧「蛍の家」
小鈴のひびき 第一集 大会記念号	大正13年6月20日	白石慶吾 吉田真道	宮城野コドモ会 小鈴のひびき出版部	謄写版 B6	童謡、詩 第1集にヘキ「つぎつぎ草」
そらのとり 第一号 第二号 第三号	 大正13年6月 大正13年7月 大正13年11月	千葉得造	キリスト教会SS 仙台市大町	謄写版 B5	綴方、児童詩 キリスト教日曜学校関係
童謡の本 第3号	大正13年8月		仙台仏教婦人会	謄写版 A5	童謡・自由詩 ヘキ童謡「夏休み」
ちいさなささやき 第一集	大正15年3月25日		仙台北陵日曜童園	謄写版 A5	童謡、自由詩
ミヒカリ 第1集 第四巻第一号 第四巻第二号 第四巻第三号 第四巻第四号 第四巻第五号 第四巻第六号 第四巻第七号	 大正15年11月13日 昭和2年1月9日 昭和2年1月 昭和2年3月13日 昭和2年5月8日 昭和2年5月31日 昭和2年7月15日 昭和2年9月17日	小倉旭 閖上コドモ会童謡部	ミヒカリ社 仙台市新寺小路四四・小倉方	謄写版 B6 第四巻以降はB5	童謡・童話 第2号錫木碧「ハナトテフテフ」、第3号「ハコゾリソオラ」「まばたきお星さん」、5号にカタカナシ「コガハノホトリ」「カラスノオカオ」にヘキ童謡 第5号、6号、7号にヘキ童謡論「童話断草」あり 第4号、5号にヘキ童謡への感想 7号に幸四郎「曲譜」について
二葉	昭和2年3月	村山孫市	梅檀中学日校部	謄写版 B6	童謡、作文

フウセン 第一輯	昭和 3 年 2 月	小倉旭 美明空 門脇香	フウセン社 仙台市新寺小路四四 小倉方	謄写版 A5	童謡・童話・論説 「ミヒカリ」改題 ヘキ童謡「タロヒツンツラ」、庸人「すかんぽ」 ヘキ随筆「童話断草」に「ユキムシトテブクロ」ができた経緯が書かれている。
いとし児 第一巻第二号 第二巻第五輯 第二巻第六輯 （花まつり特集号）	 昭和 4 年 7 月 7 日 昭和 5 年 2 月 17 日 昭和 5 年 4 月 6 日	星錬実 仙台市東九番丁六二番地　鬼子母神堂少年少女会	仙台子供ノ社 仙台市東九番丁六三番地	謄写版 B5 変形	童話、児童作文、児童童謡、漫画、母の頁「児童の悪癖矯正に就て」「学校に対する家庭の態度」 6 輯にヘキ「ヒイラギクルマ」
森の泉	昭和 5 年 1 月	高橋留次郎	森の泉社 仙台市北七番丁（双葉日曜学校内）	活版 B6	詩、童話 栴檀中学日校部附属双葉日曜学校関係
あさひ 第三輯 第四輯 特輯号 第八輯	 昭和 6 年 7 月 1 日 昭和 6 年 8 月 16 日 昭和 6 年 9 月 19 日 不明		旭子供会 仙台市北七番町四九	活版	日曜学校 童謡、童話
おひさま 第 2 号	昭和 11 年 1 月 19 日	大庫信近 斎藤政則	ひとのみち子供会 仙台市定禅寺通櫓丁 14 番地	謄写版 A5	自由詩、綴方
こひつじ 第四号 こひつじ 第四号	不明 不明	不明 不明	仙台日本キリスト教会日曜学校 仙台日本キリスト教会日曜学校	謄写版 B6 謄写版 B6	童謡、自由作文 作文、詩

かいどうにひとりつながれて
うんうんうんと　ないてゐる

また、「推選」として次の作品が掲載されている。

ばら　　小林ます子（五）

きれいな　ばらの花が
学校のにはに　さいてゐた
どこに行つても　おもひだす
ほんとにきれいな
ばらの花

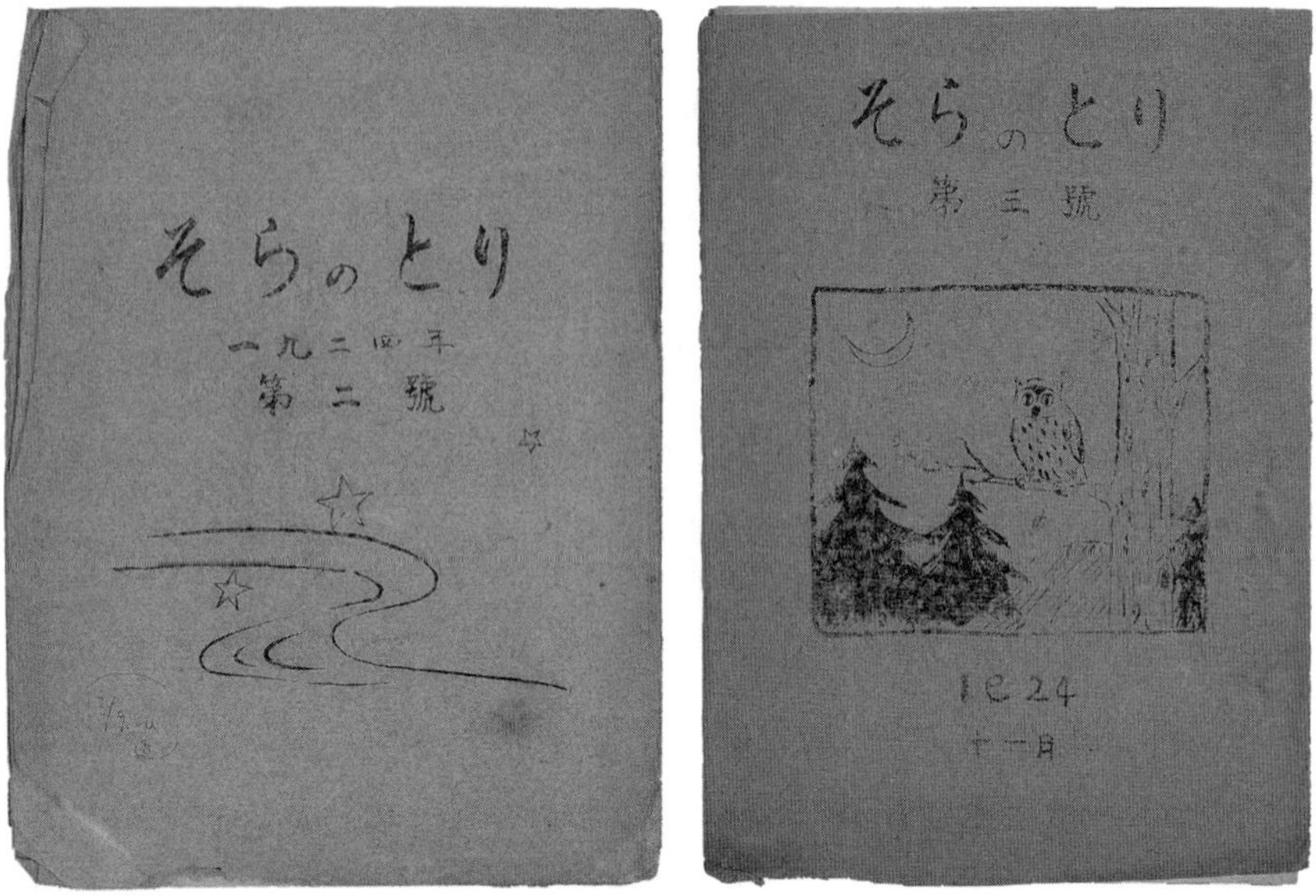

図II-28　日曜学校発行文集『そらのとり』

ヘキが担当していた仙台仏教婦人会日曜学校の童謡童話の乙コースに参加して童謡を歌ったり作ったりすることの楽しさを知った子どもたちは、日曜学校時にとどまらず、これらの作品からわかるように、日常的に創作活動を行っていたのである。

　子どもたちが創作した童謡を掲載しているのは、他の日曜学校の文集も同様である。一九二四年（大正一三）二月に宮城野コドモ会が出した『皆さんの童謡集』は、巻頭にスズキヘキの「蛍の家」が掲載され、その後、子どもの作品のうち「推奨」に選ばれた四編の作品が掲載され、さらに「感心する童謡」四編、「佳作」二七編が掲載されている。巻末の「おしまひに」を見ると、「鈴木先生に見ていただいてほんとうに誰が見ても上手なものを推奨を致しました」と書かれ、ヘキが作品の選考に関わったことがわかる。

ヘキは「推奨」として、次のような作品を選んでいる。

虹　　　　五年　大内とし子

にぢがでました
大きなにぢが
たれがぬるのか
五色のえのぐ
たれがけすのか
五色のもやう

オツキサン　　　　小倉アツ子（四ツ）

オツキサンコイ
オツキサンコイ
オンブスルカラ
オツキサンコイ

また、「感心する童謡」として評とともに次のような作品を選んでいる。

お百姓　六年　大野千春

たんぼの道に
こしかけて
たばこをすう
お百姓さん
ホーと
はいたら
黒い蝶々が
ひらひらとんで行く

評ぽかぽか暖い春の日にたんぼではだらいてるお百姓さんを思ひ出されますね

つくし　六年　桂町きよ子

つくしさん
つくしさん
おまへのぼーず

あたま
いつそつたの
評きれいなくるくるあたま
ほんとうにいつそつた
でせうね

「つくし」に見られるような表現と感受性は、この時代の他の雑誌に掲載された児童自由詩の中にもしばしば見られるものである。「オツキサン」は、兄妹で雑誌を作っていた小倉兄妹の中の四歳のアツ子の作品だが、月の出を今か、今かと心待ちにする子どもの生活感情が素直に表現されている。

北陸日曜童園が発行した『ちいさなささやき』第一集には、子どもの作品が二二編、大人の作品が五編掲載されている。北陸日曜童園の日曜学校の活動がどのようなものだったのか詳細は不明だが、童謡と童話で構成された『ちいさなささやき』を見ると、童謡・童話の児童文化によって参加した子どもたちの情操教育と精神修養を行っていた様子が想像できる。

日曜学校が発行したこうした文集の存在から、日曜学校が子どもたちにとって宗教教育の場である以上に、児童文化活動を楽しむ場として機能していた様子を感じることができる。日曜学校の中で児童文化活動、特に創造活動が活発に展開されていたことに注目したい。

二―一一 『ミヒカリ』と閖上コドモ会

日曜学校関係の発行物の中で、内容が最も充実しているものは、閖上《ゆりあげ》コドモ会童謡部が編集した『ミヒカリ』である。閖上コドモ会は、一九二六年（大正一五）一一月一三日午後五時から開催された「お伽大会」の案内に、「当コドモ会が生れましてから今秋で丁度三歳になります」と書かれていることから明らかなように、一九二三年（大正一二）の秋に仙台湾沿岸の閖上地区に発足した日曜学校である。『ミヒカリ』第四巻第四号の奥付には、発行者・三宅俊剛、印刷者・門脇香、編集者・小倉旭と記されているが、この三人が中心になって運営されていた。日曜学校の運営の中心は三宅俊剛だが、日曜学校内での児童文化活動と、『ミヒカリ』発行の担当は小倉旭である。

『ミヒカリ』は、第一集は北原白秋の「おたまじゃくし」や野口雨情の「牧場の歌」、西條八十の「かたたき」をはじめとした童謡や、「修證義の歌」「涅槃会」「仏の御手」などの讃仏歌、さらに童話三編を加えた七〇ページの童謡・讃仏歌集である。だが、それ以降は、子どもと大人が創作した童謡、創作童話、童謡童話批評、評論などを掲載した文芸誌へと変貌していく。閖上コドモ会の子どもたちを読者の中心に想定して発行しているものの、この時期の仙台とその周辺の児童文化活動の中で発行された雑誌では、『童街』と並ぶ童謡・童話を中心とした文芸誌といえる。

特に、「研究室」というコーナーでさまざまな人物が『ミヒカリ』に掲載された童謡に対する批評や、他の雑誌の読後感などを寄稿していることは、『ミヒカリ』が目指していた方向性を知る上で注目される。一九二七年（昭和二）三月発行の第四巻第三号の「研究室」には、スズキヘキの「雀の嫁さんを見て」、小倉旭の『ささやき』読後感」、菅原寛一の「『ミヒカリ』第二号概評」、門脇信亮の「童話について私の愚見」小倉旭の「童謡について」、三明無の無題の童話についての雑感が掲載されている。

仙台の林香院で日曜学校に関わっていた門脇信亮は、次のような文章を寄稿している。

私は近頃、平凡な童話を見たり聞いたりして居るせいか至つて私のからだに対するシゲキがない。私の童話の話し方等も少しも進歩しない様な気がする。

いつも人に私の批評をお願いするがたれもかも少しく遠慮してキビキビした事は云つて下さらない。

ある時丁度錫木碧氏と一所になつた事があつた。この時碧先生に「私の口調、態度、動作等を御批評下さい」と云つたら先生からただちに次の御返事を頂戴した。

「コドモの心にさへ返って話をすればそんな事は問題にする必要は更にありませんネ」なる程、そこへ行つては矢張錫木先生にはかなはない。先生は大きなコドモだ。

残念な事には私にはそれが中々出来ないんだ。否未だに大きなコドモになり得た事は一度もない。ここに於て私は態度、口調、動作は大きなコドモになる即ち童心に立返る手段の一つであるに違いないと考へた。実際如何なものであらう。

だから、こういふ様なものを或る一定の型にはめる必要はないと信ずる。あくまでも童心に近づけ様と創造すべきであらうと思ふ。


こうした批評を『ミヒカリ』を手にした日曜学校関係者が読み、それぞれの童謡観や童話観を形成する上で参考にしていた様子が、通信欄の「ポスト」の中に散見することができる。山形の庄司泰玉や石巻の細川了暁、福島の五十嵐尚光など、各地の日曜学校関係者が『ミヒカリ』を手にし、『ミヒカリ』誌上の批評を熱心に読んでいるのである。

大正時代から昭和の初めにかけて各地で日曜学校が活発に活動し、その中で童謡や童話は子どもたちの情操教育と日曜学校に参加を誘導するための材料として積極的に活用されていた。だが、実際に日曜学校を運営したり、携わったりした人々の多くは、童謡や童話に対する知識や経験をほとんど持っていなかったものと思われる。そのため、各地で日曜学校講習会が開催され、童話の話し方等が教授されていたが、『ミヒカリ』も、日曜学校関係者に対して、童謡や童話とはどのようなものか、といった知見を提供する役目を果たしていたのであろう。

この時代の日曜学校関係者が、子どもたちに提供する童謡や童話に対する知識を真剣に求め、日曜学校が児童文化活動の場として活発な活動を展開していたことを、『ミヒカリ』誌上から読み取ることができるのである。

ここまで見てきたように、多くの子どもたちが参加した日曜学校は、子どもたちが童謡と童話を中心とした児童文化活動を行う場として「児童文化」の誕生期に重要な位置を占めていた。また、多くの青年たちが、日曜学校の中で児童文化活動に関わりながら、児童文化の実践者として鍛えられ育っていく場としても日曜学校は重要な役割を担っていた。「児童文化」の誕生期に、学校と家庭の他に、子どもたちが児童文化に接する場として日曜学校が大きな役割を果たしていたことにあらためて注目し、日曜学校の中で展開された活動を評価し直し、児童文化史の中に位置づける必要があろう。

第Ⅲ部　児童文化活動の広がりと展開

第二二章　大阪の児童文化活動

二二－一　『蜻蛉の家』と國田彌之輔の活動

Ⅲ部では仙台以外の地方で展開された誕生期「児童文化」活動の具体的な様子を取り上げ、さらに学校や家庭といった「場」で児童活動がどのように展開されていたのか確認する。

Ⅰ部で既述したように、『赤い鳥』が発刊されて以降、全国で児童文芸雑誌の発行が盛んになり、童謡や童話を中心とした児童文化活動も盛んになっていく。子どもたちと共に児童文化活動を楽しむ人物も、多くの地方に存在していた。その一人が、大阪市北区東野田六丁目で「蜻蛉の家」を主宰していた國田彌之輔である。

國田の詳細な履歴について紹介した先行研究は管見の限り存在しない。だが、第Ⅰ部で取り上げた高尾亮雄と同様、大阪における誕生期「児童文化」活動の中で注目しなければならない人物である。複数の雑誌から、國田に関する情報を集めると次のような人物だったことが浮かび上がってくる。

國田は一九二六年（大正一五）五月一〇日に佐々木高明が創刊した『童詩』の編集同人に加わり童詩社大阪支社を設

置したり、一九二七年（昭和二）四月二九日に尾関岩二の主唱で結成された「童心茶話会」に参加したり、同年一一月一一日に西田謹吾、門屋敏夫、尾関岩二、豊田次雄、都外川勝、緒方惟矩ら大阪・京都・神戸・奈良に在住する人々と共に、都築益世の来阪を機に童謡の研究団体である「童謡茶話会」を結成したり、一九二九年（昭和四）に野田三郎と共に「童心倶楽部」を結成したりするなど、大正から昭和初期にかけて大阪の児童文化活動の中心の一人として活躍していた。

國田は、大阪在住の人々と連携するだけではなく、全国の童謡作家や児童文化関係者たちと交流を持ちながら活発に活動を展開していた。國田の交流の広さは一九二七年（昭和二）二月一〇日付の息子茂彌に宛てた次の手紙からもうかがえる。*1

茂彌も知つてゐる童謡の先生野口雨情先生のお家の童心居で先生と都築益世さん小林の園ちやん、童謡を上手に唄ひなさる権藤円立先生と「皆んなの子供さん達が童謡を上手につくれる様に早くなればいゝなあ」と談し合つてゐました。それから雨情先生と益世さんとお父さんの三人でコドモノクニなどで茂彌のよく知つてゐる岡本帰一先生をお訪ねしました。（中略）此の手紙はお母さんにも幸子にも読んできかせて上げなさい今晩も日記を忘れずに書いて早くおやすみなさい

童謡作家の中では、雨情や都築益世、佐々木高明らの他に三木露風との交流が深かったことが、「三木露風先生がとんぼの家の仕事に特別の親みを持つて下さることを嬉しく思ひます」*2という記述からわかる。

國田が児童文化活動に対して抱いていた認識は、「童心」という言葉に集約される。國田は「童心」について多くの場所で発言しているが、國田の言う「童心」は、次の文章に端的に示されている。*3

自然の美しさが素直に感ぜられる時自分の心は清水の如く透明である。
　○
童心の道を真直に歩め、宗教も、芸術も、科学も、全てはこの道より生れ出づべきである。童心の道を真直に歩め。
　○
童心とは、子供のあどけなさ。
　○
子供の直観―それは童心の境地である、私はその直観の姿が羨ましい。
　○
我々に与えられた自然、その自然の中にはゐり得る者は只、童心の持主である。
　○
童心の芽を一日一日と大きく育てよ
童謡はやがて美しい花と咲くであらう。

この文章で表明されているように、國田の言う「童心」とは、一切の虚偽・虚飾を捨て去って自然に没入したありのままの姿と素直な心ということであろう。

こうした「童心」論を基に、「心の美即ち童心から生れました美を私は一等愛します。童心から生れました美は素朴で華やかな化粧がありません。生一本で善良な童心魂には私の心は重味を感じます。童心から生れました美即ち童謡を私は一等愛します」[*4]という童謡論を展開していく。そして、「童謡創作に携はる者は、ただ当り前に自然の美を見つめ、ありのまゝに感じたまゝに創作すればよいのです。換言すれば正しい自分の本心から謡ひ出でたらよいのであります。それなのに、所謂「白秋氏の作風」「雨情氏の作風」と真似る人があります。（中略）そんな人真似作歌は、木下利玄氏の次の言葉を味つて目をさまして下さい」と述べ、木下利玄の言葉を借りて、ある人の作風に感化され、その作風に魅入られて身動きがとれなくなった状態を蛇に睨まれた蛙に喩えて警告を発している。[*5]

自身の童謡論を確立していた國田は、『コドモアサヒ』誌上に「キラキラ海」「クリスマスの夕」「傘なし坊主」、『週刊朝日』誌上に「揺れてゐる」、『婦人』誌上に「うろこ雲」、『童』誌上に「雪の朝」、『童詩』誌上に「朝」といった童謡作品を発表していく。だが、國田の本領は創作活動よりも、児童文化活動を子どもたちと共に楽しんだり、児童文化活動のための結社を組織・運営したりすることにあった。

そうした活動の中で國田が最も心血を注いだのが蜻蛉の家の運営である。蜻蛉の家創設の事情と経緯については第Ⅰ部第八章で既述したように、創設時期は不明である。だが、一九二〇年（大正九）には活動が開始されていたことが確認できる。

また、蜻蛉の家の活動に共鳴し協力していた人々は、「第二とんぼの家　北区中野町　堀尾氏」「第三とんぼの家　中河内枚岡村　西田氏」[*6]というように自宅を開放して新たな蜻蛉の家を作り、蜻蛉の家の活動は次第に広がっていく。

蜻蛉の家の機関誌として一九二七年（昭和二）一月一日に『童』が発行される。そこには、大人と子どもの二つの世界を一つにするものは「童心」であり、「童心」は「唯一の生活信条ともいふべきもの」であると述べた上で、「私達の仕事は遊びごとであります。しかし単に遊びごとだと云つて笑つてしまふ人は本当に『遊びごと』の精神を解しない人だ」とし、「大人も子供も一つの輪になつて遊び親しむ世界さうした自由楽園を私達はのぞんでやみません」と述べている。[*7]蜻蛉の家は、「童心」という共通の生活信条を持った大人と子どもが共に遊び親しむ児童文化活動の場として設立されていたのである。

國田家を開放して始められた蜻蛉の家は、少しずつ形を変え、昭和二年春には蜻蛉の家のために國田家の敷地内に小屋が立てられるようになる。[*8]そして、「現在とんぼの家では出来るだけ良書を選択して文庫を開いて居ります」[*9]とあるように、日常的な活動として小屋での文庫活動を中心に大人と子どもたちが楽しんでいた。

だがその他にも多彩な活動が展開されていた。大正一五年と昭和二年、昭和三年の『童』に記載された活動日記から、蜻蛉の家で行われた行事や催しをまとめると表Ⅲ22-1のようになる。

ほぼ定期的に行われていた童話の夕の他に、ピクニックや見学会、映画上映会などが催されていたのである。

こうした活動は、蜻蛉の家だけのものではない。同時期にさまざまな人々によって類似の活動が展開されていた。大阪でも、一九二一年（大正一〇）に児童文化協会を設立した後藤牧星は、子どもたちと遠足や見学会をしばしば行っている。[*10]

活動記録一覧からもわかるように、蜻蛉の家は賛同する多くの人々の協力で多彩な活動が展開されていたが、『童』第四号には、「同志」として國田彌之輔の他に伊藤庫次・みち子夫妻、石橋恒男、西田謹吾、堀尾良一、本田まさを、門屋敏夫、国澤照光、藤田勝太郎、酒井良夫、植田あや子、小林美弥子の氏名が列挙されている。「童心」を持った多くの大人と子どもたちによる活動が展開されていたのである。子どもたちも、さまざまな雑誌に童謡を投稿してその名を知られていた小林章子・千賀子・園子姉妹や田口松子など多くの常連の子どもたちがいて、文化の受け手であると同時に作り手として大人とともに文化創作を楽しんでいた。

蜻蛉の家に参加した大人たちが子どもと向き合う際に抱いた基本的な認識は、次の國田の文章に端的に示されている。[*11]

一時やかましく芸術教育論が流行したが此頃では火の消えた様なさみしさである。

表Ⅲ22-1　蜻蛉の家活動記録

年月日	活動事項	活動内容
大正一五年		
三月三一日	粘土創作	四月から七月まで毎日曜日、二〇名ほどの子どもたちと粘土創作。
六月ピクニック	ピクニック	三〇名ほどの子どもたちと野崎観音から四条畷まで。
六月端午の節句	旧暦端午の節句	國田の家に飾る武者人形を囲んで一五名ほどの子どもたちがレコードを聴き柏餅・寿司・さくらんぼなどを食べる。
六月童話の夕	童話会	八〇名ほどの子どもたちが石橋・西田による「狼谷」「ケンケンさん」等を聞く。
六月下旬童話の夕	童話会	前回より盛会。「孤児ベンガー」「リンゴの涙」「あわて者武林唯七」等を聞く。
八月童話の夕	童話会	國田方で石橋による怪談話など。
九月童話の夕	童話会	八〇名ほどの子どもが石橋による「フランダースの犬」を聞く。
一〇月ピクニック	ピクニック	京都植物園に。
一二月二日童話の夕	童話会	一五〇名ほどの子どもが「三銃士」と「鳥追船」を聞く。
昭和二年		
昭和元年一二月二八日から二年一月一四日まで	冬期休暇図書館	清水谷図書館国澤氏の援助で東野田六丁目伊藤方に休暇図書館を開館。貸与図書（とんぼの家蔵書：一二三冊、図書館巡回文庫六六冊）延べ閲覧人数：一〇五〇名、最多閲覧一月八日：一三二名
二月二三日	野口雨情童謡講演会	西田謹吾宅にて。一〇〇余名来会。大阪の童謡運動などについて。
二月二四日	野口雨情童謡講演会	伊藤宅にて。子ども約一〇〇名、大人約四〇名来会。童謡を作る心境などについて。
三月七日	童話会	地震（北丹後地震）発生。延期。
四月一四日	遠足	四二名の子ども、大人三名で宇治に遠足。
四月二八日	見学会	大阪模型製作所見学。満鉄の電気機関車模型を所長織田氏が説明。
五月一三日	童話会	伊藤宅にて石橋恒男氏お話会。

五月一五日	図画指導	図画の好きな子ども二〇名を集めて藤田勝太郎氏が「画を描く気持」について話す。
五月二二日	図画指導	藤田勝太郎氏指導の下に静物写生。
昭和三年		
一月二日	新年会	酒井の話、石橋の童話、手品、プレゼント交換。
五月三日	節句祭	國田方で子ども四〇名ほどとご馳走を食べる。
五月	遠足	伊藤・石橋が引率して武庫川へ。
一〇月二一日	遠足	武井武雄が送ってくれた特製お菓子（とんぼの家の文字入り）を持って大和のあやめヶ池遊園へ。伊藤・石橋と子ども二〇名余。
一一月一二日	映画会	川村・伊藤宅で開催。チャップリンやラリー・シモンの喜劇、漫画など。
毎月	童話会	主として石橋恒男の童話会を毎月以上開催。

芸術教育論もよいがそれよりも教育の芸術化を私は唱へたい。教育は私達人生が最も善い生活を作り得る様にするのが目的であると私は思ふ。

人生にあくことなく常に創造した生活を得て行くことが最も大きな幸福である。

私たちはお互に共通した心、即ち童心を所有してゐる。童心を真直ぐに引伸ばすと云ふことは自然を正しく眺めることである。正しくながめることによつて創造生活が生れ、芸術が生れて、そこに幸福が得られる。

ここに示された認識から、國田は児童文化活動によって教育的な行為を行おうとしていたわけではないことが理解できる。國田は、「童心」を大事にしながら「自然」を感じるままに見つめようと主張しているのである。そして、そうした自然への没入が「創造生活」と「芸術」を伸張していくことになるのだと述べている。國田は次のようにも言う。[*12]

　とんぼの家の仕事を空想したり計画してゐるときが私の一番楽しい時である。子供の喜んでゐる姿、それは誰れの心も楽しく温くするところの姿である。その喜びの姿を吾々がとんぼの家でみる時、益々子供の為めの仕事に力を入れたくなるのは自然のことである。

　童話もよい、音楽もよい、画もよい、舞踊もよい、創作に導くのもよい、野山に出て遊ぶのもの《ママ》よい。―子供達の喜ぶものは無限にある。出来るだけいろいろと工夫して子供達を喜ばせたい。子供達を愛したい。とんぼの家の大人達は世間の評判とか人気（名を世間的にすること）とかを気にしてゐない。みな確心をもつてやりたい事をやつてゐる。そしてお互に喜び合つてゐる。これはまことによい事だ大人達がめいめい仕事を手分けして、お互に苦情なく、そして援け合つて仕事をしてゐることは実に美しい楽しいことだ。

「芸術」を愛し、「創造生活」を大事にしながら、蜻蛉の家の大人たちは「みな確心をもつてやりたい事」をやり、そして子どもたちと「お互に喜び合つて」いたことがわかる。

実際に、蜻蛉の家では大人と子どもが共に同じ作業をしながら、大人と子どもの区別なく創造生活を楽しんでいた。そうした蜻蛉の家の活動の具体的な様子は、次の伊藤の報告によって詳細に知ることができる。[*13]

　此日私等の生涯に最意義ある生活がはじまつたのでした、それは粗末な物置小屋の中に莚を敷いて、二十名ばかりの小供達と私等二人が一塊づゝの粘土を手にして創作事業をはじめました小鳥の様におしやべりではしやいでゐた小供達が急に静かになつて土をいぢりはじめました、土の中に自己を見出し、自己を築いてゐることが子供達の瞳の輝上気した紅の頬、によつても知ることが出来ました。作品がだんだん集りました、無論さう立派なものが初めから出来やう筈はありません、間には見すぼらしいものもありましたが予期以上の好結果を得て私等の遠い理想の道程に美しい第一歩を印したよろこびに一種の戦きをさへ感ずるのでした。（中略）回を重ねるに従つて子供達も興味を感じて作品の範囲も広くなり深みも増して来ましたが更に私共の此の仕事に熱と力を与へましたのは老人方の試作された事でした、同じ小屋で仕事に来てゐる大工さん達も土に親しんで呉れました、其作品に接した私は思はず瞼の中の熱くなるのを感じました。

年齢も職業も異なる人々が、共に土を練り、土を練る中で自分と向き合いながら自己を見い出し、発見した自己を形にしながら創造生活を楽しんでいた様子が伝わってくる。國田が主唱する「童心」論は、蜻蛉の家のこうした活動の中で実践されていったのである。

「ただ当り前に自然の美を見つめ、ありのまゝに感じたまゝに創作」することや「正しい自分の本心から謡ひ出」すことを尊重する國田らの「童心」論は、仙台で活動していたスズキヘキが主唱した「原始童謡」論にきわめて近いものとなっていることに注目しなければならない。ヘキは、「夕焼小焼あしたてんきになあれ…の如き児童が原始的に創造せしもの」を「原始童謡」と呼び、子どもに詩として創作させた「創作童謡」や作曲した「唱歌童謡」と区別して童謡の理想だと述べている。*14 ヘキは白秋らの童心主義を批判しながら次のような説明も行っている。*15

童謡は童児の、胸奥からの、大歓喜の叫びであつた、夕焼の讃嘆、天気の希望、空行く烏族に向かいての野訣、嘲弄、又は想像。それはいつも童児の歓喜心と、自然そのものの面接談話、童児と天然動植物そのものの豊かなる交感による快談であつた。うただけが孤立して、童謡の存在は無かつた。

からすのうたには、必らず歓喜と共に唄ひつづくる童児と、唄はれてゐる無心にして又有情なる黒い一羽の鳥が、空高く舞ひそしてないてゐたし、夕焼のうたには、必らずそこに燃えたつ美しい残映と、無上の偉観に驚異信心の瞳を動かさずにゐるはとけなき童群を見つけた。

新作創作童謡の不満はその「実物の前の童児その姿」なる絶対的の場合を忘却し、はなれて、徒らに詩人個人の芸術趣味のあまり狭い世界に入り切つて、そこで永遠の児童とかにならうとしたために、つひにあやまつてゐるのではあるまいか。


「童児の歓喜心と、自然そのものの面接談話、童児と天然動植物そのものの豊かなる交感による快談」を大切にしたヘキの主張と、「自然を正しく眺め」、「正しくながめることによつて創造生活が生れ、芸術が生れて、そこに幸福が得られる」と主張する國田の認識には明らかに共通性が認められる。

仙台と大阪と異なる都市で活動し、面識を持たなかったにもかかわらず、子どもと向き合い、子どもと触れ合いながら子どもたちと共に創造活動を楽しんだ二人が、そうした活動を通して共通する認識を持つようになったことは興味深い。

大人と子どもが共に「遊びごと」を楽しむ場が誕生期の児童文化活動に存在し、その中で自然をありのままに感じ、自然と交歓する中で大人と子どもが共に「創造生活」を過ごし、「芸術」と「幸福」を得ていた人々が、「児童文化」の誕生期には多数存在していたのである。

子どもたちと触れ合いながら共に創造する楽しさを求めていったヘキと國田ら蜻蛉の家の人々の間に共通する認識が生まれていたことと、そうした認識をもとに誕生期「児童文化」活動の場で展開されていた活動の本質に改めて注目しなければなるまい。

注

1 『子どもの創作』第七号、人生創造社、一九二七年九月、一三ページ
2 『童』二号、とんぼの家、一九二七年七月一日、八ページ
3 前掲『童』二号、四ページ
4 『童詩』第五号、童詩社、一九二七年一二月二五日、八ページ
5 『童詩』第二号、童詩社、一九二六年八月一日、一七ページ
6 前掲『童』第二号、四ページ
7 前掲『童』第二号、一ページ
8 前掲『童』第二号、四ページ
9 同前
10 後藤牧星と児童文化協会については、拙稿「大阪の誕生期「児童文化」活動と後藤牧星」（『国際児童文学館紀要』第二一号大阪国際児童文学館、二〇一〇年）も参照のこと。
11 前掲『童』第二号、二ページ
12 前掲『童』第五号、九ページ
13 前掲『童』第一号、二ページ
14 前掲『木馬』第一八号、一八〜一九ページ
15 『おてんとさん』第二年第二号、一九二二年三月一日、おてんとさん社、二八ページ

二二-二　後藤牧星と『小鳥の家』

第Ⅰ部第九章で既述した後藤牧星が設立した児童文化協会の活動は、資料が発見されなかったために児童文化史で取り上げられることはなかったが、大阪での誕生期児童文化活動史の中に大きな足跡を残したものとして評価しなければならない。

児童文化協会の足跡を知ることができる資料は、牧星が東京の自宅を空襲で失っていることもあってきわめて少ない。牧星の三女渡部満智子氏宅と大阪国際児童文学館、国会図書館、そしてヘキ旧蔵資料に残されていた手がかりは、児童

文化協会が出版した『子供の為めに　童謡の作り方』、『童謡舞踊　お猿さん』、『小鳥の家』（創刊号、二号、三号）、巡回レコードコンサートへの各小学校からの感謝録、写真十数点、そして一九二三年（大正一二）一月の日記の残欠、葉書、パスポート等である。

牧星が考えていた「児童文化」と、児童文化協会を通して行おうとした活動内容は、『小鳥の家』各号の巻末に「児童文化協会の目的と事業」として次のように記されている。

・本会は少年少女たちの自由創作、自由研究并創意的修養の精神を助長するのが目的であります。
・本会はこの目的を達するために時々児童劇作品展覧会及び児童音楽会、演芸会、写生会見学会等を催し、尚毎月一回雑誌「小鳥の家」を発行し会員及び拡く一般の読者に頒ちます。
・本会は会の趣旨に賛成して下さる少年少女たちを会員に、学校の先生や父兄たちを賛助員に又本会の事業及び維持のために特別の援助を与へて下さる方を特別賛助員といたします。

（中略）

・本会は地方会員の希望によつて支部を設け又賛助員の方々のために時々知名の方を招いて講演会并に講習会を開き児童文化研究の助けといたします。

（中略）

・児童の文化運動のため地方支部引受け御活動下さる篤志の方は、協会内後藤牧星宛に御照会を願ひます。

引用した「児童文化協会の目的と事業」から、「自由創作、自由研究并創意的修養の精神を助長する」こと、つまり子どもたちの創造・創作力を伸ばすことが児童文化協会の第一の目的だったことが理解できる。

子どもたちの創造力を助長するために各種の会を催し、さらに雑誌『小鳥の家』を発刊する、つまり子どもたちに芸術的で質の高い文化を与えることと、それによって子ども自身の芸術的創造力を涵養することが目的だったということになる。また、「児童文化研究」「児童文化運動」という言葉の使用によって、「児童文化」という言葉が一定の概念のもとで使用されていることに注目しなければならい。

児童文化協会の目的は、鈴木三重吉を中心として北原白秋、山本鼎《かなえ》らが『赤い鳥』を舞台に行っていたことと近似している。事実、『赤い鳥』と『小鳥の家』には多くの共通点が見られる。参考までにそれぞれの投稿規程と定価に関する規定を比較すると表Ⅲ22-2の通りである。

この比較で明らかなように、定価は全く同じ。投稿についても、それぞれの主宰者である三重吉と牧星の得意分野の違いを反映して、『赤い鳥』は綴方、『小鳥の家』は童謡に特に力を入れていたことが異なるくらいで投稿規程の文章までほぼ同じである。

『赤い鳥』が三重吉の知己を動員して作られたように、児童文化協会の活動も『小鳥の家』の刊行も、ともに牧星の知己が関わっていたことがわかる。牧星は、『小鳥の家』創刊の過程を次のように述べている。*1

▽皆さんがお待ち兼ねの「小鳥の家」が漸やく出来ました。（中略）内容をおかまひなく出せば、出せないともなかつたのですが、同じ出す程なら内容体裁も立派なものにしたいといふのが私の年来の希望だつたものですから、遂に正月四日東京に出発、ィの一番に、小田原の「みゝづくの家」に北原白秋先生を訪問それから東京に約十日滞在、大家、名士の方を歴訪といふと、大ゲサですが、久しくお目にかゝらなかつた巌谷小波先生を始め久留島、岸邊、本居、弘田、真島各先生を訪問して「児童文化運動」のためそれぞれ御後援を御依頼して帰りました。

表Ⅲ22-2 『赤い鳥』と『小鳥の家』の比較

	『赤い鳥』	『小鳥の家』
定価	30 銭　送料 1 銭外国 12 銭 3 冊 90 銭外国 1 円 20 銭 6 冊 1 円 80 銭外国 2 円 40 銭 12 冊 3 円 50 銭外国 4 円 70 銭	30 銭　送料 1 銭外国 12 銭 3 冊 90 銭外国 1 円 20 銭 6 冊 1 円 80 銭外国 2 円 40 銭 12 冊 3 円 50 銭外国 4 円 70 銭
投稿規程	▽自由画、綴方、自由詩募集自由画は毛筆、ペン又は鉛筆等で線を濃くおかき下さい。綴方自由詩は綴方用紙又は半紙へ一篇づゝ別にかき、一々何県何郡何小学校何年生何々と記すこと。ハガキや小紙片にかいたのは没書にします。学校にゐない人は年をおかき下さい。 ▽創作童謡、童話、曲譜募集童話は二十字詰四百行以内。作曲する謡は「赤い鳥」に出た名家の作と推奨の童謡と自由詩とに限る。本譜を御送附のこと。伴奏あらば尚結構です。「赤い鳥」は以上の三部面に於てそれぞれ優秀なる人々を、作家作曲家として社会に推薦します。すべて一篇毎に別紙を用ゐ、一々住所氏名を御附記下さい。 ▽地方童謡、伝説、募集字詰随意。童謡中の方言は標準語に直さないこと。難解の語には御註記を願ひます。 ▽選者自由画は山本鼎氏、曲譜は草川信氏、近衛秀麿両氏、童謡自由詩は北原白秋氏、その他は鈴木三重吉氏選。誌上変名は御随意。但し原稿には住所氏名を御記入置き下さい。	・童謡、自由詩、自由画募集自由画は毛筆ペン又は鉛筆等で線を濃くおかき下さい。童謡、自由詩は原稿用紙又は半紙へ一篇づゝ別にかき、一々何県何郡何小学校何年生何某と記すこと。ハガキや小紙片にかいたのは没書にします。学校にゐない人は年をおかき下さい。 ・童話劇、地方童謡、曲譜募集童話劇は二十字詰四百行以内。作曲する謡は「小鳥の家」に出た名家の作と推奨、入賞の童謡、自由詩に限る。本譜を御送附のこと。伴奏あらば尚結構です。地方童謡中の方言は標準語に直さないこと。難解の語には御註記を願ひます。 ・入賞の作品には発表一ヶ月以内に賞品を贈り特に優秀なる人々は、作家作曲家として社会に推奨します。誌上変名は御随意なれど原稿には必ず住所氏名を御記入置き下さるやう願ひます。 選者 ・童謡、自由詩　北原白秋先生 ・曲譜　弘田龍太郎先生 ・自由画　山本鼎先生 ・童話劇　巌谷小波先生

備考：『赤い鳥』は、『小鳥の家』創刊号と同じ大正 12 年 4 月発行の第 10 巻第 4 号を用いた。

図Ⅲ−29　真島睦美童謡舞踊講習会（渡部満智子氏蔵）

　その結果生れたのが、この「小鳥の家」です。

　ここに名前が挙げられた人物以外にも、牧星はさまざまな人の協力を取り付けている。牧星は、「児童文化協会の特別賛助員として又『小鳥の家』の編輯顧問として児童文化運動のために援助して下さる方」として、巌谷小波、北原白秋、早蕨幼稚園園長・久留島武彦、東洋大学学長・高島平三郎、東洋家政女学校校長・岸邊福雄、洋画家・山本鼎、作曲家・本居長世、東京音楽学校助教授・弘田龍太郎、詩人・野口雨情、詩人・三木露風、少年体育会理事・能勢哲、東京遊戯法大成会講師・真島睦美、同・水谷式夫、大阪府立夕陽丘女学校校長・大田原泰輔、京都帝国大学助教授・山本一清、大阪朝日新聞記者・村上鋭夫、大阪市視学・山桝儀重、大阪船場小学校校長・上島直之、画家・森田久、画家・宇崎純一、大阪毎日新聞記者・水野新幸、以上の氏名を列挙している。

　これらの人物の中には、東京遊戯法大成会講師・真島睦美の名前も見られる。真島は、児童文化協会が主催する講習会の第一弾として一九二三年（大正一二）三月に大阪市立愛日小学校で行われた講習会「童謡踊り并に可愛いダンス[*2]」の講師として招かれ、その成果を『童謡舞踊　お猿さん』として児童文化協会から出版している。

童謡舞踊の真島や少年体育会理事・能勢哲らの存在は、『赤い鳥』の活動とは異なる児童文化協会の活動の一側面を表す存在として注目される。『小鳥の家』創刊号の目次には、「童謡」「推奨童謡」「入賞童謡」「曲譜」「イギリス・イタリア・フランスの童謡」「お伽戯曲」「児童劇」「童謡劇」といった項目と並んで「童謡踊り」や「表情遊戯」に関する記事が掲載されている。これは、児童文化協会の活動が、童謡や童話といった児童文芸に偏っていた『赤い鳥』との間にわずかながらも違いがあったことを示す事実として注目される。

以上のように、ほぼ『赤い鳥』に倣って発刊されたという事実からも、牧星の児童文化運動が『赤い鳥』をはじめとする芸術的児童文化の志向に沿って展開され、芸術教育や子どもの内発性を重視する教師たちの支援を得ながら行われようとするものだったことが理解できる。

注

1　『小鳥の家』児童文化協会、一九二三年、四二ページ

2　前掲『小鳥の家』四三ページ

二二-三　児童文化協会の活動

『小鳥の家』に記されていることを中心に、児童文化協会の活動をまとめると表Ⅲ22-3のようになる。

表で明らかなように、児童文化協会の活動の中心は一九二三年（大正一二）で、しかも活動の記録は一〇月までとなっている。大正一二年から活動が本格化する理由は、大正一一年の暮れまで、牧星は妻の病気と病死というできごとのために、活動を制限せざるを得なかったためである。

『小鳥の家』創刊号の「小鳥の家より」には、「皆さんがお待ち兼ねの「小鳥の家」が漸やく出来ました。もつと早く

出来る筈だつたのですが、昨年末小鳥の家の編輯準備中にチャン君（誰が教えたともなく自分のことをチャンクンといふ今年四ツになつた愛児末実）の母が永眠それからそれと、いろんな事件が起つてたうたうこんなに遅くなつて了ひました」と書かれている。牧星は、『小鳥の家』の創刊を目指し精力的に活動をしていた最中に、幼い子どもを残して最初の妻サカノ（旧姓入江、大正一一年一一月一八日没）に先立たれるという悲劇に襲われていたのである。

『小鳥の家』の創刊は、妻を亡くすという悲劇から立ち直り、大正一二年に本格的に児童文化運動に身を投じていく牧星にとっての再起の狼煙となったのである。創刊の準備のために上京した様子は、戦災の中で奇跡的に焼け残った日記の断片からも知ることができる。[*1] 日記には一月五日の出来事が次のように記されている。

> 早汽車は御殿場附近にさしかゝれり（中略）白雪に装はれたる富士の高峯も気高く車窓より眺められぬ
> 二宮に下車（中略）午后は小田原に詩人北原白秋氏を訪ふ初対面ながら氏は心よく余を引見せられ童謡論、詩論に花を咲かせ余の小鳥の家に対し指導的意見を述べられると共に余の願を快く托せらる火ともし頃辞して
> 二宮に帰り友の家に一泊す

日記はこの翌日までしか残されていない。だが、白秋らの大御所に会いに行く途中、気高く雪化粧した富士を眺める牧星の高揚した気持ちや、初対面の白秋との打ち解けた歓談の様子など、『小鳥の家』の創刊に向けた牧星の胸の高鳴りが聞こえてきそうな貴重な資料である。この上京で、牧星は白秋の他に巌谷小波、岸邊福雄、本居長世らさまざまな人と面会し、『小鳥の家』への協力を取り付けている。

こうして、森田久によって小鳥に餌をやる少女が描かれた瀟洒な表紙の『小鳥の家』創刊号全四四ページが完成する。内容は、白秋の「牛の子」、野口雨情の「山椒の木」、牧星の「お月様が傘さした」、三木露風の「小鳥と蝸牛」、本

表Ⅲ22－3　児童文化協会活動記録

年月日	児童文化協会関係出来事	その他
大正一〇年（一九二一）	児童文化協会設立	牧星、満二七歳
大正一一年 六月二〇日	後藤牧星著『子供の為めに　童謡の作り方』出版	
大正一二年 一月五日～	「小鳥の家」の準備のために上京	北原白秋、巌谷小波、久留島武彦、岸邊福雄、本居長世、弘田龍太郎、真島睦美らを訪問。
三月一一日	第一回小鳥の家小集い	午後六時から、牧星の自宅を開放して童謡の研究会を開催。毎月第二土曜日に開催。
三月二七日～二九日	文化講習会開催	会場：大阪市立愛日尋常小学校 講師：真島睦美、中浜博常、野口雨情 後援：大阪市保育会
四月一日	「小鳥の家」創刊	
五月六日	第一回少年少女見学会	日東蓄音器工場、合同紡績住吉工場
五月一三日	第一回童謡、童話大会	於：船場小学校 午後一時開会、光の会後援
五月二〇日	第一回クレオン写生会と展覧会	場所：住吉より大浜一帯 資格：尋常四年以上の少年少女、「小鳥の家」の愛読者
六月一日	「小鳥の家」第二輯	
六月九日～八月一一日	小鳥の家巡回レコードコンサート	大阪市立船場小学校、愛日小学校他計一一校巡回
七月二三日～二七日	第二回童謡踊り講習会	於：船場小学校講師：真島睦美 二百余名参加

八月七日	高師浜学寮（南大江男女子校臨海学園）	
八月九日	大和塔の峰林間学舎巡回（清堀三校連合臨海学園）	
八月一一日、二一日	菅南小学校男女同窓会巡回	
夏	児童文化協会代理部併設	
夏	第二回少年少女写生大会	筆箱、学校用ソロバン、水彩絵の具、桃太郎折り紙等販売
八月二八日	真島睦美著『童謡舞踊　お猿さん』出版	場所：天王寺公園、四百余名参加
九月	第三回写生大会	
一〇月一日	「小鳥の家」第三輯	

居長世の「山椒の木」の曲譜、光の会による「小鳥と蝸牛」の曲譜、イギリス、イタリア、フランスの童謡、牧星による「天の岩戸」のお伽戯曲、真島睦美による「お猿さん」の童謡踊り、藤村牧男による「絵大名」の児童劇、白秋選の投稿童謡、などとなっている。二号も内容の傾向は創刊号とほぼ同じだが、三号では二号までの内容に加えて口演童話が三本掲載され、それまでの童謡を中心とした内容から変化が見られるようになる。

児童文化協会の機関誌とも言うべき『小鳥の家』が発行されて児童文化協会の活動は本格的に軌道に乗り始める。児童文化協会が最も精力的に活動した大正一二年夏に刊行された『童謡舞踊　お猿さん』の巻末には、牧星が児童文化協会の活動に込めた願いとともに、その活動実績が次のように報告されている。

世界の文化は先ず子供から―子供は子供の国（チルドレン・キング・ダム）これが私の心からの願ひであります。少しでも子供達を幸福にしてやりたい―こういふ目的のために生れたのが児童文化協会であり私が子供達の

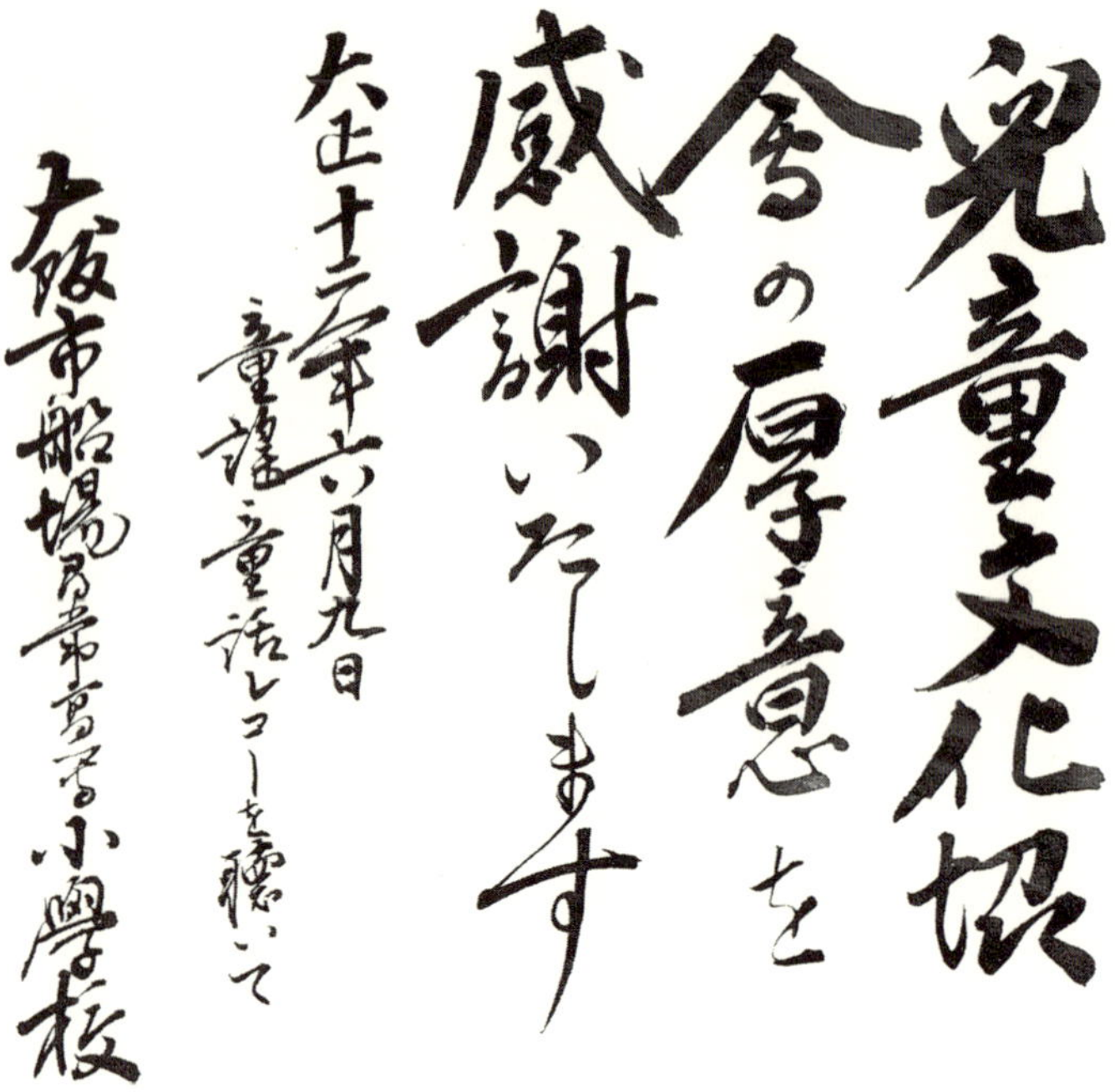

児童文化協会の厚意を感謝いたします
大正十二年六月九日
童謡童話レコードを聴いて
大阪市船場尋常高等小學校

図Ⅲ−30　小学校感謝状（渡部満智子氏蔵）

ために身を献げた原因であるのであります。

児童文化協会の働きとしては中等学校、女学校へ入学する少年少女方のために最も嫌がられる入学試験の肝試として、『中等学校入学模擬試験』を又最新知識の吸収としては『少年少女見学会』を芸術教育（情的方面）としては少年少女写生会、童謡、童話大会、月刊雑誌（小鳥の家）発行、それに直接少年少女方の指導者として立たれる教師保姆の方々のためには時々『文化講習会』を開いて文化の開拓につとめて居ります。

本書の発行もその一ッでこれによつて僅少たりとも子供達の幸福増進の一助ともならば私の願ひ幸ひはないのであります。春の小鳥のやうに。愛する子供達の上に恵み豊かならん事を。


『小鳥の家』第三輯には第二回写生会と第二回童

謡踊り講習会に参加した人々による記念写真が掲載されている。これらの児童文化協会の活動は、『小鳥の家』第三輯によると、写生会の参加者が四〇〇名、講習会が二〇〇名を数えるほどの活況を呈していた。児童文化協会の活動が大規模に行われていたことをこれらの数字は物語っている。

また、『童謡舞踊　お猿さん』に報告されていないことで、児童文化協会の活動として注目すべきことは、大阪市内の小学校を巡回したレコードコンサートである。六月九日の船場尋常小学校に始まり、済美第三尋常小学校、愛日尋常小学校、桃園第二尋常小学校、清堀第一尋常小学校、清堀第三尋常小学校、清堀第二尋常小学校、桃園第一尋常小学校、南大江女子小学校、南大江男子小学校、菅南尋常小学校の計一一校を八月一一日までの二ヶ月間で回っている。八月は臨海学校も巡回しているので、この年の夏の児童文化協会の活動にはめざましいものがある。

この時に、各小学校が児童文化協会に宛てて書いた感謝帳が今日に残されている。そこには、清堀第三小学校の「児童のために良く選択された曲目とお噺とでこゝろよい夏の午後を過さしめ給ひしことを感謝します」というものや、済美第三小学校の「優秀なるレコードと精巧なる器械とにより児童生活上最も適当なる歌詞と歌曲とを選ばれ小さき聴衆をして無限の感激に浸らされ以て本校児童の音楽趣味向上発展に資せられたることを感謝す」といった墨蹟が残されている。

大阪市教育会も「巡回子供デー」と称して同様の活動を行っていた。一九二〇年（大正九）三月の「大阪市教育紀要」には、大正六年度学事暦が掲載され、その中に五月二〇日の天王寺公会堂における巡回子供デーをはじめ、一二月までに計一一回の巡回子供デーの記録が残されている。*2

小学校を訪問して子どもたちにレコードを聴かせたり、口演童話を演じたりしたことは、児童文化協会が、学校を回って児童文化を提供する学校関連の業者としても活動していたことを物語っている。宮城県の仙台市を拠点に、金野細雨が東北六県や新潟の学校を回って児童文化を提供しているが、この当時、全国でこうした業者が学校を回って子ども

図Ⅲ-31　児童文化協会風景（渡部満智子氏蔵）

たちに児童文化を提供していたことは、これまでの児童文化研究の歴史の中で等閑に付されてきたものの、この時代の子どもたちの文化環境を考えるときに注目すべきであろう。

牧星は『童謡舞踊　お猿さん』の巻末に、「世界の文化は先ず子供から」と述べ、「芸術教育（情的方面）としては少年少女写生会、童謡、童話大会、月刊雑誌（小鳥の家）発行」を挙げ、そして「直接少年少女方の指導者として立たれる教師保姆の方々のためには時々『文化講習会』を開いて文化の開拓につとめて」いることを述べている。これらの文章と牧星の活動実績とを照らし合わせると、牧星は、子どもの内発性を大切にしながら、芸術による精神の陶冶を目指す芸術教育の発展、教師や保育者と連携した芸術教育の推進を目指し、そうした思想的な基盤を持ちながら児童文化を提供する業者として活動していたことが理解できる。

一九二三年（大正一二）にさまざまな活動を行っていた児童文化協会の活動記録は、大正一二年一〇月の『小鳥の家』第三輯の発行を最後に確認できなくなる。理由は、

図Ⅲ-32　姫百合幼稚園卒園式（渡部満智子氏蔵）

「関東大震災後、居を東京に移し」（牧星胸像碑文）たことにより、大阪を活動の場とした児童文化協会が事実上活動を停止したためである。

大阪を後にした理由は複数考えられるがはっきりとしたことは不明である。ただ、一つには、再婚した牧星が、妻以久（旧姓唐沢）の実家（東京市下谷区竹町）がある東京に居を移して自身の生活の立て直しを図ろうとしたことが考えられる。

こうして、子どもの内発性を重視する大正自由教育と芸術教育を背景に活動した児童文化協会は、大正一二年秋に実質的に活動の幕を下ろす。大正時代の子どもたちに大きな影響を及ぼした大正自由教育も、大正一二年を頂点としてその後激しい逆風と弾圧に曝されていくことになる。大正一二年を境に自由教育への弾圧が次第に激しくなるのと軌を一にするかのように、「児童文化」の誕生期に花開いた児童文化協会の活動は終わりを告げる。

「略歴」によると、その後上京した牧星は、「報知新聞の一室にあった家庭幼稚園（月刊紙）の編集に従事、一四年廃刊と同時に蒲田で幼稚園を」開く。「略歴」の通り、牧星は一九二五年（大正一四）四月に東京府荏原郡蒲田小学校の近く呑川のほとりに姫百合幼稚園を開園する。翌大正一五年三月には第一回保育修了式を挙行している。その後、蒲田町女塚三一七番地に移り、一九二八年（昭和三）七月一五日に東京府に設立申請を行っている。*3

『小鳥の家』第二輯に掲載された「第一回童謡、童話大会」の告知には、「本協会附属緑幼稚園児の童謡踊り」が行われることが予告されている。この記事からすると、児童文化協会時代に、すでに牧星は附属幼稚園を開いていたことになる。上京後はその経験を生かし、畢生の事業として幼稚園の経営を選んだのであろう。

牧星は、幼稚園経営のかたわら、一九三五年（昭和一〇）から一九四〇年（昭和一五）まで、毎年一輯ずつ後藤牧星案・後藤幾子作による『手技十二ヶ月』をフレーベル館から発行している。この間の一九三六年（昭和一一）に幼稚園は女塚から大森区調布嶺町に移っているが、開園以来、幼稚園には「保育資料研究所」の看板を掲げ、教材の開発を続けている。

一九四二年（昭和一七）には、保育資料研究所から『新案　てんせんぬりえ』を発行するなど、戦時下の厳しい状況の中でも子どもの創意工夫を大切にする活動を続けていく。「略歴」には、戦後幼稚園を再興した後、アメリカ、カナダ、東ドイツ、デンマークなどを訪れ、フレーベルやアンデルセンの生地を訪れたことを述べた後、「それも観光ではなく、教具、遊具、保育の実態調査研修が目的であった」と述べている。牧星にとって、児童文化を考え続けることは終生の課題だったのである。また、内山憲尚や岸邊福雄らと交流を持ちながら、口演童話の活動も続け、日本童話協会理事も務めている。「略歴」の最後は次の一文で締められている。

こどもの世界に生き、童話生活60年、これが著者の略歴だ。

一九八一年（昭和五六）一月二日午後六時三三分、牧星は脳血腫のため田園調布中央病院で息を引取る。享年八六。青年時代の初めに日曜学校で児童文化運動に関わって以来、自己の畢生の仕事として子どもの幸せの実現を願い、子どもの幸せの実現を求め続けた一生であった。

注

1　『小鳥の家』創刊号では、上京は一月四日のこととされているが、日記によると上京は五日（金）となっている。

2　『大阪市教育紀要』第一回、大阪市役所学務課、一九二〇年三月、一一七～一二六ページ

3　『東京教育史資料大系』第一〇巻、東京都立教育研究所、一九七四年、四三ページ

第二三章　函館の児童文化活動

二三－一　函館の誕生期児童文化活動

誕生期「児童文化」活動の広がりは、北海道にも及んでいる。その中心として活動した人物が蛯子英二（一九〇〇－一九八九）である。蛯子宅で見つかった活動に関わる資料[*1]を中心に、これまで活動の詳細が不明だった蛯子英二や天野源太郎らの活動と、一九三〇年（昭和五）二月から函館で展開されたおてんとさん童話会の活動とその特質を中心に、函館での誕生期「児童文化」活動を明らかにする。

函館における誕生期の児童文化活動に道筋をつけた活動の嚆矢は、一九一九年（大正八）に始められた童話劇だとされている。[*2]この童話劇は、大沼小学校の訓導坂本恭輔、伊東酔果、高橋喬の三人によって村の休日に村民を巻き込んで始められたものである。

その後、この三人に本間作十、鈴木武平らが加わって函館童話劇研究会を結成。一九二二年（大正一一）一月七日午後七時から函館公会堂で三百余名を集めて函館童話劇研究会第一回試演会を開催し、大沼小学校の児童たちが「古事記

図Ⅲ-33　蛯子英二
左から天江富弥、蛯子英二、スズキヘキ（鈴木楫吉氏蔵）

神話白兎」や「星の囁き」「未来の王国」の童話劇や童謡「小雀」の合唱などを行った。

函館童話劇研究会によって切られた口火は、翌二月の本願寺別院の児童協会、三月の大谷女学校送別同窓会での童話劇の実演へと結実する。さらに函館毎日新聞社が函館童話劇協会を後援することになり、行友政一、保坂貞正、竹内清、浦尾革児ら海峡詩社の同人も研究会に加わって函館毎日新聞主催による第一回童謡童話劇大会が大正一一年四月二二日に開催される。

第一回童謡童話劇大会は、一九二〇年（大正九）五月に上磯町当別のトラピスト修道院に招かれ、大正一三年六月に帰京するまでトラピスト修道院で講師を務めていた三木露風が監督指導、講演を行っている。その時の盛会の様子は四月二四日付函館毎日新聞に報じられている。会場には立錐の余地もないほどの大観衆が詰めかけ、会は大成功裡に終わったとされている。

だが、蛯子英二は、仙台のスズキヘキに宛てた大正一一年九月一七日消印の手紙に「今函館には行友政一と云ふ私の友が海峡詩社をたてをりますが本年の春函館で第一回童謡・童話戯《ママ》会をやつたそうです。三木露風先生がかんとくしてくれたそうです。でもプログラムを見るとどの唄もみな三木さんのものばかりでした。」と若干の不満を述べている。蛯子の評を見ると、内容的にはまだまだ改善の余地のある童謡童話劇大会だったことがわかる。だが、大正一一年の時点で童謡童話会を大規模に開いていた地域は、東京、大阪や仙台以外にはわずかしか存在していなかった。そのことを考えると、北海道の一地方都市である函館でこのような会が開かれた意味は大きい。

この後、春秋二季に行われた童謡童話劇大会は函館の年中行事として定着していく。だが、華美で浮薄に流れるとして児童の公演が文部省によって禁止されると、児童文化の誕生期に興った函館の童謡童話劇大会も一九二三年（大正一二）一一月の第四回大会を最後に途絶えてしまう。その後も、亀田郡大野尋常高等小学校訓導兼校長の木村文助のような綴り方を中心とした教育を推進した訓導たちによる児童文化活動は展開されていく。また、仏教やキリスト教の日曜学校における童謡や童話、童話劇などの児童文化活動も続けられていく。だが、誕生期のさまざまな児童文化活動は、この頃を境に、次第に色合いを変えていくことになる。

注

1　二〇〇九年六月、故蛯子英二氏の自宅からおてんとさん童話会の発足準備の様子を伝える葉書や活動に用いたパンフレット、運営に関するメモ、石崎小学校の子どもたちからの手紙など、貴重な資料の数々がご子息の蛯子和彦氏により発見された。本書では、これらの資料群を蛯子旧蔵資料と名付けて用いることにする。また、錫木碧宅に残されていた蛯子英二からヘキに宛てた手紙類も貴重な一次資料として用いる。

2　伊東酔果「函館童話劇運動事始終」（『生』第二巻第一号、生社、一九二六年）、六一〜六二ページ

二三－二　蛯子英二と児童文化活動

函館における児童文化活動の中心となるのは、一九三〇年（昭和五）二月に結成された「おてんとさん童話会」である。この頃の函館毎日新聞、函館新聞、函館日日新聞を見ると、巴童話会や函館ベルスーズお伽会、どんぐり童話会なども児童文化の黎明期に函館で活動していたことが確認できる。だが、その規模と活動の活発さを比較すると、おてんとさん童話会が当時の函館を代表する児童文化活動の組織だったといえる。

おてんとさん童話会結成の中心になった人物が蛯子英二である。蛯子についてこれまで詳細に論じられたことはなく、児童文化史の中で蛯子英二が注目されることもなかった。だが、誕生期「児童文化」活動の中で、精力的に活動を展開した人物の一人として注目しなければならない。

蛯子英二の略年譜をまとめたものが表Ⅲ23－1である。蛯子の仙台時代の児童文化活動の足跡は、スズキヘキ旧蔵資料に残された『おてんとさん』や手紙類などを丹念に調べることで知ることができる。また、長男和彦氏宅から発見された諸資料から生涯の概略を知ることができる。

蛯子英二は一九〇〇年（明治三三）一一月一八日、北海道の室蘭に生まれている。一九二〇年（大正九）仙台の東北学院専門部師範科予科に入学。大正九年暮れに刈田仁《まさし》と共に、東北学院向かいに「おてんとさん社」の看板を提げていた仙台市北目町のスズキヘキ宅を訪問。大正一〇年二月一五日に開かれた第二回おてんとさん童謡研究会に出席し、天江富弥・スズキヘキを中心に結成された童謡結社おてんとさん社に社人として加わる。自作童謡「酢」（『おてんとさん』第二号、大正一〇年四月）や「鶏」（『おてんとさん』第三号、大正一〇年五月）を発表したり、スズキヘキ・片平庸人《つねと》・静田正志らと街角で子どもたちに童謡や童話を聞かせる路傍童謡童話会を行ったり、大正一一年一一月にヘキ、天江と共に宮城県桃生《ものう》郡北村小学校や前谷地小学校、遠田郡小牛田《こごた》小学校等での童謡童話会に参加したりするなど、活発な児童文化活動を展開する。

表III 23-1　蛯子英二略年譜

1900年（明治33）	11月18日、荒物店経営蛯子末太郎、テイ子の二男として北海道室蘭に生まれる。
1907年（明治40）	函館市立弥生尋常高等小学校に入学。
1914年（大正3）	岩手県立福岡中学（現、岩手県立福岡高校）に入学。
1920年（大正9）	東北学院専門部師範科予科（現、東北学院大学文学部）に入学。
1924年（大正13）	東北学院師範科本科卒業。北海道庁立函館中学校（現、北海道函館中部高校）教諭（英語）として赴任。
1930年（昭和5）	おてんとさん童話会設立。
1938年（昭和13）	歩兵第26連隊留守部隊に応召。
1940年（昭和15）	陸軍中尉として北支に出征。
1944年（昭和19）	陸軍大尉に昇進。
1946年（昭和21）	復員。函館中学校に復職。
1948年（昭和23）	北海道庁立根室中学校（現、北海道根室高校）教諭として赴任。
1949年（昭和24）	北海道函館東高校（現、函館市立函館高校）教諭として赴任。
1951年（昭和26）	札幌短期大学（現、札幌学院大学）に講師として着任。
1960年（昭和35）	札幌短期大学助教授に昇進。
1966年（昭和41）	札幌短期大学教授に昇進。 北海道自動車短期大学（現、北海道科学大学短期大学部）に教授として着任。
1968年（昭和43）	北海道工業大学（現、北海道科学大学）に教授として着任。
1978年（昭和53）	同大学退職。
1989年（平成元）	3月30日、札幌市で死去。享年88。

大正一二年四月、おてんとさん社の人々や宮城県図書館、市内小学校教員たちによって仙台児童倶楽部が結成された際には、設立時の六人の委員の一人になり、宮城県図書館を主な会場に毎月開催された童謡童話会で司会を行ったり童話の口演を行ったりしている。また、東二番丁教会の日曜学校内に「おてんとさん人形病院」を開設するなど、多岐にわたる児童文化活動を展開していく。

おてんとさん社の名前で出された、子ども向けの「おてんとさん人形病院」の案内チラシがスズキヘキ旧蔵資料に残されている。そこには、「仙台の子供さんはみな、しんせつな、けんくわをしない、かわいい子供さんになりませう」と呼びかけた上で、次のような案内が記されている。

一．お人形さんのかんかがとれたり、手や足がをれたりしたらお人形さんはかはいさうでせう。又お犬が足をいためて、びつこになつたらかはいさうでせう。かわいさうなお人形さんやお犬は「おてんとさん人形病院」につれておいでなさい。なほしてあげます。さうして、かはいいお人形さんを、おんぶしてあそびませう。日曜日のあさ東〔二〕番丁教会へつれておいでにを《ママ》ると、「おてんとさん人形病院」のにこにこかほの蛯子先生が、しんせつになほしてあげます。なにもかかりませんから、どしどしつれておいでなさい。

一．お馬や牛がたたかれたり、けられたりして、いぢめられてをるのをみたら、かはいさうでせう。すぐに、そのことをくはしくかき学校の名とじぶんの名まへをかいて、日曜日の朝東二番丁教会の日曜学校の「おてんとさん人形病院」の蛯子先生に、もつてきてください。ごほうびをあげます。

キリスト教の日曜学校と連携しながら、子どもたちに思いやりの心が育まれることを期待した活動だったことがわかる。

蛯子は、一九二四年（大正一三）、東北学院師範科本科卒業と同時に函館中学の英語教諭（初めは代用教員、七月から教諭）となり、郷里に戻っている。東北学院の学生だった仙台時代の活動をまとめたものが表Ⅲ23－2である。

函館に戻ってからの数年間は、「函館には誰も友達がいなくて淋しい。私の一生涯の一番いい時はあんな達《ママ》と暮した昔の日だつた」（昭和三年三月五日消印スズキヘキ宛手紙）と嘆くように、児童文化活動とも離れた生活を送っていた。

だが、一九二九年（昭和四）に蛯子の周囲に変化が生じてくる。昭和四年二月に函館童話劇研究会が第一回コドモの会を開いて大正時代の活動を引き継ぐべく活動を再開したのである。この活動は、函館市内にいた児童文化活動に熱意と関心を持つ人々に強い刺激を与えたことは想像に難くない。

蛯子もこの年から児童文化への取組みを再開し始める。昭和四年八月三日から一五日にかけて仙台の児童文化結社で

表Ⅲ23-2　蛯子英二仙台時代の児童文化活動

西暦（年号）	活動	作品その他
1920年 （大正9）	・刈田仁と共に東北学院向かいの仙台市北目町におてんとさん社の看板を提げていた錫木碧宅を訪ねる。	
1921年 （大正10）	・2月15日、第2回おてんとさん社童謡研究会に参加。子どもの詩について鈴木信治や天江富弥らと激論を交わす。 ・おてんとさん社社人になる。	・「酢」（「おてんとさん」第2号） ・「鶏」（「おてんとさん」第3号）
1922年 （大正11）	・2月、「おてんとさん」廃刊後の童謡研究会に参加。 ・錫木碧、片平庸人、静田正志らと路傍童謡童話会を行う。 ・5月6日、野口雨情先生招待童謡会の世話人9名の1人になる。 ・11月20日、錫木碧・天江富弥と共に桃生郡北村小学校を訪問し童謡童話会開催。他に、前谷地小学校、石巻町、遠田郡小牛田小学校等で童謡童話会や講演会を開催。	
1923年 （大正12）	・4月、仙台児童倶楽部設立に参加。委員（天江富弥、錫木碧、黒田正、伊藤博、安倍宏規、蛯子英二）の一人になる。 ・7月、たんぽゝ童謡研究会賛助になる。 ・東二番丁教会の日曜学校内に「おてんとさん人形病院」開設。	・4月2日、第1回童謡童話会司会。 ・5月13日、第2回童話会で童話「ガラスのお人形」。 ・9月24日、震災児童慰問こども会で司会。 ・10月13日、アンデルセン童話会で「アンデルセンの歌」指導、童話「お姫様とハンス」、童謡「七つの子」指導。 ・11月16日、第8回童謡童話会で童話「御米明神」。 ・2月19日、第11童謡童話会で童話「十人の大将」。
1924年 （大正13）	3月16日、第12回仙台児童倶楽部蛯子委員送別会童話会開催。	

ある七つの子社主催の伊勢堂山林間学校に函館から参加した蛯子は、「今度の旅行はまつたく尊い旅行でした。（中略）林間学校に付いてはいろいろと考へさせられたし、又、相当だんだんと教育的な意見も胸にうかんで来た。併しそれよりもやはりあの気分がたまらなく好きだ」（昭和四年八月三一日消印スズキヘキ宛手紙）と、子どもと共に楽しむ感覚を呼び覚まされて再び児童文化活動に取り組む意欲を高めていくのである。蛯子の仙台での学生時代は、子どもたちが童謡や童話を心から楽しみ、その子どもたちと一緒に自らも童謡や童話を楽しむ日々であった。蛯子は、子どもと共に童謡・童話を楽しむ場を、自分の生活に取り戻すことを決意するのである。

そして、天野源太郎や海老名禮太ら児童文化活動に関心を持つ函館市内在住の人々とのつながりが徐々に形成され、これらの人々との間で児童文化活動の組織作りの話が進められていくのである。

そうした中で、蛯子はまず手始めに仙台時代に行っていた路傍童謡童話会の復活を試みている。一九三〇年（昭和五）二月一八日付時事新報には、「童話作家の街上進出―函中の蛯子教諭」と題して、「函館中学校教諭蛯子英二郎《ママ》氏は童話作家であり又巧妙な話術家でもある（中略）函館市内で童話の街頭進出といふ新しい試みをする。其方法も頗る奇抜で先づ子供の目を惹く為めに、飴屋さんの向ふを張つて金ピカの軍服着に及び、街頭目抜きの場所に立ち子供たちを寄せ集め『さて皆さん』と呼びかけ、童話を聞かせようといふのだから街の子供の好評を博すことは間違ひなからう」と蛯子の活動を紹介した記事が掲載されている。

この記事は、昭和四年から五年にかけて、蛯子が再び児童文化活動への意欲と情熱を高めていた事実を伝えてくれる資料として貴重である。そして、この蛯子の情熱は、函館における誕生期「児童文化」活動を代表するおてんとさん童話会の結成へと結実していくのである。

二三―三　おてんとさん童話会の結成

仙台時代に童謡を中心とした児童文化結社おてんとさん社に加わり、仙台児童倶楽部が童謡童話会を毎月開催することに深く関わった蛯子が、函館で児童文化活動の組織を作ろうとした際に想起したのは、自身が仙台時代に体験したそれらの組織であったことは間違いない。

組織の結成と活動を願いながらも、ヘキへの手紙にあったように昭和三年春頃までは函館でこれといった同志を見つけられずにいた蛯子だが、湯の川小学校訓導で童謡舞踊の指導に熱を入れていた天野源太郎との出会いによって児童文化活動のための組織の結成へと踏み出す力を与えられたものと思われる。また、蛯子のよき理解者であり片腕として会の運営を支えた函館中学時代の教え子である西村光雄や野呂喬の存在、さらに函館女子高等小学校訓導で詩人としても活動していた海老名禮太が会の結成に加わったことは、蛯子の活動にとって大きな推進力となった。

そして、一九二九（昭和四）年の二月には、仙台時代に共に児童文化活動に情熱を傾けた片平庸人《つねと》が函館に移り住んでくる。二月一〇日消印のヘキ宛て葉書に、「今日は八日、今日の午後、片平さんとこさ訪ねて行きましたよ。そして仙台のお話をして参りました。なつかしいいろいろのお話をネ」と記し、庸人と仙台時代の話をしながら児童文化活動への意欲を高めた様子が述べられている。

昭和五年二月一一日付の函館毎日新聞には、創立メンバーとして蛯子、海老名、西村、三島、加藤、松川、と六名の名前が紹介されている。この六名が蛯子が結成した組織の設立メンバーということになるのだが、組織の名称の決定に関して天野、海老名、西村がそれぞれが蛯子に宛てて自分の見解を述べた葉書が蛯子旧蔵資料に残されている。このことからすると、この三名に蛯子を加えた四名が設立を構想して準備した実質上の創立メンバーだったと見て間違いないであろう。そして、創立から関わった西村が九月一四日付の『週刊函館』に、「舞踊と音楽の天野氏童謡指導の蛯子氏を初め影絵の片平氏童話の海老名氏、それに童話の野呂氏と西村氏」を童話会の人々として紹介していることから見ると、西村が挙げた六名が、設立後の事実上の中心メンバーだったと考えられる。

設立を構想した四人は何度か会合を重ねながら結成の目的についても話し合いを行っていく。蛯子旧蔵資料に残されている「第一回おてんとさん童話会童謡おけいこ」と題されたチラシには、「りす〱小栗鼠」と「おてんとさんの唄」の歌詞と共に童話会について「おてんとさん童話会はこどもの会です。みなさんのものです。これから函館のこどもはおてんとさんのやうに、のんびりとおりこうないい子になりませう。おてんとさんの唄をうたつてあそんでください。童話会はときどきございますよ。まつておいでなさい。子どものおともだちの小父さんは、いつしようけんめいでみなさんとあそびますよ」という説明文を載せている。

また、西村が九月一四日付『週刊函館』に書いた文章では、会の目的について次のように記している。

子供達の世界に歌つたり踊つたりしてゐるのです。或る時は赤い飴玉を子供達の口にほゝばらしたり、又或る時には子供のお守役になつたり、お父さんになつたりお友達になつたりして楽しい一日を無邪気な子供の世界に送つて行くのです。またそうして行かうと云ふのが此の人々の真当の心持なので、（中略）家庭でもお父さんやお母さんが子供達と一緒に童謡を歌つたならば、きつと其処に目に見えないところの嬉しさがわいてくることゝ思ひます。おてんとさん童話会の人々が殆ど犠牲《ママ》的に働くのも皆目的は一つで唯面白半分に一時の気休めにやつてゐるものではないと云ふことは事実が説明して居ります。近くは十月の秋季大会を前に九月の同会プランを見ても如何なる働きを今後函都児童芸術界の上に示すかは大いに期待する処があるのです。

この二つの文章から会の目的をまとめると、①童心主義的児童芸術と芸術教育の推進、②子どもと共に大人も児童芸術を楽しむ場の創出、ということになる。

昭和初年代は、綴方教育において生活綴方運動が勃興し、『赤い鳥』的童心主義が否定されたことを受けて、児童文化が変質を遂げた時代だと考えられてきた。また、一九二四（大正一三）の岡田文部大臣によるいわゆる学校劇禁止令をはじめとする自由主義教育への抑圧の中で、芸術教育が漸次衰退していった時代だと理解されてきた。そして、街頭紙芝居や赤本マンガ、活動写真など、娯楽性の強い大衆文化が子どもたちの周囲に溢れた時代ともされてきた。

従来こうした認識を持たれてきた時代の中で、童心主義的児童芸術を前面に掲げた活動が新たに展開されようとしていたことに注目しなければならない。函館の一部の人々の間では、全国的な潮流として児童文化が変質を遂げ始めたと見なされてきた昭和初年代においても、童心主義的児童芸術文化は決して衰退の兆しを見せていなかったのである。

「第一回おてんとさん童話会童謡おけいこ」中の「いつしようけんめいでみなさんとあそびますよ」という宣言と、「家庭でもお父さんやお母さんが子供達と一緒に童謡を歌つたならば、きつと其処に目に見えないところの嬉しさがわいてくること丶思ひます」という西村の文章は、童話会の活動目的と理念を示す重要な文章である。ここには、子どもを楽しませるだけではなく、会員自らも児童文化を楽しむことが宣言されている。そして、児童文化を子どもと共に親も楽しむことで、子どもも大人も心の内奥に喜びが沸いてくることを述べている。

蛯子英二旧蔵資料によると、会の最初の活動として童話会を二月一一日に開催することを決めている。会場の函館幼稚園の手配とプログラムの印刷等は天野が担当（二月七日消印蛯子宛葉書）し、新聞への宣伝は海老名が担当（二月一一日消印蛯子宛葉書）することにして準備が進められていく。

最後に決まったのが組織の名称である。名称をめぐるやり取りの様子が記された海老名（二月七日消印）と天野（二月三日消印）、そして西村（二月三日消印）の蛯子宛葉書が蛯子英二旧蔵資料に残されている。名称の候補として、「おてんとさん童話会」「子供の家童話会」「童街社」「青空童話会」を蛯子が挙げ、天野、海老名、西村にこの中からよいと思う名称をそれぞれ推薦してもらっている。

天野は童街社を第一候補、子供の家童話会を第二候補として推し、海老名はおてんとさん童話会を第一にし、次に青空童話会と子供の家童話会を推している。そして西村は、「おてがみありがとう。今日十一時半に受取りましたほんとうにどれも結構なものばかりですね。僕は清き一票を第一回より出馬の童心派代議士おてんとさん童話会に与へることに致します。開票日がどうも待ちどうしいですね。早く結果を知らして下さい。」と述べ、おてんとさん童話会を推薦している。

これらの名称の候補を見ると、函館での児童文化結社の結成にあたり、蛯子が仙台の児童文化活動を強く意識していたことをあらためて確認することができる。「おてんとさん」は、言うまでもなく蛯子が仙台時代に慣れ親しんだ児童文化結社の名前であり、蛯子にとっての児童文化活動の原点とも言える名称である。また、候補に挙げられた童街社は、昭和三年四月に仙台で発行された童謡雑誌の発行母体の名称であり、仙台の昭和初期の児童文化活動を牽引した七つの子社の機関誌の名称でもある。そして、西村が「第一回より出馬」と述べていることからもわかるように、蛯子は「おてんとさん」の名前を他の名前に先駆けていち早く候補として挙げていたことがわかる。

海老名の葉書が七日の消印であることからすると、葉書が蛯子宅に着いた八日以降に名称が決定されたことになる。第一回の童話会の開催が二月一一日に予定されていたので、土壇場での名称の決定であった。いずれにせよ、名称が決定したことで、いよいよ「おてんとさん童話会」は本格的に活動を開始することになるのである。

二三－四　童話会の内容

おてんとさん童話会の活動の中心は、月に三回程度開かれた童話会である。

会の旗揚げ日である一九三〇年（昭和五）二月一一日の函館毎日新聞に、「一月に三回位づゝお話しの会をやるんだそうだ」と紹介されているが、「オテントサン今月四回、全く大馬力で実に元気です。おかげさんで全市的運動になつた」

（四月五日消印ヘキ宛葉書）という葉書からわかるように、月四回の開催ということもあった。

表Ⅲ23-3は一九三〇年（昭和五）のおてんとさん童話会の活動を、蛯子英二旧蔵資料と函館毎日新聞、函館日日新聞、函館新聞の各紙をもとにまとめたものである。満一周年を迎えた昭和六年二月一四日に開かれた童話会は第四〇回を数えている。一九三四年（昭和九）三月二一日に起きた函館大火で函館の市街地が大打撃を蒙るまで、実に一五〇回以上の童話会を開催したことも確認できる。当初の計画通り、月三回を目安に精力的な活動が展開されたのである。

ほぼ毎週日曜日ごとに開かれた童話会は、原則として無料である。言うまでもなく出演の報酬は出ていない。むしろ、会員は会場費を拠出しなければならなかった。秋の童謡童話大会の会場として使用した実践高等女学校の講堂使用料は七円、その他に雑費として五円と一〇銭包みを三〇袋の計一五円が秋季大会では持ち出しになったことが蛯子英二宅に残されていたメモに記されている。

小学校教員の初任給が約四五円だった時代の一五円ということは、現在の七万円程度に相当すると思われる。蛯子・天野・片平・西村・野呂・海老名の六人の同人を中心にこれだけの額を負担したのである。諸経費の負担に耐えながら休日を返上して童話会を開催していった裏に、想像を絶するほどの児童文化活動に対する会員の熱意と意欲の存在があったことは想像に難くない。

参加者数が明らかな童話会の記録によると、二〇〇名から六〇〇名の間の参会者を集める大規模な童話会だったことがわかる。春季大会や秋季大会のような特別の場合は約八〇〇名もの参会者を集めている。時間は、春季と秋季の特別大会を除き、約二時間であった。

蛯子が委員を務めていた仙台児童倶楽部の場合、月一回開催した童謡童話会は約三五〇名から一、〇〇〇名の参会者を集めて行われていた。昭和五年の国勢調査で仙台市が一九万一八〇人、函館市が一九万七、二五二人と人口がほぼ同じであることを考えると、毎週のように開かれた童話会にこれだけの人数が参集したことは、おてんとさん童話会

表III23-3　昭和5年　おてんとさん童話会活動の記録

日時	名称・場所	内容の概要	参加者数
2月11日	第1回・函館幼稚園	童話・舞踊・童謡・芝居	不明
2月16日	第2回・五稜郭慈恵院養育部	童謡・童話・舞踊・芝居	不明
2月23日	第3回・市立函館図書館児童室	舞踊・童謡・童話	不明
3月2日	第4回・函館幼稚園	舞踊・童話・童謡	不明
3月3日	第5回・五稜郭慈恵院養育部	童謡・舞踊・童話	200名
3月9日	第6回・湯川小学校	童謡・舞踊・童話・芝居	600名
3月16日	第7回・千代岱西部事務所	童謡・舞踊・童話・芝居	不明
3月23日	第8回・市立函館図書館	童話・童謡・芝居・歌劇	不明
4月27日	第12回・石崎小学校	童謡・童話・お話・童謡	250名
5月4日	春季大会・市公会堂	童謡・童話・舞踊・ピアノ独弾	約800名
5月18日	第15回・市立函館図書館	童謡・童話	不明
6月22日	第18回・市立函館図書館		不明
9月13日	第24回・五稜郭慈恵院養育部	童謡・童話・影絵・お遊戯	不明
9月20日～21日	キャンプ・神山笹流温泉		不明
9月24日	第25回・市立函館図書館	不明	不明
9月28日	研究会・市立函館図書館	童謡・童話・お話・輪唱	不明
10月11日	第27回・五稜郭慈恵院養育部	童謡・童話・芝居	不明
10月17日	秋の童謡童話大会・函館実践高等女学校	童謡・童話・童謡舞踊	約800名
11月2日	教育勅語渙発四十周年記念　図書館週間子供ノ日	童謡・童話・童話劇・童謡舞踊	不明
11月8日	第30回・五稜郭慈恵院養育部	不明	不明
11月17日	久留島武彦氏歓迎座談会・市立函館図書館		不明
11月23日	第31回・市立函館図書館	童話・童謡	不明
12月14日	第33回・市立函館図書館	童謡・童話	不明
12月21日	第35回・大谷幼稚園	童話・遊戯	不明

備考：蛯子英二旧蔵資料、函館毎日新聞、函館新聞、函館日日新聞をもとに作成。回数を表示した活動は童話会を示している。

表Ⅲ23–4　第 3 回童話会プログラム

	演目		演者	
1	始めの話			海老名禮太（司会）
2	童謡舞踊	猿芝居・おてんとさんの唄・兎の耳・四匹のお馬	童心舞踊院	児童
3	童話	徳礼智恵札福札		松川栄一
4	童謡指導	夢の小函	函館中学教諭	蛯子英二
5	童話	宝のつぼ	師範学校学生	野呂喬
6	童謡	団栗ころころ	師範学校学生	西村光雄
7	童話	アナンワンリン		片平庸人
8	童話	お米大臣	函館中学教諭	蛯子英二
9	童謡	おてんとさんの歌		一同

が函館市の子どもや市民に広く受け入れられていたことを物語っている。「全市的運動になつた」と四月七日消印ヘキ宛葉書で蛯子が自負したことは、決して誇大な表現ではなかったのである。

童話会の演目は、童謡・童話・童謡舞踊が中心であった。童話会の内容がほぼ定まるようになった第三回童話会の演目と出演者をまとめたものが表Ⅲ23－4である。

毎回の童話会では、「おてんとさんの唄」を歌うことから始まるのが恒例となっている。「おてんとさんの唄」は、天江富弥・スズキヘキらおてんとさん社の人々からの依頼を受けた野口雨情が、一九二二年（大正一一）一月二日付で届けた詩に本居長世が曲をつけた童謡である。仙台のおてんとさん社の歌として、おてんとさん社の流れをくむ活動では必ず歌われた歌である。

蛯子英二旧蔵資料には、歌詞と天野による振り付けの説明が書かれたプリントが残されている。函館のおてんとさん童話会でも毎回そのプリントを配り、「天野氏の指導で一しょになつてオテントサンの踊りをした」（二月一八日付函館毎日新聞）のである。そしてその後で、会員による童話や童謡が演じられていった。

第三回童話会の様子について、二月二五日付の函館日日新聞は次のように伝えている。

二十三日函館図書館におてんとさん童話会の第三回があつた。午後二時からといふのに、もう午後一時には一ぱいで、オテントサンの歌が始まつた。海老名氏が司会者で「始めのお話」をしてきかせる。面白い開会の挨拶だ、舞踊「猿芝居」「兎の耳」「四匹のお馬」などは天野氏の振付で函館幼稚園の可愛いて踊りである「徳礼智恵札福札」（松川氏）は面白くてみんなよくきいてゐた。野呂氏の「宝のつぼ」は上出来だ。片平氏の「フチンワンサン」は悲しいお話で子供たちの心を静かにし蛯子氏の「お米大臣」で大いに喜ばせた。童謡独唱の西村氏は巧みな表情を入れて「団栗ころころ」を歌つてきかせたさうして最後におてんとさんの歌があつて終つたのは四時すぎであつた。まん丸い目を輝かして喜んでゐる子供たちを見れば、おてんとさん童話会が、どんなに子供たちを喜ばしてゐるかゞわかる子供の小父さん岡田先生が始めつから終りまでにこにこできいてゐたのも目についた。大人も子供もこゝではみんなにこにこだ。

記事が伝えている会場の雰囲気や子どもたちの反応から、童話会が函館の市民に歓迎されながら展開されていった様子がわかる。「内容に於ても充実して来ましたし、又、活動も大変順調なり」（四月八日消印ヘキ宛葉書）と蛯子がヘキに宛てて自負しているように、きわめて順調に活動が展開されていったのである。

童話会の出演者は会員が中心であったが、ほぼ毎回、童心舞踊院の子どもたちが出演している。「出演幼児は『童心舞踊院有志』として置いて下さい」（二月七日付蛯子宛天野葉書）との天野の意向で、天野が主宰していた学校舞踊研究会の子どもたちの所属をこのような名称にしたのである。秋の童謡童話大会のプログラムをまとめたものが表Ⅲ23－5である。

蛯子英二旧蔵資料に残されている童話会のプログラムを見ると、童謡独唱や童謡舞踊を披露して人気を博した出演児童の中には、後にラジオでも活躍するようになる湯の川小学校四年の井筒節子も含まれている。

表Ⅲ23-5　秋の童謡童話大会

おてんとさん　秋の童謡童話大会			昭和5年10月17日（金） 於：実践高等女学校講堂 開会：午後1時 閉会：午後3時頃 後援：函館市教育課	
第一部				
1	始めの挨拶		学生	司会者　西村光雄
2		オテントサンの歌		一同
3	童話	豆寺物語	学生	野呂喬
4	童謡独唱	朝の鈴 計りごゑ 南京言葉	童心舞踊院	井筒節子
5	童謡舞踊	動物園で	童心舞踊院	梅崎園子 河口静江
6	童謡斉唱	ペタコ かくれんぼ	オテントサン唱歌隊	五十嵐トシ 他数名
7	童謡舞踊	とんとん峠	童心舞踊院	小林糸子、芦野弘子、庄子政子、大阪光枝
8	童話	ねんころ爺さん		片平庸人
第二部				
1	童謡独唱	おてんとさんの歌	童心舞踊院	井筒節子
2	童謡指導	霜柱	函館中学	蛯子英二
3	舞踊	荒城の月		舞踊　斎藤ヨシヱ 歌　　斎藤リツ 指導　石見 伴奏　海老名禮太
4	童話	コカム	函館女子高等小	海老名禮太
5	童謡独唱	稲穂の雀 山の枯葉	童心舞踊院	井筒節子
6	童謡舞踊	こほろぎ	童心舞踊院	小川麗子
7	童話	五右衛門風	函館中学	蛯子英二
8	童謡舞踊	ころがりお月さん	童心舞踊院	天野満璃子、三本君子、笹本初枝、世羅田千鶴子、橋本綾子、竹内秀子
9		オテントサンの歌		一同
10		終りの挨拶	学生	西村光雄

おてんとさん童話会の活動実績として、「遠くは石崎小学校や上磯の谷川小学校まで出かけて面白いお話会を開いて居るのです」と一九三〇年（昭和五）九月一四日付『週刊函館』で紹介されたように、活動の場所は函館市内に留まらなかった。

二三－五　小学校訪問童話会と子どもたちの反応

蛯子は仙台時代にも郡部の小学校を訪問して童謡童話会を開催しているが、函館でも同様の活動を展開したのである。谷川小学校に関する資料は残されていない。だが、石崎小学校では一九三〇年（昭和五）五月二日（金）の「四時間めの時間にちじ《ママ》りかたをちぶ《ママ》して」（六年、百目木役男）銀家元男訓導の指導で五年生と六年生計五二名中四三名が蛯子等に宛てて手紙を書いている。それらの手紙が蛯子英二旧蔵資料に残されていて、おてんとさん童話会が石崎小学校を訪問した際の詳細を知ることができる。

石崎は函館の中心街から東に一五キロほどのところにある。石崎小学校は昭和三年を中心に、児童が制作した自由詩や自由画、綴方が『赤い鳥』に大量に掲載されたことで全国的に知られた小学校である。また、綴方教育で活躍した木村不二男が一九二五年（大正一四）から一九三〇年（昭和五）まで在職していた小学校である。

「私の方の童話会はいつも毎月の十三日です。生徒の実演、唱歌、劇を各学年から出てやつて居るのです」との教師の書き込みが、蛯子に宛てた児童の書簡集にあることから、芸術教育への取り組みに熱意を持つ学校だったことがわかる。この書き込みは、蛯子らを石崎小学校に招いた銀家訓導によるものと思われる。銀家訓導は木村不二男と共に童謡や綴方教育を積極的に推進した教員であり、草川信作曲になる「石崎小学校校歌」の作詞を担当している。

「蛯子先生片平先生西村先生松川先生野呂先生これらの五人の先生」（五年、村田アサヱ）の名前や「詩について先生から鉛筆をもらつ」（六年、池野忠吉）たこと、そして「四月二十七日には有難くオテントサン童話会を開いてもらつておめでたかつた」（六年、牧野健一）と書かれた子どもたちの文章から、昭和五年四月二七日（日）に蛯子・片平・西村・松川・野呂の五名がお土産に配る鉛筆を持って石崎小学校を訪問したことがわかる。

子どもたちの文章を総合すると、当日は蛯子が「おてんとさんの唄」を指導し、野呂の「フルヤノモリ」、片平の「釜ぬすびと」、蛯子の「十人の大将」の童話、西村の童謡、そして松川のお話が演じられた。

「先生が来るまでは早くあの面白いお話や唱歌を教へて来ればいいと思」（六年、長田輝）いながら子どもたちは童話会の日を待っていた。そして、童話会が始まると、「唱歌もならつてまことに有難くて胸一ぱいになつてなにもいはれません」（六年、熊正健次郎）という様子で子どもたちは心から楽しんだことが多くの手紙に記されている。終わった後は、「時にはほんとうにわかれたくはありません。私達の心持は面白くてなりません。奉置所の所まで見送」（六年、倉部スノ）り、「あなたがこの石崎の学校にゐてみんなと一しよにべんきようをしてもらつたらどんなにかよいお話がするのでせう」（六年、小石ソメ）と思ったりするほど、子どもたちは楽しかった時間とそれを提供してくれた蛯子等との別れを惜しんでいる。そして、ほとんどの子どもが石崎を再訪してほしいとの願いを記している。

子どもたちは五人それぞれの演目が面白かったことを述べているが、「私達はあのオテントサンの唱歌をならつて家へ帰へつても毎日歌つてゐます」（六年、亀田多知雄）や「今は皆蛯子先生からきいた歌を歌つてたのしそうに遊んでゐます」（六年、手塚まり）といった文章から、「おてんとさんの唄」が石崎の子どもたちに強い印象を残したことがわかる。

そして童話の中では、「十人の大将の話をきいていまでも手のけらいはたらけと《ママ》いてあそんでをりまし《ママ》」（六年、澤田文義）や「十人の大将とゆう話を聞いて皆はこれを当番なんかでいってやつています」（六年、沢田礼太郎）といった文章に記されているように、蛯子が手と足の指を家来に見立てて話した一〇人の大将の面白さが特に強い印象を残したことがわかる。

また、手紙を書いた四二人の子どものうち、二八人が自作の自由詩を書き添えている。その中には、『赤い鳥』にも自由詩が掲載された澤田豊と池野忠吉の手紙と自由詩も含まれている。澤田は、次のような手紙を蛯子に書いている。

お手紙有難う
此の間石崎小学校に来て色々な面白いうたや話などをきかせてもらつてまことに有難う其のおまけに僕の詩をよんでほめられ又たいへんな御ほうびをもらつて家にかえつた学校からかえつて詩を造つてえる内にオテントサン童話会をおもい出して一人でわらつたりしてえました僕は其の内に詩を造つて蛯子先生及び外の先生にみせていただきたうございますさようなら

この後、「雨雲の朝」「立上る一本杉」「世界てきの人」という詩を書いている。「立上る一本杉」は次のような詩である。

立上る一本杉
空にとゞくやうな杉
カラスがなく
杉の中
風にゆられる
一本杉
さびしさうにないておる

芸術教育を推進する教師たちが児童芸術の土壌を整えてさまざまな花を咲かせていた所に、蛯子等の童謡や童話が新たな種を蒔いてまたさまざまな花を咲かせていったのである。石崎小学校の子どもたちの手紙から、蛯子等の活動が函館の子どもたちにどのように受け入れられ、そしてどのような影響を及ぼしていったのか、その具体的な様子を知ることができる。

二三－六　おてんとさん童話会活動の特質

週末毎に童謡童話会を開いたり小学校に出かけたりしたおてんとさん童話会の活動は、蛯子らの児童文化活動に対する熱意が支えていた活動であった。昭和五年の活動を蛯子宅に残されていた資料と函館毎日新聞、函館日日新聞、函館新聞の各紙をもとにまとめたものが表Ⅲ23－6である。

石崎小学校訓導として蛯子等の活動を近くで見ていた木村不二男が蛯子等の昔の活動を評して、「日曜も祭日もあつたものではなく、方々の学校に出かけては話し歩いてゐたが、みんな童心のかたまりで、熱烈で、そして何よりも熱心であつた」[*1]と述べているが、まさに「日曜も祭日もあつたものでは」ない活動である。仙台で行われていた伊勢堂山林間学校の影響があったと思われるが、九月にはキャンプ（於、神山笹流温泉、二〇、二一日）も行う。一一月には「久留島武彦氏歓迎座談会」を行っている。童話会だけではなく、多彩な活動が展開されていたのである。

また、木村の「みんな童心のかたまりで、熱烈で、そして何よりも熱心であつた」という評価や、二月一二日消印蛯子宛片平庸人葉書に、

英二氏の若さにすつかりたまげて帰つてひとり老来を感じてゐる私を寂しんでゐます。英二氏のタクトはとても童心があつて私を夢にしました。あれ程童子感情を踊らすうまさは仙台にもなかつたとしみじみうらやましく思ひます。礼太氏の童話のうまさはおとなくささがあるとしてもきつと伸びる仁とうなづかれます。唯笑はせるためのくすぐりが余り多くありすぎる、と生意気を言してもらひますよ。（中略）英二氏の実際運動をみ

てやつぱりおてんとさんごろをなつかしんでゐます。

と書かれていたり、さらに五月六日付函館毎日新聞に「児童芸術の花咲く　オテントサン童話会盛況」と題して童話会を詳細に伝える記事が掲載されていたりすることからわかるように、おてんとさん童話会の特質が「童心主義」的「児童芸術」を提供することにあったことは間違いない。すでに述べたように、通俗的な大衆文化が溢れ、大正期の自由主義教育を抑圧して国家主義的教育の色彩が強くなった時代の中で、誕生期の児童文化活動が最も盛んだった頃を彷彿とさせるような活動が展開されていったのである。

ただし、誕生期の児童文化活動に見られた特質がそのまま継承されていたわけではない。誕生期の児童文化活動では、児童文化活動に接した子どもが内発的な創造活動を行うことで文化活動の主体へと転身し、そこからさらなる活動が展開されていくといった特質が見られた。大人が発信した文化に接した子どもが内発的な創造活動を行うことで文化の創造主体となり、文化の創造主体となった子どもが自らの創造した文化の発信者となり、そしてさらにそこから文化の受容と創造の循環が大人と子どもの間で展開されていったのである。

函館で展開されたおてんとさん童話会の活動を見ると、誕生期に見られた子どもたちの内発的な創造活動の重視や、文化の送り手と文化の受け手の間での交流と、文化の受け手がやがて文化の送り手になるといった循環という点ではやや後退した感を否めない。子どもたちの内発的な創造活動の成果を童話会で発表することは、この活動の中でほとんど顧みられることはなかった。文化を発信することとその送り手のみが活動と組織の中心に位置した活動だったと言えよう。

だが一方で、誕生期には見られなかった新たな特質を見出すこともできる。『週刊函館』に「家庭でもお父さんやお母さんが子供達と一緒に童謡を歌つたならば、きつと其処に目に見えないところの嬉しさがわいてくること丶思ひます」と西村は記していた。ここには、子どもを対象に芸術性の高い文化を提供するだけではなく、大人にも芸術性の高い文化を提供する場を積極的に設けようとしていた会員たちの意欲を感じることができる。

商業主義的で大衆的で通俗的な文化が氾濫していく中で、市場原理に偏らずに芸術性の高い文化を子どもたちに提供しようとする意図が誕生期の児童文化活動の根底には存在していた。そうした従来の活動の目的を超えて、函館の蛯子たちの活動には、そのような時代の中にありながらも、子どものみに留まることなく、大人も含めた全市民の美意識や精神的な豊かさを童謡や童話、童話劇といった児童文化を楽しむことで創出していこうとする意欲を見ることができるのである。

童話会の開催を通して、子どもと大人双方を含めた全市民に芸術性の高い文化に触れる場を提供し、大人と子どもが共に芸術的な文化を共有し、児童文化によって豊かな精神を培っていく時間と空間を創出しようと意図していたのだと も言えよう。蛯子が、「全市民的運動」になったと自負していたように、おてんとさん童話会は、子どものみならず大人も含めた「全市民」を対象に見据えて活動していたのである。

次第に軍事的な色彩が子どもたちの世界をも覆い始めていく時代の中で、蛯子等の活動にも徐々に制約が加えられていく。そして、内務省警保局図書課から「児童読物改善ニ関スル指示要綱」が出された一九三八年（昭和一三）に、蛯子が歩兵第二六連隊留守部隊に応召されて活動は休止する。蛯子等の活動の休止とあたかも歩調を合わせるかのように、児童文化活動は誕生期を過ぎ、戦中期へと移行していくことになるのである。

注

1　木村不二男「あの頃あの人（五）」（『濤』三二号、道南詩人くらぶ、一九四七年四月）、一一ページ

表Ⅲ23－6　昭和五年おてんとさん童話会活動記録

月日	事項	内容その他	函館の児童文化関連事項
昭和五年 二月一一日	おてんとさん童話会結成 第一回おてんとさん童話会（於、函館幼稚園） 午後一時開始	童話「笑ふためのお話」「おもちゃの日記帳」 舞踊 童謡「おてんとさんの歌」「りすりすりす小りす」 芝居	昭和五年 ・一月二八日午後一時から市民館で「巴童話会」開催（函館市教育会後援） ・二月二日午後一時と午後七時から市民館三階ホールで「函館児童音楽大会」開催（函館家政学校、函館ベルスーズお伽会、函館童謡遊戯研究所等後援）遊戯、コーラス等。 ・二月九日午前九時から住吉小学校で「創立五三年記念児童唱歌会」開催。 ・三月六日大谷派元町別院が談話・唱歌・手技・遊戯・体操等を保育科目として大谷幼稚園開設。
二月一六日	第二回おてんとさん童話会（於、五稜郭慈恵院養育部） 夜開催、終了八時二〇分	童謡「おてんとさん」「千代紙」「夢の小函」 童話「二人の旅人」「七つの峠の王様」 舞踊「お山のお猿」「おてんとさんの歌」 芝居「化地蔵」	
二月一八日	蛯子英二、路傍童話会開催の予告	雪解け期を待ち函館市内で童話の街頭進出	
二月二三日	第三回おてんとさん童話会（於、市立函館図書館児童室） 午後二時開始、四時過ぎ終了	舞踊「猿芝居」「おてんとさんの歌」「兎の耳」「四匹の馬」 童謡「夢の小函」 童話「徳札智慧札福札」「団栗ころころ」「宝のつぼ」「チンワンサン」「お米大臣」	
三月二日	第四回おてんとさん童話会（於、函館幼稚園） 午前一〇時開始、正午終了	舞踊「青い眼の人形」「兎の耳」「大寒小寒」「兎の電報」「おてんとさんの歌」「兵隊ごっこ」「かちかち山」	

		「ピヨピヨヒヨコ」「ピカピカ星」「おにさんこちら」 童話「お雛様の鼠退治」「命の水」「金太あんと銀太あん」 童謡「田圃にて」
三月三日	第五回おてんとさん童話会―おひなさんの会―（於、五稜郭慈恵院養育部）夜開始、二〇〇名来会	童謡「おてんとさんの歌」「田圃にて」 舞踊「ゆふやけ」「ねんねのお星」「おきやがりこぼし」 童話「コカム」「夢買ふ人」
三月九日	第六回おてんとさん童話会（於、湯川小学校） 午後一時開始、六〇〇名来会	童謡「遊ぼうよ」「呼子鳥」「かくれんぼ」「動物園」「エスキモー」 舞踊「ピカピカお星」「ねんねのお星」 童話「釜ぬすびと」「夢買ふ小人」「コカム」 芝居「化地蔵」
三月一六日	第七回おてんとさん童話会（於、千代岱西部事務所　千代岱青年団主催） 午後一時開始	童謡「おてんとさんの歌」「漁夫の子の歌」「げんげ草」 舞踊「おてんとさんの歌」 童話「青いマントの王子」「フルヤモリ」 芝居「のんきな学校」
三月二三日	第八回おてんとさん童話会（於、市立函館図書館） 午後一時開始	童話「命の水」「破れ兵隊」 童謡「かくれんぼ」 芝居「正直な靴屋さん」 歌劇「藪医者」
四月二七日	石崎小学校訪問（蛯子、片平、西村、	蛯子「おてんとさんの歌」「十人の大

・三月一三日から一七日まで函館教育会主催二十五周年陸軍記念映画会、市内各学校で開催。

・四月六日午前九時より春日町天祐寺内日曜学校が毎週開催されることになる。唱歌・遊戯・訓話等。

・五月四日午後一時から西別院内実践高等女学校講堂で「釈尊花祭り劇と舞踊の会」開催。仏教各宗日校連盟主催。各宗日曜学校生徒による劇と舞踊の会。

・五月八日午後一時から谷地頭運動場で花祭り開催。二〇〇〇人の日曜学校生徒等が西別院から谷地頭まで行進。

・五月一〇日正午大谷高等女学校青年会主催花祭り。

・五月一八日湯川花まつり、湯の川仏教連合会主催。

	野呂、松川）	将」 野呂「フルヤモリ」 片平「釜盗人」 松川「聞きたがる話」、西村・童謡
五月四日	おてんとさん童話会春季大会（於、市公会堂） 午後一時開始、午後四時閉会。 市内四新聞社後援 約八〇〇名来会	童謡「おてんとさんの歌」「かくれんぼ」 童話「漁師と金の魚」「鷹の壺」「流された蟻」「友情」 舞踊「蛙の夜廻り」「とんがりお山」「チューリップ兵隊」「お馬の親子」「鞠と殿様」「手のなる方へ」「動物園で」 ピアノ独弾「ダニウプワルツ」
五月一八日	おてんとさん童話会（於、市立函館図書館） 午後一時開始	童謡「おてんとさんの歌」「四丁目の犬」 童話「フルヤノモリ」「ウサギノ洗濯」「キキタガリヤ」「ステラレタ子供」
五月二四日	童話音楽の夕（於、元町遺愛幼稚園日本メソヂスト教会内日曜学校主催、蛯子、西村） 午後六時開始、一〇銭	童謡「たんきぼんき」「チューリップ兵隊」 童話「びつこのお馬」「おひげのおぢさんから聞いた話」 演奏他「かりがね」「乙女の祈り」「ミニユエット」
六月二二日	第十八回おてんとさん童話会（於、市立函館図書館） 午後一時開始	

・五月一七日民謡と童謡と舞踊の夕、函館日日新聞・函館新十字屋蓄音器店後援。中山晋平・藤間静枝・四家文子・平井秀子一行出演。午後六時半から松竹座で開催。
・安倍季雄来函。六月二〇日、二一日に商業学校、東川小学校、函館高女、師範学校等で講演。
・七月二日から五日、東京童話研究会会長富田淑雄来函。童話会開催。
・七月五日午前一〇時から、東川小学校唱歌会。
・七月五日ビクター学芸レコード二一種二三枚発売。国史・国語・英語・お伽話・修養等。（函日）
・七月六日午後一時から、第二回函館家政学校学芸会。
・八月一日から三日間、実践高等女学校講堂で函館教育会後援による「音楽舞踊講習会」開催。東別院日曜学校に申し込み。
・八月一日、市教育会、谷地頭小、住吉小、汐見小、常盤小、幸小が函館山山麓等で林間学校開催。童話や遊戯を楽しむ。
・第五回幸の戸外学校、八月一日から二週間、半移動式集落。
・八月一一日から実践高等女学校で函館教

七月一三日	午後一時から上磯小学校でベルスーズお伽会主催童話会開催（野呂、西村、海老名、片平他）約三時間半、約五〇〇名来会。	童謡「てるてる坊主」「漁夫の子の歌」「椿」他 童話「だまされた狸」「釜ぬすびと」「命の水」他
八月五日	井筒節子（湯の川小四年）、仙台放送局で午後六時から童謡九曲歌唱。伴奏天野源太郎。	「おてんとさんの歌」「はねつるべ」「とんび」「とんがり小山」「夏の雲」他
九月一三日	第二十四回おてんとさん童話会（於、五稜郭慈恵院養育部）	童謡、童話、影絵、お遊戯
九月一三日	第三回学校舞踊練習会（於、函館幼稚園、一三、一四、二〇、二一日、天野源太郎指導）	
九月二〇日	キャンプ（於、神山笹流温泉、二〇、二一日）	
九月二四日	第二十五回おてんとさん童話会（於、市立函館図書館）	
九月二八日	研究会（於、市立函館図書館）	「おてんとさんの歌」、お話「フランスの牛」（片平）、童謡の稽古「とんび」（蛯子）、お話「白馬の王子様」（松川）、輪唱「鐘」（蛯子）、お話「意地悪爺さん」（蛯子）
一〇月一一日	第二十七回おてんとさん童話会（於、五稜郭慈恵院養育部） 午後六時三〇分開始	童謡「おてんとさんの歌」「停車場」 童話「白馬の王子」「ねんころ爺さん」 芝居「関所越」
一〇月一七日	おてんとさん秋の童謡童話大会（於、函館実践高等女学校講堂）	童謡「おてんとさんの歌」「朝の鈴」「計りごゑ」「南京言葉」「ペタコ」

育会後援により「音楽舞踊講習会」開催。本願寺別院や日曜学校に申し込み。

・八月一七日から湯の川遊園地内清水堂で施餓鬼会供養余興が催される。

・八月二七日午後六時から春日町天祐寺で日曜学校主催教育童話大会開催。

・九月一九日から三日間、興友社主催、各新聞社後援「国際児童作品展覧会」市民館で開催。二〇日午後七時から東川小で「国際児童親善の夕」、童謡、童話、児童劇、舞踊、ダンス等。

・一〇月市役所主催「教育映画公開」八日から一三日まで宝小、弥生小、東川小、巴小等で。

・一〇月一五日、銭亀小で五〇周年記念学芸会開催。

・一〇月一六・一七日谷地頭小学芸会及展覧会開催。七〇〇名を超える来会者。

・一〇月一九日午後一時半から市民館で「ロバート・レイクス日曜学校一五〇年記念大会」童謡、童話、舞踊他。

・一〇月二一日から二三日まで「教育勅語渙発四十周年記念手工工業展覧会」

・一一月一日、住吉小で「教育勅語渙発四十周年記念学芸会」

	午後一時開始。 函館市教育課後援 ※講堂使用料七円 約八〇〇名来会	「かくれんぼ」他 童話「豆寺物語」「ねんころ爺さん」 「コカム」「五右衛門風」 童謡舞踊「動物園で」「こほろぎ」
一〇月一八日	函館中学弁論会下級の部	童話「十人の大将」（蛇子）
一〇月一九日	日曜学校創立百五十年記念大会（於、函館市民会館）	蛇子英二「お話」
一一月二日	教育勅語渙発四十周年記念図書館週間 子供ノ日（於、市公会堂） 主催、市立函館図書館	童謡「おてんとさんの歌」「あられとみぞれ」他 童話「真剣の極意」「燕と王子」「金の蛇」他 童話劇「遠足の前日」 童謡舞踊「夕やけ」「毬と殿様」他
一一月三日	第二遺愛幼稚園同窓会	「ヨセフさんのお話」（蛇子）
一一月八日	第三十回おてんとさん童話会（於、五稜郭慈恵院養育部） 午後六時開始	新人鎌田俊雄の初口演。
一一月一七日	久留島武彦氏歓迎座談会 （於、市立函館図書館） 午後六時より おてんとさん童話会、日本童話協会函館支部共催	
一一月二三日	第三十一回おてんとさん童話会（於、市立函館図書館） 午後一時開始	野呂、松川、大山、西村の童話、西村による錫木碧の「ユキムシトテブクロ」の指導。
一二月一四日	第三十三回おてんとさん童話会（於、	新人大沼の童話。

- 一一月二日、函館実践高等女学校において、「教育勅語渙発四十年記念唱歌大会」開催。
- 一一月三日午前一〇時から女子高等小で教育勅語渙発四〇年記念児童成績展開催。
- 一一月三日午前一〇時から万年橋小で学芸会開催。午後零時から函館幼稚園で明治節拝賀式の後遊戯会開催。
- 一一月五日、万年小で「教育勅語拝戴記念并校舎増築落成祝賀学芸会」
- 一一月九日、一〇日新川小で「第三回児童芸術品展覧会」開催。
- 一一月一五日大谷高女で「第八回学芸音楽大会」
- 一二月五日、吉岡小学芸会開催。
- 一二月二四日駅前ステーションホテルで函館児童音楽会主催「クリスマス音楽の夕」
- 一二月二四日森屋百貨店、五島軒でクリスマス。童謡・童話・舞踊等
- 一二月二五日、函館組合基督教会日曜学校主催「クリスマス祝会」

	市立函館図書館） 午後一時開始	童謡「おてんとさんの歌」 童話「金太あんと銀太あん」他
一二月二一日	第三十五回おてんとさん童話会（於、 大谷幼稚園） 午後一時開始	童話「ウサ吉の話」「オメオメの大将 オミミの大将」「ポンポコ鐘」 遊戯
昭和六年 二月七日	第三十八回おてんとさん童話会 （於、大森第二託児所） 午後六時開始	蛯子、野呂、大沼、輪島、天野出演 ※海老名、一身上の都合で脱会
二月一四日	第四十回おてんとさん童話会 （於、五稜郭慈恵院養育部） 午後六時開始	童話「勘吉さんのお手柄」「雪仏」「眠 い町」 童謡「おてんとさんの歌」 童話劇
三月一三日	第四十三回おてんとさん童話会（於、 大森第二託児所） 午後六時半開始	童謡「おでんとさんの歌」 童話「犬塚」「龍のくれた鐘」「雪の夜 ばなし」「宝の壺」

昭和六年

・一月二四日別院大広間で午前九時から「大谷派函館別院仏教婦人会児童教会大会」歌劇・童話等。

・二月七日夜、森屋で教育映画試写会

・一二月一五日「子供の函日」主宰どんぐり童話会、午前一〇時から市民館で開催。海老名童話「お空で鳴る太鼓の音」

第二四章　児童文化活動の場としての学校

二四―一　学校文集の発行

「児童文化」の誕生期には、学校の教師たちが学校の内外で活動を推進する様子が全国的に見られた。前章で紹介した北海道の石崎小学校も、童謡教育や綴方に熱心に取り組んでいた木村不二男や銀家元男が在職し、学校内で童謡童話会を開いていたことが確認できるが、童謡教育の取り組みで全国的に有名だった教員に、茨城県若柳小学校の粟野柳太郎がいる。

粟野は、若柳小学校の子どもたちに童謡創作を推奨し、『赤い鳥』をはじめとして全国のさまざまな雑誌に子どもたちの作品を投稿して若柳小学校の名前を全国にとどろかせていた。さらに、日本童謡協会が発行した『童謡』第二輯、三輯、四輯に童謡教育論を掲載するなど、童謡教育に関する評論も発表して、その名を知られる存在になっていく。

粟野柳太郎と中山省三郎は、若柳小学校の二年生から六年生までの二五〇編の童謡を編纂した『蝙蝠の唄』（米本書店）を一九二二年（大正一一）に刊行する。野口雨情による序文には、「茨城のさびしい平野の中で、都会といふ都会も見ずに暮らしてゐる若柳校の子供さん達が少しの飾り気もない郷土の言葉で書かれた童謡が、この『蝙蝠の唄』であります」と記されているが、雨情の言葉通り、飾らない言葉で作られた次のような童謡が収録されている。[*1]

竹　　蛯澤新一郎（尋六）

風がごうごう
吹いてきたらば
竹が頭をさげて
何ども何ども
おじぎした。

三日月さま　　粟野俊二（尋五）

お月さまねむつてか
くびまげて
あしまげて
お月さまねむつてか。

あめ　　粟野釼一（尋五）

こぬかのやうな雨
ちらちら、ちらと

ふつて来た
一年生は
のきばに、かけこむ。

若柳小学校以外の学校でも、子どもたちに童謡を作らせて学校・学級文集を発行することは、全国的に盛んに行われていた。

子ども向け文芸雑誌の発行が盛んになり、学校では随意選題による綴り方を指導する教師が増え、童謡、自由詩の創作を子どもたちに奨励する教師も増えた大正一〇年代には、そうした文化環境の影響もあって子どもたち自身で同人誌を作ることも全国的に盛んだった。

子どもたちが同人誌を作ることは、文芸好きの青少年の間で盛んに行われていたことが、明治時代以降は多くの事例で確認できる。日本の子ども向け創作児童文学の嚆矢とされる『こがね丸』を書いた巌谷小波は『十亭叢書』と題した手書きの草稿を綴じた本を作って複数の友人の間で回覧し、第Ⅰ部第七章で紹介した大西伍一も高等小学校の同級生たちと「宗教界の革命」や「教育界の革命」「仏教界の革命」といった評論や「草摘む少女」という口絵入りの随筆を載せた『南龍誌』を制作し、スズキヘキも高等小学校の同級生たちと小説や短歌などを載せた『青猫』という手書きの回覧雑誌を制作している。

こうした子どもたちの活動は大正時代になると一段と活発になる。第Ⅰ部第五章で紹介した上村秀男は、自由画を描き随意選題による綴り方を書き、そして『児童の世紀』や『伸びて行く』、『児童の心』を購読する大正自由教育の中で成長する子どもであった。このような生育環境にあった秀男は、学級文集と同人雑誌の制作を楽しんでいる。秀男は友だちと『有志少年』という雑誌を作っている。[*2]

六月九日（金）　晴

今日は夜、大へん長い間まで起きて居た。それは「有志少年」といふざっしをつくった。みんなで二十二枚のをこしらへるつもりであったが、中々出来ない。三四枚だ。

六月十一日（日）　晴

今日も「有志少年」のつゞきを、苦んで、大分した。十二枚になった。村上君と一しょにつくって居るのだ。昼からは思ふぞんぶん遊んだ。今日は、つゆだのに雨ふらず。

六月十二日（月）　晴

今日は学校で残って先生の手伝ひをしておそくなった。今日も「有志少年」をして、十五枚。

六月十三日（火）　小雨

今日は少し雨がふった。「有志少年」は六月十三日の今日いよいよ成こうした。万歳々々。

日記の記述によると五日間で「二十二枚」の雑誌を作ったことになる。「二十二枚」は二二ページの意味かとも思われるが、一連の記述内容から見てかなりの苦労の果てにこの年齢の子どもにとっては大作といえる手書きの回覧雑誌を作ったことがわかる。『有志少年』がどのような内容か不明だが、『有志少年』というタイトルからすると、童謡や自由詩というよりは、綴り方を中心にした内容だったのではないだろうか。

これらの一連の秀男の日記の記述は、大正一〇年頃の子どもたちが、『赤い鳥』や『童話』『金の船』をはじめとするさまざまな文化の受け手であると同時に、文化創造の主体者となって文化活動を行う生活をしていたことを伝えている。この時代の子どもと文化の関係を見るときに、「文化創造の主体」としての子どもの活動が活発に展開されていたことにあらためて着目したい。

秀男の日記には、小学校四年生の時に『かゞやき』、小学校五年生の時に『ひなどり』という学級文集を担任が中心になって発行したことが記述されている。『かゞやき』の制作について、秀男は次のように記している。*3

七月二十四日（月）　晴

僕は今日をつまらなく暮した。しかしうれしい。かゞやき第六号をへんしうした。

七月二十五日（火）　晴

今日は先生の手つだひをして、しけんをしらべ、かゞやきをとうしゃばんですった。かへったのは、四時半。

七月二十六日（水）　小雨

今日も学校に残って、先生の手つだひをした。僕のせいせきはよくなって居たので、大へんうれしい。あゝ、もうぢき夏休みだ。

この記述以前に学級文集制作についての記録はないが、七月に第六号を制作しているところを見ると、四月の新学期から月一冊以上のペースで制作していたことになる。

秀男たちが制作した『かゞやき』について、内容の詳細を日記から知ることはできない。だが、秀男たちの文集の内容を推測する際に参考となる大正時代の学級・学校文集は各地に残されている。スズキヘキ旧蔵資料には、大正時代に宮城県内と近県で作られた学級・学校文集として表Ⅲ24-1のようなものが残されている。

これらは、活版で発行したものもあれば、謄写版による教師や子どもたちの手作りのものなどさまざまである。収録されている作品の質もさまざまである。仙台に住む都市部の子どもの作品の他に、郡部の子どもの生活の中で感じた

表Ⅲ24－1　スズキヘキ旧蔵資料所蔵学校・学級文集

宮城県内小学校学校・学級文集					
かげろふ 第四集	大正一二年五月	高橋富蔵（教頭）	かげろふ社 宮城郡原町小学校	活版 B6	童謡、自由詩
喜多村童謡歌集 第三号―小野先生追慕詩	不明（大正一一年？）	不明	北村小学校	謄写版 B6 謄写版	童謡、自由詩
コトリ 三号 五号	大正一〇年六月 大正一一年一月	不明（黒田正？）	木町通小学校	B6変形	童謡 第三号童謡の選をヘキが行う
小さな灯 第二巻第一号	大正一一年一月	伊藤芳江	小さな灯社（黒川郡・落合小学校か？）	謄写版 A5	童謡、児童詩、綴方 後藤才治への謹呈署名あり
つばめ 創刊号 第二号	不明 大正一〇年？ 大正一一年	不明	南材木町小学校内 つばめ社	謄写版 B6変形	童謡 自由詩、童謡
つばさ 五号	昭和五年二月	青木武雄他	仙台市連坊小学校内春陽倶楽部つばさ会	活版 B5	綴方 童話、童謡、おとぎ芝居
土曜 第二巻第五号	昭和三年五月	不明	土曜会 遠田郡不動堂村小学校	謄写版 B6 変形	
どうえう	大正一〇年七月 一九二一年		女子師範付属小学校	謄写版 B6	子どもの童謡 千葉春雄（明治）からか？
童謡の教育	大正一一年五月		鳴瀬・野蒜小学校	謄写版 B5	童謡論
にじ 二月号			上杉小学校 にじ詩社	謄写版 A5	童謡、自由詩、綴方 二号に刈田仁の童謡

三月号				途中から活版	三月号に刈田仁の童謡 四月号、六月号、七月号裏表紙にヘキ童謡 一五輯の裏に伊藤博から贈られたと書き込み 一六輯の裏に「紀二五八五、三月日評送る」の書き込み 二十輯にヘキ「はさみ蟲」、善助「雪野の兎」、刈田仁「赤い毛布」、渡邊波光「おぼろ空」、黒田正「印度の国へ」、安倍宏規「七面鳥」、伊藤博「ふくら雀」らの童謡、舘内勇童話「一番星」、横沢文質童話「ある子供の話」 二十二輯にヘキ「ヤマカゼジテンシャ」、善助、波光、伊藤博、安倍宏規の童謡 二十三に舘内勇童話「赤い魚」、横沢文質童話「ゐなかもの」、波光「うらゝ空」、善助「葦切の笛」、富弥「塩釜神社の鳩」、ヘキ「ゴムナガグツ」、伊藤博「かへるつばくろ」、安倍宏規「野鴨」の童謡
四月号					
五月号					
六月号					
七月号					
九月号					
十一月号					
第十輯	大正一一年一〇月				
第十一輯	大正一一年一一月				
第十二輯	大正一二年七月				
第十三輯	大正一二年一二月				
第十四輯	大正一三年四月				
第十五輯	大正一三年八月				
第十六輯	大正一三年一二月				
第十九輯	大正一五年九月				
第二十輯	大正一五年一二月				
第二十一輯	昭和二年一二月				
第二十二輯	昭和三年三月				
第二十三輯	昭和三年一二月				
ヒヨドリ 第一号	昭和七年三月	庄司泰玉（栴檀中＝第二中学林卒業、ヘキに	観音寺小学校綴方研究部	謄写版 A5	自由詩

		童謡作りを師事）			
頬白 第五輯	昭和一〇年二月	綴り方研究会 斎藤荘次郎（校長）	桃生郡北村尋常小学校	活版 B6	綴方
麦笛 創刊号	大正一三年六月	佐藤退助	伊具郡丸森小学校麦笛社	活版 A5	子どもの童謡、綴方
森の聲 創刊号 第二号	大正一四年七月 大正一五年二月		宮城県女子師範学校附属 小学校	活版 B6	綴方
やまびこ 第一号	大正一二年？	不明	栗原郡・岩ヶ崎小学校	謄写版 A5	童謡、作文、童話
宮城県外学校・学級文集					
青い花 No.1 第十二号 No.13 第十五号	大正一五年九月 昭和二年九月 昭和三年九月 昭和五年九月？	庄司泰玉	上田小学校 酒田？	謄写版 A5 第十五号は 活版	綴方
童詩パンフレット 丘の草笛 第一輯 第二輯 第三輯 第五輯	昭和七年三月 昭和七年三月 昭和七年六月 昭和八年一一月	大友文樹	丘の草笛詩社 福島・梁川小学校内	謄写版 B5	自由詩
草の笛	昭和二年一〇月	大友文樹	小舟生小学校	謄写版 B5	俳句・短歌・自由詩・童謡
子供の詩	昭和五年三月	近藤益雄	長崎県北松浦郡上志佐村	活版	上志佐村尋常小学校の生徒の詩を

三号		松本峯子	小学校	B6	教師がまとめたもの
子守唄	昭和一一年八月	桂和夫他	和歌山童謡詩人会	活版	子守唄、童謡
第十七輯		小学校教師中心	和歌山市今福	A5	
生誕	昭和七年一二月	柳瀬正士	有田郡広小学校内	第二輯のみ	童謡、自由詩、随筆
第二輯	昭和八年五月	桂和夫他	和歌山童謡詩人会	謄写版	
第四輯	昭和八年七月		和歌山市今福	A5	
第五輯	昭和八年九月				
第六輯	昭和八年一二月			四輯以降	
第七輯	昭和九年三月			活版	
第八輯	昭和九年五月				
第九輯	昭和九年八月				
第十輯	昭和九年一一月				
第十二輯	昭和一〇年一月				
第十三輯	昭和一〇年七月				
第十四輯	昭和一〇年一〇月				
第十五輯	昭和一一年一月				
第十六輯	昭和一一年四月				
第十八輯	昭和一二年四月				
第十九輯	昭和一二年七月				
第二十輯	昭和一二年一一月				
児童自由詩集 雪虫ほう	昭和五年一二月	大友文樹（「おてんとさん」誌社友）	福島・梁川小学校	謄写版 B6	自由詩

感情が表現された作品も含まれている。宮城県桃生郡にあった北村尋常小学校が出した『喜多村童謡歌集』第三号には、次のような作品が収録されている。

高二　三浦ふき子

「こほろぎ」
ころころころ　草の間に、
すゞが鳴るころころころころ
可愛い声ですゞが鳴る。

高二　菅原やゑ子

「先生の目がね」
先生のめがね大きい目がね
少ししずかにとこちらを向けば
さらりと光つて
私の顔が
見えました。

郡部の子どもたちの作品とはいゝえ、鋭い感性が表現された作品である。「先生の目がね」を作った菅原やゑ子は、天江富弥、スズキヘキと共に北村小学校を訪問して童謡・童話を子どもたちに披露した蛯子英二と文通を続け、後に蛯子夫人となる人物である。眼鏡をかけた「先生」が、眼鏡をかけていた蛯子のことを表現したものだとすると、蛯子の眼鏡に自分の顔が映ったことに心ときめく少女の一瞬の気持ちの動きを繊細に表現した巧みな詩と言えよう。

以上のように、都市部だけではなく、桃生郡北村小学校、遠田郡不動村小学校や栗原郡岩ヶ崎小学校など、郡部の小学校でもこのような文集が作られていたことは、誕生期「児童文化」活動の下で、童謡教育が全国的な広がりを示していたことを表す事例として注目される。

注

1　若柳小学校創作部『蝙蝠の唄』東京米本書店、一九二二年、一一ページ

2　前掲『大正の小さな日記帳から』一七七〜一七八ページ

3　前掲『大正の小さな日記帳から』一七八〜一七九ページ

二四－二　児童創作文集「コトリ」の発行と実践活動の機関としての学校

一九二一年（大正一〇）三月の童謡専門誌『おてんとさん』創刊を契機として、仙台では多くの人々が関わりながら多彩な児童文化活動が展開されていった。特に、多くの人々が創作活動の舞台として次々に同人雑誌を作り、その中で童謡や童話の作品を発表していったことは、仙台児童文化活動の旺盛な活動力を象徴することとして注目される。

そうした童謡・童話の創作活動と同時に、童謡や童話などを作って子どもたちに聞かせたり、子どもたち自身に童謡や童話などを作らせたりすることで子どもたちの精神の陶冶を行い、学ぶことと生きることの合一の中から文化的な生活を創造させ、そして真善美聖の実現を目指すといった誕生期「児童文化」の理念の実現も追求されていった。

児童文化活動に精力的に関わった人物の一人が、第Ⅱ部で既述した仙台市木町通小学校訓導の黒田正である。小学校

の訓導だった黒田にとって、そうした実践活動の場が何よりもまず学校であったことは言うまでもない。教師としての黒田は、新しい潮流として当時の教育界を覆っていた芸術教育や、芸術教育を具現化した「童謡教育」「童話教育」に精力的に取り組んでいった。学校での黒田の主な取り組みとして、①童謡作品集の発行、②自由画展の催し、③学芸会の開催、を確認することができる。

黒田が仙台市立木町通小学校で発行した文集は『コトリ』である。『コトリ』は一九二一年（大正一〇）三月一日に第一号を発行し、同年四月に第二号、六月に第三号、八月に第四号、そして一九二二年（大正一一）一月一日に第五号を発行している。*1『コトリ』はB６の版型を横長にして綴じ紐で簡単に綴じた謄写版刷りの小型誌である。

黒田の長男良氏の夫人から『コトリ』を寄贈された大村栄によると、第一号巻末の「編集部だより」には次のように記されているという。*2

○　此の小冊子は「三年の童謡機関雑誌」です。小さいが、たふといものです。
○　第一号発行にあたって、二年と四年から作品をいただいたことはしあわせです。
○　もし結果がよければ、だんだん各学年の童謡をのせるものにしたいと思ひます。
○　毎月発行したいが、なかなか忙がしいので、さうもなりませんから、一、三、五、七、十、十二の六月（回）すなわち毎学期二回づつとします。

この記述から、年六回の発行を予定していながら実際には年四回の発行にとどまったことがわかる。黒田は『コトリ』創刊の大正一〇年三月時点では三年生を担任していたが、創刊号で「三年の童謡機関雑誌」としていることから、『コトリ』は学校全体の童謡雑誌となることを目指して始まったものではなく、黒田が自分の受け持ち学年の機関誌になることを期待して創刊したものであることがわかる。

黒田の受け持ち学年から童謡作りを始め、その成果を発表していた『コトリ』だったが、三号が発行されるときには木町通小学校の全学年に童謡作りが広まっていくようになる。「二年以上全体のコドモ達がみんな童謡を創作するやうになりましたことは真に嬉しいことでございます[*3]」と三号の後書きに相当する「『コトリ』ノタヨリ」に記された黒田の言葉は、『コトリ』の創刊を機に木町通小学校の子どもたちの間に童謡を作るブームが起こり、そのブームが全校に広がっていたことをうかがわせてくれる。

木町通小学校の中に沸き起こった童謡作りのブームは、子どもたちに童謡の魅力を伝え、童謡を作る楽しさを教え、そして忙しい合間を縫って謄写版で『コトリ』を発行し続けた芸術教育に賭けた黒田の情熱によるところが大きい。だが、それに加えて『コトリ』と同じ大正一〇年に仙台で創刊された童謡専門誌『おてんとさん』の存在と、スズキヘキを中心としたおてんとさん社同人が果たした役割も見逃せない。

第三号の「『コトリ』ノタヨリ」には、『おてんとさん』との関係を示す次のような記述がある。[*4]

○「おてんとさん」の二号には
▽雨降り雲　玉手三郎君（四年）
▽むぐらもち　安藤安治君（四年）
▽そばやさん　黒田賢吾君（四年）
の三篇が推奨され、「おてんとさん賞」をいただきました。同社からはきれいな商品を贈って下さった

さうです。
〇又「おてんとさん」の三号には
▽たんぽぽ　鈴木正一君（四年）
▽みゝず　小西恒蔵君（四年）
の二つが推奨されました。

さらに、第五号『『コトリ』のたより」には「今回は錫木氏が選をして下さいました」と述べた上で、「又同氏は特に『コトリ』のため、入選作品の「とんぼ」と「ろうそく」の二篇と同題の童謡を贈られ範を示して下さいました。大へん幸なことです」と記されている。[*5]
実際にヘキは、次のような詳細な評を子どもたちの作品に対して行っている。[*6]

…殊に「夜まはり」の如きは一読直ちにその純な涙ぐましい告白に、一種物凄い程のなつかしさをいだかせられます。夜のねる前の、物事をまつすぐに信じ、まつすぐに疑ひ、まつすぐに恐れる子供の神のやうな心持が大人の心をひきしめるのです。私は第一に推賞してよいと思つたのです。

一教師が中心になって発行されたものとはいえ、学校で発行した文集・作品集に掲載した子どもの作品の評や指導を、民間人に委ねるということはきわめて稀なことである。既述したように、黒田は校長の許可の下、ヘキと桜田はるをのおてんとさん社社人二人を黒田学級に招き、正規の授業時間の中でヘキらに子どもたちの童謡創作の指導をまかせたこともある。

木町通小学校の自由な校風と黒田正という童謡教育に情熱を傾ける教師の存在が、民間の童謡作家らとの交流を生み、学校での児童文化活動をより豊かなものにしていったのである。

注

1　筆者は第三号と第五号のみ確認。第一号、二号、四号は未見。第一号と二号に関する情報を中心に大村栄『『コトリ』と『おてんとさん』―黒田正氏の愛蔵したもの」（すばる教育研究所『教育　すばる』二号、一九七八年）と大村栄『『おてんとさん』と『コトリ』―その創刊の前後―」（宮城県教育委員会『教育宮城』第三二巻第六号、一九八二年）がまとめられている。

2　前掲「『コトリ』と『おてんとさん』―黒田正氏の愛蔵したもの」二二ページ

3　『コトリ』第三号、コトリ社、一九二二年六月一五日

4　同右

5　『コトリ』第五号、コトリ社、一九二三年一月一日

6　同右

二四－三　上杉山通小学校の児童文化活動

宮城県内で発行されていた学級・学校文集の中で、制作に最も力を入れていたと思われるものの一つが、仙台市上杉山通小学校が発行していた『にじ』である。

創刊号が残されていないため『にじ』の創刊年月日は不明だが、第一〇輯が一九二二年（大正一一）一〇月に発行されており、その前に二月号から一一月号までほぼ毎月発行されているところをみると、創刊は大正一〇年一月の可能性が高い。『にじ』は、はじめは謄写版で作られていたが、第一〇輯から、『おてんとさん』の印刷も行った東北印刷などに外注して活版で作られるようになる。

一九二一年（大正一〇）に発行された『にじ』三月号を見ると、「青空」という題の刈田仁の童謡が巻頭に掲載され、その後に三年生児童の「はとさん」という童謡にはじまり六年生児童の「冬涸れの川」という童謡まで全部で一九編の童謡が一〇ページのA５判謄写版刷りの冊子に掲載されている。

巻頭に童謡が掲載された刈田仁は、おてんとさん社の社人の一人である。上杉山通小学校には、自らも童謡を作り、仙台市内でおてんとさん社を中心に展開された童謡運動に積極的に関わった伊藤博と安倍宏規の二人の訓導が在職していた。そうした関係もあって、『にじ』には子どもの童謡や自由詩、綴り方の他に、スズキヘキ、天江富弥、刈田仁らおてんとさん社社人・社友の作品も多数掲載されている。

創刊号の内容は未見だが、子どもたちの作品に加えて、おてんとさん社関係者の作品が多数確認できる。第二号にあたる二月号と三月号に刈田仁の童謡、四月号・六月号・七月号にヘキの童謡、二〇輯にヘキ、石川善助、刈田仁、渡邊波光、黒田正、伊藤博の童謡、二二輯にヘキ、石川善助、波光、伊藤、安倍宏規の童謡、二三輯に舘内勇の童話と善助、波光、天江、ヘキ、伊藤、安倍の童謡が確認できる。

刈田仁やスズキヘキが童謡を『にじ』に掲載したのは、『おてんとさん』の創刊前後ということになる。二月号は『おてんとさん』が創刊される前月、三月号が『おてんとさん』創刊の月の発行である。大正一〇年二月に発行された『にじ』に刈田仁が関わり、四月号からヘキが関わっていることは、学校が中心になって推進する児童文化活動に、おてんとさん社の人々が、社が発足して間もない時期から協力していたことを物語っている。

一九二八年（昭和三）一二月に発行された第二三輯を見ると、一年生から六年生までの児童による四〇編の作文と五二編の童謡の他に、舘内勇、大浦から、横澤文七の童話、刈田仁、渡邊波光、石川善助、天江富弥、スズキヘキ、千葉伊勢雄、安倍宏規、伊藤博の童謡を掲載して五九ページのA５判活版刷りの冊子が構成されている。

子どもの作品としては、次のようなものが掲載されている。

風　　　　四年　金　雅夫

風だ風だ
追つかけろ
帽子が
どんどん
逃げて行く

風だ風だ
追つかけろ
木の葉が
グルグル
まわつてる

枯木　　　　　　　六年　片倉雪江

くるくる坊主の枯木さん
風が吹いたら寒いだろ
赤い着物も黄色な着物も
いたづら風に　はぎとられ
くるくる坊主の枯木さん

霜　　　　　　　三年　松山信夫

けさはさむい
やねの上に
霜がまつしろだ
かほを洗ふ時
水はすこし
ぬるかつた。

この他にも、「雪」「寒い朝」「雪だるま」など、東北の厳しい冬を題材にした童謡が多く、子どもたちの生活感情を表現した作品が目立つ。

石川善助とスズキヘキの作品はそれぞれ次のようなものである。

葦切《よしきり》の笛

石川善助

葦切　葦切
沼のなか
葦の葉葦笛ふいてます。

西焼　空焼
蟇《ひき》がなく
葦の葉　葦笛なぜやめた。

昴《すばる》は　昴は
青ひかり
葦の葉　葦笛かくします。

葦切　葦切
笛おくれ
葦の葉葦笛さがしましょう。

ゴムナガクツ　スズキ・ヘキ

アリコ

ナガクツ
ゴムナガクツ

ハイテ
ガタガタ
オモテサデル

ツチハ
カラカラ
アツイサカリ

ナンダ
ハレタカ
オテンキアメ

アリコ
オシヨシイ
ゴムナガクツ

ハイテ
ガタガタ
アナヘモドル

どちらも、質の高い作品となっている。仙台市立上杉山通小学校が発行した学校文集とはいえ、多数のおてんとさん社社人・社友が関わって作られた一種の児童文芸雑誌の様相を呈していたことがわかる。

『にじ』以外の学級・学校文集を見ても、『丘の草笛』の巻頭にスズキヘキの童謡が掲載されていたり、『コトリ』に掲載された児童の作品はスズキヘキが選者になっていたり、『かげろふ』の編集にはヘキの弟鈴木正五郎と菅野迷雀が関わったりしている。このように、童謡運動が盛んだった仙台では、子どもたちに作品を書かせてそれらを集めただけの文集とは一線を画した、一種の文芸雑誌とも呼べるような文集が学級や学校内で盛んに作られていたのである。

黒田は、一九二三年（大正一二）四月に木町通小学校から上杉山通小学校に転勤する。上杉山通小学校には、おてんとさん社の草創期から関わっていた伊藤と安倍に加えて、仙台市内の小学校訓導で最も活発に童謡教育を推進していた黒田が新たに加わったことになる。黒田の転勤によって、仙台市内で自由主義的教育に基づいて児童文化を積極的に推進する学校が、木町通小学校から上杉山通小学校へと移っていくことになる。

『にじ』の他に、上杉山通小学校では、伊藤博を編集人として『上杉学習新聞』を発行していた。*1 本格的な学校新聞を発行していた仙台市内の小学校は、管見の限り上杉山通小学校だけである。黒田、伊藤、安倍という自由主義教育を積極的に推進しようとする教師が上杉山通小学校に集結したことで、児童文化を自由主義教育に取り入れた教育が上杉山通小学校を舞台に活発に展開されていった様子がうかがえる。

『上杉学習新聞』は、報道、時事解説の他に童謡・童話・随筆等を掲載し、タブロイド版活版印刷で出されていたが、

表Ⅲ24-2　おてんとさん社関係「上杉学習新聞」執筆者一覧

巻　号	発行年月	執筆者	執筆内容
第八号	昭和４年８月	石川善助	童謡「時雨」
第九号竹の巻	昭和４年12月	スズキヘキ 石川善助	童謡「キノコノセミ」 童謡「落穂拾ひ」
第十二号竹の巻	昭和５年３月	舘内勇 石川善助 スズキヘキ	童話「亀を拾つた話」 童謡「水すまし」 童謡「ワランヂハイタオンマ」
第十二号松の巻	昭和５年３月	石川善助	童謡「若柳」
第十二号梅の巻	昭和５年３月	石川善助	童謡「蟹の子供」
第十五号松の巻	昭和５年５月	刈田仁 伊藤博	随筆「青葉神社の話」 童話「盲人の夢」
第十五号竹の巻	昭和５年５月	舘内勇 刈田仁	童話「四郎さんと子犬」 随筆「青葉神社について」
第十五号梅の巻	昭和５年５月	舘内勇	童話「文雄サンノ入学」
第四十一号	昭和９年３月	鈴木明	童謡「雲」

童謡・童話の担い手はおてんとさん社関係の人々であった。おてんとさん社関係の人物の関わりについて確認できたものの一覧をまとめると表Ⅲ24-2のようになる。

詩人として評価の高い石川善助の作品が多数掲載されるなど、本格的な童謡・童話を中心とした児童文化新聞となっていたことがわかる。

注

1　筆者が確認したのは昭和四年八月発行の第八号以降である。第九号が昭和四年一二月の発行であることを見ると、創刊は昭和二年と推測できる。

二四-四　学芸会の開催

大正時代後期は、多くの学校で学芸会が盛んに行われたことが知られている。この時代はさまざまな行事を絵葉書として残すことも流行していたが、学校の中には、自校の学芸会の様子を絵葉書にして残していた所もあった。筆者が確認したものの中には、福島県の梁川尋常小学校で一九二四年（大正一三）三月に行われた学芸会の様子を写した絵葉書がある。

全部で九葉の絵葉書には、一年生の童謡舞踊「子守うた」、二年生の児童劇「羽衣」、二年生の童謡舞踊「七つの子」、五年生男子の児童劇「鉢の木」、六年生男子の児童劇「水師営の会見」、六年女子の児童劇「駒鳥と花子さん」などの様子が記録されている。

「鉢の木」も「水師営の会見」も、鎌倉時代の武士や日露戦役時の軍人の衣装をこしらえて子どもたちが着用し、本格的な児童劇を行っていたことがわかる。このように学校劇が年々華やかになった風潮に対して、岡田良平文部大臣は一九二四年（大正一三）の八月と九月にいわゆる学校劇禁止令を出し、当時の教育界に賛否両論の論争を巻き起こしている。

学芸会の隆盛の背景に、いわゆる芸術教育の勃興と、その思想的背景としての大正自由教育の興隆があったことは言うまでもない。したがって、社会全体で学芸会が隆盛を極めた大正時代後期とはいえ、芸術教育への取り組みや、自由主義教育への傾倒の度合いによって、それらの成果の発表の場としての学芸会への取り組みも変わってくる。

大正後期に仙台市内で行われた小学校の学芸会として、大正一一年二月一二日～一四日に開催された木町通小学校の学芸会、大正一三年二月一一日に開催された仙台市立荒町尋常小学校の学芸会、そして大正一三年三月三日に開催された仙台市立片平丁尋常小学校の上巳文芸会のプログラムが確認できる。同じ仙台市内の小学校でありながら、その取り組みには格段の差があることがわかる。

荒町小学校では、「自零時半至后一時半」とわずか一時間の学芸会であり、内容も唱歌二、対話六、朗読二、律動遊戯一、それに開会・閉会の辞と講評という内容である。片平丁小学校は、唱歌一七（独唱、童謡、対話唱歌含む）、独弾一、お話二、遊戯二、童話劇四、毬つき・お手玉二、舞踊劇一、合奏一、その他来賓の挨拶や閉会の言葉などで構成されている。

図Ⅲ-34　片平丁小学校学芸会（大正十五年三月三日、鈴木楫吉氏蔵）

これらに対し、黒田が在職していた木町通小学校では、一・二年生を第一部として二月一二日に行い、三・四年生の第二部が一三日、五・六年生の第三部が一四日と三日間にわたって行われている。いずれも午前九時に開会し、途中休憩をはさんでいることからすると、おそらく午後まで行ったのであろう。しかも、第一部ではヘキが童話「ウサギノセンタク」、第二部では蛯子英二が談話「トムの旅」、第三部では鈴木愿太と、おてんとさん社の人々がお話の語り手として出演している。

学芸会に、ヘキらおてんとさん社を中心に活動していた民間人が出演したことは、おてんとさん社に関わっていた黒田が中心になって学芸会の構成が考えられたことを示すと同時に、自由主義教育の実践校として知られた木町通小学校の学芸会が、芸術教育の成果を示す上での重要な行事として位置づけられていたことを示している。

表Ⅲ24－3は一九二二年（大正一一）木町通小学校学芸会第一部のプログラムである。演目の種類と数も他校と比べて圧倒的に多い。また、全員で冒頭に「おてんとさん」を歌っていることも注目される。この歌は、既述のように、スズキヘキや天江富弥らおてんとさん社の人々の要請をうけ、野口雨情がおてんとさん社のために詞を書き下ろし、本居長世が作曲した童謡である。いわば民間の結社のための歌を学校の学芸会の冒頭で歌っていることになる。一般に知られていた童謡でもなく、まして文部省唱歌ではない歌を開会時に歌うところに、木町通小学校の自由主義的な教育風土と芸術教育への取り組みの熱意、そして黒田を中心とした当時のこの学校の特異性をうかがうことができる。黒田のこれらの取り組みは、やがて仙台児童倶楽部に場所を移して大々的に行われることになる。

一・二年生によって行われた一部だけでこれだけ充実した内容となっている。童謡・童話をはじめとする児童文化活動が学校教育の中に取りいれられ、学校を舞台に児童文化活動が積極的に推進された時代に、学芸会はその成果を発表する場として位置づけられていたのである。

表Ⅲ24-3　木町通小学校学芸会第一部プログラム

順序	種目	題目	学年	出演者
一	唱歌	おてんとさん	全体	
二	談話	開会ノ辞	一	柴田一義
三	唱歌	ちんころ兵隊	二	浅野健蔵　外　九名
四	談話	ニコニコカガミ	一	丹野かねよ
五	童謡ダンス	お山の烏	二	高橋はつ子　外　十名
六	諳誦	きやうだい	一	宮城甲吉　外　十二名
七	諳誦	人形屋のをばあちゃん	一	大友ふみ　外　六名
八	対話	牧場の兎	二	早坂喜佐　外　三名
九	唱歌	ウグヒス	一	高橋禮子　外　十一名
一〇	斉唱	からす	二	小原のぶ子　外　十二名
一一	談話	目ト耳トロ	一	高橋敏男　外　三名
一二	独唱	ミヤクン	二	安藤　操
一三	諳誦	親とつと子とつと	一	白土さだ子　外　二名
一四	斉唱	お山の大将	二	岡野恵四郎　外　十五名
一五	唱歌	かに	一	深谷昇治　外　二名
一六		席書席画	二	神部正昭　外　四名
一七	唱歌	猿蟹合戦	一	千葉重雄　外　九名
一八	斉唱	あられ	二	永澤りよ　外　十四名
一九	対話	ねずみの会議	二	森　佐道　外　八名
二〇	唱歌	栗鼠々々小栗鼠	一	佐々木とき　外　五名
二一		ハモニカ	二	鹿野幸三郎
二二	対話	筆入のお話	一	知久金治　外　二名
二三	独唱	みぞれ	二	桑島理氏
二四	唱歌	オキヤクサマ	一	千葉英子　外　七名

		（休　憩）		
二五	童話	ウサギノセンタク		錫木　碧先生
二六	独唱	兎	一	栗田フヂ子
二七	諳誦	かしの木としひの実	二	多田芳雄　外　三名
二八	童謡ダンス	シウカイドウ	一	菅原泰良　外　二十名
二九	談話	四郎さん	二	吉川一夫
三〇	諳誦	ヒコウキ	一	高橋　誠　外　九名
三一		童謡唱歌		先生方全体
三二	朗読	日と風	二	白井ひで子
三三	学校劇	かくれんぼ	一	野崎茂夫　外　四十名
三四	斉唱	からす	二	小原文子　外　十二名
三五	諳誦	雪	一	若生まさ子　外　十三名
三六		弾琴	二	加藤みち子 桜井千代子
三七	唱歌	霰と霙	一	鹿野鉄之助 渋谷紀平
三八	諳誦	とんからこ	二	木村幸子
三九	童謡ダンス	赤牛黒牛	一	高橋ふみ子　外　六名
四〇	童話劇	青い眼の人形	二	平間　修　外　十名
四一	唱歌	お山の烏		全体
四二		御話		校長先生
四三	談話	閉会ノ辞	二	菅原正好

第二五章　児童文化業者・金野細雨の児童文化活動

二五－一　金野細雨の幼少期

誕生期「児童文化」活動が展開された時代にあって、学校相手に児童文芸誌を販売したり、学用品を取り扱ったりした業者によって提供された児童文化活動や児童文化財も、当時の子どもたちが日常生活の中で接する貴重な児童文化の一つであった。

特に、雑誌や書籍を手にする機会が乏しく、活動写真などに接する機会にも乏しかった地方の寒村に住む子どもたちの中には、学校を回る業者によって、童話や童謡などの児童文化に初めて接した子どもたちも少なくなかった。そうした寒村に住む子どもたちにとって、学校を回る業者は、児童文化を伝えてくれる大切な伝達者でもあった。

学校相手に事業を展開した児童文化業者たちの児童文化活動は、資料が不十分だったことや存在自体が児童文化史の中で無視されてきたこともあり、先行研究の中で全くその存在に触れられることがなかった。だが、これまでの研究の中で埋もれてきたこうした人物たちの活動を明らかにすることによって、誕生期「児童文化」の下で子どもたちが接していた児童文化とその活動の全貌の解明が大きく前進するものと思われる。

そこで、事業として学校を相手に児童文化活動を展開した人々がどのような環境に育ち、どのような意図と思惑の中で児童文化活動に入り込んでいったのか確認する。このことを通して、当時の児童文化活動がどのような人々のどのような思いの中で展開されていたのか、今まで知られていなかった事例を明らかにすることができると同時に、埋もれていた児童文化史を発掘できるものと思われる。

大正時代の終わりから昭和のはじめにかけて、宮城県内を中心に学校を顧客の中心として事業を展開し、『赤い実』や『教育民報』を発行するかたわら、エスペラント語を勉強し、終生詩作を続けた人物に金野細雨（本名巖男、一九〇一―一九八四）がいる。細雨は手作りや自費出版も含めて、詩集『傷める葦』（自主製本）、『ポプラの並木』、『夢の舞踏』、『山育つ』、『麦』、『年輪』、『雑草は生きている』を制作・出版している。その他に、宮城県の各小学校を紹介した『我が陣容を語る』、妻の追悼記『白菊集』、『竹』、県内各地の奇談を集めた『魚眼洞奇談集』、童話集『虎の裁判』などを出版、制作している。

細雨は、金野徳四郎・つね夫妻の長男として、一九〇一年（明治三四）四月一〇日に栃木県日光で誕生している。戸籍上は岩手県東磐井郡大津保村（現、一関市）大籠字保登子三六番地に生れたことになっている。[*1] 幼い日の様子を伝える資料はほとんど残されていないが、幼少期について知るてがかりを、『魚眼洞奇談集』や『詩文集　ポプラの並木』の中に散見することができる。

『魚眼洞奇談集』によると、細雨は、「日光で生れて、岩手の亡父の本店で育っ」たと記されている。[*2] 細雨の父親は、足尾銅山に関係していたため、細雨は日光で生まれたのである。だが、細雨誕生後、細雨の父親は足尾銅山から離れることになる。その際に日光付近の御用林三〇〇〇町歩を得て、細雨の父親は以降炭を焼かせる仕事を始める。日清戦争時には大当たりをするが、日露戦争に満州の鉄道の枕木六〇万本を請け負ったことが躓きの元となってしまう。[*3]

仕事での失敗を立て直すためだったと思われるが、細雨の一家は細雨四歳時の日露戦争後に宮城県大河原町に移り住むことになる。大河原に移り住んで以降、細雨の父親は宮城県川崎町の数ヶ所の山で炭を焼かせていて、大河原の家には毎日数台の炭を積んだ馬車が連なり、自家用の貨車数両に使用人たちが炭を積み込んでいたという。

幼少期に財をなした家に暮らしていた細雨だったが、自ら編集した『詩文集　ポプラの並木』に収録された「彼等の誓」（初出は『傷める葦』所収）という詩の最後に、「破産した一家の為に母は慣れぬ駄菓子屋を僅かの間ではあつたが開いてゐたつた」と記している。[*4] やがて父親が仕事に失敗し、細雨は厳しい生活の中で幼少期を過ごすことになるのである。

一家の破産のために、細雨は丁稚奉公に出ることを余儀なくされてしまう。細雨は、『小僧時代』の詩集の序に就いて」と題した文章の中で、「十三歳より約十年の間、即ち二十二歳の春まで、番頭としてといふよりは一呉服店の小僧として、岩沼町作間呉服店」に勤めたことを記している。[*5] また、「自分の店員生活は大正二年五月四日より始まる」とも記している。[*6]

一九一三年（大正二）五月四日は、細雨が満一二歳になって間もない頃である。「小学校六年にあがるとすぐに」細雨は岩沼町の作間呉服店に丁稚小僧として奉公することになったのである。学校も大河原小学校から岩沼小学校に転校する。細雨の「主人の前に座して」という詩には、細雨と小学校のことを示す次のような一節が書かれている。[*7]

貧しい一人の門出を祝してくれる為に
わざわざ見送つてくれた多くのクラスメート、
御親切に家を訪うてくれた先生方、
自分を信じてくれる友人、

細雨は、多くのクラスメートに見送られて大河原小学校を後にし、先生方も細雨の家を訪れて細雨の岩沼への旅立を見送ってくれたのである。この日のことについて、細雨は次のように思い出を記している。[*8]

当日は全級の大半が見送りに来てくれたし、小遣銭で餞別を出してくれたので、私は記念にと蔵ってあった浜からひろい集めた小石や、雑誌等をみんなにわけて、意気陽《ママ》々と汽車に乗ったのだから我乍ら呆れる

細雨の最終学歴は、転校した岩沼尋常小学校卒といふことになる。一九三一年（昭和六）に結婚を祝して自ら編集した『寿』の中に、細雨の知人鈴木如楓による次のような文章がある。[*9]

私が、失礼だと思ひながらも、細雨さんに学歴をおきゝしたら、「尋常小学を出たことだけは確かだから小学校卒業といふことにしておいてくれ。」って笑つてられた。だから、私は今でも、細雨さんの学歴も経歴も知らぬ。

「尋常小学を出たことだけは確かだから小学校卒業といふことにしておいてくれ」という細雨の言葉には、能力を自他共に認めながらも、家の事情で進学を断念して丁稚奉公せざるを得なかった無念の気持ちが強く滲み出ている。

細雨の勉学意欲は幼少期から並外れたものがあった。細雨が終生慕った小学校時代の恩師佐藤広治は、細雨の小学校時代の思い出を次のように記している。[*10]

氏の八九歳頃の写真、学生帽に袴、パッチリした双眸は何物をも透視する鋭さがあり、引締つた唇には退かぬ気魄と、さかしさとが見える。

写真が物いふ様に実際さうであつた。（中略）一年での課程二年での学科、それ等は余りに簡単過ぎて此の神童を満足させ得なかつた。

「先生話をきかして下さい」

宿りがてらに夜一夜せがまれる受持教員の余は幸ひに多少の話材を有つて居つたが、忽ちに種切れとなる。已むなく新しく求めなければならない。（中略）

尋常二年のあどけない子供が、小波《ママ》編の日本歴史譚をすらすらと読破したのである。

「先生、あと読む本ないのか」

こんどは本の選択に閉口、

「そんなに読んでも覚えてゐなくては無駄じやないか」

実に苦しい言ひ分だ。

「皆書いて置くんです」。

常時、氏は一冊のノートを持つて居た。話し帳といつて話題を書き並べ、而かも其の大要を略記して居つたのである、材料を与へられて之を組織し、整備し、分類し、表化し、系統づけ、要点を抽出することは尋常容易の仕事ではない、創造的頭脳がなければ到底不可能事である。

尋常一二年の頑是ない子供が、五六年或は高等科の子供に相応はしいかの日本歴史譚の要点を書き取るに至つては只異数といふだけでは物足らない、神童の名にそむかぬものである。

読むだけの神童ではなかつた、小さい頭脳から繰り出す文章の糸は縒りのかゝつた立派なものだつた。どこで覚えてどこで考へるのだらうとさへ思はれる。
一体に天才な発露は覚えた習つたに関係しないものであらう。二年の当時展覧会出品の図画が額縁に入れられて陳列された、見る人或は子供の作ではないと評するものもあつた〔。〕図画にも尋常ではなかつた。
〔。〕=引用者

人並み外れた勉学意欲と向上心、そして明晰な頭脳を持った子どもだったことがわかる。大和田建樹が博文館から出されていた『日本歴史譚』を読んでその要約を小学校一年生や二年生で行っていたという事実は、細雨の意欲と能力が並はずれていたことを伝えてくれる。

細雨自身も、少年時代の自らの旺盛な読書について、「ぎっしりと本の並んで居る母校の図書室で／OとSと自分の三人は／よく灯のともるまで読んで居たものだ。／「君達はよく読むね…」／かう云つて先生にはげまされるのが嬉しくて／大冊のイソップ物語や／種々の偉人伝やらを／手当り次第に読み漁つた少年時代」と、「家に帰らうか」という詩の中で回顧している。[*11]

溢れるほどの才能に恵まれ、人並み外れた意欲を持っていた細雨にとって、勉学を諦めて商家に勤めなければならないことは人生上の大きな蹉跌であり、自己の運命を受け入れることに大きな苦悩が伴ったことは想像に難くない。

こうした不遇に負けず、細雨は商家に勤めてからも強い意志を持って独学を続けていく。一八歳だった一九一九年（大正八）五月、貧しい小僧時代を送っていた細雨は、「フランネルを包んできた古い包装紙の白いところを一枚々々ひろひ集めて、人々の寝てしまつた深更、かくれるやうにして起き出して、その一枚々々に火のしをあて丶一冊に綴つて、ペンで書いて製本した詩集」『傷める葦』を作る。[*12] その中に、「寝過した朝」という次のような詩がある。[*13]

ピン、ピーン……
もう六時か、
糸で引き寄せて置いた
五燭の電燈を見上げて
つぶやいた時
枕下の洋書が
バタリ音を立てて崩れた。

そして、この詩を再録した『ポプラの並木』には、この詩を作った当時の状況について次のような説明をしている。

此の小僧時代の僕は、毎朝六時には起きて店を開けねばならないので、毎朝四時前後に起きて六時までを独学してゐたものであつた

洋書を枕下に置きながら、早朝四時に起きて独学する日々だったのである。中学の講義録などを取り寄せながら語学を習得し、洋書も読もうとしていたのである。

商家に奉公しながら勉学する苦労について、細雨は次のような回想も残している。*14

小僧には休みの時間がなく、朝は七時から夜は九時迄が働く時間なので、夜は夜中に竹駒神社の鳥居の電灯の光りで本をよみ、冬は布とんの中に電球を引つぱり込んで読んだものだが、到々一策を案じて、新参小僧の役

割である風呂係りを引受けることを提案、風呂は何十分でわかせばいいのかと持ち出して、その時間の間、一度に燃料をつめて本を読む時間を作ることに成功したのは愉快であった

この頃の細雨の気持ちと気魄は、『傷める葦』に書きつけた次の歌から読み取ることができる。

我を励ます歌
更に良き人とならまし
苦しみて
我自らに鞭打ちて行き。

こうして「苦闘悪戦して勉強」[*15]を続けた後、細雨は一七歳から詩作を始める。[*16]「或る時は疾駆する自転車を留めて、或る時は店の一隅に坐して涙ぐみながら、又ある時は街路を歩み乍ら、又はしんしんと更けゆく夜半に一人眼覚めつゝ、ノートに」詩を書きつけたという。[*17]

強い意欲と向上心の中で「苦闘悪戦して勉強」していた細雨だったが、自分の境遇への嘆きや人生の不条理への嘆き、そして人生や自分の存在への懐疑は、この頃の細雨を間断なく襲っていた。そうした中で、自らの境遇を運命のしからしめるものとして受け入れようと格闘していた様子が次の詩に表現されている。[*18]

運命
成功した者が

偉いんだらうか…。

失敗して
路傍にうづくまる
寂しい人々は
愚かなんだらうか。

いやいや、
決してそうではない。

運命…
そうだ、
みんな運命なのだ。

運命として受け入れようとしても、自身が抱く高い人生への理想と現実との懸隔は如何ともしがたかった。そこで感じる苦悩を表現したのが次の詩である。*19

我は何者ぞ
偉いものにもなり得ず

馬鹿にもなれず
さりとて利巧にもなれず
苦悶の中にその日を送る
我はそも何者。

幼少期から神童として期待され、自負も抱き、意欲も旺盛だった自分が、商家の小僧としての境遇に沈む中で、そうした環境に順応して商人に徹することもできず、運命のしからしめるところと諦めることもできず、苦悶する様子が赤裸々に表現されている。

こうした苦悶の中で商家での奉公時代を過ごしながら、細雨は自分の人生を切り開くべく勉学と詩作を続けていく。次の詩に込められた思いの中で、細雨は二二歳までの約一〇年間の商人としての修行時代を過ごしたのである。[*20]

行人

学者が行く
学生が行く
宗教家が行く
皆、急がしそうに
人生の深奥を指して歩み続ける。

俺は一人で路傍に座して

黙つて歩いて行く人々をヂッと眺めてゐた。

俺も歩き出さなければなるまい
だが、用意が充分でない…
出掛る前には仕度が肝要だ。

歩んで行く人々の群を
ヂッと一人で眺めて居る…
一生からうして居るのかも知れない。
然し、それでもいい
俺はそれをも神に感謝する。

歩いて行く彼等の中、幾人が
目的地に達するだらう?
俺も足ごしらへする為に
今、語学の教科書を繙いたところだ。

注

1　金野細雨のご長男で、元宮城県白石高等学校教諭の金野徳郎氏から戸籍抄本等を見せていただき、貴重な資料も拝借させていただいた。
2　金野細雨『魚眼洞奇談集』第一集、創美出版部、一九七五年、八七ページ
3　前掲『魚眼洞奇談集』第一集、三一ページ
4　金野細雨『詩文集　ポプラの並木』北辰民報社出版部、一九三九年、三八ページ
5　前掲『詩文集　ポプラの並木』一ページ
6　前掲『詩文集　ポプラの並木』四ページ
7　前掲『詩文集　ポプラの並木』一四七〜一四八ページ
8　金野細雨『魚眼洞奇談集』第四集、創美名取出張所、一九七八年、一七ページ
9　佐藤広治「記念帳に刻む」（金野細雨『寿』北辰民報社、一九三一年）
なお、『寿』はページ番号が付されていない。
10　前掲佐藤広治「記念帳に刻む」『日本歴史譚』は大和田建樹編であり、巌谷小波編ではない。細雨が読んだものが小波編だったことが事実だとすると、『日本昔噺』の可能性もある。ただし、内容的には『日本歴史譚』の方が難しいので、佐藤の文章のニュアンスからすると大和田建樹編『日本歴史譚』が正しく、小波編は佐藤の記憶違いだったのではないだろうか。
11　前掲『詩文集　ポプラの並木』一四九ページ
12　前掲『詩文集　ポプラの並木』一ページ
13　前掲『詩文集　ポプラの並木』一一二ページ
14　前掲『魚眼洞奇談集』第四集、二〇ページ
15　前掲『詩文集　ポプラの並木』一ページ
16　前掲『詩文集　ポプラの並木』四ページ
17　前掲『詩文集　ポプラの並木』三ページ
18　前掲『詩文集　ポプラの並木』一九〇ページ
19　前掲『詩文集　ポプラの並木』一一四ページ
20　前掲『詩文集　ポプラの並木』五五ページ

表Ⅲ25-1　金野細雨略年譜

年月日	年齢	年　譜	児童文化関係
一九〇一年（明治三四）	〇歳	四月一〇日、父金野徳四郎、母つねの長男として栃木県日光で誕生。その後岩手に移住し満四歳時に大河原町に移り生育。戸籍届け上は岩手県東磐井郡大津保村大籠字保登子三六番地で誕生。	
一九〇五年（明治三八）	四歳	・材木関係の事業をしていた父親が仕事に失敗。宮城県大河原町に移住。	・三越、小児用服飾品を販売。
一九〇六年（明治三九）	五歳		三月、久留島武彦主宰お伽倶楽部発足。
一九一三年（大正二）	一二歳	・宮城県川崎町の山で炭を焼かせていた父親の事業、破産。家計のために母親が駄菓子屋を開く。五月四日、岩沼の作間呉服店に小僧として年季奉公に出る。 ・大河原小学校から岩沼小学校に転校。 ・作間呉服店では日曜日には日曜学校と日曜礼拝に出席させられ、日曜学校の助手も務めるようになる。	・芦田恵之助『綴方教授』著し、随意選題による綴り方広まる。
一九一四年（大正三）	一三歳		四月、宝塚少女歌劇初上演。
一九一六年（大正五）	一五歳		・巌谷小波、久留島武彦らの口演童話盛んになる。
一九一七年（大正六）	一六歳		四月、澤柳政太郎、成城小学校創設。この頃から大正自由教育盛んになる。
一九一八年（大正七）	一七歳	・この年から詩作を始め、その後『新国民』「仙南新聞」『かなりや』『秀才文壇』『新進詩人』『日本詩人』『女学世界』などに投書。「或老人の話」「窓に凭れて」が『新国民』に当選。	七月、『赤い鳥』創刊。以後、児童文芸雑誌の刊行相次ぐ。
一九一九年（大正八）	一八歳	五月、馬場孤蝶に百合草若伝説について記した手紙を出し、孤蝶から一四日付の返書をもらう。	四月、山本鼎ら長野県神川村小学校で第一回自由画展覧会開催、自由画運動勃興

		五月、フランネルを包んできた古い包装紙をひろい集めて綴じて詩歌集『傷める葦』を作る。 七月、馬場孤蝶に中津川義氏の伝説を書き送り、雅号選定の依頼もする。七月六日付の返書をもらう。 九月、馬場孤蝶『闘牛』の中に手紙を引用される。 一一月二九日付手紙で、馬場孤蝶から、「細雨」の号を贈られる。 ・月賦販売を考案して岩沼駅で販売。印刷紙一枚毎に絵を描いたり漫画を描いたりして広告を制作。	する。
一九二一年（大正一〇）	一九歳	一月、雑誌『かなりや』を発行していた東京の抒情詩社に「かなりや支部」立ち上げについて問い合わせる。	二月、宮城県女子師範学校附属小学校で児童自由画展開催。 三月、仙台で天江富弥、錫木碧らを中心に童謡専門誌『おてんとさん』創刊。仙台で童謡運動盛んになる。 四月、大阪で後藤牧星が児童文化協会設立し、「児童文化」という用語広がり始める。 六月、仙台市立木町通小学校で自由教育展覧会開催。 この年、上杉山通小学校『にじ』、木町通小学校『コトリ』など、仙台市内で学校文集の発行盛んになる。
一九二二年（大正一一）	二〇歳	一月、『赤い鳥』第八巻第一号に「今夜のお月様」「鶺鴒」掲載。 一月、岩沼町作間呉服店方に「かなりや支部」設立。	五月、仙台市公会堂で野口雨情招聘おてんとさん童謡会開催される。
一九二三年（大正一二）	二一歳	春、年季奉公と一年間の御礼奉公が終わり作間呉服店から独	四月、宮城県図書館内に仙台児童倶楽部

一九二三年（大正一二）	二二歳	立。呉服商を営む。 一〇月、文芸雑誌『あかしや』創刊。	設立。県内の童謡・童話運動の中心機関になる。 ・この頃、宮城県内で日曜学校盛んになり、日曜学校で童謡・童話活動展開される。
一九二四年（大正一三）	二二歳	一月、『赤い実』創刊か。 ・口演童話をやっていたこの頃、鳥の鳴き声と犬の鳴き声を三年ほど本気で練習する。雑誌の営業を兼ねた口演童話で、東北六県だけでなく山梨から北海道まで回る。	八月、岡田文部大臣、地方長官会議で自由教育を非難、学校劇に関する通牒発令。
一九二五年（大正一四）	二三歳	・大日本基督教徒エスペラント協会支部北日本エスペラント協会設立。 三月一日発行『日本詩人』（新潮社、第五巻三号）に、「哄笑の憂鬱」掲載される。 四月一日、『女学世界』（博文館）に金野百合子の名で「人形の瞳—乙女の心もてうたいたる」一等当選。賞金五円貰う。	この年、アンデルセン没後五〇年記念行事各地で開催。
一九二六年（大正一五～昭和元）	二四歳 二五歳	一月、第一詩集『山育つ』、内藤鋠策の紹介でミスマル社から発行。 九月、第二詩集『夢の舞踊』（北日本書房）発行。 ・東京で短期勉学。	七月一二日、東京でラジオ本放送開始。
一九二七年（昭和二）	二六歳	文芸雑誌『牧人』創刊。	八月、仙台で七つの子社主催伊勢堂山林間学校開設。
一九二八年（昭和三）	二七歳	・『教育民報』発刊。 ・『北辰民報』創刊。	六月、仙台放送局ラジオ放送開始。毎日「子供の時間」放送される。
一九二九年（昭和四）	二八歳	・童話集『虎の裁判』発行。	三月、『赤い鳥』休刊。
一九三〇年（昭和五）	二九歳	この頃、初めて中古自動車（アメリカ車）を購入。	・この頃、街頭紙芝居盛んになる。 ・自由主義教育の反動として郷土教育盛

一九三一（昭和六）年	三〇歳	春、仙台詩話会設立。委員の一人になる。顧問に青木音明、賛助員に白鳥省吾、百田宗治、石川善助、錫木碧、委員は他に那須貞太郎、杜仙梨堂、緑川銀星。 ・安部東輝、ちやう六女輝子（明治三九年五月二九日生れ）と婚姻届提出同日入籍。 ・結婚を記念して『寿』（北辰民報社）発行。	んになる。
一九三五年（昭和一〇）	三四歳	・『カメラは描く』（北辰民報社出版部）発行。 ・『我が陣容を語る』（北辰民報社出版部）発行。	
一九三八年（昭和一三）	三七歳		一〇月、内務省警保局図書課から「児童読物改善ニ関スル指示要綱」出される。
一九三九年（昭和一四）	三八歳	・詩文集『ポプラの並木』（北辰民報社出版部）発行。	
一九四一年（昭和一六）	四〇歳		一二月二三日、日本少国民文化協会発足。
一九四三年（昭和一八）	四二歳	一二月九日、父徳四郎死亡。家督相続。	
一九四六（昭和二一）年	四五歳	四月、「民声新報」発刊。 ・童話・児童詩雑誌『お餅はぺったらこ』（民声新報社）発行。一冊三円送料一五銭　全二六ページ。 ・童話、児童詩雑誌『雀』（民声新報社）発行。 ・童話、児童詩雑誌『蛙の唄』（民声新報社）発行。	
一九四七（昭和二二）年	四六歳	一月、詩集『麦』（民声新報社）発行。 ・『魚眼洞奇談集』（民声新報社出版部）発行。	・日本国憲法公布、教育基本法施行。
一九五一（昭和二六）年	五〇歳	七月二六日、妻輝子没。 ・妻輝子追悼詩歌集『白菊集』（私家版）発行。	
一九七一（昭和四六）年	七〇歳	一二月一日、妻文子没。 ・妻文子追悼詩歌集『竹』（私家版）発行。	五月、児童憲章出される。

一九七六（昭和五一）年	七四〜七五歳	三〜一〇月、『魚眼洞奇談集』（私家版）第一〜第三集発行。 ・詩歌集『雑草は生きている』（私家版）発行。 ・詩歌集『年輪』（私家版）発行。
一九七八（昭和五三）年	七六歳	一月、『魚眼洞奇談集』（私家版）第四集発行。
一九八四（昭和五九）年	八三歳	六月九日没。宮城県柴田町船岡大光寺に眠る。享年八三。

二五－二　細雨の思想―キリスト教、エスペラント、トルストイ

細雨が奉公した店の主人作間萬吉は、熱心なクリスチャンだった。「主人の前に座して」と題した細雨の詩には、萬吉の信仰を伝える一節が次のように記されている。*1

「私がお前に求むるのは
金持になつて呉れといふのでも
偉い人間になつて呉れといふのでもない
唯、キリストの顔を
真心から仰ぎ得る
正しい人間になつて欲しいのだ。」

しんみりと言葉静かに
山上の垂訓の一節を引用して

教へて下さる……。

「人生の旅路は苦しいものだ……
六十年の永い間
信仰の生活を続けて来た自分は
数々の苦しみを
如何に忍び堪て来たであらう。

教会の会員も
二人添へては一人去り
ああ、教会創立以来
どんなに変つた事であらう。」
主人の話をきいてゐると
何時の間にか頭が下がる……。

小学校卒業を目前に転校を余儀なくされ、上級学校での勉学の道も断念せざるを得ない厳しい現実に直面させられた細雨だったが、岩沼での奉公生活によってキリスト教という未知の文化と出会うことになった。
大勢の旧友に見送られて大河原を離れた細雨は、「岩沼に着くと、日曜学校の運動会でそこへ連れて行かれて日曜学校の生徒の中へ入れられた」という。*2 岩沼での生活はキリスト教との出会いと共に始まったのである。細雨自身、「此の店では日曜日は必ず私は日曜礼拝に出席させられたのは今日も感謝している」と述べている。[3]
岩沼での生活の中で、細雨は急速にキリスト教に傾倒していくことになる。キリスト教への自身の傾倒ぶりについて、細雨は次のように述べている。[4]

私も異常なまでに宗教に興味を覚えて、此の家にある宗教書は殆んど読ませて貰って、ぐんぐんキリスト教に傾倒して行ったし、岩沼は有名な米国移民の写真結婚の創始者島貫兵太夫氏の出身地なだけにキリスト教は盛んだったし、仙台から東北学院長シュネーダー博士夫妻がクリスマスには必ず出席された程で、私が通った時の牧師は名は忘れたが維新の志士であったという型破りの豪傑で此の人に私は引きつけられて遂に進んで洗礼を受けるに至った

細雨の長男徳郎氏は、「クリスチャンではありませんでした」と証言し、「洗礼」が事実かどうか確認はできていない。だが、「父は、よく讃美歌を口ずさむことがありました」とも証言しているので、一時期教会に熱心に通っていたことは事実であろう。

また、徳郎氏は「キリスト教の布教を紙芝居でやっていたことを、以前に村田町の老人に聞いた」ことがあると証言している。このことは、「二十一才に近づく頃になると、（中略）岩沼町の竹駒神社の参道入口でキリスト教の街頭伝道をやったりした」[5]という細雨の述懐と符合する。

さらに細雨は、「呉服店の小僧が日曜日には日曜学校の助手のような役割を受持ってしまって、クリスマスには当時として珍しいと云われた私の創作した童謡入の劇、二幕程度の物を毎年自作自演で呼び物にしてしまった」[6]と回想している。この劇は、細雨が創作した「フィレモン夫婦」という童謡劇である。その中に使用した童謡は全て細雨の作で、

図Ⅲ-35　金野細雨（金野徳郎氏蔵）

「童謡劇と銘打っての演出は地方に於けるものの始めてでした」と細雨は自負を述べている。*7

洗礼を受けないまでも、熱心に教会に通い、キリスト教と深く関わっていたことは間違いないだろう。細雨の思考と思索、行動にとって、キリスト教の影響は大きかったのである。

キリスト教に傾倒し、洋書も読んでいた細雨は、エスペラント運動にも関わるようになる。細雨のエスペラント運動への関わりを伝える資料は少ないが、一九二四年（大正一三）六月に出された「大日本基督教徒エスペラント協会趣意書」には、仙台基督教青年会主事・仙台ボーイスカウト主事羽田宗平、仙台メソヂスト教会日曜学校長・東北帝国大学工学部助手飯沼一精、仙台バプテスト教会日曜学校長・第二高等学校教授吉井正敏らと並んで、「大河原日本基督教会委員・『あかしや』発行者金野細雨」の名前が掲載されている。また、細雨が発行した『赤い実』第二巻第六号（大正一四年八月発行）の巻末には、「▼出張講演とエスペラント講習」という見出しで、青年団、処女会を対象に通俗講話や童話の講演と共にエスペラント講習の依頼を募集する広告を掲載している。
自身のエスペラント運動について、細雨は次のように記している。[*8]

此うした生活の中でも、私は自分を大切にすることは忘れなかった。学問を身につけるためには上京したり、童話の研究に打ち込んだり、ローマ字運動に飛び込んだりして教科書へ取り入れるローマ〔字〕の烈しい論争の中に没入して日本式ローマ字とヘボン式ローマ字のと飛び廻る間に、エスペラント運動には北日本エスペラント協会を設立して中心になって遠く黒石町や八戸市に講習に出掛けたものであった

〔 〕内＝引用者

『赤い実』の広告の通り、遠く青森県の黒石や八戸までエスペラント講習に出かけていたのである。講習の内容は、エスペラント語の講義より、エスペラント語の背景となっている思想を中心にしたものだったと思われる。「僕、S語の通暁者ではない、ばかりか殆んどSperantestoとしてのS語体得者ではないのだ。しかし、プロパガンディロとしての意気と力は充分に持つてゐる。僕は永久のPlopagaudeloだ」[*9]という細雨の文章に、細雨がエスペラント語の何に魅力を感じ、エスペラント語にどのように関わろうとしたのか示されている。

「平和、真の平和、人類共存の全的生活の理想の世界を求めて、幾万の旅人は、緑星の旗をかざして歩みを進めてゐるのだ。緑星は平和を表示してゐる。そしてそれはS語に集る人々の旗印である」[*10]とエスペラントについて語る細雨は、エスペラント語について、さらに次のように語っている。[*11]

エスペラントを考へる時、自分は何時も乍らにひそかなる昂奮を感ずるのだ。エスペラント語は云ふまで

もなく国際補助語であり、人類の理想が言語学化されたものであり、そして愛の言葉であるのだ。（中略）エスペラントは一階級の人々の為の利益のものでもなければ、一民族の所有する言語でもないのだ。総ての民族が、ほがらかに握手を交す鍵であり、人類共存の平和への進歩の階梯でもあるのだ。

全ての民族、全ての階級の人々が共通に持つ言語、ということがエスペラント運動に細雨を向かわせた理由であることが理解できる。

細雨は「学者の空想や理論ではなくして、実際に生きて働きつゝある百姓の言葉である。万人の息であるのだ*[12]」とも述べている。民族や出自や学歴、職業などを超えて全ての人々が分け隔てなく共通に使えるからこそ、細雨はエスペラント語に希望を託したのである。家の没落によって進学を断念して不遇な丁稚奉公の境遇を強いられ、その後も不本意ながらも商人としての人生を送る中で、数々の差別と屈辱を強いられた細雨が見出した希望がエスペラント語だったと言えよう。

細雨は「東北に於けるエスペラントの先駆者島崎氏*[13]」や、「東北の武藤氏」「帝大理学部助手の萱場真氏」「帝大に在る福島高商出の小川久三郎氏*[14]」らとの交流を持ちながら、独学でエスペラント語を習得しようとしていたと思われるが、細雨の長男徳郎氏は、細雨とエスペラントについて次のように証言している。

エスペラントは、現東北学院大学の第二代学長シュネイダー（神学）先生に教えられた、と聞きました。辞典のようなものもあったようです。父は学生ではないので、啓蒙普及の会か何かがあり、その場でシュネイダー先生から直接学んだものと思います。

シュネイダー先生のことを話す時は楽しそうで誇らしい様子でした。

D・B・シュネーダー（一八五七―一九三八）は、アメリカ合衆国ペンシルベニア州ボーマンスビル村に生まれ、一八八七年末に来日している。アメリカ・ドイツ改革派教会宣教師で、フランクリン・エンド・マーシャル大学を卒業し、ランカスター神学校を卒業している。ペンシルベニア州で伝道に従事した後、一八八八年に仙台に着任。創立直後の仙台神学校（現東北学院）教授に就任している。初代学長の押川方義が仙台を離れると、一九〇一年七月に第二代東北学院院長に就任して東北学院発展の基盤を作っていく。[*15]

ただし、シュネーダーがエスペラント運動に関わったという事実は確認されていない。エスペラントとの関わりがシュネーダーの影響によるものかどうかはともかく、「仙台から東北学院長シュネーダー博士夫妻がクリスマスには必ず出席された」という回想に見られるように、シュネーダーに接する中でキリスト教に関する思想上の影響を強く受けていったものと思われる。

シュネーダーのことを指していると思われる「S先生」について、細雨は次のような逸話を詩に残している。[*16]

数日来堪て来た感情の昂りを
S先生の説教が終わるや
末席に突然立上つて
激し切つた口調で
感想を述べ来た一時間前の姿を
思ひ浮べずには居られない。

思うに任せない生活の中での鬱積した思いが、シュネーダーの説教によってはけ口を見出し、一気に吐き出された様子が理解できる。教会に通うことは、不遇な生活を強いられていた細雨にとって、自己の生活と自己の内面を見つめる時間を与えていたものと思われる。

キリスト教とエスペラント語の他に細雨の思想形成と人生に影響を与えたのは、ロシアの文豪トルストイである。徳郎氏は、細雨の読書の中でも、トルストイ全集を読んでいたことを特に証言している。細雨は、自分とトルストイを比較した次のような詩を残している。*17

ああ、何故現在の生活を感謝する事が
私には出来ないのだらう。

貴族の生活を
古草履のやうに投げ捨てゝ
ウラル・リアザン鉄道の小駅アスタボウオの駅長室に
重い肺炎の身体を横たへたトルストイ
死ぬ迄　罪を感じて居たトルストイ。

「地上に苦しんで居る
幾百万の人々を思はずに
なぜ、私の事ばかりを考へて居るのだ。」と枕頭の息女に教へたといふトルストイ。

「人生の問題の為に悩む時は
福音書を開いて読むがいゝ。」
常に教へて居た
ヤスナヤ　ボリヤナの百姓の父

ああ、不思議にも、今はつきりと
労働服を着た彼の姿が
ありありと眼に浮ぶ。

すゝり泣きながら
悲惨な貧民の生活に同情し
自分自身の行に深く反省し指摘して
酷く苦しんだトルストイの偉大さを思へば
何といふ、みすぼらしい自分だらう。

こうした詩から、トルストイを尊敬し、人生の指標としていた様子がわかる。
細雨は独学で勉学に励んでさまざまな本を読破しながら、キリスト教に出会い、トルストイを人生の指標とした商家での奉公時代を過ごしていたのである。

注

1 前掲『詩文集　ポプラの並木』一三四〜一三五ページ
2 前掲『魚眼洞奇談集』第四集、一七ページ
3 前掲『魚眼洞奇談集』第四集、一九ページ
4 同前
5 前掲『魚眼洞奇談集』第四集、二一ページ
6 前掲『魚眼洞奇談集』第四集、一九ページ
7 前掲『詩文集　ポプラの並木』四四六ページ
8 前掲『魚眼洞奇談集』第四集、序二
9 金野細雨『カメラは描く』北辰民報社出版部、一九三五年、六七ページ
10 同前
11 前掲『カメラは描く』五八ページ
12 同前
13 同前
14 前掲『カメラは描く』六七ページ
15 出村彰編『シュネーダー説教集』東北学院、一九七一年、巻末略歴
16 前掲『詩文集　ポプラの並木』一三五〜一三六ページ
17 前掲『詩文集　ポプラの並木』一五〇〜一五一ページ

二五－三　独立後の細雨と文芸誌の発行

岩沼の作間呉服店から独立を果たすのは、一九二三年（大正一二）、細雨二二歳の春である。その頃の生活について、細雨は次のように回想している。[*1]

番頭から卒業したもの丶、貧しい自分であることには何の変りもなかつたのです。十円か二十円位額の反物を仕入れて来ては背負つて売つて歩く貧しい呉服の行商人でした。

此の貧しい生活の中にあつて、裏長屋の貧しい二階の窓辺に倚つて、「今に見ろ」といふ意気に燃えながら、
勉強もするし努力もするといふ生活でした。

呉服屋で修業していた細雨が、独立後に選んだのが反物の行商だったということは、細雨にとって現実的な選択だった。だが、独立を果たして商人としての道を本格的に歩み始めたものの、細雨は商人としての自分の人生を受け入れることに煩悶していた。第二詩集『ポプラの並木』に収録された「物売る人」という詩文には、この頃抱いていた商人としての自分の境遇への誇りと同時に感じる憤りとやるせなさが、詞書を伴った短歌に次のように表現されている。[*2]

物売る人
商人なるが嬉し、されど、商人なるが悲し―。物売る人の尊さを思へども、物買ふ人に対する時、我は堪へがたし。何を云はんや。ああ。
此れが我が
なりはひなりと思へども
など、我が心、かくも侘しき。

細雨の心中には、呉服の行商を行いながらわずかな利益を求める生活と異なる望みが芽生えていた。細雨のささやかな望みは、次の詩に表現されている。[*3]

何時も思ふのは

子供らしい空想や
名利を追ふ儚いあこがれを
すつかりすててしまつた
おつとりした此の落ちつき。

今、しみじみと思ふのは
温い太陽の下で幼い子供等と
お伽話をしたり
童謡をうたつたりしてみたいこと。

もしも許されるなら
華やかな友禅を縫ふてゐる
優しい妻の側で
抒情詩でも静かに誦したり
時折は小説でも読んでやりながら
清い生活を送りたいこと。

温かな家庭を築き、妻が針仕事をする傍らで子どもたちに童話を語ったり、童謡を歌ったりすることが、細雨のささやかな夢となっていたのである。

こうした望みの一方で、細雨は詩作と短編小説を書き続け、さまざまな雑誌に投稿していた。一七歳から詩作を始めた細雨の作品が初めて雑誌に掲載されたのは、『新国民』に載った「或老人の話」という小品である。その時の喜びを細雨は次のように記している。[*4]

十七歳の時の作品なり。没書を続くること十一ヶ月、ヤツト十一ヶ月目に十八点の成績で「新国民」（二十点が最高点といふわけだつた）に載つたときには、一晩中眠れなかつた程であつた。

また、『赤い鳥』の一九二二年（大正一一）一月発行の第八巻第一号には、「今夜のお月様」と「鶺鴒」の童謡二作品が掲載されている。

今夜のお月様

寝ころんで見ても、
坐つて見ても、
今夜のお月様
ゆがんでる。

鶺鴒

岸から川瀬へ
ちよんちよんちよん。

お菓子をやらうぞ、
黒石もつて来い。

童謡は、作間呉服店で働きながら詩作をするようになって間もなく作り始めている。細雨が詩作を始めた一七歳当時は一九一八年（大正七）であり、この年七月の『赤い鳥』の創刊を機に、以後『おとぎの世界』『こども雑誌』『金の船』『童話』などの児童文芸雑誌が次々に創刊されていく。その中で、童謡は詩作を志す人々の中で新たな表現形態として注目されるようになっていった。

細雨も、こうした時代の流れの中で、童謡創作に意欲を燃やしていく。一九一九年（大正九）五月にまとめた第一詩集『傷める葦』には、「雪の夜」「啞の鳥」といった童謡が収録されている。童謡が新たな表現形態として注目されるようになって間もなく、細雨も童謡を作り始めたのである。習作とはいえ、童謡詩人としての才能の片りんが垣間見える作品になっている。「雪の夜」は次のような作品である。*5

雪の夜

坊や、ねんねよ
雪の夜は
コンコン狐も
寒そうに
軒のつららも伸るだろ。

また、番頭というよりは、丁稚奉公の小僧のように働いている自身の境遇への嘆きと諦念を作品にした次のような童謡も作っている。[*6]

啞の鳥

私の好きな籠の鳥
可愛い可愛い籠の鳥
なぜにお前は啼かないの…。

あかい夕陽に暮れて行く
森のお家が恋しうて
お前は今日も啼かないの…。

唄もうたはでコツコツと
蒼い御空を見上げては
小さな籠を飛びめぐる
啞の小鳥は可愛相…。

旺盛な詩作を続け、雑誌への投稿を繰り返していた細雨は、一八歳になった一九一九年(大正八)に馬場孤蝶(一八六九－一九四〇）と手紙のやり取りをし、孤蝶から「細雨」の号をもらっている。
『婦人公論』に『オデッセエ物語』を書かれたのを見て、二十才になるかならぬ田舎者の私が伝説や民話を調べていたので手紙を出した」[*7]のが、孤蝶に知己を得るきっかけとなった。この手紙に対して、孤蝶は一九一九年（大正八）五月一四日付の「詳しき御手紙下され候難有存候御陰さまにて貴地方に於ける百合草若伝説の大体を知るを得て甚だ満足の至に御座候」という毛筆の手紙を細雨に送っている。

孤蝶からの返書を受け取った細雨は、孤蝶に号を付けてもらうことを依頼している。細雨からの依頼に対して、「雅号を撰べとの御依頼承知致候唯今甚だ取込み居り候間そのうち暇を見て何か案じ可申候」という七月六日付けの孤蝶の巻紙に毛筆で書いた手紙が残されている。

その後、孤蝶からなかなか返事をもらえなかった細雨は、「映花」という号を自ら選定して孤蝶に追認を求める手紙を出す。孤蝶は、「執筆のひ満を得ず候ままそのまま相なり居り候らへども決して忘れたるに然ず候」と断った上で、「号をお定めなされ候由志かし映花にては少しはで過ぎは致さず候や先般御依頼の節小生の思ひつき候は細雨といふ号に御座候」と、一一月二九日付けの手紙で「細雨」という雅号を提案している。

雅号が定まったこの頃から、孤蝶以外の文人たちとも交流を行うようになる。細雨は、「西條八十氏にも色々と指導をうけたし、内藤鋠策氏等の引立をうけて小石川の書房から詩集『山育つ』の出版をするに至った」[*8]と述べている。

内藤鋠策（一八八八－一九五七）との関係も深く、内藤が出していた『かなりや』には一七歳の頃から投書していたが、一九二二年（大正一一）一月には支部を開設することについて尋ねる手紙を出している。そうしたやり取りの後、作間呉服店方に「かなりや支部」を開設することになる。

西條八十（一八九二－一九七〇）とは、内藤の『かなりや』をめぐって交わした手紙が残されている。「小生は内藤君が『かなりや』をどうにでもやっている以上は友人としてどうにも出来ませんが、もし内藤君にその力がないやうなら、そしてあきらめてしまったならばもうひとつ雑誌（『かなりや』の後身）を出してもいいと思つています」という八十からの一九二二年（大正一一）三月二二日付けの手紙が残されている。この手紙の内容から、八十と細雨が親密な関係を築いていたことがうかがえる。

作間呉服店から独立して呉服商を営み、孤蝶や八十や内藤らとの交流を深めながら詩作を続けていた細雨は、呉服商のかたわら、文芸雑誌『あかしや』を創刊する。一九二三年（大正一二）一〇月、細雨二二歳の時のことである。

巻末の「編輯を終へて」を見ると、「実を云うと私は呉服屋だし、草花は銘茶商なのですから日中はうんとこせと働いて、夜ばかりやる仕事なのですからすつかり労れてしまつたのです」[*9]とあり、この雑誌は呉服商を営んでいた細雨と、銘茶商を営んでいた友人の草花の二人によって発行したことがわかる。

「何んと云つてもめしより好きな仕事ですから、毎月の小遣を節約する位は勿論、酒も煙草も近づけないで『あかしや』を育てて行くと云ふ意気ごみです」[*10]と巻末に意気ごみが宣言されている。細雨は、商人として生きることを余儀なくされている自分と、商人で終わることに満足せず、文芸を志向しながら自己の能力を恃む自分との間に折り合いをつけることを初めて実現したのである。

『あかしや』を発行して間もなく、キリスト教に影響を受け、トルストイを信奉しながら人々のためになることを求めていた自分と、商人として生きることを余儀なくされている自分との間で折り合いをつけられる仕事も見つけることになる。子どものための文芸誌、『赤い実』の発行である。

注

1　前掲『詩文集　ポプラの並木』五四七ページ

2　前掲『詩文集　ポプラの並木』二六七ページ

3　前掲『詩文集　ポプラの並木』一一三ページ

4　前掲『詩文集　ポプラの並木』二一四ページ

5　前掲『詩文集　ポプラの並木』一一七ページ
6　前掲『詩文集　ポプラの並木』一八〇ページ
　不適切な表現が含まれるが、原文のままとした。
7　前掲『魚眼洞奇談集』第一集、六一ページ
8　前掲『魚眼洞奇談集』第四集、二一ページ
9　『あかしや』創刊号、あかしや発行所、一九二三年、七五ページ
10　前掲『あかしや』創刊号、七四ページ

二五－四　『赤い実』の発行と口演童話

『赤い実』は、児童自由詩、自由画、綴り方、童話などからなる児童文芸雑誌である。構成内容は、『赤い鳥』や『金の船』などの児童文芸雑誌に似たものとなっている。タイトルが似ていることもあり、『赤い実』が取り上げられる時には、宮城県で発行されていた『赤い鳥』の類似雑誌、という扱いをされてきた。例えば、宮城県図書館が二〇一一年(平成二三)一月に「宮城に眠る玉手箱～のぞいてみよう児童資料の世界」という小展示を行った際には、「『赤い鳥』と『赤い実』」というコーナーを作って両者の類似性を強調した展示を行っている。

宮城県図書館の小展示以外で『赤い実』が先行研究で取り上げられたり言及されたりしたことはほとんどない。『赤い実』の現物で確認できるものが少なく、その存在がほとんど知られていないことが原因である。管見の限り現在確認できているのは、スズキヘキ旧蔵資料に一〇冊と国会図書館に二冊、大阪国際児童文学館に四冊、宮城県図書館に三冊、宮城県柴田町のしばたの郷土館に五冊、そして筆者蔵の二冊が残されているのみである。巻数と号数は表Ⅲ25－2の通りである。

創刊号は未確認であり不明である。ただし、第二輯が一九二四年(大正一三)二月に発行され、第三輯が一ヶ月後の同年三月に発行されていること、また、一九二六年(大正一五)九月発行の号を四周年記念号としていること、さらに細雨が発行した文芸誌『牧人』第一巻第三号(昭和二年刊)の「編輯後記」に「毎月三万の発行が五ヵ年続いた」と記さ

表Ⅲ25-2 『赤い実』書誌データ

所蔵先	所蔵誌の巻号
スズキヘキ旧蔵資料	第2輯（大正13年2月）、第3輯（大正13年3月）、第2巻第4号（大正14年5月）、第2巻第6号（大正14年8月）、第2巻第8号（大正14年11月）、第3巻第5号（大正15年5月）、第3巻第6号（大正15年6月）、第3巻第7号（大正15年7月）、第4週年紀念特輯号（大正15年9月）、第4巻第2号（大正15年11月）
宮城県図書館	第4巻第5号（昭和2年3月）、第4巻第7号（昭和2年5月）、第4巻第8号夏期読物号（昭和2年7月）
しばたの郷土館	第2巻第9号（大正14年12月）、第3巻第2号（大正15年2月）、第3巻第4号（大正15年4月）、第3巻第5号（大正15年5月）、第3巻第6号（大正15年6月）
国立国会図書館	第3巻第6号（大正15年6月）、第5巻第11号（昭和3年8月）
大阪国際児童文学館	第3巻第3号（大正15年3月）、第3巻第4号（大正15年4月）、第3巻第5号（大正15年5月）、第4巻第5号（昭和2年3月）
筆者所蔵	第4巻第8号（昭和2年7月）、第4巻第12号（昭和2年10月）

れていることを見ると、第一集の発行日は大正一三年一月で、制作を開始し印刷納本した日が大正一二年一二月だった可能性が高い。

終刊年月日も不明だが、一九三一年（昭和六）に出版された『寿』の中に収録されたさまざまな人の随想から、『赤い実』はすでに廃刊されていることが確認できるので、確認できる最後の号の昭和三年八月以降から昭和五年の間に廃刊になったと考えられる。

定価は、第二輯は五銭、第二巻第八号は六銭、第四巻第二号は七銭、第四週年紀念《ママ》特輯号は一〇銭となっている。

残されているもので内容を確認すると、第三輯までは子どもたちの投稿童謡、自由詩のみであり、第二巻第四号から綴り方も掲載されている。第二巻第八号から童話も掲載されるようになる。

童謡、童話、綴り方が掲載され、構成が類似しているとはいえ、『赤い鳥』とは内容についても発行意図についても、大きな隔たりがある。編集内容の定型がほぼ定まった『赤い鳥』第一巻第五号で『赤い鳥』の内容を確認すると、北原白秋と西條八十の創作童謡、野上豊一郎、小島政二郎、高濱虚子の童話がそれぞ一編、鈴木三重吉の童話が二編、小山内薫の絵話、松居松葉の子供芝居、その他に推奨童謡と入選創作童話、創作童謡、入選綴り方と多彩な内容の計八〇ページで構成されている。それに対して『赤い実』第二巻第八号の場合、推奨童謡、綴り方、入選自由詩の他に細雨の童話一編の計三二ページで構成されている。

こうした違いの最も大きな要因は、『赤い鳥』が白秋や芥川龍之介、菊池寛など、三重吉の旧知の文学者たちを動員し、三重吉自身の作品の他に多くの文学者たちの作品で構成されているのに対して、『赤い実』は細雨一人で創作から編集・発行まで行っていたことによる。読者からの投稿欄も、『赤い鳥』が投稿童謡は白秋、投稿綴り方は三重吉、投稿自由画は山本鼎が選者となっていたのに対し、『赤い実』は全ての投稿の選を細雨一人で行っている。

『赤い実』が投稿童謡や綴り方を中心とした内容から、多彩な内容の文芸誌として発展した第四巻の現存するものは表Ⅲ25‒3のような内容となっている。

投稿作品の選も行い、童話も書き、編集発行、販売も全て一人で行っていたことを考えると、同時代の他の児童文芸雑誌と比較しても遜色ない美しい表紙画や挿絵を持つ活版の雑誌が、少なくとも五年以上継続発行されたことは驚異的である。同時代の児童文芸雑誌は、一八年続いた『赤い鳥』と一〇年続いた『金の船』は例外として、三年半で廃刊した『おとぎの世界』（文光堂発行）、わずか一一ヶ月で廃刊した『こども雑誌』（女子文壇社発行）など、資本力をある程度持つ出版社の発行になる雑誌でも短期間で廃刊に追い込まれたものが少なくない。

『赤い実』の発行がここまで継続できた理由の一つは、商人としての細雨の販売戦略に負うところが大きい。他の児童文芸雑誌が書店での販売を中心にしていたのに対して、『赤い実』は書店での販売は一切行っていない。

『赤い実』の販売方法は、発行時期によって微妙な変化を見せているが、第三巻第七号には、「『赤い実』は営利本位の商品ではありませんから、十冊以下の御注文は謝絶致します。尚『赤い実』は書店に販売を依たく致しません。直接又は共同で、もしくは学校、団体等にてお申込み下さい」と販売方法が説明されている。書店での販売をしないことで爆発的な売り上げは期待できないものの、主に学校相手に一〇冊以上の複数冊ずつ購入してもらうことで、一定の範囲で安定した売り上げが見込めたのである。

学校相手に『赤い実』を販売するために、細雨は宮城県を中心に東北各県の小学校を回っていた。第二巻第六号の巻末には、「日曜以外の日には大底旅に在ります」と自身の行動について記している。そうした日常を裏付けるように、第二巻第八号に記載された「本誌賛助小学校」一覧には、宮城県の一一四校をはじめとして、岩手県五一校、福島県三校、青森県一七校、秋田県一三校の計一九八校の校名が記されている。秋田県の花輪や小坂、青森県の大鰐、岩手県の江釣子《えづりこ》、岩屋堂、宮城県の志波姫《しわひめ》、遠刈田《とおがった》など、交通の不便な地域にある小学校にも細雨は足を運びながら、『赤い実』の定期購読先を開拓していったのである。

この他にも、第四巻第二号に「一学級十名以上の購入者に対しては教師用として一冊宛を寄贈します」「半ヶ年以上継続購入の小学校に対しては『児童文庫購入費』として現金を寄附致します」という告知を出すなど、小学校での大量一括購入を促す販売戦略を立てていたことが確認できる。

『赤い実』の発行と販売に、並々ならぬ熱意を細雨が傾けていたのは、商売上の理由からだけではなかった。自身の幼少期の境遇と東北地方の小学生の文化環境や教育環境、教育の現状に対する細雨の思いが『赤い実』発行の根底に存在していた。精力的に詩作を行いながらも、商人として生きることを余儀なくされる中で自身の人生に折り合いをつけることは、細雨にとって終生の課題だったが、細雨八〇歳の時に、鉛筆でわら半紙に書いた遺言のような文章が子息徳郎氏の手元に残されている。そこには、自身が書いた詩が掲載されている雑誌の保存を頼みながら、次のように続けられている。

商人のまねなんかしないでものかきに専念して生きてくれればよかったなあと今になって考えてももう駄目〔。〕

八十年を無駄にすぐして残念でした〔。〕　〔。〕＝引用者

こうした思いの中で生きていた細雨が、高い向学心に加えてトルストイのように人々のためになろうとする意志と、商人としての人生を歩まなければいけない自分との間に見出した折り合いが、東北地方の子どもたちのために『赤い実』を発行することだったのである。

第二巻第四号の巻末には、「賛助諸校の先生に」と題した次のような細雨の思いが述べられている。

『赤い実』は東北の小学生の為に、その良き成長の資として発行したものですから何卒、十冊でもいいから、東北の総ての小学生に読んでいただき度思ふものです。

そして、綴方の或る時間の為には、参考として御利用もいただき度いものです。（中略）

兎もあれ、東北児童文化の進展の為に何分の御力添へとお教導とをお願ひ申上ます。

「東北の小学生の為」「綴方の或る時間の為には、参考として」「東北児童文化の進展の為」という言葉に、細雨の思いを読み取ることができる。また、第三輯の綴方の「選後に―」で、細雨は東北の子どもたちに向け、向上心を持ちながら勉学意欲が高まるよう、次のようなメッセージを送っている。[*1]

今月も沢山な綴り方が集りました。

けれども、びつくりするやうな良い作がひとつとしてなかつたといふ事は残念な事です。

『赤い実』は今月から、ぐんと気品を高めました。

表Ⅲ25-3　『赤い実』内容細目

号数・発行年	内容細目
第四巻第五号 昭和二年三月一日発行 〈二月七日印刷製本〉	ドイツ童謡集「木のぼり」「車屋さん」 童話「藤の花」「仙人の修業」 鈴木三重吉「悪い狐」 紙上展覧会　児童自由画一五作品 四コママンガ「あひるの子」「うさぎと猿」（秋田県淳城校高二） 童話　金野細雨「おでん屋」 投稿綴り方「うちのおばあさん」（新潟県三條二部校尋二　丸山イク） 「三時間めのづぐわ書き」（山梨県本澤校尋五　結城光太郎） 「病院の窓から」（秋田県一日市校尋五　伊藤イサヲ） 「雨の夜」（秋田県花輪校　佐藤政治） 「亡き父を思ふ」（山形県新堀校尋六　斎藤悟郎） 「わしを見る」（新潟県金津校尋六　丸実弥生） 「僕のクラス」（新潟県直江津校尋四　中村嘉太郎） 「うさぎの子」（山形県米沢校尋六　村石とよ） 「大まちがひ」（弘前市朝陽校尋四　宮川） 「不幸な男児」（山形県大山校高二　佐藤喜久） 「妹の顔」（富山県三日市校尋三　泰永清隆） 投稿童謡「お月さん」（山形県漆山校高二　尾形二郎） 「日向」（岐阜県関校高二　岩井繁雄） 「つくし」（岐阜県関校尋六　和気千代子） 「鳩の子」（栃木県茂木校高一　入野道位） 「蛙」（宮城県山下校高一　鈴木よし） 「小鳥」（新潟県金津校尋六） 「思い出」（新潟県金津校尋六　田中三年）

第四巻第七号 昭和二年五月五日発行 （四月七日印刷納本） 特輯童話号	西條八十「ほそみち」 投稿童謡「すずめの学校」（岩手県大船渡校尋四　松沢米雄） 「春」（青森県五所川小学校尋四　斎藤得七） 「エッサホイ」（宮城県栗原郡岩ヶ崎校高一　小野寺喜好） 「春のお月の出る頃」（宮城県長町校　高橋留次郎） 「ひよこ」（新潟県三條校尋五　山田正典） 「冬の遊び」（新潟県三條校　大橋セツ） 「うちのはつちやん」（福島県若松第四校尋三　矢中トキ） 「雪たるま」（新潟県三條校尋五　山本富司郎） 「新兵のせた汽車」（新潟県三條校尋三　高島貞吉） 「雪合戦」（新潟県三條校尋四　岩崎慶） 「ひはのはやおき」（福島県若松第四校　松崎新吉） 「雪」（福島県若松第一校尋三　佐藤久吉） 「お星様」（岩手県岩谷堂校高一　千葉武雄） 「こわい物」（岩手県岩谷校尋四　及川労子） 「あんまさん」（山形県谷地校尋三　鈴木まさ子） 「おでんや」（尋三　佐藤つや子） 投稿綴り方「とうふや」（宮城県岩ヶ崎校尋四　高橋たつ子） 「ヤキノアサ」（宮城県鹿又校尋一　サトウヤヨ） 「ゆき」（宮城県山下校尋二　舟山良信） 「けんか」（宮城県山下校尋二　山中市三） 投稿俳句　山形県本澤校高二　横尾長四郎 福島県長岡校　芳賀稔 富山県滑川校高一　大門久雄 新潟県和田校高一　植木 ロバアト・ルイス・スティヴンスン「進軍」（童話大系）

童話　金野細雨「どんぐりやま」
「影絵」「鼠の兵隊」
小学和歌　宮城県尋六　佐藤八郎
小学俳句　岩手県稗貫郡矢澤小学校六　古川武雄
小学図画「村」（宮城県赤楽校尋六　相澤寅蔵）
「硯」（富山県小杉校　竹内源秀）
「家」（福島県長岡校尋六　阿部正二郎）
「雪晴るる日」（富山県小杉校　姓名不明）

第四巻第八号
夏期読物号
昭和二年七月五日発行
（六月七日印刷納本）

赤い実楽譜集　小山静雄曲、葛原幽詞「春は来たよ」
投稿童謡「親雀」（青森県野内校尋五　佐藤たけ）
「ゆめのお国」（弘前市朝陽校尋二　野村）
「うらの小川」（弘前市朝陽校二年　木村金久）
「やなぎ」（宮城県岩ヶ崎校尋四　菅原タツヨ）
「かへる」（弘前市朝陽校二年　木村金久）
「すずらん」（青森県五所川原男子校尋四　敦賀緑郎）
「笹のお舟」（岩手県矢澤校尋六　古川武雄）
「日暮」（宮城県岩ヶ崎校尋四　小野寺美恵子）
投稿綴り方「爪を切る」（宮城県岩ヶ崎校高一　高橋彦知）
「このごろ」（新潟県三條校尋三　丸山いく）
「風」（宮城県岩ヶ崎校尋四　高橋敏夫）
「和歌」（岩手県大船渡校高一　佐藤米浩）
「朝」（青森市橋本校尋五　榊アヱ）
「雀取り」（青森県五所川原校尋四　木村陸夫）
「死んだ弟を思い出す」（岩手県矢澤校尋六　古川武雄）
「するせんの花」（新潟県三條校尋五　大橋セツ）
「今朝」（岩手県矢澤校尋六　古川友吉）

「蛙」（福島県野沢校　金子伊八）
「うめの花」（福島県湯野校尋三　渡邊やえ）
「日曜の午前」（青森県野内校尋五　佐藤ヒツ）
「面白かつた事」（岩手県大船渡校高一　佐藤正人）
投稿俳句　新潟県枇杷島校　植木嘉栄
投稿童話「甚兵ェさんときつね」（弘前市朝陽校三年　関昊介）
童話　金野細雨「梨売りの話」
前田夕暮「蓬団子」
寺門やすほ「オサル」
北村壽夫「かたはの馬―おもちやの馬の話」
沖野岩三郎「岩を小さくする」

注：「高」＝高等小学校、「尋」＝尋常小学校

何時までも、ぐずぐずしては居られません。

東北の小学生諸君も、みつしりと勉強して中央の小学生に負ぬ心掛が大切です。

此んな事ではとても駄目です。

どしどし読んで、どしどし書かねばなりません。『赤い実』は純粋の小学雑誌です。

面白いや可笑しいといふものではなく、東北小学生諸君の勉強室です、

『赤い実』から秀れた優等生が生れるやうに各々の先生達にも、綴方の時間には生かして用つていたゞき度ひものです。


事業以外に『赤い実』発行に細雨が願っていた意義と目的がストレートに表白された文章である。また、勉学意欲を

十分に満たすことができなかった自身の境遇とも照らし合わせた上で、東北地方をはじめとする文化環境に恵まれない地方の子どもたちに、『赤い実』を使って熱心に勉強することを熱く呼びかけた文章ともなっている。

細雨は、『カメラは描く』の白序に、「自分は小学校の教育しか受けて居らない。（中略）もつと、有りのまゝにいふならば、殆んど自分は佐藤先生の教育を受けたのみで、此うして世に立ち、事業を経営して居る」[*2]と小学校時代の恩師佐藤広治への感謝を述べている。また、「父母には、貧しさの中から、破産した逆境の中から、本当に一粒の米をさへも節約して、昼食をさへも減じて、読書をさせていたゞいたればこそ、此うして現在の仕事にあり得る。此の有りがたい追想は、貧しい者のみの有つ特権であり、良き父母を有ち得た者のみの有つ喜びである。此の書は、感激と感謝とをもつて編んだものである」[*3]とも述べている。

不遇な境遇の中でも恩師や両親のおかげで読書できたことが今日の自分を形成していると感じていた細雨は、商売上の利益の追求以上に、自分の幼少期と同様に恵まれない勉学や文化環境に置かれている子どもたちに、『赤い実』を届けようとする強い思いを抱いていたのである。「どしどし読んで、どしどし書かねばなりません。『赤い実』は純粋の小学雑誌です。面白いや可笑しいといふものではなく、東北小学生諸君の勉強室です」という強い言葉に、細雨のこの雑誌にかけていた情熱を読み取ることができる。

強い熱意の中で『赤い実』発行を行っていた細雨だが、経営的には苦難の連続だった。細雨が『赤い実』発行に込めていた思いと、その一方で『赤い実』発行の過程で細雨を襲っていた苦境について、細雨の知人の中畑曉の次の文章が雄弁に物語っている。[*4]

赤い実時代、学校から学校へと童話の行脚、無慮幾千回、其の売行何万冊、漸く世間注目の一焦点となり、君の多角的な才は益々円熟し童話を以て相当立派に意義ある仕事が出来る様になつた。

けれ共私として君の生涯の仕事として赤い実を発行しながら童話の行脚は、あまり聡明な行き方ではないと思つて居つた、業蹟の上から見たら無論失望することはない。詩人的素質を多量に含有と社会的、道徳的方面にも関心した視望の広い君が、児童の教育に志し相当の興味を持つて精進したことは、たしかに意義ある仕事であつた。

しかしながら君を財政的に解剖して見た時に失望することが多い。財産家でない君が毎月の決算に於て多少の不足を招き、如何に努力するも避くる事の出来ないあの売残り返戻雑誌の山を見る時に何とか方向を転換しなければ行詰りのどん底に早晩到達することを予期していた。

『赤い実』の発行は、恵まれない境遇の中で勉学に励み、トルストイを人生の指標にし、詩作に励んできた細雨のアイデンティティを充足させる仕事として、周囲の人々からも評価されていたのである。

だが一方で、同時代の児童文芸雑誌と比べても遜色のない『赤い実』の発行を個人の力で続けることには限界があった。一九二七年（昭和二）一二月に発行した『牧人』第一巻第三号の「編輯後記」には、次のような嘆きと苦悩が赤裸々に記されている。

病気をしたり、雑誌『赤い実』夏休号五千部ばかり残本が出来て、四百円ばかり損をしたり、選挙運動にとび出したり、何んだ、かんだで『牧人』の発行を遅らしてしまつた諸君、どうぞ、僕を信じて『牧人』を育てて呉れ給へ、僕はこの雑誌を育てる為にはどんな我慢でもする心算だ、場合に依つては蔵書一切を売り払つても経続《ママ》する、但しだ、諸君、誌代未納の人は誌代ばかりも払込んで下さるまいか『赤い実』未納者の全額がもう数千円になつて居るのだから、毎月三万の発行が五ヶ年続いたら此んな事が出来てしまつた。

なぜ此人達は払込んでくれないのだろう、僕が実に心外でたまらない。中には返事もせぬ校長もあるのだ。僕だつて父にばかり立替てはもらひ得ない。此の連中の分は断然たる途を採る決心だ。ねい、諸君、骨折つて借金するのは出版業者ばかりだ。考へてみても、どうしてなのか解らない程に、不思議な話である。諸君、久らくの間は『牧人』の不備を許してくれ給へ。

週刊朝日編集『値段史年表』（朝日新聞社、一九八八年）によると、慶應義塾大学文系の一年間の授業料が一四〇円（昭和二年）、銀座「三愛」付近の一坪の地価が六、〇〇〇円（昭和六年）の時代である。一ヶ月で四〇〇円の損害が出て、五年で数千円の未納金が溜まってしまったということは、経営的には限界に近づいていたのではないだろうか。

細雨はやがて『赤い実』を廃刊して『教育民報』を創刊し、さらに『北辰民報』を創刊する。細雨の小学校時代の恩師佐藤広治の回想では、昭和六年頃には「専任氏の経営を助けるもの数多、社員外として活動するもの数十名を算し、将に事業の本筋に入らう」[*5]としている状態であり、『北辰民報』の発行と事業は順調であった。

事業内容は何度か変化したものの、細雨が長期にわたって続けていた活動が、学校での口演童話である。細雨の子息徳郎氏は、「父の異色の活動は、『口演童話』です。小学校全校児童の前で、勿論、マイクなしで、何も持たず飽きさせることなく話していました。得意の動物の声が入ったと、老人達から聞きました」と述べている。

細雨が口演童話を学校で始めた頃の様子は、宮城県登米郡視学を務めた、かなのや生なる人物が次のように回想している。[*6]

確大正十一年であつたと思ふ、吾輩が登米郡視学の時であつた、或日紅顔の一美少年が郡役所に僕を訪れて来たことがあつた、赤い実といふ雑誌を持つて来られた。

図Ⅲ-36　北辰民報社（金野徳郎氏蔵）

此雑誌は誰が編輯されたかね。

僕がやつてゐます。

は丶君がね。

そうです、それから僕は童話もやります、どうぞ御紹介を願ひます。

僕も驚いた、装丁検査も終つたかどうかと思はれる年輩の若人が独力で雑誌を編輯したり童話をやつたり果して出来るもんか、と半信半疑でならなかつたが佐沼小学校長に紹介して童話をやらせて見ることにした、所がなかなかうまいもんだ、実に堂に入つてゐる、克くこんなに研究したもんだ、実に不思議な怪青年だと思つた。


大正一一年というのは、おそらく大正一三年（一九二四）の記憶違いだと思われるが、東北六県の小学校を「赤い実を発行しながら童話の行脚[*7]」を行う日々を続けていた細雨の様子がよく理解できる回想である。

細雨は、日常の会話でも「話術に長じて何でもない世間話をも面白く味はせ、君の話は何時も小説の便概でも聞いて居るよう」で、「多少の身振『コハイロ』まで交へて、人物を眼前に躍出させる程頗る巧みを極めた」という。[8] また、「得意な鳥と犬の疑声《ママ》をやつてきかせて」くれることもあったという。[9]「克くこんなに研究したもんだ」と評価された細雨の口演童話の技術は、岩沼のキリスト教会の日曜学校や街頭でのキリスト教の街頭伝道などで鍛えたものと思われる。また、技術の習得への努力も並々ならぬものがあった。細雨自身、「童話を県命《ママ》にやっていた時代、私は鳥の鳴き声と犬の鳴き声を三年ばかり本気になって練習していた」とこの時代のことを回想している。[10]

こうして鍛えた口演童話の技術を各地の小学校の子どもたちに披露しながら、『赤い実』を販売して廻ったのである。事業として『赤い実』を発行し、その販売戦略のために口演童話を行ったとはいえ、それらの活動の根底には、事業という一言では割り切ることのできない、金野細雨という人物のアイデンティティに関わる意志や願いが存在していたことを認めなければいけない。

注

1 『赤い実』第二巻第四号、あかしや社、一九二五年五月、九ページ
2 前掲『カメラは描く』、自序
3 同前
4 中畑曉「細雨君を洗ふ」（前掲『寿』）
5 佐藤広治「記念帳に刻む」（前掲『寿』）
6 かなのや生「熱血男子金野君の結婚を祝ふて」（前掲『寿』）
7 前掲「細雨君を洗ふ」
8 同前
9 鈴木如楓「旅の細雨さん」（前掲『寿』）
10 金野細雨『魚眼洞奇談集』第二集、創美名取出張所、一九七六年、一一五ページ

二五－五　細雨が運んだ文化

細雨は、『赤い実』四周年記念号の巻末に、「印刷物引受広告」を出している。そこには、「各小学校にて発行する児童文集の印刷を実費にして御引受致します」と書かれ、『赤い実』に使用した挿絵は無料で貸し出し、編集の相談に応じることも告げられている。宮城県遠田郡田尻小学校の学校文集『ほなみ』第二号（昭和一一年三月）が残されているが、この文集は、北辰民報社印刷部によって印刷されており、『赤い実』の発行で培った印刷技術や編集のノウハウを生かしながら、学級文集の印刷を請け負いながら事業の転換と拡大を図っていった様子を読み取ることができる。

『赤い実』の発行が行き詰まりを見せ始めると、細雨は素早く事業を転換していくが、『赤い実』で行っていた子どもたちの綴り方や童謡の募集と表彰は、『赤い実』廃刊後も継続していく。二〇一〇年九月二三日付『大崎タイムス』には、次のような随想が掲載されている。

私は昭和7年に小学校に入学した。（中略）たしか3年生（4年生かも）、北辰民報社発行の「綴方」に応募され、5人が入選だった。私は「ホイホイ（鳥追い）」の題。そのため北辰民報社社長金野細雨（雅号）の名の表彰状。学校では臨時集会。全校児童の前で私たち5人が並び、一人一人社長さんから表彰状をいただいた。社長さんは運転手付きで黒色箱型の自動車で来校だった。

『赤い実』は、この回想にある一九三二年（昭和七）にはすでに廃刊している。ここに書かれている『綴方』という雑誌は未見だが、事業形態を変化させようとも、商人として生きる自己のアイデンティティとして、トルストイのように人々のためになろうとする意志に基づいた事業を、細雨は捨てることがなかったのである。

大正時代は『赤い鳥』や『金の船』『童話』などに代表される児童文芸雑誌が数多く出版された時代として記憶され

図Ⅲ-37　細雨と自動車（金野徳郎氏蔵）

ている。だが、子どもの教育に熱意を持つ都市の新中間階級の子どもたちや、教師が『赤い鳥』の熱心な読者である子どもたちなど、『赤い鳥』を手にすることができるのは一部の子どもたちに限られていた。

そうした中で、『赤い鳥』や『金の船』などを手にする機会に乏しい東北地方の多くの子どもたちが、学校で一括購入した『赤い実』を手にした意味は大きい。

書店もない僻地の子どもたちにとって、教科書以外の活版の書籍や冊子を手にする機会は稀であった。そうした環境の中で、『赤い実』を通して、童謡や童話といった児童文化に初めて触れる機会を持つことができた子どもたちは多かったであろう。自動車の実物を見たことがない東北地方の寒村の子どもたちにとって、「黒色箱型の自動車」で颯爽と来校した細雨は、異界から来た文化の伝達者に思えたのではないだろうか。

一九二五年（大正一四）五月に発行された『赤い実』第二巻第四号には、次のような子どもの作品が掲載され、それに対する細雨の評が記されている。

▼暗夜《やみよ》　（賞ハーモニカ一個）

柴田郡村田校尋六　葉坂定雄

暗夜の晩に出て見ると
サラ、サラと
雪が降つてゐたよ
あたりは真暗だが
星は
思ひ出したように
まばたきしてゐたよ。

評、うまい、君達の級は今月はみんな光つてる。なんと云つても、村田校の自由詩は県内に類を見ない、加藤金三郎先生の永い努力を、母校と共に君達は忘れない筈だ。

▼ふゆ　（賞ノート一冊）

牡鹿郡湊町校尋六　高橋とくゑ

冬になつて
さむいな
きのふは晴れても
寒かつた
おてんとさまが遠かつた。

評、偉い偉い、冬のおてんとさまに気がつくやうになれば、ぐんぐん良くなります。

▼からす
宮城郡利府校尋四　阿部さだを　（賞ノート一冊）

うらの小山の
杉の木に
からすがとまつてる
いつまでも
かあかあ鳴いてゐるよ。

評、利府の生徒もそろそろ光つてきた、先生方のお骨折りが段々見えてくるやうです。

『大崎タイムス』の記事に見られるように、自分の作品が活字となって雑誌に載って賞を受けるという機会を得ることは、子どもにとって大きな励みと自信になったものと思われる。また、クラスの子どもの作品が掲載されることは、学校・クラスが一丸となって創作に励む契機と勇気を宮城県の農漁村に住む子どもたちにもたらしていった。

口演童話に接する機会を子どもたちに提供したことも大きな意味がある。一九一九年（大正八）に仙台市に生まれた富田博は、学校を巡回する業者について次のような回想をしている。*1

口演童話の業者もやってきました。「子供たちに話してさせてください。謝礼はいくらで…」と持ち込んだようです。こういったものは正道の口演童話と違って質が落ちていましたね。頼んだ学校の評判を落としたこともあったようです。

富田が聞いた口演童話が細雨のものかどうかは不明である。細雨のように学校を回って口演童話やレコードを聞かせたり、活動写真を上演したりする業者は、同時代に複数存在していた。中には、富田が評価するように質が落ちる業者も存在していたのであろう。

だが、文化環境が貧困な地域の子どもにとって、口演童話やレコードを聴く機会はきわめて貴重なものである。業者が提供するそうした文化が、貧困な文化環境の子どもたちにとってきわめて貴重な機会になったことも、あらためて評価すべきであろう。

これまでの研究で顧みられることがなかった、金野細雨に代表される学校を対象に事業を展開した人物が提供した児童文化について、児童文化史の中に位置づけることは、誕生期「児童文化」活動の全貌を明らかにする上で必要不可欠なことである。童謡・童話を中心とした児童文化活動が空前の盛り上がりを見せた大正時代から昭和の初めにかけて、学校を対象に事業を展開した人々による児童文化活動の実態を解明することで、彼らの活動が子どもたち、特に文化環境に恵まれない地方の子どもたちがどのように文化に接していったのか知る手がかりを与えてくれるのである。

注

1　鈴木楫吉・加藤理編『富田博が語る―みやぎの児童文化と国語教育の軌跡』建設プレス、二〇一〇年、五〜六ページ

第二六章　児童文化活動の場としての家庭

二六―一　仙台の家庭での児童文化活動

おてんとさん社社人や仙台児童倶楽部委員として精力的に童謡教育を推進した仙台の木町通小学校の黒田正のクラスの子どもたちは、次々に自作雑誌を作るようになる。

黒田による教育を通して童謡や童話の世界の魅力を知った結果、子どもたちは誰からともなく自作雑誌を作り出したものと思われる。黒田が童謡教育についてまとめた『童謡教育の実際』には、クラスの子どもたちの自作雑誌作りの様子が次のように記されている。[*1]

当校の子供達の中で童謡の小冊子を作つてゐるのがあります。自分の作だけで、或は兄弟だけで、或は友人同志で作つてゐます。本の名も『夢の国』『夕やけ』『お星さん』『きやうだい』『ヒカウキ』『仏の子供』とつけてをります。

黒田が名前を挙げたものの中で、現存が確認できているものは、スズキヘキ旧蔵資料に残されている『夢の国』第二号である。

この手作り雑誌は、一九二一年（大正一〇）に木町通小学校四年生の鈴木正一が作ったもので、全二二ページの手書きの冊子である。野口雨情の「鶏さん」を巻頭に、その他は鈴木正一本人が作った「星」や六歳の妹敬子が作った「赤ちゃん」「月ト星」、級友の千葉貴策が作った「夜」、同じく級友の原彊が作った「雪」といった童謡、さらに鈴木正一作の「しゝときつね」、千葉貴策作の「鷲と兎」といった童話が掲載され、それぞれに正一がクレヨンで手書きした挿絵が添えられている。

掲載されている正一と敬子の作品は次のようなものである。

星　　　鈴木正一

お星さん二つ　見てゐたよ
死んだ妹の　お目んめか
空から僕を　見てゐたよ
なみだでお目んめ　光つてた

赤ちゃん　　鈴木敬子

あかちやん
ギヤンギヤン

なき出した
おばこちやん
きたらとまつた

正一の作品は、妹を亡くした自分の感情を、空に浮かぶ星を見た時の心象風景として表現した作品となっている。星の光が揺らめく様子を、「なみだでお目んめ　光つてた」と表現したところは、繊細な感情の描出となっていて秀逸である。

奥付には、著者鈴木正一、発行所月の世界社、印刷社月の世界社印刷、と記され、裏表紙には「『ヒコーキ』一冊五銭　安くて面白いので少年少女がみな買います。どうぞみなさんも愛読して下さい　ヒコーキ社」という級友の千葉の手作り冊子『ヒコーキ』の宣伝が掲載されている。小学校四年生の少年が、『赤い鳥』や『おとぎの世界』などを模して作った手書きの冊子としてきわめて貴重なものである。

筆者が確認した現存している自作雑誌の中で、最も高い水準を示していると思われるものが、スズキヘキの弟幸四郎が作った『小人の世界』と正五郎が作った『小学生』である。特に、正五郎が作った『小学生』は、挿絵と全体のレイアウトのセンスにおいて他を圧倒している。

『小学生』は創刊号と第一巻第三号が現存しているが、創刊号は一九二二年（大正一一）一月に作られている。正五郎は一九〇八年（明治四一）二月一六日生まれなので、『小学生』を作った頃は満一三歳ということになる。

『小学生』は全三八ページ。ヘキの童謡「貧乏神」を巻頭に、童謡や童話、ポンチ、小話、漫画などが自筆のペン書きで記載されている。そのいずれもが正五郎による挿絵とカットで彩られ、巧みなレイアウトでそれらが配置されていて、市販の『赤い鳥』や『金の船』に迫る水準を示している。

黒田は、クラスの子どもたちの間で雑誌作りの気運が盛り上がっている様子を見るや、雑誌作りの機運がより一層盛り上がるための刺激となることを狙って、ヘキ兄弟が兄弟間で私的に作って回覧していた雑誌をクラスの子どもたちに見せていたことが手紙に残されている。黒田の手紙には、次のように記されている。

弟さんによろしく
「小学生」十日頃きつとお返しいたします
ありがとうございました。丹野がとゞけて呉れました
赤いMEMOを戴いたといつて見せました。「夢の国」と
「ヒカウキ」を詳しくごらん下され、五頁も十頁も、あんなに
丁寧な批評をなして下さったことハ、あの子供たち
の幸福ハ申すまでもなく私としても真に恭なく存じ
ます。父兄もさぞ驚いたらうと思ひます。
知らない子供の作つたちつちやい冊子に対して、そんなに
御親切にして下さる方が世の中にあろう
とハ真に想像されませんから。
一通り拝見してから二人に渡してやりました。よく
読んで見るやうにと話して其の中また子供に
借りても一度見ようと思ひます。（中略）
弟さんの『小学生』えらいものです。児童全体

に示しました。大へん刺戟になつたやうです。今日ハ鈴木に貸してやりました。さすがの父さんも少々まいつたと想ひます。いゝ参考になつたことでせう。
私の組には鈴木、原の外に市川公、新沼輝雄、島貫重節の三人がこしらへてゐます。島貫のハ兄妹でやつてゐるので五号まで出したやうです。奨めも何もしないのですが、だんだん増したのです。いろいろな名をつけてゐます。（中略）
おてんとさん終刊号早く拝見したいものです。

土曜日のよる

この手紙の消印は大正一一年三月五日となっているので、『コトリ』第五号を出した後であることが確認できる。この手紙で注目すべきことは、黒田のクラスの子どもが作った自作雑誌に対してヘキが詳細な評を行っていること、ヘキの九歳下の弟正五郎が作った自作雑誌『小学生』を黒田がクラスの子どもたちに見せていること、そして黒田のクラスの子どもたちは、黒田が「奨めも何もしない」のに、自主的に手作り雑誌を制作していることである。

ヘキを通して借りた一三歳の正五郎が作った『小学生』は、黒田の手紙に記されていたように、一〇歳の鈴木正一や原、千葉ら黒田学級で童謡や童話作りに夢中になっていた子どもたちにとって大きな刺激になったことは想像に難くない。

黒田は、「子供の芸術性、発達すべき素質ある芽が不幸にして今日まで伸されてゐませんでした、其の機会が与へら

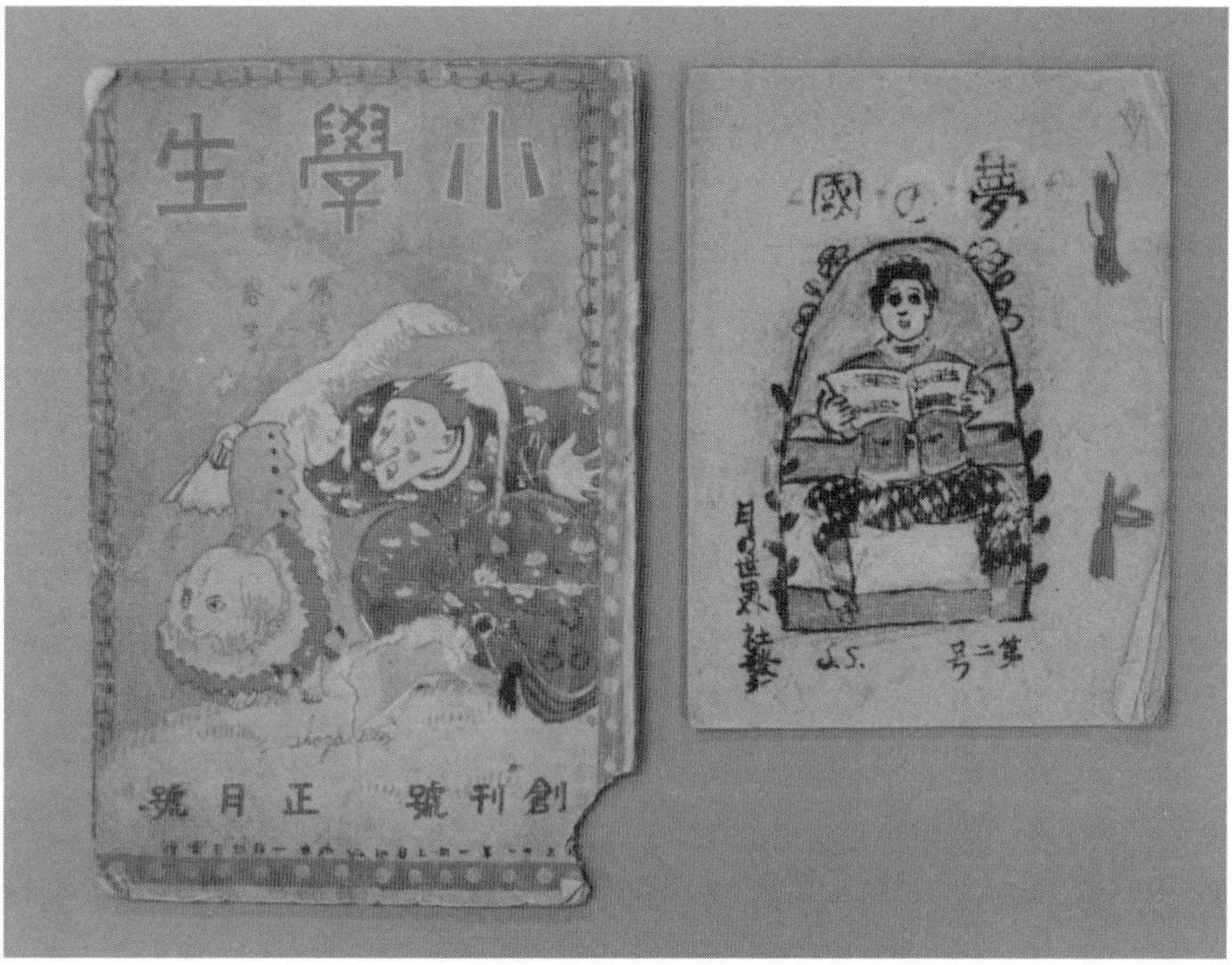

図Ⅲ-38　『夢の国』と『小学生』表紙

れませんでした。智識のみに偏した在来の教育に対して大いに人間味のある陶治をなす必要があります。総ての理解を智的世界より感情の世界へ開放し、総てほんたうの心を以て見、智では知ることのできぬ世界を味ふことによつて美育が施され知情意の欠けめない教育によつて真善美が得られ、真の人間が完成されるのです。この美育の上に一の大きな価値あるものとして童謡を挙げたいのです」[2]という認識を持ちながら、学力偏重の明治国家の公教育に対する批判と、真善美聖による人格の陶冶を目指す新カント派の影響、そして折から勃興していた芸術教育の影響のもとで教育実践を行っていた。

　黒田正は、『きやうだい』という手作り雑誌を作っていた木町通小学校の島貫重節について、「家には姉さんと小さい妹さん弟さんがゐます。日曜日などには広いお庭の芝生の上にお坐りし、今五年の重節さんが先生になり、童謡を唄はしたり、作つたのを添削したり又は自由画を書いたりして遊んでゐるのです。さうして収集したのが『きやうだい』となります」と紹介し、島貫兄弟の家庭での児童文化活動の様子を紹介している。[3]既述した鈴木正一と敬子の兄妹も、島貫兄弟と同じように家庭で児童文化の創作を楽しんでいた様子が『夢の国』となって残されていた。学校で児童文化に接した子どもが家庭に児童文化を持ち込み、妹や弟たちも児童文化に接しながら楽しんだ様子が伝わってくる。

黒田学級では、黒田が追求した芸術教育が、こうした形で実りつつあったのである。児童文化の誕生期に、学校で児童文化を創造する楽しさを知った子どもたちが、家庭でもその楽しさを追及し、学校と家庭との垣根なく「児童文化」という一つの世界を楽しむ子どもたちが存在していたことに注目したい。

仙台では、家庭で児童文化活動を楽しんだ痕跡は、黒田学級の子どもたち以外も残している。青木存廣《ながひろ》が編纂した『青木美枝子つくる　とんぼよとんぼ』（大正一三年、発行者男澤睦雄、舟唄詩社）は、仙台の小学生の青木美枝子が作った童謡を出版したものである。序文として、次のような文章が掲げられている。

「おあいさつに代へて」

この頃は皆様のお父様もお母さまも、お兄さまもみんな童謡と云ふ面白いみなさま達の心の花園を知つて居られます。美枝ちやんも矢張りお家のお父さまやお母さまやお祖母さまもみんな同じように美枝ちやんの童謡を謠はれます。心から楽しく御弟妹達と囃して居られます。

今度美枝ちやんが学校に入学してから作つた澤山の童謡の中からお父さんが選んで下つたものを集めたのがこの「とんぼよとんぼ」なのです。

大正十三年九月

仙台童話劇協会委員
男澤　蘆穂

編者になっている美枝子の父親青木存廣は、代々歌人を排出してきた青木家に生れている。東京音楽学校教授で、童謡「どんぐりころころ」の作詞者として知られる青木存義《ながよし》（一八七九－一九三五）の兄存秀《ながひで》の長男が存廣である。こうした家系を考えると、「家のお父さまやお母さまやお祖母さま」をはじめとした家全体が、童謡をはじめとする文化に親しむ雰囲気を持っていて、一般の家庭と比べると文化環境として恵まれた家庭だった。

そうした家庭全体で楽しんだ美枝子の童謡は次のようなものである。

でんきとう

夜になると
こんばんは
朝になると
さようなら
でんきとうは
おもしろい

お池の金魚

金魚はほんとに
すずしさう
毎日々々水の中
私も金魚に

なりたいな

美枝子の場合は、親が子どもの創作した作品を編纂して出版しているが、子どもの主体性が強く発揮されて作品がまとめられた例が、仙台の小倉兄妹の活動である。小倉兄妹は、一五歳の小倉旭と一二歳の光子が中心となって、八歳の和、四歳のアツ子ら弟妹の童謡作品も掲載した手作り雑誌『お星さん』を、一九二三年（大正一二）前後に謄写版で刊行している。スズキヘキ旧蔵資料には、大正一二年の第四集と、翌年の第五集が残されている。光子とアツ子の次のような作品が第四集に収録されている。

けしの花　　小倉光子（12）

赤いけしがさきました
そよそよ風が吹きますと
赤い花びらが
ほろりほろりとちりました

アカイリボン　　小倉アツ子（4）

カンカユツテ
モラツテ
リボンヲ
カケタラ

メンコクナツタ

小倉兄妹の父はバイオリンを演奏し、母親は花雲という号を持つ俳人で、両親共に高い教養と広い趣味を持つ人物だった。また、『コドモノクニ』をはじめとする新しい雑誌類が溢れ、当時としてはきわめて珍しいオルガンが置かれていた家で、「月に何回か家庭子供会を催し童話や童謡の合唱に一家をあげて親子親愛の場」を作っていたという。[*4]

家庭という「場」が子どもにとって文化受容の場であると同時に文化創造の場となり、さらに家族が文化の受容と創造のための集団へと変容していた姿を、これらの家庭に見ることができる。こうした家庭があちらこちらに出現したことも、誕生期「児童文化」を象徴する出来事なのである。

注

1　黒田正『童謡教育の実際』米本書店、一九二二年、二七ページ
2　前掲『童謡教育の実際』はしがき
3　黒田正「童謡の研究」(『宮城教育』第二八一号、宮城県教育会、一九二二年一一月)二四ページ
4　『ポランの広場』第九号、仙台グリーンハンドコミュニティ、一九七〇年、一ページ

二六―二　石丸家の子どもの活動

学校という場で児童文化活動に接した子どもたちの中には、家庭全体を児童文化創造の場に変容させていった事例が数多く確認できる。

家庭全体が児童文化活動の場となっていた例は、仙台だけでなく全国的に確認できる。そうした家庭の典型が、千葉県千葉市寒川新宿中野中に家があった石丸梧平（一八八六－一九六九）・喜世子（一八九一－一九六五）夫妻の家庭である。

石丸夫妻は共に評論家として知られ、人生創造社を主宰して雑誌『人生創造』（大正一三年創刊）を刊行するなど旺盛な言論活動を展開していた。梧平は『禅のある人生』などの人生論や含蓄ある箴言で知られ、喜世子は『新舌切雀』などの童話や劇作で知られていた。また、夫妻の共著で『子どもの創作と生活指導』（厚生閣、昭和七年）を著すなど、主体的な文化創造者としての子どもについて多大な関心を寄せる夫婦であった。夫妻は美春、幸子、夏子、創造の四人の子どもに恵まれるが、文化創造者としての子どもについての考察は、この四人の子どもたちの観察とその記録をもとに行われている。

石丸家の子どもたちの文化創造の様子は、人生創造社から一九二七年（昭和二）三月一日に創刊された『子どもの創作』で詳細に知ることができる。『子どもの創作』は、喜世子が編集し、梧平が編集兼発行人となって夫婦で刊行した雑誌である。初めは一九一七年（大正六）生れの夏子の作品を中心とした同人誌として創刊されている。夏子は童謡、童話、童話劇、短歌、俳句、自由画、作曲などの創作を好む「児童文化」誕生期に生きた典型的な少女であった。

『子どもの創作』が創刊された一九二七年（昭和二）に中学二年生になっていた長男美春は、それまでの成育過程で『幼年画報』に始まり『小学少年』『赤い鳥』『童話』『小学生』『小学六年生』『伸びて行く』『中学生』を購読していたという。これらの購読誌の名前からも、石丸家が芸術的な文化に囲まれた家庭だったことがわかる。母親である喜世子は、子どもの文化創造について次のような認識を述べている。[*1]

子供自身が、内に包むところの創造しようとする芽は、それは、実に豊かなそして大きなものだと思ひます。子どもの性質によつて、多少の差はございますけれど、しかし、どの子どもも常に作り出さうとしてをります。

そこへ、ほんのちよつとでも親が、何かの暗示を与へますと、子どもの伸びようとする芽はずんずん伸び上つて行きます。大人が目をまはす位、速かな雄々しい進み方をすることも珍らしくはございません。この事を思ふと、私たち母たるものは、子供に対して、もつともつと親切でなければいけないと思ひます。子どもを放任して置くことは、つまり、子どもの持つ創作の芽を踏みつぶす結果になります。自由に子どもを活動さす事はいい事です。しかし、放任する事はいけません。どこ迄も幼児をよく理解せねばなりません。

ここには、芸術に満ちた環境を用意する他に、子どもの創作欲と能力を認めることの重要性が述べられている。そして、子どもの創作の芽を伸ばすためには、親は放任して子どもの好き勝手にやらせるのではなく、親の関わり方が重要となることも述べられている。ただし、その関わり方とは教育的な指導をするということではない。創作しようとしている子どもの意志を認めながら子どもの心に寄り添う形で「暗示を与へ」ることだという。

父親である梧平も、子どもの創造世界について、まず模倣があることを述べた上で次のように述べている。[*2]

模倣はするが、そこにはお手本以上に、もつともつと豊かな想像の世界が入つて居る。子供らしい空想の世界、それがやがて模倣が模倣として止らずに、子どもらしい創造の世界になるのである。模倣はやがて子ども自身の生活から再生した新しい世界の創造となるのである。

だから、教育に於て、最も大切なることは、型にはまつた模倣を示すと云ふことではなくて、子供自身に創造させる、その衝動を与へてやることである。（中略）誤つた自由教育で教師が生徒と全然無関心であるかのやうに考へられることの誤謬は云ふまでもないが、その反対に、子どもの模倣性を型の中に生かさうと考へては、大間違ひである。

喜世子が言う「暗示を与へ」ることと梧平が言う創造の「衝動を与へてやる」という発言には、子どもたちの持っている文化創造の力を認めた上で、その発現を阻害することなく伸ばしていくためにどのように子どもたちと関わっていたのか、石丸家における親と子の関係のあり方が示されている。

また、石丸夫婦は「創作は即生活である」との認識を持ち、「生活がなくては、よい芸術は生れない」と考え、「幼児または少年時代にあつては、芸術を修行するといふことは生活を知らせることである」と考えていた。[*3] そして、子どもは創作によって事実を観たり、「情意生活の描写にまで進展して人生全体のより正しき意味」を知ったりし、「自己内部生活の成長」につながると考えていた。[*4]

こうした認識には、文章を書くという行為によって生活を見つめて新たな文化的生活の建設を目指した峰地光重をはじめとする綴り方教師や、芸術教育を展開することで智情意のバランスのよい発展を目指した教師たちと同様に、文化によって精神を陶冶しようとする新カント派の文化主義の影響を強く認めることができる。石丸夫婦も、「児童文化」という用語とそれに付随する認識の誕生に大きく寄与した思想を基盤にしながら子どもの文化創造について考えていたのである。

文化的な父と母を中心とした家庭で成育し、芸術的な文化を愛好する兄や姉に接していた夏子や創造は、幼少期から自由詩や自由画、童話などの創作を楽しむようになる。『子どもの創作』は通巻第七号の九月号（昭和二年）から三歳の創造の自由詩や童話を中心にした『子どもの創作　幼児号』へとリニューアルされている。

創造は二歳前からただの呟きではなく自由詩ともみなすことができるような韻律を伴った言葉を発するようになる。一年一一ヶ月の時に、母喜世子が体温計を見ていると、よくなつた？
びょうき
にげちゃつた？
げんかんへ
にげちゃつた。

という韻律を持った表現をしたことが喜世子によって記録されている。また、満二歳の創造の最初の童話が「うしのはなし」と題されて母の喜世子によって記録されている。[*5]

うしがゐたの。
うしがあつたのよ。
もう　もう　もう（なくまね）
あなから（椅子の丸いあきのところをさして）
もうもう出たの。
くるしいくるしいつてないたの。
ぴよこんと
たかくあがつたの。（天井さす）

「もうもうもう」
ほら　ないた。（耳をおさへる）
こわいよ。
みそのちやんが
きたかな。
こわいつてにげたかな。
たけちやん、こわいつて
いつちやつた。

たけちやん！

こわいよ。
かみなりさんの
ぼうやが（たいこをならすのは雷の子だと思つてゐる）
こわいよ。
ことことくると
こわいよ。

もう（うし）

ここにゐた。（椅子のじぶんのゐるところをさす）
うむ
ゐたよ。（にこにこしながら）

もちろん、二歳前の子どもがこれらを自覚的に自由詩や童話として創作した、というわけではない。母親やその他の大人が子どもの片言の呟きの中に詩を感じてそれを筆記したのである。だが、自覚的に作品を作ろうと思ったわけではないにしても、自由詩や童話の要素を持ったものが自然と幼児の口から出てくるような家庭環境が形成され、そうした「場」に渦巻くさまざまな刺激とそこでの経験が二歳前の創造の内部にこれらの言動を生み出したのである。

石丸家では、両親が童話を聞かせる他に兄や姉が幼い創造に童話を語って聞かせることも日常的に行われていた。『子どもの創作』第七号には、尋常小学三年生の夏子が創作した「ひよつこの話」という童話が「幼児に聞かす童話」として掲載されている。内容は、ひよこの親子の日常的な光景を描いたものでストーリーの面白さはないが、描かれている母鶏とひよこのやりとりは、夏子や創造と喜世子母子の日常のやりとりを髣髴とさせて興味深い。夏子の日常がわかる次のような詩もある。*6

私のべんきやう

読方、さんじゆつ
うら、おもての門番。
よみかた、字をならつて
さんじゆつ、あたまがよくなる。

童話劇は一ばんだいじ
王様よ。
絵はきれいに
かくから
おひめさま。
ヴァイオリンは
おんがくを
おひめさまに
きかせてあげるから
おひめさまのけらい。
童話は
王様の子ども。
綴方、俳句、短歌、童謡
みんな
王様のけらい。
書方もけらい。

自分が勉強しているものの中で、童話劇を一番大事な王様に見立て、絵を描くことがお姫様、読み方と算術をお城の門番、綴方と俳句、短歌、童謡を王様の家来たち、ヴァイオリンをお姫様の家来に見立てた詩である。夏子の頭の中では、目にすること、感じること、体験すること全てが物語になっていた様子を髣髴とさせてくれる。
石丸家という文化的な環境の「場」の持つ力が、子どもたちの内部に作用して惹起した現象の典型が、次の夏子の一連の行動である。*7

今月の夏子の詩に「創ちゃん　たつた　たつた」と云ふのがある。これは夏子が弟の創造、やつと一年を過ぎたばかりの弟の生活に興味を感じて作つた詩であるが、それが生活に即した感激であつた為めに、何とはなくその「詩」を口ずさむで居た。それがとうとう「作曲」にまでの興味を湧かせたのである。（中略）この生活と芸術の交渉は、先づ私に非常な興味を湧かせたが、夏子は自分の作曲した歌をまた創ちゃんに教へ、創ちゃんが、まわらぬ舌で歌ふので自分も愉快でたまらず、今度は、学校で習つた遊戯のことを思ひついて、これに「振り付け」をした。これも元より単純なものであるが、創ちゃんがすぐ真似をする。二人で笑ひながら無心に遊んで居る。
いつの間にか夏子は、それをまた「絵」に書いた。その絵がやつと二三日前に出来た。かくの如くして、家弟創ちゃんが「たつた」と云ふ生活の感激が、夏子をして、かくまでに彼女の芸術創作と生活進展を促したのである。

ここに出てくる「創ちゃん　たつた　たつた」という詩は次のようなものである。*8

創ちゃん
　創ちゃん　たつた　たつた

　創ちゃん

たいこ　につかまつて
そうつと
手をはなして
たあつた、たつた。

また、つかまつて
にいこ、にいこ。
創ちやん
手つ手をはなして
たあつた、たつた。

幼い弟が初めて立つという感動的な場面に遭遇した小学二年生の夏子は、その感動を詩にする。さらに詩に曲をつける。できあがった歌に振り付けをして童謡舞踊を行う。そうした光景を絵にする—感動体験を引き金にした文化創造が、一人の少女の内部でまた次の文化創造を生み出し、さらにまた次の文化を生み出していくというように、文化創造の連鎖現象を惹起したのである。そして、夏子の文化活動に接した創造の内部でもアニマシオン（心の躍動・活性化）が喚起し、二人で楽しんだのである。

『子どもの創作と生活指導』の中には、創造が作った詩の中の光景を夏子が絵にした二人のコラボレーションが多数掲載されているが、そうした姉弟の文化交流と活動が、石丸家という文化創造の「場」において行われていたのである。

以上の例に見られるように、童謡・童話運動が豊かに展開された大正時代には、家庭がただの血縁上のつながりによる生活の場ではなく、童謡や童話の制作や雑誌の制作といった児童文化活動の「場」へと変貌する場合があったのである。

そして「生活の場」が、「児童文化活動の場」へと変貌していく上で、文化とその創造に関心を持つ親や集団の長として兄弟姉妹に大きな影響を及ぼす兄姉や親がいたことも多くの家庭に共通して見られたことである。

これは、文化を受容したり創造したりする活動は、文化活動を行うための「場」が存在し、「場」の中において集団で活動したり相互に刺激し合ったりすることでより活性化することを示している。

集団の構成員が憧れるリーダー的存在がいたり、子どもの創作欲に寄り添いながら刺激を与えてくれる大人がいたりすることが、誕生期「児童文化」活動の活性化に大きく寄与していたことを忘れてはなるまい。

注

1　『子どもの創作』第七号、人生創造社、一九二七年、一六ページ
2　石丸梧平・喜世子『子どもの創作と生活指導』厚生閣書店、一九三二年、四〇ページ
3　前掲『子どもの創作と生活指導』一三ページ
4　前掲『子どもの創作と生活指導』五三ページ
5　前掲『子どもの創作』第七号、六ページ
6　『子どもの創作』創刊号、人生創造社、一九二七年三月、一〇ページ
7　前掲『子どもの創作と生活指導』七七ページ
8　前掲『子どもの創作』創刊号、一一ページ

第二七章　誕生期の「児童文化」論

二七―一　『児童文学読本』と峰地光重の児童文化論

「児童文化」誕生期に書かれた本で、児童文化論について述べている著作物は少ない。ある程度まとまった分量で記述しているものを探すと、「児童文化」という用語を意識して活動していた富山師範学校（現、富山大学人間発達科学部）附属小学校の活動と、峰地光重の著作物の中から、誕生期の「児童文化」論を抽出することができる。

一九二三年（大正一二）七月に幼年編上が目黒書店から出版された『児童文学読本』（幼年編上・中・下、少年編上・中・下）は、富山師範学校附属小学校の中に作られた児童文化研究会によって編集されたものである。富山師範学校は子どもの読み物の研究が盛んな学校として有名であり、一九二五年（大正一四）九月には、女子師範学校附属小学校国語研究主任・図書館司書の堀重彰の研究を中心にまとめた『児童文学の研究』を明治図書から出版している。

『児童文学読本』の編集は、岡島義雄が中心になって行っている。岡島は「はしがき」に次のように記している。[*1]

□飢ゑたる児童に文学の香の高い糧を与へるために、大家の作を採録したのが、この児童文学読本であります。

□「児童語彙の研究」に拠れば、入学当初満六歳の児童の有する語彙は平均四千二百余語だとの事、即ち生れて直ちに文化生活を営みつゝある事の一の正しい證明であつて、その語彙を辿るに、児童には既に芸術生活あり、科学生活あり、宗教生活あり、児童文化の内容の単純ならざるを観るのであります。

□吾々はかうした児童文化観に立つとき、国語文学の教育は、訓詁を超越して、児童の内的生命に触れる、言語文章の鋭敏な感受性の陶冶と、俗悪な読物の駆逐とにあると信ずるのであります。

（中略）

□幼年篇三巻はいづれも小学校尋常科一二三学年程度として編纂したものであります。小学校の副読本として、日曜学校の教科書として、幼稚園、家庭の読本として、相当意義あらしめたいつもりであります。

ここには、『児童文学読本』が「小学校の副読本として、日曜学校の教科書として、幼稚園、家庭の読本として」使用されることを期待して編纂されていることが述べられている。

実は、この時代の小学校では副読本を用いることが非常に流行していたと言われている。一九二六年（大正一五）九月に秋田県湯沢女子尋常高等小学校訓導を振り出しに教員の道を歩んでいく滑川道夫（一九〇六－一九九二）は、『体験的児童文化史』の中で奈良高等師範学校附属小学校編『文芸読本』、馬淵冷佑編『標準お伽文庫』、芥川龍之介編『近代日本文芸読本』、慶應義塾幼稚舎編『新児童読本』、菊池寛編『小学童話読本』、島崎藤村編『藤村少年読本』と『藤村女子読本』など、さまざまな副読本が存在していたことを述べている。*2

そして、副読本が流行した当時の思い出を述べる中で、富山師範学校の『児童文学読本』について次のように言及している。[*3]

そのときに児童文化関係のことで思い出すことは、やはり子どもと遊んだことと、それから副読本ばやりでね、教科書だけじゃなく副読本を使って…。

副読本は一九二一年あたりからだんだん出てきて、高等師範でもつくるし、府県の師範の付属小学校でもそれぞれ副読本を編纂してね。その一つの例がこの富山師範学校付属小学校の児童文化研究会編の『児童文学読本』です。（中略）類書にくらべて質の高い作品を集めています。

当時の教師たちの間でのこうした『児童文学読本』の評価からは、この本が副読本として高い評価のもとで用いられていたことが理解される。

岡島の「はしがき」の中でさらに注目しなければならないのは、「児童には既に芸術生活あり、科学生活あり、宗教生活あり、児童文化の内容の単純ならざるを観るのであります」という箇所である。「児童文化」という用語を一定の意味のもとに用いたと考えられるこの箇所は、富山師範学校の児童文化研究会が認識していた「児童文化」という用語の意味と概念を正確に把握する上からも詳細な分析が必要となる。

滑川道夫は、こうした岡島の「はしがき」の文章を紹介しながら、「つまり、児童生活にあらわれる文学・芸術・科学・宗教等を『児童文化』としてとらえていることが理解されよう。これは『赤い鳥』を中心とした児童芸術運動の影響下から生まれたものである」[*4]と、説明している。だが、岡島の文章はもう少し丁寧に分析する必要がある。

岡島の文章を読み直すと、「入学当初満六歳の児童の有する語彙は平均四千二百余語」であることを受けて、子どもが「生れて直ちに文化生活を営みつゝある」証拠だと述べている。子どもたちの世界に語彙が豊富に溢れていることを指して、子どもたちが「文化生活」を営んでいると述べているのである。

そして、「その語彙を辿るに、児童には既に芸術生活あり、科学生活あり、宗教生活」があると述べ、子どもたちが用いる語彙に芸術や科学、宗教に関する語彙が豊富に存在することを述べている。その上で、「児童文化の内容の単純ならざるを観るのであります」と結んでいる。つまり、芸術や科学、宗教に関することまで含む広範で豊富な語彙に囲まれた子どもたちの内面世界と、そうした内面世界を抱えた子どもたちの文化的な生活を指して「児童文化」と呼んでいるのである。

岡島が「児童文化」という用語をこのように理解しているからこそ、続けて「吾々はかうした児童文化観に立つとき、国語文学の教育は、訓詁を超越して、児童の内的生命に触れる、言語文章の鋭敏な感受性の陶冶と、俗悪な読物の駆逐とにあると信ずるのであります」と述べていくのである。つまり、子どもたちの内的世界を豊かにし、子どもたちの文化的な生活をより向上させていくためにも、訓詁に拘泥した教育にとどまることなく、俗悪な読み物を排しながら内的生命に触れる読み物を国語教育の中で子どもたちに提供すべきだ、と考えているのである。

ところで、こうした「児童文化」という用語の使い方は、岡島の独創によるものではない。『児童文学読本』に先立って出版され、当時の教師たちの間で広く読まれた峰地光重[*5]（一八九〇‐一九六八）の『文化中心綴方新教授法』の影響によるものであることは明らかである。

『児童文学読本』と『文化中心綴方新教授法』との関係を探る上で、『児童文学読本』幼年編上の巻頭におかれた「父兄及教育者の方々へ」という文章は重要となる。富山師範学校校長蜷川龍夫は、この文章を次のように記している。[*6]

児童の学習態度を深刻に眺めた方々には、児童が自らの生活に生きることによつて、その生活を純化し彼等の文化を創造する力の強いものであることを確信なさると信じます。その生活を合理的に拡充するために精選せられた豊富な資材の満ちた環境を求めることが吾々輔導者の切実な叫であります。此の使命を持つて輓近可なり多く児童の科学・道徳・芸術・宗教生活の自然に啓培せられるやうな文献が刊行せられて正に児童の世紀の観があるのは興国のため力強いことであります。

品性の陶冶の重要な任務を負うてゐる児童の読書生活に於ても真に彼等の熱烈な心琴に触れて美しい芸術の世界に逍遥せしめることの出来る作意と形態を具備した材料が望ましいことですが、この生命の文学に児童の胸を躍動せしめるための尊い経験と労作とは一朝にして得難いのであります。

ここには、子どもたちは生活の中で自らの文化を創造する存在であること、子どもたちの内面世界に科学・道徳・芸術・宗教を啓培し子どもたちの品性を陶冶するために、子どもたちの心琴に触れるような文献が必要であること、などが述べられている。一方、峰地は『文化中心綴方新教授法』の中で、次のように述べている。[*7]

私は児童の純粋な要求といふのは、児童の生活の向上だと思ふのである。児童に目覚めた教育は、向上するその児童の生活と共に、発展する動向のものでなくてはならない。で純粋な児童の要求から発足しようとする教育は、先づ児童の生活を凝視せなければならない。

私は児童の生活をば、精神的生活と自然的生活との二方面に分けて考へたい。精神生活を更に分けて、科学的生活、道徳的生活、芸術的生活、宗教的生活の四つとし、自然的生活をば原始的生活、本能的生活、衝動的生活、欲望的生活の四つに分けて考へたい。(中略)

文化とは広義には人間の創造にかゝる有價対象の総称である。而してその有價対象の創造は、人間各己の個性の発現によつて進展する。個性の創造力の向上は、直に文化の向上である。而して児童の文化は児童自身の創造する所である。従ってその有價対象も大人のそれではない。児童自身のものでなくてはならない。

峰地の文章では、子どもの精神的生活を科学・道徳・芸術・宗教の四つに分けうること、そして、子どもたちが生活の中で自身の文化を創造する存在であることが述べられている。蜷川の文章がこうした峰地の文章を受けて記されたものであることがうかがえよう。こうして岡島と蜷川、そして峰地の文章を並べてみると、岡島や蜷川の論述内容が、教師たちの間で広く読まれていた峰地の著作の影響のもとに記されていることが理解される。

ただし、峰地の論述内容も、もとよりすべてが峰地の独創によるものではない。峰地が鳥取師範学校（現、鳥取大学地域学部）を卒業（一九一一年（明治四四））し、西伯郡高麗尋常小学校訓導兼校長（大正八年）を勤め、学級文集『芽ばえ』を作った（大正九年）頃、綴方教育の世界では芦田恵之助（一八七三－一九五一）の随意選題あるいは自由選題と呼ばれる綴方教授法が大きな力を持ち、その後の生活綴方の源流となりつつあった。

芦田は、『統合主義新教授法』を書いた樋口勘次郎（一八七二－一九一七）に師事した人物である。樋口は自らの教育原理として「統合主義」と「活動主義」を掲げていた。「統合主義」とは、さまざまな教科を親密に関連づけ、別々の学科とするよりは一体の知識として系統的に組織して教授することを目指す考えである。一方「活動主義」とは、子どもたちを自発的に学習に取り組む主体ととらえ、子どもたちの自由な表現活動を基調とする考えである。作文科に関しても、「自己の経験又は他の学科に於て得たる思想を発表せしむる学科に於て然とする」[*8]と考え、子どもの自由な表現活動を重視していった。子どもたちの経験や獲得した思想を、子どもたちが主体的に表現することを目指した樋口の考えやその系譜にある芦田の認識は、子どもが主体的に文化創造を行うことを重視する峰地につながる流れの源といってよいであろう。

さらに、『文化中心綴方新教授法』が書かれる前年には、田上新吉によって『生命の綴方教授』が書かれ、綴方教師たちの間で広く読まれていた。田上の認識の概要は次の文章から理解される。[*9]

新理想主義の考へに従へば、教育の如きも子供の生活そのものに即して行はるべきもので、言ひ換へれば生活即教育である。而して此の生活即教育なるものは、驀地に理想の道をしつかり踏まへて、永遠に続く向上の一路である。又文学上の新浪漫主義の立場に従へば、文章とは作者の生活の真実なる表現である。しかも其の生活たるや、永遠の理想に根ざしたものでなければ価値がないのである。即ち文章とは、一筋の理想の道を辿つて向上しつゝある作者の生活の表現でなければならぬ。そこに作者の個性が永遠の生命を付与され、普遍の光を放つやうになるのである。（中略）吾々は子供の個性をあくまで尊重して、之を理想に向つての向上の一路に置かねばならぬ。子供の生活はそこに自からなる発展を遂げ、子供の表現はそこに永遠の力になるであらう。

こうした田上の認識から峰地が大きな影響を受けたことは明らかであろう。峰地自身、田上の著作に「心をかたむけて、ひたすら読み入ったものであった。したがってわたしは、この書から大きな感化をうけとった[*10]」と回想している。そして、生活綴方に興味を持っていった動機として、「やはり鈴木三重吉先生の『赤い鳥』に刺激されましたね。それから田上新吉氏の『生命の綴方教授』にも刺激されました。まあだいたいこの二つなんです[*11]」と述べている。

こうして峰地の思想的源流を遡っていくと、大正自由教育の大きな流れの下で『文化中心綴方新教授法』が書かれたことがわかる。そう考えると、『文化中心綴方新教授法』に多大な影響を受けて書かれたことが明らかな『児童文学読本』も、大正自由教育の系譜に連なる編纂物ということになる。そして、それらの中で用いられた「児童文化」という用語も、子どもを学習の主体とみなす大正自由教育とその基盤を形成する思想の大きなうねりの中から生み出されたものであることが理解できる。

ところで、峰地は『赤い鳥』に刺激を受けたことを述べているが、その一方で『赤い鳥』をはじめとするこの時代の子どものために作られた文芸雑誌を批判している。峰地は次のようなことを述べている。*12

子供達は子供となることが唯一の職業である。つまり児童は児童としての生活を深刻になし遂げて行くところに、彼等の生命があるのである。随つて児童の教育は児童を真の児童たらしむるにあるので、決して児童を大人化せしむることではないのである。（中略）故に児童の生活を一言にして表現するならば、原始的、粗朴的生活であるといふことが出来る。従つて彼等児童の文学はさうした気分情調を多分に包有したものでなくてはならないのである。大人の文学を金属化された文学とするならば、児童の文学は土臭の文学でなくてはならない。近頃いろいろな児童の雑誌などで、軟弱なそして繊細な気分をもつた作品が載せられて居るのを見るが、これは児童の真実な生活を破壊するものと思はれるのである。かうした作品にひたつた児童の未来は決して幸福なものと思はれないのである。土臭が児童の生活相の濃厚なる色彩であり、児童は児童たることが唯一な職業であるといふことが認められるならば、児童には何よりも先づ土臭ある文学を与へて、その生活を深刻に成し遂げさせなければならないのである。

こうした峰地の認識を確認すると、峰地の強い影響のもとでまとめられた『児童文学読本』について、「児童生活にあらわれる文学・芸術・科学・宗教等を『児童文化』としてとらえていることが理解されよう。これは『赤い鳥』を中心とした児童芸術運動の影響下から生まれたものである」とする滑川の説明が不十分であることが明瞭になる。「赤い鳥」の運動と、峰地ら生活綴方に連なる流れの源流は異なるものと見なさなければならないのである。

以上、「児童文化」という語が使われだした当初、「児童文化」にどのような認識が込められていたか確認してきた。

あらためて整理すると次のようになる。

一つの立場として、子どもの内面世界を重視しながら「児童の文化（的）生活」の向上に着目する立場が存在していた。この立場では、「児童の文化生活」を向上させるための手段として、子どもたちの内面世界を啓発しうる読み物が注目されるようになっていった。そして、子どもたちは内的生命に触れる読み物と、そうした読み物によって向上する自身の生活を綴り方に表現していくことで、子どもたち自身の生活を純化し、子どもたちの文化生活を向上的に創造していくことができると考えられていた。後の生活綴方に直結していく立場である。

一方、子どもたちに質の高い芸術を与え、精神修養を図りながら子どもの創造力を高めることを目指す「児童の文化運動」も存在していた。

雑誌『小鳥の家』を中心に展開された後藤牧星が主宰した児童文化協会の活動や、雑誌『木馬』を舞台に展開された活動はまさにこうした目的を持った活動であった。彼らは、「児童文化」という用語を「児童の文化運動」あるいは「児童のための文化運動」という意味を込めて用いていた。『小鳥の家』を発行した後藤牧星や『木馬』にかかわった本田らは、子どもに与える童話や童謡を中心に、子どもたちの精神の修養を図り子どもたちの創造性を養う一種の文化運動を起こそうという真摯な意欲に燃えていたのである。

こうした知見から考えられる誕生期「児童文化」の二つの立場に共通するキーワードは、一つは「俗悪」と対極にある「高尚」である。そして、二つ目は「実用性」の対極にある「芸術」である。誕生期の「児童文化」に関わった人々は、子どもたちの「言語文章の鋭敏な感受性の陶治」を図り、「内的生命に触れる」ことができる高尚で芸術的な読み物、あるいは、「科学・道徳・芸術・宗教生活の自然に啓培せられる」高尚で芸術的な読み物を子どもたちのために用意していった。誕生期の「児童文化」は、その根底に「芸術性」と「高尚性」を強く保持していたのである。

また、誕生期「児童文化」の最大のキーワードは「教育」と「創造」ということになる。童話・童謡、綴り方を中心とした「児童文芸」は、子どもたちの内的世界を陶冶し、子どもたちの文化的生活を向上させるための手段として注目されていった。峰地が『文化中心綴方新教授法』の第一章のとびらに、「綴方は、実に児童の人生科である。児童の科学、道徳・芸術・宗教である。而して児童文化建設の進行曲であらねばならない」[*13]と述べたことも、「児童」の「文化（生活）」を向上させていくための大きな力として綴り方を位置づけて、綴り方を通して子ども自身の文化を向上的に建設・創造しようとする高らかな宣言だったのである。

このように、「児童文化」の草創期では、芸術教育と綴方教育と二つの流れが共に「児童文化」という用語を用い、しかも両者共に子どもたち自身の文化的創造活動を重視していたことに注目しなければならない。双方が考えていた「児童文化」とは、子どもに文化財を与えることが目的なのではなく、子ども自身の創造的活動を助長することこそが真の目的だったのである。

「児童文化」という用語が、子どもたちの品性を陶冶し、子どもの創造活動を助長し、子どもの内部で生きることと学ぶことの統一を図り、子どもを学習の主体にするという教育的関心の中から生まれたという事実、そのための手段として児童芸術や児童文芸が注目されたという事実を見逃してはなるまい。

注

1　児童文化研究会『児童文学読本』幼年篇上、目黒書店、一九二三年、はしがき一～二ページ

2　滑川道夫『体験的児童文化史』国土社、一九九三年、一五～一六ページ

3　前掲『体験的児童文化史』一四ページ

4　滑川道夫『児童文化論』東京堂出版、一九七〇年、一四ページ

5　『近代国語教育論大系』八、光村図書、一九七六年、四六九ページには、「一三年の三月一五日再版、同年内に三版四版と重ねた」と記されている。

6　前掲『児童文学読本』幼年篇上、一〜二ページ
7　峰地光重『文化中心綴方新教授法』（近代国語教育論大系八）、一九七六年、光村図書、二五九〜二六〇ページ
8　樋口勘次郎『統合主義新教授法』一八九九年、同文館、一五六ページ
9　田上新吉『生命の綴方教授』（近代国語教育論大系八）、一九七六年、光村図書、一九〜二〇ページ
10　今井・峰地『学習指導の歩み　作文教育』一九五七年、東洋館出版、四一ページ
11　前掲『学習指導の歩み　作文教育』二〇五ページ
12　前掲『文化中心綴方新教授法』二八二〜二八九ページ
13　前掲『文化中心綴方新教授法』第一章とびら

二七‐二　仙台の活動に見られる誕生期「児童文化」論

自由主義教育に立脚しながら芸術教育を強力に推進した黒田正は、『童謡教育の実際』の中で次のような認識を披歴している。*1

　子供の芸術性、発達すべき素質ある芽が不幸にして今日まで伸されてゐませんでした、其の機会が与へられませんでした。智識のみに偏した在来の教育に対して大いに人間味のある陶冶をなす必要があります。総ての理解を智的世界より感情の世界へ開放し、総てほんたうの心を以て見、智では知ることのできぬ世界を味ふことによつて美育が施され知情意の欠けめない教育によつて真善美が得られ、真の人間が完成されるのです。この美育の上に一の大きな価値あるものとして童謡を挙げたいのです。

ここには、学力偏重の明治国家の公教育に対する批判と、当時の思想界を席巻していた真善美聖を求める文化主義の影響、そして折から勃興していた芸術教育の影響を認めることができる。黒田が「在来の教育」に対して鮮明な批判を

打ち出す一方で美育の上から童謡という文化に着目していることは注目すべきであろう。

一方、千葉春雄は、田中豊太郎との共著で一九二二年（大正一一）に『童謡と子供の生活』を著すが、その中で次のような認識を示している。*2

（子どもが作った童謡を）読んで「この子供は同情心が厚い。生物を憐れむ心が強い。修身教授の一資料にする」と云ふだけで、おさまつて居られるであらうか。

童謡は、子供にかうした美しい純真な心を植ゑつけるものである。更に子供の持つてゐるこの純真な世界を開拓し伸長せしむるものである。

わたくし達が、子供に童謡を提供するのは、たゞこの心が欲しさである。この世界を開拓させたいためである。子供の世界に光を放たせたいと云う切なさである。

ここには、黒田の認識と同様に、童謡を生かした美育によって子どもたちの精神を陶冶しようとする認識が述べられている。

また、童謡が「修身教授の一資料にする」だけで終わることを明確に否定していることも注目される。これは、童謡や読み物といった文化を、道徳的価値や他者への思いやりを身につけさせることに利用することしか考えないことや、〈文化の教育への転用〉、あるいは〈文化の学習化〉に終始することの否定である。子どもが童謡などの文化に接する目的を、「学習」や「教化」とは異なることにも求めていたことを表明したものとして注目しなければならない。千葉は、次のような注目すべき認識も示している。*3

結局、童謡の教育的価値は、子供の生活に光と熱とを與へることにあると信じます。
光とは生活を理想化することです浄化することです。あらゆるものを真善美聖化することです。
熱とは、あらゆるものを、自分の生活化することです。自分と物と合体することです。没入することです。
精進することです。

この引用では、童謡の教育的価値を子どもの生活に「光と熱」を与えることだと述べている。「光」とは生活を「真善美聖化」することだという認識が述べられ、「熱」とはあらゆるものを「自分の生活化」することであり、「自分と物と合体すること」であり、「没入すること」だと述べている。

この中で千葉が述べている子どもの生活に「熱」を与えるということは、言い換えると「生きていくうえでの原動力を子どもに与える」、ということになるであろう。そして、生きる原動力の獲得には、童謡作りを通してあらゆるものの「生活化」をすることが必要だ、という認識が示されているのである。

ここには、学習主体としての子どもがその内部で生きることと学ぶことの統一を行っていくことを目指した大正自由教育が内包した教育思想と相通じる思想を読みとることができる。童謡を作る主体である子どもが、童謡を作るという行為の中で周囲の事物を観察し、周囲の事物と関わり合い、理解し共鳴することで、生きる主体と文化創造の主体となることを求めているのである。

さらに、「没入する」ことを強調していることも重要である。文化への「没入」の着目は、明治の公教育が求めた学習の成果の重視とは一線を画すものである。達成目標を設定して学習の成果を具体的な数値として求めていく教育とは異なり、「没入」していく過程とその中での子どもの心の動きや活動そのものに意味を見出していく「教育」を千葉が想定していたことを示すものとして注目しなければならない。

仙台の誕生期「児童文化」のキーマンともいえるスズキヘキは、黒田や千葉の認識と呼応するかのごとく次のような認識を示している。*4

先づ私は、童謡を唄つたり、作つたり、小学児童とは遊ぶこと以外つまり先生方のする部面は全然嫌いな立場である（中略）子供落語や子供講談を、教育的に、興味的に、倫理的に勿体ぶって、何も知らない子供らと、ありがたい田舎の先生方をウァイウァイと云はせてゐる人には、一緒にお話もしたくない。面白い、為になる、ありがたい等の条件のそのさきに、童謡は最も混交のない、純一な詩的な話であれと、私は強調するのです。

ここには、「童謡を唄つたり、作つたり」することを「遊ぶこと」と認識していたことが示されている。そして、「面白い、為になる、ありがたい」を越えたところに童謡の本質を見出そうとしていたことが示されている。

千葉が文化が学習化に終始することを否定し、没入することにこそ意味を見出し、黒田が智では知ることのできない世界を味わうことを求めたことと共通の認識が示された文章として注目しなければならない。ヘキにとって童謡とは、「遊ぶこと」であり、そしてその行為は「為になる」という意味での「教育的」な行為を超えて「混交のない、純一」な行為と理解されていたのである。

そうしたヘキの児童文化観が最もよく表れた活動の典型的なものに、子どもたちと行った「童謡散歩会」がある。一九二三年（大正一二）九月二四日に行われた童謡散歩会について、ヘキによる鉛筆書きのメモが残されている。そこには、次のように記されている。

童謡散歩会

大正十二年九月二十四日午後一時から木町通りの学校に集まって、元の黒田先生関係の子供らと、童謡散歩会をしました。

私の外に静田君が来ました。（中略）

鈴木正一君　敬ちゃん（六才）
原　彊君　丹野貞男君
玉手三郎君　山西恒男君
柿沢輝雄君　朝沢勝雄君
島貫重節君　高橋賢一君
篠　正男君　菅《ママ》原芳郎君

みんなよい子供です。

〇〇会の真山先生にはヤソの共同墓地でお会いしました。サンビカをみんなで唄った一体の人もありました。

（〇〇＝文字不明）

この後、お天気雨や飛行機、お墓、鐘、そしていなご、とんぼ、こうろぎ、蝶、蟻、かえる、水すましなどの生き物の名、さらにどんぐり、きのこ、すすき、玉椿、麦などの物の名前などが列挙されている。ヘキたちは、仙台市郊外を散歩しながら、目にした虫や植物などを題にして次々に即興の童謡を作って楽しんだのである。

黒田はこの時不参加だったが、子どもたちから様子を聞いて、ヘキに次のような九月二九日付けの葉書を送っている。

▲先日の童謡散歩会にはお供致しかねまして残念でした、青年団の調査がありましたので、コドモ達はどん

なに愉快な一日を送ったことでせう！四年の綴方を受け持つてゐますが、芦原芳郎君がくはしく書きました、
「きのこ」といふのをほめられたなぞありました

きのこを見つけて「きのこ」という題で参加者の芦原が作った童謡をヘキがほめたのであろう。そして、その時の喜びを芦原が綴り方の時間に作文にしたのである。

ヘキが子どもの作品をほめたとは言っても、この時のヘキと子どもたちとの関係は、教育によってとり結ばれた関係ではない。目にした自然の事物によって心に浮かんだ感情や思いを、ありのままの言葉に変えて共に童謡創作を楽しむ関係以上のなにものでもない。ヘキを中心に自然発生的にできた子ども集団の中で、童謡創作や童謡を歌うことを子どもたちと純粋に楽しむヘキの姿がこのメモには記されている。

教育的な態度で文化を子どもに与えようとするのではなく、子どもと共に文化を楽しもうとする大人の存在が、童謡を作ったり雑誌を作ったりする児童文化活動の楽しさを子どもたちに伝え、児童文化活動を行うことを目的とした子ども集団が形成されていく上で大きな影響を及ぼしていたことを示す事例としても注目される。

ヘキが童謡を「混交のない、純一な」ものとしてそこにこそ価値を認め、児童文化活動を「遊ぶこと」と認識していたこと、そして黒田が「ほんたうの心を以て見、智では知ることのできぬ世界を味ふ」ことに児童文化活動の意味を見出していたこと、さらに、千葉が文化の学習化を超えて、児童文化活動の意味を「自分の生活化」し「自分と物と合体すること」とし、文化に「没入する」ことを重要視していたこと、これらが仙台における誕生期「児童文化」活動の根底に存在してその活動を支え、豊かな活動へと発展させていった理念だったのである。

注

1 黒田正『童謡教育の実際』米本書店、一九二二年、五ページ

2 千葉春雄・田中豊太郎『童謡と子供の生活』目黒書店、一九二二年、一九五〜一九六ページ

3 前掲『童謡と子供の生活』二一一ページ

4 『宮城教育』第三二六号、宮城教育会、一九二六年八月、一三六ページ

終章

二八―一　〈思想的なバックボーン〉の存在と〈循環〉

ここまで、さまざまな誕生期「児童文化」の諸相を見てきた。大正時代後半から昭和の初めにかけての「児童文化」の誕生期は、童謡・童話・児童劇などを中心とした歴史上空前の「児童文化」ブームが社会全体に沸き起こった時代でもあった。

「児童文化」が誕生して一大ブームが起こった背景と要因をまとめると、①J・J・ルソー、ジョン・デューイ、エレン・ケイらの影響による児童中心主義思想と自由主義教育の広がり、②新カント派哲学と「文化」の流行、③文化によって精神を陶冶し、真善美聖をめざす美育の隆盛と芸術への着目、④学校の内外での情操教育への関心の高まり、⑤芸術教育に情熱を傾ける教師たちの広がり、⑥都市に住む新中間階級の勃興と「教育家族」の誕生、⑦日曜学校や童謡・童話会といった児童文化活動の場の増大、⑧童謡・童話を中心とした児童文芸雑誌の創刊ラッシュ、⑨大量生産・大量消費のモダニズムの進展と顧客としての家庭と子どもの発見、といった輻輳するさまざまな要因が確認できる。

こうしたさまざまな要因の中でも、芸術教育、児童中心主義思想、自由主義教育、文化主義といった〈思想的なバックボーン〉の存在は、大人たち、特に学校の教師や親が「児童文化」活動に取り組んでいく上でのエネルギーの源泉となった。

「児童文化」の誕生期には、芸術教育や文化主義といった思想を学校教育と学校外教育の中で実践するための手段として、あるいは、「教育家族」である新中間階級の家庭をターゲットにして、児童芸術や美育、教育をマーケットで展開するための材料として、「児童文化」は教師をはじめとした大人たちによって〈発見〉された、とも表現できる。

精神を陶冶して真善美聖を実現するために、教師たちは芸術教育を取り入れていった。そして、芸術教育を具体的に実践するために用いられたのが、童謡を創作したり自由画を描いたり、児童劇を演じたりといったさまざまな児童文化活動であった。そうした教師たちの活動は、ここまで具体的にいくつかの例を挙げながら論述してきた。個々の教師が自己の信念や理想に沿って芸術教育や児童文化活動を展開する場合もあったが、仙台市の木町通小学校や上杉山通小学校のように、学校全体が自由主義教育、芸術教育、そして児童文化活動に積極的に取り組む場合が多かった。

第Ⅰ部第七章で引用した一九二三年（大正一二）に福島県師範学校附属小学校から出された「我が校の児童教養方針」を見ると、福島県師範学校附属小学校も学校全体で児童中心の自由主義教育と芸術教育に取り組む学校だったことがわかる。「我が校の児童教養方針」の綱領と方針には、この時代の教育の主流となっていた大正自由主義教育とその中で興隆した芸術教育、そしてそれらを支える理論の中核を成していた児童中心主義思想と子どもの内発性の重視、文化主義と創造活動の重視が明瞭に現れている。

福島県師範学校附属小学校では、綱領の具体的な実施事項として、①児童図書館、博物館の設置、②徹夜会の実施、③副読本の研究採用、④女児薙刀練習の実施、⑤理科園の設置、⑥児童心得の制定、⑦児童自治機関の設置、⑧林間学校の開設、⑨研究学校、特別学級の新設、⑩課外英語教授の開設、を掲げていた。これらの他に、学級・学校文集の発行が加わると、当時の学校での主な児童文化活動がほぼ網羅されることになる。

福島県師範学校附属小学校のように、思想的なバックボーンを明確にしながら学校内であるいは学校外で児童文化活動に情熱を傾ける教師たちが、「児童文化」の誕生期には数多く存在していた。だが、子どもの内発性を重視する自由主義教育や芸術教育といった、「児童文化」のバックボーンとなっていた思想は、時代の変化の中で隆盛や衰退を繰り返しながら次第に影響力を弱めてしまう。また、多忙になった教師たちは学校外での児童文化活動に、次第に関わらなくなっていくようになる。児童文化活動が一九七〇年代になって急激に衰退し始めていく理由は、学校外での児童文化活動に関わる教師が減少したことが最大の要因だと考えられる。

繰返し確認してきたように、従来は〈学校での文化〉に対して〈学校外での文化〉のように位置づけられて論じられてきた児童文化が、学校教育や学校の教師たちと密接な関係を保ちながら展開されていたことは、誕生期「児童文化」活動の特質の一つとして認識しなければならない。

次に、児童文化活動を行う子どもたちのエネルギーの源泉を確認する。誕生期の児童文化活動では、児童文化活動に接した子どもが内発的な創造活動を行うことで文化活動の主体へと転身し、そこからさらなる活動が展開されていくといった特質が見られる。既述してきたさまざまな具体例で明らかなように、大人が発信した文化に接した子どもが内発的な創造活動を行うことで文化の創造主体となり、文化の創造主体となった子どもが自らの創造した文化の発信者となり、そしてさらにそこからまた文化の受容と創造の循環が子ども自身の内部で、あるいは大人と子どもの間で展開されていったのである。

このように、さまざまな児童文化活動の実態を確認していくと、子どもたちの児童文化活動は、〈循環〉の形をとって行われていくことが明らかとなる。〈循環〉は、《児童文化との接触→創造・創作→発表・接触》を繰り返しながら行われていく。

〈循環〉が子ども自身の内部で動いていくエネルギーは、児童文化に接触した子どもたちが感じる「心の揺れ動き（アニマシオン）」である。「心の揺れ動き」は、「憧れ」や「楽しさ」「感動」などといった形となって子どもの内部に現れてくる。

強い「憧れ」を感じながら自身の内部で〈循環〉を行っていった例は、多くの人物で確認することができた。『少年世界』の記者だった木村小舟の文章に接して「憧れ」を抱き、友人たちと回覧雑誌を作った大西伍一、スズキヘキ兄弟の手作り雑誌を見て「憧れ」、自身も手作り雑誌の刊行に励んだ鈴木正一や千葉貴策ら黒田学級の子どもたち、『赤い鳥』に入選する従兄の洋吉に接し、従兄の活躍に「憧れ」を抱いて童謡作りを始めた大岡昇平、兄姉が童謡を創作して歌う姿に接して「憧れ」を抱いた弟妹たちが童謡作りを始めた小倉旭兄弟や鈴木正一兄弟、島貫兄弟、スズキヘキ兄弟など、彼らの活動の様子は既述してきた通りである。

彼らの様子を見ていくと、次のような動きを確認することができる。接触した児童文化に「憧れ」を抱き、自身も創作を始める。創作した作品を発表すると、それに対してさまざまな反応が寄せられる。合評会の席で俎上にのせられて批評がなされることもあれば、回覧雑誌の場合、書き込みによる批評が行われることもある。そうしたさまざまな反応や、批評の機会や読者や評者に接触することによって突き動かされた意欲は、新たな〈循環〉の出発点となって次の創造・創作を行い、創作した作品を発表し、また〈循環〉を繰り返す。「児童文化」の誕生期には、こうした〈循環〉が自然に展開されていく環境や場が整っていたのである。

児童文化に接して「感動」を感じ、自身の内部で〈循環〉が始まった典型は、相澤太玄に見ることができる。太玄が児童文化に接触した時はすでに子どもではないが、岸邊福雄の口演童話に接し、強い「感動」に突き動かされながら口演童話の道に邁進していく。口演童話を行った後の周囲からのさまざまな反応や批評が新たなスタートとなって、また次の口演童話の発表につながっていく。そうした〈循環〉が太玄の内部で生じていたことが確認できる。

このように〈循環〉の様子を見ていくと、〈循環〉を繰り返しながら、多くの場合、その創造・創作の質と内容は向上していく場合が多い。「児童文化」の誕生期に児童文化に接した子どもたちの多くは、自身の内部でぐるぐると〈循環〉を繰り返しながら、同時に創造・創作の質は上へ上へと向上を続けていったのである。「児童文化」に接した多くの子ども自身の内部で、〈循環〉を繰り返すエネルギーと、上へと向上していく力が同時に生れていたのである。

〈循環〉は、個人の内部だけで生じるものではない。集団の中でも「心の揺れ動き（アニマシオン）」をエネルギーとしながら《受け手→作り手→送り手》という〈循環〉が生じていた。

その典型的な様子は、仙台の児童文化活動の中で確認できた。天江富弥やスズキヘキら、仙台における児童文化活動の第一世代が行う活動に接し、児童文化の「受け手」として「心の揺れ動き（アニマシオン）」を感じて児童文化活動を行うことに楽しさや喜びを見出した鈴木幸四郎や静田正志、小倉旭、山田重吉ら第二世代は、自らも主体的な児童文化の「作り手」となり、さらに次の世代である鈴木正一や千葉貴策らに児童文化を発信する「送り手」となっていく。第二世代が発信する児童文化に「受け手」として接して「心の揺れ動き（アニマシオン）」を感じた鈴木正一らは、今度は自らが「作り手」となってさらに次の世代に文化を発信する「送り手」になっていく。

こうした〈循環〉が各地で発生していたことは、「児童文化」の誕生期に顕著に見られた特質として重要である。この〈循環〉によって、「児童文化」活動にダイナミズムが生れ、年代と世代を超えて「児童文化」活動が展開されていくエネルギーとなっていったのである。

歴史上空前のブームを生み出した「児童文化」の誕生期に、〈思想的なバックボーン〉が活動に向かうエネルギーを多くの人々に与え、個人の内部と集団の内部で生じていた二つの〈循環〉が、「児童文化」の誕生期の活動を活性化し、児童文化活動の継続と継承を推進する力を生み出していたことは、誕生期の「児童文化」が持っていた特質として指摘することができる。

二八－二　「児童文化」とは何か

ここまで、「児童文化」の誕生期のさまざまな活動の実態を分析してきた。そして、当時の活動の実態を明らかにする中から、〈思想的なバックボーン〉と〈循環〉という誕生期「児童文化」活動に見られる特質を浮き彫りにした。最後に、誕生期の「児童文化」を検証する中で、その存在がクローズアップされた「教育」との関係について整理しながら、「児童文化」とはどのような活動を指す用語だったのかまとめる。

誕生期「児童文化」の活動を検証していくと、学校教育や教師、家庭教育などとの関係の濃密さに驚かされることが多い。これまで、学校教育・学校での文化に対して、児童文化は学校外での文化と位置付けられることが多かった。だが、さまざまな資料を通して明らかになったことから、「児童文化」と「教育」の関係について、これまでの研究で指摘されてきた認識の見直しが必要といわざるを得ない。

誕生期「児童文化」の活動の分析の結果、「児童文化」は学校教育・学校文化と対立するものではなく、密接な関係を作り上げながら活動が展開されていたことが確認できた。児童文化と「教育」との関係を正しく把握することが、誕生期「児童文化」活動について理解し、「児童文化」とは何かを考える上での軸として重要になってくる。

「児童文化」と「教育」の関係を明らかにする上で、大きな示唆を与えてくれる出来事があった。一九二三年（大正一二）に仙台児童倶楽部が誕生し、誕生後間もなく、仙台児童倶楽部の運営を手伝っていた若手の中からたんぽゝ童謡研究会が誕生したことである。この出来事は、「教育」を軸にしながら「児童文化」について考える際の象徴的な出来事だったと考えられる。

既述してきたように、仙台児童倶楽部には、芸術教育の立場から教育的意図に立って児童文化活動を推進しようとした学校の教師を中心とした人びとと、ただひたすら子どもたちと文化の創造や創作を楽しむことを目的にした人びとの二つの潮流が混在していた。学校外での情操教育機関がないことを憂え、学校外での情操機関の中心として仙台児童倶楽部を設立し、そこに関わっていった多くの教師たちの認識と、教育的な意図から子どもたちと児童文化活動を行おうとするのではなく、童謡を中心とした創造や創作を子どもたちと共に行い、童謡や童話を作ったり演じたりすること自体を楽しもうとしたスズキヘキらの間には、「児童文化」をめぐって異なる認識が存在していたのである。

学校外での情操教育を充実させて子どもたちに真善美聖を実現しながら子どもの形成を図ろうとする多くの教師たちの認識と、知識では知ることのできない世界を文化活動の中で感じることを求めた黒田正や、文化の学習化を否定して文化活動に没入することを重視した千葉春雄、さらに児童文化活動を遊ぶことと認識していたスズヘキらとの認識の違いは、自然的存在としての人間から文化的・社会的存在としての人間への移行を目指してなされる「発達としての教育」と、有用な生の在り方を否定して至高性を回復しようとする「生成としての教育」[*1]とについて考えることで説明できる。

向上的な形成を目指して行われる「発達としての教育」は、「社会化・文化化」や「発達」「形成」といった用語で説明される周知の概念である。一方の「生成としての教育」は、「有用性の原理に支配された事物の秩序を破壊し、内奥性を回復しようとする」ものである。[*2]

ヒトが生まれるやいなや、社会のルールや文化を身につけて社会内存在になるための社会化や文化化、人間化が行われていく。その過程では、本能に根差した本来の意志や欲求と異なることを強いられ、極度のストレスを発生させていく。また、常により良い形成と向上を求めていく「発達としての教育」の中では、行動は「○○のため」を期待されて有用性の原理にしたがって選択されていく。そこでも、自分の意志と異なる行動を要求され、やはり極度のストレスの中で「○○のため」を期待される行動を行うことになる。

このように、自分の意志を削ぎ落としながら進められる人間化・社会化・文化化と発達としての教育の中では、極度のストレスを感じると同時に、自らの行動を選択する意志の力を抑えながら進んでゆかざるを得ない。その結果、行動を選択する意志の力は次第に衰弱していくことになる。その中で、向上的な形成を果たすことを求められていくのである。

だが、人間の成育は、こうした「発達としての教育」だけで行われていくものではない。「発達としての教育」が進められていく中で削ぎ落された選択する意志の力を取り戻し、心身に蓄積した極度のストレスから回復することを、人は無意識のうちに要請していく。本を読んだり、音楽を聴いたり、絵を描いたり、詩を創ったり、工作をしたりといったさまざまな文化活動に没頭することは、「発達としての教育」の中で喪失した選択する意志の力の回復と、極度のストレスからの回復を求めての行動なのである。

かつて成育史の聞き書きをお願いした教育学者中野光《あきら》（一九二九－）も、極度のストレス体験の後に文化活動に没頭した記憶を語っている。中野は一九二九年（昭和四）に生まれ、苛烈な軍国主義教育の中で軍事教練を受けながら中学時代を過ごし、海軍兵学校の生徒として敗戦を迎える。中野は復員後の自らの生活について次のように語っている。[*3]

　わが家の水屋の戸口の前に、狭い土間空間がありますね。あそこは、敗戦後の私の木工の作業場だったのです。雨が降っても寒くても割合平気で作業ができる所ですから、あそこにかたい台をすえて、その上で材木を切る、彫刻をして電気スタンドの台を作ったり、かたい木材を探してきて下駄を作ったり、弟のために木製の自動車や列車を作ってやったり、鋸や鉋などを使う作業をしたのです。

　あの頃は、精神的な空白を、物を作るということで満たしていたのかなという気もしますね。

友だちや家庭の中で育まれた個性やヒューマニズムを抑圧されて、厳格な規律と苛烈な価値観を強いられる極度の緊張状態から解放された後に、中野はひたすら木工作業に没頭したのである。この時の行動と心理について、中野は、「精神的な空白を、物を作るということで満たしていた」のかもしれないと分析している。実は、筆者も中野の体験と同じように、過度のストレスにさらされながら、受験に合格するための時間を過ごさざるを得なかった大学受験の後、ただひたすら桜の枝をくり抜いて茶筒を作っていたことがある。

矢野智司は『自己変容という物語―生成・贈与・教育』の中で、人間化によるストレスから解放され、人間が本来持っている至高性を回復するための「脱・人間化」には、何物かのために消費されたり使用されたりすることから離れ、ただ消費のために消費し尽くされる、といったことが必要だと説明する。文化化や社会化の中では、自らの意志を大切にすることよりも、規範や法といった所与に服従することが優先されるため、その状態から脱却するためには、「〇〇のため」に行動・活動することを求められる「有用性の原理」からの離脱が必要になるのである。そうした、「〇〇のため」ではない消費のための消費の典型として、矢野は、目的地も持たずにただ歩む「散歩」、あるいはいかなる有用な生産物も生み出すことなく、ただエネルギーが消費される「遊び」などの「蕩尽《とうじん》」を挙げている。[*4]

中野が木工作業に没頭し、筆者が茶筒作りに没頭した姿は、人間化の過程で「有用性の原理」に支配された中から脱却して「脱・人間化」を図るために、「蕩尽」を行う姿だったと理解することができる。

中野は、「人間が二年も三年もそういう特殊な世界に閉じこめられれば、戦後もそこから抜け出すのは、やはり相当の時間とある種の努力が必要なはずです」、と述べている。[*5]中野の木工作業という無用の行為への没頭は、狂気の世界で緊張と抑圧を強いられ、多大なストレスを感じながら、規律と絶対的な価値基準の中で豊かな人間性と主体的な意志による行動選択の力を喪ったことからの回復を無意識に求める行為だったのである。

中野の体験に見られるように、「蕩尽」と見なすことができる〈無意味〉な行為に没頭することは、何ものかを生み出そうという目的には支配されず、ただひたすら、作ったり磨いたりといった、行為そのものを行うことだけが目的の行動である場合が多い。つまり、何ものかを生み出すということを意識することなく選択されている場合が多いのである。

無意味な行為に没頭することは、有用性の原理には支配されず、むしろその対極に位置づく行為として解釈できるのである。そして、〈無意味〉で無用な「蕩尽」に没頭する行為は、より良い未来や向上的な形成の実現のために現在が支配される有用性の原理や、「発達としての教育」を通して実現が図られる人間化・社会化・文化化とは一切無縁でありその対極に位置づくからこそ、無意識のうちに要請される行為だと考えることができる。

序章で述べた、関東大震災や東日本大震災下の避難生活の中で子どもたちが没頭した文化活動や、トラウマティックプレイの数々は、主体的に行動を選択する機会を奪われ、日常生活にはない極端な不自由の中で生じた強い抑圧を受けた子どもたちが、無意識のうちにそこからの解放と回復を求めて行っていた行為だと考えることができる。

こうした「発達としての教育」の一方の「生成としての教育」が保障され、文化にただひたすら〈没頭〉する時間や機会を保障されることが、「発達としての教育」の中で喪失した選択する意志の力を回復しながらなされなければならない人間の成育にとって、きわめて重要なことなのである。そして、根源的な〈生きる力〉を獲得していく上できわめて重要になるのである。

誕生期の「児童文化」を見ていくと、教師や親を中心に、真善美聖の実現を目指す情操教育のための「児童文化」を子どもたちに提供し、その中で子どもたちは向上的な自己を形成する様子が確認できた。そこで提供される「児童文化」は、精神の陶冶のために、あるいはより善い自己を形成するためにといった有用性の原理によって子どもたちに提供されるものであった。

一方で、子どもたちが大人たちの意図する有用性の原理から離れて、童謡を作ったり歌ったり、雑誌を発行したりといった児童文化活動を楽しみ、没頭する姿も確認できた。子どもたちの活動には、「〇〇のため」という有用性の原理とは一切無関係に、ただ楽しむために児童文化活動を行う姿を見ることができた。

仙台児童倶楽部の教師たちを中心とした活動と、その中から独立していったたんぽぽ童謡会の活動との関係は、「〇〇のため」に児童文化活動を行う「発達としての教育」と、そうした有用性の原理から離れ、ただ楽しむために児童文化活動を行う「生成としての教育」の関係として理解することができる。「児童文化」の誕生期に仙台で行われていた活動では、「発達としての教育」の枠組みの中で行われる活動と、「生成としての教育」の中で行われる活動の双方が活発に展開されていたのである。

従来の児童文化研究では、この両者はせめぎ合いながら対立する概念のようにみなされてきた。だが本来、両者は対立する概念ではなく、双方で補完し合いながら子どもの〈育ち〉に位置づくものである。児童文化が「〇〇のため」を考えて行われるだけでは、児童文化は子どもにとって学校教育で接する教科と変わらないものとなってしまう。一方で、児童文化が「〇〇のため」と一切無関係になってしまうと、児童文化が持つ豊かな形成の力が疎外されてしまうことになる。

「児童文化」の誕生期には、学校教育と教師が積極的に児童文化活動に関与し、有用性の原理に支配された中で「児童文化」が有効に活用され、その一方で、仙台のおてんとさん社や大阪の蜻蛉の家の活動のようにただひたすら児童文化を楽しむ機会や場が豊富に子どもたちの生活の中に存在していたのである。

両者が子どもの生活の中にバランスよく存在し、向上的な発達と生成するエネルギーの涵養に「児童文化」が寄与していた「児童文化」の誕生期は、空前の児童文化ブームの時代だっただけではなく、子どもと「児童文化」の関係にとって、まさに理想の時代でもあったのである。そして、そのどちらの活動にも、多くの学校の教師が積極的に関わっていたことにもあらためて注目しなければならない。誕生期「児童文化」活動の中で、多くの学校の教師が、学校の内外で「児童文化」活動を推進する原動力となり、「児童文化」活動の中心となっていたのである。

子どもたちは、有用性の原理に基づいて「児童文化」を提供される時には文化の客体となり、有用性の原理と無関係に没頭して楽しむ時には文化の主体として活動していた。客体から主体への変化と〈循環〉が対立したり矛盾したりするものとしてではなく、個人の内部で、あるいは集団の中で、ごく自然に行われていたことも、誕生期「児童文化」に顕著に見られることであった。

誕生期「児童文化」の諸相の分析を通して、「児童文化」とは、有用性の原理に基づいて形成と向上的な発達に資することを期待して大人たちによって提供される活動や場、そして文化財と、有用性の原理と無関係に子どもたちが〈没頭〉して楽しみ、生成するエネルギーを生み出していく行為や文化財との、双方の概念を表す用語だったことが理解できる。

形成に資するために大人によって意図的に与えられる「児童文化」が存在する一方で、有用性の原理から逸脱して主体的な自己を回復し、生成するエネルギーを獲得するために子どもたちが没頭・没入する「児童文化」が保障されていることが、子どもたちの向上的な発達を助長し、子どもたちの主体的な選択する意志の力を強くし、子どもたちの生きる力を涵養し、そして子どもたちの〈育ち〉を豊かにしていくのである。

誕生期「児童文化」の諸相の歴史を俯瞰する中から、私たちは「児童文化」とは何かを考え、あらためて子どもの育ちにおける「児童文化」の意味について学び、これからの子どもの育ちをより豊かなものにすることを模索していく上での手がかりを探していくことが求められているのである。

注

1 矢野智司『自己変容という物語―生成・贈与・教育』金子書房、二〇〇〇年、の中で、この両者について詳細な考察が展開されている。

2 前掲『自己変容という物語―生成・贈与・教育』四五ページ

3 加藤理『育つということ』久山社、一九九八年、一〇三ページ

4 前掲『自己変容という物語―生成・贈与・教育』、三二～三三ページ

5 前掲『育つということ』一〇四ページ

別冊複製『小鳥の家』『赤い実』解説

本書は、本編と『小鳥の家』『赤い実』の二冊の雑誌の複製によって構成されている。

本編では、子どもの内発的動機を大切にした「随意選題」による綴り方や、定型にこだわらず思ったこと感じたことを自由に表現する自由詩、描きたいと思う題材を見たまま感じたままに描く自由画など、大正自由教育の中で展開された芸術教育と、土田杏村らによって主唱されて社会的潮流となっていた文化主義などの影響の中から誕生した「児童文化」という用語が使用され始める一九二一年（大正一〇）を中心に、子どもの生活と児童文化活動の諸相についてまとめている。

この時代は、『赤い鳥』や『おとぎの世界』をはじめとして、芸術的な児童文芸雑誌が次々に創刊された時代として記憶されている。だが、その多くは散逸してしまい、今日では、この時代にどれほどの数の雑誌が発刊されていたのかその全貌を知ることは困難になってしまっている。名前だけ記録に残っているものの未発見の雑誌も多く、今後の研究の進展のためにも、少しでも多くの雑誌の存在が確認され、多くの人々が手にとれるようになることが望まれる。

筆者は、当時の人々が児童文化活動を行う際に作成したチラシや活動の記録をメモしたノート、手紙や日記など、多くの一次資料を発見しながら、本書にまとめた研究を行ってきた。その過程で、先行研究で取り上げられることがなかった雑誌や、これまでその存在が知られていなかった雑誌、先行研究でその歴史的評価を軽視されてきた雑誌など、多くの未見の雑誌に遭遇することができた。

それらの雑誌の中には、国立国会図書館や全国の公共図書館、大学図書館にも収蔵されていなかったり、収蔵されていたとしてもほんのわずかの冊数しか確認できなかったりする雑誌が多数存在していた。

そこで、本編で論述したことをより深く理解していただくためにも、また、この時代の児童文化の歴史の欠落を埋めるためにも、この時代の児童文化関係雑誌の中で重要な意味を持ちながらも希少となっている雑誌を複製することにした。

この時代の児童文化活動を知る上で重要な雑誌は多数存在する。また、その中には、今日なかなか手にすることができない雑誌も多数存在する。それらの貴重な雑誌の複製全てを作りたいところだが、今回はそうした数多くの雑誌の中から、『小鳥の家』と『赤い実』の二冊を複製する。

『小鳥の家』は、これまでの先行研究で、その存在に言及した研究は管見の限り存在しない。また、国立国会図書館をはじめとして、『小鳥の家』を所蔵している図書館も管見の限り存在していない。

現時点で、この雑誌はスズキヘキ旧蔵資料に含まれていたもの（創刊号〜第三号）しか確認できず、筆者が二〇〇六年（平成一八）一一月に都留文科大学で開催された日本児童文学学会で発表したり、二〇〇七年（平成一九）六月に日本子ども社会学会紀要『子ども社会研究』一三号に「『児童文化』の原像と児童文化研究―誕生期『児童文化』に関する新資料の発見を中心に」と題する論文を発表したりするまで、この雑誌の存在が公にされることもなかった。

いわば新発見の雑誌であるが、この雑誌の編輯発行は後藤隆（牧星）が行い、児童文化協会によって発行されている。

本編でも述べたように、後藤牧星は一九二一年（大正一〇）に児童文化協会を設立し、そこで用いた「児童文化」という用語は、今日確認し得る「児童文化」という用語の使用例の嚆矢ではないかと考えられる。『小鳥の家』は、一九二三年（大正一二）四月に創刊されているが、この時期は「児童文化」という用語が社会的に広まりだした時期にあたり、「児童文化」という用語の下でさまざまな児童文化活動が展開されるようになっていった時期でもある。

牧星が設立した児童文化協会の活動を知る上でも、また、牧星が「児童文化」という用語にどのような意味を込めて用いていたのか知る上からも、そして、「児童文化」という用語が誕生して間もないころの児童文化活動の実態を知る上からも、この雑誌の創刊号が複製されて多くの人々が手にできるようになる意味は大きい。

『赤い実』は、学校を対象に事業を展開した金野細雨が編輯発行した雑誌である。細雨は東北各県や新潟県の学校を回って、『赤い実』の販売や口演童話などを行い、東北地方の子どもたちに児童文化を届ける事業を行っていた。

児童芸術運動や大正自由教育の進展の中で『赤い鳥』や『金の船』、『児童の世紀』『伸びて行く』など、さまざまな雑誌が発刊されるが、それらを手にすることができたのは、都市部の新中間階級の子弟が中心であった。芸術教育に熱心な教師の中には、これらの雑誌を取り寄せ、子どもたちに見せる者もいたが、情報網と流通網が十分に発達していなかった大正時代にあって、東北地方の農山漁村に住む子どもたちが、それらの雑誌を手にする機会は稀であった。そうした状況の中で、細雨が発行した『赤い実』は、都市部の子どもたちに比べて文化環境に恵まれない農山漁村の子どもたちにとって、芸術や文化に触れられる貴重な雑誌であった。

細雨のように学校を対象として活動した業者の存在は、先行研究の中では全く無視され、その活動内容や活動の意義について着目されることはなかった。そのため、大量に発行されていた『赤い実』も、本書で記述したように残されているものは少なく、今日では手にすることが困難になってしまっている。

だが、細雨のような学校を対象として活動した業者が子どもたちに届けた児童文化の内容を明らかにしなければ、当時の子どもたちが接していた児童文化の全貌を把握することはできない。細雨のような活動を行った人物を発掘し、歴史の中に正しく位置づけることは、児童文化史研究の欠落を補い、児童文化史の全貌を明らかにする上で重要となる。これまでの『赤い実』への言及としては、宮城県図書館が二〇一一年（平成二三）一月に「宮城に眠る玉手箱～のぞいてみよう児童資料の世界」という小展示を行い、その中で、「『赤い鳥』と『赤い実』」というコーナーを作って両者の類似性を強調した展示を行っている。管見の限り、これが、『赤い実』が先行研究で取り上げられたり言及されたりした唯一の機会であった。

だが、そこでも『赤い鳥』との類似性に言及しただけであり、金野細雨の活動や『赤い実』について詳細に説明したり、歴史的な位置づけがなされたりすることはなかった。

多くの人が『赤い実』と細雨の活動を知り、細雨を歴史的に再評価していくためにも、そして、学校を対象とした事業の中で児童文化を子どもたちに提供した人々の活動内容を知る上からも、『赤い実』を複製することは大きな意味があるものと思われる。そこで、『赤い実』の内容が最も充実していた第四巻の中から第八号を複製する。

児童文化関連事項年表（明治元年〜昭和八年）

備考：◎印＝学校文集、●印＝日曜学校関係文集

元号（西暦）	教育の主な出来事	仙台の児童文化に関する出来事	児童文化と社会の主な出来事
明治元年（一八六八）			三月、五箇条の御誓文 三月、神仏分離令。排仏毀釈運動起る 九月、明治に改元の詔書
明治二年（一八六九）	二月、府県に小学校設置の命		六月、版籍奉還
明治三年（一八七〇）			一一月、中村正直訳『西国立志編』出版 一二月、鉛活字を使用し、横浜毎日新聞創刊
明治四年（一八七一）	一二月、津田梅子、山川捨松らアメリカ留学		三月、郵便制度開始 七月、廃藩置県の詔書出る 八月、断髪令
明治五年（一八七二）	七月、東京師範学校設立。附属小学校も設置 九月五日（旧暦八月三日）、学制発布、近代的公教育の開始		二月、福沢諭吉『学問のすゝめ』出版 二月、毎日新聞の前身、『東京日日新聞』創刊 九月、鉄道（新橋—横浜間）開通 一一月、国立銀行条例制定 一二月三日、太陽暦採用し、明治五年一二月三日を明治六年一月一日に
明治六年（一八七三）	四月、東京師範学校附属小学校授業開始 八月、大阪と宮城に師範学校設立		一月、徴兵令発布 二月、キリスト教禁制の撤廃 三月、五節句の禁止 六月、森有礼、福沢諭吉、西周、中村正

			直ら明六社設立。翌年三月から機関誌『明六雑誌』発行 八月、第一国立銀行営業開始 一二月、福沢英之助『訓蒙話草』出版。この頃からヴェルヌの翻訳物などが続々出版されるようになる
明治七年（一八七四）	一月、慶應義塾幼稚舎の前身設立 三月、東京に女子師範学校設立 三月、海軍兵学寮で日本初の運動会開催 三月、伊澤修二、愛知師範学校で童謡舞踊を始める		二月、江藤新平、佐賀の乱起こす 六月、『東京開化繁盛記』出版され、「すき焼き」の語が登場 一一月、読売新聞創刊
明治八年（一八七五）	一月、文部省、学齢を満六歳から八年間と定める 七月、伊澤修二、目賀田種太郎ら、小学校の音楽などの調査でアメリカへ留学 一一月、新島襄同志社英学校設立 一二月、京都上京第三〇区第二七番組小学校に幼稚遊戯場開場。幼稚園の前身		一月、国民に必ず苗字を称させる 八月、福沢諭吉『文明論之概略』 一一月、少年向け雑誌『学の暁』『少年教育』創刊
明治九年（一八七六）	八月、札幌学校を札幌農学校と改		三月、廃刀令

元号（西暦）	教育の主な出来事	仙台の児童文化に関する出来事	児童文化と社会の主な出来事
明治九年（一八七六）	称。クラーク赴任 一一月、東京女子師範学校附属幼稚園設立。幼児保育に携わる人物を「保姆」と呼ぶ		四月、満二〇歳で成年（丁年）に 五月、上野公園開園 九月、慶應義塾から『家庭叢談』創刊され、「家庭」の語が広まる
明治一〇年（一八七七）	一月、東京博物館を教育博物館と改称して湯島から上野に移転、八月から一般公開し学校教育の普及を目指す 四月、東京開成学校・東京医学校を合併して東京大学創設		二月、西南戦争勃発（九月まで） 三月、小学生の投書作文誌『頴才新誌』創刊。この後、作文投稿誌の刊行盛んになる 六月、モース、大森貝塚発見 七月、凮月堂からビスケット発売 八月、第一回内国観業博覧会開催 九月、全国でコレラ流行
明治一一年（一八七八）	五月、最初の盲唖学校、京都の盲唖院開業 六月、東京女子師範学校が保姆練習科を開設 七月、小学校の授業（素読、習字、算術、語学、地理）は一日五時間、週三〇時間		一月、東京府勧工場開設。おもちゃ売り場も設置 二月、鹿児島で子どもたちの間に西郷隆盛を慕う俗謡が流行ったり、東京で疱瘡除けに西郷の名前を書いた貼り紙を貼るなど、英雄としての西郷の偶像化始まる 五月、大久保利通暗殺 五月、自由民権論盛んに

			——ヴェルヌ『八十日間世界一周』日本語訳刊行。これ以降、『二万里海底旅行』等、ヴェルヌの翻訳次々出版される 一一月、京都女学校、地唄を改良し、『唱歌』初編を刊行 一二月、凮月堂、チョコレート発売
明治一二年（一八七九）	三月、関信三編『幼稚園法二十遊嬉』、フレーベルの遊具紹介 四月、鹿児島県に幼稚園開園 五月、大阪府立模範幼稚園開園 九月、学制を廃し、教育令公布 一〇月、文部省音楽取調掛設置 一二月、文部省、教員の資格検定を定める	六月、仙台市木町通小学校附属幼稚園開園（東北地方初の幼稚園、後の東二番丁尋常小学校附属幼稚園、全国で四番目）	一月、大阪で朝日新聞創刊 三月、上野公園に木馬やシーソー設置 六月、文部省『百科全書』の項目「戸内遊戯方」で外国の室内遊戯紹介 一二月、横浜公会堂でクリスマス祝われる 一二月、『衛生概論上篇』で、「公衆衛生」という語使われ、衛生観念が広まる
明治一三年（一八八〇）	四月、東京師範学校附属小学校と女子師範学校附属幼稚園で唱歌の授業開始 一二月、教育令が改正され、小学校に裁縫科新設		
明治一四年（一八八一）	六月、小学校教員心得を定める 一一月、文部省音楽取調掛編音楽		一〇月、明治一四年の政変で大隈重信参議を罷免される

元号（西暦）	教育の主な出来事	仙台の児童文化に関する出来事	児童文化と社会の主な出来事
明治一四年（一八八一）	教科書『小学唱歌集』初編発行。外国の曲に日本語の歌詞を附す。「蛍」「蝶々」など含むが、わらべ歌は含まず		一〇月、明治二三年に国会開設する詔勅発布 一〇月、板垣退助により初の政党自由党結成
明治一五年（一八八二）	七月、東京女子師範学校附属高等女学校創立 一〇月、東京専門学校（早稲田大学の前身）創立。この頃までに、明治大学、法政大学、専修大学などの前身が相次いで創立される 一二月、元田永孚、修身書として『幼学綱要』編纂		一月、軍人勅諭発布 一月、活版印刷の嚆矢である『今古実録』シリーズ刊行始まる 三月、上野博物館開館 三月、上野動物園開園 六月、読売新聞に「博笑戯墨」（マンガ欄）登場 一〇月、伊澤修二『教育学』刊行 一〇月、日本銀行開業
明治一六年（一八八三）	七月、教科書採択許可制になる 一〇月、東京専門学校、飛鳥山で運動会開催		六月、週刊『小学雑誌』創刊 七月、鹿鳴館完成
明治一七年（一八八四）	一一月、小学校教則綱領改正され、英語教育始まる		六月、初の女性向け雑誌『女学新誌』創刊 七月、華族令制定 九月、加波山事件起こる 一〇月、秩父困民党事件起こる。自由民

			権運動ピークに 一〇月、鹿鳴館でダンス講習会開催
明治一八年（一八八五）	一二月、文部省図画取調掛設置 一二月、公立小学校が学年制を採用 一二月、森有礼、初代文部大臣に		一月、政府が華族の女子の名前に「子」を付けることを指示 二月、尾崎紅葉ら硯友社を設立 三月、荻野吟子、初の女医に 六月、坪内逍遥『小説神髄』刊行開始 八月、『桃太郎』『猿蟹合戦』などを英訳、独訳などにした「ちりめん本」が盛んに作られる 一〇月、日本政府、メートル法条約に調印。明治一九年公布 一二月二二日、初の内閣発足。総理大臣伊藤博文
明治一九年（一八八六）	三月、東京大学と工部大学校を一つにして帝国大学に 四月、師範学校令、小学校令、中学校令公布。尋常小学校が義務化に 五月、教科用図書検定条例制定。教科書検定制に		二月、東京師範学校、初の修学旅行実施 一一月、子ども向け週刊雑誌『ちゑのあけぼの』創刊
明治二〇年（一八八七）	七月、口語体を採用した『尋常小		一月、東京電燈会社、市内配電開始

元号（西暦）	教育の主な出来事	仙台の児童文化に関する出来事	児童文化と社会の主な出来事
明治二〇年（一八八七）	学読本』出版。昔話「猿蟹合戦」も掲載される 一〇月、東京音楽学校、東京美学校創立 一二月、音楽取調掛編『幼稚園唱歌集』出版 ※熊本幼稚園、私立函館幼稚園など、幼稚園の開園が全国に広がる	一二月、上野—仙台間鉄道開通	五月、日本赤十字社誕生 六月、明治時代を代表する出版社博文館、大橋佐平により設立 六月、二葉亭四迷『浮雲』第一篇出版。言文一致体小説の嚆矢 九月、石井十次、岡山に孤児院を開設 一二月、保安条例発布 ※この頃から衛生思想の影響で海水浴広まり始める
明治二一年（一八八八）	二月、紀元節、天長節の式典を挙げるよう文部省から指示		三月、落合直文「孝女白菊の歌」が流行 四月、東京帝大医科大学に日本初の小児科設置 七月、森有礼文部大臣、「良妻賢母」主義を主張 一〇月、初の商業文芸誌『都の花』、金港堂より創刊 一一月、少年雑誌の嚆矢『少年園』創刊 一一月、隔恋坊（巌谷小波）、『我楽多文庫』に『オットーのメルヘン集』から翻訳した『鬼車』連載開始。翌二二年六月、春陽堂から出版

			一二月、アンデルセン『王様の新衣装』翻訳出版
明治二二年（一八八九）	一〇月、私立忠愛小学校（山形県鶴岡町）で給食実施。学校給食の嚆矢 一二月、東京音楽学校編『中等唱歌集』刊行		二月一一日、大日本帝国憲法公布 二月、グラフ雑誌『風俗画報』創刊。時事の他にわらべ歌など地方の風俗や文化を掲載。 五月、東京に帝国博物館開館 ――この頃から幻燈の利用が盛んになる 七月、『小国民』創刊され、子ども向け雑誌盛んになる 七月、東海道本線全通 ――この頃、立絵紙芝居流行する
明治二三年（一八九〇）	三月、東京日本橋区で小学校の連合運動会開催 一〇月、小学校令改正により、小学校が尋常小学校と高等小学校に 一〇月三〇日、「教育勅語」発布	七月、宮城教育会設立許可 九月、宮城教育会、『宮城県教育雑誌』創刊。明治三〇年に『宮城県教育会雑誌』、大正五年に『宮城教育』に改題	一月、『少年文武』創刊 五月、投稿雑誌『女学生』創刊 八月、若松賤子翻訳『小公子』、『女学雑誌』に連載開始 一〇月、上田万年訳、グリム童話『おほかみ』刊行 一一月、三輪弘忠『少年之玉』出版。初の創作児童文学 一一月二九日、第一回帝国議会
明治二四年（一八九一）	一月、内村鑑三による教育勅語へ		一月、博文館少年文学叢書第一編、漣山

元号（西暦）	教育の主な出来事	仙台の児童文化に関する出来事	児童文化と社会の主な出来事
明治二四年（一八九一）	の「不敬事件」起こる 六月、小学校祝日大祭日儀式規定公布 一〇月、文部省、小学校修身科で教科書使用を命ず 一一月、通信簿発行を文部省、指示		人（巌谷小波）『こがね丸』出版。少年文学叢書は明治二七年まで全三二冊刊行。以後、子ども向けの話を「お伽噺」と呼ぶことが一般化していく 一月、博文館『幼年雑誌』創刊。以後、博聞館と巌谷小波を中心に子ども向け雑誌や出版物相次ぐ 四月、初の近代的国語辞典『言海』、大槻文彦により出版 四月、鳳鳴斎藤良恭編述『少年育才文園遊戯』刊行、この他、大館利一編『児童教育知恵宝』、西村富次郎『少年教育博物ばなし』、加藤勢喜『教育ばなし—少年必携』など、この頃「教育」を冠したタイトルが子ども向け出版物に流行する。「教育玩具」と称するおもちゃも流行する 六月、『少年園』に初のカラーページ
明治二五年（一八九二）	三月、文部省、教科用図書検定規則改正し基準を強化		四月、稲生輝雄『女子家庭修身談』で博文館の少年文学叢書を批判

	三月、伊澤修二編『小学唱歌』刊行		六月、『ロビンソン漂流実記　歴山世児格伝』、『日本之少年』に連載開始 一二月、田中正造、議会で足尾銅山問題を追及
明治二六年（一八九三）	八月、尋常小学校で唱歌、図画、裁縫科必須に 一〇月、文部省、教育団体の政治活動禁止を訓令 一二月、市町村立小学校教員任用令公布		一月、北村透谷ら『文学界』創刊 三月、佐佐木信綱編『絵入幼年唱歌集』刊行 一〇月、子ども向け雑誌『わらべ』創刊 一二月、博文館『幼年玉手函』全一二冊刊行開始
明治二七年（一八九四）			一月、『幼年玉手函』出版 七月、日清戦争勃発 七月、木口小平、ラッパを吹いたまま戦死。後に修身の教科書に 七月、大江小波（巌谷小波）編『日本昔噺』全二四巻、博文館から刊行開始。第一篇、『桃太郎』 一一月、漣山人（巌谷小波）「日清戦争地獄の聞書」、『幼年雑誌』に掲載 ※『少年園』『日本之少年』『幼年雑誌』等に日清戦争関連記事多数掲載される

元号（西暦）	教育の主な出来事	仙台の児童文化に関する出来事	児童文化と社会の主な出来事
明治二七年（一八九四）			※日清戦争を契機に、軍歌や戦争ごっこ、行軍将棋などが子どもたちの間で流行
明治二八年（一八九五）	一一月、就学を勧める中村恵厳（福島県安達郡）『子供勧学　世ノ中十首』刊行。各地で就学率向上のための取り組み進められる		一月、博聞館から巌谷小波を主幹に『少年世界』創刊。明治時代を代表する少年雑誌 一月、樋口一葉「たけくらべ」発表 三月、日清戦争終結。四月に下関講和条約 五月、三国干渉により、「臥薪嘗胆」広まる 九月、凱旋ラムネ、かちどきビスケットなど、戦勝にちなんだお菓子等販売
明治二九年（一八九六）	一月、デューイ、シカゴに実験学校を創設 四月、保育研究会「フレーベル会」、女子師範学校附属幼稚園の保母を中心に設立。機関誌『婦人と子ども』一九〇一年一月に創刊 一二月、大日本教育会・国家教育		一月、教育音楽講習会編『新編教育唱歌集』刊行 三月、森田思軒訳「冒険奇談　十五少年」、『少年世界』に連載開始。一二月に博文館から出版 六月、黒田清輝ら白馬会創立 一二月、森田思軒訳『十五少年』刊行 ――この年、巌谷小波、京都の小学校で

	社会合流して帝国教育会設立		最初の口演童話を行う ※この年から「活動写真」の言葉使われ始め、活動写真が興隆し始める
明治三〇年（一八九七）	六月、京都帝国大学創設 一〇月、師範教育令公布 一一月、就学率向上を目指して、市町村立尋常小学校授業料を月三〇銭以内とすることを文部省通達		一月、若松賤子訳『小公子』（博文館）出版 一月、俳句雑誌『ホトトギス』創刊 二月、大阪、東京、横浜などで活動写真の興行盛んになる
明治三一年（一八九八）	一一月、『児童研究』創刊		四月、上野に帝国図書館開館 六月、日本初の政党内閣隈板内閣成立 九月、博文館から『中学世界』創刊 一〇月、伝記叢書の嚆矢『少年読本』全五〇巻、博文館から刊行開始 ——巌谷小波、久留島武彦と共に口演童話のための全国巡回 ※「少年文学」「少年文学の本領」「少年文学の教育的価値」（『帝国文学』）、「メルヘンに就いて」「少年文学の再興」（『太陽』）など、少年文学に関する評論、この頃から盛んとなる
明治三二年（一八九九）	二月、中学校令改正、実業学校令	三月、天江富弥生まれる。本名天江	一月、大江小波（巌谷小波）編『世界お

元号（西暦）	教育の主な出来事	仙台の児童文化に関する出来事	児童文化と社会の主な出来事
明治三二年（一八九九）	公布 二月、高等女学校令公布、良妻賢母主義の女子教育制度が整えられる 四月、樋口勘次郎『統合主義新教授法』刊行（子どもの自発的活動を重視） ——ドモラン、ロッシュの学校創設	富蔵。 七月、スズキヘキ生まれる。本名鈴木栄吉。	伽噺』全一〇〇巻、博文館から刊行開始 一月、『世界歴史譚』全三六巻、博文館から刊行開始 一月、『中央公論』創刊 七月、治外法権の撤廃
明治三三年（一九〇〇）	三月、帝国教育会内に言文一致会発足。子どもの生活感情を表現する言葉で唱歌を子どもに与えることが提起される 八月、小学校令改正。義務教育を四年にし、義務教育の授業料廃止。これを機に就学率上昇し九〇%を超えるようになる 一二月、エレン・ケイ『児童の世紀』出版。日本では一九〇六年に出版		一月、『幼年世界』、博文館から創刊 三月、治安警察法公布 四月、与謝野鉄幹ら『明星』創刊 九月、伊藤博文、立憲政友会設立
明治三四年（一九〇一）	二月、下田歌子『家庭教育』刊行		一月、『女学世界』、博文館から創刊

	三月、「荒城の月」などを収録する『中学唱歌』刊行 四月、成瀬仁蔵、日本女子大学校を設立 七月、デューイ『学校と社会』、上野陽一訳で出版（児童中心主義を主張） 七月、『幼稚園唱歌』刊行 ※この頃児童中心主義広まりだす		二月、八幡製鉄所操業開始 二月、石井研堂編『理科十二ヶ月』全一二冊、博文館より刊行開始 ――パリで世界初の「子ども博覧会」開催 一〇月、京都福明寺の垂髪会、日曜学校始める ――「児童文学に関する研究」「童謡についての取調」、『児童研究』に掲載 一二月、足尾鉱毒事件で田中正造、天皇に直訴を試みる
明治三五年（一九〇二）	三月、広島高等師範学校設立 四月、帝国教育会、教科書記述の言文一致化を決議 四月、国語調査委員会設立 九月、東京専門学校、早稲田大学に改称 一二月、金港堂をはじめとする出版社を舞台に教科書疑獄事件発覚		一月、日英同盟締結 三月、大江小波（巌谷小波）、『浮かれ胡弓』（世界お伽噺三七、博文館）刊行 八月、松本孝次郎、「幼稚園に於ける童話に就いて」、『児童研究』に発表 一二月、冨山房、『少年世界文学』全一六巻刊行開始 一二月、イギリスで創作絵本の嚆矢『ピーターラビットのおはなし』出版
明治三六年（一九〇三）	四月、国定教科書制度制定 六月、松本孝次郎『家庭教育』刊		五月、藤村操、「巌頭之感」を残して自殺

元号（西暦）	教育の主な出来事	仙台の児童文化に関する出来事	児童文化と社会の主な出来事
明治三六年（一九〇三）	行 九月、高島平三郎『家庭教育講話』刊行		一〇月、白木屋に木馬などを備えた遊戯室を設置し女子店員を配置 一〇月、川上音二郎一座、本郷座でお伽芝居「狐の裁判」「うかれ胡弓」（巌谷小波原作）公演。一二月宮戸座で「桃太郎」等公演。お伽芝居のはじまり 一二月、ライト兄弟有人動力飛行に成功 ——岸邊福雄、東洋幼稚園創立
明治三七年（一九〇四）	四月、全国の小学校で国定教科書使用開始 四月、東京高等師範学校附属小学校『教育研究』創刊	一月、宮城師範学校内に保母養成所開設 五月、巌谷小波、仙台で「少年文学に就いて」講演	一月、川上音二郎一座、東京と大阪で「狐の裁判」「浮かれ胡弓」上演 二月一〇日、日露戦争開戦 四月、『尋常小学読本』の中でジャンケンの掛け声を「じゃんけんぽん」に統一 五月、『児童教育』第五期第六号に「児童文学室」コーナー登場。 六月、巌谷小波『少年日露戦史』、博文館から刊行開始。以後、押川春浪『武侠艦隊』など子ども向け戦記物盛ん 七月、一橋幼稚園に女子音楽伝習所設立

			一二月、合名会社三井呉服店、株式会社三越呉服店に。座売り方式の廃止 ——白木屋、仮設的な食堂設置。デパート食堂の初め
明治三八年（一九〇五）			一月、三越呉服店、デパートメントストア宣言を出す 六月、『日本の少女』創刊 七月、読売新聞、「子供の新聞」欄新設 九月、『少年智識画報』創刊 九月、『少女智識画報』創刊 九月、ポーツマス条約締結。日露戦争終結 一一月、中野信近ら少年演劇研究会開く ——三越、小児用服飾品を発売 ※日露戦争後、産業革命進展し、大量生産・大量消費が進む。産業構造の変化により新中間階級が増大
明治三九年（一九〇六）	一月、今井恒郎『家庭及教育』刊行（美育について論述）		一月、『日本少年』（実業之日本社）創刊 一月、『幼年画報』、博文館から創刊 三月、久留島武彦主宰により東京でお伽倶楽部発足 三月、島崎藤村『破戒』刊行（自然主義

元号（西暦）	教育の主な出来事	仙台の児童文化に関する出来事	児童文化と社会の主な出来事
明治三九年（一九〇六）	一〇月、エレン・ケイ『児童の世紀』、大村仁太郎訳『二十世紀は児童の世界』（『児童の世紀』ドイツ語版からの訳）として出版 一一月、谷本富『新教育講義』刊行（大正自由教育運動の先駆け）		文学の確立） 五月、教育学術研究会主催、同文館後援こども博覧会、上野公園で開催。この年に京都でも開催 六月、高尾亮雄らが中心となって結成したお伽芝居団、大阪中之島公会堂でお伽芝居「カチカチ山」など上演 九月、『少女世界』、博文館から創刊 九月、高尾亮雄ら第二回お伽芝居「日吉丸」など上演 一〇月、竹貫直人（佳水）、千駄ヶ谷の自宅に少年図書館開館 一〇月、『少年世界』主催のお伽幻燈会、牛込築土小学校で開催 一一月、『少年文庫』創刊
明治四〇年（一九〇七）	四月、今井恒郎、日本済美学校創設 四月、小学校令改正、義務教育年限が四年から六年に延長 九月、及川平治、明石女子師範学校附属小学校の主事に	――柴田量平ら『東北文芸』創刊	一月、『少年パック』創刊 一月、高尾亮雄らにより大阪お伽倶楽部結成。お伽芝居「猿蟹合戦」など上演 四月、三越、食堂設置 五月、東京お伽劇協会、「牛若丸」「新桃

	明治四一年（一九〇八）
――全国幼稚園の入園児数一〇〇万人を超える ――マリア・モンテッソリーがローマに「子どもの家」開設。モンテッソリー・メソッドがブームに	四月、奈良女子高等師範学校を創設 六月、羽仁もと子『家庭教育の実験』刊行 一〇月、文部省「戊申詔書」に関して訓令 ※この頃、家庭教育と美育への関心が高まる
太郎」上演 六月、木村小舟『明治少年文学史』刊行 ――三越、屋上庭園開設。屋上遊園地のさきがけ 七月、大阪千日前に常設活動写真館千日前電気館開館 ――松屋、食堂の設置 一〇月、京都お伽倶楽部、お伽芝居「猿蟹合戦」など上演 一一月、巌谷小波『女子処世　ふところ鏡』で芸術的子ども向け読み物と美育の必要性を主張	一月、『実業少年』、博文館から創刊 一月、『冒険世界』、博文館から創刊 二月、『少女の友』、実業之日本社から創刊 四月、三越、子ども用品の売り場設置、「小児部」創設 五月、三越主催第一回三越子供会開催 一〇月、伊藤左千夫ら『アララギ』創刊 一一月、三越主催第二回三越子供会開催 ――大丸、食堂の設置

元号（西暦）	教育の主な出来事	仙台の児童文化に関する出来事	児童文化と社会の主な出来事
明治四二年（一九〇九）	四月、東京盲学校創設 一〇月、国定教科書発行のために東京書籍、日本書籍、大阪書籍設立	五月、聖公会、青葉幼稚園設立	一月、有楽座の子供日創設。毎週土日、祭日を子供日として大正九年四月まで継続 二月二七日、巌谷小波、東京日日新聞に「少年文学の将来」発表 四月、三越児童博覧会開催（以降、一九二一年までの間に計九回開催）。この時、三越少年音楽隊結成 四月、大阪お伽倶楽部の巡回子供図書館始まる 五月、巌谷小波編により初の本格的な絵本シリーズ『お伽画帖』刊行始まる。 五月、岸邊福雄『お伽話仕方の理論と実際』（明治の家庭社）刊行 六月、児童博覧会終了後、三越、児童需要品研究会（後に児童用品研究会）創設 九月、『少女』創刊 九月、童謡研究会編『諸国童謡大全』刊行 一〇月、伊藤博文ハルビンで暗殺される

	明治四三年（一九一〇）	明治四四年（一九一一）
	四月、第二期国定教科書使用開始	
——尾上松之助デビュー。東京の活動写真常設館は七〇か所に	四月、久留島武彦、東京青山に早蕨幼稚園開園 四月、武者小路実篤ら『白樺』創刊 六月、大逆事件で幸徳秋水ら逮捕 八月、大阪お伽倶楽部・京都お伽倶楽部共催の瀬戸内海子供船、瀬戸内海を周遊。団長巌谷小波 八月、韓国併合 九月、『少年文芸』創刊 ——竹久夢二『子供の国』出版 ——大阪で子ども向け読物中心の『学童』出版	一月、『英語少年』創刊 一月、お伽倶楽部主催第一回お伽周遊列車関西を歴訪 三月、『小学生』創刊 三月、お伽倶楽部主催第二回お伽周遊列車、箱根に 三月、『立川文庫』刊行開始（第一篇『諸国漫遊　一休禅師』）。以後、少年た

元号（西暦）	教育の主な出来事	仙台の児童文化に関する出来事	児童文化と社会の主な出来事
明治四四年（一九一一）	五月、文部省「春の小川」「朧月夜」などを収録する『尋常小学唱歌』刊行 五月、文部省、通信教育調査委員会を設置 六月、西山哲治『児童中心主義攻究的新教授法』刊行 八月、本郷区小学校児童夏期休養団開設 一二月、中村春二、成蹊実務学校創設 ※小学校の就学率、通学率共に九〇％を超える		ちの間で一大ブームに 三月、工場法公布 四月、名古屋伊藤呉服店でこども博覧会開催 五月、「桃太郎主義」を標榜する早蕨幼稚園、お伽倶楽部の研究機関となることを目的に設立 六月、福井お伽倶楽部発足 六月、久留島武彦、お伽倶楽部機関誌『お伽倶楽部』創刊 七月、京都お伽倶楽部主催お伽周遊会、日光へ 七月、お伽倶楽部主催少年少女大会、京橋小学校で開催 八月、お伽倶楽部主催臨海学校、小田原で開催 九月、平塚雷鳥ら『青鞜』創刊 一〇月、お伽倶楽部名古屋支部発足 一〇月、白木屋、少女音楽隊結成。一二月に少女歌劇「羽子板」上演 一一月、浅草金竜館でフランス映画「ジ

			ゴマ」大ヒット。子どもたちの間でジゴマごっこ流行る
明治四五年／大正元年（一九一二）（七月三〇日改元）	四月、西山哲治、私立帝国小学校創設 四月、成蹊中学校創設 八月、高松市四番丁小学校が避暑保養所開設。夏期林間学校、臨海学校などの先がけ 一二月、及川平治『分団式動的教育法』刊行	――前田夕暮と、日本聖公会の伝道師として仙台で一時期布教を行った山村暮鳥が顧問となった『シャルル』が柴田量平らにより創刊	一月、『少女画報』創刊 一月、『武侠世界』創刊 七月三〇日、明治天皇崩御、大正に改元 八月、『少年少女お伽世界』創刊 八月、竹貫佳水を中心とする巌谷小波の弟子たちにより少年文学研究会発足 九月、乃木希典夫妻殉死 一〇月、警視庁、映画「ジゴマ」上映禁止 ※この頃、子どもたちの間で活動写真熱高まる
大正二年（一九一三）	三月、芦田恵之助『綴り方教授』 四月、成蹊小学校創設 五月、高木敏雄『修身教授童話の研究と其資料』刊行 一〇月、ルソーの『エミール』、三浦関造訳『人生教育エミール』として出版。一二月までに五版の反響となる	――漢詩文や和歌、俳句の月刊誌『仙台文学』が創刊 一〇月、『少女の友』愛読者大会、仙台で開催。以後、東北各県で開催	一月、『少女』創刊 三月、大阪三越内に大阪こども研究会結成 四月、大阪三越で児童博覧会開催 六月、森永ミルクキャラメル発売 七月、宝塚唱歌隊結成 一二月、『コドモ』創刊 一二月、第一次護憲運動
大正三年（一九一四）			三月、有本芳水『芳水詩集』刊行

元号（西暦）	教育の主な出来事	仙台の児童文化に関する出来事	児童文化と社会の主な出来事
大正三年（一九一四）	六月、河野清丸『モンテッソリー教育法と其応用』刊行 八月、留岡幸助、北海道に私立教護院創設	八月、仙台市立片平丁小学校、夏季林間教養所開設	四月、『子供之友』、婦人之友社から創刊 四月、宝塚少女歌劇初公演 四月、初の着色劇映画「義経千本桜」上映 七月、第一次世界大戦勃発 八月、秋田お伽会、日本少年・少女の友秋田愛読者大会開催 八月二三日、ドイツに宣戦布告し、第一次大戦に参加 九月、鈴木三重吉、現代名作集の刊行開始 九月、日曜学校関係雑誌『日曜学校』創刊 一一月、大日本雄弁会『少年倶楽部』創刊 一一月、『新少年』創刊 一二月、『少年倶楽部』愛読者大会、神田青年館で開催 一二月、小林商店が子ども向け歯磨き（ライオンコドモハミガキ）発売。お菓子、日用雑貨の世界で子ども向け商

品増加
――本居長世、お伽歌劇「月の国」、白木屋で開催
※子どもたちの間に戦争ごっこ流行る

大正四年（一九一五）

二月、巌谷小波『桃太郎主義の教育』刊行
四月、成蹊小学校創設
七月、及川平治『分団式各科動的教育法』刊行
八月、J・デューイ『民主主義と教育』原著の刊行
八月、名古屋市で小学校の夏期臨海学校実施
※この頃から全国で夏期休暇中に海浜学校、林間学校実施が盛んになる
※小学校の就学率、一〇〇％近くになる

一月、『飛行少年』創刊
二月、『日本幼年』創刊
四月、『新少女』創刊
五月、『少年世界』『少女世界』共催の少年少女大会、富山市で開催。その後、福井市などで開催
五月、金沢お伽倶楽部大会、金沢市会議事堂で開催
六月、武生でお伽倶楽部発会式
七月、本願寺執行所教学課内に日曜学校係設置
八月、第一回全国中等学校優勝野球大会始まる
一〇月、藤沢衛彦『通俗グリム童話』刊行
一一月、『新少女』、紅葉狩りの会を井の頭で開催
――下位春吉、葛原しげるら大塚講話会

元号（西暦）	教育の主な出来事	仙台の児童文化に関する出来事	児童文化と社会の主な出来事
大正四年（一九一五）			設立
大正五年（一九一六）	四月、芦田恵之助『読み方教授』刊行 六月、原田実訳で『児童の世紀』翻訳出版 八月、京都高等女学校主催林間教育実施	八月、黒川郡大衡小学校、林間教授実施	一月、高木敏雄『童話の研究』刊行 一月、『良友』、コドモ社から創刊 三月、帝劇の家庭娯楽会、お伽芝居など上演 七月、巖谷小波、新潟県各地で口演童話 七月、上野で婦人子供博覧会開催 九月、楠山正雄『イソップ物語』刊行 一〇月、『ニコニコ少年』創刊 一〇月、『飛行幼年』創刊 一〇月、「クオレ」文部省推薦映画に 一二月、帝劇のクリスマス娯楽会開催、お伽劇、久留島武彦の口演童話など上演 一二月、『少女号』創刊 一二月、鈴木三重吉『湖水の女』（春陽堂）出版 ※読み物と活動写真で講談物が子どもたちの人気に。特に、尾上松之助演じる「自来也」人気に。子どもたちの間に忍者ごっこ流行る

大正六年（一九一七）

四月、澤柳政太郎、成城小学校創立
四月、長野師範学校附属小学校に研究学級創設

八月、宮城県男子師範学校附属小学校、松島公園内桂島に第一回海浜林間教養園を開園

一月、児童話術研究会発足
一月、有本芳水『旅人』（実業之日本社）刊行
一月、『幼女の友』創刊
三月、『海国少年』創刊
三月、和光堂、初の育児用粉ミルク「キノミール」発売
四月、鈴木三重吉編『世界童話集』（春陽堂）全二一巻刊行開始
四月、横浜お伽会主催春季大会、横浜小学校で開催
五月、第一回前橋お伽学校、桃井小学校で開催
五月、大阪市教育会、天王寺公会堂において巡回子供デー開催。一二月までに計一一回開催
六月、第二回前橋お伽学校開催。松美佐雄を講師に
六月、『少女世界』愛読者大会神田青年会館で開催
六月、『少年世界』愛読者大会有楽座で開催

元号（西暦）	教育の主な出来事	仙台の児童文化に関する出来事	児童文化と社会の主な出来事
大正六年（一九一七）		一二月、スズキヘキら、回覧同人誌『三人』第四号発行。この中にヘキの童謡的作風の詩「雪」掲載	八月、鶴北会主催お伽講演会、山形県酒田大宝館で開催。安倍季雄を講師に 一二月、有楽座クリスマス子供日にお伽劇上演 一二月、帝国劇場、年末娯楽会として児童劇やお伽噺上演 ※この頃、デパートに玩具売場出現、子ども用品の販売盛んになる
大正七年（一九一八）	三月、市町村義務教育国庫負担法公布 四月、第三期国定教科書使用開始	七月、スズキヘキ兄弟、『赤い鳥』に夢中になる	二月、『少女の友』愛読者大会有楽座で開催 二月、岸和田津田文庫主催お伽講演会、岸和田小学校で開催 五月、『少年』主催東京市小学校選手雄弁会、慶応義塾大学講堂で開催 五月、『子供之友』主催運動会開催 ——日本之工業社から週刊『少国民新聞』創刊 六月、『少女』主催音楽大会帝国劇場で開催 六月、『幼女クラブ』創刊 七月、鈴木三重吉、『赤い鳥』創刊。創

	一二月、大学令公布		刊号には、北原白秋「りす〳〵小栗鼠」、芥川龍之介「蜘蛛の糸」など 八月、シベリア出兵開始 八月三日、富山県で米騒動起り全国に波及 八月『幼女の花』創刊 九月、原敬内閣誕生（初の本格的政党内閣） 一〇月、両国図書館、お伽講演会開催 ―スペイン風邪、世界的に大流行 一一月、『世界少年』創刊 一一月、西條八十、『赤い鳥』に「かなりあ」発表 一二月、帝国劇場、年末家庭娯楽会 ―この年、高尾亮雄らにより大阪で浄土宗お伽団結成
大正八年（一九一九）	二月、デューイ来日、東京帝大で講演 二月、戸倉事件、大正自由教育への弾圧の嚆矢 三月、木下竹次、奈良女子高等師範学校附属小学校主事に	一月、天江富弥、『赤い鳥』『おとぎの世界』に童謡を投稿。以後、『おとぎの世界』投稿欄にしばしば掲載される 二月、ヘキ『おとぎの世界』の「推奨」や投稿欄にしばしば掲載される	一月、パリ講和会議 一月、宝塚音楽歌劇学校設立 一月、『お伽幼年』創刊 四月、『おとぎの世界』（文光堂）創刊 五月、『小学少年』創刊 五月、西條八十の「かなりや」（原詩「か

元号（西暦）	教育の主な出来事	仙台の児童文化に関する出来事	児童文化と社会の主な出来事
大正八年（一九一九）	四月、山本鼎ら長野県神川村小学校で第一回児童画展覧会開催、以後自由画運動勃興 五月、帆足理一郎訳、J・デューイ『民主主義と教育』刊行 六月、手塚岸衛、千葉師範学校附属小学校主事に 八月、初の教員組合啓明会発足 九月、千葉師範学校附属小学校で自由主義教育を掲げて学校改革を開始		なりあ」）に成田為三が曲をつけて発表。 六月、『赤い鳥』一周年記念音楽会、山田耕筰帰朝歓迎会をかねて帝国劇場で開催（童謡流行期に） 七月、『こども雑誌』（女子文壇社）創刊 七月、カルピス発売 一〇月、『小学男生』創刊 一〇月、『小学女生』創刊 一〇月、北原白秋、童謡集『トンボの眼玉』刊行 一〇月、鈴木三重吉編『「赤い鳥」童謡』第一集刊行。以後、第八集まで 一一月、『金の船』（キンノツノ社）創刊 一二月、帝国劇場で家庭娯楽会としてお伽芝居上演 ——名古屋で児童文芸誌『兎の耳』創刊 ——大阪で童謡を歌う団体光の会結成 ——函館で大沼小学校訓導坂本恭輔、高橋喬ら童話劇上演
大正九年（一九二〇）	二月、慶應義塾大学、早稲田大学、	一月、スズキヘキ、『おとぎの世界』	一月、『少年少女譚海』（博文館）創刊

大学令による私立大学として認可。一九二六年までにこの他二〇私大認可

四月、成城小学校『教育問題研究』創刊

四月、木下竹次ら奈良女子高等師範学校附属小学校で合科学習を開始

第二年第一号通信欄に、山村暮鳥に宛てて童謡研究欄の新設を訴える。六月号にも。八月号の「消息」には投稿童謡への講評を書き、童謡創作論を展開する場を熱烈に求める

二月、ヘキ、鈴木兄弟、桜田はるを ら手書きの回覧雑誌『街上』第三集刊行

二月、『温情』二月号にスズキヘキと桜田はるをの短歌掲載

三月八日納本の『おとぎの世界』にヘキの住所掲載され、天江富弥とスズキヘキの文通始まる

四月、スズキヘキ、片平庸人ら同人の手書き回覧雑誌『銀盤』創刊

四月一五日、天江富弥とスズキヘキ初対面

六月一八日、童謡研究誌発行を天江富弥がスズキヘキ宛て手紙で提案

一月、国際連盟に正式加入（常任理事国となる）

二月、吉屋信子『花物語』第一巻出版

二月、『金の船』主催お伽大会有楽座で開催

三月、帝国劇場家庭娯楽会でお伽劇を上演

三月、『少年』主催の愛読者大会帝国劇場で開催

三月、『少女』主催の愛読者大会帝国劇場で開催

四月、『童話』創刊

四月、『日本少年』『少女の友』の関西愛読者大会、大阪、京都、神戸で開催

五月、上野公園で最初のメーデー

五月、『女学生』創刊

五月、『こども雑誌』廃刊

七月、『少年』主催の少年野球大会開催

八月、茨城県童謡普及会、野口雨情を招いて水海道町で開催

九月、東京市立日比谷図書館に児童室開設

元号（西暦）	教育の主な出来事	仙台の児童文化に関する出来事	児童文化と社会の主な出来事
大正九年（一九二〇）	六月、手塚岸衛ら千葉師範学校附属小学校で自由教育実践を公開 一二月、北原白秋、山本鼎ら日本自由教育協会結成	一一月、『若人』創刊号（第二巻第三号、大正九年一一月まで確認、この雑誌でスズキヘキと千葉春雄の交流始まる） 一一月一七日付消印のスズキヘキ宛て天江富弥書簡に、「おてんとさん社」の名前初めて登場 一二月二〇日納本『若人』第二巻第二号誌上でおてんとさん社設立を告知し、参加を呼びかける	九月、『少年』『少女』共催の少年少女教育活動写真大会有楽座で開催 九月二六日、『金の船』東京童謡会発足。野口雨情、都築益世ら出席 一〇月一日、第一回国勢調査（人口約七七九六万人） 一〇月、東京で児童衛生博覧会開催 一一月、日比谷図書館児童室開室記念童話会開催 一一月、豊山大学主催こども大会、音羽護国寺で開催 一一月、『金の船』主催童話劇童謡音楽会開催 一二月、童話劇協会有楽座で上演 一二月、童話劇協会、有楽座で童話劇上演 一二月、第三回『金の船』東京童謡会、吉祥寺月窓寺で開催 ――大阪でとんぼの家活動開始 ――名古屋で子ども向け総合雑誌『宝の山』創刊

※この頃、婦人雑誌に童話が掲載されるようになり、童話の隆盛期になる

※「かなりや」「十五夜お月さん」「あわて床屋」などの童謡が流行り、童謡興隆期になる

大正一〇年（一九二一）

一月、北原白秋、山本鼎、岸邊福雄、片上伸『芸術自由教育』創刊

一月、『若人』第二輯「紙屑籠」に、ヘキ、「坐辺觸目」という文章を寄せ、童謡について語る

一月、「童謡の御好きな人人に」というガリ版刷りのチラシでおてんとさん社設立を告知し参加を呼びかける

一月一五日前後、第一回童謡研究会を開催、おてんとさん社発足。社人、天江富弥、錫木碧、桜田はるを、仙波玻郎（千葉春雄）、都築益世、佐藤勝熊（朔）、佐々木白椿（重兵衛）。後に黒田正、鈴木一郎、刈田仁、伊藤博、吉田昌二郎、蛯子英二、賤桟多味男らが加わる

二月、『若人』第三輯巻末に『おて

二月『金の塔』（大日本仏教コドモ会）創刊

二月、第五回『金の船』東京童謡会、四谷都築病院で開催

二月、大阪の小学校教師らにより『木馬』創刊（初の童謡を中心とした雑誌）

三月、帝国劇場家庭娯楽会で童話劇上演

四月、『五六年の小学生』（研究社）創刊

四月、『白鳩』（新教育研究会）創刊

四月、後藤牧星により、大阪に児童文化

元号（西暦）	教育の主な出来事	仙台の児童文化に関する出来事	児童文化と社会の主な出来事
大正一〇年（一九二一）	四月、『伸びて行く』創刊（奈良女子高等師範学校附属小学校から出された学習雑誌） 四月、羽仁もと子・吉一、自由学園創設 四月、西村伊作、文化学院創設 六月、山本鼎『自由画教育』刊行	んとさん』創刊号の広告掲載し、社員・社友の募集を行う 二月一五日、おてんとさん社、東一番丁露月堂喫茶店で第二回童謡研究会開催 ◎二月、上杉山通小学校『にじ』二月号（第二三輯、昭和三年一二月まで確認）二月、宮城県女子師範学校附属小学校で児童自由画展開催 ◎三月、木町通小学校『コトリ』創刊 三月一五日、『おてんとさん』創刊（初の本格的な童謡専門誌） 五月、千葉春雄、東京高等師範学校附属小学校国語部訓導として赴任 ◎六月、木町通小学校「コトリ」三号（五号、大正一一年一月まで確認） 六月、仙台市立木町通小学校で教育	協会設立か。「児童文化」の用語を使用し始めた最初期の例 四月一日、『とんぼ』創刊（都築益世らによる童謡専門誌） ◎五月、福井県高浜小学校『ことり』第三巻第四号 六月、巌谷小波、お伽三十年記念会、帝国劇場で開催。お伽三十年祝賀会、紅葉館で開催 六月、野口雨情『十五夜お月さん』刊行 六月、『幼女ゑ雑誌』（博文館）創刊 七月、野口雨情「七つの子」、『金の船』に発表

八月、八大教育主張講演会開催（手塚岸衛、及川平治、小原國芳、千葉命吉ら）
八月、前橋市立敷島小学校と桃井小学校、林間学校共同開催
八月、成城小学校『児童の世紀』創刊
八月、自由教育協会主催芸術教育夏季講習会長野県下で開催
――茨城で自由教育禁止
――成城小学校、学芸会・図画展覧会開催
一一月、長野県で信濃自由大学始まる
一二月、千葉命吉『一切衝動皆満足』刊行

展覧会開催
七月一六日、おてんとさん社主催による野口雨情『十五夜お月さん』出版記念会、「十五夜お月さんの会」三瀧温泉で開催。
◎七月、宮城女子師範学校附属小学校『どうえう』刊行
八月、おてんとさん社、藤森秀夫を招待して童謡研究座談会開催
八月、宮城県女子師範学校主催、童謡童話研究会開催
一〇月、おてんとさん社主催第一回童謡音楽会、木町通小学校で開催
――仙台の地方新聞「新東北」「東華」で童謡募集、掲載
一〇月、文化生活研究会主催講演会仙台で開催。秋田雨雀、童話論を講演
◎南材木町小学校『つばめ』創刊号（第二号、大正一一年まで確認）

八月、日本童謡協会設立
九月、東京童謡研究会発足（野口雨情を中心に都築益世、多田愛咲らを幹事に）
一〇月、童謡誌『かなりや』創刊
一〇月、『少年王』創刊
一〇月、雑誌『種蒔く人』創刊
一一月、神田女子青年会館で童謡音楽講演会開催
一二月、帝国劇場家庭娯楽会童話劇上演
一二月、山形お噺会結成。翌年一月から大正一二年二月まで、小林藤吉を中心に山形市内小学校図書館でお噺会開催
一二月、野口雨情「青い目の人形」、『金の船』に発表
※「七つの子」「赤い靴」「赤とんぼ」「どんぐりころころ」など名作童謡の発表盛んに
※この頃、社会的に「文化」という言葉が流行する

元号（西暦）	教育の主な出来事	仙台の児童文化に関する出来事	児童文化と社会の主な出来事
大正一〇年（一九二一）		——仙台市立木町通小学校四年生鈴木正一、手書きで『夢の国』第二号発行 ※この頃、ヘキと蛯子英二、片平庸人ら子どもたちに街頭で童謡・童話を披露	
大正一一年（一九二二）	一月、茨城県知事守屋源次郎、郡視学会議で手塚岸衛の自由教育を非難 一月、大日本学術協会『八大教育主張』刊行	一月、野口雨情に依頼していた「おてんとさんの唄」の原稿届く。「おてんとさんの唄」は、以後、仙台の児童文化活動で歌い継がれることに ◎一月、落合小学校『小さな灯』第二巻第一号 ◎一月、『星のささやき』 一月、鈴木正五郎を中心とした鈴木兄弟、手書きで『小学生』発行 二月一一日、黒田正、童謡教育への取り組みによって仙台市長から推奨状授与さる 二月、スズキヘキを中心に、謄写版の『研究会報』発行	一月、『童謡』（日本童謡協会）創刊 一月七日、函館公会堂で本間作十、鈴木武平らの函館童話劇研究会、第一回試演会上演 一月、大阪白帆社から児童文芸誌『白帆』創刊 一月、『コドモノクニ』（東京社）創刊。武井武雄らの童画による挿絵掲載 二月、函館本願寺別院の児童協会童話実演 二月、本郷教会日曜学校主催お話の会、開催。野口雨情、沖野岩三郎出席 二月、日本大学に童話研究会発足 二月、六甲苦楽園で第一一回大阪児童倶楽部開催

三月、手塚岸衛『自由教育真義』刊行
四月、奈良女子高等師範学校附属小学校『学習研究』創刊
五月、土田杏村『自由教育論』刊行
五月、大阪池田に「家なき幼稚園」開園

三月、『おてんとさん』第二年第二号（通巻第七号）で終刊、この後、おてんとさん社社人を中心に、仙台で様々な同人誌（『さくらんぼ』『こがねの国』『鳳仙花』『ことりのほん』『ハトポッポ』『木陰』『お星さん』『ミヒカリ』『シャボン玉』『檪』『フウセン』『こまどり』『童街』『鳩の笛』『群星』『ささやき』『土踏』『ビンドロ』など）刊行される
三月、鈴木幸四郎を中心に『ことりのほん』創刊
五月六日、野口雨情氏招聘おてんとさん童謡会、仙台市公会堂で開催、一〇〇〇人ほど集まる。その後スズキヘキ・天江富弥らと雨情、松島周遊
五月、天江富弥とスズキヘキの連名でおてんとさん社解散宣言を出す
◎五月、野蒜小学校『童謡の教育』

二月、グリコキャラメル発売開始
三月、帝国劇場、家庭娯楽会で久留島武彦の実演童話等上演
三月、函館大谷女学校送別同窓会で童話劇上演
四月、資生堂、『オヒサマ』創刊
四月、『小学園』創刊
四月、『金の鳥』創刊
四月、茨城県若柳小学校（粟野柳太郎）、野口雨情の童謡講演会開催
四月、粟野柳太郎、若柳小学校の子どもの作品を編集して『蝙蝠の唄』刊行
四月、目白福音教会で野口雨情、沖野岩三郎を招き童話童謡講演会開催
四月二二日、函館毎日新聞社主催第一回童謡童話劇大会開催
五月、藤沢衛彦、芦谷芦村ら、日本童話協会設立
五月、全国三十の主要都市で「児童愛護デー」開催
五月、『正午』創刊
六月、『金の船』『金の星』と改題

元号（西暦）	教育の主な出来事	仙台の児童文化に関する出来事	児童文化と社会の主な出来事
大正一一年（一九二二）	七月、宮城県宮村小学校小野さつき訓導、白石川で殉職、美談として喧伝される 七月、自由教育の会主催講演会で秋田雨雀童話について講演 一〇月、峰地光重『文化中心綴方新教授法』（「児童文化」を一定の概念で使用）刊行 一一月、志垣寛『生活を教育にまで』刊行	六月一一日、仙台市立南材木町小学校の教師と生徒、大年寺山で「野外童謡指導会」実施。さくらんぼ社との共同開催 ●六月、『さくらんぼ』野外童謡集第一号（第三号、大正一一年一一月まで確認） 九月、おてんとさん社主催第二回童謡音楽会、上杉山通小学校で開催 ●九月、『月見草』九月号 ●九月、『ほたろ』七月号 一一月、おてんとさん社童謡童話会、宮城県桃生郡北村小学校、桃生郡前谷地小学校、遠田郡小牛田小学校で開催。天江富弥、スズキヘキ、蛯子英二参加 ◎北村小学校『喜多村童謡歌集』第三号 一一月、『群星』第八号	六月、後藤牧星『子供の為めに 童謡の作り方』出版。「児童文化」という語が活字になった嚆矢か 六月、児童芸術社の童話劇有楽座で上演 六月、野口雨情ら第一回路傍童話童謡会を小石川西丸町の露天で開催 七月、千葉春雄・田中豊太郎『童謡と子供の生活』（目黒書店）刊行 七月、日本童話協会機関誌『童話研究』（日本童話協会）創刊 七月、『少女の花』創刊 八月、『少年少女文庫』創刊 八月、松村武雄『童話及児童の研究』刊行 ――童謡踊ひろめ会主催の童謡踊講習会、芝中学で開催 九月、『綴方』（綴方研究会）創刊 九月、童謡誌『たんぽぽ』創刊 九月、『木馬』第一六号に「子供の文化運動」という表現。 九月、第一一回藤蔭会で野口雨情詞・本

	大正一二年（一九二三）
一二月、黒田正『童謡教育の実際』（米本書店）出版 一二月二四日、東二番丁日本クリスト教会、クリスマス会開催	一月、山田重吉『こがねの国』第一集
居長世曲の四つの童謡踊発表 一一月、アインシュタイン来日 一一月、『少女物語』創刊 一一月、東京朝日新聞社主催、第一回坪内逍遥指導児童劇、有楽座で上演 一二月、帝国劇場第三回坪内逍遥指導児童劇を含むクリスマス家庭娯楽会開催 一二月、内山憲堂・樫葉勇、児童文化会発足、第一回集会を深川善隣館で開催 一二月、おまけつきグリコの製造開始 ※子ども服の需要と販売が本格化 ※童謡・童話最隆盛期を迎える ※この頃から「子供の文化」「児童文化」という用語の使用目立ち始める	一月、『少女倶楽部』（大日本雄弁会講談社）創刊 一月、大阪でお月さん社により童謡同人誌『お月さん』創刊 一月、桜楓会支部主催「児童劇・童謡模範会」大阪中之島公会堂で開催

元号（西暦）	教育の主な出来事	仙台の児童文化に関する出来事	児童文化と社会の主な出来事
大正一二年（一九二三）	三月、木下竹次『学習原論』刊行 四月、小原国芳『学校劇論』『自由教育論』刊行	三月三日、『童謡童話　おてんとさん』第一号 三月、沖野岩三郎、おてんとさん社と仙台文化生活研究会の招きで来仙し、仙台市公会堂、塩釜市、白石市などで通俗教育講演会を行う 四月、宮城県図書館内（館長、池田菊左衛門）に仙台児童倶楽部創設。委員天江富弥、スズヘキ、蛯子英二、黒田正、伊藤博、安倍宏規。顧問池田菊左衛門 四月二日、仙台児童倶楽部第一回童話童謡会開催。会場の宮城県図書館に約一〇〇〇人来場。以後毎月一回開催	二月、お伽倶楽部春季大会、有楽座で開催 三月、後藤牧星、自宅で童謡の研究会第一回小鳥の家集い、開催。以後、毎月第二土曜日に開催 三月、百田宗治「どこかで春が」、『小学男生』に発表 三月、加藤まさを「月の砂漠」、『少女倶楽部』に発表 三月、帝国劇場春季家庭娯楽会、お伽劇・童話劇上演 三月、お伽倶楽部下谷支部発足、下谷宗源寺で日本お伽学校開催 三月、東洋家政女学校・東洋幼稚園主催童謡大会、有楽座で開催 三月二七日～二九日、後藤牧星の児童文化協会、大阪市保育会を後援に、大阪市立愛日小学校を会場に文化講習会開催 四月、『芸術教育』創刊 四月一日、後藤牧星の児童文化協会、『小

六月、澤柳政太郎らアメリカＮＥＡ主催の世界教育会議に出席

七月、富山師範学校附属小学校児童文化研究会、副読本『児童文学読本』出版

八月、芸術教育会主催芸術教育夏季講習会、東京美術学校で開催

八月、野口援太郎・下中弥三郎・為藤五郎・志垣寛、「教育の世紀社」結成、『教育の世紀』創刊

――奈良女子高等師範学校附属小学校への参観者二万人を超える

◎五月、原町小学校「かげろふ」第四集

五月、スズヘキ、幸四郎、正五郎ら鈴木兄弟を中心に『小鳥の本』第二巻第四号発行（第一三集、大正一二年一一月まで確認）

七月、片平庸人、鈴木幸四郎、山田重吉、堀田貞之助、赤塚幸三郎『ハトポッポ』第一信発行（第二信、大正一二年九月まで確認）

八月、日本赤十字社宮城支部夏季児童保養所開設

八月三日、仙台日本キリスト教会日曜学校、海浜学校開催

九月、宮城県図書館東側庭で仙台児童倶楽部主催、童謡童話お伽幻燈会開催

鳥の家』創刊

五月六日、児童文化協会、大阪市立船場小学校を会場に、第一回童謡・童話大会開催。光の会後援

五月、松村武雄『童謡及童話の研究』刊行

五月、『嶽陽文壇』第五五号

五月、東京市社会課主催児童大会、東京自治会館で開催

五月、駿台文化青年会主催第一回コドモ会、光明教壇で開催

五月、『少年文学』（イデア書院）創刊

六月、『揺籃』創刊

六月～八月、後藤牧星の児童文化協会、大阪市内一一の小学校を巡回して小鳥の家巡回レコードコンサート開催

六月、第四回坪内逍遥指導児童劇、有楽座で上演

六月、『コドモ新聞』主催第一回コドモ大会有楽座で開催

六月、東京市社会局主催少年少女大会、浅草小島小学校で開催

元号（西暦）	教育の主な出来事	仙台の児童文化に関する出来事	児童文化と社会の主な出来事
大正一二年（一九二三）	——福島県師範学校附属小学校、「我が校の児童教養方針」発表	九月二四日、スズキヘキ、木町通小学校の生徒らと童謡散歩会実施 一〇月一七日、仙台児童倶楽部主催アンデルセン童話会開催 一〇月、小倉旭、和ら小倉兄弟を中心に『お星さん』第四集刊行（第五集、大正一三年一月まで確認） 一〇月、菅野迷雀『木蔭』No.1刊行 ◎栗原郡岩ヶ崎小学校『やまびこ』第一号 ※この頃、宮城県内で仏教系とキリスト教系それぞれで日曜学校盛んになる。おてんとさん社社人、日曜学校で童話・童謡活動を行なう ——この年、仙台市東二番丁教会の日曜学校内に、蛯子英二、おてんとさん人形病院開設	六月、『十五夜』創刊 七月、『ひよこ』創刊 七月、後藤牧星の児童文化協会、大阪市立船場小学校を会場に第二回童謡踊り講習会開催 八月、コドモ新聞主催納涼コドモ会、玉川遊園地で開催 九月一日、関東大震災 ——子どもたちの間に震災ごっこや震災を題材にした替え歌流行する 一〇月、野口雨情『童謡と児童の教育』刊行 一〇月、『日本少年』一〇月号、関東大震災特集号発行 一一月、『コドモアサヒ』（大阪朝日新聞社）創刊 一二月、京帝国大学セツルメント設立 一二月、『小学四年生』創刊 一二月、藤澤衛彦編『児童芸術講座』全六巻刊行開始 ——この年、大阪で子ども向け総合雑誌

			『蟻の塔』創刊 ※この頃、各地で童話会、童謡会、童話・童謡に関する講演会等開催される
大正一三年（一九二四）	一月、桜井祐男『教育文芸』創刊 三月、千葉師範学校附属小学校『自由教育』創刊 四月、福島政雄訳、ペスタロッチ『隠者の夕暮』刊行 四月、ヘレン・パーカスト（ドルトンプランの創始者）来日 四月、教育の世紀社同人、池袋児童の村小学校創設 五月、赤井米吉ら、明星学園創設	二月、金野細雨編『赤い実』第二輯刊行（第五巻第一一号（昭和三年八月）まで確認） 二月、綴り方奨励のため宮城県教育会で年四回児童文集発刊を決める ●二月、『皆さんの童謡集』 四月、七ツの子社（七つの子社、七ッの子供社、七つの子供社）発足。社人に鈴木幸四郎、静田正志、鈴木明、佐藤長助、小倉旭、山田重吉。後に石森門之助、斎藤一郎、門脇信亮、鎌田孝、蜂屋孝夫、菅原寛一、蓑藁田正ら参加 五月二三日、仙台児童倶楽部一周年記念「野口雨情氏招聘　童謡童話大会」、仙台市公会堂で開催 五月、『シャボン玉』第一号（第二号、	一月、野口雨情「あの町この町」、『コドモノクニ』に発表 一月、第二次護憲運動起る 二月、大阪毎日新聞社、児童文芸研究会創設 二月、蕗谷紅二「花嫁人形」、『令女界』に発表 三月、日本童話協会有志による童話講演会、東洋大学で発会式 三月、大阪の中之島教育会と大阪社会教育協会共催でお噺の仕方講習会開催 三月、帝劇春季家庭娯楽会、帝国ホテル演芸場で開催 四月、童話講演研究会主催の童話会、小石川林町小学校で開催 四月、大隈公記念事業会主催、第九回坪内逍遥指導児童劇、大隈庭園で上演 五月、金の星社・ミソラ社共催の童謡童話会、大阪で開催

元号（西暦）	教育の主な出来事	仙台の児童文化に関する出来事	児童文化と社会の主な出来事
大正一三年（一九二四）	八月、茗渓会主催芸術教育講習会、五日間にわたって開催	大正一三年一〇月まで確認） 六月、シャボン玉社、原町路傍お話会開催 ●六月、『そらのとり』第一号（第三号、大正一三年一一月まで確認） ●六月、『小鈴のひびき』第一集発行 ◎六月、伊具郡丸森小学校『麦笛』創刊号 七月一日、メートル法実施。仙台児童倶楽部主催メートル法宣伝童謡童話会開催。ヘキ、幸四郎、正五郎、明兄弟、石巻町役場の依頼でメートル法宣伝歌作る 七月六日、仙台仏教コドモ会連盟主催、お伽大会開催 七月二九日から八月一日、七つの子社、童謡童話ジャズ行脚敢行 八月、『北日本詩人』八月号（一一月号、大正一三年一一月まで確認） ●八月、『童謡の本』第三号	五月、芸術教育会編『学校劇の研究』刊行 六月、野口雨情『青い眼の人形』刊行 七月、メートル法実施 七月、北原白秋「からたちの花」、『赤い鳥』に発表 七月、『童話時代』創刊 七月、大阪の芸術教育会から『芸術と教育』創刊 七月、日本童話協会主催児童芸術講習会、四日間にわたって開催 九月、芦谷重常『童話十講』刊行 一〇月『童謡芸術』創刊 一〇月『童謡春秋』創刊 一〇月、『子供の科学』創刊 一〇月、『小学三年生』創刊 一一月、芦谷重常『世界童話研究』刊行 一二月、野口雨情「證城寺の狸囃」、『金の星』に発表

大正一四年（一九二五）

八月、岡田良平文部大臣、地方長官会議で自由教育を非難（岡田訓令）。九月三日付けで学校劇に関する文部次官通牒発令

九月、川井訓導事件（松本女子師範学校附属小学校で視学委員らに非難された川井清一郎訓導が休職に）発生。大正自由教育への弾圧強まる

九月、国際連盟「子どもの権利に関するジュネーブ宣言」採択

※奈良女子高等師範学校附属小学校の教育を文部省が非難

※副読本の流行に対して文部省が抑圧

※文部省の検定済みでないことを理由に学校での童謡を禁止する方針

八月、日本赤十字社宮城支部夏季児童保養所開設

九月二八日、大町キリスト教会、遠足実施

一〇月、仙台童話劇協会主宰、「子供のためのレコードコンサート」仙台市公会堂で開催

一〇月一九日、日曜学校生徒大会開催

一一月八日、関上東禅寺日曜学校、一周年記念大会開催

一一月一一日、仙台市公会堂で御大典奉祝コドモ大会開催

一二月七日、仙台仏教婦人会少女部、成道会の式開催

一二月、外記丁基督教会、クリスマス会実施

●『小鈴のひびき』第一集
――第二中学林（翌年栴檀中学と改称）に日曜学校部発足

一二月、日本童話連盟発足

※「花嫁人形」「からたちの花」「あの町この町」などの童謡が流行し、蓄音機で童謡レコードを聴くことも広まる

二月、『小学二年生』創刊

二月、『曼珠沙華』創刊

元号（西暦）	教育の主な出来事	仙台の児童文化に関する出来事	児童文化と社会の主な出来事
大正一四年（一九二五）	三月、長田新『ナルトプに於けるペスタロッチの新生』刊行 四月、桜井祐男を主事に芦屋児童の村小学校（開設時は御影児童の村小学校）創設 四月、文園社『鑑賞文選』創刊 五月、為藤五郎『教育週報』創刊	四月五日、仙台仏教コドモ会連盟、コドモ花祭開催 六月『ささやき』第一号（第五号、大正一五年二月まで確認） ◎七月、宮城女子師範学校附属小学校『森の聲』創刊号（第二号、大正一五年二月まで確認）	三月、日本童話連盟護国寺で発会式 三月、帝劇春季家庭娯楽会開催 三月一日、東京放送局がラジオの試験放送（三月二二日に仮放送）開始。七月一二日、本放送開始。六月一日大阪放送局、七月一五日名古屋放送局開始 四月、『小学一年生』創刊 四月、『話方研究』（日本童話連盟）創刊 四月、『しゃぼん玉』第七輯（第五七輯、昭和一二年二月まで確認） 四月、早稲田大学児童研究会発足。会長、吉江孤雁 四月、曹洞宗全国日曜学校大会開催 四月、治安維持法公布 五月、普通選挙法公布 五月、童謡詩人の会発足 五月、大塚講話会主催のおはなし大会、東京高等師範講堂で開催 五月、九段仏教少年会主催の童話と童謡の会、九段仏教倶楽部で開催

九月、富山師範学校附属小学校編『児童文学の研究』（明治図書）刊行
一一月、文部省、奈良女子高等師範学校附属小学校の学習法を批判
一一月、志垣寛『新学校の実際と其の根拠』刊行
一二月、小砂丘忠義、高知より上京、『教育の世紀』編集

七月、大河原小学校、海浜学校開催
●八月、『春光』（新年号、大正一五年正月まで確認）

五月、松坂屋銀座店に屋上動物園開園
六月、コドモ愛護連盟主催のお伽会、松江市出雲劇場で開催
六月、『三味線草』創刊
八月、大阪毎日新聞社主催、こども博覧会開催
八月、大阪朝日新聞社主催、アンデルセン没後五〇年記念会開催
九月、アンデルセン五〇年祭記念晩餐会、丸ビル精養軒で開催
九月、日本童話協会講演部主催、アンデルセン没後五〇年記念童話会開催。この年、各地の各団体がアンデルセン没後五〇年記念イベントを催す
九月、『ＢＩＮＤＯＲＯ』創刊
一〇月、『若草』（宝文館）創刊
一〇月、日比谷松本楼で第一回児童芸術作家連合懇親会開催
一一月、冨山房『画とお話の本』刊行
一一月、沖野岩三郎『日本の児童と芸術教育』（金の星社）刊行
一二月、奈街三郎、船木枳郎ら新興童話

元号（西暦）	教育の主な出来事	仙台の児童文化に関する出来事	児童文化と社会の主な出来事
大正一四年（一九二五）			連盟『新興童話』創刊 ——三越、完成した日本橋三越店食堂に子ども用椅子を用
大正一五年／昭和元年（一九二六）（一二月二五日改元）	三月、野村芳兵衛『新教育に於ける学級経営』刊行 三月、東京市社会局庶務課編『小学児童思想及読書傾向調査』発行 四月、手塚岸衛、千葉師範学校附属小学校から大多喜中学校長に転任（大正自由教育への弾圧の中で） 四月、幼稚園令公布	一月一〇日、仙台仏教婦人会少女部、お正月文芸会開催 三月、『土踏』五（一三、昭和二年一月まで確認） ●三月、『ちいさなささやき』第一集 四月三日、仙台仏教コドモ会連盟、コドモ花祭り開催 四月二九日、七つの子社影絵会開催 五月二七日、相澤太玄、太陽幼稚園創立 五月、『童詩』仙台支部スズキヘキ方に	一月、『幼年倶楽部』（大日本雄弁会講談社）創刊 一月、子ども向け日刊新聞「こども日日」発刊 一月、『少女の国』創刊 一月、『少年グラフ』（新光社）創刊 二月、日本童話連盟主催建国童話祭、全国各地で開催 三月、童話作家協会創立 三月、新興童話連盟会報『童話祭』創刊 四月、『少女文芸』創刊 四月、大阪こども連盟主催桃太郎祭、中之島公園音楽堂で開催 五月、佐々木高明、『童詩』創刊 五月、大塚講話会編『話方の研究』実演お話集九巻刊行 五月、日本童話連盟主催童謡遊戯とお話の仕方講習会、小石川音羽幼稚園で

八月、日本童話連盟主催林間学校と童話実演講習会、小石川音羽の森で開催
九月、上田庄三郎を主事に雲雀ヶ丘児童の村小学校創設

八月、太陽幼稚園主催、仙台児童倶楽部後援童謡・童話・舞踊・大会開催
九月四日、七つの子影絵会開催

開催
五月、児童芸術家連合協会主催児童芸術祭、日本青年会館で開催
五月、神戸児童教化団体連盟・神戸市立児童相談所共催桃太郎祭開催
五月、奈良県童話連盟、奈良県図書館の仲川明を中心に発足
六月、児童愛護会創立
六月、大阪の蜻蛉の家で童話会開催。八月、九月、一二月にも
七月、『童話』廃刊
七月、都外川勝により童謡・民謡の同人誌『渡り鳥』創刊
七月、東洋大学コドモ会主催児童問題講習会五日間にわたり開催
七月、『小学文芸』創刊
八月、北原白秋「この道」、『赤い鳥』に発表
八月、浜松子供協会主催童話学校、弁天島お話の家で開催
◎九月、酒田市上田小学校『青い花』
九月、『童謡時代』創刊

元号（西暦）	教育の主な出来事	仙台の児童文化に関する出来事	児童文化と社会の主な出来事
大正一五／昭和元年（一九二六）	一一月、野口援太郎『新教育の原理としての自然と理性』刊行	●一・月、『ミヒカリ』第一集（第四巻第七号、昭和二年九月まで確認） 一一月一三日、閑上仏教日曜コドモ会、お伽大会開催 一一月二八日、宮城野コドモ会、落ち葉の集ひ開催 ――ミナト仏教日曜童園、魂まつり大会開催	一〇月、土陽新聞社五十周年祝賀お伽大会、高知市で開催 一〇月、日本童話連盟、放送童話研究部を発足 一〇月、巌谷小波「マイクロフォンを通して話すとき」を『話方研究』に発表。この後、樫葉勇や松美佐雄ら、ラジオ放送での童話の話方や構成について発表 一〇月、日本大学児童芸術研究会、東郷坂宇宙社で発会式 一〇月、日本童話連盟放送童話研究部、ラヂオ童話研究会、芝で開催 一一月、広島童話研究会発足 一一月、日本童話連盟事業部主催市内小学校巡回講演会、牛込山吹小学校を皮切りに始まる 一一月、豊島講話会主催童話とオモチャの音楽の会、豊島師範講堂で開催 一二月二五日、大正天皇崩御。昭和に改元 ※児童文学でプロレタリア児童文学が

勃興し始める

昭和二年（一九二七）

一月、澤柳政太郎、日本におけるペスタロッチ百年祭開催を呼びかける（『帝国教育』一月号）

六月、手塚岸衛、大多喜中学校長を自由教育への反発に起因した紛争により辞任

六月、水野錬太郎文部大臣が自由教育を一掃することを宣言

一月、童話の創作を中心に活動していたスズキヘキ弟鈴木正五郎死去

●三月、『二葉』

四月一〇日、仙台仏教コドモ会連盟、コドモ花祭り開催

六月、『櫟』一号（睦月韻文号、昭和三年一月まで確認）

八月三日〜一二日、七ツの子社主催第一回伊勢堂山林間学校開設。戦前は昭和一二年まで一〇回開催。

八月二〇日、スズキヘキ宅でナツヤスミ影絵会、百数十名参加

八月二七日、スズキヘキ宅でオハナシ童謡カゲエの会開催

八月、日本赤十字社宮城支部夏季児童保養所開設

九月、仏教会館で仏教婦人会少女部・

一月、小川未明『未明童話集』全五巻刊行開始

一月、蜻蛉の家機関誌『童』創刊

一〜三月、アメリカから青い目の人形届く

二月、大阪の蜻蛉の家で野口雨情童謡講演会開催

三月、金融恐慌起り、銀行の休業続出

四月、尾関岩二の主唱で、京阪神在住者を中心に童心茶話会結成。

五月、全国乳幼児愛護デー始まる

五月、童心茶話会第二回例会開催。岸邊福雄ら参加

五月、大阪の蜻蛉の家で童話会開催

六月、『文芸戦線』に「小さい同志—子供の欄」を新設

六月、日本童話協会主催初夏の子供大会、国民新聞社講堂で開催

六月、『童心』創刊。奈良県童話連盟機関誌

七月、岩波文庫創刊

元号（西暦）	教育の主な出来事	仙台の児童文化に関する出来事	児童文化と社会の主な出来事
昭和二年（一九二七）	一二月、大正自由教育の推進者の一人澤柳政太郎没	七ツの子社主催影絵大会、数百名集まる 一〇月一六日、閖上コドモ会、四周年記念お伽大会開催 ――双葉日曜学校、コドモノツドヒ開催 一一月一二日、七つの子社影絵会開催 一二月一一日、相澤太玄（一二月三日死去）先生追悼童話会開催	七月、『プロレタリア芸術』創刊 七月、後藤楢根、同人誌『童謡詩人』創刊 七月、みちのく童話会主催童話大会、八戸で開催 七月、横須賀乳幼児保護会主催、夏期児童芸術講習会、横須賀高等女学校で開催 七月、仏教各宗連合の日曜学校講習会、西本願寺で開催 七月、日本基督教会日曜学校講習会、御殿場で開催 九月、石丸梧平・喜世子夫妻による『こどもの創作』第七号刊行 九月、京都童話教育研究会秋季大会開催 一〇月、京都童話教育研究会主催お話大会開催。久留島武彦参加 ◎一〇月、福島県小舟生小学校『草の笛』 一一月、『キンダーブック』（フレーベル館）創刊 一一月、児童芸術家連盟協会主催、児童

			芸術研究大会、三越ホールで開催 一一月、豊田次雄・都外川勝・西田謹吾・國田弥之助ら関西在住者を中心に童謡茶話会結成 一二月、『土鳩』創刊 一二月、『宗教童話』（宗教童話日本連盟出版部）創刊 ――この年、アルスの『日本児童文庫』シリーズと、菊池寛企画の興文社の『小学生全集』が競合し、宣伝合戦を繰り広げた挙句に誹謗・中傷合戦に発展する ※大正一四年から始まるプロレタリア児童文学運動、この頃盛んになる。
昭和三年（一九二八）	三月、手塚岸衛、自由ヶ丘学園創設（手塚死去後、小林宗作が小学校と幼稚園を引き受ける形で、一九三七年にトモエ学園を創設）	一月、七ツの子社影絵会 一月、塩釜雲上寺で七ツの子社ジャズとお伽と映画の会 一月、相澤太玄が住職だった閖上東禅寺でジャズと映画の会 二月、鈴木幸四郎、静田正志、佐藤長助、斎藤一郎による児童音楽園主催、仙台児童倶楽部後援新	一月、劇団東童活動を始める 一月、『林檎の木』創刊 二月、宗教童話連盟主催童話大会、四谷バプテスト教会で開催 三月、関西コドモ連盟発足 三月、童謡茶話会三月例会開催。ほぼ毎月一回、例会を開催 三月、清水良雄、岡本帰一、初山滋、武

元号（西暦）	教育の主な出来事	仙台の児童文化に関する出来事	児童文化と社会の主な出来事
昭和三年（一九二八）	四月、算術教科書にメートル法採用 四月、文部省、思想問題に関して訓令 五月、帝国教育会、思想問題調査委員会を設置	春大音楽会、仙台市公会堂で開催 ●二月、『フウセン』第一輯 二月、東北学院中学部文芸部主催、仙台児童倶楽部後援、第一回童話童謡童話劇大会開催 四月、鈴木幸四郎主宰になる童街社発足。この頃から、鈴木幸四郎、静田正志、菅野門之助、小倉旭、佐藤長助、山田重吉らを中心とした「第二世代」が仙台の児童文化活動の中心として活発に活動 四月、七つの子社の機関誌であり、昭和の仙台の児童文化活動の中心となる『童街』第一巻第一号（昭和七年から三三年までの休刊をはさみ、昭和五四年五月まで確認） ◎五月、遠田郡不動堂小学校『土曜』第二巻第五号	井武雄らの日本童画展覧会、松屋呉服店で開催 四月、少年保護デー始まる 四月、『星の家』第三輯 四月、佐藤紅緑『あゝ玉杯に花うけて』（大日本雄弁会講談社）刊行 五月、奈良県教育会、奈良県童話連盟共催第一回童話教育研究会、奈良師範学校で開催 五月、児童芸術家連合協会主催児童芸術祭舞踊大会、早稲田大学大隈会館で開催

八月、文部省、第一回思想問題講習会を実施
八月、児童愛護協会主催御大典記念児童芸術講習会、奈良県公会堂で開催
九月、帝国児童教育会、御大礼記念大博覧会に国際児童館を設置、児童画・児童教育資料展示

六月、NHK仙台放送局（JOHK）ラジオ放送開始、毎日放送される「子供の時間」に七ツの子社、仙台児童倶楽部のメンバーが次々と出演
七月児童音楽園、JOHKより童謡放送
七月、天江富弥、童話放送
七月、スズキヘキ、童謡放送
七月、本郷兵一（仙台児童倶楽部）童話放送
七月、館内勇（仙台児童倶楽部）童話放送
七月、石川善助、童話放送
八月、『瞳』第二輯
八月、第二回伊勢堂山林間学校開催
八月、アンデルセン記念日で七ツの子社、童謡放送
八月五日、七ツの子社童謡放送
九月、仙台児童倶楽部主催、岸邉福雄先生歓迎童話座談会開催
一〇月、『こまどり』第一輯（第二輯、

五月、関西コドモ連盟主催の全関西童話大会開催
六月、満州某重大事件（張作霖爆殺事件）起る
七月、千葉省三、水谷まさるらを同人に、『童話文学』創刊
七月、広島放送局開設に伴い、広島児童芸術放送研究会発足
七月、『らりるれろ』第七輯
一〇月、新興童話作家連盟結成（奈街三郎、槙本楠郎、船木枳郎ら）
一〇月、名古屋お伽会、日本童話協会等による共催で大典記念童話雄弁大講習会、名古屋で開催
一一月、大阪三越、御大典記念子供博覧会開催
一一月、日本童話協会主催、御大典記念童話講習会、芝中学で開催。巌谷小波、浜田廣介、山内秋生、芦谷芦村ら出席
一一月、トーキー・アニメーション「蒸気船ウィリー」公開。ミッキーマウ

元号（西暦）	教育の主な出来事	仙台の児童文化に関する出来事	児童文化と社会の主な出来事
昭和三年（一九二八）		昭和三年一二月まで確認 一一月、仙台児童倶楽部主催、御大典奉祝コドモ大会開催 一一月一八日、仏教日曜学園、童話会発会第四周年記念仏教童話会	ス登場。翌年、日本でも上映 一二月、『これからの子供』創刊
昭和四年（一九二九）	四月、小原国芳、玉川学園設立 四月、東京と広島に文理科大学創設 六月、成田忠久ら、秋田で北方教育社結成し生活綴り方運動を展開	二月、東北学院中学部主催、仙台児童倶楽部後援、第二回童話童謡大会開催 二月一一日、栴檀中学日校部主催懸賞童話大会開催 二月一六日、塩釜日曜学校、正月子供祭開催 三月二九日、栴檀中学日校部、古川町で童話会開催 四月、『青心』四月号 四月七日、仙台仏教コドモ会連盟・仙台仏教連合会、コドモ花祭開催 五月一六日、塩釜日曜学校、花まつり大会開催 六月、『自画像』復活号（昭和四年	一月、新興童話作家連盟機関誌『童話運動』創刊 一月、『機関車』創刊 二月、函館童話劇研究会、第一回コドモの会開催 三月、『赤い鳥』、この年の三月号から一時休刊 三月、北原白秋『緑の触角』（改造社）刊行 四月、『童謡詩人』創刊 五月、『少年戦旗』創刊 五月、小林多喜二『蟹工船』（プロレタリア文学の隆盛）発表 五月、奈良県童話連盟・奈良県教育会共催、童話教育講習会開催 六月、奈街三郎、船木枳郎らの同人誌『童

七月、文部省に社会教育局設置。思想対策を強化

一二月、桜井祐男『芦屋児童の村小学校』刊行

一二月、文園社主宰の「新興綴方講習会」東京神田で開催

九月まで四冊確認）

●七月、『いとし児』第一巻第二号（第二巻第六輯、昭和五年四月まで確認）

七月、『郊丘』第三巻第五号（第三巻第六号、昭和四年一〇月まで確認）

七月二〇日、仙台クリスチャン教会金曜会、童謡と童話の会開催

八月二日、第三回伊勢堂山林間学校開催

◎八月、上杉山通小学校『上杉学習新聞』第八号（第四一号、昭和九年三月まで確認）

一〇月、『蕾』第一巻第二号

一〇月一七日、栴檀中学日校部、秋の集い開催

一一月一三日、塩釜日曜学校秋の集い開催

一一月二四日、双葉日曜学校秋の集い開催

話新潮』創刊

七月、『金の星』、第一一巻第七号で廃刊

九月、都外川勝らの同人誌『正風童謡』創刊

一〇月、『綴方生活』創刊

一〇月、日本童話協会主催の童話学大講習会、岸邊福雄、安倍季雄らを講師に開催

一〇月二四日、ニューヨーク株式大暴落、世界恐慌始まる

一一月、日本童話協会広島支部・広島高等師範童話研究会・広島幼稚園連盟共催で広島童話講習会開催

一一月、鹿児島県立鹿児島図書館主催で鹿児島童話会開催

――國田彌之助、野田三郎、童心倶楽部結成

昭和五年（一九三〇）

一二月、小原国芳『日本の新学校』

◎一月、連坊小学校『つばさ』第四

一月、金輪出解禁を実施。恐慌深刻化す

元号（西暦）	教育の主な出来事	仙台の児童文化に関する出来事	児童文化と社会の主な出来事
昭和五年（一九三〇）	二月、秋田市の教員らにより『北方教育』創刊	号（第二巻第二号、昭和五年二月まで確認） ●一月、『森の泉』 一月一九日、東八番丁南会婦人部、コドモの会開催 四月、太陽保姆養成所創立 四月八日、仙台仏教連合会、釈尊降誕記念講演会開催	る 一月、日本童話協会島根支部発足 一月二八日、函館市教育会後援により函館市民館で巴童話会開催 二月、函館で蛯子英二、路傍童話会開く 二月、蛯子英二、海老名禮太、天野源太郎、片平庸人らおてんとさん童話会結成 二月一一日、おてんとさん童話会、第一回おてんとさん童話会、函館幼稚園を会場に実施。以後月三回くらいのペースで実施 三月、自由芸術家連盟機関誌『童話の社会』創刊 三月、童謡同人誌『乳樹』創刊（一二月から「チチノキ」と改題） ◎三月、長崎県上志佐村小学校『子供の詩』 四月、山中峯太郎「敵中横断三百里」、『少年倶楽部』に連載開始 四月、日本童話協会童謡部発足 四月、ロンドン海軍軍縮条約調印、統帥

六月、国際新教育連盟日本支部「新教育協会」設立（会長野口援太郎）
八月、函館市教育会、住吉小学校、常盤小学校らが函館山山麓で林間学校開催
九月、文部省、図書推薦規定を定め、推薦図書に「文部省推薦」と記載
一一月、郷土教育連盟結成、『郷土』創刊
※大正時代の自由教育に代わって生活綴り方教育盛んになる

六月、仙台放送局主催、放送開始二周年記念子供大会
八月、第四回伊勢堂山林間学校開催
九月六日、七つの子社影絵会開催
一〇月九日、小学校教員たちにより仙台コドモ研究会設立
一二月二七日、日本日曜学校協会仙台部会、市民クリスマス会開催

権干犯問題起る
四月二七日、おてんとさん童話会、石崎小学校を訪問し童話会開催
五月一七日、函館日日新聞・函館新十字屋蓄音器店後援により民謡と童謡と舞踊の夕開催。中山晋平、藤間静枝ら出演
五月、東洋大学児童研究会主催児童芸術講習会開催
五月、童心芸術研究会発足
六月、山口県童話連盟発足
七月四日、文部省、児童映画懇談会開催。巌谷小波、小川未明、北原白秋、野口雨情、浜田廣介、藤澤衛彦、渋沢青花ら出席。児童映画脚本を依嘱される
八月二七日、函館市春日町天佑寺で日曜学校主催教育童話大会開催
一〇月、日本童話協会、付属童話研究所を設置。巌谷小波、小川未明、浜田廣介らを講師に第一回研究会開催
一一月、名古屋童話劇協会発足

元号（西暦）	教育の主な出来事	仙台の児童文化に関する出来事	児童文化と社会の主な出来事
昭和五年（一九三〇）		●『あさひ』第三輯（昭和六年九月発行特輯号まで確認）	一二月、東京私立日比谷図書館編『子供雑誌に関する調査』 一二月、『童話教育』（童話教育社）創刊 ◎一二月、福島県梁川小学校『雪虫ほう』 ※この年、巌谷小波還暦祝賀会、各地で催される ※「黄金バット」誕生。街頭紙芝居興隆する
昭和六年（一九三一）	四月、千葉春雄『教育・国語教育』創刊 六月、小原郁子『男女共学論』刊行	八月、第五回伊勢堂山林間学校開催 九月、仙台児童学芸協会設立 九月、皎林寺授戒会、皎林寺授戒会子供大会開催	一月、『赤い鳥』復刊 一月、『コドモノニホン』創刊 一月、田河水泡「のらくろ二等卒」、『少年倶楽部』に連載開始 二月、『子供の函日』第一巻第四号、函館で刊行される 三月、山中峯太郎『敵中横断三百里』（大日本雄弁会講談社）刊行 四月、童話芸術家連盟機関誌『童話紀元』創刊 四月、アサノ児童劇学校創立 五月、『ヨキ子供』創刊 六月、『聖書と子供』創刊

	八月、日本赤十字社岐阜支部夏季保養所実施 一〇月、岩波講座『教育科学』刊行開始 ※小学校教員にプロレタリア教育運動の思想的・組織的影響深まる	一一月、『鳩の笛』No.2（No.10、昭和九年一一月まで確認） 一一月、童街社、第一回童謡作評会開催 一一月、仙台児童学芸協会主宰コドモ大会、荒町小学校講堂で開催 一二月、『瞳』創刊号 一二月、童街社、第二回童謡作評会開催	六月、『野と雲』創刊 六月、どんぐり童話会主催童話大会開催 七月、日本童話協会結成十周年記念子供大会、芝飛行館で開催。巌谷小波、久留島武彦、岸邊福雄ら出席 七月、季刊『児童文学』創刊 七月、『明日の児童』創刊 八月、『一年生ヱバナシ』創刊 八月、『オハナシノクニ』創刊 九月、満州事変勃発 ※児童読み物に軍国主義的風潮強まり出す ※満州事変を機に子どもたちの間に戦争ごっこ盛んになる
昭和七年（一九三二）		一月、童街社、第三回童謡作評会開催 一月、童街社、大家既成童謡検討会開催 一月二四日、子育鬼子母神堂、子育鬼子母神堂少年少女会発会式 二月、スズキヘキ、仙台放送局より放送	一月、『日曜クラブ』創刊 一月、『文芸縁日』創刊 一月、『ツバメノオウチ』創刊 一月、上海事変勃発 二月、上海攻撃で敵の鉄条網に突進して自爆した肉弾三勇士、賞賛される。大阪高島屋の食堂にも「肉弾三勇士料理」など

元号（西暦）	教育の主な出来事	仙台の児童文化に関する出来事	児童文化と社会の主な出来事
昭和七年（一九三二）	四月、落合聰三郎、学校劇研究会を結成 六月、東京市、光明学校を創設（最初の肢体不自由児のための小学校） 六月、郷土教育連盟『郷土学習指導方案』刊行	二月、童街社、利府村で影絵会開催 二月、太陽保姆養成所主催・仙台市学務課・社会課後援、建国コドモ祭、仙台市公会堂で開催 三月一日、太陽保姆養成所・仙台市教育委員会他主催、小原國芳講演会、仙台市公会堂で開催 三月、佐々木高明来仙、JOHKより放送 四月、童街社、東本願寺で影絵会 四月三日、仙台仏教日曜学校連盟、コドモ花まつり開催 六月、童街社、新寺小路成覚寺で影絵会 六月、仙台仏教児童研究会、東北別院で話し方の研究について講演会開催 八月、第六回伊勢堂山林間学校開催 八月、日本日曜学校仙台部会、第七回海浜学校開催 八月、太陽保姆養成所主催保育講習	◎三月、福島県梁川小学校『丘の草笛』第一輯（第五輯、昭和八年一一月まで確認） ◎三月、山形県観音寺小学校『ヒヨドリ』第一号 三月、映画、ラジオ、芝居などの大衆文化で肉弾三勇士が題材にされ、子どもたちの間に三勇士ごっこ流行 三月、満州国建国宣言 四月、小原國芳編『児童百科大辞典』（玉川学園出版部）刊行開始 四月、北原白秋編『日本幼児詩集』（采文閣）刊行 五月、『愛国少年』（愛国少年社）創刊 五月、坂田山心中事件、「天国に結ぶ恋」として映画、歌などの大衆文化に取り上げられる 五月一五日、五・一五事件。犬養毅首相暗殺 六月、学校劇研究会機関誌『学校劇』創刊

昭和八年（一九三三）

一月、早稲田大学演劇博物館主催、家庭用・学校用児童劇展覧会開催

会開催
一〇月九日、東三番丁本願寺別院、東本願寺日曜学校と仙台幼稚園の報恩の集り開催
一一月、童街社、心友子供会で影絵会
一二月四日、仏教児童研究会、成道会児童大会開催

六月、童謡同人誌『生誕』創刊
七月、北原白秋『新興童謡と児童自由詩』（岩波書店）刊行
八月、野口雨情「爆弾三勇士」、『幼年倶楽部』に発表
八月、『八才の子供』（ポケット講談社）創刊
一〇月、大阪童話教育研究会主催研究会開催
一〇月、『光の子』創刊
一〇月、童謡同人誌『チクタク』創刊
一一月、『子守唄』第一巻第二号
一一月、『日本男児』創刊
一一月、『カシコイ小学二年生』創刊
一二月、東京少年劇団発足
一月、『コドモチシキ』創刊
一月、『カタカナコドモヘイタイ』創刊
一月、『コドモノモリ』創刊
一月、『子供と語る』（大阪童話教育研究会）創刊
一月、『児童教育カミシバヰ』（児童保育研究会）創刊

元号（西暦）	教育の主な出来事	仙台の児童文化に関する出来事	児童文化と社会の主な出来事
昭和八年（一九三三）	四月、通称「サクラ読本」と言われる第四期国定国語読本の使用開始 四月、城戸幡太郎・留岡清男ら編集『教育』創刊 四月、千葉春雄『綴り方倶楽部』創刊 四月、東京帝国大学セツルメント児童部を中心とする『児童問題研究会』設立 六月、野村芳兵衛『生活学校と学習統制』刊行	二月、太陽保姆養成所主催、建国コドモ祭、仙台市公会堂で開催 四月八日、花まつり連盟、釈尊降誕記念講演会開催	一月、『少年世界』、第三九巻第一号で廃刊 一月、早稲田大学演劇博物館主催、家庭用・学校用児童劇展覧会開催 一月、大阪童話教育研究会主催コドモ会開催 一月、日本児童劇協会、早稲田大学演劇博物館で発会式 二月、『児童読物研究』（公民教育会）創刊 二月、『ニコニコ漫画館』（児童保育研究会）創刊 三月、『すかんぽ』創刊 三月、国際連盟から脱退 四月、北原白秋、『赤い鳥』と絶縁 五月、滝川事件発生（この後、一九三五年美濃部達吉の天皇機関説問題など、自由主義的な思想・学問への弾圧強まる） 五月、『コドモノテンチ』創刊 六月、島田啓三「冒険ダン吉」、『少年倶

七月、長田新『教育学』刊行
七月、東大セツルメント『児童問題研究』創刊
※生活綴り方運動興隆し、全国の学校で文集出版盛んになる

八月、第七回伊勢堂山林間学校開催

楽部』に連載開始
八月、『子供の新聞』創刊
八月、『小学読本』（児童保育研究会）創刊
九月、『童話時代』創刊
九月五日、巌谷小波没。この後、小波追悼集会・行事続く
九月二一日、宮沢賢治没
一〇月、早稲田大学童話会主催少年少女大会開催
一一月、東京放送童話研究会、東京中央放送局で開催
一一月、童謡同人誌『ＪＡＤＯＮ』創刊
一一月、七五三の服に軍服流行。生活全般に軍事色強まり始める
一二月、田河水泡『のらくろ伍長』（大日本雄弁会講談社）刊行
一二月、帝国教育会教員保母伝習所主催、幼稚園・低学年童話講習会開催。安倍季雄、久留島武彦、岸邊福雄ら出席

あとがき

本書は、梅花女子大学に学位申請し、二〇一三年三月に博士（文学）の学位を授与された論文『「児童文化」の誕生―活動の諸相と誕生期「児童文化」の本質の分析―』に加筆し、構成を大幅に変えてまとめたものです。

博士論文は、くさむら社『論叢児童文化』一八号（二〇〇五年）～五〇号（二〇一三年）、子どもの文化研究所『別冊子どもの文化』第八号（二〇〇六年）、第九号（二〇〇七年）、第一一号（二〇〇九年、『研究　子どもの文化』に改題）、日本子ども社会学会紀要『子ども社会研究』第一三号（二〇〇七年）、第一五号（二〇〇九年）、日本児童文学学会紀要『児童文学研究』第四一号（二〇〇八年）、大阪国際児童文学館紀要『国際児童文学館紀要』第二二号（二〇一〇年）、東京成徳大学子ども学部紀要『子ども学部紀要』第二号（二〇一三年）に発表してきた論文をもとにまとめています。

本書をまとめ終えてみると、おてんとさん社をはじめとする活発な児童文化活動の歴史を誇る仙台市に生まれ育ち、子ども観の研究にはじまり、めんこや駄菓子屋の研究、児童文化を視点とした子どもの育ちなどさまざまな児童文化史と教育史の研究テーマに取り組んできた筆者が、仙台の児童文化を中心とした研究にたどり着くことは必然的な運命のなせるわざであったと感じています。

本書にも取り上げた、金子みすゞらと共に『童話』の投稿童謡四天王の一人と称された童謡詩人片平庸人は筆者の遠戚にあたり、幼いころから父親に庸人の名前を聞かされてきました。庸人が関わったおてんとさん社の活動を筆者が調べることも、筆者にとって必然であったのだと思います。また、仙台仏教婦人会の日曜学校の入会申込書を調べていた時に、膨大な入会申込書の中に夭逝した筆者の伯母一〇歳の時の入会申込書を発見したこともありました。保護者氏名に祖父の名前が記された申込書のコピーを、存命だった父親に見せることができましたが、そのコピーを見た父親の驚きと喜びに満ちた顔も忘れることができません。

スズキヘキのご長男の鈴木楫吉氏には、貴重な資料を存分に見せてもらい、ヘキをはじめとするおてんとさん関係の人々のことを惜しみなく教えていただきました。筆者の仙台児童文化史研究は、楫吉氏のご温情とご教導によってここまでたどり着くことができたものと感じています。また、おてんとさんの会会長を長年務めてこられた富田博先生（二〇一四年六月歿）には、戦中戦後の仙台の児童文化活動について貴重なお話を聞かせていただきました。お二人の他にも、おてんとさんの会や仙台文学館などの、多くの方々のご厚情によってこの研究をまとめることができたと感じております。


生まれ育った故郷仙台と、仙台で児童文化活動に情熱を傾けてきた数々の先人たち、そして、その活動の記録を大切に保存してきた多くの人々にあらためて敬意と感謝の念を捧げたいと思います。

教育史を研究していた筆者が児童文化研究に出会ったのは、一九八八年三月一三日に白百合女子大学の故飯干陽先生の研究室をお訪ねした時です。筆者が今こうして児童文化研究を行っていられるのは、飯干先生に公私にわたってご指導賜ったおかげです。飯干先生は児童文化とは何かを追い求めておられましたが、本書を上梓することで飯干先生にかけていただいたご温情に少しでも報いることができれば幸いです。

また、本書が扱っている時代は、敬愛してやまない中野光先生がご専門としておられる時代です。そして、誕生期「児童文化」の背景には、奇しくも中野先生が終生ご研究されてこられた大正自由教育が深く関わっています。先生から折に触れて大正自由教育についてのお話をうかがったことは、この研究の骨格の一部を形成しています。先生からいただいてきたご温情にあらためて感謝申し上げたいと思います。

この研究を進める過程で、鈴木楫吉氏ら仙台の関係者以外にも、誕生期「児童文化」活動に関わった方々のご遺族に出会うことができ、貴重な資料や証言の数々をいただけたことは幸いでした。

後藤牧星の次女渡部満智子氏からは、残されていた牧星の貴重な資料のご提供をいただき、「児童文化」の誕生に関わる手がかりを得ることができました。満智子氏と出会えなければ、牧星の事績について詳細に知ることはできず、ましてや「児童文化」という用語の誕生時期の考察をすることもできませんでした。満智子氏に出会え、牧星の活動を明らかにできたことは、児童文化の歴史と筆者の研究にとって大きな幸いでした。

金野細雨のご長男金野徳郎氏からも、貴重な資料の数々をご提供いただきました。これまでの研究史の中で顧みられることなく忘れられた存在だった細雨は、児童文化業者として文化環境に恵まれない東北地方の僻地の子どもたちに文化を届け続けるという意義深い活動を展開しました。細雨の活動を明らかにすることができたことも、児童文化の歴史にとってきわめて大きな意味があるものと信じています。さらに徳郎氏には、本書を出版する強い後押しもしていただき、児童文化の歴史を書籍として残す励ましをいただきました。満智子氏と徳郎氏には、この場を借りて厚く御礼申し上げたいと思います。

以上の方々の他にも、これまでお世話になりご指導くださった方々は多数にのぼります。児童文化研究の大家として、後進の筆者をさまざまな場で引き立ててくださり、『論叢児童文化』に本書の骨格をなす論文を執筆する機会を与えてくださった故上笙一郎先生、東京成徳大学に招いてくださり、研究環境を与えてくださった深谷昌史先生、児童文化研究の先輩として筆者のよき相談相手となってくださり、児童文化研究者であることの苦労を分ち合ってくださった浅岡靖央氏、特別研究員として研究の機会を与えてくださった大阪国際児童文学館の方々、学会で出会った多くの先輩や友人たちなど本当に多くの方々の支えがあって研究を続けてこられたと実感しています。

そして、本研究は、立命館大学教授の畏友鵜野祐介氏の激励なしにまとめることはできませんでした。東日本大震災から一年目の二〇一二年三月一一日、被災地に鎮魂の祈りを捧げるために仙台を訪れた鵜野さんと痛飲する中で、博士論文をまとめる契機が与えられました。新幹線の中で被災して以来、震災に関する仕事を中心に張りつめた思いの中で一年間過ごしてきた筆者の心と体を心配してくれた鵜野さんは、震災から離れて本来の研究に戻ることを強く勧めてくれました。そして、それまで取り組んできた研究をまとめて学位申請することを勧めてくれたのです。鵜野さんの励ましがなかったら、この研究をまとめることはありませんでした。鵜野さんの友情にはただただ頭を垂れるのみです。

また、ご多忙にもかかわらず鵜野氏と共に学位審査を行ってくださり、丁寧に拙論をお読みいただきご指導くださった畑中圭一先生、香曽我部秀幸梅花女子大学教授にもこの場を借りて厚く御礼申し上げます。畑中先生が追求してこられた童謡研究を、筆者の研究上の視点から深めていくことも、筆者のこれからの責務の一つだとの思いをあらたにしています。

なお、本書は「文教大学学術図書出版助成制度」により、出版のための助成を受けて出版することができました。文教大学の研究支援制度と関係各位に対して、この場を借りて厚くお礼申し上げます。

最後に、本書の出版をお引き受けくださった港の人の里舘勇治氏にあらためて感謝申し上げます。児童文化研究に理解を示してくださり、出版を通して支援してくださる里舘さんは、児童文化研究の進展にとってかけがえのない盟友です。里舘さんのような存在なくして研究の前進はあり得ません。児童文化研究をこれからも見守っていただきたいと願っております。

研究を見守り、ご指導くださり、そして支えてくださった全ての方々、そして常に安らぎと勇気をくれた妻智子と娘の小春、息子の光太朗に感謝の意を捧げながら、この研究成果を研究生活の折り返し点にして、研究生活の後半のスタートに向けて、新たな研究の地平を切り拓いて行きたいと思っています。

二〇一五年一月　故郷仙台にて

加藤　理

[や行]

[ら行]

[わ行]

［ま行］

［は行］

[な行]

［た行］

［さ行］

［か行］

事項索引

［は行］

［ま行］

［や行］

［た行］

［な行］

［さ行］

［か行］

人名索引

［あ行］

加藤　理◎かとうおさむ

1961年（昭和36)、宮城県仙台市生まれ。文教大学教育学部教授。博士（文学）。
早稲田大学教育学部、早稲田大学大学院文学研究科教育学専攻に学ぶ。東京成徳大学子ども学部教授などを経て、現職。児童文化を視点の中心にしながら、子どもと教育の歴史、子どもの育ちについて研究。「童装束に現れる児童観の分析」で日本児童文学学会二十五周年記念論文賞、『〈めんこ〉の文化史』で日本児童文学学会学会賞奨励賞をそれぞれ受賞。

主な著書

『「ちご」と「わらは」の生活史―日本の中古の子どもたち』1994年、慶應義塾大学出版会
『〈めんこ〉の文化史』1996年、久山社
『育つということ―中野光の原風景』1998年、久山社
『「北の国から」の父と子』1999年、久山社
『駄菓子屋・読み物と子どもの近代』2000年、青弓社
『文化と子ども―子どもへのアプローチ』共編著、2003年、建帛社
『消費社会と子どもの文化』共編著、2010年、学文社
『叢書　児童文化の歴史』全三巻、共編著、2011～12年、港の人
『ポスト三・一一の子どもと文化―いのち・伝承・レジリエンス』共編著、2015年、港の人ほか

「児童文化《じどうぶんか》」の誕生《たんじょう》と展開《てんかい》

大正《たいしょう》自由《じゆう》教育《きょういく》時代《じだい》の子《こ》どもの生活《せいかつ》と文化《ぶんか》

別冊複製《べっさつふくせい》２　『小鳥《ことり》の家《いえ》』後藤隆《ごとうたかし》編輯《へんしゅう》発行《はっこう》
『赤《あか》い実《み》』金野細雨《こんのさいう》編輯《へんしゅう》発行《はっこう》

2015年3月19日初版第1刷発行

著　者／加藤　理
装　幀／西田優子
発行者／里舘勇治
発　行／有限会社　港の人
神奈川県鎌倉市由比ガ浜 3-11-49　〒248-0014
phone 0467-60-1374　fax 0467-60-1375
http://www.minatonohito.jp
印刷製本／創栄図書印刷株式会社
ISBN978-4-89629-294-7　C3037